실전!
스프링 5를 활용한
리액티브 프로그래밍

리액티브 애플리케이션 개발부터
클라우드 배포와 모니터링까지

실전!
스프링 5를 활용한
리액티브 프로그래밍

리액티브 애플리케이션 개발부터
클라우드 배포와 모니터링까지

지은이 올레 도쿠카, 이호르 로진스키
옮긴이 김시영
펴낸이 박찬규 엮은이 전이주 디자인 북누리 표지디자인 Arowa & Arowana

펴낸곳 위키북스 전화 031-955-3658, 3659 팩스 031-955-3660
주소 경기도 파주시 문발로 115, 311호 (파주출판도시, 세종출판벤처타운)

가격 32,000 페이지 520 책규격 188 x 240mm

1쇄 발행 2019년 06월 18일
2쇄 발행 2021년 01월 14일
ISBN 979-11-5839-159-1 (93000)

등록번호 제406-2006-000036호 등록일자 2006년 05월 19일
홈페이지 wikibook.co.kr 전자우편 wikibook@wikibook.co.kr

이 도서의 국립중앙도서관 출판시도서목록(CIP)은
서지정보유통지원시스템 홈페이지(http://seoji.nl.go.kr)와
국가자료공동목록시스템(http://www.nl.go.kr/kolisnet)에서 이용하실 수 있습니다.
CIP제어번호 CIP2019022552

실전!
스프링 5를 활용한
리액티브
프로그래밍

리액티브
애플리케이션
개발부터
클라우드 배포와
모니터링까지

올레 도쿠카,
이호르 로진스키 지음
/
김시영 옮김

위키북스

아버지 이반을 기억하며

— 이호르 로진스키

추천하는 글

리액티브 프로그래밍은 자바 진영의 핵심인 스프링 부트(Spring Boot)와 스프링 프레임워크 (Spring Framework)의 도움을 받아 마침내 주목받고 있습니다. 스프링 솔루션을 설명하는 데 어떤 수식어를 사용하면 좋을까요? 대부분 사람들의 일반적인 대답은 '실용적이다'입니다. 리액티브에 대한 지원도 예외는 아니며 스프링 팀은 리액티브에 대한 지원과 비리액티브 스택도 계속 지원하기로 결정했습니다. 선택에는 책임이 따르므로 응용 프로그램을 언제 '리액티브 방식'으로 디자인할 것인지, 다음에 출시할 시스템에 적용할 수 있는 최상의 방법은 무엇인지를 이해하는 것이 중요합니다.

스프링은 모든 종류의 마이크로서비스를 작성하는 데 사용할 수 있는 최고의 툴로서 자리매김 하고 있습니다. 스프링은 리액티브 스택을 통해 믿기 어려울 만큼 효율적이고 가용성 높으며 탄력적인 엔드포인트를 개발자가 만들 수 있게 해줍니다. 부산물인 리액티브 스프링 마이크로 서비스는 네트워크 대기 시간을 허용하고 오류 처리로 인해 시스템 전체에 주는 영향을 줄여 줍니다. 생각해 보면 그것이 바로 Edge API, 모바일 백엔드, 서비스 간에 긴밀하게 통신하는 마이크로서비스를 작성하는 경우 사용할 수 있는 솔루션입니다. 비밀은 바로 리액티브 마이크 로서비스가 느린 트랜잭션을 격리시키고 가장 빨리 보상을 제공한다는 데 있습니다.

필요로 하는 자격을 갖추고 나면 리액터 프로젝트는 리액티브 스프링 프로젝트와 자연스럽게 쌍을 이루는 리액티브한 선택이 될 것입니다. 리액터는 최신 버전 3.x에서 2011년에 마이크로소프트에서 최초로 설명한 리액티브(Rx: Reactive Extension)를 드디어 구현했습니다. 리액터 는 모든 기능적인 단계에서 리액티브 스트림 플로 제어에 대한 최상의 지원을 제공하고 컨텍스트 전달과 같은 독자적인 기능도 제공합니다.

이 책의 두 저자인 올레와 이호르는 종합적이지만 단순화하지 않은 예제 중심으로 각 장을 구성하면서 리액티브 프로그래밍 및 리액티브 시스템에 대한 환상적인 여정을 보여줍니다. 리액터 프로젝트의 역사와 문제점을 상기시켜주는 주제 설정을 통해 스프링 부트 2에서 직접 실행해 볼 수 있는 예제를 빠르게 살펴볼 수 있습니다. 이 책에서는 테스트에 대한 중요성도 놓치지 않으면서 품질 좋은 리액티브 코드를 만드는 명확한 방법을 보여줍니다.

올레와 이호르는 현재와 미래에 요구될 확장성 요구 사항에 대비한 리액티브 설계 패턴을 소개합니다. 스프링 부트 또는 스프링 프레임워크에 대한 다양한 소개를 통해 리액티브 프로그래밍 이상의 것을 보여줍니다. 저자는 RSocket을 사용해 리액티브 통신에 대해 자세히 설명하면서 독자의 호기심을 자극합니다.

내가 그랬던 것처럼 여러분도 이 책을 읽으면서 커다란 즐거움을 얻기를 바라며, 애플리케이션을 개발하는 새로운 방법을 계속 배우기를 바랍니다.

스테판 말디니(Stéphane Maldini)
프로젝트 리액터의 리드 개발자

저자 소개

올레 도쿠카(Oleh Dokuka)는 경험 많은 소프트웨어 엔지니어이자 Pivotal사의 챔피언 (Champion)이며 리액터 프로젝트 및 스프링 프레임워크의 주요 공헌자 중 한 사람입니다. 그는 두 프레임워크의 내부 구조를 잘 알고 있으며, 리액터 프로젝트를 통한 리액티브 프로그래밍을 지지합니다. 아울러 스프링 프레임워크와 리액터 프로젝트를 소프트웨어 개발에 적용하고 있으며, 이러한 기술을 사용해 리액티브 시스템을 구축하는 방법을 잘 알고 있습니다.

이호르 로진스키(Igor Lozynskyi)는 시니어 자바 개발자로 안정적이고 확장 가능하며 매우 빠른 시스템을 개발하는 데 관심이 많습니다. 7년 이상의 자바 플랫폼 경험이 있습니다. 인생과 소프트웨어 개발 모두에서 여러 가지 프로젝트에 관심이 많아 역동적인 프로젝트에 열정적으로 참여하고 있습니다.

감수자 소개

미칼라이 알리멘코(Mikalai Alimenkou)는 시니어 딜리버리 매니저(senior delivery manager)이자 자바 기술 리더이며 경험 많은 코치입니다. 자바 개발자, 확장 가능한 아키텍처, 애자일 엔지니어링 프랙티스, QA 프로세스 및 프로젝트 관리 전문가로서 14년 이상의 개발 경험을 보유하고 있으며, 복잡하고 분산된 확장 가능 시스템 및 글로벌 기업 전문가입니다. 다양한 국제회의에 적극적으로 참여하고 있으며, 연사로도 활동 중입니다. 또한 교육 및 컨설팅 제공업체인 XP Injection의 창립자이자 컨설턴트입니다. Selenium Camp, JEEConf 및 XP Days Ukraine 국제회의 및 Active Anonymous Developers Club(UADEVCLUB)의 창립자이기도 합니다.

나자리 처키스(Nazarii Cherkas)는 Hazelcast IMDG 및 Hazelcast Jet와 같은 오픈소스 프로젝트를 개발하는 Hazelcast에서 솔루션 아키텍트로 일하고 있습니다. 나자리는 자바 엔지니어부터 팀장까지 다양한 자리에서 수년간의 경험을 쌓았습니다. 통신, 건강 관리 및 세계 최대 항공사의 인프라를 책임지는 핵심 시스템에 이르기까지 다양한 산업 분야의 프로젝트에 참여해왔습니다. 우크라이나 체르니브찌 국립 대학에서 컴퓨터 과학 석사 학위를 취득했습니다.

토마스 너키윅스(Tomasz Nurkiewicz)는 자바 챔피언입니다. 그는 인생 절반을 프로그래밍을 했습니다. 전자 상거래 분야에서 일하고 있습니다. 또한 오픈소스 활동을 하고 있으며, DZone의 가장 뛰어난 블로거이고, 스택 오버플로에서 매우 적극적으로 활동하고 있습니다. 저술가이자 트레이너이며 콘퍼런스 연사, 테크니컬 리뷰어로도 활동하고 있습니다. 자동으로 테스트되지 않은 코드는 기능이 아니라 소문이라고 주장합니다. RxJava에 대한 책도 썼습니다.

역자 서문

개인적으로 스프링을 이용해 비동기 코드를 처음 작성했을 때 @Async와 Future를 이용했던 것으로 기억합니다. 대규모 시스템과 마이크로 서비스 등을 다루면서 비동기 호출에 대한 필요성을 절감했고 리액티브의 존재를 알게 됐습니다. 자바 생태계에서 막대한 영향력을 행사하는 스프링이 리액티브를 지원하게 되면서 리액티브의 입지는 더욱 확고해졌다고 할 수 있습니다.

이 책은 리액티브의 개념부터 시작해 스프링을 이용한 리액티브 개발뿐만 아니라 PCF, AWS, GCP 등에 배포하는 것까지 다루고 있습니다. 또한 개발 과정에서 놓칠 수 없는 테스트와 시스템 모니터링까지, 소프트웨어 개발의 광범위한 분야를 다루고 있습니다. 리액티브 시스템 구축의 장애 요소인 각종 DBMS의 리액티브 드라이버 현황도 파악할 수 있습니다.

이 책에는 저자들의 스프링 생태계에 대한 광범위한 지식과 소프트웨어 공학 전반에 대한 깊은 고민이 녹아 있습니다. 자바를 이용해 리액티브 개발을 하고자 하는 사람을 포함해 리액티브 프로그래밍을 넘어서 리액티브 시스템을 구축하고 운영하고자 하는 사람들에게 훌륭한 지침서가 될 것입니다. 오늘도 더 좋은 시스템, 더 빠른 성능, 더 우아한 코드, 더 유연한 아키텍처를 위해 키보드를 두드리고 있을 개발자들에게 이 책이 도움이 되기를 바랍니다.

우연한 기회로 시작한 이 책의 번역 작업이 긴 시간을 거쳐 마침내 책으로 만들어지게 됐습니다. 오랜 기간 동안 초보 번역자를 위해 다양한 조언을 해주신 위키북스 김윤래님과 내용 감수, 교정, 편집 작업에 힘쓰신 위키북스 직원분들께 깊이 감사드립니다.

본문에 있는 각주는 모두 역자가 추가한 것임을 밝힙니다.

김시영

05

스프링 부트 2와 함께하는 리액티브

10

재!
드디어 릴리즈다

리액티브 시스템은 대부분 비즈니스에서 요구되며 항상 필요합니다. 리액티브 시스템을 개발하는 것은 복잡한 작업이며 도메인에 대한 깊은 이해가 필요합니다. 다행스럽게도 스프링 프레임워크 개발자들이 프레임워크의 리액티브 버전을 새로 내놓았습니다.

이 책을 통해 스프링 프레임워크 5를 사용해 리액티브 시스템을 개발하는 매력적인 방법을 만날 수 있습니다.

이 책은 스프링 리액티브 프로그래밍의 기초부터 시작합니다. 이 책을 통해 프레임워크의 가능성을 이해하고 반응성의 기본에 대해 배울 수 있습니다. 더 나아가 리액티브 프로그래밍 기법, 리액티브를 데이터베이스에 적용하는 방법 및 서버 간 통신에 사용하는 방법을 배울 것입니다. 배운 것은 실제 사용할 수 있는 예제를 통해 직접 적용하고 연습할 수 있습니다.

스프링 5가 주도하는 리액티브 혁명에 참여하세요!

누가 이 책을 읽어야 할까?

이 책은 애플리케이션 개발을 위해 스프링을 사용하고, 클라우드에서 확장 가능한 견고하고 리액티브한 애플리케이션을 구축하려는 자바 개발자를 대상으로 합니다. 분산 시스템 및 비동기 프로그래밍에 대한 기본 지식이 있다는 것을 가정하고 썼습니다.

장별 소개

〈1장 왜 리액티브 스프링인가?〉는 리액티브와 매우 잘 어울리는 비즈니스 사례를 다룹니다. 리액티브 솔루션이 사전 대응형(proactive) 솔루션보다 우수한 이유를 알아봅니다. 또한 다양한 서버 간 통신 방법을 보여주는 몇 가지 코드 예제와 현재의 비즈니스 요구 사항 및 현대 스프링 프레임워크의 요구 사항에 대한 이해할 수 있습니다.

〈2장 스프링을 이용한 리액티브 프로그래밍 - 기본 개념〉은 코드 예제를 통해 리액티브 프로그래밍의 잠재력과 그 중심 개념을 더 확장해 설명합니다. 이 장에서는 코드 예제를 사용해 스프링 프레임워크에서 리액티브, 비동기적, 논블로킹 프로그래밍이 가진 잠재력을 보여주며, 비즈니스에 적용한 사례를 보여줍니다. 코드 예제를 통해 게시자-구독자 모델의 기초를 배우고, 리액티브 Flow 이벤트의 힘을 이해하고, 실제 시나리오에서 이러한 기술을 어떻게 적용하는지에 대해 배웁니다.

〈3장 스트림의 새로운 표준 - 리액티브 스트림〉에서는 Reactive Extensions에 소개된 문제를 집중적으로 다룹니다. 다양한 접근법을 탐색하고 문제의 본질을 확장하기 위해 코드 예제를 사용합니다. 이 장에서는 또한 문제 해결에 중점을 두고 잘 알려진 게시자-구독자 모델에 새로운 구성 요소를 도입한 리액티브 스트림 스펙을 소개합니다.

〈4장 리액터 프로젝트 - 리액티브 앱의 기반〉에서는 리액티브 스트림 스펙을 완벽하게 구현한 리액티브 라이브러리를 소개합니다. 먼저 이 장에서는 리액터의 장점을 강조한 다음, 스프링 개발자들이 새로운 솔루션을 개발하도록 동기를 부여한 이유를 설명합니다. 아울러 이 인상적인 라이브러리의 기초에 대해 다룹니다. 그리고 리액티브 타입에 대한 응용과 Mono 및 Flux에 대해 설명합니다.

〈5장 스프링 부트 2와 함께하는 리액티브〉에서는 리액티브 애플리케이션 개발에 필요한 스프링 5 리액티브 모듈을 소개합니다. 여기서는 각 모듈을 사용하는 방법과 스프링 부트 2를 이용해 애플리케이션을 빠르게 설정하는 방법을 배웁니다.

〈6장 웹플럭스 - 비동기 논블로킹 통신〉은 기본 모듈인 스프링 웹플럭스를 다룹니다. 웹플럭스는 사용자 및 외부 서비스와 비동기식, 논블로킹 통신을 위한 필수 도구입니다. 이 장에서는 이 모듈의 장점과 스프링 MVC와의 비교 내용을 개괄적으로 설명합니다.

〈7장 리액티브 방식으로 데이터베이스 사용하기〉에서는 데이터 액세스를 위한 스프링 5 기반 리액티브 프로그래밍 모델로 들어갑니다. 이 장의 핵심은 스프링 데이터 모듈의 리액티브 보강에 있으며 스프링 5, 리액티브 스트림 및 리액터 프로젝트와 함께 즉시 제공되는 기능을 탐색합니다. 이 장에서는 SQL 및 NoSQL 데이터베이스와 같은 다른 데이터베이스와의 통신을 위한 리액티브 방식을 보여주는 코드를 접하게 됩니다.

〈8장 클라우드 스트림으로 확장하기〉에서는 스프링 클라우드 스트림(Spring Cloud Streams)의 리액티브 기능을 소개합니다. 이 모듈의 뛰어난 신기능을 배우기 전에 다른 서버로 시스템을 확장할 때 직면할 수 있는 비즈니스 사례와 문제점에 대해 먼저 배웁니다. 이 장에서는 스프링 클라우드 솔루션의 잠재력을 확인할 수 있으며, 이와 관련한 스프링 부트 2 코드 예제를 설명합니다.

〈9장 리액티브 애플리케이션 테스트하기〉에서는 리액티브 파이프라인 테스트에 필요한 기본 사항을 다룹니다. 이 장에서는 테스트를 작성하기 위한 스프링 5 테스트 및 리액터 테스트 모듈을 소개합니다. 여기에서는 이벤트 빈도를 조작하고 타임 라인을 이동하고 스레드 풀을 향상시키고 결과를 시뮬레이션하고 전달된 메시지를 검증하는 방법을 살펴봅니다.

〈10장 자! 드디어 릴리즈다〉는 솔루션 배포 및 모니터링에 대한 단계별 가이드입니다. 여기에서는 스프링 5 모듈을 이용해 리액티브 마이크로서비스를 모니터링하는 방법을 알아볼 것입니다. 또한 이 장에서는 결과를 보여주고 집계한 자료를 모니터링하는 데 유용한 도구를 설명합니다.

이 책을 최대한 활용하려면

리액티브 시스템의 개발은 복잡한 작업이므로 도메인에 대한 깊은 이해가 필요합니다. 분산 시스템 및 비동기 프로그래밍에 대한 지식이 필요합니다.

예제 코드 파일 다운로드

이 책의 예제 코드는 아래 사이트에서 내려받을 수 있습니다.

- 깃헙:

  https://github.com/PacktPublishing/Hands-On-Reactive-Programming-in-Spring-5

- 위키북스 홈페이지

  https://wikibook.co.kr/spring5-reactive/

컬러 이미지 다운로드

또한 이 책에서 사용된 스크린 샷/다이어그램에 대한 컬러 이미지를 다음 주소에서 내려받을 수 있습니다.

- 위키북스 홈페이지

  https://wikibook.co.kr/spring5-reactive/

편집 규칙

이 책 전체에 사용된 편집 규칙은 다음과 같습니다.

본문 내 코드: 본문의 코드, 데이터베이스 테이블 이름, 폴더 이름, 파일 이름, 파일 확장명, 사용자 입력을 나타냅니다. 예를 들어 '먼저 onSubscribe()를 호출하고, 로컬에 Subscription을 저장한 후 Publisher에게 request() 메서드를 통해 뉴스레터를 받을 준비가 되었음을 알려주는 코드'와 같이 씁니다.

코드 블록은 다음과 같이 표시합니다.

```
@Override
public long maxElementsFromPublisher() {
    return 1;
}
```

커맨드 라인 입력이나 출력은 다음과 같이 표시합니다.

    ./gradlew clean build

굵게: 새 용어나 중요한 단어, 화면에 표시되는 단어를 나타냅니다.

 경고 또는 중요한 메모를 보여줍니다.

 팁과 트릭을 보여줍니다.

01

왜 리액티브
스프링인가?

이 장에서는 '**반응성(reactivity)**'의 개념을 설명하고 왜 리액티브 접근법이 전통적인 접근법보다 나은지 살펴봅니다. 이를 위해 전통적인 접근 방식이 실패한 사례를 살펴볼 것입니다. 아울러 **리액티브 시스템**이라고 불리는 견고한 시스템 구축을 위한 기본 원리를 알아보겠습니다. 또한 분산 서버 사이의 메시지 기반 통신을 구축하기 위한 개념적 이유를 간략하게 알아보고, '반응성'에 매우 적합한 비즈니스 사례도 함께 살펴보겠습니다. 그런 다음, 세분화된 리액티브 시스템을 구축하기 위해 **리액티브 프로그래밍**의 의미를 확장해 보겠습니다. 스프링 프레임워크 팀이 **스프링 프레임워크 5**의 핵심 요소에 리액티브 프레임워크를 포함하기로 결정한 이유에 대해서도 논의할 것입니다. 이 장의 내용을 바탕으로 왜 반응성이 중요한지와 프로젝트를 리액티브 시스템으로 변화시키는 것의 장점을 이해할 수 있을 것입니다.

이 장에서는 다음 내용을 다룹니다.

- 왜 반응성이 필요한가?
- 리액티브 시스템의 기본 원리
- 리액티브 시스템 설계에 완벽하게 일치하는 비즈니스 사례
- 리액티브 시스템에 좀 더 적합한 프로그래밍 기술
- 스프링 프레임워크가 리액티브로 전환하는 이유

왜 리액티브인가?

최근 **리액티브(반응형)**라는 용어를 매우 빈번하게 들을 수 있습니다. 이는 흥미롭지만, 혼란스럽기도 합니다. 전 세계의 각종 콘퍼런스에서 중요하게 언급된다고 해서 우리가 반응성에 대해 계속 신경을 써야 할까요? 리액티브라는 단어를 검색해 보면 가장 관련이 높은 단어가 프로그래밍이고, 이는 프로그래밍 모델의 한 종류를 의미합니다.

그러나 그것이 리액티브의 유일한 의미는 아닙니다. 그 말의 뒤에는 강력한 시스템을 구축하기 위한 기본 설계 원칙이 숨어 있습니다. 필수 시스템 설계 원리로서의 반응성의 가치를 이해하기 위해 소규모 비즈니스를 개발하고 있다고 상상해 봅시다.

그 비즈니스가 몇 가지 최첨단 제품을 매력적인 가격에 판매하는 웹 기반 온라인 상점이라고 가정해 봅시다. 이 분야의 대부분 프로젝트와 마찬가지로, 당면한 문제를 해결하기 위해 소프트웨어 엔지니어를 고용했습니다. 전통적인 개발 방법을 선택했고, 몇 가지 개발 활동을 통해 온라인 상점을 만들었습니다.

시간당 평균 약 1,000명의 사용자가 방문한다고 해봅시다. 요구 사항을 충족하기 위해 최신 컴퓨터를 구입해 톰캣(Tomcat) 웹 서버를 실행하고, 500개의 스레드로 톰캣 스레드 풀을 구성했습니다. 사용자 요청에 대한 평균 응답 시간은 약 250밀리초입니다. 구성된 시스템에 대한 용량을 단순하게 계산하면 시스템이 초당 약 2,000명의 사용자 요청을 처리할 수 있다고 확신할 수 있습니다. 통계에 따르면, 이전에 언급한 사용자 수 기준으로 평균 요청 건수는 초당 1,000건 정도였습니다. 결과적으로 현재 시스템의 용량은 평균 부하를 처리하기에 충분합니다.

요약하면, 이 경우에는 처리 능력을 기준으로 애플리케이션을 구성한 것입니다. 온라인 상점은 11월 마지막 금요일인 블랙 프라이데이까지 안정적으로 운영됐습니다.

블랙 프라이데이는 소비자와 판매자 모두에게 중요한 날입니다. 소비자들에게는 할인된 가격으로 제품을 구매할 기회입니다. 판매자들에게는 매출을 올리고 제품을 대중화할 수 있는 수단입니다. 그러나 블랙 프라이데이에는 폭발적인 고객 증가가 발생하며, 이는 제품 생산 측면에서 실패의 중요한 원인이 될 수 있습니다.

그리고 물론 우리도 실패했습니다! 어느 시점부터 부하가 모든 예상을 초과했습니다. 스레드 풀에 사용자 요청을 처리할 스레드가 남아 있지 않았습니다. 결국 백업 서버마저 예측하지 못한 요청을 처리하지 못했고, 결과적으로 응답 시간이 증가하고 주기적으로 서비스가 중단됐습니다. 이때부터 사용자 주문 일부가 누락되기 시작했고, 고객들은 불만을 쏟아내며 경쟁사로 발길을 돌렸습니다.

결국 많은 잠재 고객과 경제적 손실을 입고 매장의 평가가 낮아졌습니다. 이것은 증가한 부하에 대해 응답 능력을 유지하지 못한 결과입니다.

그러나 걱정하지 마세요. 이것이 처음 있는 일은 아닙니다. 한때 아마존과 월마트 같은 거대 기업도 이 문제에 직면했고, 이후에 해결책을 찾았습니다.

거대 기업의 장애에 대해 자세히 알아보려면 다음을 참조하세요.

- 아마존닷컴 정전 사건 (https://www.cnet.com/news/amazon-com-hit-with-outages/)
- 아마존닷컴 다운으로 분당 66,240달러 손실 (https://www.forbes.com/sites/kellyclay/2013/08/19/amazon-com-goes-down-loses-66240-per-minute/#3fd8db37495c)
- 월마트의 블랙 프라이데이 재난: 웹사이트 손상, 매장 내 폭력 발생 (https://techcrunch.com/2011/11/25/walmart-black-friday/)

지금 생각해야 할 중요한 문제는 '어떻게 대응할 것인가?'입니다. 앞에서 설명한 예에서 알 수 있듯이, 애플리케이션은 변화에 대응해야 합니다. 여기에는 수요(부하)의 변화 및 외부 서비스의 가용성 변화가 포함됩니다. 즉, 사용자 요청에 대한 응답 능력에 영향을 미칠 수 있는 모든 변화에 대응해야 합니다.

일차적인 목표를 달성하는 첫 번째 방법은 **탄력성(elasticity)**을 통한 것입니다. 이는 다양한 작업 부하에서 응답성을 유지하는 능력을 의미합니다. 즉, 더 많은 사용자가 작업을 시작할 때 시스템 처리량이 자동으로 증가해야 하고 수요가 감소하면 자동으로 감소해야 합니다. 애플리케이션 관점에서 볼 때 이 기능을 사용하면 평균 지연 시간에 영향을 미치지 않고 시스템을 확장할 수 있기 때문에 시스템 응답성을 유지할 수 있습니다.

지연 시간(latency)은 응답성의 필수적인 특성입니다. 탄력성이 없는 시스템에서는 수요가 증가하면 평균 지연 시간이 증가하고, 이것이 시스템의 응답성에 직접적인 영향을 미칩니다.

예를 들어 추가 연산 자원 또는 추가 인스턴스를 제공해 시스템의 처리량을 증가시킬 수 있습니다. 그 결과로 응답 능력이 향상될 것입니다. 반면 수요가 낮은 경우에는 리소스 사용 측면에서 시스템을 축소해 비즈니스 비용을 절감해야 합니다. 수평적 또는 수직적 **확장**을 통해 탄력성을 달성할 수 있습니다. 그러나 분산 시스템의 확장성을 달성하기 위해 시스템 병목 지점 또는 동기화 지점을 확장하는 정도로 그치는 것이 일반적입니다. 이론적 및 실용적인 관점에서 이러한 문제는 암달의 법칙(Amdahl's Law)

과 건터(Gunther)의 보편적 확장성 모델(Universal Scalability Model)로 설명할 수 있습니다. **6장 웹플럭스 − 비동기 논블로킹 통신**에서 이 문제에 대해 다룹니다.

 비즈니스 비용이란 클라우드 인스턴스 추가 비용 또는 물리적 시스템의 추가 전력 소비 비용을 말합니다.

그러나 장애 발생과 상관없이 응답성을 유지하는 능력을 갖추지 않은 채로 확장 가능한 분산 시스템을 구축하는 것은 어려운 일입니다. 시스템의 한 부분이 가용하지 않은 상황을 생각해 봅시다. 외부 결제 서비스가 중단되고 모든 사용자의 상품 구매 결제가 실패하는 상황입니다. 이것은 시스템의 응답성이 나빠지는 상황이고, 대다수의 경우에 이는 발생해서는 안 되는 상황입니다. 예를 들어 사용자가 온라인 쇼핑을 진행할 수 없다면 경쟁 업체 사이트로 이동할 것입니다. 고품질 사용자 경험을 제공하기 위해서는 시스템의 응답성에 관심을 기울여야 합니다. 시스템에 대한 허용 기준은 시스템 실패에도 반응성을 유지할 수 있는 능력, 다시 말해서 시스템 복원력을 유지하는 것입니다. 이는 시스템의 기능 요소를 격리해 모든 내부 장애를 격리하고 독립성을 확보함으로써 달성할 수 있습니다. 아마존 웹 상점으로 다시 돌아가 봅시다. 아마존은 주문 목록, 결제 서비스, 광고 서비스, 리뷰 서비스를 포함한 다양한 기능 요소를 가지고 있습니다. 예를 들어, 결제 서비스가 중단된 경우라도 일단 사용자 주문을 접수하고 이후에 자동으로 재시도함으로써 사용자를 원치 않는 장애로부터 보호할 수 있습니다. 다른 예로는 댓글 서비스를 들 수 있습니다. 댓글 서비스에 장애가 발생하더라도 장바구니 확인이나 결제 서비스는 아무런 영향 없이 정상적으로 동작해야 합니다.

또 하나 강조할 점은 탄력성과 복원력이 밀접하게 결합돼 있으며, 이 두 가지를 모두 사용할 때만 시스템의 진정한 응답성을 달성할 수 있다는 것입니다. 확장성을 통해 다수의 복제본을 가질 수 있으므로 하나의 노드에 장애가 발생한 경우 이를 탐지하고 시스템의 나머지 부분에 미치는 영향을 최소화하며 다른 복제본으로 전환할 수 있습니다.

 용어에 대한 자세한 내용은 다음 링크를 참조하세요.

- 탄력성(Elasticity) (https://www.reactivemanifesto.org/ko/glossary#Elasticity)
- 장애(Failure) (https://www.reactivemanifesto.org/ko/glossary#Failure)
- 분리(Isolation) (https://www.reactivemanifesto.org/ko/glossary#Isolation)
- 컴포넌트(Component) (https://www.reactivemanifesto.org/ko/glossary#Component)

메시지 기반 통신

분산 시스템에서 컴포넌트를 연결하는 방법과 낮은 결합도, 시스템 격리 및 확장성 유지를 어떻게 하면 동시에 달성할 수 있는지는 여전히 불분명합니다. HTTP를 이용해 컴포넌트 간의 통신을 수행하는 상황을 검토해 보겠습니다. 스프링 프레임워크 4에서 HTTP 통신을 수행하는 다음 예제는 이런 개념을 나타냅니다.

```
@RequestMapping("/resource")                          // (1)
public Object processRequest() {
    RestTemplate template = new RestTemplate();       // (2)

    ExamplesCollection result = template.getForObject(   // (3)
      "http://example.com/api/resource2",
      ExamplesCollection.class
    );
    ...                                               // (4)
    processResultFurther(result);                     // (5)
}
```

위 코드에서 각 번호에 대한 설명은 다음과 같습니다.

1. @RequestMapping 애노테이션을 이용한 리퀘스트 핸들러(request handler) 매핑을 선언합니다.

2. RestTemplate 인스턴스를 생성합니다. RestTemplate은 스프링 4 프레임워크 안에 포함돼 있으며, 서비스 간 요청-응답을 처리하는 가장 유명한 웹 클라이언트입니다.

3. 요청을 생성하고 실행하는 방법을 보여줍니다. 여기서는 RestTemplate API를 이용해 HTTP 요청을 생성하고 즉시 실행합니다. 응답은 자동으로 자바 객체로 매핑돼 실행 결과가 반환됩니다. 응답 본문 타입은 getForObject 메서드의 두 번째 파라미터로 지정합니다. 또한, 함수의 get 접두어는 HTTP 메서드 GET을 의미합니다.

4. 추가 기능을 실행하는 부분이지만, 이번 예제에서는 생략합니다.

5. 결과를 이용해 다른 처리를 실행합니다.

위 예제에서 사용자의 요청으로 호출되는 리퀘스트 핸들러를 정의했습니다. 핸들러는 호출이 일어날 때마다 외부 서비스에 대한 추가 HTTP 요청을 발생시키고 차례로 다음 단계가 실행됩니다. 이 코드는 친숙하고 논리적으로 투명해 보이지만, 몇 가지 문제가 있습니다. 예제에서 무엇이 잘못됐는지 이해하기 위해 요청에 대한 타임라인을 간단히 살펴봅시다.

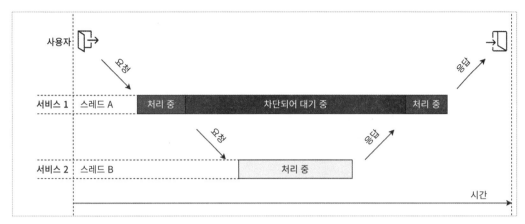

그림 1.1 컴포넌트 간의 요청 처리 타임라인

이 그림은 코드의 실제 동작을 나타냅니다. 보다시피 처리 시간의 일부만 효과적인 CPU 사용을 위해 할당되고, 나머지 시간 동안 스레드 A는 I/O에 의해 차단되며 다른 요청을 처리할 수 없습니다.

 C#, Go, Kotlin 같은 일부 언어에서는 스레드 A를 사용할 때 동일한 코드가 차단되지 않을 수 있습니다. 하지만 순수한 자바에는 아직 그러한 특성이 없습니다. 따라서 이러한 경우 스레드는 실제로 차단됩니다.

한편, 자바에는 병렬 처리를 위해 추가 스레드를 할당할 수 있는 스레드 풀이 있습니다. 그러나 부하가 높은 상태에서는 이러한 기법이 새로운 I/O 작업을 동시에 처리하는 데 매우 비효율적일 수 있습니다. 이 장에서 이 문제를 다시 살펴보고, **6장 웹플럭스 – 비동기 논블로킹 통신**에서도 철저히 분석해보겠습니다.

그런데도 I/O 측면에서 리소스 활용도를 높이려면 비동기 논블로킹(asynchronous and non-blocking) 모델을 사용해야 한다는 점에는 동의할 수 있습니다. 현실에서 이런 종류의 커뮤니케이션은 문자 메시지입니다. 문자 메시지(SMS 또는 이메일)를 받으면 읽고 응답하는 데 모든 시간이 소모됩니다. 게다가 보통은 대답을 기다리지 않고 그동안 다른 일을 합니다. 의심할 여지없이 이렇게 할 때 업무가 최적화되고 남은 시간을 효율적으로 활용할 수 있습니다. 다음 그림을 살펴봅시다.

 용어에 대해 좀 더 자세히 알아보려면 다음 링크를 참고하세요.

- 논블로킹(Non-Blocking) (https://www.reactivemanifesto.org/ko/glossary#Non-Blocking)
- 자원(Resource) (https://www.reactivemanifesto.org/ko/glossary#Resource)

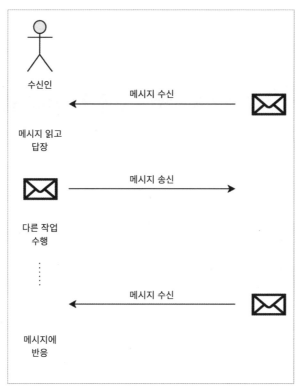

그림 1.2 논블로킹 메시지 통신

일반적으로 분산 시스템에서 서비스 간에 통신할 때 자원을 효율적으로 사용하기 위해서는 메시지 기반(message-driven) 통신 원칙을 따라야 합니다. 서비스 사이에 일어나는 전반적인 상호 작용은 다음과 같이 설명할 수 있습니다. 구성 요소들은 메시지 도착을 기다리고 이에 반응하며, 나머지 시간에는 휴면 상태에 있지만, 동시에 논블로킹 방식으로 메시지를 보낼 수 있어야 합니다. 또한 이러한 접근 방식은 위치 투명성을 활성화해 시스템 확장성을 향상시킵니다. 이메일을 보낼 때 받는 사람의 이메일 주소가 정확한지 주의를 기울입니다. 메일 서버는 수신자의 사용 가능한 디바이스 중 하나에 해당 메일을 배달합니다. 그래서 특정 디바이스에 대해 주의를 기울이지 않고도 원하는 만큼 많은 디바이스를 사용할 수 있습니다. 또한 디바이스 중 하나에 장애가 발생해도 수신자가 다른 장치에서 이메일을 읽을 수 있어 장애 복원력이 향상됩니다.

메시지 기반 통신을 수행하는 방법의 하나는 **메시지 브로커**(message broker)를 사용하는 것입니다. 이 경우 메시지 대기열을 모니터링해 시스템이 부하 관리 및 탄력성을 제어할 수 있습니다. 또한 메시지 통신은 명확한 흐름 제어를 제공하고 전체 설계를 단순화합니다. 이 장에서 이에 대한 구체적인 내용을 다루지는 않지만, **8장 클라우드 스트림으로 확장하기**에서 메시지 중심의 통신을 달성하기 위한 가장 보편적인 기술을 다룹니다.

 휴면이라는 표현은 메시지 기반의 통신을 강조한 다음 문서에서 가져온 것입니다.

https://www.reactivemanifesto.org/ko/glossary#Message-Driven

지금까지 서술한 내용을 종합하면 리액티브 시스템의 기본 원리를 알 수 있습니다. 다음 그림으로 다시 설명하겠습니다.

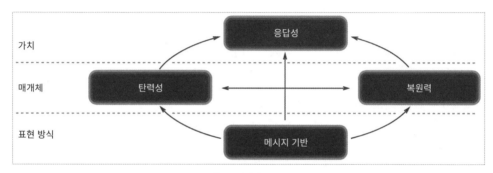

그림 1.3 리액티브 선언문

그림에서 알 수 있듯이, 분산 시스템으로 구현되는 모든 비즈니스의 핵심 가치는 응답성입니다. 시스템이 높은 응답성을 확보한다는 것은 탄력성 및 복원력 같은 기본 기법을 따른다는 의미입니다. 마지막으로 응답성, 탄력성 및 복원력을 모두 확보하는 기본적인 방법의 하나는 메시지 기반 통신을 사용하는 것입니다. 또한 이러한 원칙에 따라 구축된 시스템은 모든 구성 요소가 독립적이고 적절하게 격리돼 있기 때문에 유지 보수 및 확장이 매우 용이합니다.

 리액티브 선언문에 정의된 모든 개념을 자세히 설명하지는 않겠지만, 다음 링크에서 제공하는 용어집은 살펴보는 것이 좋습니다.

https://www.reactivemanifesto.org/ko/glossary

이러한 개념은 새로운 것은 아니며 리액티브 시스템의 개념을 설명하는 용어집인 리액티브 선언문에 이미 정의돼 있습니다. 이 선언문은 기업과 개발자들이 기존 개념을 동일하게 이해하도록 하기 위해 만들어졌습니다. 리액티브 시스템과 리액티브 선언문은 아키텍처와 관련이 있으며, 이는 대규모 분산 애플리케이션은 물론이고 소규모 단일 노드 애플리케이션에도 적용할 수 있다는 사실을 꼭 알아두기 바랍니다.

Lightbend의 설립자이자 CTO인 조나스 보너(Jonas Bonér)가 리액티브 선언문(https://www.reactivemanifesto.org/ko)의 중요성에 대해 설명한 다음 링크를 참고하세요.

https://www.lightbend.com/blog/why_do_we_need_a_reactive_manifesto%3F

반응성에 대한 유스케이스

이전 절에서 반응성의 중요성과 리액티브 시스템의 기본 원리를 배웠으며, 왜 메시지 기반 통신이 리액티브 생태계의 필수 요소인지 살펴봤습니다. 지금까지 배운 것을 보강하기 위해서 실제 예제를 살펴보겠습니다. 리액티브 시스템은 아키텍처에 관한 것이며, 어디에나 적용될 수 있습니다. 간단한 웹 사이트, 대규모 엔터프라이즈 솔루션 및 고속 스트리밍이나 빅데이터 시스템에도 사용할 수 있습니다. 우선 가장 간단한 것으로 시작하겠습니다. 이전에 이미 살펴본 웹 스토어의 예를 살펴보겠습니다. 여기서는 리액티브 시스템을 만드는 데 도움이 되는 설계 개선 및 변경점에 대해 설명합니다. 다음 그림을 통해 제안 솔루션의 전체 아키텍처를 파악할 수 있습니다.

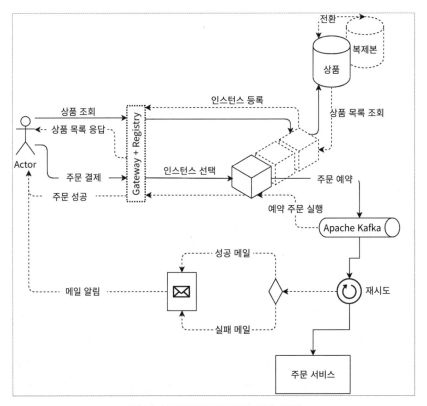

그림 1.4 스토어 애플리케이션 아키텍처 개선안

앞의 그림은 리액티브 시스템을 활용할 수 있는 유용한 사례 중 하나를 보여줍니다. 여기서는 모던 마이크로서비스 패턴을 적용해 예로 든 웹 스토어를 개선했습니다. 이번에는 위치 투명성을 달성하기 위해 API 게이트웨이 패턴을 사용합니다. 이는 요청을 처리하는 서비스에 대한 지식이 없는 상태에서도 해당 리소스를 식별할 수 있게 해줍니다.

 그러나 이는 클라이언트가 최소한 자원 이름은 알아야 한다는 의미입니다. API 게이트웨이가 요청 URI의 일부로 서비스 이름을 제공받으면 레지스트리 서비스에 요청해 특정 서비스 주소를 확인할 수 있습니다.

또한 각 서비스의 가용성 정보를 최신으로 유지하는 책임은 서비스 레지스트리 패턴으로 구현하고, 클라이언트 측 디스커버리 패턴을 통해 달성합니다. 앞의 예에서 서비스 게이트웨이와 서비스 레지스트리가 동일한 시스템에 설치돼 있기 때문에 소규모 시스템의 경우 유용할 수 있습니다. 또한 서비스 요소 일부에 복제본을 구성해 높은 시스템 응답성을 얻을 수 있습니다. 다른 한편으로 장애 복원력은 아파치 카프카(Apache Kafka)를 이용해 적절하게 구성한 메시지 기반 통신과 독립적인 결제 서비스(그림 1-4의 **재시도** 설명이 있는 지점)에 의해 이루어집니다. 이를 통해 외부 시스템의 장애 발생 시 결제 요청을 재시도할 수 있습니다. 또한 데이터베이스에는 복제 서비스를 활성화해 복제본 중 하나가 중단된 경우에도 복원력을 유지합니다. 응답성을 유지하기 위해 주문 요청을 받자마자 우선 응답을 보낸 후, 이를 비동기적으로 처리해 사용자 결제 요청을 결제 서비스로 보냅니다. 최종 결제 결과 안내는 지원하는 채널 중 하나(예를 들면 이메일)에 의해 나중에 전달됩니다. 위 그림에서는 시스템의 일부만 보여주지만, 실제 시스템에서는 전체 그림이 더 광범위할 수 있고 리액티브 시스템을 구현하기 위한 훨씬 더 구체적인 기술을 도입할 수 있습니다.

 8장 클라우드 스트림으로 확장하기에서 디자인 원칙과 각각의 장단점에 대해 알아보겠습니다.

API 게이트웨이, 서비스 레지스트리를 포함해 분산 시스템 구축을 위한 패턴에 대해 더 알아보고 싶다면 다음 링크를 방문하세요. http://microservices.io/patterns

소형 웹 스토어 사례와 함께 리액티브 시스템 접근법이 적절한 또 다른 복잡한 영역을 생각해 봅시다. 더 복잡하지만 흥미로운 예는 **애널리틱스(analytics) 분야**입니다. 애널리틱스는 엄청난 양의 데이터를 다루면서 런타임에 처리하고 사용자에게 실시간으로 통계를 제공함으로써 항상 최신의 정보를 유지하는 등의 기능을 제공합니다. 가령 기지국 데이터를 기반으로 통신망을 감시하기 위한 시스템을 설계하고 있다고 합시다. 셀 타워 수에 대한 통계 보고서에 의하면 2016년 기준으로 미국에 308,334개의 기지국이 있습니다.

미국 내 기지국 수가 포함된 통계 보고서는 다음 링크에서 확인할 수 있습니다.

https://www.statista.com/statistics/185854/monthly-number-of-cell-sites-in-the-united-states-since-june-1986

안타깝지만, 그 정도 숫자의 기지국에서 생산되는 실제 부하는 상상만 해볼 수 있습니다. 그러나 그 정도의 엄청난 데이터를 처리하고 통신 네트워크 상태, 품질 및 트래픽에 대한 실시간 모니터링을 제공하는 것이 어렵다는 사실에는 쉽게 동의할 수 있습니다.

이 시스템을 설계하기 위해 **스트리밍(streaming)**이라는 효율적인 아키텍처를 사용할 수 있습니다. 다음 그림은 스트리밍 시스템의 개념 설계를 표현한 것입니다.

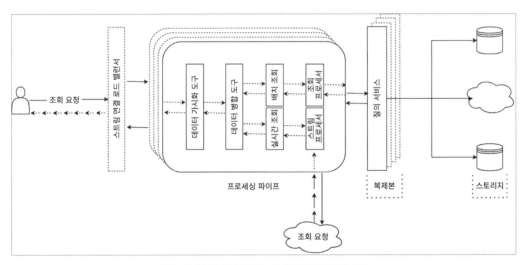

그림 1.5 실시간 애널리틱스 시스템 아키텍처 설계 사례

이 그림에서 알 수 있듯이, 스트리밍 아키텍처는 데이터 처리 및 변환 흐름을 만드는 것입니다. 일반적으로 이러한 시스템은 짧은 지연 시간과 높은 처리량이 특징입니다. 따라서 통신 네트워크 상태에 대한 분석된 업데이트에 응답하거나 전달하는 능력이 매우 중요합니다. 그러한 가용성이 높은 시스템을 구축하려면 리액티브 선언문에서 언급한 기본 원칙에 의존해야 합니다. 예를 들어, 복원성 확보를 위해서는 배압 지원을 활성화해야 합니다. 배압은 처리 단계 사이의 작업 부하를 관리하는 정교한 메커니즘을 뜻하며, 자신의 부하가 다른 프로세스로 파급되는 것을 방지합니다. 메시지 브로커를 통한 메시지 기반 통신을 사용해 작업 부하 관리를 효율적으로 수행할 수 있습니다. 이 통신 방식은 메시지를 내부 저장소에 보관하고 요청이 있을 때 전송할 수 있습니다.

배압을 다루는 다른 기술은 **3장 스트림의 새로운 표준 – 리액티브 스트림**을 참고하기 바랍니다.

또한 시스템의 각 구성 요소를 적절하게 변경해 시스템 처리량을 탄력적으로 확장하거나 줄일 수 있습니다.

 배압에 대한 자세한 설명은 다음 링크를 참조하세요.

https://www.reactivemanifesto.org/ko/glossary#Back-Pressure

실제 환경에서는 데이터 스트림이 일괄 처리로 데이터베이스에 저장되거나 윈도우잉(windowing) 또는 머신러닝을 적용해 거의 실시간에 가깝게 처리될 수 있습니다. 그럼에도 불구하고 리액티브 선언문이 제공하는 모든 기본 원칙은 전체 도메인 또는 비즈니스 아이디어와 관계없이 유효합니다.

요약하자면, 리액티브 시스템 구축의 기본 원리를 적용한 수없이 많은 영역이 있습니다. 사용자에게 효과적이고 인터랙티브한 피드백을 제공하는 거의 모든 종류의 분산 시스템 구축에 리액티브 원리를 적용할 수 있기 때문에, 리액티브 시스템의 적용 영역은 예시로 제공한 영역으로 제한되지 않습니다.

다음 절에서는 스프링 프레임워크를 리액티브로 전환하는 이유를 다루겠습니다.

왜 리액티브 스프링인가?

이전 절에서 리액티브 접근법이 빛나는 몇 가지 흥미로운 예를 살펴봤습니다. 탄력성과 복원성과 같은 기본 요소의 사용을 확대하고, 리액티브 시스템을 위해 일반적으로 사용되는 마이크로서비스의 예를 살펴봤습니다.

지금까지의 예제는 아키텍처 관점에서 살펴볼 기회는 제공했지만, 구현 관점에서는 적합하지 않았습니다. 그러나 리액티브 시스템의 복잡성을 강조하는 것은 중요하며, 그러한 시스템을 구축하는 것은 어려운 과제입니다. 리액티브 시스템을 쉽게 구축하려면 먼저 그 프레임워크를 분석한 다음, 그중 하나를 선택하면 됩니다. 프레임워크를 선택하는 가장 일반적인 방법의 하나는 각 프레임워크의 기능, 연관성 및 커뮤니티를 분석하는 것입니다.

JVM 세계에서 리액티브 시스템을 구축하는 데 쓰이는 가장 널리 알려진 프레임워크는 Akka 및 Vert.x입니다.

먼저, Akka는 다양한 기능과 커다란 커뮤니티의 지원을 받는 인기 프레임워크입니다. 초기에 Akka는 Scala 생태계의 일부로 구축됐고, 한동안 Scala로 작성된 솔루션 내에서만 영향력이 있었습니다. 스칼라는 JVM 기반 언어이기는 하지만, Java와는 분명히 다릅니다. 몇 년 전, Akka가 Java를 직접적으로 지원하기 시작했지만, 자바 커뮤니티에서는 Scala에서처럼 인기를 누리지는 못했습니다.

다음으로, Vert.x는 효과적인 리액티브 시스템을 구축하기 위한 강력한 프레임워크입니다. Vert.x는 JVM에서 Node.js를 대체하기 위해 논블로킹 및 이벤트 기반으로 설계됐습니다. 하지만 Vert.x는 불과 몇 년 전부터 경쟁력을 갖기 시작했습니다. 지난 15년 동안 유연하고 강력한 응용 프로그램 개발 프레임워크 시장은 스프링 프레임워크가 점령하고 있었습니다.

여러 가지 자바 도구의 현황을 살펴보려면 다음 링크를 참고하세요.

https://www.quora.com/Is-it-worth-learning-Java-Spring-MVC-as-of-March-2016/answer/Krishna-Srinivasan-6?srid=xCnf

스프링 프레임워크는 개발자에게 친숙한 프로그래밍 모델을 사용해 웹 애플리케이션을 구축할 수 있는 다양한 방법을 제공합니다. 하지만 견고한 리액티브 시스템을 구축하는 데는 몇 가지 제약이 있습니다.

서비스 레벨에서의 반응성

다행스럽게도 리액티브 시스템에 대한 수요 증가로 **스프링 클라우드(Spring Cloud)**라는 새로운 스프링 프로젝트가 시작됐습니다. 스프링 클라우드 프레임워크는 몇 가지 문제점을 해결하고 분산 시스템 구축을 단순화하는 기반 프로젝트입니다. 결과적으로, 스프링 프레임워크 생태계는 리액티브 시스템을 구축하는 데 적합할 수 있습니다.

스프링 클라우드 프레임워크의 핵심 기능과 구성 요소에 대한 자세한 내용을 보려면 다음 링크를 참고하세요.

http://projects.spring.io/spring-cloud/

이 장에서는 스프링 클라우드 프레임워크 기능에 대한 세부적인 내용은 일단 생략하고, **8장 클라우드 스트림으로 확장하기**에서 리액티브 시스템 개발에 가장 중요한 부분을 다룰 예정입니다. 그렇더라도 최소한의 노력으로 견고한 리액티브 마이크로서비스 시스템을 구축하는 솔루션으로서 주목할 필요가 있습니다.

반면에 리액티브 선언문에서 주지하다시피, 전체 시스템 설계는 리액티브 시스템을 구축하는 데 있어 하나의 요소일 뿐입니다.

"큰 시스템은 더 작은 규모의 시스템으로 구성되기 때문에 구성 요소의 리액티브 특성에 의존합니다. 즉, 리액티브 시스템은 설계 원칙을 적용하고, 이 특성을 모든 규모에 적용해 그 구성 요소를 합성할 수 있게 하는 것을 의미합니다."[1]

따라서 구성 요소 수준에서도 리액티브 설계 및 구현을 제공하는 것이 중요합니다. 이러한 맥락에서 설계 원칙이란 컴포넌트 사이의 관계, 예를 들면 각 기본 요소를 조합하는 데 사용되는 프로그래밍 기법을 말합니다. 자바에서 코드를 작성하는 가장 보편적인 기법은 **명령형 프로그래밍**(imperative programming)입니다.

명령형 프로그래밍이 리액티브 시스템 설계 원칙을 따르는지를 이해하기 위해 다음 그림을 살펴보겠습니다.

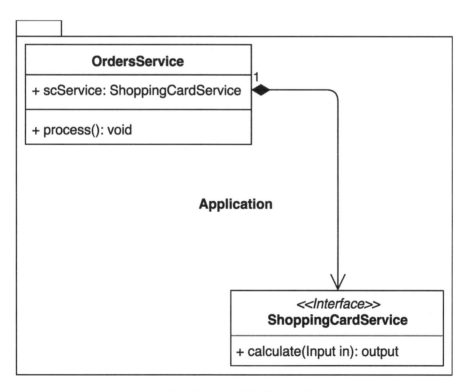

그림 1.6 컴포넌트 관계에 대한 UML 표현

---

1 리액티브 선언문의 번역을 따랐습니다. https://www.reactivemanifesto.org/ko

이 그림에는 웹 스토어 애플리케이션을 구성하는 두 개의 컴포넌트가 있습니다. 이 경우 OrdersService
는 사용자 요청을 처리하기 위해 ShoppingCardService를 호출합니다. 내부에 있는 ShoppingCardService
가 HTTP 요청이나 데이터베이스 쿼리와 같이 시간이 걸리는 I/O 작업을 실행한다고 가정합시다. 명
령형 프로그래밍의 단점을 이해하기 위해 앞서 언급한 컴포넌트 간의 상호 작용에 대한 가장 일반적인
구현 예를 살펴보겠습니다.

```java
interface ShoppingCardService {                                    // (1)
    Output calculate(Input value);
}

class OrdersService {                                              // (2)
    private final ShoppingCardService scService;

    void process() {
        Input input = ...;
        Output output = scService.calculate(input);               // (2.1)
        ...                                                        // (2.2)
    }
}
```

위 코드에 대한 설명은 다음과 같습니다.

1. ShoppingCardService 인터페이스 선언입니다. 이는 앞서 언급한 클래스 다이어그램에 해당하며, 하나의 인자를 받아
   처리하는 하나의 calculate 메서드만 있습니다.

2. OrderService 선언입니다. (2.1)에서 ShoppingCardService를 동기적으로 호출하고 실행 직후 결과를 받습니다. (2.2)
   는 결과 처리를 담당하는 부분이지만 생략했습니다.

3. 그런 경우에 이 서비스는 시간과 강결합되거나 단순히 OrderService를 실행하는 경우에도 ShoppingCardService의
   실행 결과와 강결합됩니다. 안타깝게도 이러한 기술을 사용하면 ShoppingCardService가 요청을 처리하는 동안 다른
   작업을 실행할 수 없습니다.

앞 코드에서 봤듯이 자바 환경에서 scService.calculate(input) 메서드를 실행하면 OrderService 로직을
처리하는 동안 스레드가 차단됩니다. 따라서 OrderService에서 별도의 독립적인 처리를 실행하려면 추
가 스레드를 할당해야 합니다. 이번 장에서 설명하겠지만, 추가 스레드를 할당하는 것은 낭비일 수 있
습니다. 결과적으로, 리액티브 시스템의 관점으로 본다면 그런 식의 동작은 허용되지 않습니다.

블로킹 방식 통신은 논블로킹 통신을 명시적으로 제공하는 메시지 기반 원칙에 모순됩니다. 자세한 내용은
https://www.reactivemanifesto.org/ko/glossary#Message-Driven을 참조하세요.

하지만 자바에서 이 문제를 컴포넌트 사이의 통신을 위한 콜백 기법을 적용해 해결할 수 있습니다.

```
interface ShoppingCardService {                              // (1)
    void calculate(Input value, Consumer<Output> c);
}


class OrderService {                                         // (2)
    private final ShoppingCardService scService;
    void process() {
        Input input = ...;
        scService.calculate(input, output -> {               // (2.1)
            ...                                              // (2.2)
        });
    }
}
```

위 코드의 각 부분에 대한 설명은 다음과 같습니다.

1. 이 부분은 ShoppingCardService 인터페이스 선언입니다. calculate 메서드는 두 개의 인자를 받고 void를 반
   환합니다. 이는 설계 관점에서 호출하는 인스턴스가 즉시 대기 상태에서 해제될 수 있으며, 그 결과는 나중에 지정된
   Consumer<> 콜백으로 전달된다는 뜻입니다.

2. OrderService 선언입니다. 여기서는 비동기식으로 ShopCardService를 호출하고, 이후 작업을 진행합니다.
   ShopCardService가 콜백 함수를 실행하면 실제 결과에 대한 처리를 계속할 수 있습니다(2.2).

이제 OrderService는 작업 완료 후에 반응할 콜백 함수를 전달합니다. 이것은 OrderService가
ShoppingCardService로부터 분리(decoupled)됐음을 의미합니다. 아울러 OrderService로 결과를 전달
하는 함수형 콜백 호출을 위해 동기 또는 비동기적인 방식으로 ShoppingCardService#calculate 메서드
를 구현할 수 있습니다.

```
class SyncShoppingCardService implements ShoppingCardService {   // (1)
    public void calculate(Input value, Consumer<Output> c) {
        Output result = new Output();
        c.accept(result);                                        // (1.1)
```

```
        }
    }
}

class AsyncShoppingCardService implements ShoppingCardService {        // (2)
    public void calculate(Input value, Consumer<Output> c) {
        new Thread(() -> {                                            // (2.1)
            Output result = template.getForObject(...);              // (2.2)

            ...

            c.accept(result);                                         // (2.3)
        }).start();                                                   // (2.4)
    }
}
```

이 코드에 대한 설명은 다음과 같습니다.

1. SyncShoppingCardService 클래스 선언입니다. 이 구현은 블로킹이 없다고 가정합니다. 여기서는 I/O 실행을 하지 않기 때문에 결과를 콜백 함수 (1.1)에 전달해 즉시 반환할 수 있습니다.

2. AsyncShoppingCardService 클래스 선언입니다. 이 경우, (2.2)에서 표현한 것처럼 I/O를 차단할 때 별도의 Thread (2.1) (2.4)로 래핑할 수 있습니다. 결과를 받으면 (2.3)에서 콜백 함수를 호출해 결과를 전달합니다.

위 예제에서 ShoppingCardService을 API 관점에서 별다른 이점이 없는 동기식 구현과 각 요청을 별도의 스레드에서 처리하는 비동기식 구현도 했습니다. OrderService는 실행 프로세스와 분리돼 콜백으로 결과를 받을 수 있습니다.

이러한 방식의 장점은 컴포넌트가 콜백 함수에 의해 분리된다는 것입니다. 즉, scService.calculate 메서드를 호출한 후 ShoppingCardService의 응답을 기다리지 않고 즉시 다른 작업을 진행할 수 있습니다.

단점이라면 공유 데이터 변경 및 콜백 지옥을 피하기 위해 개발자가 멀티 스레딩을 잘 이해하고 있어야 한다는 것입니다.

 콜백 지옥은 자바스크립트에서 자주 언급되는 내용이지만, 자바라고 예외는 아닙니다.
http://callbackhell.com

다행스럽게도 콜백만이 유일한 옵션은 아닙니다. 또 하나의 대안은 java.util.concurrent.Future입니다. 이 클래스는 실행 동작을 어느 정도 숨기고 구성 요소도 분리합니다.

```
interface ShoppingCardService {                                  // (1)
    Future<Output> calculate(Input value);
}

class OrderService {                                             // (2)
    private final ShoppingCardService scService;
    void process() {
        Input input = ...;
        Future<Output> future = scService.calculate(input);      // (2.1)
        ...
        Output output = future.get();                            // (2.2)
        ...
    }
}
```

이 코드에 대한 설명은 다음과 같습니다.

1. ShoppingCardService 인터페이스 선언입니다. calculate 메서드는 하나의 인자를 받고 Future를 반환합니다. Future는 클래스 래퍼(wrapper)를 사용해 사용 가능한 결과가 있는지를 확인합니다.

2. OrderService 선언입니다. (2.1)에서 비동기적으로 ShoppingCardService를 호출하고 Future 인스턴스를 반환받습니다. 결과가 비동기적으로 처리되는 동안 다른 처리를 계속할 수 있습니다. ShoppingCardService#calculate와는 독립적으로 수행될 수 있는 몇 번의 실행 후에 결과를 얻게 됩니다. 이 결과는 블로킹 방식으로 결과를 기다리거나 즉시 결과를 반환할 수 있습니다(2.2).

이전 코드에서 볼 수 있듯이, Future 클래스 사용으로 결괏값 반환을 지연시킬 수 있습니다. Future 클래스를 통해 콜백 지옥을 피할 수 있고, Future 구현 뒤에 멀티 스레드의 복잡성을 숨길 수 있습니다. 어쨌든 필요한 결과를 얻으려면 현재 스레드를 차단하고 확장성을 현저히 저하시키는 외부 실행과 동기화해야 합니다.

자바 8에서는 이를 개선해 CompletionStage 및 CompletionStage를 직접 구현한 CompletableFuture를 제공합니다. 이 클래스를 이용해 Promise와 유사한 API를 제공하며, 다음과 같이 코드를 작성할 수 있습니다.

Future와 Promise에 대해 더 알고 싶다면 다음 링크를 방문하세요.

https://en.wikipedia.org/wiki/Futures_and_promises

```
interface ShoppingCardService {                             // (1)
    CompletionStage<Output> calculate(Input value);
}

class OrderService {
    private final ShoppingCardService scService;            // (2)
    void process() {
        Input input = ...;
            scService.calculate(input)                      // (2.1)
            .thenApply(out1 -> { ... })                     // (2.2)
            .thenCombine(out2 -> { ... })
            .thenAccept(out3 -> { ... });
    }
}
```

위 코드에 대한 설명은 다음과 같습니다.

1. ShoppingCardService 인터페이스 선언입니다. 이제 calculate 메서드는 하나의 인자를 받고 CompletionStage를 반환합니다. CompletionStage는 Future와 비슷한 클래스 래퍼지만, 반환된 결과를 기능적 선언 방식으로 처리할 수 있습니다.

2. OrderService 선언입니다. (2.1)에서 ShoppingCardService를 비동기적으로 호출하고 실행 결과로 CompletionStage를 즉시 반환받습니다. CompletionStage의 전체적인 동작은 Future와 유사하지만 CompletionStage는 thenAccept 및 thenCombine과 같은 메서드를 작성할 수 있는 다양한 API를 제공합니다. API를 이용해 결과에 대한 변형 연산을 정의하거나 결과를 처리하는 최종 컨슈머를 정의할 수 있는 thenAccept 메서드를 정의할 수 있습니다.

CompletionStage의 지원으로 함수형 스타일 또는 선언형 스타일로 코드를 작성할 수 있습니다. 코드는 깔끔해지고 결과를 비동기적으로 처리합니다. 또한, 결과를 기다리지 않고 결과가 나오면 이를 처리할 함수를 제공할 수 있습니다. 게다가 예제에서 표현된 기법은 모두 스프링 팀이 검토했으며, 프레임워크 내의 대부분 프로젝트에서 이미 구현됐습니다. CompletionStage가 효율적이고 읽기 쉬운 코드를 작성하는 데 더 나은 가능성을 제공하지만, 안타깝게도 몇 가지 부족한 점이 있습니다. 예를 들어, Spring 4 MVC는 CompletionStage를 오랫동안 지원하지 않고, 그 역할을 하는 ListenableFuture를 자체적으로 제공했습니다. 스프링 4는 구형 자바 버전과의 호환성을 목표로 했기 때문에 이런 일이 일어났습니다. 스프링의 ListenableFuture로 작업하는 방법을 이해하기 위해 AsyncRestTemplate 사용법을 간단하게 살펴보겠습니다. 다음 코드는 AsyncRestTemplate과 함께 ListenableFuture를 사용하는 방법을 보여줍니다.

```
AsyncRestTemplate template = new AsyncRestTemplate();
SuccessCallback onSuccess = r -> { ... };
FailureCallback onFailure = e -> { ... };
ListenableFuture<?> response = template.getForEntity(
    "http://example.com/api/examples",
    ExamplesCollection.class
);
response.addCallback(onSuccess, onFailure);
```

위 코드는 비동기 호출을 처리하기 위한 콜백 스타일을 보여줍니다. 본질적으로 이 방법은 지저분하며 스프링 프레임워크는 블로킹 네트워크 호출을 별도의 스레드로 래핑합니다. 또한 스프링 MVC는 모든 구현체가 각각의 요청에 별도의 스레드를 할당하는 서블릿(Servlet) API를 사용합니다.

 스프링 프레임워크 5와 새로운 리액티브 웹 클라이언트가 출시되면서 많은 부분이 변경됐으며 WebClient의 도입을 통해 모든 서비스 간 통신에 논블로킹 통신을 지원합니다. 또한 서블릿 3.0은 비동기적인 클라이언트–서버 통신을 도입했는데, 서블릿 3.1은 논블로킹 I/O 쓰기를 허용합니다. 서블릿 3 API에 포함된 대부분 비동기 논블로킹 기능은 스프링 MVC에 잘 통합돼 있습니다. 그러나 한 가지 문제는 스프링 MVC가 비동기 논블로킹 클라이언트를 제공하지 않음으로써 개선된 서블릿 API의 모든 이점을 무효로 만들었다는 것입니다.

이 모델은 상당히 비효율적입니다. 비효율적인 이유를 이해하려면 멀티 스레딩 비용을 다시 고려해야 합니다. 멀티 스레딩은 본질적으로 복잡한 기술입니다. 멀티 스레딩을 할 때는 여러 스레드에서 공유 메모리에 액세스, 동기화, 오류 처리 등과 같은 많은 작업을 생각해야 합니다. 자바에 있는 멀티 스레딩 디자인은 몇몇 스레드가 그들의 작업을 동시에 실행하기 위해 하나의 CPU를 공유할 수도 있다고 가정했습니다. CPU 시간이 여러 스레드 간에 공유된다는 사실은 **컨텍스트 스위칭(context switching)** 이라는 개념을 끌어들입니다. 즉, 나중에 스레드를 다시 시작하려면 레지스터, 메모리 맵 및 기타 관련 요소를 저장하고 불러와야 합니다. 결과적으로 적은 수의 CPU에 동시에 많은 수의 스레드를 활성화시키는 응용 프로그램은 비효율적입니다.

 컨텍스트 스위칭에 대해 좀 더 알고 싶다면 다음 링크를 방문하세요.

https://en.wikipedia.org/wiki/Context_switch#Cost

일반적인 자바 스레드는 메모리 소비에 오버헤드가 있습니다. 64비트 JVM에서 스레드의 일반적인 스택 크기는 1,024KB입니다. 한편, 커넥션마다 별도의 스레드를 할당하는 모델에서 64,000개의 동시 요청을 처리하려는 시도는 약 64GB의 메모리를 필요로 합니다. 이는 비즈니스 관점에서 볼 때 비용이 많이 들고 애플리케이션 관점에서 위험한 일일 수 있습니다. 제한된 크기 스레드 풀을 제공하는 기존 모델로 전환하고 요청에 대해 미리 구성된 대기열을 사용하면 클라이언트가 응답을 받기까지의 대기 시간이 길어지고 평균 응답 시간이 길어지면서 결국 응용프로그램이 응답하지 않을 수 있습니다.

이를 위해 리액티브 선언문은 논블로킹 작업을 사용하도록 권장했으나, 스프링 생태계에서는 누락돼 있었습니다. 또한 컨텍스트 스위칭 문제를 해결한 네티와 같은 리액티브 서버와는 제대로 된 통합을 지원하지 않았습니다.

평균 연결량에 대한 정보를 얻으려면 다음 링크를 참조하세요.

https://stackoverflow.com/questions/2332741/the-the-the-the-the-the-the-the-the-the-open-tcp-connections-that-a-modern-lin/2332756#2332756.

스레드라는 용어는 스레드 개체에 할당된 메모리와 스레드 스택에 할당된 메모리를 나타냅니다. 자세한 내용은 다음 링크를 참조하세요.

http://xmlandmore.blogspot.com/2014/09/jdk-8-thread-stack-size-tuning.html?m=1

비동기 처리는 일반적인 요청—응답 패턴에만 국한되지 않습니다. 때로는 데이터의 연속적인 스트림으로 처리해야 할 수도 있고, 배압 지원이 있는 정렬된 변환 흐름으로 처리해야 하는 경우도 있습니다.

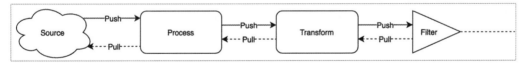

그림 1.7 리액티브 파이프라인 예제

리액티브 프로그래밍으로 이런 사례를 처리하는 방법 중 하나는 비동기 이벤트 처리 내부에 변형 단계 연결을 포함하는 것입니다. 결과적으로, 리액티브 프로그래밍은 리액티브 시스템의 설계 요구 사항에 적합한 좋은 기술입니다. 다음 장에서는 리액티브 시스템을 구축하기 위한 리액티브 프로그래밍 적용의 가치에 대해 다룹니다.

안타깝게도 리액티브 프로그래밍 기술은 스프링 프레임워크 안에 잘 통합돼 있지 않았습니다. 이로 인해 모던 응용 프로그램을 구축하는 데 한계가 있었으며, 프레임워크의 경쟁력이 떨어졌습니다. 결과적으로 리액티브 시스템 및 리액티브 프로그래밍에 대한 과장된 글에 언급된 격차들은 프레임워크의 비약적인 개선의 필요성을 증가시켰습니다. 마지막으로, 모든 레벨에서 반응성에 대한 지원을 추가하고 개발자에게 리액티브 시스템 개발을 위한 강력한 도구를 제공함으로써 스프링 프레임워크의 개선을 크게 자극했습니다. 핵심 개발자들은 리액티브 시스템의 기반으로서 스프링 프레임워크의 역량을 보여주는 새로운 모듈을 구현하기로 했습니다.

요약

이 장에서는 최근에 자주 언급되는 IT 솔루션의 비용 효율성에 대한 요구 사항을 살펴봤습니다. 아마존과 같은 대기업이 구식 아키텍처 패턴 위에서 최신 클라우드 기반 분산 시스템을 원활하게 구동하지 못하는 이유를 알아봤습니다.

또한 편리하고 효율적이며 지능적인 디지털 서비스에 대한 수요 증가에 대응하기 위해 새로운 아키텍처 패턴과 프로그래밍 기법이 필요하다는 것을 확인했습니다. 리액티브 선언문을 통해 반응성이라는 용어를 이해했습니다. 디지털 시대의 주요 비기능적 시스템 요구 사항인 탄력성, 복원력 및 메시지 기반 접근 방식이 응답성 확보에 도움이 되는 이유와 그 방법에 관해서도 설명했습니다. 아울러 리액티브 시스템에 매우 적합하고 비즈니스 목표를 달성하게 해주는 예제를 학습했습니다.

이 장에서는 아키텍처 패턴으로서의 리액티브 시스템과 프로그래밍 기술로서의 리액티브 프로그래밍의 명확한 차이점을 강조했습니다. 두 가지 유형의 반응성이 왜 잘 어울리는지, 어떻게 매우 효율적인 고가용성 IT 솔루션을 만들 수 있는지 설명했습니다.

'리액티브 스프링 5'를 더 깊이 이해하려면 리액티브 프로그램 기초를 확실하게 이해해야 하며, 그 기술을 결정하는 기본 개념과 패턴을 배워야 합니다. 따라서 다음 장에서는 리액티브 프로그래밍의 본질, 역사, 그리고 자바 진영에서 리액티브의 전망에 대해 알아보겠습니다.

02

스프링을 이용한 리액티브 프로그래밍
- 기본 개념

이전 장에서는 리액티브 시스템을 구축하는 것이 중요한 이유와 리액티브 프로그래밍이 이를 수행하는 데 어떻게 도움이 되는지 설명했습니다. 이 장에서는 스프링 프레임워크에 이미 포함돼 있는 몇 가지 도구를 살펴보겠습니다. 또한, 자바 진영에서 최초이자 가장 널리 알려진 리액티브 라이브러리인 RxJava에 대해 알아보고 리액티브 프로그래밍의 중요한 기본 개념을 배우겠습니다.

이 장에서는 다음 주제를 다룹니다.

- 관찰자 패턴
- 스프링 서버에서 보낸 이벤트를 구현한 발행—구독(Publish—Subscribe) 구현
- RxJava의 역사 및 기본 개념
- 마블(Marble) 다이어그램
- 리액티브 프로그래밍을 적용한 비즈니스 사례
- 리액티브 라이브러리의 현재 상황

리액티브를 위한 스프링 프레임워크의 초기 해법

1장에서 리액티브 시스템의 주춧돌이 될 수 있는 많은 패턴과 프로그래밍 기술이 있다고 언급했습니다. 예를 들어 콜백 및 CompletableFuture는 메시지 기반 아키텍처를 구현하는 데 널리 사용됩니다. 그

러한 역할을 수행하는 주요 후보로 **리액티브 프로그래밍** 또한 언급했습니다. 이를 자세히 살펴보기 전에 수년간 사용해온 다른 솔루션에 대해 먼저 알아볼 필요가 있습니다.

1장 왜 리액티브 스프링인가?에서 자바 Future 인터페이스를 확장하고 HTTP 요청과 같은 작업의 비동기 실행에 활용할 수 있는 스프링 4.x의 ListenableFuture 클래스를 소개했습니다. 안타깝게도 소수의 스프링 4.x 컴포넌트만이 비동기 실행을 위한 몇 가지 깔끔한 방법을 도입한 자바 8의 새로운 CompletableFuture 클래스를 지원합니다.

그럼에도 불구하고 스프링 프레임워크는 리액티브 애플리케이션을 구축하는 데 유용한 인프라의 다른 부분을 제공합니다. 이제 이러한 기능 중 일부를 살펴보겠습니다.

관찰자(Observer) 패턴

이야기를 계속 진행하기 위해서 유서 깊고 유명한 디자인 패턴인 **관찰자 패턴(Observer pattern)** 을 상기할 필요가 있습니다. 그것은 23개의 유명한 **GoF 디자인 패턴(Gang of Four)** 중 하나입니다. 언뜻 생각하기에는 관찰자 패턴이 리액티브 프로그래밍과 관련이 없는 것처럼 보일 수 있습니다. 그러나 나중에 알게 되겠지만, 약간만 수정하면 그것이 리액티브 프로그래밍의 기초가 됩니다.

 GoF 디자인 패턴에 대한 자세한 내용은 에릭 감마(Erich Gamma), 리처드 헬름(Richard Helm), 랠프 존슨 (Ralph Johnson), 존 블리시디스(John Vlissides)의 책 ≪Gof의 디자인 패턴 – 재사용성을 지닌 객체지향 소프트웨어의 핵심 요소≫(프로텍미디어 2015)(https://en.wikipedia.org/wiki/Design_Patterns)를 참조하세요.

관찰자 패턴은 관찰자라고 불리는 자손의 리스트를 가지고 있는 **주체(subject)**[1]를 필요로 합니다. 주체는 일반적으로 자신의 메서드 중 하나를 호출해 **관찰자**에게 상태 변경을 알립니다. 이 패턴은 이벤트 처리를 기반으로 시스템을 구현할 때 필수적입니다. 관찰자 패턴은 **MVC(Model-View-Controller)** 패턴의 중요한 부분입니다. 거의 모든 UI 라이브러리가 내부적으로 이 패턴을 사용합니다.

이해를 돕기 위해 일상적인 상황을 생각해 봅시다. 이 패턴을 테크 포털 중 하나의 뉴스레터 구독에 비유할 수 있습니다. 관심 있는 사이트에 이메일 주소를 등록하면 다음 그림과 같이 뉴스레터 형태로 알림을 받을 수 있습니다.

---

1 관찰자 패턴에는 이벤트를 발생시키는 역할(주체)과 이벤트를 수신하는 역할(객체, 즉 관찰자)이라는 두 가지 핵심 요소가 존재합니다.

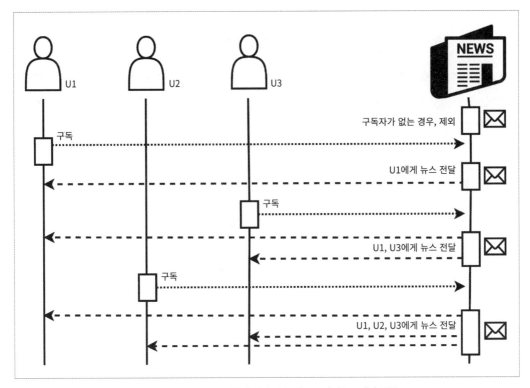

그림 2.1 일상생활에서 관찰자 패턴 비유: 테크 포털의 뉴스레터 구독

관찰자 패턴을 사용하면 런타임에 객체 사이에 일대다 의존성을 등록할 수 있습니다. 또한 구성 요소 구현 세부 사항에 대해 알지 못한 채로 그렇게 합니다(타입 안전성을 위해 관찰자가 수신 이벤트의 타입을 인식할 수 있음). 이를 통해 각 부분이 활발히 상호 작용하게 하면서도 응용 프로그램 사이의 결합도를 낮출 수 있습니다. 이런 유형의 통신은 일반적으로 단방향으로 이루어지며, 다음 다이어그램과 같이 시스템을 통해 효율적으로 이벤트를 배포하는 데 도움이 됩니다.

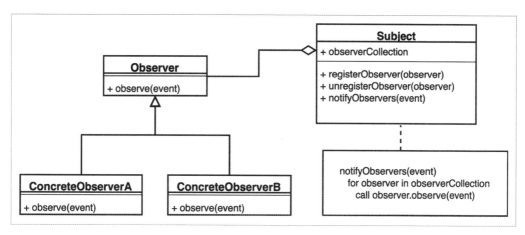

그림 2.2 관찰자 패턴의 UML 클래스 다이어그램

이 다이어그램에서 알 수 있듯이, 일반적인 관찰자 패턴은 Subject와 Observer 2개의 인터페이스로 구성됩니다. Observer(관찰자)는 Subject(주체)에 등록되고 Subject로부터 알림을 수신합니다. Subject 스스로 이벤트를 발생시키거나 다른 구성 요소에 의해 호출될 수 있습니다. Subject 인터페이스를 자바 코드로 표현해 보겠습니다.

```java
public interface Subject<T> {
    void registerObserver(Observer<T> observer);
    void unregisterObserver(Observer<T> observer);
    void notifyObservers(T event);
}
```

이 제네릭 인터페이스는 이벤트 타입 T를 사용해 프로그램의 타입 안전성을 향상시킵니다. 또한 이벤트를 브로드캐스팅하는 구독 관리 메서드(registerObserver, unregisterObserver, notregisterObers)도 포함돼 있습니다. 결국 Observer 인터페이스는 다음과 같이 표현할 수 있습니다.

```java
public interface Observer<T> {
    void observe(T event);
}
```

Observer는 T 타입으로 매개변수화한 일반 인터페이스입니다. 그래서 이벤트를 처리하는 하나의 observe 메서드만 있습니다. Observer(관찰자)와 Subject(주체) 모두 인터페이스에 기술된 것 이상은 서로에 대해 알지 못합니다.

Observer 구현체는 구독 절차를 담당할 수도 있고 Observer 인스턴스가 Subject의 존재를 전혀 인식하지 못할 수도 있습니다. 후자의 경우, Subject의 모든 인스턴스를 찾고 각 Subject 인스턴스에 Observer를 등록하는 역할을 담당할 세 번째 컴포넌트가 필요할 수도 있습니다. 예를 들어, DI(Dependency Injection: 의존성 주입) 컨테이너가 그런 역할을 수행할 수 있습니다. DI 컨테이너는 클래스패스를 검색해 @EventListener 애노테이션과 메서드 시그너처를 비교해 각 Observer의 인스턴스를 검색합니다. 그런 다음 발견된 컴포넌트를 Subject에 등록합니다.

 DI 컨테이너의 전형적인 예는 스프링 프레임워크입니다. 잘 모르는 사람은 다음 링크에서 마틴 파울러(Martin Fowler)의 글을 읽어보세요. https://martinfowler.com/articles/injection.html

다음은 String 메시지를 수신해 출력하는 두 개의 간단한 Observer 구현체입니다.

```java
public class ConcreteObserverA implements Observer<String> {
    @Override
    public void observe(String event) {
        System.out.println("Observer A: " + event);
    }
}
```

```java
public class ConcreteObserverB implements Observer<String> {
    @Override
    public void observe(String event) {
        System.out.println("Observer B: " + event);
    }
}
```

또한 다음과 같이 String 이벤트를 생성하는 Subject<String>의 구현체도 만들어야 합니다.

```java
public class ConcreteSubject implements Subject<String> {
    private final Set<Observer<String>> observers =              // (1)
            new CopyOnWriteArraySet<>();
    public void registerObserver(Observer<String> observer) {
        observers.add(observer);
    }
    public void unregisterObserver(Observer<String> observer) {
        observers.remove(observer);
```

```
    }
    public void notifyObservers(String event) {                              // (2)
        observers.forEach(observer -> observer.observe(event));              // (2.1)
    }
}
```

위 예에서 볼 수 있듯이, Subject의 구현체 안에는 notify를 받는 데 관심이 있는 Observer Set(1)이 있습니다. 그다음, registerObserver 및 unregisterObserver 메서드를 이용해 Set<Observer>의 수정(구독 또는 구독 취소)이 가능합니다. 이벤트를 브로드캐스트하기 위해 Subject에는 각 Observer에 대해 반복적으로 observe() 메서드를 호출하는 notifyObservers 메서드(2)가 있습니다. 멀티 스레드 시나리오에서 스레드 안정성을 유지하기 위해 업데이트 작업이 발생할 때마다 새 복사본을 생성하는 Set 구현체인 CopyOnWriteArraySet을 사용했습니다. CopyOnWriteArraySet의 내용을 업데이트하는 것은 상대적으로 비용이 많이 듭니다. 특히 컨테이너에 많은 구성 요소가 있는 경우에는 더욱더 그렇습니다. 그러나 구독자 목록은 자주 변경되지 않으므로 스레드 세이프한 Subject 구현을 위해 상당히 합리적인 선택입니다.

관찰자 패턴 사용 예

이제 모든 클래스가 어떻게 연동하는지 확인하기 위해 간단한 **JUnit** 테스트를 작성해 보겠습니다. 또한 다음 예제에서는 기댓값을 확인하기 위해 **스파이 패턴**을 지원하는 Mockito 라이브러리(http://site.mockito.org)를 사용합니다.

```
@Test
public void observersHandleEventsFromSubject() {
    // given
    Subject<String> subject = new ConcreteSubject();
    Observer<String> observerA = Mockito.spy(new ConcreteObserverA());
    Observer<String> observerB = Mockito.spy(new ConcreteObserverB());

    // when
    subject.notifyObservers("No listeners");

    subject.registerObserver(observerA);
    subject.notifyObservers("Message for A");

    subject.registerObserver(observerB);
```

```
        subject.notifyObservers("Message for A & B");

        subject.unregisterObserver(observerA);
        subject.notifyObservers("Message for B");

        subject.unregisterObserver(observerB);
        subject.notifyObservers("No listeners");

        // then
        Mockito.verify(observerA, times(1)).observe("Message for A");
        Mockito.verify(observerA, times(1)).observe("Message for A & B");
        Mockito.verifyNoMoreInteractions(observerA);

        Mockito.verify(observerB, times(1)).observe("Message for A & B");
        Mockito.verify(observerB, times(1)).observe("Message for B");
        Mockito.verifyNoMoreInteractions(observerB);
    }
```

위 테스트를 실행하면 다음과 같이 Observer가 수신한 메시지가 콘솔에 출력됩니다.

```
Observer A: Message for A
Observer A: Message for A & B
Observer B: Message for A & B
Observer B: Message for B
```

구독을 취소할 필요가 없는 경우, Observer 구현을 위해 자바 8에서 제공하는 람다 표현식을 활용할 수도 있습니다. 해당 테스트를 작성해 보겠습니다.

```
@Test
public void subjectLeveragesLambdas() {
    Subject<String> subject = new ConcreteSubject();

    subject.registerObserver(e -> System.out.println("A: " + e));
    subject.registerObserver(e -> System.out.println("B: " + e));
    subject.notifyObservers("This message will receive A & B");

    ...
}
```

현재 Subject 구현체는 그다지 효율적이라고 볼 수 없는 CopyOnWriteArraySet를 기반으로 합니다. 그러나 최소한 **스레드 안전성**은 가지므로 멀티 스레드 환경에서 예제의 Subject를 사용할 수도 있습니다. 예를 들어, 일반적으로 여러 개의 멀티 스레드(최근 애플리케이션 대다수가 단일 스레드가 아니므로 더욱 유용)에서 작동하는 많은 독립적인 구성 요소를 통해 이벤트가 분산돼 있을 때 유용할 수 있습니다. 이 책에서는 지속적으로 스레드 안전성 및 기타 멀티 스레드 문제를 다룰 것입니다.

다운스트림 처리로 소개한 바와 같이, 대기 시간이 상당히 긴 이벤트를 처리하는 관찰자가 많을 경우 추가적인 스레드 할당 또는 **스레드 풀**을 사용해 메시지를 병렬로 전달할 수 있다는 것을 기억해야 합니다. 이러한 접근 방식을 사용하면 notifyObservers 메서드를 다음 코드처럼 구현할 수 있습니다.

```java
private final ExecutorService executorService =
    Executors.newCachedThreadPool();

public void notifyObservers(String event) {
    observers.forEach(observer ->
        executorService.submit(
            () -> observer.observe(event)
        )
    );
}
```

그러나 이러한 **개선**은 직접 개발한 솔루션에서 자주 발생하는 비효율성 및 내재된 버그를 포함하는 파악하기 어려운 코드를 만드는 길일 수 있습니다. 가령 스레드 풀 크기를 제한하는 것을 깜박할 수 있고 그것은 OutOfMemoryError를 발생시킬 것입니다. 고민 없이 작성된 ExecutorService는 클라이언트가 executor가 현재의 작업을 마치기도 전에 새로운 작업을 예약하도록 요청하는 상황에서 점점 더 많은 수의 스레드를 생성하게 됩니다. 각 스레드는 자바에서 약 1MB를 소비하므로 일반 JVM 응용 프로그램은 단 몇천 개의 스레드만으로도 사용 가능한 메모리를 모두 소모할 수 있습니다.

 JVM 스레드 용량을 사용한 실험에 대한 자세한 설명은 다음 링크의 피터 로리(Peter Lawrey)의 글을 참조하세요: http://vanillajava.blogspot.com/2011/07/java-what-is-limit-to-number-of-threads.html. 꽤 오래된 글이기는 하지만, 이 글이 쓰인 후 JVM 메모리 모델에는 큰 변화가 없었습니다. 시스템에 설치된 자바의 기본 스택 크기를 알아보려면 다음 명령을 실행하세요.

```
java -XX : + PrintFlagsFinal -version | grep ThreadStackSize
```

과도한 리소스 사용을 방지하기 위해 스레드 풀 크기를 제한하고 응용 프로그램의 **라이브니스 (liveness)**[2] 속성을 위반할 수 있습니다. 이 같은 상황은 사용 가능한 모든 스레드가 특정 이벤트를 기능이 둔화된 한 개의 관찰자로 보내려고 할 때 발생합니다. 이것은 발생할 수 있는 잠재적인 문제 중 빙산의 일각에 불과합니다.

"향상된 다중 스레드 단위 테스트" (http://users.ece.utexas.edu/~gligoric/papers/ JagannathETAL11IMunit.pdf), "다중 스레드 코드는 개발 및 테스트하기가 매우 어렵습니다."

백서에 명시된 위 내용을 참고하면, 결과적으로 다중 스레드를 위한 관찰자 패턴이 필요할 때 현장에서 검증된 라이브러리를 사용하는 것이 좋습니다.

라이브니스에 관해 말할 때는 **병행 컴퓨팅(또는 컨커런트 컴퓨팅, Concurrent computing)**의 정의를 언급해야 합니다. 병행 컴퓨팅은 여러 개의 계산을 연속적(하나씩 일을 마치는 것)으로 처리하지 않고 동시에 처리하는 것을 말합니다. 병행 시스템은 다른 계산이 모두 끝날 때까지 기다리지 않고 계산을 진행할 수 있는 환경을 말합니다. 이것은 레슬리 램포트(Leslie Lamport)가 그의 논문 'Proving the Correctness of Multiprocess Programs'에서 처음으로 정의했습니다(http://citeseerx.ist.psu.edu/viewdoc/download?doi=10.1.1.137.9454&rep=rep1&type=pdf).

관찰자 패턴에 대한 설명을 마무리하기 위해서는 java.util 패키지 내에 포함된 Observer 및 Observable 클래스의 역할을 설명하지 않을 수 없습니다. 이 클래스들은 JDK 1.0에서 릴리즈됐으므로 상당히 오래된 클래스들입니다. 소스 코드를 살펴보면 이 장에서 이전에 작성한 코드와 매우 유사하게 간단한 구현으로 이루어져 있음을 알 수 있습니다. 이러한 클래스는 **자바 제네릭** 이전에 도입됐기 때문에 Object 타입을 사용하고, 이로 인해 타입 안전성이 보장되지 않습니다. 또한 이러한 구현 방식은 멀티 스레드 환경에서 효율적이지 않습니다. 이 클래스들이 자바 9에서 더 이상 사용되지 않는다는 점을 포함해 여기서 언급한 문제점(언급하지 않은 것도 포함)을 고려할 때 새로운 응용 프로그램을 개발할 때 이 클래스는 사용하지 말아야 합니다.

JDK Observer 및 Observable을 추천하지 않는 이유에 대한 자세한 내용은 다음 링크에서 찾을 수 있습니다. https://dzone.com/articles/javas-observer-and-observable-are-deprecated-in-jd

---

2 라이브니스(Liveness)에 대한 내용은 다음 링크를 참고하세요. https://ko.wikipedia.org/wiki/라이브니스

물론 애플리케이션을 개발할 때 관찰자 패턴을 직접 구현할 수 있습니다. 이것은 이벤트와 관찰자 사이의 결합도를 낮춰줍니다. 그러나 현대 멀티 스레드 응용 프로그램에 필수적인 여러 가지 측면의 문제를 모두 직접 구현하는 것은 매우 번거로운 작업입니다. 여기에는 오류 처리, 비동기 실행, 스레드 안전성, 성능 요구 사항 등이 포함됩니다. 앞에서 이미 JDK에 포함된 이벤트 구현체가 교육용 이상의 목적에 충분하지 않다는 것을 설명했습니다. 결과적으로 믿을 수 있는 조직에서 제공하는 좀 더 성숙한 구현체를 사용하는 것이 좋습니다.

@EventListener를 사용한 발행–구독 패턴

소프트웨어를 개발하면서 똑같은 패턴을 반복해서 다시 구현하는 것은 바보같은 일입니다. 다행스럽게도 스프링 프레임워크를 비롯해 멋진 라이브러리와 훌륭한 프레임워크가 많이 있습니다. 알다시피 스프링 프레임워크는 소프트웨어 개발에 필요한 요소를 대부분 제공합니다. 물론 오랜 시간 동안 프레임워크는 관찰자 패턴을 자체적으로 구현했으며 응용 프로그램의 라이프 사이클 이벤트를 추적하는 데 널리 사용했습니다. 스프링 프레임워크 4.2부터 이 구현과 그에 수반되는 API가 확장돼 애플리케이션 이벤트 외에 비즈니스 로직에서도 사용할 수 있게 됐습니다. 스프링 프레임워크는 이벤트 처리를 위한 @EventListener 애노테이션과 이벤트 발행을 위한 ApplicationEventPublisher 클래스를 제공합니다.

@EventListener와 ApplicationEventPublisher가 관찰자 패턴의 변형으로 보일 수도 있지만, **발행–구독 패턴**을 구현한다는 것을 명확히 알 필요가 있습니다.

 발행–구독 패턴에 대한 상세한 설명은 다음 링크에서 확인하세요.

http://www.enterpriseintegrationpatterns.com/patterns/messaging/PublishSubscribeChannel.html

관찰자 패턴과는 달리, 발행–구독 패턴에서 게시자와 구독자는 다음 그림과 같이 서로를 알 필요가 없습니다.

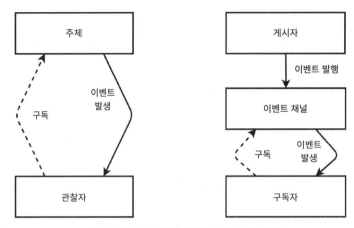

그림 2.3 관찰자 패턴(왼쪽)과 발행-구독 패턴(오른쪽)

발행-구독 패턴은 게시자와 구독자 간에 간접적인 계층을 제공합니다. 구독자는 알림을 브로드캐스트하는 이벤트 채널을 알고 있지만, 일반적으로 게시자가 누구인지는 신경 쓰지 않습니다. 또한 각 이벤트 채널에는 동시에 몇 명의 게시자가 있을 수 있습니다. 위 그림은 관찰자 패턴과 발행-구독 패턴의 차이점을 보여줍니다. **이벤트 채널**(메시지 브로커 또는 이벤트 버스라고도 함)은 수신 메시지를 구독자에게 배포하기 전에 필터링 작업을 할 수도 있습니다. 필터링 및 라우팅은 메시지 내용이나 메시지 주제, 때로는 둘 다에 의해 발생할 수 있습니다. 따라서 **토픽 기반 시스템**(topic-based system)의 구독자는 관심 토픽에 게시된 모든 메시지를 수신하게 됩니다.

스프링 프레임워크의 `@EventListener` 애노테이션은 토픽 기반 라우팅과 내용 기반 라우팅 모두에 사용할 수 있습니다. 메시지 유형은 토픽 역할을 할 수 있습니다. 조건 속성(condition attribute)은 **스프링 표현 언어**(Spring Expression Language, SpEL)를 사용하는 내용 기반 라우팅 이벤트 처리를 가능하게 합니다.

 스프링 기반의 발행-구독 패턴 구현체 이외에 MBassador라는 유명한 오픈소스 자바 라이브러리가 있습니다. 경량의 고성능 이벤트 버스를 제공해 발행-구독 패턴 구현체를 제공하는 라이브러리입니다. 라이브러리 제작자는 MBassador가 고성능을 제공하면서 자원을 보존한다고 주장합니다. 의존성이 거의 없고 응용 프로그램의 디자인을 제한하지 않기 때문입니다. 자세한 내용은 깃허브 프로젝트 페이지(https://github.com/bennidi/mbassador)를 참조하세요. 또한 **Guava** 라이브러리는 발행-구독 패턴을 구현하는 EventBus를 제공합니다. Guava EventBus의 API와 코드 샘플을 참조하려면 괄호 안 링크를 확인하세요(https://github.com/google/guava/wiki/EventBusExplained).

@EventListener 활용한 응용 프로그램 개발

스프링 프레임워크에서 발행–구독 패턴을 활용하기 위해 예제를 활용해 봅시다. 방 안의 온도를 보여주는 간단한 웹 서비스를 구현한다고 합시다. 이를 위한 온도 센서가 하나 있습니다. 온도 센서는 때때로 섭씨로 표시된 현재 온도를 이벤트로 보냅니다. 모바일 애플리케이션과 웹 애플리케이션을 모두 구현하고 싶지만, 간결한 접근을 위해 단순한 구조의 웹 애플리케이션을 구현하겠습니다. 또한 마이크로컨트롤러와의 통신 문제는 이 책에서 다루지 않으므로 난수 생성기를 사용해 온도 센서를 시뮬레이션하겠습니다.

리액티브 디자인에 따라 애플리케이션을 만들어야 하므로 고전적인 방식의 풀링 모델(pulling model)을 사용해 데이터를 조회할 수는 없습니다. 다행스럽게도 요즘에는 서버에서 클라이언트로의 비동기 메시지 전달을 할 수 있는 웹소켓(WebSocket) 및 **SSE(Server-Sent Events)**와 같은 잘 정의된 프로토콜이 있습니다. 마지막에 소개한 예제를 다시 사용해 설명하겠습니다. SSE를 사용하면 클라이언트가 서버에서 자동으로 업데이트를 수신할 수 있습니다. 그렇기 때문에 일반적으로 SSE는 브라우저에 메시지를 업데이트하거나 연속적인 데이터 스트림을 보내는 데 사용합니다. HTML5의 시작과 함께 모든 최신 브라우저에는 EventSource라는 자바스크립트 API가 적용됩니다. 이 API는 이벤트 스트림을 수신하기 위해 특정 URL을 호출하는 데 사용합니다.

EventSource는 접속 문제가 발생할 경우 자동으로 재연결합니다. SSE가 리액티브 시스템의 구성 요소 간에 통신 요구 사항을 충족시키는 최고의 후보라는 점을 꼭 기억하기 바랍니다. 웹소켓과 마찬가지로 SSE는 이 책에서 앞으로 자주 사용할 것입니다.

SSE에 대한 자세한 내용은 다음 링크의 일리아 그리고릭(Ilya Grigorik)의 글 중에서 "고성능 브라우저 네트워킹(High Performance Browser Networking)"을 참고하세요.

https://hpbn.co/server-sent-events-sse/

웹소켓과 SSE의 비교는 마크 브라운(Mark Brown)의 다음 글을 참고하세요.

https://www.sitepoint.com/real-time-apps-websockets-server-sent-events/

스프링 부트 애플리케이션 만들기

예제 유스케이스를 구현하기 위해 잘 알려진 스프링 모듈인 스프링 웹과 스프링 웹 MVC를 사용하겠습니다. 응용 프로그램은 스프링 5의 새로운 기능을 사용하지 않으므로 스프링 프레임워크 4.x에서도 실행할 수 있습니다. 개발 프로세스를 단순화하기 위해 **스프링 부트**를 활용하겠습니다. 스프링 부트에 대해서는 나중에 자세히 설명합니다. 스프링 부트 애플리케이션을 생성하기 위해 스프링 이니셜라이저 (Spring Initializer) 웹 사이트 start.spring.io에서 그레이들(gradle) 프로젝트를 구성하고 내려받을 수 있습니다. 다음 그림에서 볼 수 있듯이, 원하는 스프링 부트 버전과 웹 의존성(그레이들을 사용 중이라면 org.springframework.boot:spring-boot-starter-web)을 선택해야 합니다.

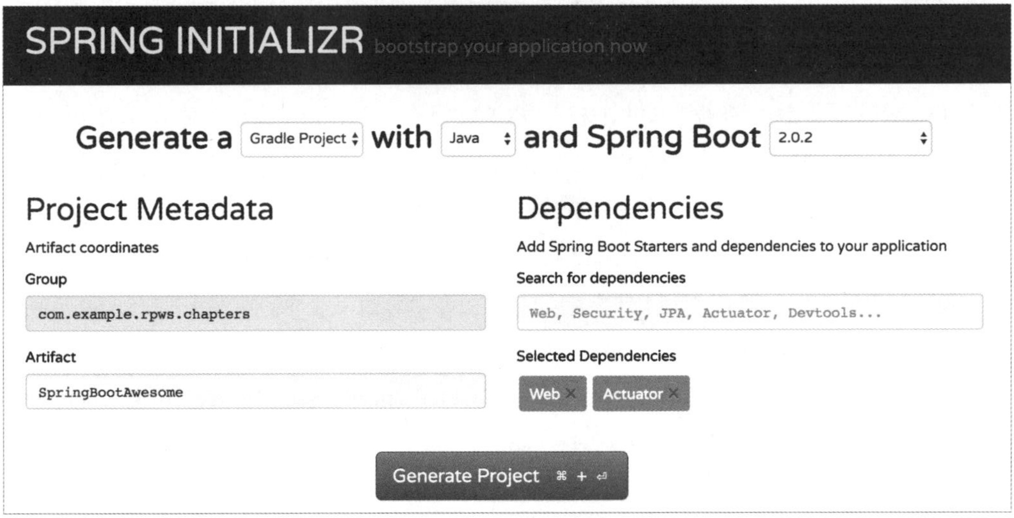

그림 2.4 스프링 이니셜라이저를 이용해 스프링 부트 애플리케이션을 손쉽게 만들 수 있습니다.

cURL과 스프링 이니셜라이저 사이트의 HTTP API를 사용해 새로운 스프링 부트 프로젝트를 생성할 수도 있습니다. 다음 명령을 통해 동일한 의존성을 가진 프로젝트를 만들고 내려받을 수 있습니다.

```
curl https://start.spring.io/starter.zip \
    -d dependencies=web,actuator \
    -d type=gradle-project \
    -d bootVersion=2.0.2.RELEASE \
    -d groupId=com.example.rpws.chapters \
    -d artifactId=SpringBootAwesome \
    -o SpringBootAwesome.zip
```

비즈니스 로직 구현하기

개발하고자 하는 대략적인 시스템의 설계 내용을 다음 그림과 같이 표현할 수 있습니다.

그림 2.5 온도 센서로부터 사용자에게 이벤트가 전달되는 흐름

이 예제에서 도메인 모델은 Temperature 클래스로만 구성되며, 온도를 저장하는 하나의 double 속성만 있습니다. 클래스는 다음 코드와 같고, 단순함을 위해 이것을 이벤트 객체로도 사용합니다.

```
final class Temperature {
    private final double value;
    // constructor & getter...
}
```

센서를 시뮬레이션하기 위한 TemperatureSensor 클래스를 구현하고 @Component 애노테이션을 붙여 스프링 빈으로 등록합니다.

```
@Component
public class TemperatureSensor {
    private final ApplicationEventPublisher publisher;              // (1)
    private final Random rnd = new Random();                        // (2)
    private final ScheduledExecutorService executor =              // (3)
        Executors.newSingleThreadScheduledExecutor();

    public TemperatureSensor(ApplicationEventPublisher publisher) {
        this.publisher = publisher;
    }

    @PostConstruct
    public void startProcessing() {                                // (4)
        this.executor.schedule(this::probe, 1, SECONDS);
    }

    private void probe() {                                         // (5)
        double temperature = 16 + rnd.nextGaussian() * 10;
        publisher.publishEvent(new Temperature(temperature));
        // 랜덤한 지연시간(0~5초)을 두고 다음 읽기 스케줄을 예약
```

```
        executor.schedule(this::probe, rnd.nextInt(5000), MILLISECONDS);       // (5.1)
    }
}
```

시뮬레이션된 온도 센서는 스프링 프레임워크에서 제공하는 ApplicationEventPublisher 클래스(1)에만
의존합니다. 이 클래스를 사용하면 이벤트를 시스템에 발행할 수 있습니다. 불규칙적으로 온도를 생성
하려면 난수 발생기(2)가 있어야 합니다. 이벤트 생성 프로세스는 별도의 ScheduledExecutorService(3)
에서 발생합니다. 각 이벤트의 생성은 임의의 지연 시간(5.1) 후에 다음 이벤트 생성을 예약합니
다. 모든 로직은 probe() 메서드(5)에 정의됩니다. 클래스에는 @PostConstruct(4) 애노테이션이 붙은
startProcessing() 메서드가 있는데, 이 메서드는 빈이 생성될 때 스프링 프레임워크에 의해 호출돼 온
도 시나리오의 전체 시퀀스를 시작합니다.

스프링 웹 MVC를 이용한 비동기 HTTP 통신

서블릿 3.0에서 추가된 비동기 지원 기능은 HTTP 요청을 처리하는 기능을 확장했습니다. 이는 컨테
이너 스레드를 사용하는 방식으로 구현됐습니다. 이 확장은 실행 시간이 긴 작업에 유용합니다. 이러한
변경으로 스프링 웹 MVC에서 @Controller는 단일 타입 T 이외에도 Callable<T> 또는 DeferredResult<T>
도 반환할 수 있게 됐습니다. Callable<T>는 컨테이너 스레드 외부에서도 실행될 수 있지만, 여전히 블
로킹 호출입니다. 반대로, DeferredResult<T>는 setResult(T result) 메서드를 호출해 컨테이너 스레드
외부에서도 비동기 응답을 생성하므로 이벤트 루프 안에서도 사용할 수 있습니다.

스프링 웹 MVC는 버전 4.2부터 DeferredResult와 비슷하게 동작하는 ResponseBodyEmitter를 반환할 수
있습니다. ResponseBodyEmitter는 메시지 컨버터(HttpMessageConverter 인터페이스로 정의)에 의해 개별
적으로 만들어진 여러 개의 오브젝트를 전달하는 용도로 사용할 수 있습니다.

SseEmitter는 ResponseBodyEmitter를 상속했으며, SSE의 프로토콜 요구 사항에 따라 하나의 수신 요청
에 대해 다수의 발신 메시지를 보낼 수 있습니다. 스프링 웹 MVC는 ResponseBodyEmitter 및 SseEmitter
와 함께 StreamingResponseBody 인터페이스도 지원합니다. 이를 사용하면 @Controller에서 반환될 때 데
이터(페이로드)를 비동기적으로 보낼 수 있습니다. StreamingResponseBody는 서블릿 스레드를 차단하지
않으면서 큰 파일을 스트리밍해야 하는 경우에 매우 유용합니다.

SSE 엔드포인트 노출

다음으로 HTTP 통신을 위해 사용하는 @RestController 애노테이션을 추가해 TemperatureController 클래스를 만들어야 합니다. 코드는 다음과 같습니다.

```java
@RestController
public class TemperatureController {                                // (1)
    private final Set<SseEmitter> clients =
        new CopyOnWriteArraySet<>();


    @RequestMapping(
        value = "/temperature-stream",                             // (2)
        method = RequestMethod.GET)
    public SseEmitter events(HttpServletRequest request) {         // (3)
        SseEmitter emitter = new SseEmitter();                     // (4)
        clients.add(emitter);                                      // (5)


        // Remove emitter from clients on error or disconnect
        emitter.onTimeout(() -> clients.remove(emitter));          // (6)
        emitter.onCompletion(() -> clients.remove(emitter));       // (7)
        return emitter;                                            // (8)
    }


    @Async                                                         // (9)
    @EventListener                                                 // (10)
    public void handleMessage(Temperature temperature) {           // (11)
        List<SseEmitter> deadEmitters = new ArrayList<>();         // (12)
        clients.forEach(emitter -> {
            try {
                emitter.send(temperature, MediaType.APPLICATION_JSON);  // (13)
            } catch (Exception ignore) {
                deadEmitters.add(emitter);                         // (14)
            }
        });
        clients.removeAll(deadEmitters);                           // (15)
    }
}
```

TemperatureController 클래스를 이해하려면 SseEmitter 클래스를 먼저 알아야 합니다. 스프링 웹 MVC 에서는 SSE 이벤트를 보내는 목적으로만 이 클래스를 사용합니다. 요청 처리 메서드가 SseEmitter 인 스턴스를 반환하더라도 SseEnitter.complete() 메서드가 호출되거나 오류 발생 또는 시간 초과가 발생 할 때까지 실제 요청 처리는 계속됩니다.

TemperatureController는 URI /temperature-stream(2)에 대한 하나의 요청 핸들러(3)를 제공하고 SseEmitter(8)를 반환합니다. 클라이언트가 이 URI를 요청하면 새로운 SseEmitter 인스턴스(4)를 만들 어 활성 클라이언트(5) 목록에 등록함과 동시에 반환합니다. 또한 SseEmitter 생성자는 timeout 매개변 수를 사용할 수 있습니다.

clients 변수의 Collection 구현체를 위해 java.util.concurrent 패키지(1)의 CopyOnWriteArraySet 클래 스를 사용했습니다. 이를 통해 목록에 대한 수정과 반복을 동시에 할 수 있습니다. 웹 클라이언트가 새 로운 SSE 세션을 요청하면 clients 컬렉션에 새로운 emitter를 추가합니다. SseEmitter는 처리가 끝나 거나 timeout(6)(7)에 도달하면 clients 컬렉션에서 자신을 제거합니다.

이제, 웹 클라이언트와의 커뮤니케이션 채널을 유지한다는 것은 온도 변화에 대한 이벤트를 수신할 수 있다는 의미입니다. 이를 위해 클래스에는 handleMessage() 메서드(11)가 있습니다. 스프링으로부터 이 벤트를 수신하기 위해 @EventListener 애노테이션(10)이 붙어 있습니다. 프레임워크는 온도 이벤트를 수신할 때만 handleMessage() 메서드를 호출합니다. @Async 애노테이션(9)은 메서드를 **비동기** 실행으로 표시하고, 이 메서드는 별도로 구성된 스레드 풀에서 호출됩니다. handleMessage() 메서드는 새로운 온 도 이벤트를 수신하고, 각 이벤트(13)에 대해 병렬로 JSON 형식의 메시지를 모든 클라이언트에 비동 기적으로 전송합니다. 또한 개별 emitter를 전송할 때 실패한 메시지를 추적하고(14) 활성 클라이언트 목록에서 제거합니다(15). 이러한 접근 방식을 통해 더 이상 응답하지 않는 클라이언트를 찾아낼 수 있 습니다. 안타깝지만 SseEmitter는 오류 처리에 대한 콜백을 제공하지 않으며 send() 메서드에서만 발생 하는 오류를 처리할 수 있습니다.

비동기 지원 설정하기

전체 코드를 실행하기 위해 다음과 같이 실행 클래스를 만듭니다.

```
@EnableAsync                                                          // (1)
@SpringBootApplication                                                // (2)
public class Application implements AsyncConfigurer {
    public static void main(String[] args) {
```

```
        SpringApplication.run(Application.class, args);
    }

    @Override
    public Executor getAsyncExecutor() {                                    // (3)
        ThreadPoolTaskExecutor executor = new ThreadPoolTaskExecutor();     // (4)
        executor.setCorePoolSize(2);
        executor.setMaxPoolSize(100);
        executor.setQueueCapacity(5);                                       // (5)
        executor.initialize();
        return executor;
    }

    @Override
    public AsyncUncaughtExceptionHandler getAsyncUncaughtExceptionHandler(){
        return new SimpleAsyncUncaughtExceptionHandler();                   // (6)
    }
}
```

위 코드에서 보듯이, 이 예제는 @EnableAsync 애노테이션(1)에 의해 비동기 실행이 가능한 스프링 부트 애플리케이션(2)입니다. 여기서 비동기 실행(6)에서 발생한 예외에 대한 예외 처리를 구현할 수 있습니다. 비동기 처리를 위해 Executor를 생성하기에도 적합한 위치입니다. 여기서는 두 개의 코어 스레드가 있는 ThreadPoolTaskExecutor를 사용합니다(최대 100개의 스레드까지 증가시킬 수 있음). 큐 용량(5)을 올바르게 구성하지 않으면 스레드 풀이 커질 수 없다는 점에 유의해야 합니다. SynchronousQueue가 대신 사용돼 동시성을 제한하기 때문입니다.

SSE를 지원하는 UI 작성

전체 유스케이스를 완성하기 위해 마지막으로 필요한 것은 서버와 통신할 수 있는 자바스크립트 코드가 포함된 HTML 페이지입니다. 단순하게 구현하기 위해 결과를 얻기 위한 최소한의 HTML만 남겨두고 나머지는 제거했습니다.

```
<body>
<ul id="events"></ul>
<script type="application/javascript">
function add(message) {
```

```
    const el = document.createElement("li");
    el.innerHTML = message;
    document.getElementById("events").appendChild(el);
}

var eventSource = new EventSource("/temperature-stream");         // (1)
eventSource.onmessage = e => {                                    // (2)
    const t = JSON.parse(e.data);
    const fixed = Number(t.value).toFixed(2);
    add('Temperature: ' + fixed + ' C');
}
eventSource.onopen = e => add('Connection opened');              // (3)
eventSource.onerror = e => add('Connection closed');
</script>
</body>
```

여기서는 URI /temperature-stream(1)을 가리키는 EventSource 객체를 사용합니다. 이것은 onmessage() 함수(2)를 호출해 수신하는 메시지를 처리하고, 오류를 처리합니다. 또한 동일한 방식으로 서버에 의해 수행되는 스트림 열기에 대해 반응합니다(3). 이 페이지를 index.html로 저장하고 프로젝트의 src/main/resources/static/ 폴더에 넣어야 합니다. 기본적으로 스프링 웹 MVC는 HTTP를 통해 해당 폴더의 콘텐츠를 서비스합니다. 이러한 동작은 WebMvcConfigurerAdapter 클래스를 상속해 설정값을 직접 구성해 변경할 수 있습니다.

기능 확인하기

이제 애플리케이션을 빌드하고 시작한 후 다음 주소로 접속할 수 있습니다: http://localhost:8080(스프링 웹 MVC는 웹 서버의 포트 8080을 기본값으로 사용합니다. 이는 application.properties 파일에 server.port = 9090과 같이 변경할 수 있습니다). 몇 초 후에 다음과 같은 결과를 볼 수 있습니다.

```
Connection opened
Temperature: 14.71 C
Temperature: 9.67 C
Temperature: 19.02 C
Connection closed
Connection opened
Temperature: 18.01 C
Temperature: 16.17 C
```

이 결과에서 알 수 있듯이, 웹 페이지는 클라이언트 및 서버 접속을 유지하며 이벤트를 수신합니다. 또한 네트워크 문제 발생이나 접속 시간이 초과하는 경우 자동으로 재접속합니다. 현재의 솔루션은 자바스크립트에만 국한되지 않으며 curl과 같은 다른 클라이언트로도 연결할 수 있습니다. 터미널에서 다음 명령을 실행하면 원시 데이터로 이벤트 스트림을 수신할 수 있습니다.

```
> curl http://localhost:8080/temperature-stream
data:{"value":22.33210856124129}
data:{"value":13.83133638119636}
```

 SSE와 스프링 프레임워크와의 통합에 대해 자세히 알아보려면 다음 링크에서 랠프 섀어(Ralph Schaer)의 글을 확인하세요.

https://golb.hplar.ch/p/Server-Sent-Events-with-Spring

솔루션에 대한 평가

이 시점에서 단지 몇십 줄의 코드(HTML 및 자바스크립트 포함)를 작성해 탄력적인 리액티브 애플리케이션을 구현한 것에 대해 감격할 수 있습니다. 그러나 현재 솔루션에는 몇 가지 문제가 있습니다. 먼저 스프링에서 제공하는 발행–구독 구조를 사용하고 있습니다. 스프링 프레임워크에서 이 메커니즘은 처음에는 응용 프로그램 수명주기 이벤트를 처리하기 위해 도입됐으며, 고부하 및 고성능 시나리오를 위한 것이 아닙니다. 하나의 온도 데이터 대신에 수천 또는 수백만 개의 개별 스트림이 필요할 때 어떤 일이 발생할까요? 스프링의 구현은 그러한 부하를 효율적으로 처리할 수 있을까요?

게다가 이러한 접근 방식의 한 가지 중요한 단점은 비즈니스 로직을 정의하고 구현하기 위해 스프링 프레임워크의 내부 메커니즘을 사용한다는 사실에 있습니다. 이는 프레임워크의 사소한 변경으로 인해 응용 프로그램의 안정성을 위협할 수 있습니다. 게다가 스프링 컨텍스트(ApplicationContext)를 로드하지 않고 비즈니스 로직을 단위 테스트하는 것은 어렵습니다. **1장 왜 리액티브 스프링인가?**에서 설명했듯이, 많은 메서드에 @EventListener 애노테이션이 붙어 있고, 전체 워크플로를 설명하는 한 줄의 명시적 스크립트도 없는 응용 프로그램이라는 것도 지적할 만합니다.

게다가 SseEmitter를 사용하면 스트림의 종료와 오류 처리에 대한 구현을 추가할 수 있지만, @EventListener는 그렇지 않습니다. 따라서 구성 요소 간의 스트림 종료 또는 오류 발생을 알리기 위해 별도의 오브젝트 또는 클래스 상속 구조를 정의해야 하는데, 이를 처리하는 것을 잊기 쉽습니다. 또한 별도의 구현을 추가하더라도 각각의 애플리케이션에 따라 다르게 구현해야 하다 보니 해결 방법이 복잡해지고 이 방식의 구현이 주는 매력이 줄어듭니다.

또 하나 중요한 단점은 온도 이벤트를 비동기적으로 브로드캐스팅하기 위해 스레드 풀을 사용한다는 것입니다. 이는 진정한 비동기적 리액티브 접근(프레임워크)에서는 필요 없는 일입니다.

온도 센서는 클라이언트의 수와 관계없이 하나의 이벤트 스트림만 생성합니다. 그러나 클라이언트가 하나도 없을 때도 이벤트는 발생합니다. 이는 자원 낭비이고, 이벤트 발생이 많은 자원을 필요로 한다면 특히 그렇습니다. 예를 들어, 실제 하드웨어와 통신하는 상황에서는 하드웨어 수명을 단축시킬 수 있습니다.

이러한 문제를 해결하기 위해 이 목적만을 위해 설계된 리액티브 라이브러리가 필요합니다. 다행히도 몇 가지 후보가 있습니다. 이제 널리 채택된 최초의 리액티브 라이브러리임과 동시에, 자바 리액티브 애플리케이션에 대한 개발 방식의 변경을 가져온 RxJava를 만나보겠습니다.

리액티브 프레임워크 RxJava

한동안 RxJava 1.x(자세한 내용은 https://github.com/ReactiveX/RxJava 참조) 버전은 자바 플랫폼에서 리액티브 프로그래밍을 위한 **표준** 라이브러리였습니다. 이미 알고 있겠지만, 이 라이브러리는 오늘날 자바 진영에 리액티브 프로그래밍의 길을 개척했습니다. 현재는 이 라이브러리 외에도 Akka Streams와 리액터 프로젝트가 있습니다. 후자는 **4장 리액터 프로젝트 – 리액티브 앱의 기반**에서 자세히 다룹니다. 따라서 현재 리액티브 프로그래밍을 위해서는 몇 가지 옵션이 있습니다. 또한 RxJava 자체는 버전 2.x의 출시와 함께 많은 변경이 있었습니다. 그러나 리액티브 프로그래밍의 가장 기본적인 개념을 포함해 실질적인 의미를 이해하기 위해 초기 버전부터 변경되지 않은 RxJava의 가장 근본적인 API에 대해서만 집중적으로 설명할 것입니다. 이 절의 모든 예제는 RxJava 1.x와 RxJava 2.x에서 모두 작동합니다.

하나의 응용 프로그램 클래스 경로에서 동시에 사용할 수 있도록 RxJava 2.x와 RxJava 1.x는 서로 다른 그룹 ID(`io.reactivex.rxjava2`, `io.reactivex`)와 네임 스페이스(`io.reactivex`, `rx`)를 가집니다.

RxJava 1.x는 2018년 3월에 종료됐지만, 오랜 기간 동안 광범위하게 사용됐기 때문에 여전히 일부 라이브러리 및 응용 프로그램에서 사용됩니다. RxJava 1.x와 비교해 RxJava 2.x에서 변경된 사항에 대해서는 다음 링크를 참고하세요.

https://github.com/ReactiveX/RxJava/wiki/What's-different-in-2.0

RxJava 라이브러리는 **Reactive Extensions**(**ReactiveX**라고도 함)의 자바 구현체입니다. Reactive Extensions는 동기식 또는 비동기식 스트림과 관계없이 명령형 언어를 이용해 데이터 스트림을 조작할 수 있는 일련의 도구입니다. ReactiveX는 종종 관찰자(Observer) 패턴, 반복자(Iterator) 패턴 및 함수형 프로그래밍의 조합으로 정의됩니다. ReactiveX에 대한 자세한 내용은 http://reactivex.io를 참조하세요.

명령형 언어에 익숙하다면 리액티브 프로그래밍을 받아들이기 어려울 수 있습니다. 그러나 핵심은 실제로 간단합니다. 이제 최근 가장 광범위하게 사용되는 리액티브 라이브러리 RxJava의 기본을 배워보겠습니다. 리액티브 프로그래밍에서 핵심적인 내용은 살펴보겠지만, 모든 세부 사항을 다루지는 않습니다.

관찰자 + 반복자 = 리액티브 스트림

이 장에서 프로듀서(Producer) 이벤트와 컨슈머(Consumer) 이벤트를 명확하게 구분한 관찰자 패턴에 대해 충분히 설명했습니다. 다음 코드를 통해 관찰자 패턴을 다시 요약해 보겠습니다.

```
public interface Observer<T> {
    void notify(T event);
}


public interface Subject<T> {
    void registerObserver(Observer<T> observer);
    void unregisterObserver(Observer<T> observer);
    void notifyObservers(T event);
}
```

앞에서 봤듯이 이 접근법은 무한한 데이터 스트림에 대해서는 매력적이었지만, 데이터 스트림의 끝을 알리는 기능이 있다면 더욱더 좋았을 것입니다. 또한 컨슈머가 준비하기 전에 프로듀서가 이벤트를 생성하는 것은 우리가 바라는 상황이 아닐 수 있습니다. 동기식 세계라면 그런 때를 대비한 반복자 패턴이 존재합니다. 코드로 표현하면 다음과 같습니다.

```
public interface Iterator<T> {
    T next();
    boolean hasNext();
}
```

하나씩 항목을 검색하기 위해 Iterator는 next() 메서드를 제공하고 hasNext() 호출의 결과로 false 값을 반환해 시퀀스의 끝을 알려줄 수 있게 해줍니다. 그렇다면 관찰자 패턴에 의한 비동기 실행과 이 아이디어를 혼합하면 어떻게 될까요? 결과는 다음과 같습니다.

```java
public interface RxObserver<T> {
    void onNext(T next);
    void onComplete();
}
```

RxObserver는 Iterator와 매우 비슷하지만, Iterator의 next() 메서드를 호출하는 대신 onNext() 콜백에 의해 RxObserver에 새로운 값이 통지됩니다. hasNext() 메서드의 결과가 참인지 거짓인지 확인하는 대신, RxObserver는 호출된 onComplete() 메서드를 통해 스트림의 끝을 알립니다. 여기까지는 괜찮지만, 오류 처리는 어떨까요? Iterator는 next() 메서드를 처리하는 동안 Exception을 발생시킬 수 있으며, 프로듀서에서 RxObserver로의 오류 전파 메커니즘이 있으면 좋을 것입니다. 이를 위해 콜백 onError()를 추가합니다. 최종 솔루션은 다음과 같습니다.

```java
public interface RxObserver<T> {
    void onNext(T next);
    void onComplete();
    void onError(Exception e);
}
```

RxJava의 기본 개념인 Observer 인터페이스를 방금 설계했습니다. 이 인터페이스는 리액티브 스트림의 모든 컴포넌트 사이에 데이터가 흐르는 방법을 정의합니다. 라이브러리의 가장 작은 부분인 Observer 인터페이스는 모든 곳에서 발견됩니다. RxObserver는 앞에서 설명한 관찰자 패턴의 Observer 인터페이스와 유사합니다.

리액티브 Observable 클래스는 관찰자 패턴의 주체(Subject)와 일치합니다. 결과적으로 Observable은 이벤트를 발생시킬 때 이벤트 소스 역할을 수행합니다. Observerble 클래스에는 리액티브 스트림을 초기화하는 수십 가지의 팩토리 메서드뿐만 아니라 수백 가지의 스트림 변환 메서드가 있습니다.

Subscriber 추상 클래스는 Observer 인터페이스를 구현하고 이벤트를 소비합니다. 실제 Subscriber 클래스 기본 구현체로도 사용됩니다. 런타임에 Observable과 Subscriber 간의 관계는 메시지 구독 상태를 확인하고 필요한 경우 이를 취소할 수도 있는 구독에 의해 제어됩니다. 이 관계를 다음 그림과 같이 설명할 수 있습니다.

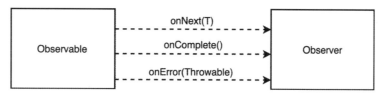

그림 2.6 Observable과 Observer 계약 관계

RxJava는 이벤트 생성에 대한 규칙을 정의합니다. Observable은 0을 포함해 일정 개수의 이벤트를 보낼 수 있습니다. 그런 다음 성공을 알리거나 오류를 발생시켜 실행 종료를 알립니다. 따라서 연결된 각 구독자에 대한 Observable은 onNext()를 여러 번 호출한 다음 onComplete() 또는 onError()를 호출합니다. 둘을 동시에 호출하지는 않습니다. 또한 onComplete() 또는 onError()가 호출된 이후에는 onNext()가 호출되지 않습니다.

스트림의 생산과 소비

지금쯤이면 RxJava 라이브러리에 대해 첫 번째 애플리케이션을 만들 수 있을 만큼 익숙해졌을 것입니다. Observable 클래스로 표현되는 스트림을 정의해 봅시다. 현재 Observable은 구독자가 구독하는 즉시 구독자에게 이벤트를 전파하는 일종의 이벤트 생성기라고 할 수 있습니다.

```
Observable<String> observale = Observable.create(
    new Observable.OnSubscribe<String>() {
        @Override
        public void call(Subscriber<? super String> sub) {          // (1)
            sub.onNext("Hello, reactive world!");                    // (2)
            sub.onCompleted();                                       // (3)
        }
    }
);
```

구독자가 나타나자마자(1) 적용될 콜백을 가진 Observable 클래스를 만들었습니다. 콜백이 호출되면 Observer는 하나의 문자열(2)을 생성한 후 스트림의 끝을 구독자(3)에게 알립니다. 자바 8 람다 표현식을 사용해 다음과 같이 코드를 개선할 수 있습니다.

```
Observable<String> observable = Observable.create(
    sub -> {
        sub.onNext("Hello, reactive world!");
        sub.onCompleted();
    }
);
```

자바 스트림 API와 달리 Observable은 재사용이 가능하며 모든 구독자는 구독하자마자 "Hello, reactive world!"라는 이벤트를 받게 됩니다.

 RxJava 1.2.7부터 Observable을 생성하는 방식은 더 이상 사용되지 않습니다. 이 방식은 생성하는 것들이 너무 많고, 구독자에게 과도한 부하를 줄 수 있어 안전하지 않습니다. 즉, 이 방법은 배압(backpressure)을 지원하지 않습니다. 이 개념은 나중에 자세히 다룰 것입니다. 그러나 앞의 코드가 기초를 익히기에는 좋습니다.

이제 다음 코드와 같이 구독자가 필요합니다.

```
Subscriber<String> subscriber = new Subscriber<String>() {
    @Override
    public void onNext(String s) {                              // (1)
        System.out.println(s);
    }

    @Override
    public void onCompleted() {                                 // (2)
        System.out.println("Done!");
    }

    @Override
    public void onError(Throwable e) {                          // (3)
        System.err.println(e);
    }
};
```

보다시피 새로운 subscriber를 구현할 때는 Observer 메서드를 구현하고 새 이벤트 발생(1), 스트림 완료(2), 오류 처리(3)를 정의해야 합니다. 이제 이전 코드에서 정의한 observable 인스턴스와 바로 위 코드에서 정의한 subscriber 인스턴스를 연결해 봅시다.

```
observable.subscribe(subscriber);
```

위 코드를 실행하면 결과는 다음과 같습니다.

```
Hello, reactive world!
Done!
```

이렇게 해서 작고 간단한 리액티브 'Hello World' 애플리케이션을 작성했습니다! 람다 표현식을 사용한다면 코드를 다음과 같이 작성할 수 있습니다.

```
Observable.create(
    sub -> {
        sub.onNext("Hello, reactive world!");
        sub.onCompleted();
    }
).subscribe(
    System.out::println,
    System.err::println,
    () -> System.out.println("Done!")
);
```

RxJava 라이브러리는 Observable 및 Subscriber 인스턴스를 생성하기 위해 많은 유연성을 제공합니다. 다음과 같이 요소를 직접 등록할 수도 있고, 예전 스타일인 배열을 사용할 수도 있으며, Iterable 컬렉션을 이용해 Observable 인스턴스를 만들 수도 있습니다.

```
Observable.just("1", "2", "3", "4");
Observable.from(new String[]{"A", "B", "C"});
Observable.from(Collections.emptyList());
```

다음 코드와 같이 Callable(1) 또는 Future(2)를 활용할 수도 있습니다.

```
Observable<String> hello = Observable.fromCallable(() -> "Hello ");      // (1)
Future<String> future =
        Executors.newCachedThreadPool().submit(() -> "World");
Observable<String> world = Observable.from(future);                      // (2)
```

단순한 생성 기능과 함께 Observable 스트림은 다른 Observable 인스턴스를 결합해 생성할 수 있으므로 복잡한 워크플로를 쉽게 구현할 수 있습니다. 예를 들어, 입력 스트림에 대한 concat() 메서드는 입력 스트림을 다운스트림 Observale로 다시 보낼 수 있습니다. 입력 스트림은 종료 신호(onComplete(), onError())가 발생할 때까지 처리되며 처리 순서는 concat() 인수의 순서와 똑같습니다. 다음 코드는 concat() 사용법을 보여줍니다.

```
Observable.concat(hello, world, Observable.just("!"))
    .forEach(System.out::print);
```

이 코드는 다른 인수를 사용하는 Observable 인스턴스를 간단히 조합해 자바 8 스트림 API와 유사한 방식의 Observable.forEach() 메서드를 사용해 결과를 반복 처리합니다. 이 프로그램의 실행 결과는 다음과 같습니다.

```
Hello World!
```

 예외 처리를 정의하지 않는 것이 편리하기는 하지만, 기본 Subscriber 구현체는 오류 발생 시 rx.exceptions.OnErrorNotImplementedException을 발생시킵니다.

비동기 시퀀스 생성하기

RxJava는 하나의 이벤트뿐만 아니라, 다음 코드와 같이 주기적으로 비동기 이벤트 시퀀스를 생성할 수 있습니다.

```
Observable.interval(1, TimeUnit.SECONDS)
    .subscribe(e -> System.out.println("Received: " + e));
Thread.sleep(5000);                                                    // (1)
```

위 코드의 실행 결과는 다음과 같습니다.

```
Received: 0
Received: 1
Received: 2
Received: 3
Received: 4
```

또한 Thread.sleep(...)(1)을 제거하면 응용 프로그램이 아무것도 출력하지 않고 종료됩니다. 이는 이벤트가 생성되는 것과는 별개의 스레드에서 사용되기 때문입니다. 그래서 메인 스레드가 실행을 끝내지 못하도록 sleep()을 쓰거나 다른 방법을 이용해 종료를 지연시킬 수 있습니다.

물론 관찰자–구독자 협력을 제어하기 위한 다른 방법이 있습니다. 이를 위한 Subscription 인터페이스 선언은 다음과 같습니다.

```
interface Subscription {
    void unsubscribe();
    boolean isUnsubscribed();
}
```

unsubscribe() 메서드를 사용하면 구독자는 Observable에 새 이벤트를 보낼 필요가 없음을 알릴 수 있습니다. 바꿔 말하면 위 메서드는 가입 취소를 의미합니다. 반면 Observable은 isUnsubscribed()를 호출해 구독자가 여전히 이벤트를 기다리고 있는지 확인합니다.

구독 취소 기능을 이해하기 위해서 구독자가 이벤트에 관심 있는 유일한 당사자인 경우를 생각해 봅시다. 외부 신호가 CountDownLatch(1)에 의해 전파될 때까지 이벤트를 소비합니다. 입력 스트림은 100밀리초마다 새로운 이벤트를 생성하며, 이 이벤트는 0, 1, 2, 3...(3)의 시퀀스를 무한대로 생성합니다. 다음 코드는 리액티브 스트림을 정의할 때 Subscription(2) 인스턴스를 참조하는 방법을 보여줍니다. 또한 스트림 구독을 취소(4)하는 방법도 보여줍니다.

```
CountDownLatch externalSignal = ...;                              // (1)

Subscription subscription = Observable                           // (2)
        .interval(100, MILLISECONDS)                             // (3)
        .subscribe(System.out::println);

externalSignal.await();
subscription.unsubscribe();                                      // (4)
```

여기서는 구독자가 0, 1, 2, 3... 이벤트를 수신한 다음 externalSignal 호출이 발생하고 이후에 구독 취소가 발생합니다.

지금까지 리액티브 프로그래밍이 Observable 스트림, 구독자 및 일종의 구독 행위(Observable 프로듀서로부터 이벤트를 수신하기 위해 구독자의 의도를 전달하는 것)로 구성된다는 것을 배웠습니다. 이제는 리액티브 스트림에 흐르는 데이터를 변환해 보겠습니다.

스트림 변환과 마블 다이어그램

Observable과 구독자만으로도 다양한 워크플로를 구현할 수 있지만, RxJava의 모든 기능은 연산자에 의해 구현된다고 할 수 있습니다. 연산자는 스트림의 원소를 조정하거나 스트림 구조 자체를 변경할 수 있습니다. RxJava에는 거의 모든 시나리오에서 사용할 수 있는 엄청난 양의 연산자가 있지만, 모든 연산자를 다루려면 너무 많아서 별도의 책이 필요할 것입니다. 지금부터 가장 많이 사용되는 기본 연산자를 살펴보겠습니다. 대부분 다른 연산자들은 기본 연산자의 조합일 뿐입니다.

Map 연산자

물어볼 필요도 없이 RxJava에서 가장 많이 사용하는 연산자이며 선언은 다음과 같습니다.

```
<R> Observable<R> map(Func1<T, R> func)
```

이 선언은 func 함수가 타입 <T>를 타입 <R>로 변환하고, map을 통해 Observable<T>를 Observable<R>로 변환할 수 있음을 의미합니다. 그러나 메서드 시그니처가 연산자의 동작을 항상 잘 나타내는 것은 아닙니다. 연산자가 복잡한 변환을 수행할 때 특히 그렇습니다. 이러한 목적으로 **마블 다이어그램(marble diagram)**이 발명됐습니다. 마블 다이어그램은 스트림 변환을 시각적으로 표현합니다. 거의 모든 RxJava 연산자는 Javadoc에 포함된 마블 다이어그램을 통해 그 동작을 효과적으로 설명합니다. map 연산자를 마블 다이어그램으로 나타내면 다음과 같습니다.

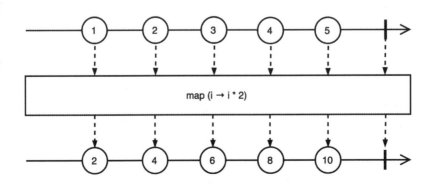

그림 2.7 map 연산자: 각각에 함수를 적용해 Observable이 전달한 이벤트를 변환합니다.

다이어그램을 보면 map을 통해 원소가 하나씩 변환되는 것을 알 수 있습니다. 따라서 출력 스트림은 입력 스트림과 똑같은 개수의 원소를 가집니다.

Filter 연산자

map 연산자와 달리 필터(filter)는 받은 것보다 적은 수의 원소를 생성할 수도 있습니다. 다음 다이어그램과 같이 조건부 테스트를 성공적으로 통과한 원소만 재발행합니다.

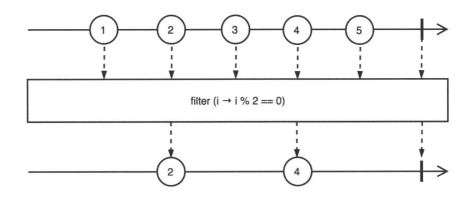

그림 2.8 Filter 연산자: Observable이 전달한 이벤트 중 조건을 통과한 항목만 재발행합니다.

Count 연산자

count 연산자는 이름 그대로 입력 스트림의 개수를 발행합니다. 그러나 원본 스트림이 완료될 때 카운트가 발행되므로 스트림이 무한대일 때는 count 연산자가 완료되지 않거나 아무것도 반환하지 않을 것입니다. 마블 다이어그램은 다음과 같습니다.

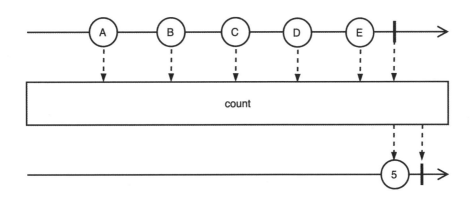

그림 2.9 Count 연산자: Observable 원본 원소의 개수를 재발행합니다.

Zip 연산자

이번에 살펴볼 연산자는 zip입니다. 이것은 zip 함수를 적용해 두 개의 병렬 스트림 값을 결합하기 때문에 동작이 복잡합니다. 특히 다음 다이어그램과 같이 예상되는 결과의 일부가 다른 출처에서 발행될 때 데이터를 결합하는 데 자주 사용됩니다.

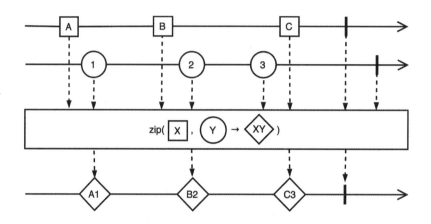

그림 2.10 Zip 연산자: 지정된 함수를 통해 여러 Observable의 이벤트를 결합하고 결합한 항목을 발행합니다.

넷플릭스(Netflix)는 추천 비디오 목록을 스트리밍할 때 zip 연산자를 사용해 영화 설명, 영화 포스터, 영화 등급을 결합합니다. 여기서는 간단히 다음 코드와 같이 두 개의 문자열 값 스트림을 압축해 봅시다.

```
Observable.zip(
    Observable.just("A", "B", "C"),
    Observable.just("1", "2", "3"),
    (x, y) -> x + y
).forEach(System.out::println);
```

이 코드는 앞의 다이어그램에서 설명한 것처럼 두 개의 스트림에서 하나씩 원소를 조인한 다음 콘솔에 출력합니다.

```
A1
B2
C3
```

리액티브 프로그래밍(RxJava뿐만 아니라)에서 일반적으로 사용되는 연산자에 대한 자세한 내용은 http://rxmarbles.com을 참조하세요. 이 사이트에는 실제 연산자의 행동을 반영하는 대화형 다이어그램이 포함돼 있습니다. 차례대로 대화식 UI를 사용하면 각 이벤트가 스트림에 표시된 순서 및 시간과 관련해 이벤트의 변형을 시각화할 수 있습니다. 사이트 자체는 RxJS 라이브러리(자세한 내용은 https://github.com/ReactiveX/rxjs 참조)로 작성됐으며, 이는 자바스크립트 세계에서 RxJava에 대응하는 라이브러리입니다.

앞서 언급했듯이 RxJava의 Observable은 많은 유스케이스를 효과적으로 처리할 수 있는 수십 개의 스트림 변환 연산자를 제공합니다. 물론 RxJava는 라이브러리에서 제공하는 연산자만 사용할 수 있는 것은 아닙니다. Observable.Transformer<T, R>에서 파생된 클래스를 구현해 사용자 지정 연산자를 작성할 수도 있습니다. 사용자 지정 연산자 로직은 Observable.compose(transformer) 연산자를 적용해 워크플로에 포함될 수 있습니다. 아직은 연산자의 조합이나 실습을 하지 않을 것입니다. 이 책의 후반부에서 그에 대해 부분적으로 다룰 것입니다. 지금은 RxJava가 라이브러리에 제한받거나 상상력에 의해 제한받지 않고, 복잡한 비동기 워크플로를 구축하기 위한 강력한 도구 세트를 제공한다는 점을 강조하는 것만으로도 충분합니다.

RxJava 사용의 전제 조건 및 이점

이전 절에서 RxJava와 함께 **리액티브 프로그래밍**의 기초를 배웠습니다. 서로 다른 리액티브 라이브러리는 API도 조금씩 다르고 구현 방식도 다양합니다. 하지만 구독자가 관찰 가능한 스트림에 가입한 후, 비동기적으로 이벤트를 생성해 프로세스를 시작한다는 핵심 개념은 동일합니다. 프로듀서와 구독자 사이에는 프로듀서-컨슈머 관계를 해지할 수 있는 채널이 일반적으로 존재합니다. 이러한 접근 방식은 매우 융통성이 있으며 생성 및 소비되는 이벤트의 양을 제어할 수 있게 해줍니다. 그로 인해 데이터 작성 시에만 필요하고 이후에는 사용되지 않는 CPU 사용량을 줄일 수 있습니다.

리액티브 프로그래밍이 리소스를 절약할 수 있다는 것을 입증하기 위해 간단한 메모리 검색 엔진 서비스를 구현한다고 가정해 봅시다. 이를 위해서는 원하는 구문이 포함된 URL 컬렉션을 반환해야 합니다. 일반적으로 클라이언트 응용 프로그램(웹 또는 모바일 응용 프로그램)은 페이징 제한(예: 한 페이지당 표시할 항목의 수)을 전달합니다. 리액티브 프로그래밍이 아닌 방식이라면 API 설계는 아마 다음과 같을 것입니다.

```
public interface SearchEngine {
    List<URL> search(String query, int limit);
}
```

인터페이스에서 알 수 있듯이, 서비스는 검색을 수행하고 제한 개수만큼 결과를 수집해 이를 List에 넣은 다음 클라이언트에게 반환합니다. 앞의 시나리오에서 UI에 결과를 그리기 시작한 후에 사용자가 페이지에서 첫 번째 페이지 또는 두 번째 페이지를 선택하더라도 클라이언트는 전체 결과를 반환받습니다. 좋은 서비스를 제공하기 위해 많은 노력을 기울였고 클라이언트가 오랜 시간 기다렸지만, 결국 대부분의 경우 클라이언트가 원하는 결과를 정상적으로 표시하지 못했습니다. 이는 의심의 여지없이 자원 낭비입니다.

그러나 결과를 반복적으로 처리하면 검색 결과를 더 잘 표현할 수 있습니다. 따라서 클라이언트가 계속해서 결과를 화면에 표시하는 동안 서버는 다음 페이지 검색을 수행합니다. 일반적으로 서버 검색은 하나씩 하지 않고 고정 크기(100개라고 가정합시다)로 진행합니다. 이러한 접근 방식을 **커서**라고 하며 데이터베이스에서 자주 사용합니다. 클라이언트의 경우 결과 커서는 **이터레이터(Iterator)** 형태로 표시됩니다. 다음 코드에서 개선된 API를 볼 수 있습니다.

```
public interface IterableSearchEngine {
    Iterable<URL> search(String query, int limit);
}
```

Iterable 인터페이스의 단점은 다음 데이터 반환을 기다릴 때 클라이언트의 스레드가 차단된다는 것입니다. 이는 안드로이드 UI 스레드일 때는 치명적일 수 있습니다. 새로운 결과가 도착하면 검색 서비스는 next()가 호출되기를 기다립니다. 즉, 클라이언트와 서비스가 Iterable 인터페이스를 통해 탁구를 치는 것입니다. 말할 것도 없이 이러한 형태의 구성만으로도 충분할 때도 있지만, 대부분 고성능 응용 프로그램에는 적합하지 않습니다.

다음으로, 예제의 검색 엔진은 비동기 서비스가 되기 위해 CompletableFuture를 반환할 수 있습니다. 이 경우도 클라이언트의 스레드는 결과가 도착하자마자 콜백을 호출하기 때문에 검색 요청에 아무런 방해가 되지 않습니다. 그러나 다음 코드에서 보듯이 CompletableFuture는 결과가 List라고 해도 한 번에 전체를 반환하거나 아무것도 반환하지 않는 방식으로만 동작합니다.

```
public interface FutureSearchEngine {
    CompletableFuture<List<URL>> search(String query, int limit);
}
```

여기서 RxJava를 사용해 솔루션을 개선할 수 있으며, 비동기 처리 및 이후에 수신하는 각 이벤트에 대응할 수 있는 능력을 갖추게 될 것입니다. 또한 클라이언트는 언제든지 구독을 취소할 수 있으며 다음 코드와 같이 서비스 검색에 필요한 작업량을 줄일 수 있습니다.

```java
public interface RxSearchEngine {
    Observable<URL> search(String query);
}
```

이러한 접근 방식은 응용 프로그램의 **응답성**을 크게 높여줍니다. 클라이언트가 아직 모든 결과를 수신하지 못한 상태에서도 이미 도착한 부분에 대한 처리를 시작할 수 있습니다. 인간은 누구나 기다리는 것을 좋아하지 않습니다. 그래서 여기서는 **최초 데이터 수신 시간(Time To First Byte)** 또는 **주요 렌더링 경로(Critical Rendering Path)** 메트릭으로 성능을 평가합니다. 어떠한 경우라도 리액티브 프로그래밍은 기존 방식보다 더 나은 결과를 가져옵니다.

 최초 데이터 수신 시간과 주요 렌더링 경로에 대한 자세한 내용은 각각 다음 링크를 참조하세요

https://www.maxcdn.com/one/visual-glossary/time-to-first-byte

https://developers.google.com/web/fundamentals/performance/critical-rendering-path

앞에서 살펴봤듯이 RxJava는 훨씬 융통성 있고 유연한 방식으로 비동기 데이터 스트림을 구성할 수 있습니다. 마찬가지로 기존의 동기 방식 코드를 비동기 워크플로로 래핑할 수 있습니다. 느린 Callable에 대한 실행 스레드를 관리하기 위해 subscriberOn(Scheduler) 연산자를 사용할 수 있습니다. 이 연산자는 스트림 처리가 시작되는 Scheduler(자바 ExecutorService에 해당)를 정의합니다. 스레드 스케줄링에 대해서는 **4장 리액터 프로젝트 – 리액티브 앱의 기반**에서 자세히 설명합니다. 다음 코드에서 이러한 사례를 확인할 수 있습니다.

```java
String query = ...;
    Observable.fromCallable(() -> doSlowSyncRequest(query))
        .subscribeOn(Schedulers.io())
        .subscribe(this::processResult);
```

물론 이러한 접근 방식을 사용하면 한 개의 스레드가 전체 요청을 처리한다는 것을 신뢰할 수 없게 됩니다. 예제 워크플로는 한 스레드에서 시작해 소수의 다른 스레드로 이동하고, 완전히 다른 새 스레드에서 처리가 완료될 수 있습니다. 이 방법을 사용하면 객체를 변형(mutate)시키는 것은 안전하지 않으

며, 합리적인 처리 전략은 **불변 객체**를 사용하는 것입니다. 이는 새로운 개념이 아니라 **함수형 프로그래밍**의 핵심 원리 중 하나입니다. 객체는 일단 만들어지면 변경되지 않습니다. 이 간단한 규칙이 병렬 프로그래밍에서 모든 종류의 문제를 예방합니다.

자바 8이 람다를 도입하기 전에는 리액티브 프로그래밍뿐만 아니라 함수형 프로그래밍을 최대한 활용하는 것이 어려웠습니다. 람다가 없을 때는 애플리케이션 코드를 오염시키고 의미 있는 라인보다 더 많은 상용구 코드를 생성하는 익명 또는 내부 클래스를 많이 만들어야 했습니다. RxJava가 등장한 이래, 넷플릭스는 느린 속도에도 불구하고 오직 람다 지원 때문에 그루비(Groovy)를 광범위하게 사용했습니다. 이로부터 리액티브 프로그래밍의 성공적이고 쾌적한 사용을 위해서는 1급 객체로서 함수 사용이 필요하다는 결론에 도달할 수 있습니다. 다행스럽게도 이제는 그것이 안드로이드에서도 더이상 문제가 되지 않습니다. Retrolambda(https://github.com/orfjackal/retrolambda)와 같은 프로젝트를 통해 예전 자바 버전에서도 람다를 사용할 수 있게 됐습니다.

RxJava를 이용해 애플리케이션 다시 만들기

RxJava를 제대로 느껴보기 위해 이전에 작성한 온도 감지 애플리케이션을 RxJava로 다시 만들어 봅시다. 응용 프로그램에서 라이브러리를 사용하려면 build.gradle 파일에 다음 의존성을 추가합니다.

```
compile('io.reactivex:rxjava:1.3.8')
```

다음 코드와 같이 현재 온도를 나타내기 위해 동일한 클래스를 사용하겠습니다.

```
final class Temperature {
    private final double value;
    // constructor & getter
}
```

비즈니스 로직 구현

TemperatureSensor 클래스는 앞에서 스프링 ApplicationEventPublisher에 이벤트를 보냈지만, 이제는 Temperature 이벤트가 있는 리액티브 스트림을 반환해야 합니다. TemperatureSensor의 리액티브 구현은 다음과 같습니다.

```
@Component                                                          // (1)
public class TemperatureSensor {
    private final Random rnd = new Random();                        // (2)

    private final Observable<Temperature> dataStream =             // (3)
        Observable
            .range(0, Integer.MAX_VALUE)                            // (4)
            .concatMap(tick -> Observable                           // (5)
                .just(tick)                                         // (6)
                .delay(rnd.nextInt(5000), MILLISECONDS)            // (7)
                .map(tickValue -> this.probe()))                   // (8)
            .publish()                                             // (9)
            .refCount();                                           // (10)

    private Temperature probe() {
        return new Temperature(16 + rnd.nextGaussian() * 10);      // (11)
    }

    public Observable<Temperature> temperatureStream() {           // (12)
        return dataStream;
    }
}
```

여기서는 @Component 애노테이션(1)을 사용해서 TemperatureSensor를 스프링 빈으로 등록해 다른 빈에서 자동 탐색할 수 있도록 했습니다. TemperatureSensor 구현은 자세하게 설명하지 않은 RxJava API를 사용합니다. 그러면 클래스 로직을 보면서 어떤 부분이 변화가 있었는지 하나씩 살펴보겠습니다.

온도 센서는 실제 하드웨어 센서 측정을 시뮬레이션하기 위해 난수 발생기를 가지고 있습니다(2). (3)에서 dataStream이라는 private 필드를 정의합니다. 이 변수는 공개 메서드 temperatureStream()(12)에 의해 반환됩니다. dataStream은 컴포넌트에서 정의한 유일한 Observable 스트림입니다. 이 스트림은 팩토리 메서드 range(0, Integer.MAX_VALUE)를 적용해 사실상 무한대의 숫자 흐름(4)을 생성합니다. range() 메서드는 0부터 Integer.MAX_VALUE까지 정수 시퀀스를 생성합니다. 이 값 각각을 (5)의 concatMap(tick -> ...)을 이용해 변환합니다. concatMap() 메서드는 메서드 f를 수신합니다. 메서드 f는 tick 객체를 Observable 스트림으로 변환하고 f 함수를 수신 스트림에 적용한 다음, 결과 스트림에 하나씩 결합하는 역할을 합니다. 이 경우 f 함수는 임의의 지연 후에 센서 측정을 수행합니다(이전 구현의 동작과 일치시키기 위해). 센서를 감지하기 위해 하나의 원소 tick(6)만으로 새로운 스트림을 생성합니다. 무작위 지연을 시뮬레이션하기 위해 delay(rnd.nextInt(5000), MILLISECONDS) 연산자를 적용합니다(7).

다음 단계로 센서를 조사하고 map(tickValue -> this.probe()) 연산자(8)를 적용해 온도 값을 검색합니다. 이 변형은 이전에 사용했던 로직과 동일한 데이터 생성 로직(11)을 사용해 probe() 메서드를 호출합니다. tickValue는 단일 원소 스트림을 생성하는 데만 필요하기 때문에 무시해도 괜찮습니다. 따라서 concatMap(tick -> ...)을 적용하면 만들어진 각 측정 사이의 최대 간격이 5초인 센서 값을 반환하는 스트림을 받을 수 있습니다.

실제로 연산자 (9)와 (10)을 적용하지 않고 스트림을 반환할 수 있지만, 이 경우 각 구독자(SSE 클라이언트)는 센서 판독 값에 대한 새로운 시퀀스를 시작하고 스트림에 대한 새로운 구독을 시작합니다. 이는 센서 판독 결과를 구독자들 사이에 공유하지 않는다는 것을 의미합니다. 공유할 경우 하드웨어 과부하 및 성능 저하로 이어질 수 있기 때문입니다. 이를 방지하기 위해 소스 스트림의 이벤트를 모든 대상 스트림으로 브로드캐스팅하는 publish()(9) 연산자를 사용합니다. publish() 연산자는 ConnectableObservable이라는 Observable의 특별한 타입을 반환합니다. ConnectableObservable은 적어도 하나 이상의 구독자가 있을 때만 입력 공유 스트림에 대한 구독을 생성하는 refCount() 연산자를 제공합니다(10). 게시자-구독자 구현과 달리, 이 방법을 사용하면 구독자가 없을 때 센서를 탐색하지 않도록 할 수 있습니다.

Custom SseEmitter

스트림을 노출하는 TemperatureSensor를 사용해 새로운 SseEmitter를 Observable 스트림에 구독하고 수신한 onNext 시그널을 SSE 클라이언트에 전송할 수 있습니다. 오류 처리 및 HTTP 연결 종료를 구현하기 위해 SseEmitter를 상속해 보겠습니다.

```
class RxSeeEmitter extends SseEmitter {
    static final long SSE_SESSION_TIMEOUT = 30 * 60 * 1000L;
    private final Subscriber<Temperature> subscriber;              // (1)

    RxSeeEmitter() {
        super(SSE_SESSION_TIMEOUT);                                // (2)

        this.subscriber = new Subscriber<Temperature>() {         // (3)
            @Override
```

```java
    public void onNext(Temperature temperature) {
        try {
            RxSeeEmitter.this.send(temperature);               // (4)
        } catch (IOException e) {
            unsubscribe();                                      // (5)
        }
    }


    @Override
    public void onError(Throwable e) { }                       // (6)


    @Override
    public void onCompleted() { }                              // (7)
};

    onCompletion(subscriber::unsubscribe);                     // (8)
    onTimeout(subscriber::unsubscribe);                        // (9)
}

Subscriber<Temperature> getSubscriber() {                      // (10)
    return subscriber;
}
}
```

RxSeeEmitter는 SseEmitter를 상속합니다. 또한 온도 이벤트에 대한 구독자를 캡슐화합니다(1). 생성자에서 RxSeeEmitter는 SSE_SESSION_TIMEOUT(2)을 매개변수로 해서 슈퍼 클래스의 생성자를 호출하고 Subscriber<Temperature> 클래스의 인스턴스를 만듭니다(3). 이 구독자는 onNext 신호를 수신하면 응답으로 SSE 클라이언트(4)에게 다시 신호를 보냅니다. 데이터 전송에 실패하면 구독자는 수신한 스트림으로부터 자신을 구독 취소합니다(5). 예제의 구현에서는 온도 스트림이 무한하며 오류를 생성할 수 없다는 것을 알고 있으므로 onComplete()(6) 및 onError()(7) 핸들러를 구현하지 않았습니다. 그러나 실제 응용 프로그램에서는 적절한 처리 로직을 구현해야 합니다.

(8) 및 (9)는 SSE 세션 완료 또는 시간 초과에 대한 정리 작업을 등록합니다. RxSeeEmitter 구독자는 가입을 취소해야 합니다. 구독자를 사용하기 위해 RxSeeEmitter는 getSubscriber() 메서드를 사용해 가입자를 노출시킵니다(10).

SSE 엔드포인트 노출시키기

SSE 엔드포인트를 노출시키려면 TemperatureSensor 인스턴스를 함께 구성할 REST 컨트롤러가 필요합니다. 다음 코드는 RxSeeEmitter를 사용하는 컨트롤러를 보여줍니다.

```
@RestController
public class TemperatureController {
    private final TemperatureSensor temperatureSensor;        // (1)

    public TemperatureController(TemperatureSensor temperatureSensor) {
        this.temperatureSensor = temperatureSensor;
    }

    @RequestMapping(
        value = "/temperature-stream",
        method = RequestMethod.GET)
    public SseEmitter events(HttpServletRequest request) {
        RxSeeEmitter emitter = new RxSeeEmitter();            // (2)

        temperatureSensor.temperatureStream()                // (3)
            .subscribe(emitter.getSubscriber());             // (4)

        return emitter;                                       // (5)
    }
}
```

TemperatureController는 이전과 동일한 스프링 웹 MVC @RestController입니다. 안에는 TemperatureSensor에 대한 변수가 있습니다(1). 새로운 SSE 세션이 생성될 때 컨트롤러는 RxSeeEmitter 인스턴스를 생성하고(2), TemperatureSensor 인스턴스를 통해 온도 스트림을 참조하는(3) RxSeeEmitter를 구독합니다(4). 그런 다음 RxSeeEmitter 인스턴스를 서블릿 컨테이너에 반환합니다(5).

RxJava에서 볼 수 있듯이 REST 컨트롤러는 적은 로직을 유지하고 구독이 해제된 SseEmitter 인스턴스를 관리하지 않으며 동기화에 신경 쓰지 않습니다. 다음으로, 리액티브 구현은 TemperatureSensor의 온도 값, 측정 및 이벤트 발행을 관리합니다. RxSeeEmitter는 리액티브 스트림을 출력용 SSE 메시지로 변환하고, TemperatureController는 새로운 SSE 세션을 온도 측정 스트림을 구독한 새로운 RxSeeEmitter에만 바인딩합니다. 아울러 이 구현은 스프링의 EventBus를 사용하지 않으므로 이식성이 더 높고 스프링 컨텍스트가 없이도 테스트할 수 있습니다.

애플리케이션 설정하기

이제 발행–구독 접근법과 스프링의 @EventListener 애노테이션을 사용하지 않으므로 스프링 Async에 대한 의존성이 없어져 애플리케이션 구성이 더 간단해졌습니다.

```java
@SpringBootApplication
public class Application {
    public static void main(String[] args) {
        SpringApplication.run(Application.class, args);
    }
}
```

보다시피 이번에는 Async에 대한 지원이 필요 없으므로 @EnableAsync 애노테이션을 제거할 수 있으며, 이벤트 처리를 위해 스프링 Executor를 구성할 필요도 없습니다. 물론 필요하다면 리액티브 스트림을 처리할 때 RxJava Scheduler를 구성해 세밀한 스레드 관리를 할 수도 있지만, 이러한 구성은 스프링 프레임워크에 의존하지 않습니다.

그에 따라 애플리케이션의 UI 부분에 대한 코드는 변경할 필요가 없습니다. 이전과 같은 방식으로 작동합니다. 여기서는 RxJava 기반 구현으로 아무도 수신하지 않을 때는 온도 센서를 탐색하는 오버헤드가 없다는 사실에 주목해야 합니다. 이러한 결과는 **리액티브 프로그래밍이 가지는 능동적 구독이라는 개념**의 자연스러운 결과입니다. 발행–구독 형태의 구현에서는 이러한 속성이 없으며 더 제한적입니다.

리액티브 라이브러리의 간략한 역사

지금까지 RxJava에 대해 알아보고 몇 가지 리액티브 워크플로를 작성해 봤으니 이제 리액티브 프로그래밍이 탄생한 배경과 해결하고자 하는 문제를 살펴보겠습니다.

흥미롭게도 RxJava와 오늘날 우리가 알고 있는 리액티브 프로그래밍은 마이크로소프트 내부에서 시작됐습니다. 2005년 에릭 마이어(Erik Meijer)와 Cloud Programmability Team은 **대규모 비동기 및 데이터 집약적 인터넷 서비스 아키텍처**를 구축하는 데 적합한 프로그래밍 모델을 실험하고 있었습니다. 몇 년의 실험 끝에 Rx 라이브러리의 첫 번째 버전이 2007년 여름에 탄생했습니다. 멀티 스레딩과 협업 재스케줄링을 포함해 라이브러리의 다양한 형태를 추가하는 데 2년이 더 흘렀습니다. 후에 마이크로소프트는 Rx.NET의 첫 번째 공개 버전을 2009년 11월 18일에 출시했습니다. 나중에는 라이브러리를 자바스크립트, C++, 루비, 오브젝티브-C와 같은 다른 언어뿐만 아니라 **윈도우 폰(Windows Phone)** 플랫폼에도 이식했습니다. Rx가 인기를 얻자 마이크로소프트는 2012년 가을에 Rx.NET을 오픈소스로 공개했습니다.

 Rx 라이브러리의 탄생에 대한 자세한 내용은 토마스 너키윅스(Tomasz Nurkiewicz)와 벤 크리스텐슨(Ben Christensen)이 쓴 《RxJava를 활용한 리액티브 프로그래밍》(인사이트 2017)에서 에릭 마이어의 서문을 읽어보세요.

언제부터인가 Rx의 개념이 마이크로소프트 외부로 퍼져나갔고 깃허브의 저스틴 스파서머스(Justin SpahrSummers)와 폴 베츠(Paul Betts)는 2012년 오브젝티브-C용 ReactiveCocoa를 구현해 릴리즈했습니다. 동시에 넷플릭스의 벤 크리스텐슨은 Rx.NET을 자바 플랫폼으로 이식하고 2013년 초 깃허브에서 RxJava 라이브러리를 오픈소스로 공개했습니다.

당시 넷플릭스는 스트리밍 미디어에서 생성된 엄청난 양의 인터넷 트래픽을 처리하는 매우 복잡한 문제에 직면했습니다. RxJava라는 비동기 리액티브 라이브러리는 2015년 북미 인터넷 트래픽의 37%를 차지하는 시스템을 리액티브 시스템으로 전환하는 데 핵심적인 역할을 했습니다. 이제는 RxJava를 사용해 시스템 트래픽 중 상당 부분을 처리합니다. 넷플릭스는 엄청난 부하를 모두 견뎌내려면 새로운 아키텍처 패턴을 만들어 라이브러리에 구현해야 했습니다. 가장 잘 알려진 것은 다음과 같습니다.

- **Hystrix**: 격벽(bulkhead) 패턴 서비스를 위한 결함 내성 라이브러리 (https://github.com/Netflix/Hystrix)
- **Ribbon**: 로드 밸런서를 지원하는 RPC 라이브러리 (https://github.com/Netflix/ribbon)
- **Zuul**: 동적 라우팅, 보안, 복원력, 모니터링 기능을 제공하는 게이트웨이 서비스 (https://github.com/Netflix/zuul)
- **RxNetty**: NIO 클라이언트-서버 프레임워크인 네티의 리액티브 어댑터 (https://github.com/ReactiveX/RxNetty)

RxJava는 넷플릭스에서 만든 유명한 라이브러리의 중요 구성 요소이자 넷플릭스 생태계 그 자체입니다. 마이크로서비스 및 스트리밍 아키텍처를 통한 넷플릭스의 성공은 다른 기업도 RxJava를 포함한 넷플릭스 접근 방식을 채택하도록 했습니다.

오늘날 RxJava는 **Couchbase**(https://blog.couchbase.com/why-couchbase-chose-rxjava-new-java-sdk/) 및 **MongoDB**(https://mongodb.github.io/mongo-java-driver-rx/)와 같은 일부 NoSQL 자바 드라이버에서 사용됩니다.

RxJava가 안드로이드 개발자들에게도 환영받고 있고, SoundCloud, Square, NYT 및 SeatGeek과 같은 회사가 RxJava를 사용해 모바일 애플리케이션을 구현했다는 사실도 주목할 필요가 있습니다. 이러한 적극적인 참여로 **RxAndroid**라고 불리는 라이브러리가 등장해 급속하게 퍼지기 시작했습니다. 이 라이브러리는 안드로이드에서 리액티브 애플리케이션을 작성하는 방법을 간단하게 만들었습니다. iOS 플랫폼에서 개발자는 Rx 라이브러리의 스위프트 버전인 RxSwift를 사용합니다.

현재 인기 있는 언어 중에 Rx 라이브러리를 이식하지 않은 언어를 찾기 어려울 정도입니다. 자바 진영에서는 RxScala, RxGroovy, RxClojure, RxKotlin, RxJRuby를 가지고 있으며, 이 목록은 계속 증가하고 있습니다. 선호하는 언어에 대한 Rx 구현을 찾으려면 괄호 안의 웹 페이지(http://reactivex.io/languages.html)를 참조하세요.

RxJava가 리액티브 프로그래밍의 최초이자 유일한 개척자였다고 말하는 것은 옳지 않습니다. 중요한 것은 비동기 프로그래밍이 널리 보급됨에 따라 리액티브 기술에 대한 견고한 토대와 요구가 증가했다는 것입니다. 아마도 이 분야에 가장 중요한 기여자는 **NodeJS**와 그 커뮤니티(https://nodejs.org)일 것입니다.

리액티브의 전망

이전 절에서는 RxJava를 단독으로 사용하는 방법과 스프링 웹 MVC와 결합해서 사용하는 법을 배웠습니다. 이 방법이 주는 혜택을 확인하기 위해 앞에서 만든 온도 모니터링 애플리케이션에 RxJava를 적용해 디자인을 개선했습니다. 그러나 스프링 프레임워크와 RxJava를 결합하는 것 외에 다른 조합도 가능하다는 것을 알아야 합니다. 대다수 애플리케이션 서버는 리액티브 접근 방식을 중요하게 생각합니다. 잘 알려진 리액티브 서버인 **Ratpack**도 RxJava를 채택하기로 결정했습니다.

콜백 및 약속 기반 API와 함께 Ratpack은 다음 코드와 같이 Ratpack Promise와 RxJava Observable을 쉽게 양방향으로 변환해주는 별도의 모듈인 RxRatpack을 제공합니다.

```
Promise<String> promise = get(() -> "hello world");
RxRatpack
    .observe(promise)
    .map(String::toUpperCase)
    .subscribe(context::render);
```

Ratpack 서버에 대한 자세한 내용은 프로젝트 공식 사이트를 참조하세요.

https://ratpack.io/manual/current/all.html

안드로이드에서 유명한 또 다른 예는 HTTP 클라이언트 Retrofit입니다. Retrofit은 Futures와 Callback의 구현을 위주로 RxJava 래퍼를 생성합니다. 다음 예에서는 Retrofit에서 적어도 네 가지 코딩 스타일을 사용할 수 있음을 보여줍니다.

```
interface MyService {
    @GET("/user")
    Observable<User> getUserWithRx();

    @GET("/user")
    CompletableFuture<User> getUserWithJava8();

    @GET("/user")
    ListenableFuture<User> getUserWithGuava();

    @GET("user")
    Call<User> getUserNatively()
}
```

RxJava를 이용해 어떤 솔루션이든 개선할 수 있지만, 리액티브는 솔루션이나 래퍼 구현에 국한되지 않습니다. JVM 세계에서는 리액티브를 구현한 라이브러리와 서버가 많이 있습니다. 예를 들어, 잘 알려진 리액티브 서버 Vert.x는 일정 기간 동안 콜백 기반 통신만 사용했지만, 나중에 다음 인터페이스가 있는 io.vertx.core.streams 패키지로 자체 솔루션을 만들었습니다.

- ReadStream<T>: 읽을 수 있는 스트림을 나타냅니다.

- WriteStream<T>: 쓸 수 있는 스트림을 나타냅니다.

- Pump: ReadStream에서 WriteStream으로 데이터를 이동하고 흐름 제어를 수행합니다.

코드를 통해 Vert.x 예제를 살펴보겠습니다.

```
public void vertexExample(HttpClientRequest request, AsyncFile file) {
    request.setChunked(true);
    Pump pump = Pump.pump(file, request);
```

```
    file.endHandler(v -> request.end());
    pump.start();
}
```

 이클립스 Vert.x는 Node.js와 디자인 면에서 비슷한 이벤트 기반 애플리케이션 프레임워크입니다. 단순한 동
시성 모델과 비동기 프로그래밍의 기본 요소, 브라우저 내 자바스크립트에 직접 접근하는 분산 이벤트 버스를
제공합니다. Vert.x와 리액티브 스트림의 구현에 관심이 있다면 다음 웹 페이지를 방문하세요.

http://vertx.io/docs/

지금까지 언급한 솔루션 외에도 RxJava를 직접 적용하거나 유사하게 구현한 수는 굉장히 많습니다. 전
세계 많은 회사와 오픈소스 프로젝트가 RxJava와 유사한 자체 솔루션을 만들었거나 이미 존재하는 솔
루션을 확장해서 사용하고 있습니다.

기술의 진보에 따른 라이브러리 변화나 각 라이브러리가 경쟁하는 상황은 문제되지 않습니다. 하지만
하나의 자바 응용 프로그램에 다른 종류의 리액티브 라이브러리 또는 프레임워크를 사용하면 문제가
발생한다는 것은 분명합니다. 또한 리액티브 라이브러리의 동작은 일반적으로 비슷하지만, 세부 구현
은 조금씩 다릅니다. 이러한 상황은 발견 및 수정하기 어려운 숨겨진 버그로 인해 전체 프로젝트에 문
제를 초래할 수 있습니다. 이러한 API 불일치로 인해 발생하는 문제점 때문에 하나의 애플리케이션에
서 여러 가지 리액티브 라이브러리(예: Vert.x 및 RxJava)를 동시에 사용하는 것은 바람직하지 않습니
다. 이제 전체 리액티브 환경을 아우르며 호환성을 보장하는 표준 또는 범용 API가 필요하게 된 것입니
다. 물론 **리액티브 스트림**이라는 표준이 이미 설계돼 있습니다. 다음 장에서는 그것에 대해 자세히 다
루겠습니다.

요약

이 장에서는 GoF 디자인 패턴 중 관찰자(Observer) 패턴, 발행–구독(Publish-Subscribe) 패턴, 반복자
(Iterator) 패턴을 포함해 잘 알려진 디자인 패턴을 다시 검토하면서 리액티브 프로그래밍의 기초를 다
졌습니다. 기존에 알고 있는 몇 가지 비동기 프로그래밍 지원 도구의 강점과 약점을 검토하기 위해 몇
가지 예제 코드를 구현했습니다. 또한 SSE(Server-Sent Events), 웹소켓을 지원하는 스프링 프레임
워크 구현 및 스프링이 제공하는 이벤트 버스(Event-Bus)를 사용해 봤습니다. 응용 프로그램을 신속
하게 작성하기 위해 스프링 부트 및 start.spring.io를 사용했습니다. 예제는 매우 간단했지만, 비동기
데이터 처리를 위해 사용하는 초보적인 방법이 일으킬 수 있는 잠재적인 문제를 보여줬습니다.

아울러 리액티브가 해결하고자 했던 아키텍처적인 문제점을 확인하기 위해 리액티브 프로그래밍의 시작과 그 발전 과정을 알아봤습니다. 이러한 맥락에서 넷플릭스의 성공 사례는 경쟁이 치열한 비즈니스 분야에서 RxJava와 같은 작은 라이브러리가 성공을 향한 중요한 출발점이 될 수 있음을 보여줍니다. RxJava의 성공에 따라 많은 회사와 오픈소스 프로젝트가 다양한 리액티브 라이브러리를 다시 구현하고 있으며, 이로 인해 리액티브 환경에 다양성이 증가하고 있다는 것을 알게 됐습니다. 이러한 다양성으로 인해 리액티브 표준(Reactive Standard)에 대한 필요성이 대두됐습니다. 이에 대해서는 다음 장에서 설명합니다.

스트림의 새로운 표준
– 리액티브 스트림

이 장에서는 이전 장에서 언급한 몇 가지 문제를 살펴보고, 하나의 프로젝트에서 여러 개의 리액티브 라이브러리를 사용했을 때 발생하는 문제에 대해 다룹니다. 또한 리액티브 시스템에서 배압 제어에 대해 깊이 있게 다룰 것입니다. 여기서는 RxJava에서 제시한 해결 방법과 그 한계를 검토해 보겠습니다. 리액티브 스트림 스펙(Reactive Streams specification)이 이러한 문제를 어떻게 해결하는지 살펴보고 스펙의 핵심을 학습합니다. 또한 새로운 스펙과 함께 나타난 리액티브의 변화를 알아보겠습니다. 마지막으로 배운 것을 복습하기 위해 간단한 응용 프로그램을 작성하고 여러 개의 리액티브 라이브러리를 결합해 보겠습니다.

이 장에서 다루는 주제는 다음과 같습니다.

- 일반적인 API 문제

- 배압 제어 문제

- 리액티브 스트림 예제

- 기술 호환성 문제

- JDK 9 내부의 리액티브 스트림

- 반응성 스트림의 고급 개념

- 리액티브 전망의 강화

- 리액티브 스트림의 실제 작동

모두를 위한 반응성

이전 장에서 스프링의 리액티브 프로그래밍에 대해 많은 흥미로운 사실을 알게 됐고, RxJava의 역할에 대해서도 학습했습니다. 또한 리액티브 시스템을 구현하기 위한 리액티브 프로그래밍의 필요성에 대해서도 살펴봤습니다. 아울러 리액티브 프로그래밍의 간략한 개요와 리액티브 프로그래밍을 신속하게 적용할 수 있도록 해주는 RxJava의 다른 대안 솔루션을 살펴봤습니다.

API 불일치 문제

CompletableStage를 이용하는 자바 코어 라이브러리와 RxJava 같은 다양한 라이브러리가 있어서, 코드를 작성할 때 다양한 선택을 할 수 있습니다. 예를 들어, 작업 처리 플로를 만들기 위해 RxJava API에 의존할 수도 있습니다. 또한 복잡하지 않은 비동기식 요청—응답 상호 작용을 구현하기 위해 충분히 CompletableStage를 사용할 수 있습니다. 또는 org.springframework.util.concurrent.ListenableFuture와 같은 프레임워크 특정 클래스를 사용해 구성 요소 간의 비동기 상호 작용을 구축하고 작업을 단순화할 수도 있습니다.

한편, 과도하게 많은 선택지는 시스템을 지나치게 복잡하게 만들 수 있습니다. 예를 들어, 비동기 논블로킹 통신 개념에 의존하지만 서로 다른 API를 갖는 두 라이브러리가 존재하면 하나의 콜백을 다른 콜백으로, 또는 그 반대로 변환하기 위한 유틸리티 클래스를 추가로 제공해야 합니다.

```java
interface AsyncDatabaseClient {                                   // (1)
    <T> CompletionStage<T> store(CompletionStage<T> stage);
}

final class AsyncAdapters {
    public static <T> CompletionStage<T> toCompletion(            // (2)
                ListenableFuture<T> future) {

        CompletableFuture<T> completableFuture =                  // (2.1)
            new CompletableFuture<>();

        future.addCallback(                                       // (2.2)
            completableFuture::complete,
            completableFuture::completeExceptionally
        );
```

```
            return completableFuture;
    }

    public static <T> ListenableFuture<T> toListenable(        // (3)
                    CompletionStage<T> stage) {
        SettableListenableFuture<T> future =                   // (3.1)
            new SettableListenableFuture<>();

        stage.whenComplete((v, t) -> {                         // (3.2)
            if (t == null) {
                future.set(v);
            }
            else {
                future.setException(t);
            }
        });

        return future;
    }
}


@RestController                                                // (4)
public class MyController {

    ...
    @RequestMapping
    public ListenableFuture<?> requestData() {                 // (4.1)
        AsyncRestTemplate httpClient = ...;
        AsyncDatabaseClient databaseClient = ...;

        CompletionStage<String> completionStage = toCompletion(  // (4.2)
            httpClient.execute(...)
        );

        return toListenable(
            databaseClient.store(completionStage)              // (4.3)
        );
    }
}
```

코드의 부분별 설명은 다음과 같습니다.

1. 비동기 데이터베이스 액세스 예제를 위한 데이터베이스 클라이언트의 비동기 인터페이스 선언입니다.

2. ListenableFuture를 CompletionStage로 변환하는 어댑터 메서드 구현입니다. (2.1)에서 CompletionStage를 수동으로 제어하기 위해 기본 생성자를 호출해 CompletableFuture 인스턴스를 직접 만듭니다. ListenableFuture와 통합하기 위한 콜백(2.2)을 CompletableFuture의 API를 직접 호출해 구현합니다.

3. CompletionStage를 ListenableFuture로 변환하는 어댑터 메서드를 구현합니다. (3.1)에서 ListenableFuture의 구현체 중 하나인 SettableListenableFuture를 선언했습니다. 이렇게 하면 (3.2)에서 CompletionStage 실행 결과를 직접 만들 수 있습니다.

4. RestController 클래스 선언입니다. (4.1)에서 ListenableFuture를 반환해 실행 결과를 논블로킹 방식으로 처리하는 비동기 요청 처리 메서드를 선언합니다. 다음으로 CompletionStage의 인스턴스를 선언해 AsyncRestTemplate의 실행 결과를 저장합니다(4.2). 마지막으로 API 요구 사항을 충족시키기 위해 ListenableFuture 타입으로 변환해 반환합니다(4.3).

앞의 예제에서 알 수 있듯이, 스프링 프레임워크 4.x에서 제공하는 ListenableFuture 및 CompletionStage는 직접적인 통합을 제공하지 않습니다. 또한, 앞의 예는 리액티브 프로그래밍의 일반적인 사용에서 나타나는 문제이고, 특이한 예외 상황은 아닙니다. 많은 라이브러리와 프레임워크는 구성 요소 간의 비동기 통신을 위한 자체 인터페이스와 클래스를 제공합니다. 여기에는 일반적인 요청-응답 통신과 스트림 처리 프레임워크가 포함됩니다. 대부분의 경우, 문제를 해결하고 여러 독립 라이브러리를 호환할 수 있게 하기 위해서는 개발자들이 라이브러리 일부를 수정해 재사용해야 합니다. 더구나 개발자들이 라이브러리를 직접 수정하는 경우에는 버그가 유입될 수 있으며 추가적인 유지 관리가 필요할 수 있습니다.

 스프링 프레임워크 5.x에서는 ListenableFuture의 API가 확장됐으며, 호환성을 높이기 위해 completable 이라는 메서드가 추가됐습니다. 자세한 내용은 다음 링크를 참조하세요.

https://docs.spring.io/spring-framework/docs/current/javadoc-api/org/springframework/util/concurrent/ListenableFuture.html#completable--

여기서 핵심적인 문제는 라이브러리 공급자가 일관된 API를 만들어낼 수 있는 표준화된 방법이 없다는 사실입니다. **2장 스프링을 이용한 리액티브 프로그래밍 – 기본 개념**에서 학습한 RxJava, Vert.x, Ratpack, Reftrofit 등 많은 프레임워크의 코드 예제를 상기해 보면 쉽게 이해할 수 있습니다.

다음으로, RxJava 사용자를 지원하는 추가 모듈을 도입해 기존 프로젝트를 쉽게 통합할 수 있었습니다. 초기에는 RxJava 1.x가 도입된 프로젝트는 종류가 광범위하고, 웹, 데스크톱 및 모바일 개발을 망라했기 때문에 놀랄 만한 일이었습니다. 그러나 개발자들의 요구에 대한 지원이 계속되면서 다양한 문제가 라이브러리 공급자들에게 발생했습니다. 여러 RxJava 1.x 호환 라이브러리를 한 프로젝트에서 통합하는 경우 일반적으로 발생하는 첫 번째 문제는 버전 비호환성입니다. RxJava 1.x는 시간이 지남에 따라 매우 빠르게 발전했기 때문에 많은 라이브러리 공급 업체는 신규 릴리즈에 대한 종속성을 제때 업데이트하지 못했습니다. 때로는 업데이트로 인해 많은 내부적인 변경이 발생해 결국 일부 버전은 호환되지 않게 됐습니다. 따라서 서로 다른 버전의 RxJava 1에 의존하는 다른 라이브러리와 프레임워크를 사용하면 원치 않는 문제가 발생했습니다. 두 번째 문제도 첫 번째 문제와 유사합니다. RxJava의 커스터마이징은 표준화돼 있지 않습니다. 여기서 **커스터마이징**은 Observable 또는 특정 변환 단계를 추가로 구현할 수 있는 기능을 말하는데, 이는 RxJava를 도입해서 구현을 개발하는 과정에서 많이 쓰입니다. 표준화되지 않은 API와 급변하는 내부 구조로 인해 개발자들이 직접 적합한 구현을 하는 것은 또 다른 과제였습니다.

버전별 중요한 변경 사항에 대한 내용은 다음 링크에서 찾을 수 있습니다.

https://github.com/ReactiveX/RxJava/issues/802

풀 방식과 푸시 방식

마지막으로 앞 절에서 설명한 문제를 이해하기 위해 이전에 살펴본 소스와 구독자 간의 상호 작용 모델을 다시 분석해 보겠습니다.

리액티브 초기 단계에서 모든 라이브러리의 데이터 흐름은 소스에서 구독자에게 푸시되는 방식이었습니다. 풀(pull) 방식이 때때로 충분히 효율적이지 못했으므로 이러한 결정이 내려졌습니다. 네트워크 경계를 지닌 시스템에서 다른 네트워크와 통신을 하는 경우를 예로 들 수 있습니다. 거대한 데이터 목록을 필터링해서 최초 10개의 데이터만 가져오는 필터를 생각해 봅시다. 이러한 문제를 해결하기 위해 PULL 모델을 사용한다면 코드는 다음과 같을 것입니다.

```
final AsyncDatabaseClient dbClient = ...                              // (1)

public CompletionStage<Queue<Item>> list(int count) {                // (2)
    BlockingQueue<Item> storage = new ArrayBlockingQueue<>(count);
```

```
    CompletableFuture<Queue<Item>> result
        = new CompletableFuture<>();

    pull("1", storage, result, count);                              // (2.1)

    return result;
}

void pull(                                                          // (3)
    String elementId,
    Queue<Item> queue,
    CompletableFuture resultFuture,
    int count
) {
    dbClient.getNextAfterId(elementId)
        .thenAccept(item -> {
            if (isValid(item)) {                                   // (3.1)
                queue.offer(item);

                if (queue.size() == count) {                       // (3.2)
                    resultFuture.complete(queue);
                    return;
                }
            }

            pull(item.getId(),                                     // (3.3)
                queue,
                resultFuture,
                count);
        });
}
```

코드의 부분별 설명은 다음과 같습니다.

1. AsyncDatabaseClient 필드 선언입니다. 여기서는 이 클라이언트를 사용해 비동기 논블로킹 방식으로 외부 데이터베이스를 연결합니다.

2. 리스트 메서드 선언입니다. CompletionStage를 반환하는 비동기 계약을 선언했습니다. 다음으로, 풀 방식으로 결과를 집계하고 호출자에게 비동기적으로 전송하기 위해 Queue를 선언했습니다. 수집된 Queue에 저장된 값을 나중에 수동으로 전송할 수 있도록 CompletableFuture를 선언합니다. (2.1)에서 pull 메서드를 호출합니다.

3. **pull** 메서드 선언입니다. 메서드 내에서 AsyncDatabaseClient#getNextAfterId를 호출해 쿼리를 실행하고 비동기적으로 결과를 수신합니다. 결과가 수신되면 (3.1)에서 필터링해 필터를 통과한 항목은 큐에 추가합니다. (3.2)에서 충분한 요소를 수집했는지 확인하고, 호출자에게 집계 내역을 전달한 후 풀링을 종료합니다. if 조건 중 하나라도 만족시키지 못했다면 재귀적으로 pull 메서드를 다시 호출합니다(3.3).

위 코드에서 알 수 있듯이 서비스와 데이터베이스 간에 비동기 논블로킹 방식을 사용했습니다. 언뜻 보기에는 잘못된 점이 없어 보입니다. 그러나 다음 그림을 보면 차이점을 확인할 수 있습니다.

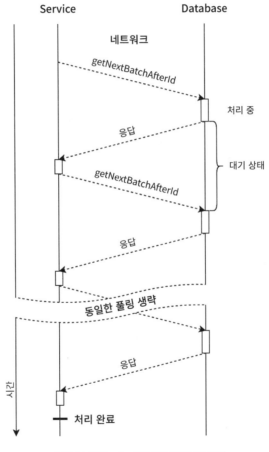

그림 3.1 풀링(pulling) 방식의 처리 흐름 예제

그림처럼 다음 요소를 하나씩 요청하면 **서비스에서 데이터베이스로**의 요청에 추가 시간이 소요됩니다. 서비스 관점에서 볼 때 전체 처리 시간 대부분이 유휴 상태에서 낭비됩니다. 리소스가 사용되지 않더라도 추가 네트워크 작업으로 인해 전체 처리 시간이 2배 또는 3배로 늘어납니다. 또한, 데이터베이

스는 미래에 들어올 요청의 개수를 알지 못하므로 데이터베이스가 사전에 데이터를 생성할 수 없어서 대기 상태에 있게 됩니다. 즉, 데이터베이스가 응답을 서비스에 전달하고 서비스가 응답을 처리한 다음, 데이터의 새 부분을 요청하는 동안 아무 일도 하지 않고 대기하므로 비효율적입니다.

전반적인 처리 방식을 최적화하고 풀링 방식을 1급 객체로 유지하려면 예제 가운데 부분을 다음과 같이 풀링과 배치 처리를 결합해 개선해야 합니다.

```
void pull(                                                        // (1)
    String elementId,
    Queue<Item> queue,
    CompletableFuture resultFuture,
    int count
) {
    dbClient.getNextBatchAfterId(elementId, count)                // (2)
        .thenAccept(items -> {
            for(Item item : items) {                              // (2.1)
                if (isValid(item)) {
                    queue.offer(item);

                    if (queue.size() == count) {
                        resultFuture.complete(queue);
                        return;
                    }
                }
            }

            pull(items.get(items.size() - 1)                      // (3)
                    .getId(),
                queue,
                resultFuture,
                count);
        });
}
```

코드의 각 부분에 대한 설명은 다음과 같습니다.

1. 이전과 동일한 pull 메서드입니다.

2. getNextBatchAfterId 메서드입니다. 눈치가 빠른 독자라면 알아챘겠지만, AsyncDatabaseClient 메서드를 사용하면 반환되는 List<Item>의 개수를 지정할 수 있습니다. 페이징 처리된 각 요소를 따로 처리하기 위해 추가 for 루프가 생성된다는 점을 제외하면 데이터가 이용 가능할 때 거의 동일한 방식으로 처리됩니다(2.1).

3. 이는 pull을 통해 가져온 항목이 부족한 경우 추가 배치 작업을 하도록 설계된 재귀적 pull 메서드입니다.

한편으로 배치 처리를 요청함으로써 리스트 메서드 실행의 퍼포먼스를 현저하게 향상시킬 수 있어 전체 처리 시간을 단축할 수 있습니다. 반면, 이 모델에는 다음 그림에서 보듯이 여전히 개선점이 있습니다.

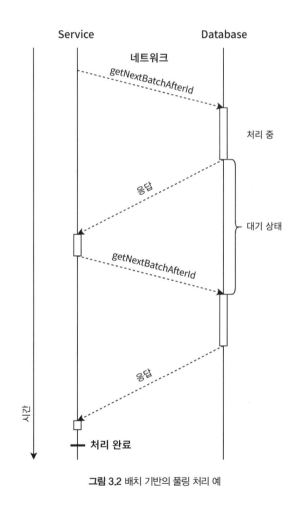

그림 3.2 배치 기반의 풀링 처리 예

그림에서 보듯이 처리 시간은 여전히 비효율적입니다. 예를 들어 데이터베이스가 데이터를 쿼리하는 동안 클라이언트는 여전히 대기 상태입니다. 차례대로 배치 작업을 수행하는 것이 하나씩 작업을 수행하는 것보다 조금 더 오래 걸립니다. 마지막으로 전체 처리를 위한 배치 요청은 중복이 있으나 효과적일 수 있습니다. 예를 들어, 하나의 처리를 완료하고 다음 배치의 첫 번째 원소가 유효성 검사를 충족하면 나머지 항목은 이후의 중복 작업을 건너뛰게 됩니다.

최종 최적화를 제공하기 위해 데이터를 한 번 요청할 수 있으며, 소스는 데이터를 사용할 수 있게 되면 비동기적으로 푸시합니다. 코드를 다음과 같이 수정하면 위 과정이 어떻게 진행되는지 알 수 있습니다.

```
public Observable<Item> list(int count) {                          // (1)
    return dbClient.getStreamOfItems()                             // (2)
                 .filter(item -> isValid(item))                    // (2.1)
                 .take(count)                                      // (2.2)
}
```

코드에 대한 설명은 다음과 같습니다.

1. `list` 메서드 선언입니다. 여기서 `Observable<Item>` 반환 타입은 원소가 푸시됐음을 나타냅니다.

2. **스트림을 쿼리**하는 단계입니다. `AsyncDatabaseClient#getStreamOfItems` 메서드를 호출해 데이터베이스를 구독합니다. (2.1)에서 항목을 필터링하고 연산자 `take()`를 사용해 호출자가 요청한 개수만큼의 데이터를 얻습니다.

여기서는 **푸시된** 원소를 수신하는 1급 객체로 RxJava 1.x 클래스를 사용합니다. 다음으로, 모든 요구 사항이 충족되면 취소 신호가 보내지고 데이터베이스 연결이 닫힙니다. 다음 그림은 위 코드에 대한 흐름을 보여줍니다.

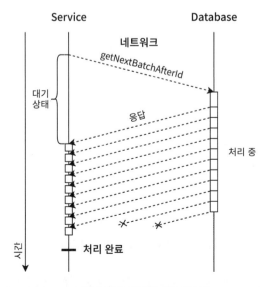

그림 3.3 푸시 방식의 처리 흐름 예

이 그림에서는 전체적인 처리 시간 관점에서 최적화가 이루어졌습니다. 처리 흐름 동안 서비스가 첫 번째 응답을 기다리고 있을 때 대기 상태가 한 번 있습니다. 첫 번째 원소가 도착한 후 데이터베이스는 순차적으로 다음 값을 보내기 시작합니다. 다음 원소를 쿼리하는 것은 그다지 빠르지 않을지 몰라도 서비스의 전체 대기 기간은 짧습니다. 그러나 데이터베이스는 필요한 수의 원소를 처리한 이후에도 서비스에서 사용하지 않을 항목을 여전히 생성할 수도 있습니다.

흐름 제어

앞에서 설명했듯이, 푸시 모델을 채택하는 가장 중요한 이유는 요청하는 횟수를 최소화해 전체 처리 시간을 최적화하는 것입니다. 그래서 RxJava 1.x를 비롯한 유사 라이브러리들이 데이터 푸시를 위해 설계됐고, 그 덕분에 스트리밍이 분산 시스템 내 구성 요소 간의 통신을 위한 중요한 기술이 됐습니다.

반면에 푸시 모델만 사용하는 것으로는 기술적 한계가 있습니다. **1장 왜 리액티브 스프링인가?**에서 언급했듯이, 메시지 기반 통신의 본질은 요청에 응답하는 것입니다. 이는 비동기적이며 잠재적으로 무한한 메시지 스트림을 서비스가 수신할 수 있다고 가정해야 합니다. 프로듀서가 컨슈머의 처리 능력을 무시하면 전반적인 시스템 안정성에 영향을 미칠 수 있기 때문에 이는 까다로운 부분입니다. 다음 두 절에서 이러한 점을 설명하겠습니다.

느린 프로듀서와 빠른 컨슈머

가장 간단한 것으로 시작합시다. 컨슈머가 매우 빠르게 동작하는 상황에서 프로듀서가 느리게 동작한다고 가정합시다. 이러한 상황은 알려지지 않은 컨슈머의 능력에 대해 프로듀서가 믿지 못하기 때문에 발생할 수 있습니다.

어쩌면 이러한 구성이 굉장히 특이한 비즈니스 상황일 것입니다. 또는 실제 런타임이 다르거나 컨슈머의 처리 능력이 동적으로 변할 수도 있습니다. 예를 들어 프로듀서 수를 늘려서 컨슈머에게 부담을 가중시킬 수 있습니다.

이러한 문제를 해결하기 위해 필요한 것은 실제적 요구입니다. 안타깝게도 순수 **푸시** 모델은 이러한 메트릭을 제공할 수 없으므로 동적으로 시스템의 처리량을 증가시키는 것은 불가능합니다.

빠른 프로듀서와 느린 컨슈머

두 번째 문제는 훨씬 더 복잡합니다. 빠른 프로듀서와 느린 컨슈머가 있다고 가정합시다. 여기서 문제는 프로듀서가 컨슈머가 처리할 수 있는 것보다 훨씬 많은 데이터를 전송할 수 있으며 이로 인해 부하를 받는 컴포넌트에 치명적인 오류가 발생할 수 있다는 것입니다.

이러한 경우에 대한 직관적인 솔루션은 처리되지 않은 원소를 큐에 수집하는 것으로, 큐는 프로듀서와 컨슈머 사이에 있을 수도 있고 컨슈머 측에 있을 수도 있습니다. 컨슈머가 바쁘다고 해도 이러한 기술을 사용하면 이전 원소나 데이터의 일부를 처리해 새 데이터를 처리할 수 있습니다.

큐를 사용해 푸시된 데이터를 처리할 때 중요한 것 중 하나는 적절한 특성을 가진 큐를 선택하는 것입니다. 일반적으로 세 가지 유형의 큐가 있으며 차례로 알아보겠습니다.

무제한 큐

가장 확실한 첫 번째 해결책은 큐의 사이즈를 제한하지 않고 사용하는 것입니다. 이 경우 생성된 모든 원소가 먼저 큐에 저장되고 나서 구독자에 의해 사용됩니다. 다음 마블 다이어그램은 이러한 상황을 보여줍니다.

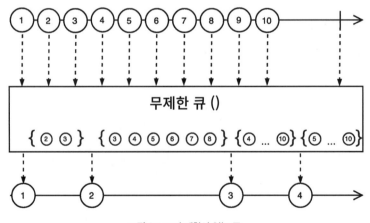

그림 3.4 크기 제한이 없는 큐

한편, 무제한 큐를 사용해 메시지를 처리해서 얻을 수 있는 주요 이점은 메시지 전달에 대해 확신할 수 있다는 것입니다. 즉, 모든 메시지는 반드시 컨슈머에게 전달될 것이고 컨슈머는 이를 처리하려고 할 것입니다.

반면에 실제 리소스가 무제한일 수는 없으므로 메시지 전달을 계속 수행하면 응용 프로그램의 복원력이 떨어집니다. 예를 들어 메모리 한도에 도달하면 전체 시스템이 손상될 수 있습니다.

크기가 제한된 드롭 큐

또는 메모리 오버플로를 방지하기 위해 큐가 가득 차면 신규 유입된 메시지를 무시하는 형태의 큐를 사용할 수 있습니다. 다음 마블 다이어그램은 크기가 2이고 오버플로 발생 시에 원소를 삭제하는 것을 특징으로 하는 큐를 보여줍니다.

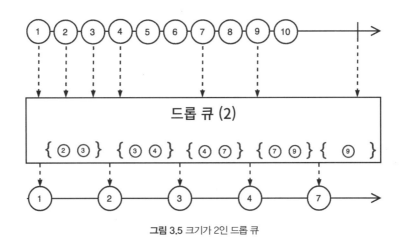

그림 3.5 크기가 2인 드롭 큐

일반적으로 이 기술을 이용하면 자원의 한계를 고려해 허용 용량에 따라 큐의 용량을 구성할 수 있습니다. 이러한 큐는 메시지의 중요성이 낮을 때 일반적으로 사용됩니다. 사용되는 비즈니스 예를 들자면, 통계 재계산을 위해 데이터 변경을 알리는 이벤트의 스트림입니다. 각 이벤트는 전체 데이터 집합 집계를 사용하는 통계적 재계산을 요청하는데, 이벤트 수량은 많지 않지만 각 이벤트 처리에는 상당한 시간이 걸립니다. 이 경우 유일하게 중요한 것은 데이터 세트가 변경됐다는 사실입니다. 어떤 데이터가 영향을 받는지를 아는 것은 중요하지 않습니다.

 앞서 언급한 예제는 최근에 들어온 메시지를 삭제하는 간단한 전략을 보여줍니다. 일반적으로 삭제할 메시지를 선택하기 위한 몇 가지 전략이 있습니다. 예를 들어 우선 순위에 따라 처리하기, 가장 오래된 것 삭제하기 전략을 고려할 수 있습니다.

크기가 제한된 블로킹 큐

앞의 기술은 각 메시지가 중요한 경우에는 사용하지 못할 수 있습니다. 예를 들어, 결제 시스템에서 사용자의 결제 요청은 반드시 처리돼야 하며 일부를 삭제할 수 없습니다. 결과적으로 메시지를 삭제하고 푸시된 데이터를 처리하는 방법으로 큐를 유지하는 대신 제한에 도달하면 메시지 유입을 차단할 수 있습니다. 유입을 차단하는 기능을 특징으로 하는 큐를 일반적으로 블로킹 큐(Blocking Queue)라고 합니다. 크기가 3인 블로킹 큐를 사용하는 마블 다이어그램은 다음과 같습니다.

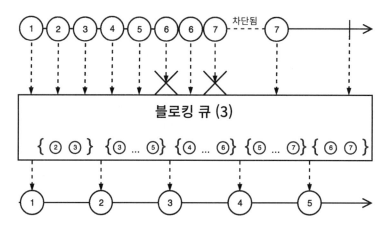

그림 3.6 크기가 3인 블로킹 큐

안타깝게도 이 기술은 시스템의 비동기 동작을 모두 무효화합니다. 일반적으로 큐의 한계에 도달하면 차단이 시작되고 컨슈머가 요소를 고갈시키고 큐의 여유 공간을 사용할 수 있을 때까지 차단 상태가 됩니다. 가장 느린 컨슈머의 처리량에 의해 시스템의 전체 처리량이 제한된다고 볼 수 있습니다. 비동기 동작을 무효화하는 것과 함께 이 기술은 효율적으로 리소스를 사용하지 못합니다. 결과적으로 복원력, 탄력성, 응답성 세 가지를 모두 달성하고자 한다면 절대 받아들일 수 없는 시나리오입니다.

또한 큐가 있으면 시스템의 전체적인 설계가 복잡해질 수 있으며 결합된 솔루션 간의 균형을 찾는 추가적인 고려 사항이 발생합니다.

일반적으로 적합한 제어를 추가하지 않은 순수한 **푸시** 모델은 다양한 부작용을 발생시킬 수 있습니다. 이것이 리액티브 선언문이 시스템 부하에 적절하게 대응하는 방법, 즉 배압 제어 메커니즘의 중요성을 언급한 이유입니다.

불행히도 리액티브 라이브러리는 RxJava 1.x와 유사하며 배압을 관리하는 표준화된 기능을 제공하지 않습니다. 배압을 제어할 수 있는 명시적인 API는 없습니다.

 순수 **푸시** 모드에서도 배치 처리를 사용해 처리 속도를 안정화할 수 있다는 점을 언급하지 않을 수 없습니다. RxJava 1.x에는 .window 또는 .buffer 같은 연산자가 있습니다. 이것들을 사용하면 지정된 기간 동안 하위 스트림이나 컬렉션에 원소를 수집할 수 있습니다. 이러한 기술을 사용해 성능이 급격하게 향상되는 예는 데이터베이스에 배치로 수행되는 입력(insert) 또는 수정(update) 처리입니다. 안타깝지만, 모든 서비스가 배치 작업을 지원하는 것은 아닙니다. 이러한 기법은 실제로 적용 범위가 제한적입니다.

해결책

2013년 말 라이트벤드(Lightbend), 넷플릭스, 피보탈의 천재 엔지니어들이 모여 이 문제를 해결하고 JVM 커뮤니티에 표준을 제공했습니다. 오랜 노력 끝에 리액티브 스트림의 첫 번째 초안을 발표했습니다. 이 제안 뒤에 특별한 것은 없었습니다. 개념적 아이디어는 이전 장에서 여러 번 봤던 리액티브 프로그래밍 패턴의 표준화에 있었습니다. 다음 절에서 이에 대해 자세히 다루겠습니다.

리액티브 스트림의 기본 스펙

리액티브 스트림 스펙에는 Publisher, Subscriber, Subscription, Processor의 네 가지 기본 인터페이스가 정의돼 있습니다. 다른 조직과 독립적으로 성장했기 때문에 org.reactivestreams 패키지 내에 모든 인터페이스를 포함하는 독립적인 JAR 파일로 사용할 수 있습니다.

네 가지 기본 인터페이스는 이전에 사용했던 것과 대부분 비슷합니다(예: RxJava 1.x). 그래서 RxJava의 잘 알려진 클래스를 대부분 포함하고 있습니다. 인터페이스 중 처음 두 개는 기존 발행–구독 모델을 닮은 Observable-Observer와 유사합니다. 그 결과, 처음 두 개의 인터페이스는 Publisher와 Subscriber로 명명했습니다. 이 두 인터페이스가 Observable 및 Observer와 유사한지 확인하기 위해 인터페이스 선언부를 확인해 봅시다.

```
package org.reactivestreams;

public interface Publisher<T> {
    void subscribe(Subscriber<? super T> s);
}
```

이 코드는 Publisher 인터페이스의 내부를 보여줍니다. 눈치챘겠지만, Subscriber를 등록하는 메서드는
단 하나입니다. 유용한 DSL을 제공하기 위해 설계된 Observable과 비교할 때 Publisher는 Publisher와
Subscriber를 연결하기 위한 표준화된 진입점을 의미합니다. Publisher보다 Subscriber가 약간 더 자세
하기는 하지만, RxJava의 Observer 인터페이스와 API가 거의 동일합니다.

```
package org.reactivestreams;

public interface Subscriber<T> {
    void onSubscribe(Subscription s);
    void onNext(T t);
    void onError(Throwable t);
    void onComplete();
}
```

RxJava Observer의 메서드와 동일한 세 가지 메서드 이외에 주목할 것은 명세가 onSubscribe라는 새로
운 추가 메서드를 제공한다는 점입니다.

onSubscribe 메서드는 새로운 개념의 API 메서드로서, 표준화된 방법으로 Subscriber에게 구독이 성공
했음을 알립니다. 메서드의 매개변수는 새로운 타입인 **Subscription**이라는 클래스입니다. 이해를 돕기
위해 인터페이스 선언을 자세히 살펴보겠습니다.

```
package org.reactivestreams;

public interface Subscription {
    void request(long n);
    void cancel();
}
```

눈치챘겠지만, Subscription은 원소 생성을 제어하기 위해 기본적인 사항을 제공합니다. RxJava 1.x
의 Subscription#unsubscribe()와 마찬가지로 cancel() 메서드가 있어서 스트림에서 구독을 취소하거나
발행을 완전히 취소할 수 있습니다. 취소 기능도 새로운 기능이기는 하지만, 가장 중요한 개선 사항은
request 메서드입니다. 리액티브 스트림에서는 Publisher와 Subscriber 사이의 상호 작용을 확장하기
위해 request 메서드를 도입했습니다.

이제 Subscriber는 request 메서드를 통해 요청하는 Publisher가 보내줘야 하는 데이터 크기를 알려줄 수 있으며, 이를 통해 Publisher에서 유입되는 원소의 개수가 처리할 수 있는 제한을 초과하지 않을 것임을 확신할 수 있습니다. 기본 메커니즘을 이해하기 위해 다음 마블 다이어그램을 살펴보겠습니다.

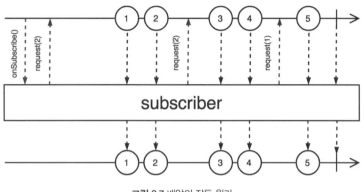

그림 3.7 배압의 작동 원리

이 다이어그램에서 보듯이, Publisher는 Subscriber가 요청한 경우에만 원소의 새 부분을 보내도록 보장합니다. Publisher의 전체 구현은 순수한 블로킹 방식으로 대기하는 방식부터 Subscriber의 요청에 대해서만 데이터를 생성하는 메커니즘에 이르기까지 다양합니다. 그러나 위에 언급한 것과 같은 보증 수단이 있으므로 큐에 대한 추가 비용을 지불할 필요가 없습니다.

또한 순수 **푸시** 모델과는 달리 스펙에는 배압을 적절하게 제어할 수 있는 하이브리드 **푸시-풀(push-pull)** 모델이 포함돼 있습니다.

하이브리드 모델의 유용함을 이해하기 위해 데이터베이스에서 스트리밍하는 이전 예제를 다시 살펴보고, 과연 이전 기술만큼 유용한지 확인해 보겠습니다.

```
public Publisher<Item> list(int count) {                                // (1)

    Publisher<Item> source = dbClient.getStreamOfItems();               // (2)
    TakeFilterOperator<Item> takeFilter = new TakeFilterOperator<>(     // (2.1)
        source,
        count,
        item -> isValid(item)
    );


    return takeFilter;                                                   // (3)
}
```

각 코드에 대한 설명은 다음과 같습니다.

1. list 메서드 선언입니다. 여기에서는 리액티브 스트림 스펙을 따르고 통신의 일급 객체로서 Publisher<> 인터페이스를 반환합니다.

2. AsyncDatabaseClient#getStreamOfItems 메서드를 실행합니다. 여기서는 Publisher<>를 반환하는 업데이트된 메서드를 사용합니다. (2.1)에서 받아야 할 item의 개수를 매개변수로 하는 Take 연산자와 Filter 연산자를 직접 구현해 인스턴스를 생성합니다. 아울러 사용자 정의 Predicate 구현을 전달해 스트림에서 들어오는 항목의 유효성을 검사할 수 있습니다.

3. 생성한 TakeFilterOperator 인스턴스를 반환합니다. 연산자의 유형이 다르기는 하지만, 여전히 Publisher 인터페이스의 하위 클래스라는 점을 기억하세요.

이제 커스텀 TakeFilterOperator의 내부를 명확하게 이해하는 것이 중요합니다. 다음 코드는 연산자 내부를 보여줍니다.

```
public class TakeFilterOperator<T> implements Publisher<T> {          // (1)
    ...

    public void subscribe(Subscriber s) {                            // (2)
        source.subscribe(new TakeFilterInner<>(s, take, predicate)); // (2.1)
    }

    static final class TakeFilterInner<T> implements Subscriber<T>,  // (3)
            Subscription {
        final Subscriber<T> actual;
        final int take;
        final Predicate<T> predicate;
        final Queue<T> queue;

        Subscription current;
        int remaining;
        int filtered;
        volatile long requested;
        ...

        TakeFilterInner(                                             // (4)
            Subscriber<T> actual,
            int take,
```

```
        Predicate<T> predicate
) { ... }

public void onSubscribe(Subscription current) {                    // (5)
    ...
    current.request(take);                                         // (5.1)
    ...
}

public void onNext(T element) {                                    // (6)
    ...
    long r = requested;
    Subscriber<T> a = actual;
    Subscription s = current;

    if (remaining > 0) {
        boolean isValid = predicate.test(element);                 // (7)
        boolean isEmpty = queue.isEmpty();
        if (isValid && r > 0 && isEmpty) {
            a.onNext(element);                                     // (7.1)
            remaining--;
            ...
        }
        else if (isValid && (r == 0 || !isEmpty)) {                // (7.2)
            queue.offer(element);
            remaining--;
            ...
        }
        else if (!isValid) {                                       // (7.3)
            filtered++;
        }
    }
    else {                                                         // (7.4)
        s.cancel();
        onComplete();
    }

    if (filtered > 0 && remaining / filtered < 2) {                // (8)
        s.request(take);
        filtered = 0;
```

```
            }
        }
        ...                                                                    // (9)
    }
}
```

코드 각 부분에 대한 설명입니다.

1. Publisher<>를 상속한 TakeFilterOperator 클래스 선언입니다. 또한 ... 부분에 클래스 및 관련 필드의 생성자가 있으나 생략했습니다.

2. Subscriber#subscribe 메서드를 구현합니다. 구현을 고려할 때 스트림에 로직을 추가하려면 Subscriber와 동일한 인터페이스를 상속하는 어댑터 클래스로 래핑해야 한다는 결론을 내릴 수 있습니다.

3. TakeFilterOperator.TakeFilterInner 클래스 선언입니다. 이 클래스는 Subscriber 인터페이스를 구현함과 동시에 실제 Subscriber로서 메인 소스에 전달되는 역할을 합니다. 원소가 onNext에서 수신되면 필터링 이후 다운스트림 Subscriber로 전달됩니다. 다음으로 다운스트림 가입자에게 전송돼 모든 다운스트림 요구 사항을 제어하기 위한 Subscriber 인터페이스와 Subscription 인터페이스를 구현한 TakeFilterInner 클래스의 변수가 있습니다. 여기서 큐는 한꺼번에 처리할 수 있는 크기가 일정한 ArrayBlockingQueue의 인스턴스입니다. Subscriber 및 Subscription 인터페이스를 상속하는 내부 클래스를 만드는 기술은 중간 변환 단계를 구현하는 고전적인 방법입니다.

4. 생성자 선언입니다. take와 predicate 매개변수와 함께 주목할 것은 subscribe() 메서드를 호출해 TakeFilterOperator에 등록된 실제 subscriber 인스턴스입니다.

5. Subscriber#onSubscribe 메서드 구현입니다. 흥미로운 부분은 (5.1)인데, 원격 데이터베이스에 Subscription#request 메서드가 최초로 실행되는 부분입니다. 이 요청은 일반적으로 onSubscribe 메서드가 최초로 실행될 때 발생합니다.

6. Subscriber#onNext 호출입니다. 원소 처리 선언에 필요한 유용한 매개변수 목록을 포함합니다.

7. 스트림 원소에 대한 처리 플로를 선언합니다. 여기에는 네 가지 케이스가 있습니다. 취해야 하는 원소의 remaining 변숫값이 0보다 크면 실제 Subscriber가 데이터를 요청하고, 원소가 유효하지만 해당 원소가 큐에 없으면 해당 원소를 다운스트림으로 직접 보낼 수 있습니다(7.1). 아직 구독자가 없거나 큐에 이전 원소가 처리되지 않고 남아 있다면 이번 원소를 큐에 넣고 (순서를 유지하기 위해) 나중에 배달해야 합니다(7.2). 원소가 유효하지 않은 경우 필터링된 원소의 수를 증가시킵니다(7.3). 마지막으로 원소의 remaining 변숫값이 0이면 Subscription을 취소하고 스트림을 종료해야 합니다(7.4).

8. 추가 데이터를 요청하는 메커니즘입니다. 여기에서 필터링된 요소의 수가 최대 제한에 도달하면 전체 프로세스를 블로킹하지 않고 데이터베이스에서 데이터의 추가 부분을 요청합니다.

9. Subscriber 및 Subscriptions 메서드의 나머지 구현입니다.

일반적으로 데이터베이스와의 연결이 생성되고 TakeFilterOperator 인스턴스가 Subscription을 수신하면 지정된 수의 요소를 가진 첫 번째 요청이 데이터베이스로 전송됩니다. 그러고 나서 데이터베이스는 지정된 개수의 요소를 생성하고 요청이 온 곳으로 이를 **푸시하기** 시작합니다. 이후에 TakeFilterOperator의 로직은 데이터의 나머지 부분을 요청할 케이스를 구체화합니다. 나머지에 대한 요청이 발생하면 데이터 나머지 부분에 대한 새로운 논블로킹 요청이 서비스에서 데이터베이스로 전송됩니다. 리액티브 스트림 스펙은 Subscription#request 메서드 호출이 블로킹되지 않아야 한다고 명시하고 있습니다. 즉, 해당 메서드 내에서는 블로킹 작업이나 스레드를 중지/지연시키는 동작은 가급적하지 않아야 합니다.

위에 언급한 유형의 동작에 대한 자세한 내용을 보려면 다음 링크를 참조하세요.

https://github.com/reactive-streams/reactive-streams-jvm/blob/v1.0.2/README.md#3.4

마지막으로 다음 그림은 서비스와 데이터베이스 간의 전반적인 상호 작용을 보여줍니다.

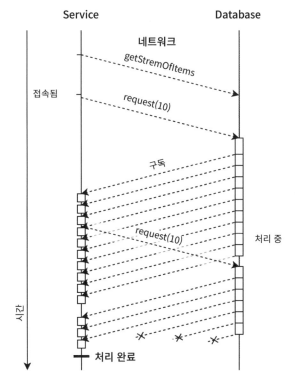

그림 3.8 하이브리드 형태의 푸시–풀 처리 흐름

이 그림에서 보듯이 리액티브 스트림 스펙에 정의된 Publisher와 Subscriber 간의 동작 방식 때문에 데이터베이스의 첫 번째 요소가 조금 늦게 도착할 수 있습니다. 데이터의 새 부분을 요청하는 경우 진행 중인 요소 처리를 중단하거나 차단하지 않아도 됩니다. 결과적으로 전체 처리 시간은 거의 영향을 받지 않습니다.

반면에 순수 푸시 모델이 바람직한 경우가 있습니다. 다행히도 리액티브 스트림은 동적 **푸시-풀** 모델과 함께 **푸시** 모델과 **풀** 모델도 지원합니다. 문서에 따르면 순수 **푸시** 모델 형태로 사용하고 싶은 경우 $263-1$(java.lang.Long.MAX_VALUE)개씩 요청하는 방식으로 사용할 수 있습니다.

> 현재 하드웨어 또는 근시일 내에 출시될 하드웨어를 고려하면 합리적인 시간(1초당 하나씩 처리한다면 292년이 걸림) 내에 2^{63-1}개의 요구를 처리할 수 없기 때문에 제한이 없는 것으로 볼 수 있습니다. 결과적으로 Publisher는 이후의 수요 추적을 중단할 수 있습니다. https://github.com/reactive-streams/reactive-streams-jvm/blob/v1.0.2/README.md#3.17

반대로 순수 **풀** 모델로 전환하려면 Subscriber#onNext가 호출될 때마다 한 개씩 요청하면 됩니다.

리액티브 스트림 동작해 보기

이전 절을 통해 알 수 있듯이 리액티브 스트림 스펙은 인터페이스가 간단하지만, 전체적인 개념은 상대적으로 복잡합니다. 그래서 일상적인 예제를 통해 이 세 가지 인터페이스의 핵심 아이디어와 개념적 반응을 학습해 보겠습니다.

뉴스 구독의 예를 다시 반복해서 살펴보되, 새로운 리액티브 스트림 인터페이스를 이용해 더 스마트한 방법을 생각해 보겠습니다. 뉴스 서비스를 위한 Publisher를 만드는 다음 코드를 살펴봅시다.

```
NewsServicePublisher newsService = new NewsServicePublisher();
```

이제 Subscriber를 만들고 NewsService를 구독해 봅시다.

```
NewsServiceSubscriber subscriber = new NewsServiceSubscriber(5);
newsService.subscribe(subscriber);
...
subscriber.eventuallyReadDigest();
```

newsService 인스턴스에서 subscribe()를 호출함으로써 최신 뉴스를 얻으려는 의도를 표시합니다. 일반적으로 고품질 서비스의 경우에는 뉴스 요약본을 보내기 전에 구독 및 구독 취소에 대한 정보가 포함된 축하 편지를 보냅니다. 이 작업은 Subscriber에게 성공적인 구독에 대해 알리고 구독 취소 기능을 제공하는 Subscriber#onSubscribe() 메서드와 완전히 동일합니다. 예제 서비스는 리액티브 스트림 스펙을 따르므로 클라이언트가 한 번에 읽을 수 있는 만큼의 뉴스 기사를 선택할 수 있습니다. 클라이언트가 Subscription#request를 호출해 첫 번째 부분의 요약본 번호를 지정하고 나서야 뉴스 서비스가 Subscriber#onNext 메서드를 통해 요약본을 보내기 시작하고 구독자가 뉴스를 읽을 수 있습니다.

이는 실제 생활에서 뉴스레터를 저녁이나 주말까지는 읽을 수 없음을 의미합니다. 또한, 뉴스와 함께 받은 편지함을 수동으로 확인해야 합니다. 구독자의 관점에서 볼 때 해당 로직은 NewsServiceSubscriber#finallyReadDigests()를 지원해 구현됩니다. 일반적으로 이러한 동작은 사용자의 받은 편지함에 뉴스 요약본이 쌓이기 시작하고 일반적인 서비스 구독 모델에서 구독자의 받은 편지함이 쉽게 꽉 찰 수 있음을 의미합니다. 다음으로 일반적인 뉴스 서비스가 의도하지 않게 메시지를 구독자에게 보내고 구독자가 메시지를 읽지 않는 경우에는 메일 서비스 제공자가 블랙리스트에 뉴스 서비스 이메일 주소를 넣을 것입니다. 또한 이 경우 Subscriber는 중요한 요약 정보를 놓칠 수 있습니다. 이러한 일이 발생하지 않더라도 구독자는 뉴스 서비스에서 보낸 수많은 요약본으로 인해 가득 차버린 메일함을 보면서 불쾌해질 것입니다. 따라서 가입자의 행복을 위해 뉴스 서비스는 뉴스를 제대로 전달하기 위한 전략이 있어야 합니다. 뉴스레터를 읽었는지 여부를 뉴스 서비스가 인식할 수 있다고 가정합시다. 그렇다면 모든 메시지를 읽은 후에 이전에 보낸 뉴스 요약본을 읽은 경우에만 새로운 뉴스 요약본을 보내는 서비스를 제공할 수 있습니다. 이 메커니즘은 리액티브 스트림 스펙을 통해 쉽게 구현할 수 있습니다. 다음 코드는 이러한 메커니즘의 예를 보여줍니다.

```java
class NewsServiceSubscriber implements Subscriber<NewsLetter> {          // (1)
    final Queue<NewsLetter> mailbox = new ConcurrentLinkedQueue<>();
    final int take;
    final AtomicInteger remaining = new AtomicInteger();
    Subscription subscription;

    public NewsServiceSubscriber(int take) { ... }                       // (2)

    public void onSubscribe(Subscription s) {                            // (3)
        ...
```

```
            subscription = s;
            subscription.request(take);                              // (3.1)
            ...
        }

        public void onNext(NewsLetter newsLetter) {                  // (4)
            mailbox.offer(newsLetter);
        }

        public void onError(Throwable t) { ... }                    // (5)
        public void onComplete() { ... }

        public Optional<NewsLetter> eventuallyReadDigest() {        // (6)
            NewsLetter letter = mailbox.poll();                     // (6.1)
            if (letter != null) {
                if (remaining.decrementAndGet() == 0) {             // (6.2)
                    subscription.request(take);

                    remaining.set(take);
                }
                return Optional.of(letter);                         // (6.3)
            }
            return Optional.empty();                                // (6.4)
        }
    }
}
```

각 코드에 대한 설명은 다음과 같습니다.

1. Subscriber<NewsLetter>를 구현한 NewsServiceSubscriber 클래스 선언입니다. 일반적인 클래스 정의에 추가로 현재 구독을 나타내는 속성(예: Queue로 표시된 사서함 또는 구독 필드), 즉 고객과 뉴스 서비스 간의 계약이 있습니다.

2. NewsServiceSubscriber 생성자 선언입니다. 이 생성자는 사용자가 한 번에 또는 가까운 시간에 읽을 수 있는 뉴스 요약본의 크기를 나타내는 take라는 매개변수를 받습니다.

3. Subscriber#onSubscribe 메서드 구현입니다. (3.1)에서 수신된 가입을 저장함과 동시에 이전에 선택된 사용자의 **새로운 뉴스 읽는 속도(처리량)**를 서버에 전송합니다.

4. Subscriber#onNext 메서드 구현입니다. 새로운 뉴스 요약본 처리의 전체 로직은 간단하며 사서함(큐)에 메시지를 넣는 동작을 수행합니다.

5. Subscriber#onError 및 Subscriber#onComplete 메서드 선언입니다. 두 가지 메서드는 구독 종료 시 호출됩니다.

6. eventuallyReadDigest 메서드 선언입니다. 사서함이 비어 있을 수 있음을 나타내기 위해 Optional을 사용합니다. (6.1)에서 우편함에서 읽지 않은 최신 뉴스 요약본을 얻으려고 시도합니다. 읽지 않은 뉴스레터가 없으면 Optional. empty()(6.4)를 반환합니다. 뉴스레터가 있는 경우에는 뉴스 서비스에서 이전에 요청한 읽지 않은 메시지의 수를 나타내는 카운터(6.2)를 감소시킵니다. 여전히 어떤 메시지를 기다리고 있다면 Optional을 반환합니다. 그렇지 않은 경우, 새로운 뉴스 요약본을 요청하고 남아 있는 새 메시지의 카운터를 재설정합니다(6.3).

스펙에 정의된 대로 onSubscribe()를 처음 호출하면 Subscription을 로컬에 저장하고 request() 메서드를 통해 뉴스레터를 받을 준비가 됐음을 Publisher에 알립니다. 다음으로, 첫 번째 요약본을 받으면 나중에 읽기 위해 대기열에 저장합니다. 이는 실제 생활에서 편지함의 역할과 동일합니다. 가입자가 받은 편지함에서 모든 요약본을 읽었을 때 Publisher가 새로운 뉴스를 준비할 수 있도록 Publisher에게 알립니다. 뉴스 서비스가 구독 정책을 변경(현재 사용자의 구독 완료를 의미함)하면 onComplete 메서드를 통해 구독자에게 알림이 전송됩니다. 그러면 클라이언트는 새 정책을 수락하고 서비스에 자동으로 다시 가입하도록 요청받습니다. onError가 호출되는 경우를 예로 들자면, 사용자의 정보를 담고 있는 데이터베이스가 사고로 인해 삭제된 경우입니다. 이 경우 시스템 결함으로 간주될 수 있으며 구독자는 변명의 서한을 받고 새로운 환경 설정으로 서비스에 다시 가입하도록 요청받습니다. 마지막으로 eventuallyReadDigest의 구현은 사서함을 열고 새 메시지를 확인하고 뉴스레터를 읽고 이를 읽음으로 표시하거나 관심 있는 새로운 뉴스가 없을 때 사서함을 그냥 닫는 것과 같은 실제 사용자의 행위를 나타냅니다.

이상에서 알 수 있듯이 리액티브 스트림은 별 관련이 없어 보이는 비즈니스 사례에서 발생하는 문제를 적합하게 해결할 수 있습니다. 이러한 메커니즘을 제공함으로써 고객을 만족시키고 메일 서비스 업체의 스팸 필터에서 벗어날 수 있습니다.

Processor 개념의 소개

리액티브 스트림 스펙을 구성하는 세 가지 핵심 인터페이스에 대해 학습했습니다. 또한 제안된 메커니즘을 이용해 전자 메일을 통해 뉴스 요약본을 보내는 서비스를 개선할 수 있음을 확인했습니다. 이 절의 시작 부분에서 스펙에는 네 가지 핵심 인터페이스가 있다고 말했습니다. 마지막 하나는 Publisher와 Subscriber의 혼합 형태인 Processor입니다. 선언부 코드를 살펴보겠습니다.

```
package org.reactivestreams;
```

```
public interface Processor<T, R> extends Subscriber<T>, Publisher<R> {
}
```

정의에 따라 **시작 지점**과 **끝 지점**을 의미하는 Publisher 및 Subscriber와 달리 Processor는 Publisher
와 Subscriber 사이에 몇 가지 처리 단계를 추가하도록 설계됐습니다. Processor는 일부 변환 로직을
구현해 스트리밍 파이프라인 역할을 할 수 있고 비즈니스 로직 흐름을 더 쉽게 이해할 수 있습니다.
Processor의 사용 예로는 커스텀 연산자로 구현할 수 있는 비즈니스 로직이나 스트리밍 데이터의 추가
캐싱을 제공하는 것 등이 있습니다. Processor의 개념적 적용을 더 잘 이해하기 위해 Processor 인터페
이스를 이용해 NewsServicePublisher를 개선해 봅시다.

NewsServicePublisher 뒤에 숨어 있는 로직 중 가장 복잡하지 않은 로직은 뉴스레터 준비를 위한 데이터
베이스 처리 및 모든 구독자에게 연속적으로 동시에 메시지를 발송하는 것(multi-casting)입니다.

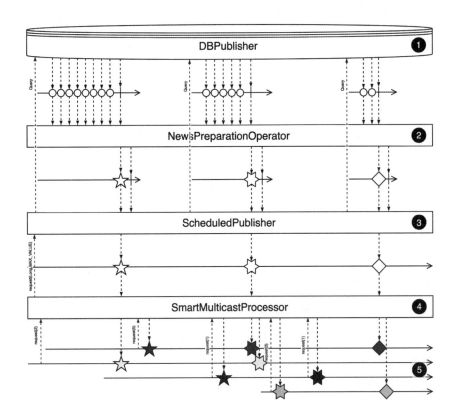

그림 3.9 뉴스 서비스의 메일링 흐름

이 예제에서 NewsServicePublisher는 네 개의 구성 요소로 나뉩니다.

1. DBPublisher입니다. 여기서 Publisher는 데이터베이스에 대한 액세스를 제공하고 최신 게시물을 반환하는 역할을 합니다.

2. NewsPreparationOperator입니다. 이 단계는 모든 메시지를 집계하고 메인 로직에서 완료 신호를 받으면 모든 뉴스를 요약본으로 결합하는 중간 변환 단계입니다. 이 연산자는 집계 연산자의 특성으로 인해 항상 하나의 값을 반환합니다. 수신된 요소를 저장하기 위해 큐 또는 다른 컬렉션에 별도의 저장 공간이 있을 수 있습니다.

3. ScheduledPublisher입니다. 주기적인 작업을 예약하는 역할을 합니다. 앞서 언급했듯이, 주기적으로 데이터베이스(DBPublisher)를 쿼리하고 결과를 처리하며 수신 데이터를 다운스트림에 병합합니다. ScheduledPublisher는 사실상 무한한 스트림이며 병합한 Publisher 완료는 무시됩니다. 다운스트림 요청이 없는 경우 Publisher는 Subscriber#onError 메서드를 통해 실제 Subscriber에게 예외를 전달합니다.

4. SmartMulticastProcessor입니다. 이 Processor는 전체 처리 흐름에서 핵심적인 역할을 합니다. 우선 최신 뉴스 요약본을 캐싱합니다. 그 단계에서는 멀티 캐스트를 지원하므로 구독자별로 동일한 흐름을 별도로 만들 필요가 없습니다. 또한 SmartMulticastProcessor에는 앞에서 설명한 스마트 메일 추적 메커니즘이 포함돼 있으며 이전 다이제스트를 읽은 사용자에게만 뉴스레터를 보냅니다.

5. 이들은 NewsServiceSubscriber, 즉 실제 가입자입니다.

앞의 그림을 보면 단순한 NewsServicePublisher 뒤에 숨겨진 복잡한 내용을 알 수 있습니다. 이 예제는 Processor의 실제 적용 사례를 보여줍니다. 이전에 말했듯이 3단계의 변환 단계를 거치지만, 그중 하나만 Processor가 돼야 합니다.

우선 A에서 B로의 단순 변환이 필요한 경우 Publisher와 Subscriber를 동시에 노출하는 인터페이스가 필요 없습니다. Subscriber 인터페이스의 존재는 Processor가 업스트림을 구독하면 스트림 요소가 Subscriber#onNext 메서드를 시작할 수도 있고 다운스트림 Subscriber가 없을 경우에 스트림 요소가 손실될 수도 있음을 의미합니다. 따라서 메인 Publisher를 구독하기 전에 Processor를 먼저 구독해야 한다는 사실을 염두에 둬야 합니다.

하지만 이는 비즈니스 흐름을 복잡하게 만들고 모든 상황에 쉽게 맞는 재사용 가능한 연산자를 만들 수 없게 합니다. 또한 Processor를 구성하면 별도의 Subscriber 관리(메인 Publisher에서 분리시키기 위한) 및 적절한 배압 구현(예: 필요에 따라 큐 사용)을 위한 추가적인 노력이 필요합니다. 그 결과, Processor 성능이 저하되거나 전체 스트림 처리량이 저하될 수 있습니다.

여기서는 A를 B로 단순하게 변환하려고 한다는 것을 알고 있기 때문에 실제 구독자가 Publisher#subscribe를 호출할 때 작업 흐름이 시작되기를 원하며 내부 구현을 지나치게 복잡하게 만들고 싶지 않습니다. 따라서 여러 개의 Publisher 인스턴스(업스트림을 생성자에 대한 매개변수로 받고 단순히 어댑터 로직 정도를 제공하는)를 조합하는 것이 요구 사항에 잘 맞습니다.

Processor는 구독자의 존재 여부와 상관없이 멀티 캐스팅해야 할 때 그 진가를 알 수 있습니다. 또한 캐싱과 같은 변형을 효과적으로 구현할 수 있는 Subscriber 인터페이스를 구현하기 때문에 다양한 변형을 할 수 있습니다.

TakeFilterOperator 연산자와 NewsServiceSubscriber의 구현을 이미 본 적이 있기 때문에 Publisher, Subscriber, Processor의 내부 구조 대부분이 이전 예제와 비슷하다는 것을 알 수 있습니다. 그러므로 각 클래스의 내부에 대해서는 생략하고 전체 컴포넌트의 최종 구성만 확인해 봅시다.

```
Publisher<Subscriber<NewsLetter>> newsLetterSubscribersStream =...          // (1)
ScheduledPublisher<NewsLetter> scheduler =
    new ScheduledPublisher<>(
        () -> new NewsPreparationOperator(new DBPublisher(...), ...),        // (1.1)
        1, TimeUnit.DAYS
    );
SmartMulticastProcessor processor = new SmartMulticastProcessor();


scheduler.subscribe(processor);                                             // (2)


newsLetterSubscribersStream.subscribe(new Subscriber<>() {                  // (3)
    ...
    public void onNext(Subscriber<NewsLetter>> s) {
        processor.subscribe(s);                                            // (3.1)
    }
    ...
});
```

각 코드에 대한 설명은 다음과 같습니다.

1. Publisher, 연산자 및 Processor 선언입니다.
    newsLetterSubscribersStream은 메일링 리스트에 가입한 사용자의 무한한 스트림을 나타냅니다. (1.1)에서 NewsPreparationOperator에 래핑된 DBPublisher를 제공하는 Supplier<? extends Publisher<NewsLetter>> 를 생성합니다.

2. ScheduledPublisher<NewsLetter> 구독에 대한 SmartMulticastProcessor입니다. 이 작업을 수행하면 즉시 스케 줄러가 시작되고 내부 Publisher를 구독하기 시작합니다.

3. newsLetterSubscribersStream을 구독합니다. 익명 클래스를 선언해 Subscriber를 구현합니다. (3.1)에서 유입된 Subscriber를 Processor에 가입시킵니다. Processor는 모든 구독자에게 뉴스 요약본을 멀티 캐스트합니다.

이 예에서는 모든 Processor를 하나의 체인에 결합해 컴포넌트들이 순차적으로 서로 래핑하거나 상호 구독하게 만듭니다.

일반적으로 Publisher/Processor의 구현은 어려운 일입니다. 따라서 여기서는 이번 장에 언급한 연산자 또 는 코드의 구현에 대한 자세한 설명을 생략합니다. Publisher를 코딩하는 데 필요한 패턴 및 절차에 대해 자 세히 알고 싶다면 다음 링크를 참조하세요.

https://medium.com/@olehdokuka/mastering-own-reactive-streams-implementation-part-1-publisher-e8eaf928a78c

지금까지 리액티브 스트림 표준의 기본 사항을 다뤘습니다. RxJava 같은 라이브러리에서 표현된 리액 티브 프로그래밍의 개념이 표준 인터페이스로 변형된 것을 봤습니다. 그와 함께 언급된 인터페이스를 통해 시스템 내 컴포넌트 간에 비동기 및 논블로킹 방식 모델을 쉽게 정의할 수 있다는 것을 알았습니 다. 마지막으로 리액티브 스트림 스펙을 수용함으로써 높은 아키텍처 수준만이 아니라 더 많은 컴포넌 트로 구성된 곳에서도 리액티브 시스템을 구축할 수 있습니다.

리액티브 스트림 기술 호환성 키트(TCK)

처음에는 리액티브 스트림이 그다지 까다롭게 느껴지지 않을 수 있지만, 실제로는 숨겨진 함정이 많습 니다. 자바 인터페이스 외에도 이 스펙에는 구현을 위한 많은 규칙이 문서화돼 있습니다. 이는 아마도 가장 어려운 문제일 것입니다. 이 규칙은 각 인터페이스를 엄격하게 제한하며, 스펙에 언급된 모든 동 작을 유지하기 위해 매우 중요합니다. 이 규칙을 준수함으로써 다른 벤더(별다른 문제가 없는)와 쉽게 통합할 수 있습니다. 그것이 이러한 규칙이 만들어진 핵심적 이유입니다. 안타깝게도 모든 코너 케이스 를 다루는 적절한 테스트 세트를 구축하는 것은 인터페이스의 적절한 구현보다 훨씬 더 많은 시간이 걸 립니다. 반면에 개발자에게는 모든 동작을 검증하고 반응 라이브러리를 표준화해 서로 호환하는지 확 인하는 공통 도구가 필요합니다. 운 좋게도 콘라드 말라스키(Konrad Malawski)가 **리액티브 스트림 기술 호환성 키트(Reactive Streams Technology Compatibility Kit**, 줄여서 **TCK**)라는 이름의 도구에 이를 이미 구현했습니다.

TCK에 대한 자세한 내용은 다음 링크를 참조하세요.

https://github.com/reactive-streams/reactive-streams-jvm/tree/master/tck

TCK는 모든 리액티브 스트림 코드를 방어하고 지정된 규칙에 따라 구현을 테스트합니다. 본질적으로 TCK는 TestNG 테스트 케이스의 묶음으로, 해당 Publisher 또는 Subscriber 검증을 위해 확장되고 준비돼야 합니다. TCK에는 리액티브 스트림 스펙에서 제시하는 모든 규칙을 다루는 것을 목표로 하는 테스트 클래스의 전체 목록이 포함돼 있습니다. 실제로 모든 테스트는 지정된 규칙에 따라 이름이 지정됩니다. 예를 들어, org.reactivestreams.tck.PublisherVerification에서 찾을 수 있는 샘플 테스트 케이스 중 하나는 다음과 같습니다.

```
...
void required_spec101_subscriptionRequestMustResultInTheCorrectNumberOfProducedElements()
throws Throwable {
    ...
    ManualSubscriber<T> sub = env.newManualSubscriber(pub);              // (1)
    try {
        sub.expectNone(..., pub));                                       // (2)
        sub.request(1);
        sub.nextElement(..., pub));
        sub.expectNone(..., pub));
        sub.request(1);
        sub.request(2);
        sub.nextElements(3, ..., pub));
        sub.expectNone(..., pub));

    } finally {
        sub.cancel();                                                    // (3)
    }
    ...
}
```

코드 각 부분에 대한 설명은 다음과 같습니다.

1. 테스트된 게시자에 대한 수동 구독입니다. 리액티브 스트림의 TCK는 특정 동작을 확인할 수 있도록 자체 테스트 클래스를 제공합니다.

2. 기댓값을 확인하는 부분입니다. 코드에서 알 수 있듯이 여기에서는 규칙 1.01에 따라 지정된 Publisher의 동작을 각각 확인합니다. 이 코드에서는 Publisher가 Subscriber가 요청한 것보다 더 많은 요소를 전달할 수 없음을 확인합니다.

3. 이것은 Subscription 취소 단계입니다. 테스트가 통과하거나 실패하면 리소스를 닫고 상호 작용을 마무리하기 위해 ManualSubscriber API를 사용해 Publisher의 구독을 취소합니다.

이전 테스트는 Publisher가 필수적으로 구현해야 하는 상호 작용에 대한 검증보다 훨씬 중요한 의미를 가지고 있습니다. 또한 PublisherVerification 내의 모든 테스트 케이스는 지정된 Publisher가 리액티브 스트림 스펙을 어느 정도 준수했는지 확인합니다. 여기서 **어느 정도**라는 말은 모든 규칙을 검증하는 것이 불가능하다는 의미입니다. 규칙 3.04에는 의미 있는 테스트가 불가능할 만큼 과도한 계산을 요구해서는 안 된다고 말하고 있습니다.

Publisher 검증

TCK의 중요성을 이해하는 것 외에도 툴킷 사용에 대한 필수 지식이 필요합니다. 툴킷 작동 방식에 대한 기본 지식을 습득하기 위해 뉴스 서비스의 컴포넌트 중 하나를 검증해 보겠습니다.

Publisher가 시스템의 핵심 부분이므로 여기서부터 분석해 보겠습니다.

TCK는 org.reactivestreams.tck.PublisherVerification을 제공해 Publisher의 기본 동작을 확인합니다. 일반적으로 PublisherVerification은 두 개의 추상 함수를 제공하는 추상 클래스입니다. 이전에 개발한 NewsServicePublisher의 검증 코드를 작성하기 위해 다음 예제를 살펴보겠습니다.

```
public class NewsServicePublisherTest                              // (1)
    extends PublisherVerification<NewsLetter> ... {

    public StreamPublisherTest() {                                // (2)
        super(new TestEnvironment());
    }


    @Override                                                     // (3)
    public Publisher<NewsLetter> createPublisher(long elements) {
        ...
        prepareItemsInDatabase(elements);                         // (3.1)
        Publisher<NewsLetter> newsServicePublisher =
            new NewsServicePublisher(...);
        ...
        return newsServicePublisher;
    }
```

```
    @Override                                                      // (4)
    public Publisher<NewsLetter> createFailedPublisher() {
        stopDatabase()                                             // (4.1)
        return new NewsServicePublisher(...);
    }


    ...
}
```

코드에 대한 설명은 다음과 같습니다.

1. PublisherVerification 클래스를 상속한 NewsServicePublisherTest 클래스 선언입니다.

2. 기본 생성자 선언입니다. PublisherVerification에는 기본 생성자가 없습니다. 구현할 때는 제한 시간 및 디버그 로그 구성과 같은 테스트의 특정 설정값을 포함한 TestEnvironment를 매개변수로 제공해야 한다는 점에 유의해야 합니다.

3. createPublisher 메서드 구현입니다. 이 메서드는 주어진 수의 요소를 만들어내는 Publisher를 생성합니다. 예제의 테스트 요구 사항을 충족시키기 위해서는 일정량의 뉴스를 데이터베이스에 입력해야 합니다(3.1).

4. createFailedPublisher 메서드 구현입니다. createPublisher 메서드와는 달리 실패가 발생한 NewsServicePublisher의 인스턴스를 제공해야 합니다. Publisher가 실패하게 만들기 쉬운 상황 중 하나는 데이터 소스를 사용할 수 없는 경우입니다. 예제의 경우 (4.1)의 호출을 통해 NewsServicePublisher가 실패합니다.

앞의 테스트는 NewsServicePublisher의 검증을 실행하기 위해 필요한 기본 설정을 확장합니다. Publisher는 주어진 수의 요소를 제공할 수 있을 만큼 유연성이 있다고 가정합니다. 즉, 테스트를 통해 생성해야 하는 요소의 수와 실패할지 또는 정상 종료할지를 Publisher에게 알릴 수 있습니다. 반면 Publisher가 한 요소만 처리할 수 있는 경우가 많습니다. 예를 들어, 앞에서 봤던 NewsPreparationOperator는 업스트림에서 입력받은 요소의 수와 관계없이 하나의 요소만 반환합니다.

대부분 테스트가 스트림에 둘 이상의 요소가 있다고 가정하기 때문에 앞서 언급한 테스트 구성으로는 해당 Publisher의 정확성을 확인할 수 없습니다. 다행히도 TCK에는 그런 경우를 가정해 생성된 요소의 최대 수를 나타내는 값을 반환하는 maxElementsFromPublisher()라는 추가 메서드가 있습니다.

```
    @Override
    public long maxElementsFromPublisher() {
        return 1;
    }
```

이 메서드를 오버라이드하면 2개 이상의 요소를 필요로 하는 테스트를 생략할 수 있습니다. 반면, 리액티브 스트림 규칙에 대한 커버리지는 줄어들어 추가적인 테스트 케이스의 구현이 필요할 수 있습니다.

Subscriber 검증

앞에서 본 설정은 프로듀서(producer)의 행동을 테스트하기 위해 필요한 최소의 설정입니다. 그러나 Publisher의 인스턴스와 함께 테스트해야 하는 Subscriber 인스턴스도 있습니다. 다행히도 리액티브 스트림 스펙의 규칙은 Publisher 스펙보다 덜 복잡하지만, 제시된 요구 사항을 빠짐없이 충족해야 합니다.

NewsServiceSubscriber를 테스트하기 위한 두 가지 테스트 세트가 있습니다. 첫 번째는 org.reactivestreams.tck.SubscriberBlackboxVerification으로, 내부 구현에 대한 지식이 없고 별다른 수정이 없이도 Subscriber를 검증할 수 있습니다. 이 검증 키트는 Subscriber가 외부에서 개발됐을 때 유용한 테스트 키트이며 합법적으로 동작을 확장할 방법이 없습니다. 반면에 이 방식은 몇 가지 규칙만 검증할 수 있으며 구현의 완전함을 보장하지는 않습니다. NewsServiceSubscriber를 검증하기 위해 먼저 이 테스트를 구현해 보겠습니다.

```
public class NewsServiceSubscriberTest                              // (1)
    extends SubscriberBlackboxVerification<NewsLetter> {

    public NewsServiceSubscriberTest() {                           // (2)
        super(new TestEnvironment());
    }

    @Override                                                      // (3)
    public Subscriber<NewsLetter> createSubscriber() {
        return new NewsServiceSubscriber(...);
    }

    @Override                                                      // (4)
    public NewsLetter createElement(int element) {
        return new StubNewsLetter(element);
    }

    @Override                                                      // (5)
    public void triggerRequest(Subscriber<? super NewsLetter> s) {
```

```
        ((NewsServiceSubscriber) s).eventuallyReadDigest();           // (5.1)
    }
}
```

코드에 대한 설명은 다음과 같습니다.

1. SubscriberBlackboxVerification 테스트를 상속한 NewsServiceSubscriberTest 클래스 선언입니다.

2. 기본 생성자 선언입니다. PublisherVerification과 동일하게 테스트 환경에 맞는 TestEnvironment를 제공해야 합니다.

3. createSubscriber 메서드 구현입니다. 이 메서드는 NewsServiceSubscriber 인스턴스를 반환합니다. 이 인스턴스는 적합하게 구현됐는지 테스트해야 합니다.

4. createElement 메서드 구현입니다. 여기서는 새로운 요소를 만들어내는 팩토리 메서드를 구현해야 하며, NewsLetter 타입의 인스턴스를 생성해 반환해야 합니다.

5. triggerRequest 메서드 구현입니다. 블랙박스 테스트는 내부에 대한 액세스가 없다고 가정하기 때문에 Subscriber 내부의 숨겨진 Subscription에 직접 액세스할 수 없습니다. 결과적으로 이것은 주어진 API(5.1)를 수동으로 호출되게 만들어야 함을 의미합니다.

앞의 예는 Subscriber를 검증하기 위해 사용 가능한 API를 보여줍니다. 반드시 필요한 두 메서드 createSubscriber와 createElement 외에도 Subscription#request 메서드의 처리를 외부적으로 처리하는 메서드가 있습니다. 테스트할 때 실제 사용자 활동을 에뮬레이션 할 수 있는 유용한 추가 기능입니다.

두 번째 테스트 키트는 org.reactivestreams.tck.SubscriberWhiteboxVerification입니다. 이는 이전 검증과 유사한 검증이지만, 인증을 통과하기 위해 Subscriber와 WhiteboxSubscriberProbe의 추가적인 상호 작용을 구현해야 합니다.

```
public class NewsServiceSubscriberWhiteboxTest                        // (1)
        extends SubscriberWhiteboxVerification<NewsLetter> {
    ...

    @Override                                                         // (2)
    public Subscriber<NewsLetter> createSubscriber(
            WhiteboxSubscriberProbe<NewsLetter> probe
    ) {
        return new NewsServiceSubscriber(...){
            public void onSubscribe (Subscription s){
```

```
            super.onSubscribe(s);                                    // (2.1)
            probe.registerOnSubscribe(new SubscriberPuppet() {       // (2.2)
                public void triggerRequest(long elements) {
                    s.request(elements);
                }
                public void signalCancel() {
                    s.cancel();
                }
            });
        }

        public void onNext (NewsLetter newsLetter){
            super.onNext(newsLetter);
            probe.registerOnNext(newsLetter);                        // (2.3)
        }

        public void onError (Throwable t){
            super.onError(t);
            probe.registerOnError(t);                                // (2.4)
        }

        public void onComplete () {
            super.onComplete();
            probe.registerOnComplete();                              // (2.5)
        }
    } ;
    }
    ...
}
```

코드에 대한 설명은 다음과 같습니다.

1. SubscriberWhiteboxVerification 테스트를 상속한 NewsServiceSubscriberWhiteboxTest 클래스 선언입니다.

2. createSubscriber 메서드 구현입니다. 이 메서드는 블랙박스 검증과 동일하게 작동하고 Subscriber 인스턴스를 반환하지만, WhiteboxSubscriberProbe라는 추가 매개변수가 있습니다. 이 경우 WhiteboxSubscriberProbe는 입력 스트림에 대한 제어와 시그널 캡처를 가능하게 하는 메커니즘을 나타냅니다. 블랙박스 검증과 비교해 NewsServiceSubscriber, (2.2), (2.3), (2.4), (2.5) 내부에 프로브(probe)를 올바르게 등록함으로써 테스트 스위트가 요구를 전송할 수 있고 요구가 만족됐다는 것을 검증할 수 있으며 마지막으로 모든 요소가 수신됐음을 확인할 수 있습니

다. 다음으로, 수요량을 규제하는 방법은 이전보다 훨씬 투명합니다. (2.2)에서 수신한 Subscription을 직접 액세스하는 SubscriberPuppet을 구현합니다.

블랙박스 테스트와 반대로 화이트박스 테스트는 Subscriber의 상속을 요구하며 내부적으로 추가 훅 (hook)을 제공합니다. 화이트박스 테스트에는 검증된 Subscriber의 올바른 동작을 보장하는 더 많은 규칙이 포함돼 있지만, final로 선언돼서 상속은 불가능합니다.

검증 여정의 마지막은 Processor 테스트입니다. 이를 위해 TCK는 org.reactivestreams.tck. IdentityProcessorVerification을 제공합니다. 이 테스트는 동일한 유형의 요소를 수신하고 생성하는 Processor를 검증할 수 있습니다. 예제에서는 SmartMulticastProcessor만이 그런 방식으로 동작합니다. 테스트 키트는 Publisher와 Subscriber의 동작을 모두 확인해야 하므로 IdentityProcessorVerification 은 Publisher 및 Subscriber 테스트와 비슷한 설정을 상속합니다. 전체 테스트 구현에 대한 세부 사항을 파악할 필요는 없지만, SmartMulticastProcessor 검증에 필요한 추가 메서드는 구현해야 합니다.

```java
public class SmartMulticastProcessorTest                              // (1)
        extends IdentityProcessorVerification<NewsLetter> {

    public SmartMulticastProcessorTest() {                            // (2)
        super(..., 1);
    }

    @Override                                                         // (3)
    public Processor<Integer, Integer> createIdentityProcessor(
        int bufferSize
    ) {
        return new SmartMulticastProcessor<>();
    }

    @Override                                                         // (4)
    public NewsLetter createElement(int element) {
        return new StubNewsLetter(element);
    }
}
```

코드에 대한 설명은 다음과 같습니다.

1. IdentityProcessorVerification을 상속한 SmartMulticastProcessorTest 클래스 정의입니다.

2. 기본 생성자 선언입니다. 코드에서 알 수 있듯이(예제에서는 건너 뛴 TestEnvironment 구성과 함께) 프로세서가 삭제하지 않고 버퍼해야 하는 요소의 수를 나타내는 매개변수가 있습니다. 프로세서가 하나의 요소만 버퍼링할 수 있다는 것을 알고 있기 때문에 검증을 시작하기 전에 직접 크기를 명시해야 합니다.

3. 검증된 Processor의 인스턴스를 반환하는 createIdentityProcessor 메서드 구현입니다. 여기서 bufferSize는 프로세서가 삭제하지 않고 버퍼해야 하는 요소의 수를 나타냅니다. 내부 버퍼 크기가 생성자에서 사전 구성된 크기와 같기 때문에 이제 해당 매개변수를 건너뛸 수 있습니다.

4. createElement 메서드 구현입니다. Subscriber 검증과 마찬가지로 새 요소를 만드는 팩토리 메서드를 제공해야 합니다.

앞의 예는 SmartMulticastProcessor 검증을 위한 필수 설정을 보여줍니다. IdentityProcessorVerification은 SubscriberWhiteboxVerification과 PublisherVerification을 모두 상속하므로 일반 설정은 각각의 설정을 모두 적용한 것이 됩니다.

좀 더 일반적인 적용을 위해, 구현된 리액티브 연산자의 지정된 동작을 확인할 수 있는 필수 테스트 세트에 대해 간략하게 살펴봤습니다. 여기서 TCK는 초기 통합 테스트로 간주할 수 있습니다. 하지만 TCK 검증과 함께 각 연산자가 원하는 방식으로 동작하는지 주의 깊게 테스트해야 합니다.

검증에 대한 자세한 내용은 TCK 페이지를 방문하세요.

https://github.com/reactive–streams/reactive–streams–jvm/tree/master/tck

TCK 사용에 대한 더 많은 예제를 보려면 **Ratpack**에서 제공하는 다음 링크를 확인하세요.

https://github.com/ratpack/ratpack/tree/master/ratpack–exec/src/test/groovy/ratpack/stream/tck

JDK 9

또한 리액티브 스트림 스펙의 가치는 JDK 구현 팀에서도 확인할 수 있습니다. 더그 리(Doug Lee)는 리액티브 스트림 스펙의 첫 번째 릴리즈가 나온 후, JDK 9에 이를 추가하자는 제안을 했습니다. 이 제안은 현재 스트림 API가 풀(pull) 모델만 제공하고 **푸시 모델**이 누락됐다는 사실로 확인이 가능합니다.

"단일 API를 이용해 비동기/병렬을 완벽하게 지원하는 API는 없습니다. CompletableFuture/ CompletionStage는 future에 대한 컨티뉴에이션 스타일[1] 프로그래밍에 가장 잘 맞고, java.util. Stream은 컬렉션을 이용해 '(다단계, 가능한 경우 병렬 처리) 풀(pull) 방식' 유형의 작업에 매우 적 합합니다. 활성 소스에서 아이템이 사용할 수 있게 됐을 때 '푸시(push)'해주는 스타일에 있어서는 아직 최고의 방법이라고 할 만한 것이 없습니다."

– 더그 리, http://jsr166-concurrency.10961.n7.nabble.com/jdk9-Candidate- classes- Flow-and-SubmissionPublisher-td11967.html

자바 스트림 API는 병렬 실행이 가능하도록 Iterator를 개량한 Spliterator를 사용합니다. 기억할지 모르 겠지만, Iterator는 푸시 용도로 설계된 것이 아니라 Iterator#next 메서드를 이용해 풀링 용도로 설계된 것입니다.

유사하게 Spliterator에는 tryAdvance 메서드가 있습니다. 이 메서드는 Iterator의 hasNext 및 next 메 서드를 조합한 것입니다.

결론적으로 스트림 API는 풀링 기반이라고 할 수 있습니다.

제안의 주요 목표는 JDK 내부의 리액티브 스트림에 대한 인터페이스를 명확히 하는 것이었습니다. 제 안에 따르면 리액티브 스트림 스펙에 정의된 모든 인터페이스는 java.util.concurrent.Flow 클래스 내 에 정적 하위 클래스로 제공됩니다. 이 개선이 특히 중요한 이유는 리액티브 스트림이 JDK 표준이기 때문입니다. 반면에 많은 공급 업체는 이미 org.reactivestreams.* 패키지에 제공된 스펙을 사용하고 있 었습니다. 대부분 벤더(예: RxJava)는 여러 버전의 JDK를 지원하므로 이전 버전과의 호환성을 유지한 상태로 새로운 인터페이스를 지원하는 것은 불가능했습니다. 그래서 이 개선 사항은 JDK 9+ 호환성을 위한 추가 요구 사항이 됐습니다.

다행히 리액티브 스트림 스펙은 리액티브 스트림 타입을 JDK Flow 타입으로 변환할 수 있는 추가 모듈 을 제공합니다.

```
...                                                          // (1)
import org.reactivestreams.Publisher;
import java.util.concurrent.Flow;
...
```

---

1 Continuation-passing style(CPS)을 의미하며, CPS는 함수 호출 이후에 원래의 컨텍스트로 되돌아가는 대신, 호출할 때 넘겨받은 함수를 다시 호출하는 방식의 프로그래밍 스타일을 의미합니다. 1970년대에 생긴 프로그래밍 스타일이지만, 최근에 함수형 프로그래밍 및 논블로킹 방식의 프로그래밍이 주목받으면서 다시 조명되고 있습니다.

```
Flow.Publisher jdkPublisher = ...;                                    // (2)
Publisher external = FlowAdapters.toPublisher(jdkPublisher)           // (2.1)
Flow.Publisher jdkPublisher2 = FlowAdapters.toFlowPublisher(
    external                                                          // (2.2)
);
```

코드에 대한 설명은 다음과 같습니다.

1. import 구문입니다. 쉽게 알 수 있듯이 원래의 리액티브 스트림 라이브러리에서 Publisher를 import했고, 리액티브 스 트림의 모든 인터페이스에 대한 액세스 포인트이지만 JDK 9로 이식된 Flow를 import했습니다.

2. Flow.Publisher 인스턴스 정의입니다. 여기서는 JDK 9의 Publisher 인스턴스를 선언합니다. (2.1)에서 원래 리액티브 스트림 라이브러리의 FlowAdapters.toPublisher 메서드를 사용해 Flow.Publisher를 org.reactivestreams. Publisher로 변환합니다. 또한 데모 목적을 위해 (2.2)에서 FlowAdapters.toFlowPublisher 메서드를 사용해 org. reactivestreams.Publisher를 Flow.Publisher로 다시 변환합니다.

예제는 Flow.Publisher를 org.reactivestreams.Publisher로 쉽게 변환할 수 있음을 보여줍니다. 이 책이 출판된 시점에는 JDK 9 Flow API를 이용해 잘 쓰여진 리액티브 라이브러리가 없었기 때문에 이 예제 는 실제 비즈니스 유스케이스와는 거리가 있다는 점에 유의해야 합니다. 따라서 JDK 6 이상을 지원하 는 외부 라이브러리를 사용하고 있다면 굳이 마이그레이션할 필요가 없습니다. 그러나 앞으로는 모든 것이 바뀔 것이고, 다음 버전의 리액티브 라이브러리는 리액티브 스트림 스펙으로 명확하게 작성되고 JDK 9로 포팅될 것입니다.

 어댑터 기능은 별도의 라이브러리로 제공됩니다. 사용 가능한 모든 라이브러리를 보려면 다음 링크를 참조하 세요.

http://www.reactive-streams.org/#jvm-interfaces-completed

리액티브 스트림을 활용한 비동기 및 병렬 처리

이전 절에서는 리액리브 스트림의 개념적 동작에 대해 설명했습니다. 그러나 비동기 및 논블로킹 동작 에 대한 언급은 없었습니다. 그래서 이 절에서 리액티브 스트림 표준을 파헤치고 이러한 동작을 분석해 보겠습니다.

한편으로 리액티브 스트림 API는 규칙 2.2와 3.4에서 Publisher가 생성하고 Subscriber가 소비한 모든 신호는 처리 중에 논블로킹이어야 하며 방해받지 않아야 한다고(non-obstructing) 명시돼 있습니다.

따라서 실행 환경에 따라 프로세서의 한 노드 또는 한 개의 코어를 효율적으로 활용할 수 있다는 것을 확신할 수 있습니다.

다른 한편으로 모든 프로세서나 코어를 효율적으로 사용하려면 병렬 처리가 필요합니다. 리액티브 스트림 스펙 내의 병렬화 개념은 일반적으로 Subscriber#onNext 메서드를 병렬로 호출하는 것을 뜻합니다. 안타깝게도 규칙 1.3에서 on*** 메서드의 호출은 '스레드 안전성을 보장하는 방식으로 신호를 보내야 하며, 다중 스레드에서 수행되는 경우 외부적인 동기화를 사용해야 한다'고 명시하고 있습니다. 이는 직렬화되거나 순차적인 on*** 메서드의 호출을 전제로 합니다. 따라서 ParallelPublisher와 같은 것을 만들 수 없고, 스트림의 요소를 병렬 처리할 수 없다는 것을 의미합니다.

그렇다면 다음과 같은 의문을 가질 수 있습니다. 자원을 어떻게 효율적으로 활용할 수 있을까? 그 답을 찾기 위해서 일반적인 스트림 처리 파이프를 분석해 볼 필요가 있습니다.

그림 3.10 소스와 목적지 사이 처리 흐름이 있는 비즈니스 예제

그림에서 보듯이 일반적인 처리 파이프는 데이터 소스 및 목적지와 함께 몇 가지 처리 또는 변환 단계를 포함합니다. 각 처리 단계는 처리 시간이 길어질 수도 있고 다른 작업을 지연시킬 수 있습니다.

이런 경우, 한 가지 해결 방법은 각 단계에 메시지를 비동기적으로 전달하는 것입니다. 인메모리 스트림 처리의 경우에는 실행의 한 부분이 하나의 스레드에 바인딩되고 다른 부분이 다른 스레드를 사용하는 것을 의미합니다. 예를 들어, 최종 작업이 CPU 사용이 많은 작업일 때 이를 별도의 스레드로 처리하는 것이 매우 합리적인 판단일 것입니다.

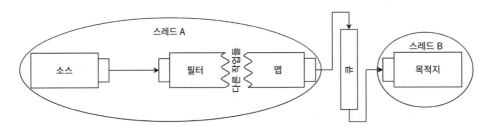

그림 3.11 소스와 목적 데이터 사이의 비동기 처리 부분

일반적으로 두 개의 독립적인 스레드 간에 처리를 분할함으로써 처리 단계 사이에 비동기 경계를 설정합니다. 두 스레드는 서로 독립적으로 작동하므로 전체적인 처리를 병렬로 처리할 수 있습니다. 병렬화를 달성하기 위해서는 각 처리 단계를 적절하게 분리하기 위해 큐와 같은 데이터 구조를 적용해야 합니다. 따라서 스레드 A는 처리할 메시지를 큐에 독립적으로 **제공하고**, 스레드 B의 Subscriber는 동일한 큐에서 메시지를 독립적으로 **사용합니다**.

스레드 간 처리를 분할하면 데이터 구조를 위한 추가적인 노력이 필요합니다. 물론 리액티브 스트림 스펙에 의하면 이러한 데이터 구조는 필수입니다. 데이터 구조의 요소 수는 Subscriber가 Publisher에게 요청하는 일괄 처리의 크기와 일반적으로 같으며 시스템의 처리 용량에 따라 다릅니다.

이와 함께 API를 개발하는 사람들이 자주 듣는 질문은 '비동기 처리 경계 중 어떤 부분이 흐름 처리 부분과 연결돼야 하는가'하는 것입니다. 적어도 세 가지 간단한 선택지가 있을 수 있습니다. 첫 번째 경우는 그림 3.11과 같이, 처리 흐름이 소스 리소스에 연결돼 있고 모든 작업이 소스와 동일한 경계 내에서 발생하는 경우입니다. 이 경우 모든 데이터가 하나씩 동기식으로 처리되므로 하나의 항목이 다른 스레드의 처리로 보내지기 전에 모든 처리 단계를 통해 변환됩니다. 두 번째 경우는 첫 번째 케이스와 반대되는 경우로, 비동기 경계의 처리가 **목적지** 또는 컨슈머 스레드에 연결돼 있으며, 메시지 생성이 CPU를 많이 사용하는 작업인 경우에 사용할 수 있습니다.

세 번째 경우는 메시지 생산과 소비가 모두 CPU 집약적인 작업일 때 발생합니다. 따라서 중간 변환을 실행하는 가장 효율적인 방법은 완전히 별개의 스레드에서 실행하는 것입니다.

그림 3.12 파이프라인 각 컴포넌트 간의 비동기 처리 경계

앞의 그림과 같이 각 처리 단계는 별도의 스레드에 바인딩될 수 있습니다. 일반적으로 데이터 흐름을 처리하는 방법은 여러 가지가 있으며, 각 방법을 사용하기에 가장 적합한 조건이 있습니다. 예를 들면 앞서 언급한 첫 번째 예시의 경우에는 원본 리소스가 목적지 리소스보다 적게 로드될 때 유효합니다. 결과적으로 변환 작업은 소스 쪽에 배치하는 것이 더 효율적입니다. 목적지 쪽이 소스보다 더 적은 자원을 소비한다면 목적지 측에서 모든 데이터를 처리하는 것이 합리적인 선택입니다. 때로는 변환이 리

소스를 가장 많이 소비하는 작업일 수도 있습니다. 이런 경우에는 소스와 목적지 모두에서 변환 작업을 별도로 분리하는 것이 좋습니다.

그럼에도 불구하고 다른 스레드로 처리 작업을 분할하는 것은 자유롭지 않으며, 각 분할 영역을 정의하는 것(스레드 및 추가 데이터 구조)과 효율적인 처리 간에 균형을 유지하기 위해 합리적인 자원 소비를 계획하는 것이 중요합니다. 이러한 균형을 유지하는 것도 상당한 도전 과제이며, 라이브러리 등의 유용한 API가 없으면 구현 및 관리가 어렵습니다.

다행스럽게도 RxJava 및 리액터 프로젝트와 같은 리액티브 라이브러리에서 이러한 API를 제공합니다.

이러한 기능에 대해 이번 장에서는 자세한 내용을 다루지 않지만, **4장 리액터 프로젝트 – 리액티브 앱의 기반**에서 집중적으로 다루겠습니다.

리액티브 전망의 변화

JDK 9가 리액티브 스트림을 지원한다는 사실은 리액티브 스트림의 중요성을 일깨우며 업계를 변화시키기 시작했습니다. 넷플릭스, 레드햇, Lightbend, MongoDB, 아마존 등과 같은 오픈소스 소프트웨어 업계의 선두 주자들이 이 우수한 솔루션을 자사 제품에 채택하기 시작했습니다.

RxJava의 변화

RxJava는 하나의 리액티브 타입을 다른 리액티브 타입으로 쉽게 변환해주는 추가 모듈을 제공합니다. Observable<T>를 Publisher<T>로 변환하고 rx.Subscriber<T>를 org.reactivestreams.Subscriber<T>로 변환하는 방법을 살펴보겠습니다.

다음 예제와 같이 RxJava 1.x 및 Observable을 컴포넌트 간의 통신 매개체로 사용하는 응용 프로그램이 있다고 가정해 보겠습니다.

```
interface LogService {
    Observable<String> stream();
}
```

그러나 리액티브 스트림 스펙이 발표됨과 동시에 리액티브 스트림 표준을 따르기로 결정하고 다음과 같이 인터페이스를 변경했습니다.

```
interface LogService {
    Publisher<String> stream();
}
```

눈치챘겠지만, 여기서는 Observable을 Publisher로 간단히 대체했습니다. 그러나 실제 구현을 리팩토링하는 것은 반환 타입을 바꾸는 것보다 훨씬 더 오랜 시간이 걸릴 수 있습니다. 다행히도 다음 예제와 같이 기존 Observable을 Publisher로 쉽게 변환할 수 있습니다.

```
class RxLogService implements LogService {                                    // (1)
    final HttpClient<...> rxClient = HttpClient.newClient(...);               // (1.1)

    @Override
    public Publisher<String> stream() {
        Observable<String> rxStream = rxClient.createGet("/logs")            // (2)
                .flatMap(...)
                .map(Utils::toString);
        return RxReactiveStreams.toPublisher(rxStream);                      // (3)
    }
}
```

각 코드에 대한 설명은 다음과 같습니다.

1. RxLogService 클래스 선언입니다. 이 클래스는 Rx 기반으로 구현됐습니다. (1.1)에서 RxNetty HttpClient를 사용합니다. 이 HttpClient는 RxJava 기반 API에 래핑된 Netty Client를 사용해 비동기 논블로킹 방식으로 외부 서비스와 통신할 수 있게 합니다.

2. 외부로 요청하는 부분입니다. 여기서 생성된 HttpClient의 인스턴스를 사용해 들어오는 원소를 String 인스턴스로 변환해 외부 로그 서비스를 요청합니다.

3. RxReactiveStreams 라이브러리를 사용해서 rxStream을 Publisher로 전환합니다.

눈치챘겠지만, RxJava 개발자들이 추가적인 RxReactiveStreams 클래스를 만들어 제공함으로써 Observable을 리액티브 스트림의 Publisher로 변환할 수 있게 됐습니다. 또한 리액티브 스트림 스펙의 출현으로 RxJava 개발자들은 변환된 Observable이 리액티브 스트림 스펙을 준수할 수 있도록 배압에 대한 지원(표준은 아니지만)을 제공했습니다.

Observable를 Publisher로 변환할 수 있을 뿐만 아니라 rx.Subscriber를 org.reactivestreams.Subscriber로 변환하는 것도 가능해졌습니다. 예를 들어, 로그 스트림은 이전에 파일에 저장돼 있었습니다. 이를 위해 I/O 처리를 하는 커스텀 Subscriber가 있었습니다. 리액티브 스트림 스펙으로 마이그레이션하기 위한 코드는 다음과 같습니다.

```
class RxFileService implements FileService {                        // (1)

    @Override                                                       // (2)
    public void writeTo(
        String file,
        Publisher<String> content
    ) {
        AsyncFileSubscriber rxSubscriber =                          // (3)
            new AsyncFileSubscriber(file);

        content.                                                    // (4)
            subscribe(RxReactiveStreams.toSubscriber(rxSubscriber));
    }
}
```

코드에 대한 설명은 다음과 같습니다.

1. RxFileService 클래스 선언입니다.

2. 컴포넌트 간의 통신을 위해 Publisher 타입을 매개변수로 받는 writeTo 메서드 구현입니다.

3. RxJava 기반 AsyncFileSubscriber 인스턴스 선언입니다.

4. 콘텐츠 구독입니다. RxJava 기반 Subscriber를 재사용하기 위해 동일한 RxReactiveStreams 유틸리티 클래스를 사용합니다.

이 예제에서 알 수 있듯이 RxReactiveStream은 다양한 컨버터를 제공하므로 RxJava API를 리액티브 스트림 API로 변환할 수 있습니다.

같은 방식으로 Publisher<T>는 RxJava Observable로 다시 변환할 수 있습니다.

```
    Publisher<String> publisher = ...

    RxReactiveStreams.toObservable(publisher).subscribe();
```

RxJava는 리액티브 스트림 스펙을 점차적으로 따르기 시작했습니다. 불행히도 이전 버전과의 호환성 때문에 스펙을 직접 구현할 수는 없으며, 앞으로도 RxJava에 리액티브 스트림 스펙을 구현할 계획은 없습니다. 또한 2018년 3월 31일부터는 RxJava 1.x에 대한 지원이 종료됐습니다.

다행히 RxJava의 두 번째 버전은 희망적입니다. 다비드 카녹(Dávid Karnok)은 라이브러리의 두 번째 버전에서 전반적인 라이브러리의 디자인을 크게 개선했으며, 리액티브 스트림 스펙을 준수하는 타입을 추가로 도입했습니다. 이전 버전과의 호환성 때문에 변경되지 않은 Observable과 함께 RxJava 2는 Flowable이라는 새로운 타입을 제공합니다.

Flowable은 Observable과 동일한 API를 제공하지만, org.reactivestreams.Publisher를 상속했습니다. 연쇄형 API와 통합된 다음 예제에서 볼 수 있듯이, Flowable은 일반적인 RxJava 유형으로 변환할 수 있고 리액티브 스트림 호환 타입으로 다시 변환할 수 있습니다.

```
Flowable.just(1, 2, 3)
        .map(String::valueOf)
        .toObservable()
        .toFlowable(BackpressureStrategy.ERROR)
        .subscribe();
```

Flowable에서 Observable로의 변환은 연산자 하나만 사용하는 간단한 작업입니다. 그러나 Observable을 다시 Flowable로 변환하려면 BackpressureStrategy가 필요합니다. RxJava 2에서 Observable은 **푸시 전용(push-only)** 스트림으로 설계됐습니다. 따라서 변환된 Observable을 리액티브 스트림 스펙을 준수하도록 하는 것이 중요합니다.

 BackpressureStrategy는 데이터 프로듀서가 컨슈머의 요구를 따르지 않을 때 발생하는 전략을 나타냅니다. 즉, BackpressureStrategy는 빠른 프로듀서와 느린 컨슈머가 있을 때 스트림의 동작을 정의합니다. 기억하겠지만, 3장의 시작 부분에서 동일한 사례를 다루고 세 가지 핵심 전략을 살펴봤습니다. 이러한 전략에는 요소의 무제한 버퍼링, 오버플로에서의 요소 제거 또는 컨슈머의 용량 부족인 경우 프로듀서 차단이 포함돼 있습니다. 일반적으로 BackapressureStrategy에는 프로듀서를 차단하는 전략을 제외하고는, 앞에서 설명한 모든 전략이 어떤 식으로든 반영돼 있습니다. 또한 BackapressureStrategy.ERROR와 같은 전략을 제공하는데, 이는 처리 용량이 부족할 때 컨슈머에게 오류를 보내고 자동으로 연결을 끊습니다. 각 전략에 대해서는 **4장 리액터 프로젝트 – 리액티브 앱의 기반**에서 자세히 다루겠습니다.

Vert.x의 적응

RxJava와 함께 나머지 반응 라이브러리 및 프레임워크 공급 업체들도 리액티브 스트림 스펙을 채택하기 시작했습니다. Vert.x에는 리액티브 스트림 API에 대한 지원을 제공하는 추가 모듈이 포함됐습니다. 다음 예제에서 이 추가 모듈을 확인할 수 있습니다.

```
...                                                                    // (1)
.requestHandler(request -> {

    ReactiveReadStream<Buffer> rrs =                                   // (2)
        ReactiveReadStream.readStream();
    HttpServerResponse response = request.response();

    Flowable<Buffer> logs = Flowable                                   // (3)
            .fromPublisher(logsService.stream())
            .map(Buffer::buffer)
            .doOnTerminate(response::end);

    logs.subscribe(rrs);                                               // (4)
    response.setStatusCode(200);                                       // (5)
    response.setChunked(true);
    response.putHeader("Content-Type", "text/plain");
    response.putHeader("Connection", "keep-alive");

    Pump.pump(rrs, response)                                           // (6)
        .start();
})
...
```

코드에 대한 설명은 다음과 같습니다.

1. 요청 핸들러 선언입니다. 서버에 전송된 요청을 처리하는 일반적인 방법입니다.

2. Subscriber이자 HTTP 응답을 선언합니다. 여기서 ReactiveReadStream은 org.reactivestreams.Subscriber와 ReadStream을 동시에 구현해 모든 Publisher를 Vert.x API와 호환되는 데이터 소스로 변환 가능하게 합니다.

3. 처리 플로 선언입니다. 이 예에서는 새로운 리액티브 스트림 기반 LogsService 인터페이스를 참조하고 RxJava 2.x의 Flowable API를 사용해 스트림의 기능적 변환을 작성합니다.

4. 구독 단계입니다. 처리 플로가 선언되면 ReactiveReadStream을 Flowable에 등록할 수 있습니다.

5. 응답 준비 단계입니다.

6. 클라이언트에게 전송되는 최종 응답입니다. 여기서 Pump 클래스는 배후의 WriteStream 버퍼가 꽉 차는 것을 막기 위해 정교한 배압 제어 메커니즘에서 중요한 역할을 합니다.

보다시피 Vert.x는 요소 처리 스트림을 작성하는 데 연쇄형 API를 제공하지 않습니다. 그러나 리액티브 스트림으로부터 적절하게 정교한 배압 관리를 유지하면서 모든 Publisher를 Vert.x API로 변환할 수 있는 API를 제공합니다.

Ratpack의 개선

Vert.x와 함께 잘 알려진 웹 프레임워크 Ratpack 역시 리액티브 스트림을 지원합니다. Vert.x와 달리 Ratpack은 리액티브 스트림을 직접 지원합니다. Ratpack을 이용해 로그 스트림을 보내는 코드 예제는 다음과 같습니다.

```
RatpackServer.start(server ->                                          // (1)
    server.handlers(chain ->
        chain.all(ctx -> {

            Publisher<String> logs = logsService.stream();            // (2)

            ServerSentEvents events = serverSentEvents(               // (3)
                logs,
                event -> event.id(Objects::toString)                  // (3.1)
                        .event("log")
                        .data(Function.identity())
            );

            ctx.render(events);                                       // (4)
        })
    )
);
```

코드에 대한 설명은 다음과 같습니다.

1. 서버 시작 및 요청 핸들러 선언입니다.

2. 로그 스트림 선언입니다.

3. ServerSentEvents를 준비합니다. 이 클래스는 매핑 단계에서 Publisher의 원소를 ServerSentEvents의 표현식으로 변환하는 역할을 수행합니다. ServerSentEvents는 원소를 특정 이벤트의 필드에 매핑하는 방법을 기술한 매퍼 함수 선언이 필요합니다.

4. 입출력에 대한 스트림을 렌더링합니다.

이 예에서 알 수 있듯이 Ratpack은 리액티브 스트림을 코어 모듈에서 직접 지원합니다. 이제 메서드에서 추가적인 타입 변환을 하거나 특정 대응 라이브러리에 대한 지원을 위해 추가 모듈을 구현하지 않고도 동일한 LogService#stream 메서드를 재사용할 수 있습니다.

또한 리액티브 스트림을 단순하게 지원하는 Vert.x와 달리, Ratpack은 리액티브 스트림 스펙에 맞게 구현한 자체 인터페이스를 제공합니다. 이 기능은 RxJava API와 비슷한 ratpack.stream.Streams 클래스에서 사용할 수 있습니다.

```
Publisher<String> logs = logsService.stream();
TransformablePublisher publisher = Streams
    .transformable(logs)
    .filter(this::filterUsersSensitiveLogs)
    .map(this::escape);
```

여기서 보듯이, Ratpack에는 모든 Publisher를 TransformablePublisher로 변환하는 정적 팩토리가 있습니다. TransformablePublisher는 익숙한 연산자들과 변형 단계를 사용해 유연하게 이벤트 스트림을 처리할 수 있습니다.

리액티브 스트림 기반의 MongoDB 드라이버

앞에서 리액티브 라이브러리와 프레임워크의 관점에서 리액티브 스트림 지원에 대해 간략히 살펴봤습니다. 그러나 리액티브 스트림 스펙의 적용 범위는 프레임워크 또는 라이브러리에 국한되지 않습니다. 프로듀서와 컨슈머 간의 동일한 동작 규칙은 데이터베이스 드라이버를 통한 데이터베이스와의 통신에 적용할 수 있습니다.

그런 식으로 MongoDB는 콜백 기반 RxJava 1.x 드라이버와 함께 리액티브 스트림 기반 드라이버를 제공합니다. MongoDB는 추가로 다양한 API를 구현해 사전 작성된 변환 연산자에 기반한 일종의 쿼리를 제공합니다. 예를 들어, 뉴스 서비스 예제에서 볼 수 있는 DBPublisher의 내부 구현은 다음과 같은 방식으로 구현할 수 있을 것입니다.

```java
public class DBPublisher implements Publisher<News> {            // (1)
    private final MongoCollection<News> collection;
    private final Date publishedOnFrom;

    public DBPublisher(                                          // (2)
                    MongoClient client,
                    Date publishedOnFrom
    ) { ... }

    @Override                                                   // (3)
    public void subscribe(Subscriber<? super News> s) {
        FindPublisher<News> findPublisher =                     // (3.1)
                collection.find(News.class);

        findPublisher                                           // (3.2)
                .filter(Filters.and(
                        Filters.eq("category", query.getCategory()),
                        Filters.gt("publishedOn", today())
                )
                .sort(Sorts.descending("publishedOn"))
                .subscribe(s);                                  // (3.3)
    }
}
```

코드에 대한 설명은 다음과 같습니다.

1. DBPublisher 클래스 및 관련 필드 선언입니다. 여기서 publishedOnFrom 필드는 뉴스 게시물을 검색해야 하는 날짜를 나타냅니다.

2. 생성자 선언입니다. DBPublisher의 생성자는 com.mongodb.reactivestreams.client.MongoClient 타입의 MongoDB 클라이언트를 매개변수로 받습니다.

3. Publisher#subsriber 메서드 구현입니다. (3.1)에서 리액티브 스트림 MongoDB 드라이버의 FindPublisher를 사용하고, (3.3)에서 주어진 Subscriber를 구독해 DBPublisher의 구현을 단순화했습니다. 눈치챘겠지만, FindPublisher는 함수형 프로그래밍 스타일을 사용해 실행 가능한 쿼리를 작성할 수 있는 연쇄형 API를 제공합니다.

리액티브 스트림 기반의 MongoDB 드라이버는 리액티브 스트림 표준을 지원하고, 아울러 데이터 질의를 단순화합니다. 해당 드라이버의 구현 및 동작에 대해서는 **7장 리액티브 방식으로 데이터베이스 사용하기**에서 다루겠습니다.

리액티브 기술 조합

리액티브 기술의 조합 가능성에 대해 더 자세히 알아보기 위해 스프링 프레임워크 4 기반 애플리케이션에서 여러 개의 리액티브 라이브러리를 결합해 보겠습니다. 전형적인 REST 엔드포인트를 통해 액세스할 수 있는 뉴스 서비스 기능을 기반으로 한 애플리케이션을 다시 예제로 들어보겠습니다. 이 엔드포인트는 데이터베이스와 외부 서비스에서 뉴스를 검색합니다.

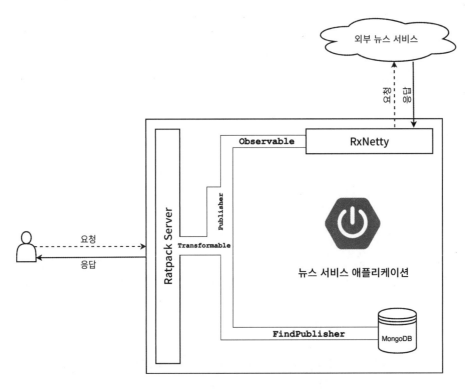

그림 3.13 하나의 애플리케이션 내에 포함된 여러 개의 라이브러리를 통한 통신

이 그림의 시스템에는 3개의 리액티브 라이브러리가 포함돼 있습니다. 여기서는 Ratpack을 웹 서버로 사용합니다. TransfromablePublisher를 사용하면 여러 소스의 결과를 쉽게 결합하고 처리할 수 있습니다. 소스 중 하나는 MongoDB이며 쿼리 결과로 FindPublisher를 반환합니다. 마지막으로 외부 뉴스 서비스에 접근해 데이터를 조금씩 가져오는 RxNetty HTTP 클라이언트가 있습니다. 이 클라이언트는 Observable을 반환하며 결과적으로 org.reactivestreams.Publisher 역할을 합니다.

요약하면 시스템에는 네 개의 구성 요소가 있습니다. 첫 번째 구성 요소는 스프링 프레임워크 4입니다. 두 번째는 웹 프레임워크 역할을 하는 Ratpack입니다. 세 번째와 네 번째는 뉴스에 대한 액세스를 제공하는 RxNetty와 MongoDB입니다. 외부 서비스와의 통신을 담당하는 구성 요소의 구현에 대해서는 자세히 설명하지 않았지만, 대신 엔드포인트의 구현에 대해서는 다루겠습니다. 이를 통해 독립적인 프레임워크 및 라이브러리의 작성 표준으로서 리액티브 스트림 스펙의 중요성을 조명해 보겠습니다.

```java
@SpringBootApplication                                        // (1)
@EnableRatpack                                                // (1.1)
public class NewsServiceApp {

    @Bean                                                     // (2)
    MongoClient mongoClient(MongoProperties properties) { ...}  // (2.1)

    @Bean
    DatabaseNewsService databaseNews() { ...}                 // (2.2)

    @Bean
    HttpNewsService externalNews() { ...}                     // (2.3)

    @Bean                                                     // (3)
    public Action<Chain> home() {
        return chain -> chain.get(ctx -> {                    // (3.1)

            FindPublisher<News> databasePublisher =           // (4)
                databaseNews().lookupNews();
            Observable<News> httpNewsObservable =
                externalNews().retrieveNews();
            TransformablePublisher<News> stream = Streams.merge(  // (4.1)
                databasePublisher,
                RxReactiveStreams.toPublisher(httpNewsObservable)
            );

            ctx.render(                                       // (5)
                stream.toList().map(Jackson::json)            // (5.1)
            );
        })
    }
```

```
    public static void main(String[] args) {                    // (6)
        SpringApplication.run(NewsServiceApp.class, args);
    }
}
```

코드에 대한 설명은 다음과 같습니다.

1. NewsServiceApp 클래스 선언입니다. @SpringBootApplication은 스프링 부트 기능의 사용을 가정합니다. 다음으로, ratpack-spring-boot 모듈의 일부이며 Ratpack 서버를 자동으로 설정해주는 @EnableRatpack 애노테이션이 있습니다(1.1).

2. 일반적인 빈(bean) 선언입니다. (2.1)에서 MongoClient 빈을 설정합니다. (2.2)와 (2.3)에는 뉴스 검색 및 조회를 위한 서비스를 설정합니다.

3. 요청 핸들러 선언입니다. 여기서 Ratpack 요청 핸들러를 생성하기 위해 Action <Chain> 타입의 빈을 선언해야 합니다. 이 빈은 (3.1)에서 핸들러를 설정합니다.

4. 서비스 호출 및 결과 집계입니다. 여기서 서비스의 메서드를 실행하고, Ratpack 스트림 API(4.1)를 사용해 반환된 스트림을 병합합니다.

5. 병합된 스트림의 렌더링 단계입니다. 비동기적으로 모든 요소를 리스트로 축소한 다음 해당 리스트를 JSON과 같은 특정 형태로 변환합니다(5.1).

6. main 메서드입니다. 스프링 부트 애플리케이션을 구현하기 위해 일반적으로 사용하는 기법입니다.

앞의 예는 리액티브 스트림 표준의 위력을 보여줍니다. 예제에서 보듯이, 관련 없는 여러 라이브러리의 API를 사용하면서도 하나의 라이브러리를 다른 라이브러리 API에 적용하기 위한 별다른 노력 없이 프로세스 플로를 작성하고 최종 사용자에게 결과를 반환할 수 있습니다. 이 규칙에서 유일한 예외 사항은 HttpNewsService이며, retrieveNews 메서드 실행 결과 Observable이 반환됩니다. 그럼에도 불구하고 RxReactiveStreams을 사용하면 RxJava 1.x Observable을 Publisher로 쉽게 변환할 수 있습니다.

요약

앞의 예제에서 알 수 있듯이, 리액티브 스트림은 리액티브 라이브러리의 조합 가능성을 크게 증가시킵니다. Publisher의 호환성을 확인하는 가장 유용한 방법은 리액티브 스트림 스펙과 함께 제공되는 기술 호환성 테스트 키트(TCK)를 적용하는 것임을 배웠습니다.

동시에 스펙은 리액티브 스트림을 위한 **풀–푸시(pull-push)** 통신 모델을 제공합니다. 이 추가 기능은 배압 제어 문제를 해결하고 동시에 어떤 모델을 사용할지 선택할 수 있게 함으로써 유연성을 증대했습니다.

JDK 9에 리액티브 스트림 스펙이 포함되면서 그 중요성이 급격히 증가했습니다. 그러나 이러한 변경으로 인해 스펙의 두 가지 변형 사이에 타입 변환이 필요해져 일부 오버헤드가 발생했습니다.

앞에서 봤듯이 리액티브 스트림 스펙은 연산자 사이에 여러 통신 수단을 허용합니다. 이러한 유연성은 비동기 영역을 다양하게 배치할 수 있게 해줍니다. 그러나 비즈니스 요구 사항에 대한 비동기 처리에 대응할 수 있어야 하므로 리액티브 라이브러리 공급자들이 이러한 부분을 책임지고 구현하도록 강제하고 있습니다. 또한 제공된 솔루션은 API 측면에서 유연하게 구성할 수 있어야 합니다.

리액티브 스트림의 동작을 변경함으로써 스펙 또한 리액티브의 전망을 밝게 했습니다. 넷플릭스, Redhead, Lightbend, Pivotal 등과 같은 오픈소스 업계의 리더들은 자신들의 리액티브 라이브러리에 이 스펙을 반영했습니다.

그러나 스프링 프레임워크 사용자들에게는 **리액터 프로젝트(Project Reactor)**라는 새로운 리액티브 라이브러리의 도입이 가장 큰 변화일 것입니다.

리액터 프로젝트는 새로운 리액티브 스프링 생태계를 위한 기본 요소이기 때문에 매우 중요합니다. 따라서 새로운 리액티브 스프링의 내부 구현에 대해 깊이 파고 들기 전에 리액터 프로젝트를 학습하고 그 역할의 중요성을 알아야 합니다. 다음 장에서는 예제를 통해 리액터 프로젝트의 개념적 구성 요소와 그 응용을 학습해 보겠습니다.

04

리액터 프로젝트
- 리액티브 앱의 기초

3장에서는 리액티브 스트림 스펙을 개괄적으로 살펴봤으며, 일반적인 인터페이스와 데이터 교환을 위한 새로운 풀-푸시(pull-push) 모델을 제공함으로써 리액티브 라이브러리를 강화하는 방법도 알아봤습니다.

이 장에서는 리액티브 프레임워크 중에서 가장 유명한 라이브러리인 리액터 프로젝트(Project Reactor)에 대해 알아보겠습니다. 이 라이브러리는 이미 스프링 프레임워크 생태계의 중요한 부분이 됐습니다. 그중 가장 필수적이고 자주 사용되는 API를 살펴보겠습니다. 라이브러리는 매우 다양하고 기능이 풍부해 모든 기능을 확인하려면 별도의 책이 필요할 것입니다. 전체 API를 한 장에서 다룰 수는 없으므로 리액터 라이브러리의 내부에 대해 살펴보고 리액터를 이용해 리액티브 애플리케이션을 만들어보겠습니다.

이 장에서는 다룰 주제는 다음과 같습니다.

- 리액터 프로젝트의 역사와 배경
- 리액터 프로젝트의 용어와 API
- 리액터 프로젝트의 고급 기능
- 리액터 프로젝트의 가장 중요한 구현 세부 정보
- 가장 자주 사용되는 리액티브 타입의 비교
- 리액터 라이브러리로 구현한 비즈니스 사례

리액터 프로젝트의 간략한 역사

이전 장에서 봤듯이 리액티브 스트림 스펙은 리액티브 라이브러리가 서로 호환할 수 있게 해주며, 풀—푸시 데이터 교환 모델을 도입해 배압 문제를 해결했습니다. 리액티브 스트림 스펙에 의해 도입된 중요한 개선 사항이 많음에도 불구하고, 스펙은 API 및 규칙만 정의하고 일상적인 사용을 위한 라이브러리는 제공하지 않습니다. 이 장에서는 리액티브 스트림 스펙 중 가장 인기 있는 구현체 중 하나인 리액터 프로젝트를 다루겠습니다. 리액터 라이브러리는 초기 버전부터 많은 발전을 거듭해 현재는 '예술의 경지에 다다른' 라이브러리가 됐습니다. 리액티브 스트림 스펙이 리액터 API 구조 및 세부적인 구현에 어떻게 기여했는지 살펴봅시다.

리액터 프로젝트 버전 1.x

리액티브 스트림 스펙을 만들 때 스프링 프레임워크 팀의 개발자들은 스프링 XD 프로젝트(대용량 데이터 응용 프로그램 개발을 단순화하는 것이 목표)와 같이 처리량이 많은 데이터 처리 프레임워크가 필요했습니다. 이러한 요구를 충족시키기 위해 스프링 팀은 새로운 프로젝트를 시작했습니다. 프로젝트는 처음부터 비동기 논블로킹 처리를 지원하도록 설계됐습니다. 팀은 프로젝트를 **리액터 프로젝트**라고 명명했습니다. 본질적으로 리액터 버전 1.x는 리액터 패턴, 함수형 프로그래밍 및 리액티브 프로그래밍과 같은 메시지 처리에 대한 모범 사례를 통합한 것입니다.

 리액터 패턴은 비동기 이벤트 처리 및 동기 처리에 도움이 되는 행위 패턴입니다. 즉, 모든 이벤트가 큐에 추가되고 이벤트는 나중에 별도의 스레드에 의해 처리됩니다. 이벤트는 모든 관련 컴포넌트(이벤트 핸들러)로 발송되고 동기적으로 처리됩니다. 리액터 패턴에 대한 더 자세한 내용을 보려면 다음 링크를 방문하세요.

http://www.dre.vanderbilt.edu/~schmidt/PDF/reactor-siemens.pdf

이런 통합의 결과로 리액터 프로젝트 버전 1.x는 다음과 같이 코드를 간결하게 작성할 수 있습니다.

```
Environment env = new Environment();                              // (1)
Reactor reactor = Reactors.reactor()                             // (2)
                    .env(env)
                    .dispatcher(Environment.RING_BUFFER)          // (2.1)
                    .get();

reactor.on($("channel"),                                          // (3)
        event -> System.out.println(event.getData()));
```

```
Executors.newSingleThreadScheduledExecutor()                              // (4)
        .scheduleAtFixedRate(
            () -> reactor.notify("channel", Event.wrap("test")),
            0, 100, TimeUnit.MILLISECONDS
        );
```

앞의 코드에서 몇 가지 개념적인 부분을 살펴보겠습니다.

1. Environment 인스턴스를 만듭니다. Environment 인스턴스는 특정 Dispatcher를 만들기 위한 실행 컨텍스트입니다. 이를 이용해 프로세스 간 공유하는 Dispatcher부터 분산된 형태의 Dispatcher까지 다양한 종류의 Dispatcher를 만들 수 있습니다.

2. Reactor 패턴을 직접 구현한 Reactor 클래스의 인스턴스를 생성합니다. 앞의 예제 코드에서는 Reactors 클래스의 스태틱 빌더를 사용해서 Reactor 인스턴스를 생성했습니다. (2.1)에서 예제 RingBuffer 구조에 기초해 사전 정의된 Dispatcher를 사용합니다. RingBuffer 기반 Dispatcher의 내부 구조와 전체적인 설계에 대해 알고 싶다면 다음 링크를 방문하세요. https://martinfowler.com/articles/lmax.html.

3. 채널 Selector 및 이벤트 컨슈머를 선언하고 이벤트 핸들러를 등록합니다(예제의 경우에는 수신한 모든 이벤트를 System.out에 프린트하는 람다 표현식). 이벤트는 이벤트 채널의 이름을 나타내는 스트링 Selector에 의해 필터링됩니다. Selector.$는 광범위하게 적용이 가능하므로 이벤트 선택을 위한 실제 표현은 더 복잡해질 수 있습니다.

4. 예약된 작업의 형태로 이벤트 프로듀서를 구성합니다. 여기서는 Reactor 인스턴스의 특정 채널에 주기적으로 이벤트를 보내기 위해 자바의 ScheduledExecutorService를 사용합니다.

내부적으로 이벤트는 Dispatcher에 의해 처리된 후 목적지로 보내집니다. Dispatcher 구현에 따라 이벤트가 동기 또는 비동기적으로 처리될 수 있습니다. 이는 일반적인 스프링 프레임워크의 이벤트 처리 방식과 비슷한 방식으로 작동합니다. 또한 리액터 1.x는 이벤트 처리를 깔끔한 플로로 구성할 수 있도록 다양한 래퍼를 제공합니다.

```
...                                                                        // (1)
Stream<String> stream = Streams.on(reactor, $("channel"));                 // (2)
stream.map(s -> "Hello world " + s)                                        // (3)
    .distinct()
    .filter((Predicate<String>) s -> s.length() > 2)
    .consume(System.out::println);                                         // (3.1)

Deferred<String, Stream<String>> input = Streams.defer(env);               // (4)
```

```
Stream<String> compose = input.compose()                        // (5)
compose.map(m -> m + " Hello World")                            // (6)
        .filter(m -> m.contains("1"))
        .map(Event::wrap)
        .consume(reactor.prepare("channel"));                  // (6.1)

for(int i = 0; i < 1000; i++) {                                 // (7)
    input.accept(UUID.randomUUID().toString());
}
```

코드를 자세히 살펴봅시다.

1. 앞의 예제와 동일하게 Environment와 Reactor 인스턴스를 생성합니다.

2. Stream을 생성합니다. Stream을 사용하면 함수 형태의 변형 체인을 구축할 수 있습니다. Reactor에 특정한 Selector 와 함께 Streams.on 메서드를 적용함으로써 주어진 Reactor 인스턴스에 포함된 특정 채널의 Stream 인스턴스를 받을 수 있습니다.

3. 처리 플로가 생성됩니다. map, filter, consume과 같은 몇 가지 중간 연산자를 적용합니다. (3.1)은 마지막 연산자입니다.

4. Deferred 스트림을 생성했습니다. Deferred 클래스는 스트림에 수동으로 이벤트를 제공할 수 있는 특수한 래퍼 클래스 입니다. Stream.defer 메서드는 Reactor 클래스의 인스턴스를 추가로 생성합니다.

5. Stream 인스턴스를 생성합니다. Deferred 인스턴스의 compose 메서드를 사용해 Stream 인스턴스를 얻을 수 있습니다.

6. 여기서 리액티브 처리 플로를 생성합니다. 파이프라인을 구성하는 방법은 (3)과 비슷합니다. (6.1)에서 다음과 같이 코드에 Reactor API를 사용합니다.

   ```
   e -> reactor.notify ("channel", e)
   ```

7. Deferred 인스턴스에 랜덤하게 원소를 제공합니다.

이전 예제에서는 채널을 구독하고 들어오는 모든 이벤트를 단계적으로 처리합니다. 이와 대조적으로 이번 예제는 리액티브 프로그래밍 기법을 사용해 선언적 처리 흐름을 만듭니다. 여기에 두 가지 별도의 처리 단계가 있습니다. 게다가 코드는 잘 알려진 RxJava API와 유사해 RxJava 사용자에게 더 익숙합니다. 어떤 점에서 리액터 1.x는 스프링 프레임워크와 매우 잘 통합됩니다. 리액터 1.x는 메시지 처리 라이브러리 외에도 네티 애드온과 같은 다양한 추가 기능을 제공합니다.

요약하자면, 리액터 1.x는 그 당시 이벤트를 빠른 속도로 처리하기에 충분했습니다. 스프링 프레임워크와의 완벽한 통합 및 네티와의 결합을 통해 비동기 및 논블로킹 메시지 처리를 제공하는 고성능 시스템을 개발할 수 있었습니다.

그러나 리액터 1.x에는 단점이 있습니다. 우선 라이브러리에 배압 조절 기능이 없습니다. 안타깝게도 리액터 1.x의 이벤트 기반 구현은 프로듀서 스레드를 차단하거나 이벤트를 생략하는 것 이외에 다른 배압 제어 방법을 제공하지 못했습니다. 게다가 오류 처리 또한 상당히 복잡했습니다. 리액터 1.x는 오류 및 실패를 처리하는 여러 가지 방법을 제공합니다. 리액터 1.x는 부족한 부분이 일부 있었음에도 불구하고 Grails 웹 프레임워크에서 사용됐습니다. 이것은 리액티브 라이브러리의 다음 버전에 큰 영향을 미쳤습니다.

리액터 프로젝트 버전 2.x

리액터 1.x의 최초 공식 릴리즈가 있은 지 오래지 않아 스테판 말디니(Stephane Maldini)는 고성능 메시지 처리 시스템 및 리액터 프로젝트 공동 리더 역할로 리액티브 스트림 특별 관심 그룹(Reactive Streams Special Interest Group)에 초대됐습니다. 이 그룹은 이름에서 알 수 있듯이 리액티브 스트림 스펙을 작성했습니다. 리액티브 스트림의 특성을 이해하고 리액터 팀에게 새로운 지식을 소개한 후에 스테판 말디니와 존 브리스빈(Jon Brisbin)은 2015년 초에 리액터 2.x를 발표했습니다. 말디니는 "리액터 2는 리액티브 스트림의 첫 번째 시도였습니다."라고 말했습니다.

리액터 디자인의 가장 중요한 변화는 이벤트버스 및 스트림 기능을 별도의 모듈로 추출한 것입니다. 또한 새로운 리액터 스트림(Reactor Streams) 라이브러리가 리액티브 스트림 스펙을 완벽하게 준수하도록 핵심 모듈까지 다시 설계했습니다. 리액터 팀은 리액터 API를 극적으로 향상시켰습니다. 예를 들어 새로운 리액터 API는 자바 컬렉션(Collections) API와 더욱 쉽게 통합할 수 있었습니다.

두 번째 버전에서는 리액터의 스트림 API가 RxJava API와 훨씬 비슷해졌습니다. 스트림을 생성하고 소비하는 간단한 추가 사항 외에도 배압 관리, 스레드 처리, 복원력 지원 등을 위한 다양한 기능이 추가됐습니다. 다음 코드에서 그 예를 확인해 봅시다.

```
stream
  .retry()                                              // (1)
  .onOverflowBuffer()                                   // (2)
  .onOverflowDrop()
  .dispatchOn(new RingBufferDispatcher("test"))         // (3)
```

앞의 예제는 세 가지 간단한 기법을 보여줍니다.

1. 한 줄짜리 재시도 연산자를 이용해 플로에 복원력을 부여해서 오류 발생 시 업스트림 작업을 다시 실행하도록 합니다.

2. 게시자가 푸시 모델만 지원할 때(그리고 컨슈머 요구에 의해 제어할 수 없는 경우)도 onOverflowBuffer 및 onOverflowDrop 메서드를 사용해 배압을 관리할 수 있습니다.

3. dispatchOn 연산자를 적용함으로써 새로운 Dispatcher를 이용해 해당 리액티브 스트림에서 동시에 작업합니다. 따라서 메시지를 비동기적으로 처리할 수 있습니다.

Reactor EventBus도 향상됐습니다. 우선 메시지 전송을 담당하는 Reactor 객체가 EventBus로 이름이 바뀌었습니다. 이 모듈은 리액티브 스트림 사양을 지원하도록 다시 설계됐습니다.

그 무렵 스테판 말디니는 다비드 카녹을 만났습니다. 다비드 카녹은 "High resolution and transparent production informatics(심층적이고 투명한 생산 정보학)"[1]에 관한 논문을 쓰는 중이었습니다. 이 논문은 리액티브 스트림, 리액티브 프로그래밍, RxJava에 관한 심층 연구를 다뤘습니다. 말디니와 카녹은 긴밀한 협업을 통해 RxJava와 리액터 프로젝트의 아이디어와 경험을 reactive-stream-commons라는 라이브러리로 압축했습니다. 얼마 후 이 라이브러리는 리액터 2.5의 기초가 됐고, 최종적으로 리액터 3.x가 됐습니다.

reactive-streams-commons 라이브러리의 소스는 다음 링크의 깃허브 프로젝트 페이지에서 확인할 수 있습니다.

https://github.com/reactor/reactive-streams-commons

1년의 노력 끝에 리액터 3.0이 출시됐습니다. 거의 같은 시기에 거의 **유사한** RxJava 2.0도 출시했습니다. 후자는 이전 모델인 RxJava 1.x보다 리액터 3.x와 더 유사합니다. 두 라이브러리의 가장 큰 차이점은 RxJava가 **자바 6**(안드로이드 지원 포함)를 대상으로 하고, 리액터 3가 **자바 8**을 기준으로 선택했다는 점입니다. 한편, 리액터 3.x는 스프링 프레임워크 5의 **리액티브적인 변형**을 담당했습니다.

이것이 리액터 프로젝트가 이 책의 나머지 장에서 광범위하게 사용되는 이유입니다. 이제 리액터 프로젝트 3.x의 API를 배워보고, 이를 효과적으로 사용하는 방법을 알아보겠습니다.

리액터 프로젝트 필수 요소

처음부터 리액터 라이브러리는 비동기 파이프라인을 구축할 때 **콜백 지옥**과 **깊게 중첩된 코드**를 생략하는 목적으로 설계됐습니다. **1장 왜 리액티브 스프링인가?**에서 이러한 현상과 그로 인해 파생된 부

---

1 논문의 내용이 궁금하다면 다음 링크에서 확인 가능합니다. https://repozitorium.omikk.bme.hu/bitstream/handle/10890/5502/tezis_eng.pdf?sequence=4&isAllowed=y

작용을 설명했습니다. 라이브러리 제작자는 1차원으로 단순화된 코드를 추구하면서 이를 다음과 같이 조립 라인에 비유했습니다.

> *"리액티브 응용 프로그램을 통해 처리된 데이터는 마치 조립 라인을 통해 이동하는 것과 유사하다.*
> *리액터는 컨베이어 벨트와 워크스테이션 역할이라고 할 수 있다."*

라이브러리의 기본 목표는 코드 **가독성**을 높이고 리액터 라이브러리에 의해 정의된 워크플로에 **조합성(composability)**을 추가하는 것입니다. Public API는 추상적이고 융통성 있게 설계됐지만, 그렇다고 해서 성능을 양보한 것은 아닙니다. 이 API는 순수한 리액티브 스트림 스펙에 커다란 부가 가치를 제공하는 다양한 종류의 연산자(어셈블리 비유에서 '**워크스테이션**')를 제공합니다.

리액터 API는 연산자를 연결해서 사용하는 것을 권장합니다. 이를 통해 복잡하고 잠재적으로 재사용 가능한 실행 그래프(execution graph)를 작성할 수 있습니다. 이러한 실행 그래프는 실행 흐름만 정의하지만, 구독자가 실제로 구독을 만들 때까지 아무 일도 발생하지 않으므로 실제 **구독을 했을 때만 데이터 플로가 기동됩니다.**

이 라이브러리는 내부 데이터, 외부 데이터와 관계없이 오류가 발생할 가능성이 있는 비동기 요청의 결과를 **효율적으로 처리**할 수 있도록 설계됐습니다. 리액터 프로젝트의 오류 처리 연산자는 매우 유연하지만, **복원력 있는** 코드를 작성할 수 있게 해줍니다. 이에 대해서는 나중에 살펴보겠습니다.

이미 알고 있듯이, 리액티브 스트림 스펙을 구현하기 위해서 **배압**은 꼭 필요한 핵심 속성입니다. 리액터 역시 이 스펙을 구현했기 때문에 배압이 핵심 요소입니다. 따라서 리액터로 제작된 리액티브 스트림을 이용해 데이터가 게시자로부터 구독자 쪽으로 이동하는 것을 이야기하는 것은 그와 동시에 구독 및 수요 제어 신호가 구독자에서 게시자에게 전달되는 것을 이야기하는 것입니다.

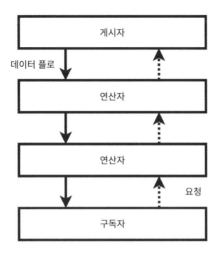

그림 4.1 리액티브 스트림을 통한 데이터 플로와 구독/요청 신호의 전파

라이브러리는 다음과 같이 배압 전파의 일반적인 모드를 모두 지원합니다.

- **푸시 전용**: 구독자가 효과적으로 무한한 숫자를 요청하는 경우

  ```
  subscription.request(Long.MAX_VALUE)
  ```

- **풀 전용**: 구독자가 이전 요소를 받은 후에만 다음 요소를 요청하는 경우

  ```
  subscription.request(1)
  ```

- **풀–푸시(혼합형**이라고 불림): 구독자가 수요를 실시간 제어할 수 있고 게시자가 데이터 소비 속도에 적응할 수 있는 경우

또한 풀–푸시 모델을 지원하지 않는 이전 API를 적용할 때 리액터는 버퍼링, 윈도우잉, 메시지 삭제, 예외 발생 등과 같은 여러 가지 **예전 스타일**의 배압 메커니즘을 제공합니다. 이러한 모든 기술에 대해서는 이 장의 뒷부분에서 다룹니다. 경우에 따라 앞서 언급한 기법을 사용하면 실제 요구가 나타나기 전에 데이터를 사전에 가져오는 것이 가능해 시스템의 응답성을 향상시킬 수 있습니다. 또한 리액터 API는 사용자의 사용량이 최고조에 달하는 순간에도 이를 유연하게 처리하고 시스템 과부하를 방지할 수 있는 충분한 도구를 제공합니다.

리액터 프로젝트는 동시성에 좌우되지 않도록 설계됐으므로 동시성 모델을 적용하지 않습니다. 동시에 거의 모든 방식으로 실행 스레드를 관리할 수 있는 유용한 스케줄러 세트를 제공합니다. 또한 제공된 스케줄러 중 어느 것도 요구 사항에 적합하지 않다면 개발자가 로우 레벨 제어 기능을 갖춘 자체 스케줄러를 만들 수도 있습니다. 리액터 라이브러리의 스레드 관리에 대해서는 이 장의 뒷부분에서 다룹니다.

이제 리액터 라이브러리에 대해 간단히 살펴보겠습니다. 프로젝트에 리액터를 추가하고 API를 살펴봅시다.

프로젝트에 리액터 추가하기

리액티브 스트림 스펙을 이미 알고 있다고 가정하고 설명하겠습니다. 잘 모른다면 3장을 다시 읽어 보기 바랍니다. 리액티브 스트림 스펙은 현재 상황에서 필수적입니다. 왜냐하면 리액터 프로젝트는 스펙 위에서 동작하도록 만들어졌고, 유일하게 reactive-streams:org.reactivestreams에만 의존성을 가지도록 만들어졌기 때문입니다.

프로젝트 build.gradle 파일에 다음과 같이 간단하게 리액터 의존성을 추가할 수 있습니다.

```
compile("io.projectreactor:reactor-core:3.2.0.RELEASE")
```

이 책을 쓰는 시점의 최신 버전은 3.2.0.RELEASE입니다[2]. 이 버전은 스프링 프레임워크 5.1에서도 사용됩니다.

 리액터 프로젝트 라이브러리를 메이븐(Maven) 프로젝트에 추가하는 절차는 다음을 참조하세요.
https://projectreactor.io/docs/core/3.2.0.RELEASE/reference/#_maven_installation

또한 리액티브 코드를 테스트하는 데 필요한 도구 세트를 제공하는 다음과 같은 의존성을 추가해야 합니다. 당연히 테스트 코드는 작성해야 합니다.

```
testCompile("io.projectreactor:reactor-test:3.2.0.RELEASE")
```

이 장에서는 리액티브 스트림에 대한 간단한 테스트 기술을 사용하려고 합니다. 아울러 **9장 리액티브 애플리케이션 테스트하기**에서도 리액티브 코드 테스트에 관해 자세히 설명합니다.

이제 응용 프로그램 클래스패스에 리액터가 추가됐으므로 리액터의 리액티브 타입과 연산자를 실험할 준비를 마쳤습니다.

---

2 번역 시점(2019년 1월) 기준 최신 버전은 3.2.3.RELEASE입니다.

리액티브 타입 - Flux와 Mono

이미 알고 있듯이, 리액티브 스트림 스펙에는 Publisher<T>, Subscriber<T>, Subscription 및 Processor<T, R>의 네 가지 인터페이스만 정의돼 있습니다. 이 순서대로 라이브러리가 제공하는 인터페이스 구현을 살펴볼 것입니다.

먼저 리액터 프로젝트에는 Publisher<T>의 구현체로 Flux<T> 및 Mono<T>의 두 가지가 있습니다. 이러한 접근법은 리액티브 타입에 추가적인 의미를 부여합니다. 여기에서 리액티브 타입(Flux 및 Mono)의 동작을 조사하기 위해 이러한 연산자가 어떻게 작동하는지에 대한 자세한 설명 없이 일부 리액티브 연산자를 사용해 보겠습니다. 연산자에 대해서는 이 장 뒷부분에서 다룹니다.

Flux

다음 마블 다이어그램은 Flux 클래스를 통해 데이터가 전달되는 방식을 보여줍니다.

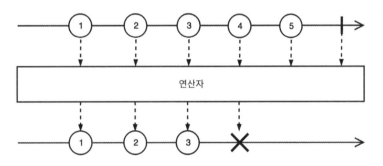

그림 4.2 Flux 스트림을 다른 Flux 스트림으로 변환

Flux는 **0, 1, 또는 여러 요소**를 생성할 수 있는 **일반적인** 리액티브 스트림을 정의합니다. 잠재적으로 무한한 양의 요소를 만들 수도 있습니다. 다음과 같은 표현식으로 나타냅니다.

```
onNext x 0..N [onError | onComplete]
```

명령형 프로그래밍에서는 무한한 데이터 컨테이너로 작업하는 것이 흔한 일은 아니지만, 함수형 프로그래밍에서는 매우 일반적입니다. 다음 코드는 **무한대의** 리액티브 스트림을 만들어냅니다.

```
Flux.range(1, 5).repeat()
```

이 스트림은 1에서 5까지의 숫자를 반복적으로 생성합니다(시퀀스는 1, 2, 3, 4, 5, 1, 2, ...처럼 보일 것입니다). 이것은 문제가 아니며 전체 스트림 생성을 완료하지 않고도 각 요소를 변형하고 소비할 수 있으므로 메모리를 부족을 야기하지 않습니다.

또한 구독자는 언제든지 구독을 취소할 수 있고 효과적으로 **무한** 스트림을 **유한** 스트림으로 변환할 수 있습니다.

> **주의**: **무한** 스트림에 의해 만들어진 모든 요소를 수집하려는 시도는 OutOfMemoryError를 유발할 수 있습니다. 운영 환경에서는 추천하지 않는 방법이지만, 다음 코드를 사용하면 이 동작을 재현할 수 있습니다.

```
Flux.range(1, 100)                          // (1)
    .repeat()                               // (2)
    .collectList()                          // (3)
    .block();                               // (4)
```

이 코드에 대한 설명은 다음과 같습니다.

1. range 연산자는 1부터 100까지의 정수 시퀀스를 만듭니다(1과 100 포함).

2. repeat 연산자는 소스 스트림이 끝난 후 소스 스트림을 다시 구독합니다. 따라서 repeat 연산자는 스트림 연산자의 1~100 결과를 구독하고 onComplete 신호를 수신한 다음 다시 1~100을 수신하는 동작을 반복합니다.

3. collectList 연산자를 사용해 생성된 모든 요소를 단일 리스트로 만듭니다. 물론 반복 연산자가 끝없는 스트림을 생성하기 때문에 요소가 도착하고 목록의 크기가 늘어나면 모든 메모리가 소모돼 응용 프로그램이 java.lang.OutOfMemoryError를 발생시킬 것입니다. 응용 프로그램은 힙 메모리가 고갈될 것입니다.

4. block 연산자는 실제 구독을 기동하고 최종 결과가 도착할 때까지 실행 중인 스레드를 차단합니다. 이 예제에서는 스트림이 무한하기 때문에 제대로 동작하지 않을 것입니다.

Mono

이번에는 Mono 타입이 Flux 타입과 어떻게 다른지 살펴보겠습니다.

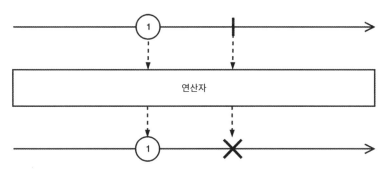

그림 4.3 Mono 스트림을 다른 Mono 스트림으로 변환

Flux와 달리 Mono는 **최대 하나의 요소**를 생성할 수 있는 스트림을 정의하며 다음 표현식으로 나타낼 수 있습니다.

```
onNext x 0..1 [onError | onComplete]
```

Flux와 Mono의 차이는 메서드 시그니처에만 있는 것이 아닙니다. 버퍼 중복과 값비싼 동기화 작업을 생략하기 때문에 Mono를 보다 효율적으로 사용할 수 있게 해줍니다.

Mono⟨T⟩는 응용 프로그램 API가 최대 하나의 원소를 반환하는 경우 유용할 것입니다. 결과적으로 봤을 때 CompletableFuture⟨T⟩와 의미론적으로 동일하기 때문에 비슷한 용도로 사용할 수 있습니다. 물론 이 두 유형에는 약간의 의미론적 차이가 있습니다. CompletableFuture는 Mono와 달리 반드시 반환값을 반환해야 합니다. 또한 CompletableFuture는 즉시 처리를 시작하고 Mono는 구독자가 나타날 때까지 아무 작업도 수행하지 않습니다. Mono 타입의 이점은 리액티브 연산자를 많이 제공하고, 더 큰 규모의 리액티브 워크플로와 완벽하게 통합할 수 있다는 점입니다.

또한 Mono는 클라이언트에게 작업이 완료됐음을 알리는 데 사용할 수 있습니다. 그 경우 Mono⟨Void⟩ 유형을 반환하고 처리가 완료되면 onComplete() 신호를 보내거나 실패한 경우 onError() 신호를 보냅니다. 이러한 시나리오에서 데이터를 반환하지는 않지만, 이후 연산을 위한 알림을 보내는 용도로 사용할 수 있습니다.

Mono와 Flux는 서로 완전히 분리된 것이 아니라 서로 쉽게 변환할 수 있습니다. 예를 들어 Flux ⟨T⟩. collectList()는 Mono⟨List⟨T⟩⟩를 반환하고, Mono⟨T⟩.flux()는 Flux⟨T⟩를 반환합니다. 또한 라이브러리는 의미를 훼손하지 않고 스마트하게 변환을 최적화합니다. 예를 들어, 다음과 같은 연속적인 변환 (Mono -> Flux -> Mono)을 해보겠습니다.

```
Mono.from(Flux.from(mono))
```

이 코드를 실행하면 개념적으로 연산자 없는 변환이므로 원본 Mono 인스턴스를 반환합니다.

RxJava 2의 리액티브 타입

RxJava 2.x 라이브러리와 리액터 프로젝트는 동일한 부분을 기초로 하고 있지만, RxJava 2의 게시자는 형태가 다릅니다. 두 라이브러리가 동일한 아이디어를 구현하기 때문에 RxJava 2가 적어도 리액티브 타입과 관련해 어떻게 다른지 짚어볼 필요가 있습니다. 그 외에 리액티브 연산자, 스레드 관리, 오류 처리를 포함한 다른 모든 측면은 매우 유사합니다. 따라서 라이브러리 중 하나에 어느 정도 익숙해진다면 나머지 하나도 쉽게 익숙해질 것입니다.

RxJava 1.x에는 **2장 스프링을 이용한 리액티브 프로그래밍 – 기본 개념**에서 설명했듯이 처음에 Observable이라고 하는 하나의 리액티브 타입만 존재했습니다. 나중에 Single 및 Completable 타입이 추가됐습니다. 버전 2에는 Observable, Flowable, Single, Maybe 및 Completable과 같은 리액티브 타입이 있습니다. 이들의 차이점을 간단히 설명하고 Flux/Mono와 비교해 보겠습니다.

리액티브 타입 – Observable

RxJava 2의 Observable 타입은 RxJava 1.x와 거의 동일한 의미를 제공하지만, null 값을 허용하지 않습니다. 또한 Observable은 배압을 지원하지 않으며 Publisher 인터페이스를 구현하지 않습니다. 그래서 리액티브 스트림 스펙과 직접 호환되지는 않습니다. 따라서 여러 요소가 있는 스트림(몇천 개 이상)에 사용할 때 주의해야 합니다. 반면 Observable 타입은 Flowable 타입보다 오버헤드가 적습니다. 사용자가 선택한 배압 전략을 적용해 스트림을 Flowable로 변환하는 toFlowable 메서드가 있습니다.

리액티브 타입 – Flowable

Flowable 타입은 리액터의 Flux 타입과 동일한 역할로서 리액티브 스트림의 Publisher를 구현했습니다. Flux가 라이브러리에 좀 더 의존적인 반면, Flowable API는 Publisher 유형의 인수를 사용할 수 있도록 잘 설계돼 있기 때문에 리액터 프로젝트로 구현된 리액티브 워크플로에서 쉽게 사용할 수 있습니다.

리액티브 타입 – Single

Single 타입은 정확히 하나의 요소를 생성하는 스트림을 나타냅니다. Publisher 인터페이스를 상속하지 않았습니다. Single 타입도 toFlowable 메서드를 가지고 있으나, 배압 전략이 필요하지 않습니다.

Single은 리액터의 Mono 타입보다 CompletableFuture의 의미를 더 잘 표현합니다. 그러나 구독이 발생했을 때만 처리를 시작합니다.

리액티브 타입 – Maybe

리액터의 Mono 타입과 동일한 의도를 구현하기 위해 RxJava 2.x는 Maybe 타입을 제공합니다. 그러나 Publisher 인터페이스를 구현하지 않기 때문에 리액티브 스트림과 호환성이 없습니다. 그런 목적으로 toFlowable 메서드를 제공합니다.

Completable

또한 RxJava 2.x에는 onError 또는 onComplete 신호만 발생시키고 onNext 신호는 생성할 수 없는 Completable 유형이 있습니다. 그것은 Publisher 인터페이스를 구현하지 않으며 toFlowable 메서드를 가집니다. 의미상으로는 onNext 신호를 생성할 수 없는 Mono<Void> 타입에 해당합니다.

요약하면, RxJava 2는 리액티브 타입을 의미적으로 세분화하고 있습니다. Flowable 타입만 리액티브 스트림과 호환됩니다. Observable은 동일한 역할을 하지만, 배압을 지원하지 않습니다. Maybe<T> 타입은 리액터의 Mono<T>에 해당하고, Completable은 리액터의 Mono<Void>에 해당합니다. Single 타입은 리액터 프로젝트로 직접 표현할 수 없습니다. 리액티브 스트림과 호환되는 다른 코드와 통합하려면 RxJava 유형을 Flowable 유형으로 변환해야 합니다.

Flux와 Mono 시퀀스 만들기

Flux 및 Mono는 데이터를 기반으로 리액티브 스트림을 생성하는 많은 팩토리 메서드를 제공합니다. 예를 들어, 객체에 대한 참조나 컬렉션에서 Flux를 만들거나 직접 숫자를 정해서 만들 수도 있습니다.

```java
Flux<String> stream1 = Flux.just("Hello", "world");
Flux<Integer> stream2 = Flux.fromArray(new Integer[]{1, 2, 3});
Flux<Integer> stream3 = Flux.fromIterable(Arrays.asList(9, 8, 7));
```

range 메서드를 사용하면 2010년을 시작으로 하는 9개의 정수 스트림을 쉽게 생성할 수 있습니다.

```java
Flux<Integer> stream4 = Flux.range(2010, 9);
```

이 코드는 최근 연도의 스트림을 생성하는 편리한 방법이며 결과는 다음과 같습니다.

```
2010, 2011, 2012, 2013, 2014, 2015, 2016, 2017, 2018
```

Mono는 비슷한 팩토리 메서드를 제공하지만, 주로 하나의 요소를 대상으로 합니다. nullable 및 Optional 타입과 함께 자주 사용됩니다.

```
Mono<String> stream5 = Mono.just("One");
Mono<String> stream6 = Mono.justOrEmpty(null);
Mono<String> stream7 = Mono.justOrEmpty(Optional.empty());
```

Mono는 HTTP 요청이나 DB 쿼리와 같은 비동기 작업을 래핑하는 데 매우 유용합니다. 이를 위해 Mono는 fromCallable(Callable), fromRunnable(Runnable), fromSupplier(Supplier), fromFuture(CompletableFuture), fromCompleteStionStage(CompletionStage) 등의 메서드를 제공합니다. Mono를 이용해 오래 걸리는 HTTP 요청을 다음 코드와 같이 작성할 수 있습니다.

```
Mono<String> stream8 = Mono.fromCallable(() -> httpRequest());
```

또는 코드를 자바 8 구문으로 다음과 같이 더 짧게 작성할 수 있습니다.

```
Mono<String> stream8 = Mono.fromCallable(this::httpRequest);
```

이 코드는(적절한 Scheduler와 함께 제공되는) HTTP 요청을 비동기적으로 만들 뿐만 아니라 onError로 전파되는 오류도 함께 처리한다는 점을 알아두세요.

Flux와 Mono는 from(Publisher<T> p) 팩토리 메서드를 사용해 다른 Publisher 인스턴스를 변환할 수 있습니다.

두 가지 타입 모두 (편리하고 일반적으로 사용되는) 빈 스트림과 오류만 포함하는 스트림을 만드는 메서드가 있습니다.

```
Flux<String> empty = Flux.empty();
Flux<String> never = Flux.never();
Mono<String> error = Mono.error(new RuntimeException("Unknown id"));
```

Flux와 Mono에는 모두 empty()라는 factory 메서드가 있습니다. 이 메서드는 Flux 또는 Mono의 빈 인스턴스를 각각 생성합니다. 마찬가지로 never() 메서드는 완료 메시지와 데이터, 오류에 대해서도 신호를 보내지 않는 스트림을 만듭니다.

error(Throwable) 팩토리 메서드는 구독할 때 각 구독자의 onError(...) 메서드를 통해 항상 오류를 전파하는 시퀀스를 만듭니다. 오류는 Flux 또는 Mono 선언 중에 생성되므로 각 구독자는 동일한 Throwable 인스턴스를 받게 됩니다.

defer는 구독하는 순간에 행동을 결정하는 시퀀스를 생성하는 메서드로, 결과적으로 서로 다른 구독자에 대해 다른 데이터를 생성할 수 있습니다.

```java
Mono<User> requestUserData(String sessionId) {
    return Mono.defer(() ->
        isValidSession(sessionId)
        ? Mono.fromCallable(() -> requestUser(sessionId))
        : Mono.error(new RuntimeException("Invalid user session")));
}
```

이 코드는 실제 구독이 발생할 때까지 sessionId 유효성 검사를 연기합니다. 반대로 다음 코드는 requestUserData(...) 메서드가 호출될 때 유효성 검사를 수행합니다. 이 메서드는 실제 구독 이전에도 호출할 수 있습니다(구독이 전혀 발생하지 않을 수도 있음).

```java
Mono<User> requestUserData(String sessionId) {
    return isValidSession(sessionId)
        ? Mono.fromCallable(() -> requestUser(sessionId))
        : Mono.error(new RuntimeException("Invalid user session"));
}
```

첫 번째 예제는 누군가가 반환된 Mono<User>를 구독할 때마다 유효성을 검사합니다. 두 번째 예제는 requestUserData 메서드가 호출될 때만 유효성 검사를 수행합니다. 그러나 구독 시 유효성 검사가 수행되지 않습니다.

리액터 프로젝트를 사용하면 just 메서드를 이용해서 요소를 열거하는 방식으로 Flux 및 Mono 시퀀스를 만들 수 있습니다. justOrEmpty를 사용해 Optional을 Mono로 쉽게 래핑하거나 fromSupplier 메서드를 사용해 Supplier를 Mono로 래핑할 수 있습니다. fromFuture 메서드를 이용해 Future로 매핑하거나 fromRunnable 메서드를 이용해 Runnable로 매핑할 수 있습니다. 또한 배열 또는 Iterable 컬렉션을 fromArray 또는 fromIterable 메서드를 사용해 Flux 스트림으로 변환할 수 있습니다. 그뿐만 아니라 리액터 프로젝트는 보다 복잡한 리액티브 시퀀스를 생성할 수 있게 해줍니다. 그 방법은 이 장의 뒷부분에서 다루겠습니다. 이제 리액티브 스트림에 의해 생성된 요소를 소비하는 방법을 배워보겠습니다.

리액티브 스트림 구독하기

Flux와 Mono는 구독 루틴을 훨씬 단순화하는 subscribe() 메서드를 람다 기반으로 재정의합니다.

```
subscribe();                                               // (1)

subscribe(Consumer<T> dataConsumer);                       // (2)

subscribe(Consumer<T> dataConsumer,                        // (3)
        Consumer<Throwable> errorConsumer);

subscribe(Consumer<T> dataConsumer,                        // (4)
        Consumer<Throwable> errorConsumer,
        Runnable completeConsumer);

subscribe(Consumer<T> dataConsumer,                        // (5)
        Consumer<Throwable> errorConsumer,
        Runnable completeConsumer,
        Consumer<Subscription> subscriptionConsumer);

subscribe(Subscriber<T> subscriber);                       // (6)
```

구독자를 만드는 데 필요한 옵션을 살펴보겠습니다. 우선 오버로딩한 subscribe의 모든 메서드는 Disposable 인터페이스의 인스턴스를 반환합니다. 이는 기본 Subscription을 취소하는 데 사용할 수 있습니다. (1)~(4)의 경우, 구독은 무제한으로(Long.MAX_VALUE) 요청합니다. 이제 차이점을 살펴보겠습니다.

1. 이것은 스트림을 구독하는 가장 간단한 방법입니다. 이 메서드는 모든 신호를 무시합니다. 일반적으로 다른 메서드를 사용하지만, 때로는 부작용이 있는 스트림 처리를 기동하는 것이 필요할 때도 있습니다.

2. dataConsumer는 값(onNext)마다 호출됩니다. onError 및 onComplete는 처리하지 않습니다.

3. (2)에서와 동일하지만, 이 경우에는 onError를 처리할 수 있습니다. 여전히 onComplete는 무시됩니다.

4. (3)과 동일하지만, onComplete를 처리할 수 있습니다.

5. 오류 처리 및 완료를 포함해 리액티브 스트림의 모든 요소를 처리합니다. 이 오버라이드는 적절한 양의 데이터를 요구함으로써 구독을 제어할 수 있게 하지만, 여전히 Long.MAX_VALUE 형태로 무한 스트림을 요청할 수 있습니다.

6. 시퀀스를 구독하는 가장 일반적인 방법입니다. 구독자 구현에 원하는 동작을 추가할 수 있습니다. 이 옵션은 매우 다양한 기능을 추가할 수 있지만, 거의 필요 없습니다.

간단한 리액티브 스트림을 만들고 구독해 봅시다.

```
Flux.just("A", "B", "C")
    .subscribe(
        data -> log.info("onNext: {}", data),
        err -> { /* ignored */ },
        () -> log.info("onComplete"));
```

이 코드를 실행한 결과는 다음과 같습니다.

```
onNext: A
onNext: B
onNext: C
onComplete
```

제한 없는 수요 요청(Long.MAX_VALUE)을 통한 간단한 구독을 통해 프로듀서가 수요를 충족시키기 위해 상당한 양의 작업을 하도록 강제할 수 있음을 다시 한번 주목할 필요가 있습니다. 따라서 프로듀서가 제한된 수요를 처리하는 데 더 적합하다면 구독 객체로 수요를 제어하거나 요청 제한 연산자를 적용하는 것이 좋습니다. 이 장 뒷부분에서 이러한 방법을 설명하겠습니다.

이번에는 구독을 직접 제어해 리액티브 스트림을 구독해 보겠습니다.

```
Flux.range(1, 100)                                          // (1)
    .subscribe(                                             // (2)
        data -> log.info("onNext: {}", data),
        err -> { /* ignore */ },
        () -> log.info("onComplete"),
        subscription -> {                                   // (3)
```

```
                subscription.request(4);                                    // (3.1)
                subscription.cancel();                                      // (3.2)
        }
    );
```

다음은 코드에 대한 설명입니다.

1. 먼저 range 연산자로 100개의 값을 생성합니다.

2. 이전 예제와 같은 방식으로 스트림을 구독합니다.

3. 그러나 이제는 구독을 제어합니다. 처음에 4개를 요청한 다음(3.1), 즉시 구독을 취소하므로(3.2) 다른 요소가 전혀 생성되지 않아야 합니다.

앞의 코드를 실행한 결과는 다음과 같습니다.

```
onNext: 1
onNext: 2
onNext: 3
onNext: 4
```

구독자가 스트림이 끝나기 전에 구독을 취소했으므로 onComplete 신호를 수신하지 않습니다. 리액티브 스트림은 프로듀서가(onError 또는 onComplete 신호를 사용해) 종료하거나 Subscription 인스턴스를 통해 구독자가 취소할 수 있음을 기억하는 것도 중요합니다. 또한, Disposable 인스턴스는 취소 목적으로 사용할 수도 있습니다. 보통은 구독자에 사용하는 것보다는 상위 레벨의 추상화 코드에서 사용합니다. Disposable을 호출해 스트림 처리를 취소하는 예제를 확인해 봅시다.

```
Disposable disposable = Flux.interval(Duration.ofMillis(50))              // (1)
    .subscribe(                                                          // (2)
        data -> log.info("onNext: {}", data)
    );
Thread.sleep(200);                                                       // (3)
disposable.dispose();                                                    // (4)
```

이 코드에 대한 설명입니다.

1. interval 팩토리 메서드는 주기적(50밀리초)으로 이벤트를 생성할 수 있습니다. 스트림은 무한히 생성됩니다.

2. onNext 시그널에 대한 핸들러만 제공해 구독합니다.

3. 두 개의 이벤트(200/50은 약 4건의 이벤트를 수신할 수 있음)를 받을 때까지 잠시 대기합니다.

4. 내부적으로 구독을 취소하는 dispose 메서드를 호출합니다.

사용자 정의 Subscriber 구현하기

기본 subscribe(...) 메서드만으로 필요한 요구 사항을 만족하지 못한다면 직접 Subscriber를 구현할 수 있습니다. 리액티브 스트림 스펙에 따라 Subscriber 인터페이스를 직접 구현하고 다음과 같이 스트림을 구독할 수 있습니다.

```java
Subscriber<String> subscriber = new Subscriber<String>() {
    volatile Subscription subscription;                            // (1)

    public void onSubscribe(Subscription s) {                      // (2)
        subscription = s;                                          // (2.1)
        log.info("initial request for 1 element");
        subscription.request(1);                                   // (2.2)
    }

    public void onNext(String s) {                                 // (3)
        log.info("onNext: {}", s);
        log.info("requesting 1 more element");

        subscription.request(1);                                   // (3.1)
    }

    public void onComplete() {
        log.info("onComplete");
    }

    public void onError(Throwable t) {
        log.warn("onError: {}", t.getMessage());
    }
};

Flux<String> stream = Flux.just("Hello", "world", "!");            // (4)
stream.subscribe(subscriber);                                      // (5)
```

이 코드에 대한 설명입니다.

1. 커스텀 구독자는 Publisher와 Subscriber를 바인딩하는 Subscription에 대한 참조를 가져야 합니다. 구독 및 데이터 처리가 다른 스레드에서 발생할 수 있으므로 모든 스레드가 Subscription 인스턴스에 대한 올바른 참조를 가질 수 있도록 volatile 키워드를 사용했습니다.

2. 구독이 도착하면 Subscriber에 onSubscribe 콜백이 전달됩니다. (2.1)에서 구독을 저장하고 초기 수요를 요청합니다 (2.2). 이 요청이 없으면 TCK 호환 게시자는 데이터를 전송할 수 없으며 스트림 처리가 아예 시작되지 않습니다.

3. onNext 콜백에서 수신된 데이터를 기록하고 다음 원소를 요청합니다. 이 경우 배압 관리를 위해 간단한 pull 모델 (subscription.request(1))을 사용합니다.

4. 여기서는 factory 메서드만으로 간단한 스트림을 생성합니다.

5. 여기서 만든 커스텀 구독자를 (4)에서 정의한 리액티브 스트림에 등록합니다.

앞의 코드를 실행하면 콘솔에 다음 내용이 출력됩니다.

```
initial request for 1 element
onNext: Hello
requesting 1 more element
onNext: world
requesting 1 more element
onNext: !
requesting 1 more element
onComplete
```

그러나 이 예제에서 구독을 정의하는 접근 방식은 올바르지 않습니다. **1차원적** 코드 흐름이 깨지며 오류가 발생하기 쉽습니다. 가장 어려운 부분은 스스로 배압을 관리하고 가입자에 대한 모든 TCK 요구 사항을 올바르게 구현해야 한다는 점입니다. 앞의 예에서는 구독 확인 및 취소와 관련한 몇 가지 TCK 요구 사항을 위반했습니다.

대신 리액터 프로젝트에서 제공하는 BaseSubscriber 클래스를 상속하는 것이 훨씬 더 좋은 방법입니다. 이 경우 구독자는 다음과 유사할 것입니다.

```java
class MySubscriber<T> extends BaseSubscriber<T> {
    public void hookOnSubscribe(Subscription subscription) {
        log.info("initial request for 1 element"); request(1);
    }
```

```
    public void hookOnNext(T value) {
        log.info("onNext: {}", value);
        log.info("requesting 1 more element");
        request(1);
    }
}
```

hookOnSubscribe(Subscription) 및 hookOnNext(T) 메서드와 함께 hookOnError(Throwable), hookOnCancel(), hookOnComplete() 및 기타 소수의 메서드를 재정의할 수 있습니다. BaseSubscriber 클래스는 request(long) 및 requestUnbounded() 메서드를 사용해 리액티브 스트림 수요를 세밀하게 제어할 수 있는 메서드를 제공합니다. 또한 BaseSubscriber 클래스를 사용하면 TCK에 호환되는 구독자를 훨씬 쉽게 구현할 수 있습니다. 이러한 접근은 구독자 자체가 세심한 라이프 사이클 관리가 필요한 리소스를 포함하는 경우에 바람직할 수 있습니다. 예를 들면 외부 서비스에 연결하는 파일 핸들러 또는 웹소켓 연결을 가진 구독자의 경우입니다.

연산자를 이용해 리액티브 시퀀스 변환하기

리액티브 시퀀스를 이용해 작업할 때는 스트림을 생성하고 소비하는 것 외에도 스트림을 완벽하게 변환하고 조작할 수 있어야 합니다. 그래야만 리액티브 프로그래밍이 유용한 기술이라고 말할 수 있습니다. 리액터 프로젝트는 거의 모든 리액티브 타입 변환에 필요한 도구(연산자 및 팩토리 메서드)를 제공합니다. 이러한 도구는 일반적으로 다음과 같이 분류할 수 있습니다.

- 기존 시퀀스 변환

- 시퀀스 처리 과정을 살펴보는 메서드

- Flux 시퀀스를 분할 또는 결합

- 시간을 다루는 작업

- 데이터를 동기적으로 반환

여기서 리액터의 연산자와 팩토리 메서드를 모두 설명할 수는 없습니다. 내용이 너무 방대할뿐더러, 모든 연산자를 기억하는 것이 거의 불가능하기 때문입니다. 리액터 프로젝트가 적절한 연산자를 선택하는 가이드를 포함한 훌륭한 문서(참조 링크: http://projectreactor.io/docs/core/release/reference/#which-operator)를 제공한다는 점을 생각하면 더욱더 불필요한 일입니다. 이 절에서는 가장 많이 사용하는 연산자를 몇 가지 샘플 코드와 함께 살펴보겠습니다.

대부분 연산자는 기본 동작을 보강하기 위해 다양한 매개변수를 이용해 호출할 수 있습니다. 또한 버전별 차이까지 따지면 리액터 프로젝트의 연산자는 더욱 많다고 할 수 있습니다. 연산자에 관한 최신 정보는 리액터의 문서를 참조하세요.

리액티브 시퀀스의 원소 매핑하기

시퀀스를 변환하는 가장 자연스러운 방법은 모든 원소를 새로운 값으로 매핑하는 것입니다. Flux 및 Mono는 자바 스트림 API의 map 연산자와 비슷한 동작을 하는 map 연산자를 제공합니다. map(Function<T, R>) 시그니처가 있는 함수는 원소를 하나씩 처리합니다. 물론 원소의 유형을 T에서 R로 변경하면 전체 시퀀스의 유형이 변경되므로 map 연산자 Flux<T>가 Flux<R>이 된 후에 Mono<T>는 Mono<R>이 됩니다. Flux.map()의 마블 다이어그램은 다음과 같습니다.

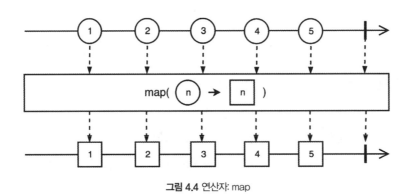

그림 4.4 연산자: map

물론 Mono 클래스의 map 연산자도 비슷하게 동작합니다. cast(Class c) 연산자는 스트림의 요소를 대상 클래스의 타입으로 형 변환합니다. cast(Class c) 연산자를 구현하는 가장 쉬운 방법은 map() 연산자를 사용하는 것입니다. Flux 클래스의 소스를 살펴보면 우리의 가정을 증명하는 다음 코드를 찾을 수 있습니다.

```
public final <E> Flux<E> cast(Class<E> clazz) {
    return map(clazz::cast);
}
```

index 연산자를 사용하면 시퀀스의 원소를 열거할 수 있습니다. 이 메서드의 시그너처는 괄호 안의 내용과 같습니다(Flux<Tuple2<Long, T>> index()). 이제 Tuple2 클래스를 사용해야 합니다. 이는 표준 자바

라이브러리에 없는 Tuple 데이터 타입입니다. 연산자에서 자주 사용하는 Tuple2 - Tuple8 클래스가 라이브러리와 함께 제공됩니다. timestamp 연산자는 index 연산자와 비슷하게 동작하지만, index 대신 현재 타임스탬프를 추가합니다. 따라서 다음 코드는 원소를 열거하고 시퀀스의 모든 원소에 타임스탬프를 첨부합니다.

```
Flux.range(2018, 5)                                        // (1)
    .timestamp()                                           // (2)
    .index()                                               // (3)
    .subscribe(e -> log.info("index: {}, ts: {}, value: {}",  // (4)
        e.getT1(),                                         // (4.1)
        Instant.ofEpochMilli(e.getT2().getT1()),           // (4.2)
        e.getT2().getT2()));                               // (4.3)
```

이 코드에 대한 설명은 다음과 같습니다.

1. range 연산자로 데이터(2018~2022)를 생성합니다. 이 연산자는 Flux⟨Integer⟩ 타입의 시퀀스를 반환합니다.

2. timestamp 연산자를 사용해 현재 타임 스탬프를 첨부합니다. 이제 시퀀스에는 Flux ⟨Tuple2⟨Long, Integer⟩⟩ 타입이 들어 있습니다.

3. index 연산자를 사용해 열거형으로 전환합니다. 이제 시퀀스에는 Flux⟨Tuple2⟨Long, Tuple2⟨Long, Integer⟩⟩⟩ 타입이 들어 있습니다.

4. 시퀀스를 구독하고 각 원소에 대한 로그 메시지를 남깁니다. e.getT1() 호출은 인덱스 (4.1)를 반환합니다. e.getT2(). getT1() 호출은 타임스탬프를 반환하고, Instant 클래스(4.2)의 매개변수로 사용해 사람이 읽을 수 있는 형태로 시간을 출력합니다. e.getT2().getT2() 호출은 실제 값(4.3)을 반환합니다.

코드를 실행한 결과는 다음과 같습니다.

```
index: 0, ts: 2018-09-24T03:00:52.041Z, value: 2018
index: 1, ts: 2018-09-24T03:00:52.061Z, value: 2019
index: 2, ts: 2018-09-24T03:00:52.061Z, value: 2020
index: 3, ts: 2018-09-24T03:00:52.061Z, value: 2021
index: 4, ts: 2018-09-24T03:00:52.062Z, value: 2022
```

리액티브 시퀀스 필터링하기

물론 리액터 프로젝트에는 다음과 같이 필터링을 위한 모든 종류의 연산자가 포함돼 있습니다.

- filter 연산자는 조건을 만족하는 요소만 통과시킵니다.

- ignoreElements 연산자는 Mono<T>를 반환하고 어떤 원소도 통과시키지 않습니다. 결과 시퀀스는 원본 시퀀스가 종료된 후에 종료됩니다.

- 라이브러리는 첫 번째 n을 제외한 모든 원소를 무시하는 take(n) 연산자로 유입되는 원소의 개수를 제한할 수 있습니다.

- takeLast는 스트림의 마지막 원소만을 반환합니다.

- takeUntil(Predicate)는 어떤 조건이 만족될 때까지 원소를 전달합니다.

- elementAt(n)은 시퀀스의 n번째 원소만 가져옵니다.

- single 연산자는 소스에서 단일 항목을 내보냅니다. 빈 소스에 대해 NoSuchElementException 오류를 발생시키고, 복수의 요소를 가지는 소스의 경우는 IndexOutOfBoundsException을 발생시킵니다.

- skip(Duration) 또는 take(Duration) 연산자를 사용해 양뿐만 아니라 특정 시간까지 원소를 가져오거나 건너뛸 수 있습니다.

- takeUntilOther(Publisher) 또는 skipUntilOther(Publisher)를 이용해 특정 스트림에서 메시지가 도착할 때까지 원소를 건너뛰거나 가져올 수 있습니다.

다른 스트림에서 시작된 이벤트에 반응해 스트림 처리를 시작한 다음 중지하는 워크플로에 대한 예제를 살펴보겠습니다.

```
Mono<?> startCommand = ...
Mono<?> stopCommand = ...
Flux<UserEvent> streamOfData = ...

streamOfData
    .skipUntilOther(startCommand)
    .takeUntilOther(stopCommand)
    .subscribe(System.out::println);
```

이 경우 원소 처리를 시작한 다음 한 번만 중지할 수 있습니다. 이 유스케이스에 대한 마블 다이어그램은 다음과 같습니다.

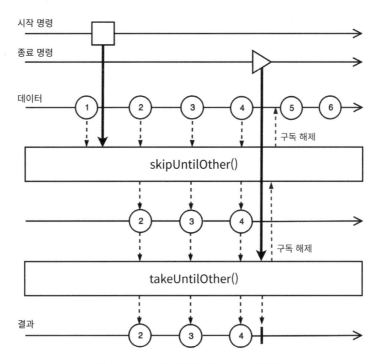

그림 4.5 시작과 종료 명령어 사이에서 원소 관찰하기

리액티브 시퀀스 수집하기

리스트의 모든 원소를 수집하고 결과를 Flux.collectList() 및 Flux.collectSortedList()를 사용해 Mono 타입 스트림으로 처리할 수 있습니다. 마지막 원소에 이르면 해당 원소를 수집할 뿐만 아니라 정렬 작업도 수행합니다. 다음 코드를 보세요.

```
Flux.just(1, 6, 2, 8, 3, 1, 5, 1)
    .collectSortedList(Comparator.reverseOrder())
    .subscribe(System.out::println);
```

이렇게 하면 정렬된 숫자를 포함하는 하나의 컬렉션과 함께 다음과 같은 출력이 생성됩니다.

```
[8, 6, 5, 3, 2, 1, 1, 1]
```

컬렉션에서 시퀀스 원소를 수집하는 것은 자원을 부족하게 할 수 있으며, 특히 시퀀스에 많은 원소가 있는 경우 주의해야 합니다. 또한 스트림이 무한할 경우에는 메모리가 고갈될 수 있습니다.

리액터 프로젝트는 Flux 원소를 List 외에 다음 형태로도 변환할 수 있습니다.

- collectMap 연산자로 Map<K, T>로 변환

- collectMultimap 연산자로 Map<K, Collection<T>>로 변환

- Flux.collect(Collector) 연산자를 이용해 java.util.stream.Collector를 상속한 모든 형태의 데이터 구조로 변환

Flux와 Mono에는 입력 시퀀스의 루핑을 허용하는 repeat() 및 repeat(times) 메서드가 있습니다. 이전 절에서 이 메서드를 이미 사용했습니다.

또한, 스트림이 비어 있을 경우 대한 기본값을 반환하는 defaultIfEmpty(T)라는 편리한 메서드도 있습니다.

Flux.distinct()는 입력 시퀀스의 중복을 제외하고 전달합니다. 그러나 이 메서드는 모든 원소를 추적하므로 신중하게 사용해야 합니다(특히 스트림 원소의 개수가 매우 많은 경우). distinct 메서드의 중복 체크를 위한 사용자 지정 알고리즘을 지정할 수 있습니다. 따라서 distinct 연산자의 자원 사용을 수동으로 최적화하는 것도 가능합니다.

 높은 카디널리티는 중복 원소가 적고 크기가 큰 데이터를 말합니다. 예를 들어 개인 식별 번호 또는 사용자 이름은 일반적으로 카디널리티가 매우 높습니다. 동시에 열거형이나 소수의 고정값을 지닌 경우에는 그렇지 않습니다.

Flux.distinctUntilChanged() 연산자는 이러한 제한이 없기 때문에 무한 스트림에 중단 없는 행에 나타나는 중복을 제거하는 데 사용할 수 있습니다. 다음 마블 다이어그램은 그 동작을 보여줍니다.

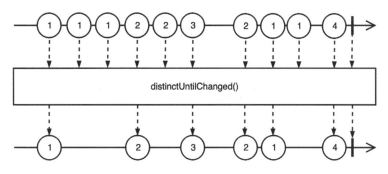

그림 4.6 dinstinctUntilChanged 연산자

스트림의 원소 줄이기

리액터 프로젝트를 사용하면 스트림의 원소 수를 카운트(count())하거나 Flux.all(Predicate)로 모든 원소가 필요한 속성을 갖고 있는지 확인할 수 있습니다. Flux.any(Predicate) 연산자를 이용해 하나 이상의 원소에 원하는 속성이 있는지 확인할 수 있습니다.

스트림에 특정 원소가 하나라도 있는지 hasElements 연산자로 확인할 수 있으며, 스트림에 특정 원소가 존재하는지 확인하기 위해 hasElement 연산자를 사용할 수 있습니다. 후자는 찾는 원소가 발견되는 즉시 true를 반환하고 종료합니다. 또한 any 연산자는 Predicate 인스턴스를 직접 정의할 수 있어서 원소의 일치 여부뿐만 아니라 다른 특성도 검사할 수 있습니다. 그러면 시퀀스에 짝수가 있는지 확인해 봅시다.

```
Flux.just(3, 5, 7, 9, 11, 15, 16, 17)
    .any(e -> e % 2 == 0)
    .subscribe(hasEvens -> log.info("Has evens: {}", hasEvens));
```

sort 연산자는 백그라운드에서 원소를 정렬한 다음, 원래 시퀀스가 완료되면 정렬한 시퀀스를 출력으로 내보냅니다.

Flux 클래스를 사용하면 사용자가 로직을 직접 정의해 시퀀스를 줄일 수 있습니다(이 작업을 폴딩이라고 함). reduce 연산자는 일반적으로 초깃값을 첫 번째 매개변수로 받고 이전 단계의 결과를 현재 단계의 원소와 결합하는 함수를 두 번째 매개변수로 받습니다. 1에서 5 사이의 정수를 더해봅시다.

```
Flux.range(1, 5)
    .reduce(0, (acc, elem) -> acc + elem)
    .subscribe(result -> log.info("Result: {}", result));
```

결과는 15입니다. reduce 연산자는 최종 결과 하나만 출력으로 내보냅니다. 그러나 집계를 수행할 때 중간 결과를 다운스트림으로 보내는 것이 필요할 때가 있습니다. Flux.scan() 연산자가 이를 수행합니다. scan 연산자를 사용해 1~5 사이의 정수를 더해봅시다.

```
Flux.range(1, 5)
    .scan(0, (acc, elem) -> acc + elem)
    .subscribe(result -> log.info("Result: {}", result));
```

이 코드의 실행 결과는 다음과 같습니다.

```
Result: 0
Result: 1
Result: 3
Result: 6
Result: 10
Result: 15
```

최종 결과는 이전과 동일하게 15입니다. 그러나 이번에는 중간 과정도 모두 출력됐습니다. 즉, 진행 중인 이벤트에 대한 정보가 필요한 애플리케이션에서 scan 연산자를 유용하게 쓸 수 있습니다. 예를 들어 다음과 같이 스트림의 이동 평균을 계산할 수 있습니다.

```
int bucketSize = 5;                                              // (1)
Flux.range(1, 500)                                               // (2)
    .index()                                                     // (3)
    .scan(                                                       // (4)
        new int[bucketSize],                                     // (4.1)
        (acc, elem) -> {
            acc[(int)(elem.getT1() % bucketSize)] = elem.getT2();  // (4.2)
            return acc;                                          // (4.3)
        })
    .skip(bucketSize)                                            // (5)
    .map(array -> Arrays.stream(array).sum() * 1.0 / bucketSize)  // (6)
    .subscribe(av -> log.info("Running average: {}", av));       // (7)
```

이 코드에 대한 설명은 다음과 같습니다.

1. 이동 평균 범위를 정의합니다(최근 다섯 가지 이벤트에 관심이 있다고 가정해 봅시다).

2. range 연산자로 데이터를 생성합니다.

3. index 연산자를 사용해 각 원소에 인덱스를 부여할 수 있습니다.

4. scan 연산자를 사용해 최근 5개의 원소를 컨테이너로 수집합니다(4.1). 여기서 인덱스는 컨테이너의 위치를 계산하는 데 사용됩니다(4.2). 단계마다 업데이트된 컨테이너를 반환합니다.

5. 스트림 시작 부분의 일부 원소를 건너뛰고 이동 평균에 대한 데이터를 수집합니다.

6. 이동 평균의 값을 계산하기 위해 컨테이너 내부 원소의 합을 크기로 나눕니다.

7. 물론 값을 받기 위해 데이터를 구독해야 합니다.

Mono 및 Flux에는 then, thenMany, thenEmpty 연산자가 있으며, 이들 연산자는 상위 스트림이 완료될 때 동시에 완료됩니다. 이들 연산자는 들어오는 원소를 무시하고 완료 또는 오류 신호만 내보냅니다. 이러한 연산자는 상위 스트림 처리가 완료되는 즉시 새 스트림을 기동하는 데 유용하게 사용할 수 있습니다.

```
Flux.just(1, 2, 3)
    .thenMany(Flux.just(4, 5))
    .subscribe(e -> log.info("onNext: {}", e));
```

subscribe 메서드의 람다는 1, 2, 3이 스트림에서 생성되고 처리되더라도 4와 5만 받습니다.

리액티브 스트림 조합하기

물론 리액터 프로젝트를 사용하면 여러 개의 입력 스트림을 하나의 출력 스트림으로 결합할 수 있습니다. 연산자의 버전은 여러 가지지만, 기본적으로 다음과 같은 동작을 수행합니다.

- concat 연산자는 수신된 원소를 모두 연결해 다운스트림으로 전달합니다. 연산자가 두 개의 스트림을 연결하면 처음에는 첫 번째 스트림의 모든 원소를 소비한 후 다시 보내고 두 번째 스트림에 대해 동일한 작업을 수행합니다.

- merge 연산자는 업스트림 시퀀스의 데이터를 하나의 다운스트림 시퀀스로 병합합니다. concat 연산자와 달리 업스트림 소스는 각각 별개로 구독됩니다(동시에).

- zip 연산자는 모든 업스트림을 구독하고 모든 소스가 하나의 원소를 내보낼 때까지 대기한 다음, 수신된 원소를 출력 원소로 결합합니다. **2장 스프링을 이용한 리액티브 프로그래밍 – 기본 개념**에서 zip이 어떻게 작동하는지를 배웠습니

다. 리액터에서 zip 연산자는 리액티브 게시자뿐만 아니라 Iterable 컨테이너에서도 동작할 수 있습니다. 이를 위해 zipWithIterable 연산자를 사용할 수 있습니다.

- combineLatest 연산자는 zip 연산자와 비슷하게 작동합니다. 그러나 최소한 하나의 업스트림 소스가 값을 내면 바로 새 값을 생성합니다.

두 개의 스트림을 연결해 봅시다.

```
Flux.concat(
    Flux.range(1, 3),
    Flux.range(4, 2),
    Flux.range(6, 5)
).subscribe(e -> log.info("onNext: {}", e));
```

앞의 코드는 1에서 10까지의 값을 생성합니다([1, 2, 3] + [4, 5] + [6, 7, 8, 9, 10]).

스트림 내의 원소 일괄 처리하기

리액터 프로젝트는 두 가지 방법으로 스트림(Flux <T>)에 대한 일괄 처리를 지원합니다.

- List와 같은 컨테이너를 이용한 **버퍼링(Buffering)**. 출력되는 스트림의 타입은 Flux<List<T>>입니다.
- Flux<Flux<T>>와 같은 형태로 스트림을 스트림으로 **윈도우잉(Windowing)**. 이 경우 스트림 내부 원소는 값이 아니라 다른 스트림이 되므로 별도의 추가적인 처리를 할 수 있습니다.
- Flux<GroupedFlux<K, T>> 유형의 스트림으로 **그룹화(Grouping)**. 각각의 새로운 키는 새로운 GroupedFlux 인스턴스를 가리키고, 해당 키를 가진 스트림 원소는 GroupFlux 클래스의 인스턴스를 통해 스트림에 추가됩니다.

버퍼링 및 윈도우 처리는 다음 경우에 발생할 수 있습니다.

- 처리된 원소의 수에 기반. 10개의 원소를 처리할 때마다 신호를 보내야 할 때.
- 시간 기반. 5분마다 신호를 보내야 할 때.
- 특정 로직에 기반. 새로운 짝수를 전달받기 전에.
- 실행을 제어하는 다른 Flux에서 전달된 이벤트에 기반

크기가 4인 리스트에 정수 원소를 버퍼링해 봅시다.

```
Flux.range(1, 13)
    .buffer(4)
    .subscribe(e -> log.info("onNext: {}", e));
```

이 코드의 실행 결과는 다음과 같습니다.

```
onNext:[1, 2, 3, 4]
onNext:[5, 6, 7, 8]
onNext:[9, 10, 11, 12]
onNext:[13]
```

프로그램 실행 결과를 보면 마지막을 제외하고는 스트림의 크기가 4인 것을 알 수 있습니다. 마지막 원소는 13의 모듈을 4로 나눈 나머지이므로 크기가 1인 컬렉션입니다. buffer 연산자는 여러 개의 이벤트를 묶어서 이벤트 컬렉션을 만들어냅니다. 이 컬렉션은 다운스트림 연산자를 위한 이벤트가 됩니다. buffer 연산자는 하나의 원소만 가진 많은 작은 요청 대신에 컬렉션을 이용해 요청 횟수를 줄이는 것이 바람직한 경우 편리하게 사용할 수 있습니다. 예를 들어, 스트림 원소를 데이터베이스에 하나씩 삽입하는 대신 몇 초 동안 항목을 버퍼링했다가 일괄 삽입을 수행할 수 있습니다. 물론 이것은 데이터 정합성에 대한 요구 사항을 위배하지 않는 경우에만 해당합니다.

widow 연산자를 학습하기 위해 원소가 소수일 때마다 숫자 시퀀스를 분할해 보겠습니다. 이를 위해 window 연산자의 windowUntil 변형을 사용할 수 있습니다. 로직을 직접 구현해 언제 새로운 슬라이스를 만들지 결정합니다. 코드는 다음과 같습니다.

```
Flux<Flux<Integer>> windowedFlux = Flux.range(101, 20)        // (1)
    .windowUntil(this::isPrime, true);                        // (2)

windowedFlux.subscribe(window -> window                       // (3)
    .collectList()                                            // (4)
    .subscribe(e -> log.info("window: {}", e)));              // (5)
```

이 코드를 살펴보겠습니다.

1. 우선 101부터 시작해 20개의 정수를 생성합니다.

2. 여기에서는 숫자가 소수일 때마다 스트림 원소를 분할합니다. windowUntil 연산자의 두 번째 인수를 이용해 소수를 발견했을 때 해당 원소 앞에서 스트림을 분할할지, 해당 원소 뒤에서 스트림을 분할할지를 정의합니다. 앞의 코드

에서 true로 매개변수를 정의했고, 이는 새로운 소수가 나타나면 즉시 스트림을 분할하는 방식입니다. 결과 스트림은 Flux<Flux<Integer>> 타입입니다.

3. 이제 2의 결과인 windowedFlux 스트림을 구독할 수 있습니다. 그러나 windowedFlux 스트림의 각 원소는 자체적으로 리액티브 스트림입니다. 그래서 각 원소에 대해 여기서는 또 다른 리액티브 변환 처리를 하겠습니다.

4. 분할된 스트림에 대해 collectList 연산자로 원소를 수집해 Mono<List<Integer>> 타입으로 컬렉션화 해서 개수를 축소합니다.

5. 각 내부 Mono에 대해 별도의 구독을 만들고 수신된 이벤트를 로그로 출력합니다.

앞 코드의 실행 결과는 다음과 같습니다.

```
window:[]
window:[101,102]
window:[103,104,105,106]
window:[107,108]
window:[109,110,111,112]
window:[113,114,115,116, 117, 118, 119, 120]
```

첫 번째 슬라이스는 비어 있습니다. 이는 원본 스트림을 시작하면 새로운 슬라이스를 만들고, 첫 번째 원소가 소수(101)이기 때문입니다(onComplete 시그널 발생).

물론 buffer 연산자로도 이 문제를 해결할 수 있습니다. 두 연산자는 꽤 동작이 유사합니다. 그러나 buffer는 버퍼가 닫힐 때만 컬렉션을 내보내는 반면, window 연산자는 원소가 도착하자마자 이벤트를 전파하므로 더 빨리 반응하고 더 복잡한 워크플로를 구현할 수 있습니다.

또한 groupBy 연산자를 사용해 리액티브 스트림의 원소를 몇 가지 기준으로 그룹화할 수 있습니다. 다음은 홀수와 짝수로 정수 시퀀스를 나눠서 각 그룹의 마지막 두 원소만 확인하는 코드입니다.

```
Flux.range(1, 7)                                              // (1)
    .groupBy(e -> e % 2 == 0 ? "Even" : "Odd")               // (2)
    .subscribe(groupFlux -> groupFlux                        // (3)
        .scan(                                               // (4)
            new LinkedList<>(),                              // (4.1)
            (list, elem) -> {
                list.add(elem);                              // (4.2)
                if (list.size() > 2) {
                    list.remove(0);                          // (4.3)
```

```
        }
        return list;
    })
    .filter(arr -> !arr.isEmpty())                           // (5)
    .subscribe(data ->                                       // (6)
        log.info("{}: {}", groupFlux.key(), data)));
```

코드를 살펴보겠습니다.

1. 여기서 몇 개의 숫자 시퀀스를 생성합니다.

2. `groupBy` 연산자를 사용해(나누기 연산을 기준으로) 홀수와 짝수 시퀀스를 분할합니다. 연산자는 `Flux<GroupedFlux<String, Integer>>` 타입의 스트림을 반환합니다.

3. 여기서 메인 `Flux`를 구독하고, 각각의 GroupedFlux에 대해 scan 연산자를 적용합니다.

4. scan 연산자는 비어 있는 리스트로 시작합니다(4.1). GroupedFlux의 각 원소는 리스트에 추가되고(4.2) 리스트의 크기가 2보다 클 경우 가장 오래된 원소를 제거합니다(4.3).

5. scan 연산자는 우선 비어 있는 리스트를 전파한 다음, 다시 계산한 값을 전파합니다. 이 경우 필터 연산자를 사용하면 scan 결과에서 비어 있는 결과를 제거할 수 있습니다.

6. 마지막으로 GroupedFlux를 개별적으로 구독하고 scan 연산자가 내보낸 결과를 표시합니다.

예상대로 앞 코드의 출력은 다음과 같습니다.

```
Odd: [1]
Even: [2]
Odd: [1, 3]
Even: [2, 4]
Odd: [3, 5]
Even: [4, 6]
Odd: [5, 7]
```

또한 리액터 프로젝트 라이브러리는 특정 기간 동안 처리되는 원소를 그룹화하는 것과 같은 일부 고급 기술을 지원합니다. 이 기능에 대해서는 `groupJoin` 연산자의 문서를 참조하세요.

flatMap, concatMap, flatMapSequential 연산자

물론 리액터 프로젝트는 함수형 프로그래밍의 핵심 변환인 `flatMap` 연산자의 구현을 잊지 않았습니다.

flatMap 연산자는 논리적으로 **map**과 **flatten**의 2가지 작업으로 구성됩니다(리액터의 merge 연산자와 비슷합니다). flatMap 연산자의 map 파트는 들어오는 각 원소를 리액티브 스트림(T -> Flux<R>)으로 변환하고, Flatten 파트는 생성된 모든 리액티브 시퀀스를 R 타입의 원소를 통과시키는 새로운 리액티브 시퀀스로 병합합니다.

이해를 위해 다음 마블 다이어그램을 살펴보겠습니다.

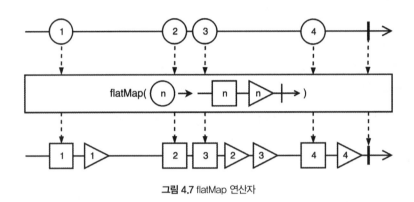

그림 4.7 flatMap 연산자

이 다이어그램은 원(n) 하나마다 사각형(n)과 삼각형(n)을 생성하는 예제입니다. 이 작업의 결과는 하나의 하위 스트림으로 병합됩니다.

리액터 프로젝트는 flatMap 연산자의 다양한 변형을 제공합니다. 연산자 오버라이딩뿐만 아니라, flatMapSequential 연산자와 concatMap 연산자도 제공합니다. 이 세 연산자는 다음과 같은 몇 가지 차이점이 있습니다.

- 연산자가 내부 스트림을 하나씩 구독하는지 여부(flatMap 및 flatMapSequential 연산자는 하나씩 구독합니다. concatMap은 다음 하위 스트림을 생성하고 구독하기 전에 스트림 내부 처리가 완료되기를 기다립니다).

- 연산자가 생성된 원소의 순서를 유지하는지 여부(concatMap은 원본과 동일한 순서를 유지하고 flatMapSequential 연산자는 큐에 넣어 순서를 역순으로 유지하지만, flatMap 연산자는 원래 순서를 유지하지는 않습니다).

- 연산자가 다른 하위 스트림의 원소를 끼워 넣을 수 있는지 여부(flatMap 연산자는 허용, concatMap 및 flatMapSequential은 허용하지 않음).

사용자들이 좋아하는 책을 확인하는 간단한 알고리즘을 구현해 보겠습니다. 사용자가 좋아하는 책을 질의하는 서비스는 다음과 같습니다.

```
public Flux<String> requestBooks(String user) {
    return Flux.range(1, random.nextInt(3) + 1)              // (1)
        .map(i -> "book-" + i)                               // (2)
        .delayElements(Duration.ofMillis(3));                // (3)
}
```

다음은 이 코드에 대한 설명입니다.

1. 서비스가 임의의 정수 값을 생성합니다.

2. 그런 다음 각 번호를 책 제목에 매핑합니다.

3. 서비스가 데이터베이스와의 통신을 시뮬레이션하기 위해 일정 시간만큼 지연시킵니다

이제 몇 명의 사용자에 대해 requestBooks 메서드를 실행해 보겠습니다.

```
Flux.just("user-1", "user-2", "user-3")
    .flatMap(u -> requestBooks(u)
        .map(b -> u + "/" + b))
    .subscribe(r -> log.info("onNext: {}", r));
```

이 코드는 원소의 끼워 넣을 수 있음을 증명하는 다음 출력을 생성합니다.

```
[thread: parallel-3] onNext: user-3/book-1
[thread: parallel-1] onNext: user-1/book-1
[thread: parallel-1] onNext: user-2/book-1
[thread: parallel-4] onNext: user-3/book-2
[thread: parallel-5] onNext: user-2/book-2
[thread: parallel-6] onNext: user-1/book-2
[thread: parallel-7] onNext: user-3/book-3
[thread: parallel-8] onNext: user-2/book-3
```

결과를 통해 flatMap 연산자의 출력이 **다른 스레드**의 구독자 핸들러에 도착한다는 것을 알 수 있습니다. 그러나 리액티브 스트림 스펙은 **발생 순서(the happens-before semantics)**[3]를 보장합니다. 따라서 원소가 다른 스레드에 도착할 수 있는 경우에도 원소가 동시에 도착하지 않습니다. 리액터 프로젝트의 이러한 특성은 **스레드 스케줄링**절에서 자세히 다루겠습니다.

---

3 두 이벤트 사이의 발생 순서를 보장하는 것. 프로세스의 결과는 순서가 바뀌더라도 발생한 시점을 기준으로 메모리 등의 참조 순서를 보장해야 한다. https://en.wikipedia.org/wiki/Happened-before

또한 라이브러리는 flatMapDelayError, flatMapSequentialDelayError, concatMapDelayError 연산자를 사용해 onError 시그널을 지연시킬 수 있습니다. 이 외에도 concatMapIterable 연산자는 변환 함수가 리액티브 스트림 대신 각 원소에 대한 iterator를 생성할 때 유사한 연산을 허용합니다. 이 경우 끼워 넣기는 발생하지 않습니다.

flatMap 연산자(및 그 변형 연산자)는 한 줄의 코드로 복잡한 워크플로를 구현할 수 있으므로 함수형 프로그래밍 및 리액티브 프로그래밍 모두에서 매우 중요합니다.

샘플링하기

처리량이 많은 시나리오의 경우 샘플링 기술을 적용해 일부 이벤트만 처리하는 것이 좋습니다. 리액터에는 sample 및 sampleTimeout 연산자가 있습니다. 이 연산자를 사용하면 시퀀스는 특정 기간 내 가장 최근에 본 값을 주기적으로 출력할 수 있습니다. 다음과 같은 코드가 있다고 합시다.

```
Flux.range(1, 100)
    .delayElements(Duration.ofMillis(1))
    .sample(Duration.ofMillis(20))
    .subscribe(e -> log.info("onNext: {}", e));
```

이 코드의 실행 결과는 다음과 같습니다.

```
onNext: 13
onNext: 28
onNext: 43
onNext: 58
onNext: 73
onNext: 89
onNext: 100
```

프로그램 실행 시에 밀리초 단위로 숫자를 순차적으로 생성하더라도 구독자는 원하는 한도 내에서 이벤트의 일부만 수신한다는 것을 알 수 있습니다. 이러한 접근 방식을 이용하면 모든 이벤트가 필요하지 않은 경우 직접 처리량을 제한할 수 있습니다.

리액티브 시퀀스를 블로킹 구조로 전환하기

리액터 프로젝트 라이브러리는 리액티브 시퀀스를 블로킹 구조로 변환하기 위한 API를 제공합니다. 리액티브 애플리케이션에서 블로킹 처리를 해서는 안 되지만, 상위 API에서 필요로 하는 경우도 있습니다. 따라서 스트림을 차단하고 결과를 동기적으로 생성하기 위한 다음과 같은 옵션이 있습니다.

- toIterable 메서드는 리액티브 Flux를 블로킹 Iterable로 변환합니다.

- toStream 메서드는 리액티브 Flux를 블로킹 스트림 API로 변환합니다. 리액터 3.2부터는 내부적으로 toIterable 메서드를 사용합니다.

- blockFirst 메서드는 업스트림이 첫 번째 값을 보내거나 완료될 때까지 현재 스레드를 차단합니다.

- blockLast 메서드는 업스트림이 마지막 값을 보내거나 완료될 때까지 현재 스레드를 차단합니다. onError 신호의 경우 차단된 스레드에 예외가 발생합니다.

blockFirst 및 blockLast 연산자는 스레드 차단 기간을 설정할 수 있는 추가 매개변수를 받을 수도 있습니다. 그렇게 하면 스레드가 무한대로 차단되지 않습니다. 또한 toIterable 및 toStream 메서드를 사용하면 클라이언트 코드가 Iterable 또는 Stream을 차단하는 것보다 빨리 도착한 이벤트를 큐에 저장할 수 있습니다.

시퀀스를 처리하는 동안 처리 내역 살펴보기

프로세스 파이프라인의 중간에 있는 각 원소나 특정 시그널을 처리해야 하는 경우가 있습니다. 리액터 프로젝트는 이러한 요구 사항을 충족하기 위해 다음과 같은 방법을 제공합니다.

- doOnNext(Consumer <T>)는 Flux나 Mono의 각 원소에 대해 어떤 액션을 수행할 수 있게 해줍니다.

- doOnComplete() 및 doOnError(Throwable)는 대응 이벤트 발생 시에 호출됩니다.

- doOnSubscribe(Consumer<Subscription>), doOnRequest(LongConsumer), doOnCancel (Runnable)을 사용하면 구독 라이프 사이클 이벤트에 대응할 수 있습니다.

- doOnTerminate(Runnable)는 스트림 종료 시에 종료의 원인과 관계없이 기동됩니다.

또한 Flux 및 Mono는 리액티브 스트림 도메인의 onSubscribe, onNext, onError, onComplete를 포함한 모든 신호를 처리하는 doOnEach(Consumer<Signal>) 메서드를 제공합니다.

다음 코드를 살펴보겠습니다.

```
Flux.just(1, 2, 3)
    .concatWith(Flux.error(new RuntimeException("Conn error")))
    .doOnEach(s -> log.info("signal: {}", s))
    .subscribe();
```

이 코드에서는 concat 연산자를 사용하는 편리한 래퍼인 concatWith 연산자를 사용합니다. 이 코드는 다음과 같은 출력을 생성합니다.

```
signal: doOnEach_onNext(1)
signal: doOnEach_onNext(2)
signal: doOnEach_onNext(3)
signal: onError(java.lang.RuntimeException: Conn error)
```

이 예에서는 onNext 시그널뿐만 아니라 onError 시그널도 모두 수신했습니다.

데이터와 시그널 변환하기

때로는 데이터가 아니라 시그널을 이용해 스트림을 처리하는 것이 유용할 때가 있습니다. 데이터 스트림을 시그널 스트림으로 변환하고 다시 되돌리기 위해 Flux 및 Mono는 materialize 및 dematerialize 메서드를 제공합니다. 예를 들면 다음과 같습니다.

```
Flux.range(1, 3)
    .doOnNext(e -> log.info("data   : {}", e))
    .materialize()
    .doOnNext(e -> log.info("signal: {}", e))
    .dematerialize()
    .collectList()
    .subscribe(r-> log.info("result: {}", r));
```

실행 결과는 다음과 같습니다.

```
data   : 1
signal: onNext(1)
data   : 2
signal: onNext(2)
data   : 3
signal: onNext(3)
```

```
signal: onComplete()
result: [1, 2, 3]
```

여기에서 시그널 스트림을 처리할 때 doOnNext 메서드는 데이터가 있는 onNext 이벤트뿐만 아니라 onComplete 이벤트를 Signal 클래스로 래핑합니다. 이 접근 방식은 동일한 상속 구조 내에 존재하는 onNext, onError 및 onComplete 이벤트를 처리할 수 있습니다.

시그널을 수정하지 않고 로깅만 원하는 경우를 위해 리액터는 log 메서드를 제공합니다. 이 메서드는 사용 가능한 로거를 사용해 처리한 모든 시그널을 기록합니다.

적합한 연산자 찾기

리액터 프로젝트는 리액티브 스트림 처리를 위한 매우 다양한 DSL을 제공합니다. 그러나 작업에 적합한 연산자를 선택하는 데 고생하지 않을 정도로 라이브러리에 익숙해지려면 꽤 연습이 필요합니다. 리액터의 연쇄형 API와 잘 작성된 문서가 많은 도움이 됩니다. 어떤 연산자를 제공하는지 한 번쯤 읽어보는 것이 좋습니다. 특정 문제에 대해 어떤 연산자를 사용해야 하는지 명확하지 않은 경우 다음 링크의 공식 문서를 참조하세요.

http://projectreactor.io/docs/core/release/reference/#which-operator

코드를 통해 스트림 만들기

배열, future, 블로킹 방식 요청을 이용해 리액티브 스트림을 만드는 방법은 이미 다뤘습니다. 그러나 때로는 스트림 내에서 시그널을 생성하거나 객체의 라이프 사이클을 리액티브 스트림의 라이프 사이클에 바인딩하는 보다 복잡한 방법이 필요합니다. 이 절에서는 리액터를 이용해 스트림을 프로그래밍 방식으로 생성하는 방법을 설명합니다.

팩토리 메서드 - push와 create

push 팩토리 메서드를 사용하면 단일 스레드 생성자를 적용해 Flux 인스턴스를 프로그래밍 방식으로 생성할 수 있습니다. 이 접근법은 배압과 cancel에 대한 걱정 없이 비동기, 단일 스레드, 다중 값을 가지는 API를 적용하는 데 유용합니다. 구독자가 부하를 처리할 수 없는 경우 배압과 취소는 모두 큐를 이용해 처리됩니다. 다음 코드를 살펴보겠습니다.

```
Flux.push(emitter -> IntStream                          // (1)
    .range(2000, 3000)                                  // (1.1)
    .forEach(emitter::next))                            // (1.2)
    .delayElements(Duration.ofMillis(1))                // (2)
    .subscribe(e -> log.info("onNext: {}", e));         // (3)
```

이 코드를 살펴보겠습니다.

1. push 팩토리 메서드를 사용해 기존 API에 리액티브 패러다임을 적용합니다. 단순화를 위해 여기서는 자바 스트림 API를 사용해 1000개의 정수를 생성하고(1.1) FluxSink 타입으로 전송합니다(1.2). push 메서드 내에서는 배압과 취소에 신경 쓰지 않아도 좋습니다. 푸시 메서드 자체에서 이런 기능을 지원하기 때문입니다.

2. 배압 상황을 시뮬레이션하기 위해 스트림의 각 원소를 지연시킵니다.

3. 여기서는 onNext 이벤트를 구독합니다.

push 팩토리 메서드는 기본 배압 및 취소 전략을 사용해 비동기 API를 적용할 때 유용하게 사용할 수 있습니다.

또한 push 팩토리 메서드와 비슷하게 동작하는 create 팩토리 메서드도 있습니다. 하지만 create 메서드를 사용하면 FluxSink 인스턴스를 추가로 직렬화하므로 다른 스레드에서 이벤트를 보낼 수 있습니다. 두 메서드 모두 오버플로 전략을 재정의할 수 있으며, 다음 코드와 같이 추가적인 핸들러를 등록해 리소스 정리를 활성화할 수도 있습니다.

```
Flux.create(emitter -> {
    emitter.onDispose(() -> log.info("Disposed"));
    // push events to emitter
})
    .subscribe(e -> log.info("onNext: {}", e));
```

팩토리 메서드 – generate

generate 팩토리 메서드는 메서드를 호출하는 오브젝트의 내부 전달 상태를 기반으로 복잡한 시퀀스를 만들 수 있도록 설계됐습니다. 이전 값을 기반으로 다음 내부 상태를 계산하고 onNext 신호를 다운스트림 구독자에게 전송하기 위해 초깃값과 함수가 하나 필요합니다. 예를 들어, 피보나치 시퀀스(1, 1, 2, 3, 5, 8, 13, ...)를 생성하는 간단한 리액티브 스트림을 생성해 보겠습니다. 코드는 다음과 같습니다.

```
Flux.generate(                                                          // (1)
    () -> Tuples.of(0L, 1L),                                            // (1.1)
    (state, sink) -> {
        log.info("generated value: {}", state.getT2());
        sink.next(state.getT2());                                      // (1.2)
        long newValue = state.getT1() + state.getT2();
        return Tuples.of(state.getT2(), newValue);                     // (1.3)
    })
    .delayElements(Duration.ofMillis(1))                               // (2)
    .take(7)                                                           // (3)
    .subscribe(e -> log.info("onNext: {}", e));                        // (4)
```

이 코드를 살펴보겠습니다.

1. generate 메서드를 사용해 사용자 정의 리액티브 시퀀스를 생성할 수 있습니다. Tuples.of(0L, 1L)를 시퀀스의 초깃 값으로 사용합니다(1.1). 생성 단계에서 state 쌍의 두 번째 값을 참조해 onNext 신호를 보내고(1.2) 피보나치 시퀀스의 다음 값을 기반으로 새로운 state 쌍을 다시 계산합니다(1.3).

2. delayElements 연산자를 사용해 onNext 시그널 중간에 지연 시간을 추가합니다.

3. 예제를 단순화하기 위해 처음 7개 원소만 사용합니다.

4. 시퀀스 생성을 시작하기 위해 이벤트를 구독합니다.

코드 실행 결과는 다음과 같습니다.

```
Generated value: 1
onNext: 1
generated value: 1
onNext: 1
generated value: 2
onNext: 2
generated value: 3
onNext: 3
generated value: 5
onNext: 5
generated value: 8
onNext: 8
generated value: 13
onNext: 13
```

로그에서 볼 수 있듯이 다음 새 값을 생성하기 전에 새 값이 동기적으로 구독자에게 전파됩니다. 이 접근법은 각 출력 사이의 중간 상태를 필요로 하는 서로 다른 복잡한 리액티브 시퀀스를 생성하는 데 유용합니다.

일회성 리소스를 리액티브 스트림에 배치

using 팩토리 메서드를 사용하면 일회성 리소스에 의존하는 스트림을 만들 수 있습니다. 이는 리액티브 프로그래밍에서 try-with-resources 방식의 접근법이라고 할 수 있습니다. 다음과 같이 단순하게 표현된 Connection 클래스로 블로킹 API를 래핑하는 것을 가정해 보겠습니다.

```java
public class Connection implements AutoCloseable {          // (1)
    private final Random rnd = new Random();

    public Iterable<String> getData() {                      // (2)
        if (rnd.nextInt(10) < 3) {
            throw new RuntimeException("Communication error"); // (2.1)
        }
        return Arrays.asList("Some", "data");                // (2.2)
    }

    public void close() {                                    // (3)
        log.info("IO Connection closed");
    }

    public static Connection newConnection() {               // (4)
        log.info("IO Connection created");
        return new Connection();
    }
}
```

이 코드에 대한 설명은 다음과 같습니다.

1. Connection 클래스는 내부 리소스를 스스로 관리할 수 있는 AutoClosable 인터페이스를 구현합니다.

2. getData 메서드는 사용할 데이터를 포함하는 Iterable을 반환하는 I/O 연산을 시뮬레이션하고(2.2) 조건이 미흡할 경우 예외를 발생시킵니다(2.1).

3. close 메서드는 내부 자원을 해제할 수 있으며, getData 실행 중에 예외가 발생한 경우에도 반드시 호출됩니다.

4. 정적 팩토리 메서드 newConnection는 항상 Connection 클래스의 새 인스턴스를 반환합니다.

일반적으로 커넥션 및 커넥션 팩토리는 보다 복잡한 동작을 갖지만, 단순성을 위해 위와 같은 간단한 디자인을 사용하려고 합니다.

명령형 접근 방식을 사용할 경우 커넥션에서 데이터를 수신하는 코드는 다음과 같을 것입니다.

```
try(Connection conn = Connection.newConnection()) {          // (1)
    conn.getData().forEach(                                  // (2)
        data -> log.info("Received data: {}", data)
    );
} catch (Exception e) {                                      // (3)
    log.info("Error: {}", e.getMessage());
}
```

다음은 코드에 대한 설명입니다.

1. 자바의 try-with-resources 문을 사용해 새 연결을 만들고 코드 블록을 벗어날 때 자동으로 닫습니다.

2. 비즈니스 데이터를 가져와 처리합니다.

3. 예외가 발생하면 에러 메시지를 로깅합니다.

앞의 코드와 동일한 처리를 하는 리액티브 코드는 다음과 같습니다.

```
Flux<String> ioRequestResults = Flux.using(                           // (1)
    Connection::newConnection,                                        // (1.1)
    connection -> Flux.fromIterable(connection.getData()),            // (1.2)
    Connection::close                                                 // (1.3)
);

ioRequestResults.subscribe(                                           // (2)
    data -> log.info("Received data: {}", data),
    e -> log.info("Error: {}", e.getMessage()),
    () -> log.info("Stream finished"));
```

다음은 이 코드에 대한 설명입니다.

1. using 팩토리 메서드를 사용하면 Connection 인스턴스 라이프 사이클을 스트림의 라이프 사이클에 래핑할 수 있습니다. using 메서드는 일회성 리소스를 만드는 방법을 알아야합니다. 이 경우 (1.1)이 그에 해당합니다. 그런 다음 방금 생성된 리

소스를 리액티브 스트림으로 변환하는 방법을 알아야 합니다. 이 경우 fromIterable 메서드를 호출합니다(1.2). 마지막으로 리소스를 어떻게 닫을까요? 여기서는 처리가 끝나면 Connection 인스턴스의 close 메서드를 호출합니다(1.3).

2. 물론 실제 처리를 시작하려면 onNext, onError, onComplete 시그널에 대한 핸들러를 사용해 구독을 생성해야 합니다.

앞 코드의 성공 케이스는 다음과 같은 출력을 생성합니다.

```
IO Connection created
Received data: Some
Received data: data
IO Connection closed
Stream finished
```

실패 케이스는 다음과 같은 출력을 생성합니다.

```
IO Connection created
IO Connection closed
Error: Communication error
```

두 경우 모두 using 연산자는 일단 새 Connection을 만든 다음, 워크플로를 실행하고(성공 또는 실패) 이전에 만든 Connection을 닫습니다. 이 경우 Connection의 라이프 사이클은 스트림의 라이프 사이클에 바인딩됩니다. 또한 using 연산자는 구독자에게 스트림 종료 시그널을 보내기 전 또는 후에 정리 작업을 수행할지 말지를 선택할 수 있게 해줍니다.

usingWhen 팩토리를 사용해 리액티브 트랜잭션 래핑

using 연산자와 마찬가지로 usingWhen 연산자를 사용해 수동으로 자원을 관리할 수 있습니다. using 연산자는(Callable 인스턴스를 호출해) 관리 자원을 동기적으로 검색합니다. 반면에 usingWhen 연산자는 (Publisher의 인스턴스에 가입해) 관리되는 리소스를 리액티브 타입으로 검색합니다. 또한 usingWhen 연산자는 메인 스트림의 성공 및 실패에 대해 각각 다른 핸들러를 사용할 수 있습니다. 이러한 핸들러는 Publisher를 이용해 구현합니다. 이 차이점 때문에 단 하나의 연산자만으로 완전한 논블로킹 리액티브 트랜잭션을 구현할 수 있습니다.

전체적으로 리액티브 트랜잭션을 구현한다고 가정해 봅시다. 데모용으로 코드는 단순화돼 있습니다. 리액티브 트랜잭션 구현은 다음과 같을 것입니다.

```java
public class Transaction {
    private static final Random random = new Random();
    private final int id;

    public Transaction(int id) {
        this.id = id;
        log.info("[T: {}] created", id);
    }

    public static Mono<Transaction> beginTransaction() {                     // (1)
        return Mono.defer(() ->
                Mono.just(new Transaction(random.nextInt(1000))));
    }

    public Flux<String> insertRows(Publisher<String> rows) {                 // (2)
        return Flux.from(rows)
            .delayElements(Duration.ofMillis(100))
            .flatMap(r -> {
                if (random.nextInt(10) < 2) {
                    return Mono.error(new RuntimeException("Error:"+ r));
                } else {
                    return Mono.just(r);
                }
            });
    }

    public Mono<Void> commit() {                                            // (3)
        return Mono.defer(() -> {
            log.info("[T: {}] commit", id);
            if (random.nextBoolean()) {
                return Mono.empty();
            } else {
                return Mono.error(new RuntimeException("Conflict"));
            }
        });
    }

    public Mono<Void> rollback() {                                          // (4)
        return Mono.defer(() -> {
```

```
            log.info("[T: {}] rollback", id);
            if (random.nextBoolean()) {
                return Mono.empty();
            } else {
                return Mono.error(new RuntimeException("Conn error"));
            }
        });
    }
}
```

코드를 살펴보겠습니다.

1. 새 트랜잭션을 작성할 수 있는 정적 팩토리입니다.

2. 각 트랜잭션에는 트랜잭션 내에서 새로운 row를 저장하는 메서드가 있습니다. 일부 내부 문제(임의 동작)로 인해 프로세스가 실패하는 경우가 있습니다. insertRows는 리액티브 스트림을 사용하고 반환합니다.

3. 비동기 commit 메서드입니다. 경우에 따라 트랜잭션이 커밋되지 않을 수 있습니다.

4. 비동기 rollback 메서드입니다. 경우에 따라 트랜잭션이 롤백되지 못할 수도 있습니다.

이제 usingWhen 연산자를 사용해 트랜잭션에 대한 update를 구현해 보겠습니다.

```
Flux.usingWhen(
    Transaction.beginTransaction(),                                // (1)
    transaction -> transaction.insertRows(Flux.just("A", "B", "C")),  // (2)
    Transaction::commit,                                           // (3)
    Transaction::rollback                                          // (4)
).subscribe(
    d -> log.info("onNext: {}", d),
    e -> log.info("onError: {}", e.getMessage()),
    () -> log.info("onComplete")
);
```

이 코드에서는 usingWhen 연산자를 사용해 다음과 같은 작업을 수행합니다.

1. beginTransaction 정적 메서드는 Mono<Transaction> 타입을 반환하므로 비동기적으로 새로운 트랜잭션을 반환합니다.

2. 주어진 트랜잭션 인스턴스에서 새로운 데이터를 삽입하려고 시도합니다.

3. 단계 (2)가 성공적으로 완료되면 트랜잭션을 커밋합니다.

4. 단계 (2)가 실패한 경우 트랜잭션을 롤백합니다.

앞의 코드를 실행한 후 성공했는지 확인하려면 다음과 같은 출력을 확인해야 합니다.

```
[T: 265] created
onNext: A
onNext: B
onNext: C
[T: 265] commit
onComplete
```

실행 시 비정상적으로 종료됐다면 결과는 다음과 같을 것입니다.

```
[T: 582] created
onNext: A
[T: 582] rollback
onError: Error: B
```

usingWhen 연산자를 사용하면 완벽하게 리액티브한 방법으로 자원의 라이프 사이클을 관리할 수 있습니다. 또한 리액티브 트랜잭션을 쉽게 구현할 수 있습니다. usingWhen 연산자는 using 연산자와 비교할 때 엄청난 발전이라고 할 수 있습니다.

에러 처리하기

외부 서비스와 많은 커뮤니케이션을 하는 리액티브 애플리케이션을 설계할 때는 모든 종류의 예외 상황을 처리해야 합니다. 다행히 onError 시그널은 리액티브 스트림 스펙의 필수 요소라서 예외를 처리할 수 있는 경로로 전파할 수 있습니다. 그러나 최종 구독자가 onError 시그널에 대한 핸들러를 정의하지 않으면 onError는 UnsupportedOperationException을 발생시킵니다.

또한 리액티브 스트림은 onError가 스트림이 종료됐다고 정의하고 있기 때문에 시그널을 받으면 시퀀스가 실행을 중지합니다. 이 시점에서 다음 전략 중 하나를 적용해 다른 방식으로 대응할 수 있습니다.

- 물론 subscribe 연산자에서 onError 신호에 대한 핸들러를 정의해야 합니다.

- onErrorReturn 연산자를 사용하면 예외 발생 시 사전 정의된 정적 값 또는 예외로 계산된 값으로 대체할 수 있습니다.

- onErrorResume 연산자를 적용해 예외를 catch하고 대체 워크플로를 실행할 수 있습니다.

- onErrorMap 연산자를 사용해 예외를 catch하고 상황을 더 잘 나타내는 다른 예외로 변환할 수 있습니다.

- 오류가 발생할 경우 다시 실행을 시도하는 리액티브 워크플로를 정의할 수 있습니다. retry 연산자는 오류 시그널을 보내는 경우 소스 리액티브 시퀀스를 다시 구독합니다. 재시도는 무한대로 하거나 제한된 시간 동안 할 수 있습니다. retryBackoff 연산자는 지수적인 백오프 알고리즘을 지원해 재시도할 때마다 대기 시간을 증가시킬 수 있습니다.

또한 비어 있는 스트림은 때때로 원하는 입력이 아닐 수 있습니다. 이 경우 defaultIfEmpty 연산자를 사용해 기본값을 반환하거나 switchIfEmpty 연산자를 사용해 완전히 다른 리액티브 스트림을 반환할 수 있습니다.

timeout 연산자를 사용하면 작업 대기 시간을 제한하고 TimeoutException을 발생시킬 수 있습니다. 그에 따라 시간이 오래 걸리는 경우 적절한 전략으로 대응할 수 있습니다.

지금까지 설명한 전략의 일부를 어떻게 적용할 수 있는지 예제를 통해 확인해 보겠습니다. 다음과 같이 서비스 신뢰도가 낮은 추천 서비스를 사용한다고 가정합시다.

```java
public Flux<String> recommendedBooks(String userId){
    return Flux.defer(() -> {                                        // (1)
        if(random.nextInt(10)< 7){
            return Flux.<String>error(new RuntimeException("Err"))    // (2)
                .delaySequence(Duration.ofMillis(100));
        } else {
            return Flux.just("Blue Mars","The Expanse")              // (3)
                .delayElements(Duration.ofMillis(50));
        }
    }).doOnSubscribe(s->log.info("Request for {}",userId));          // (4)
}
```

코드를 살펴보겠습니다.

1. 구독자가 도착할 때까지 계산을 연기합니다.

2. 신뢰할 수 없는 서비스로 인해 오류가 발생할 가능성이 큽니다. 그러나 delaySequence 연산자를 적용해 모든 시그널을 지연시킵니다.

3. 고객이 운이 좋으면 약간의 지연 시간 이후에 추천 결과를 받습니다.

4. 서비스 요청 내역을 기록합니다.

이제 위와 같은 신뢰성 낮은 서비스를 제대로 처리하는 클라이언트를 구현해 보겠습니다.

```
Flux.just("user-1")                                            // (1)
    .flatMap(user ->                                           // (2)
        recommendedBooks(user)                                 // (2.1)
        .retryBackoff(5, Duration.ofMillis(100))               // (2.2)
        .timeout(Duration.ofSeconds(3))                        // (2.3)
        .onErrorResume(e -> Flux.just("The Martian")))         // (2.4)
    .subscribe(                                                // (3)
        b -> log.info("onNext: {}", b),
        e -> log.warn("onError: {}", e.getMessage()),
        () -> log.info("onComplete")
);
```

이 코드는 다음을 수행합니다.

1. 여기에서는 영화 추천을 요청하는 사용자 스트림을 생성합니다.

2. 각 사용자에 대해 신뢰할 수 없는 recommendedBooks 서비스를 호출합니다(2.1). 호출이 실패하면 지수적인 백오프로 재시도합니다(100밀리초의 지연 시간으로 시작해 5회 이상 재시도하지 않음)(2.2). 그러나 재시도 전략이 3초 후에도 아무런 결과를 가져오지 않으면 오류 시그널이 발생합니다(2.3). 마지막으로, 오류가 발생하면 onErrorResume 연산자를 사용해 사전에 정의된 보편적인 추천 영화를 반환합니다(2.4).

3. 물론 구독을 생성해야 합니다.

실행하면 출력은 다음과 같을 것입니다.

```
[time: 18:49:29.543] Request for user-1
[time: 18:49:29.693] Request for user-1
[time: 18:49:29.881] Request for user-1
[time: 18:49:30.173] Request for user-1
[time: 18:49:30.972] Request for user-1
[time: 18:49:32.529] onNext: The Martian
[time: 18:49:32.529] onComplete
```

로그를 보면 서비스가 user-1에 대한 추천을 다섯 번 시도했음을 알 수 있습니다.

또한 재시도 지연이 150밀리초에서 1.5초로 증가했습니다. 마지막으로 코드는 recommendedBooks 메서드에서 결과를 검색하는 것을 중지하고 기본값(The Martian)을 반환하고 스트림을 완료합니다.

요약하면, 리액터 프로젝트는 예외적인 상황을 처리할 수 있게 해주고 결과적으로 응용 프로그램의 복원력을 향상시키는 데 도움이 되는 다양한 도구를 제공합니다.

배압 다루기

리액티브 스트림 스펙에서는 프로듀서와 컨슈머 간의 의사소통에 배압이 필요하지만, 컨슈머에서 오버플로가 발생할 가능성은 여전히 존재합니다. 일부 컨슈머는 제한되지 않은 데이터에 순진하게 응답한 다음 생성된 부하를 처리하지 못합니다. 일부 컨슈머는 수신 메시지 비율에 대해 엄격한 제한을 가하기도 합니다. 예를 들어, 일부 데이터베이스 클라이언트는 초당 1,000개가 넘는 레코드를 삽입하지 못하도록 제한합니다. 이 경우에는 배치 처리 기법이 도움이 될 수 있습니다. 이 방법은 **스트림 내의 원소 일괄 처리하기** 절에서 다뤘습니다. 또는 다음과 같은 방법으로 배압을 처리하도록 스트림을 구성할 수 있습니다.

- onBackPressureBuffer 연산자는 제한되지 않은 요구를 요청하고 결과를 다운스트림으로 푸시합니다. 그러나 다운스트림 컨슈머의 부하를 유지할 수 없는 경우 큐를 이용해 버퍼링합니다. onBackPressureBuffer 연산자는 여러 가지 매개변수를 이용해 다양한 옵션을 제공하므로 동작을 쉽게 조정할 수 있습니다.

- onBackPressureDrop 연산자는 제한되지 않은 요구(Integer.MAX_VALUE)를 요청하고 데이터를 하위로 푸시합니다. 다운스트림의 처리 용량이 충분하지 않으면 일부 데이터가 삭제됩니다. 사용자 정의 핸들러를 사용해 삭제된 원소를 처리할 수 있습니다.

- onBackPressureLast 연산자는 onBackPressureDrop와 유사하게 작동합니다. 그러나 가장 최근에 수신된 원소를 기억하고, 요청이 발생하면 이를 다운스트림으로 푸시합니다. 오버 플로 상황에서도 항상 최신 데이터를 수신하는 데 도움이 될 수 있습니다.

- onBackPressureError 연산자는 데이터를 다운스트림으로 푸시하는 동안 크기를 제한하지 않고 요청합니다. 다운스트림 컨슈머가 처리를 계속 유지할 수 없으면 게시자는 오류를 발생합니다.

배압을 관리하는 또 다른 방법은 속도 제한 기술을 사용하는 것입니다.

limitRate(n) 연산자는 다운스트림 수요를 n보다 크지 않은 작은 규모로 나눕니다. 이렇게 하면 다운스트림 컨슈머의 부적절한 규모 데이터 요청으로부터 섬세한 게시자를 보호할 수 있습니다. limitRequest(n) 연산자를 사용하면 다운스트림 컨슈머의 수요(총 요청 값)를 제한할 수 있습니다. 예를 들어, limitRequest(100)는 게시자가 총 100개 이상의 원소에 대해 요청되지 않도록 합니다. 100개의 이벤트를 전송한 후 게시자는 스트림을 성공적으로 닫습니다.

Hot 스트림과 cold 스트림

리액티브 게시자에 대해 이야기할 때 게시자를 hot과 cold 두 가지 유형으로 분류할 수 있습니다.

콜드 퍼블리셔(cold publisher)는 구독자가 나타날 때마다 해당 구독자에 대해 모든 시퀀스 데이터가 생성되는 방식으로 동작합니다. 또한 콜드 퍼블리셔의 경우 구독자 없이는 데이터가 생성되지 않습니다. 콜드 퍼블리셔의 동작을 보여주는 다음 코드를 봅시다.

```
Flux<String> coldPublisher = Flux.defer(() -> {
    log.info("Generating new items");
    return Flux.just(UUID.randomUUID().toString());
});


log.info("No data was generated so far");
coldPublisher.subscribe(e -> log.info("onNext: {}", e));
coldPublisher.subscribe(e -> log.info("onNext: {}", e));
log.info("Data was generated twice for two subscribers");
```

코드 실행 결과는 다음과 같습니다.

```
No data was generated so far
Generating new items
onNext: 63c8d67e-86e2-48fc-80a8-a9c039b3909c
Generating new items
onNext: 52232746-9b19-4b5e-b6b9-b0a2fa76079a
Data was generated twice for two subscribers
```

결과를 보면 알 수 있듯이 구독자가 나타날 때마다 새로운 시퀀스가 생성됩니다. 대표적으로 HTTP 요청이 이런 식으로 동작합니다. 아무도 결과에 관심이 없고 새로운 구독자가 HTTP 요청을 할 때까지 호출이 생성되지 않습니다.

한편 핫 퍼블리셔(hot publisher)의 데이터 생성은 구독자의 존재 여부에 의존하지 않습니다. 따라서 핫 퍼블리셔는 첫 번째 구독자가 구독을 시작하기 전에 원소를 만들어내기 시작할 수 있습니다. 또한 구독자가 나타나면 핫 퍼블리셔는 이전에 생성된 값을 보내지 않고 새로운 값만 보낼 수도 있습니다. 데이터 방송 시나리오가 이런 방식입니다. 예를 들어 핫 퍼블리셔는 가격이 변경되는 즉시 현재 유가와 관련해 구독자에게 업데이트를 브로드캐스팅할 수 있습니다. 그러나 구독자가 도착하면 이전 가격의 기록이 아닌 이후 업데이트만 보냅니다. 리액터 라이브러리에 포함된 대부분 핫 퍼블리셔는 Processor 인터페이스를 상속합니다. 리액터의 Processor는 **Processor** 절에서 다룹니다. 그러나 팩토리 메서드 just는 게시자가 빌드될 때 값이 한 번만 계산되고 새 구독자가 도착하면 다시 계산되지 않는 형태의 핫 퍼블리셔를 생성합니다.

just는 defer로 래핑해 콜드 퍼블리셔로 전환할 수도 있습니다. 그렇게 하면 초기화 시 값을 생성하더라도 초기화는 새 구독이 생길 때만 발생합니다. 후자의 동작은 defer 팩토리 메서드에 의해 결정됩니다.

스트림 원소를 여러 곳으로 보내기

물론 콜드 퍼블리셔를 리액티브 변환을 통해 핫 퍼블리셔로 전환할 수 있습니다. 예를 들어, 콜드 퍼블리셔의 결과를 데이터 생성 준비가 완료되는 대로 일부 구독자에게 공유하는 경우가 있습니다. 또한 여기서는 각 구독자를 위해 중복된 데이터를 생성하지는 않으려고 합니다. 리액터 프로젝트에는 이러한 용도로 ConnectableFlux가 있습니다. ConnectableFlux를 이용하면 가장 수요가 많은 데이터를 생성하고 다른 모든 가입자가 데이터를 처리할 수 있도록 캐싱됩니다.

물론 큐의 크기와 타임아웃은 클래스의 publish 및 replay 메서드를 통해 구성할 수 있습니다. 또한 connectable, autoConnect(n), refCount(n), refCount(int, Duration) 메서드를 사용해 원하는 임곗값에 도달하면 실행을 기동할 다운스트림 구독자 수를 자동으로 추적할 수 있습니다.

ConnectableFlux의 동작을 다음 예제로 설명해 보겠습니다.

```
Flux<Integer> source = Flux.range(0, 3)
    .doOnSubscribe(s ->
        log.info("new subscription for the cold publisher"));

ConnectableFlux<Integer> conn = source.publish();

conn.subscribe(e -> log.info("[Subscriber 1] onNext: {}", e));
conn.subscribe(e -> log.info("[Subscriber 2] onNext: {}", e));

log.info("all subscribers are ready, connecting");
conn.connect();
```

코드가 실행되는 동안 다음과 같은 내용이 출력될 것입니다.

```
all subscribers are ready, connecting
new subscription for the cold publisher
[Subscriber 1] onNext: 0
[Subscriber 2] onNext: 0
[Subscriber 1] onNext: 1
[Subscriber 2] onNext: 1
[Subscriber 1] onNext: 2
[Subscriber 2] onNext: 2
```

결과를 통해 알 수 있듯이, 콜드 퍼블리셔는 구독을 받았으며 결과적으로 한 번만 항목을 생성했습니다. 그러나 두 구독자는 각각 완전한 이벤트 집합을 받았습니다.

스트림 내용 캐싱하기

ConnectableFlux를 사용하면 다양한 데이터 캐싱 전략을 쉽게 구현할 수 있습니다. 그러나 리액터에는 이벤트 캐싱을 위한 연산자로 cache 연산자가 이미 존재합니다. 내부적으로 cache 연산자는 ConnectableFlux를 사용하므로 간단한 연쇄형 API는 덤으로 얻을 수 있습니다. 캐시가 보유할 수 있는 데이터의 양과 캐시된 각 항목의 만료 시간을 조정할 수 있습니다. 다음 예제를 통해 작동 원리를 설명하겠습니다.

```java
Flux<Integer> source = Flux.range(0, 2)                                  // (1)
    .doOnSubscribe(s ->
        log.info("new subscription for the cold publisher"));

Flux<Integer> cachedSource = source.cache(Duration.ofSeconds(1));        // (2)

cachedSource.subscribe(e -> log.info("[S 1] onNext: {}", e));            // (3)
cachedSource.subscribe(e -> log.info("[S 2] onNext: {}", e));            // (4)

Thread.sleep(1200);                                                      // (5)

cachedSource.subscribe(e -> log.info("[S 3] onNext: {}", e));            // (6)
```

이 코드는 다음을 수행합니다.

1. 일단, 몇 가지 아이템을 생성할 콜드 퍼블리셔를 만듭니다.

2. 1초 동안 cache 연산자와 함께 콜드 퍼블리셔를 캐시합니다.

3. 첫 번째 가입자를 연결합니다.

4. 첫 번째 가입자 연결 직후에 두 번째 가입자를 연결합니다.

5. 캐시된 데이터가 만료될 때까지 잠시 기다립니다.

6. 마지막으로 세 번째 가입자를 연결합니다.

프로그램의 출력을 살펴보겠습니다.

```
new subscription for the cold publisher
[S 1] onNext: 0
[S 1] onNext: 1
[S 2] onNext: 0
[S 2] onNext: 1
new subscription for the cold publisher
[S 3] onNext: 0
[S 3] onNext: 1
```

로그를 기반으로 처음 두 구독자가 첫 번째 구독의 동일한 캐시된 데이터를 공유했다고 결론을 내릴 수 있습니다. 그런 다음 지연 시간이 지난 후 세 번째 구독자가 캐시된 데이터를 검색할 수 없어서 콜드 퍼블리셔에 대한 새로운 구독이 발생했습니다. 결국, 세 번째 구독자는 캐시로부터 데이터를 얻은 것은 아니지만, 원하는 데이터를 수신했습니다.

스트림 내용 공유

ConnectableFlux를 사용해 여러 개의 구독자에 대한 이벤트를 멀티캐스트합니다. 그러나 구독자가 나타나고 나서야 처리가 시작됩니다. share 연산자를 사용하면 콜드 퍼블리셔를 핫 퍼블리셔로 변환할 수 있습니다. share 연산자는 구독자가 각 신규 구독자에게 이벤트를 전파하는 방식으로 작동합니다.

다음 예제를 보겠습니다.

```
Flux<Integer> source = Flux.range(0, 5)
    .delayElements(Duration.ofMillis(100))
    .doOnSubscribe(s ->
        log.info("new subscription for the cold publisher"));


Flux<Integer> cachedSource = source.share();


cachedSource.subscribe(e -> log.info("[S 1] onNext: {}", e));
Thread.sleep(400);
cachedSource.subscribe(e -> log.info("[S 2] onNext: {}", e));
```

이 코드에서는 100밀리초마다 이벤트를 생성하는 콜드 스트림을 공유했습니다. 그런 다음 약간의 지연 시간을 두고 두 명의 구독자가 공유된 게시자를 구독합니다. 애플리케이션의 출력을 살펴보겠습니다.

```
new subscription for the cold publisher
 [S 1] onNext: 0
 [S 1] onNext: 1
 [S 1] onNext: 2
 [S 1] onNext: 3
 [S 2] onNext: 3
 [S 1] onNext: 4
 [S 2] onNext: 4
```

로그에서 첫 번째 구독자가 0부터 시작해 이벤트를 수신하기 시작한 반면, 두 번째 구독자는 자신이 생성되기 전에 발생한 이벤트는 수신하지 못했습니다([S 2]는 이벤트 3과 4만 수신함).

시간 다루기

리액티브 프로그래밍은 비동기적이므로 본질적으로 시간의 축이 있다고 가정합니다.

리액터 프로젝트를 사용하면 interval 연산자로 주기적으로 이벤트를 생성하고 delayElements 연산자로 원소를 지연시킬 수 있으며 delaySequence 연산자로 모든 신호를 지연시킬 수 있습니다. 이 장에서 이미 두 연산자를 사용했습니다.

앞에서 타임아웃(buffer(Duration)과 window(Window) 연산자)을 기반으로 데이터 버퍼링과 분할이 어떻게 일어날 수 있는지 알아봤습니다. 리액터의 API를 사용하면 앞서 설명한 timestamp 및 timeout 같은 연산자를 이용해 시간 관련 이벤트를 처리할 수 있습니다. timestamp와 마찬가지로 elapsed 연산자는 이전 이벤트와의 시간 간격을 측정합니다. 다음 코드를 살펴보겠습니다.

```
Flux.range(0, 5)
    .delayElements(Duration.ofMillis(100))
    .elapsed()
    .subscribe(e -> log.info("Elapsed {} ms: {}", e.getT1(), e.getT2()));
```

100밀리초마다 이벤트를 생성했습니다. 로그를 살펴봅시다.

```
Elapsed 151 ms: 0
Elapsed 105 ms: 1
Elapsed 105 ms: 2
Elapsed 103 ms: 3
Elapsed 102 ms: 4
```

이 결과로 볼 때 이벤트가 100밀리초 간격 이내에 정확하게 도착하지 않는다는 것이 분명합니다. 이것은 리액터가 예정된 이벤트에 대해 자바의 ScheduledExecutorService를 사용하기 때문에 그렇습니다. 이것 자체로 정확한 지연을 보장하지는 않습니다. 따라서 리액터 라이브러리에서 너무 정확한 시간(실시간) 간격을 요구하지 않도록 주의해야 합니다.

리액티브 스트림을 조합하고 변환하기

복잡한 리액티브 워크플로를 구축할 때 종종 서로 다른 위치에서 동일한 순서의 연산자를 사용해야 할 때가 있습니다. transform 연산자를 활용하면 이러한 공통 부분을 별도의 객체로 추출해 필요할 때마다 재사용할 수 있습니다.

이전까지는 스트림 내에서 이벤트를 변환했습니다. transform 연산자를 사용하면 스트림 구조 자체를 강화할 수 있습니다. 다음 예제를 보겠습니다.

```
Function<Flux<String>, Flux<String>> logUserInfo =          // (1)
    stream -> stream
        .index()                                            // (1.1)
```

```
        .doOnNext(tp ->                                        // (1.2)
            log.info("[{}] User: {}", tp.getT1(), tp.getT2()))
        .map(Tuple2::getT2);                                   // (1.3)

Flux.range(1000, 3)                                            // (2)
    .map(i -> "user-" + i)
    .transform(logUserInfo)                                    // (3)
    .subscribe(e -> log.info("onNext: {}", e));
```

이 코드를 살펴봅시다.

1. Function<Flux<String>, Flux<String>> 타입을 반환하는 logUserInfo 함수를 정의합니다. 이 함수는 String 타입의 리액티브 스트림을 다른 리액티브 스트림으로 변환하면서 String 값을 생성합니다. 이 예제에서는 onNext 시그널에 대해 함수가 사용자에 대한 세부 정보를 로깅하고(1.2) index 연산자로 수신 이벤트를 열거형으로 전환합니다(1.1). 최종적으로 발신되는 스트림에는 index()에 의해 변환된 정보가 포함돼 있지 않습니다. 그 이유는 map(Tuple2::getT2)이 호출되면서 이 정보가 제거됐기 때문입니다(1.3).

2. 사용자 ID를 생성합니다.

3. transform 연산자를 적용해 logUserInfo 함수로 정의된 변환을 적용합니다.

앞의 코드를 실행해 봅시다. 출력은 다음과 같습니다.

```
[0] User: user-1000
onNext: user-1000
[1] User: user-1001
onNext: user-1001
[2] User: user-1002
onNext: user-1002
```

각 원소는 logUserInfo 함수에서 한 번 로깅되고 최종적으로 구독을 통해 한 번 더 기록됩니다. logUserInfo 함수는 이벤트의 인덱스도 함께 기록합니다.

transform 연산자는 스트림 라이프 사이클의 결합 단계에서 스트림 동작을 한 번만 변경합니다. 리액터에는 똑같은 일을 하는 composer 연산자가 있습니다. 이 연산자는 구독자가 도착할 때마다 동일한 스트림 변환 작업을 수행합니다. 다음 코드를 보면서 동작 원리를 살펴보겠습니다.

```
Function<Flux<String>, Flux<String>> logUserInfo = (stream) -> {            // (1)
    if (random.nextBoolean()) {
        return stream
            .doOnNext(e -> log.info("[path A] User: {}", e));
    } else {
        return stream
            .doOnNext(e -> log.info("[path B] User: {}", e));
    }
};

Flux<String> publisher = Flux.just("1", "2")                                 // (2)
    .compose(logUserInfo);                                                   // (3)

publisher.subscribe();                                                       // (4)
publisher.subscribe();
```

이 코드는 다음을 수행합니다.

1. 이전 예제와 유사하게 변환 함수를 정의합니다. 이번 예제에서는 함수가 매번 스트림 변환 방법을 임의로 선택합니다. 두 경로는 로그 메시지 접두사만 다릅니다.

2. 데이터를 생성하는 게시자를 만듭니다.

3. compose 연산자를 사용해 logUserInfo 함수를 실행 워크플로에 포함합니다.

4. 또한 서로 다른 행동을 관찰하기 위해 2번 구독합니다.

앞의 코드를 실행한 출력은 다음과 같습니다.

```
[path B] User: 1
[path B] User: 2
[path A] User: 1
[path A] User: 2
```

로그 메시지를 통해 첫 번째 구독이 경로 B를, 두 번째 구독이 경로 A를 거쳤음을 알 수 있습니다. 물론 compose 연산자를 사용하면 로그 메시지 접두어를 무작위로 선택하는 것보다 훨씬 복잡한 비즈니스 로직을 구현할 수 있습니다. transform 및 compose 연산자는 리액티브 응용 프로그램에서 코드를 재사용할 수 있는 강력한 도구입니다.

Processor

리액티브 스트림 스펙은 Processor 인터페이스를 정의하고 있습니다. Processor는 Publisher이면서 동시에 Subscriber입니다. 따라서 Processor 인스턴스는 구독이 가능하고, 시그널(onNext, onError, onComplete)을 수동으로 보낼 수 있습니다. 리액터 개발팀은 사용하기가 어렵고 오류가 발생하기 쉬운 Processor를 사용하지 않을 것을 권장합니다. 대부분의 경우 Processor는 연산자의 조합으로 대체할 수 있습니다. 그렇지 않고 외부 API를 적용해 개발하는 데는 팩토리 메서드(push, create, generate)를 사용하는 것이 더 나을 수 있습니다.

리액터에는 다음과 같은 종류의 프로세서가 있습니다.

- Direct 프로세서는 프로세서의 입력부[4]를 사용자가 직접 구현해 데이터를 푸시만 할 수 있습니다. 이런 유형의 프로세서 중 대표적인 것으로 DirectProcessor 및 UnicastProcessor가 있습니다. DirectProcessor는 배압을 처리하지 않지만, 다수의 구독자에게 이벤트를 게시하는 데 사용할 수 있습니다.
  UnicastProcessor는 내부적으로 큐를 사용해 배압을 처리하지만, 대부분 경우 하나의 Subscriber에게만 서비스를 제공할 수 있습니다.

- Synchronous 프로세서(EmitterProcessor 및 ReplayProcessor)는 업스트림 Publisher를 구독하거나 수동으로 데이터를 푸시할 수 있습니다. EmitterProcessor는 여러 구독자에게 서비스를 제공할 수 있으며 각 구독자의 수요 요청을 중요시하지만, 동기적인 방식으로 단일 게시자의 데이터만 처리할 수 있습니다. ReplayProcessor는 EmitterProcessor와 비슷하게 동작하지만, 입력 데이터를 캐싱하기 위한 몇 가지 전략을 허용합니다.

- Asynchronous 프로세서(WorkQueueProcessor 및 TopicProcessor)는 여러 개의 업스트림 게시자에서 입력을 받아 다운스트림 데이터를 푸시할 수 있습니다. 여러 업스트림 게시자를 처리하기 위해 이 프로세서는 RingBuffer 데이터 구조를 사용합니다. 이러한 프로세서는 설정 옵션 수가 많아 초기화하기가 어렵기 때문에 전용 빌더 API가 있습니다. TopicProcessor는 리액티브 스트림과 호환되며, 다운스트림 Subscriber마다 별도의 스레드를 생성해 처리합니다. 이런 유형의 프로세서에는 서비스를 제공할 수 있는 다운스트림 구독자에 대한 제한이 존재합니다. WorkQueueProcessor는 TopicProcessor와 유사하지만, 런타임에 사용하는 리소스의 크기를 줄이기 위해 리액티브 스트림 요구 사항 중 일부를 완화해 사용합니다.

리액터 프로젝트 테스트 및 디버깅하기

다양한 테스트 프레임워크가 리액터 라이브러리와 함께 제공됩니다.

---

4 원문은 sink로 기술되어 있습니다. sink는 event sink 또는 data sink라고도 불리며, 이벤트를 수신하도록 설계된 함수나 클래스를 뜻합니다. 리액티브에서는 subscriber가 sink 역할을 한다고 볼 수 있습니다.

io.projectreactor:reactor-test 라이브러리는 리액터 프로젝트로 구현된 리액티브 워크플로를 테스트 하는 데 필요한 모든 도구를 제공합니다. **9장 리액티브 응용 프로그램 테스트하기**에서 리액티브 프로 그래밍에 적용할 수 있는 테스트 기법에 대해 자세히 다룹니다.

리액티브 코드가 디버깅하기 쉽지는 않지만, 리액터 프로젝트는 필요한 경우 디버깅 프로세스를 단순 화할 수 있는 몇 가지 기법을 제공합니다. 콜백 기반 프레임워크와 마찬가지로 리액터 프로젝트의 스택 트레이스도 그다지 유익하지는 않습니다. 스택 트레이스를 통해 예외 상황이 발생한 정확한 위치를 알 기는 어렵습니다. 리액터 라이브러리는 조립 단계에서 적용 가능한 디버깅 기능을 제공합니다. 스트림 수명주기의 조립 단계에 대한 자세한 내용은 **리액터 프로젝트 심화학습** 절에서 다룹니다. 이 기능은 다음 코드를 사용해 활성화할 수 있습니다.

```
Hooks.onOperatorDebug();
```

이 기능을 사용하면 조립할 모든 스트림에 대해 스택 트레이스를 수집하기 시작합니다. 나중에 이 정보 가 조립 정보와 스택 트레이스 정보를 연결해 문제를 빨리 찾아낼 수 있도록 해줍니다. 그러나 스택 트 레이스를 만드는 것은 비용이 많이 듭니다. 따라서 최후 수단으로 제한된 구역에서만 활성화해야 합니 다. 이 기능에 대한 자세한 내용은 리액터의 설명서를 참조하세요.

또한 리액터 프로젝트의 Flux 및 Mono 유형은 log라는 편리한 메서드를 제공합니다. 이 메서드는 연산자 를 통과하는 모든 신호를 기록합니다. log 메서드는 다양한 매개변수를 이용해 커스터마이즈할 수 있으 며, 여러 상황에서 필요한 데이터를 추적할 수 있도록 해줍니다.

리액터 추가 기능

리액터 프로젝트는 다양하고 기능이 풍부한 라이브러리입니다. 그러나 모든 유용한 유틸리티를 포함 할 수는 없습니다. 그에 따라서 리액터의 기능을 몇 가지 영역에서 확장하는 프로젝트가 있습니다. 공 식 리액터 애드온(Addons) 프로젝트(https://github.com/reactor/reactor-addons)에는 리액터 프로젝트를 위한 몇 가지 모듈이 있습니다. 이 글을 쓰는 시점에서 리액터 애드온에는 reactor-adapter, reactor-logback 및 reactor-extra 모듈이 있습니다.

reactor-adapter 모듈은 RxJava 2 리액티브 타입 및 스케줄러에 대한 어댑터를 제공합니다. 또한 이 모 듈은 Akka와의 통합을 허용합니다.

reactor-logback 모듈은 고속의 비동기 로깅을 제공합니다. 이 모듈은 Logback의 AsyncAppender를 기반으로 하고 리액터의 Processor를 통해 LMAX Disruptor의 RingBuffer를 사용합니다.

reactor-extra 모듈에는 고급 기능을 위한 여러 추가 유틸리티가 들어 있습니다. 예를 들어, Tuple 클래스를 사용하는 코드를 단순화하는 TupleUtils 클래스가 있습니다. 이 클래스 사용법은 **7장 리액티브 방식으로 데이터베이스 사용하기**에서 설명하겠습니다. 또한 이 모듈에는 숫자 스트림에서 최솟값 또는 최댓값을 찾아내고, 각 숫자를 이용해 계산을 수행하거나 합계 및 평균을 처리할 수 있는 MathFlux 클래스가 있습니다. ForkJoinPoolScheduler 클래스는 자바의 ForkJoinPool을 리액터의 Scheduler에 적용합니다. 이 모듈을 사용하려면 Gradle 프로젝트에 다음 의존성을 추가하십시오.

```
compile 'io.projectreactor.addons:reactor-extra:3.2.RELEASE'
```

또한 리액터 프로젝트 생태계에는 널리 사용되는 비동기 프레임워크 및 메시지 브로커에 대한 리액티브 드라이버가 있습니다.

Reactor RabbitMQ 모듈(https://github.com/reactor/reactor-rabbitmq)은 친숙한 리액터 API를 이용해 RabbitMQ에 대한 리액티브 자바 클라이언트를 제공합니다. 이 모듈은 배압 지원 기능을 갖추었으며, 비동기 논블로킹 메시지 처리가 가능합니다. 또한 이 모듈을 사용하면 Flux 및 Mono 타입을 사용해 RabbitMQ를 메시지 버스로 사용할 수 있습니다. 리액터 카프카 모듈(https://github.com/reactor/reactor-kafka)은 카프카 메시지 브로커와 유사한 기능을 제공합니다.

또 하나의 인기 있는 리액터 확장 모듈은 리액터 네티(https://github.com/reactor/reactor-netty)입니다. 리액터의 리액티브 타입을 네티의 TCP/HTTP/UDP 클라이언트 및 서버에서 사용할 수 있도록 해줍니다. 스프링 웹플럭스 모듈은 논블로킹 웹 애플리케이션을 위해 리액터 네티를 내부적으로 사용합니다. **6장 웹플럭스 - 비동기 논블로킹 통신**에서 이 주제를 좀 더 자세하게 다루겠습니다.

리액터 프로젝트 심화학습

이전 절에서는 리액티브 워크플로를 구현할 수 있는 다양한 리액티브 타입 및 리액티브 연산자를 살펴봤습니다. 이제 리액티브 스트림의 수명 주기, 멀티스레딩, 리액터 프로젝트에서 내부 최적화가 작동하는 방식에 대해 자세히 알아볼 차례입니다.

리액티브 스트림의 수명 주기

리액터에서 멀티스레딩이 작동하는 방법과 내부 최적화가 구현되는 방법을 이해하기 위해서는 먼저 리액터에서 리액티브 타입의 수명 주기를 이해해야 합니다.

조립 단계

스트림 수명 주기의 첫 번째 부분은 **조립 단계**입니다. 앞 절에서 학습한 것처럼 리액터는 복잡한 처리 흐름을 구현할 수 있는 연쇄형 API를 제공합니다. 언뜻 보면 리액터가 제공하는 API는 처리 흐름에서 사용하는 연산자를 조합한 빌더 API처럼 보입니다. 빌더 패턴은 가변적인 객체를 생성하며, 다른 객체를 생성하기 위해 build()와 같은 최종 함수를 호출하는 것이 보통입니다. 일반적인 빌더 패턴과 달리 리액터 API는 불변성(Immutability)을 제공합니다. 따라서 적용된 각각의 연산자가 새로운 객체를 생성합니다. 리액티브 라이브러리에서 실행 흐름을 작성하는 프로세스를 **조립(assembling)**이라고 합니다. 조립 방법을 더 잘 이해하기 위해 리액터 빌더 API가 없는 경우의 조립 방식을 보여주는 다음 코드를 살펴봅시다.

```
Flux<Integer> sourceFlux = new FluxArray(1, 20, 300, 4000);
Flux<String> mapFlux = new FluxMap(sourceFlux, String::valueOf);
Flux<String> filterFlux = new FluxFilter(mapFlux, s -> s.length() > 1)
...
```

이 코드는 연쇄형 빌더 API가 없는 경우 코드를 작성하는 방법을 보여줍니다. 여러 Flux가 내부적으로 서로 조합돼 있음은 분명합니다. 조립 프로세스가 끝나면 다음 게시자가 이전 게시자를 참조하는 게시자 체인이 생성됩니다. 다음 의사 코드는 이를 보여줍니다.

```
FluxFilter(
    FluxMap(
        FluxArray(1, 2, 3, 40, 500, 6000)
    )
)
```

앞의 코드는 Flux에 just -> map -> filter와 같은 순서로 연산자를 적용하면 결과가 어떤 형태가 될지를 보여줍니다.

스트림 수명 주기에서 조립 단계가 중요한 이유는 스트림의 타입을 확인해 연산자를 서로 바꿀 수 있기 때문입니다. 예를 들어, concatWith -> concatWith -> concatWith 연산자의 시퀀스는 하나의 연결로 쉽게 압축할 수 있습니다. 다음 코드는 리액터에서 이를 어떻게 수행하는지 보여줍니다.

```java
public final Flux<T> concatWith(Publisher<? extends T> other) {
    if (this instanceof FluxConcatArray) {
        @SuppressWarnings({ "unchecked" })
        FluxConcatArray<T> fluxConcatArray = (FluxConcatArray<T>) this;

        return fluxConcatArray.concatAdditionalSourceLast(other);
    }
    return concat(this, other);
}
```

이 코드에서 볼 수 있듯이, 매개변수로 받은 Flux가 FluxConcatArray 인스턴스인 경우에는 FluxConcatArray(FluxConcatArray(FluxA, FluxB), FluxC)로 동작하는 것이 아니라 하나의 FluxConcatArray(FluxA, FluxB, FluxC)를 만들어 전체적인 성능을 향상시킵니다.

또한 조립 단계에서 스트림에 몇 가지 훅을 사용하면 디버깅이나 스트림 모니터링 중에 유용한 로깅, 추적, 메트릭 수집 또는 기타 중요한 기능을 사용할 수 있습니다.

리액티브 스트림 수명 주기 중 조립 단계의 역할을 요약하면, 스트림 구성을 조작하고 리액티브 시스템을 구축하는 데 필수적인 디버깅 최적화나 모니터링, 더 나은 스트림 전달을 위한 다양한 기술을 적용할 수 있는 단계라고 할 수 있습니다.

구독 단계

스트림 실행 생명 주기 중 두 번째 중요한 단계는 **구독 단계**입니다. 구독은 특정 Publisher를 구독할 때 발생합니다. 예를 들어, 다음 코드는 앞에서 만든 실행 플로를 구독합니다.

```
...
filteredFlux.subscribe(...);
```

이전 절의 내용을 떠올려 보면, 실행 플로를 만들기 위해 내부적으로 Publisher를 다른 Publisher에게 전달합니다. 따라서 일련의 Publisher 체인이 있다고 할 수 있습니다. 일단 최상위 래퍼를 구독하면 해당 체인에 대한 구독 프로세스가 시작됩니다. 다음 코드는 구독 단계 동안 Subscriber 체인을 통해 Subscriber가 전파되는 방식을 보여줍니다.

```
filterFlux.subscribe(Subscriber) {
    mapFlux.subscribe(new FilterSubscriber(Subscriber)) {
        arrayFlux.subscribe(new MapSubscriber(FilterSubscriber(Subscriber))) {
            // 여기에서 실제 데이터를 송신하기 시작합니다.
        }
    }
}
```

이 코드는 조립된 Flux 내부에서 구독 단계 동안 발생하는 상황을 보여줍니다. 보다시피 filterdFlux. subscribe 메서드를 실행하면 각 내부 Publisher에 대한 subscribe 메서드가 실행됩니다. 마지막으로 주석이 있는 행에서 실행이 끝나고 나면 내부에는 다음과 같이 연결된 Subscriber 시퀀스가 존재하게 됩니다.

```
ArraySubscriber(
    MapSubscriber(
        FilterSubscriber(
            Subscriber
        )
    )
)
```

조립된 Flux와 달리, Subscriber 피라미드의 맨 위에 ArraySubscriber 래퍼가 있습니다. Flux 피라미드의 경우에는 FluxArray가 중간에 존재합니다(역피라미드 형태의 래퍼).

구독 단계가 중요한 이유는 이 단계에서 조립 단계와 동일한 최적화를 수행할 수 있기 때문입니다. 또 다른 중요한 점은 리액터에서 멀티 스레딩을 지원하는 일부 연산자는 구독이 발생하는 작업자를 변경할 수 있다는 것입니다. 이 장의 뒷부분에서 구독 단계 최적화 및 멀티 스레딩을 다루기로 하고 스트림 실행 수명주기의 마지막 단계에 대한 설명을 계속하겠습니다.

런타임 단계

스트림 실행의 마지막 단계는 런타임 단계입니다. 이 단계에서 게시자와 구독자 간에 실제 신호가 교환됩니다. 리액티브 스트림 스펙에 정의돼 있듯이 게시자와 구독자가 교환하는 처음 두 신호는 onSubscribe 시그널과 request 시그널입니다.

onSubscribe 메서드는 최상위 소스에서 호출합니다. 지금 예제에서는 ArraySubscriber입니다. 구독자는 메서드를 호출해 구독을 시작합니다. 이 과정을 설명하는 의사 코드는 다음과 같습니다.

```
MapSubscriber(FilterSubscriber(Subscriber)).onSubscribe(
    new ArraySubscription()
) {
    FilterSubscriber(Subscriber).onSubscribe(
        new MapSubscription(ArraySubscription(...))
    ) {
        Subscriber.onSubscribe(
            FilterSubscription(MapSubscription(ArraySubscription(...)))
        ) {
            // 여기에 요청 데이터를 기술합니다.
        }
    }
}
```

구독이 모든 구독자 체인을 통과하고, 체인에 포함된 각 구독자가 지정된 구독을 자신의 표현으로 래핑하면 최종적으로 다음 코드와 같이 Subscription 래퍼의 피라미드를 얻습니다.

```
FilterSubscription(
    MapSubscription(
        ArraySubscription()
    )
)
```

마지막으로, 마지막 구독자가 구독 체인에 대한 정보를 수신하고 메시지 수신을 시작하려면 Subscription#request 메서드를 호출해 전송을 시작해야 합니다. 다음 의사 코드는 request 프로세스가 어떻게 보이는지 보여줍니다.

```
FilterSubscription(MapSubscription(ArraySubscription(...)))
    .request(10) {
        MapSubscription(ArraySubscription(...))
        .request(10) {
            ArraySubscription(...)
                .request(10) {
                    // 데이터 전송 시작
                }
        }
    }
}
```

모든 구독자가 요청한 수요를 통과하고 ArraySubscription이 이를 수신하고 나면 ArrayFlux는 데이터를 MapSubscriber(FilterSubscriber(Subscriber)) 체인으로 보내기 시작합니다. 다음은 모든 구독자를 통해 데이터를 보내는 프로세스를 설명하는 의사 코드입니다.

```
...
ArraySubscription.request(10) {
    MapSubscriber(FilterSubscriber(Subscriber)).onNext(1) {
        // 데이터 변환 로직을 작성합니다.
        FilterSubscriber(Subscriber).onNext("1") {
            // 필터 처리
            // 원소가 일치하지 않으면
            // 추가 데이터를 요청
            MapSubscription(ArraySubscription(...)).request(1) {...}
        }
    }

    MapSubscriber(FilterSubscriber(Subscriber)).onNext(20) {
        // 데이터 변환 로직을 작성합니다.
        FilterSubscriber(Subscriber).onNext("20") {
            // 필터 처리
            // 원소가 일치하면
            // 다운스트림 구독자에게 전송
            Subscriber.onNext("20") {...}
        }
    }
}
```

이 코드에서 알 수 있듯이, 런타임 중에 데이터는 소스로부터 각 Subscriber 체인을 거쳐 단계마다 다른 기능을 실행합니다.

런타임 단계가 중요한 이유는 런타임 중에 신호 교환량을 줄이기 위한 최적화를 적용할 수 있기 때문입니다. 예를 들어 Subscription#request 호출 횟수를 줄임으로써 스트림의 성능을 향상시킬 수 있습니다. 자세한 내용은 다음 절에서 살펴보겠습니다.

 3장 스트림의 새로운 표준 – 리액티브 스트림에서 학습했듯이 Subscription#request 메서드를 호출하면 요청 수요를 저장하는 volatile 필드에 쓰기가 발생합니다. 이러한 쓰기는 비용이 많이 드는 연산이므로 가능하면 사용하지 않는 것이 좋습니다.

스트림의 수명 주기와 각 단계에서의 실행에 대해 이해한 것을 다음 그림을 보면서 다시 요약해봅시다.

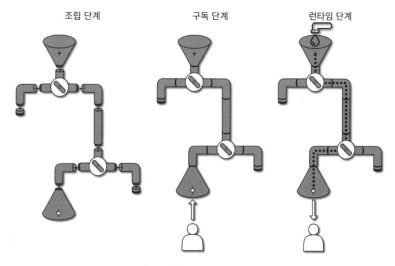

그림 4.8 리액티브 플로의 생명 주기

간단하게 Flux 및 Mono 타입을 실행했을 때의 수명 주기에 집중했습니다. 다음 절에서는 리액터가 각각의 리액티브 스트림을 어떻게 효율적인 구현했는지 확인하기 위해 스트림 수명 주기별 단계를 사용할 것입니다.

리액터에서 스레드 스케줄링 모델

이번 절에서는 리액터가 멀티스레딩 실행을 위해 제공하는 연산자와 연산자 사이의 차이점을 알아보겠습니다. 다른 워커로 실행을 전환할 수 있는 네 가지 연산자가 있습니다. 이것들을 하나씩 살펴봅시다.

publishOn 연산자

간단히 말해 publishOn 연산자는 **런타임** 실행의 일부를 지정된 **워커**로 이동할 수 있게 해줍니다.

 스케줄러의 기본 개념이 작업을 동일한 스레드의 큐에 넣는 것이기 때문에 여기서 스레드라는 단어는 되도록 사용하지 않겠습니다. 하지만 실제 작업 실행은 스케줄러 인스턴스 관점에서 다른 **워커**에 의해 수행될 수 있습니다.

리액터는 런타임에 데이터를 처리할 워커를 지정하기 위해 Scheduler라는 개념을 도입했습니다. Scheduler는 리액터 프로젝트에서 워커(worker) 또는 워커 풀(worker pool)을 나타내는 인터페이스입니다. 이 장의 뒷부분에서 스케줄러에 대해 설명하겠지만, 현재로서는 이 인터페이스가 현재 스트림에 대한 특정 워커를 선택하는 용도로만 사용된다는 점만 다루겠습니다. publishOn 연산자를 사용하는 방법을 더 잘 이해하기 위해 다음 예제 코드를 살펴보겠습니다.

```
Scheduler scheduler = ...;                          // (1)

Flux.range(0, 100)                                  // (2)
    .map(String::valueOf)                           // (3)    ┐
    .filter(s -> s.length() > 1)                    // (4)    ┘  메인 스레드


    .publishOn(scheduler)                           // (5)


    .map(this::calculateHash)                       // (6)    ┐
    .map(this::doBusinessLogic)                     // (7)    │  스케줄러 스레드
    .subscribe()                                    // (8)    ┘
```

이 코드처럼 다른 스레드에서 Scheduler 작업자의 publishOn 연산자가 실행된 이후 2단계에서 4단계까지의 작업은 메인 스레드에서 수행됩니다. 즉, 해시 계산은 스레드 A에서 수행되므로 calculateHash 및 doBusinessLogic은 메인 스레드 워커가 아닌 다른 워커에서 실행됩니다. 실행 모델 관점에서 publishOn 연산자를 살펴보면 다음과 같은 흐름을 볼 수 있습니다.

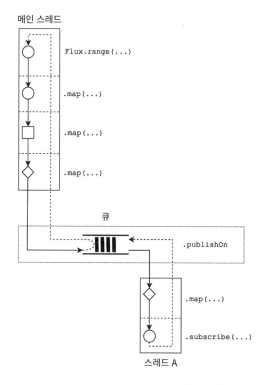

메인 스레드

Flux.range(...)

.map(...)

.map(...)

.map(...)

큐

.publishOn

.map(...)

.subscribe(...)

스레드 A

그림 4.9 리액터 publishOn 연산자의 내부 구조

눈치챈 사람도 있겠지만, publishOn 연산자는 런타임 실행에 초첨을 맞춥니다. publishOn 연산자는 내부적으로 전용 워커가 메시지를 하나씩 처리할 수 있도록 새로운 원소를 제공하는 큐를 가지고 있습니다. 예제에서는 작업이 별도의 스레드에서 실행 중이므로 비동기 영역에 의해 실행 플로가 분할돼 있습니다. 여기서는 플로의 두 부분을 독립적으로 처리했습니다. 한 가지 중요한 점은 리액티브 스트림의 모든 원소는 하나씩(동시에는 아니지만) 처리되므로 항상 모든 이벤트에 순서를 엄격하게 정의할 수 있다는 것입니다. 이 속성을 **직렬성(serializability)**이라고도 합니다. 즉, 원소가 publishOn에 오면 큐에 추가되고 차례가 되면 큐에서 꺼내서 처리합니다. 하나의 작업자만 큐를 처리하므로 원소의 순서는 항상 예측 가능합니다.

publishOn 연산자를 이용한 병렬 처리

언뜻 보기에 publishOn 연산자는 리액티브 스트림의 원소를 동시에 처리하지 못하는 것처럼 보입니다. 그럼에도 불구하고 리액터 프로젝트는 publishOn 연산자를 사용함으로써 미세한 규모의 조정 및 처리 흐름의 병렬 처리를 가능하게 해서 리액티브 프로그래밍 패러다임에 부합하고 있습니다. 예를 들어, 다음 그림과 같은 순수한 동기 처리를 한 번 보겠습니다.

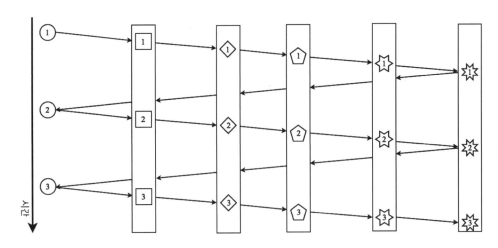

그림 4.10 리액티브 스트림에 대한 순수한 동기 처리

이 그림에는 세 개의 원소가 있는 처리 플로가 있습니다. 스트림에서 원소의 동기 처리 특성으로 인해 각 변환 단계에 원소를 하나씩 이동해야 합니다. 그리고 다음 처리를 시작하려면 이전 작업을 완료해야 합니다. 이 플로에 publishOn을 추가하면 처리 속도가 빨라질 수 있습니다. 다음은 publishOn 연산자가 포함된 동일한 처리에 대한 그림입니다.

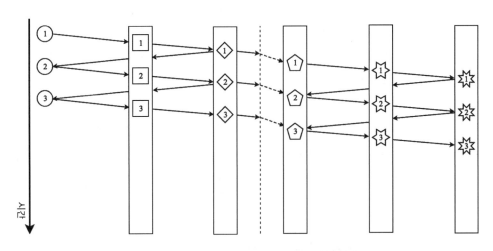

그림 4.11 publishOn 연산자에 의한 스트림 처리의 변화

그림에서 보듯이 원소의 처리 시간을 동일하게 유지하되, 처리 단계 사이에 비동기 영역(publishOn 연산자로 표시)을 추가해 병렬 처리를 할 수 있습니다. 이제는 처리 플로에서 왼쪽이 오른쪽의 프로세스 완료를 기다릴 필요가 없습니다. 대신 독립적으로 작업해 병렬 처리가 제대로 이루어질 수 있습니다.

subscribeOn 연산자

멀티스레딩을 위한 리액터의 또 다른 중요한 요소는 subscribeOn 연산자입니다. publishOn과 달리 subscribeOn을 사용하면 구독 체인에서 워커의 작업 위치를 변경할 수 있습니다. 이 연산자는 함수를 실행해 스트림 소스를 만들 때 유용하게 사용할 수 있습니다. 일반적으로 이러한 실행은 구독 시간에 수행되므로 .subscribe 메서드를 실행하기 위한 데이터 원천 소스를 제공하는 함수가 호출됩니다. 예를 들어 Mono.fromCallable을 사용해 정보를 제공하는 방법을 보여주는 다음 예제를 살펴보겠습니다.

```
ObjectMapper objectMapper = ...
String json = "{ \"color\" : \"Black\", \"type\" : \"BMW\" }";
Mono.fromCallable(() ->
    objectMapper.readValue(json, Car.class)
)
...
```

여기서 Mono.fromCallable은 Callable<T>에서 Mono를 생성하고 실행 결과를 각 구독자에게 전달합니다. Callable 인스턴스는 .subscribe 메서드를 호출할 때 실행되므로 내부적으로 Mono.fromCallable은 다음과 같은 작업을 수행합니다.

```
public void subscribe(Subscriber actual) {
    ...
    Subscription subscription = ...
    try {
        T t = callable.call();
        if (t == null) {
            subscription.onComplete();
        }
        else {
            subscription.onNext(t);
            subscription.onComplete();
        }
    }
    catch (Throwable e) {
        actual.onError(
            Operators.onOperatorError(e, actual.currentContext()));
    }
}
```

이 코드에서 알 수 있듯이, subscribe 메서드에서 callable이 실행됩니다. 이것은 publishOn을 사용해 Callable이 실행될 워커를 변경할 수 있음을 의미합니다. 다행히도 subscribeOn을 사용하면 구독을 수행할 워커를 지정할 수 있습니다. 다음 코드는 어떻게 워커를 지정하는지 보여줍니다.

```
Scheduler scheduler = ...;
Mono.fromCallable(...)
    .subscribeOn(scheduler)
    .subscribe();
```

이 예제는 별도의 워커에서 Mono.fromCallable을 어떻게 실행하는지 보여줍니다. 내부적으로 subscribeOn은 부모 Publisher에 대한 구독을 Runnable 안에서 실행합니다. 예제에서 이 Runnable은 Scheduler 타입의 scheduler 인스턴스입니다. subscribeOn과 publishOn의 실행 모델을 비교하면 다음과 같습니다.

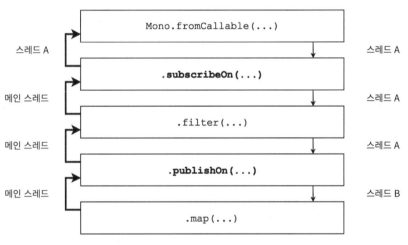

그림 4.12 publishOn 연산자의 내부

그림에서 보듯이, subscribeOn은 구독 시간 워커와 함께 런타임 워커를 부분적으로 지정할 수 있습니다. subscribe 메서드의 실행 예약과 함께 Subscription.request() 메서드에 대한 각 호출을 예약하므로 Scheduler 인스턴스에 의해 지정된 워커에서 실행됩니다. 리액티브 스트림 스펙에 따르면 Publisher는 호출된 스레드에서 데이터를 보내기 시작할 수 있으므로 후속 Subscriber.onNext()는 초기 Subscription.request() 호출과 동일한 스레드에서 호출됩니다. 반대로 publishOn은 다운스트림에 대해서만 실행 동작을 지정할 수 있으며 업스트림 실행에는 영향을 미치지 않습니다.

parallel 연산자

실행 플로 일부를 직접 처리하기 위해 스레드를 관리하는 몇 가지 중요한 연산자와 함께 리액터는 병렬 처리를 위해 널리 알려진 기법을 제공합니다. 이를 위해 리액터는 parallel 연산자를 제공하며, 이 연산자는 하위 스트림에 대한 플로 분할과 분할된 플로 간 균형 조정 역할을 합니다. 다음은 사용 예시입니다.

```
Flux.range(0, 10000)
    .parallel()
    .runOn(Schedulers.parallel())
    .map()
    .filter()
    .subscribe()
```

예제에서 보듯이, .parallel()은 Flux API의 일부입니다. 주목할 것은 parrellel 연산자를 사용함으로써 ParallelFlux라는 다른 유형의 Flux를 동작시킨다는 것입니다. ParallelFlux는 다수의 Flux를 추상화한 것으로 Flux 간에 데이터이 크기가 균형을 이룹니다. 그런 다음 runOn 연산자를 적용해 publishOn을 내부 Flux에 적용할 수 있을 뿐만 아니라, 서로 다른 워커에서 처리 중인 데이터와 관련된 작업을 분배할 수 있습니다.

Scheduler

스케줄러는 Scheduler.schedule과 Scheduler.createWorker라는 두 가지 핵심 메서드를 가진 인터페이스입니다. schedule 메서드를 사용하면 Runnable 작업을 예약하는 것이 가능합니다. 반면에 createWorker 메서드는 동일한 방법으로 Runnable 작업을 예약할 수 있는 Worker 인터페이스의 인스턴스를 제공합니다. Scheduler 인터페이스와 Worker 인터페이스의 주요 차이점은 Scheduler 인터페이스가 워커 풀을 나타내는 반면 Worker는 Thread 또는 리소스를 추상화한 것이라는 점입니다. 기본적으로 리액터는 스케줄러 인터페이스에 대한 주요한 세 가지 구현체를 제공합니다.

- SingleScheduler를 사용하면 모든 작업을 한 개의 전용 워커에 예약할 수 있습니다. 이 스케줄러는 시간에 의존적인 방식이며, 주기적인 이벤트를 예약할 수 있습니다. 이 스케줄러는 Scheduler.single()을 호출해 생성할 수 있습니다.

- ParallelScheduler는 고정된 크기의 작업자 풀에서 작동합니다(기본적으로 크기는 CPU 코어 수로 제한됩니다). 이 스케줄러는 CPU 제한적인 작업에 적합합니다. 또한 기본적으로 Flux.interval(Duration.ofSeconds(1))과 같은 시간 관련 예약 이벤트를 처리합니다. 이 스케줄러는 Scheduler.parallel()을 호출해 생성할 수 있습니다.

- ElasticScheduler는 동적으로 작업자를 만들고 스레드 풀을 캐시합니다. 생성된 스레드 풀의 최대 개수는 제한되지 않으므로 I/O 집약적인 작업에 적합합니다. 이 스케줄러는 Scheduler.elastic() 메서드를 호출해 생성할 수 있습니다.

또한 원하는 특성을 가진 사용자 정의 Scheduler를 만들 수 있습니다. **10장 자! 드디어 릴리즈다**에서 광범위한 모니터링 기능을 갖춘 리액터 스케줄러를 만드는 방법에 대한 예제를 확인해 보겠습니다.

스레딩 및 스케줄러에 대한 자세한 내용은 리액터 프로젝트 문서를 참조하세요.

http://projectreactor.io/docs/core/release/reference/#schedulers

리액터 컨텍스트

리액터의 또 한 가지 핵심 요소는 Context입니다. Context는 스트림을 따라 전달되는 인터페이스입니다. Context 인터페이스의 핵심 아이디어는 나중에 런타임 단계에서 필요한 컨텍스트 정보에 액세스할 수 있도록 하는 것입니다. 같은 일을 할 수 있는 ThreadLocal 대신에 왜 Context가 또 필요한지 궁금할 수도 있습니다. 예를 들어, 대다수의 프레임워크는 ThreadLocal을 사용해 사용자 요청에 SecurityContext를 전달하고, 각 처리 지점에서 사용자의 액세스 권한이 적절한지 확인합니다. 하지만 이는 단일 스레드를 이용할 때만 제대로 동작하는 방식입니다. 비동기 처리 방식을 사용하면 ThreadLocal을 사용할 수 있는 구간이 매우 짧아집니다. 예를 들어, 다음과 같이 실행하면 ThreadLocal을 사용하지 못하게 됩니다.

```
class ThreadLocalProblemShowcase {

    public static void main(String[] args) {
        ThreadLocal<Map<Object, Object>> threadLocal =            // (1)
                new ThreadLocal<>();
        threadLocal.set(new HashMap<>());                         // (1.1)

        Flux                                                       // (2)
            .range(0, 10)                                          // (2.1)
            .doOnNext(k ->
                threadLocal
                    .get()
                    .put(k, new Random(k).nextGaussian())         // (2.2)
            )
            .publishOn(Schedulers.parallel())                     // (2.3)
            .map(k -> threadLocal.get().get(k))                   // (2.4)
```

```
            .blockLast();
    }
}
```

이 코드에 대한 설명은 다음과 같습니다.

1. ThreadLocal 인스턴스를 생성합니다. 또한 (1.1)에서 ThreadLocal에 값을 추가했기 때문에 이후 코드에서 이 값을 사용할 수 있습니다.

2. 0에서 9까지의 범위를 생성하는 Flux 스트림을 선언합니다(2.1). 또 스트림의 새로운 원소마다 해당 원소값을 시드로 하여 randomGaussian double를 생성합니다. 번호가 생성되면 ThreadLocal 내부의 Map에 저장합니다. 그런 다음, (2.3)에서 실행을 다른 스레드로 이동합니다. 마지막으로, (2.4)에서 ThreadLocal에 저장된 값을 사용하려고 하면 NullPointerException이 발생합니다. 이전에 저장된 메인 스레드의 값을 다른 Thread에서 사용할 수 없기 때문입니다.

앞의 예제에서 알 수 있듯이 멀티 스레드 환경에서 ThreadLocal을 사용하는 것은 매우 위험하며 예기치 않은 동작을 유발할 수 있습니다. 자바 API는 ThreadLocal 데이터를 다른 스레드로 전송할 수 있지만, 모든 곳에서 일관된 전송을 보장하지는 않습니다.

다행히도 리액터 Context는 다음과 같은 방법으로 문제를 해결합니다.

```
Flux.range(0, 10)
    .flatMap(k ->
        Mono.subscriberContext()                                    // (1)
            .doOnNext(context -> {                                  // (1.1)
                Map<Object, Object> map = context.get("randoms");   // (1.2)
                map.put(k, new Random(k).nextGaussian());
            })
            .thenReturn(k)                                          // (1.3)
    )
    .publishOn(Schedulers.parallel())
    .flatMap(k ->
        Mono.subscriberContext()                                    // (2)
            .map(context -> {                                       // (2.1)
                Map<Object, Object> map = context.get("randoms");
                return map.get(k);                                  // (2.2)
            })
    )
```

```
    .subscriberContext(context ->                                      // (3)
        context.put("randoms", new HashMap())
    )
    .blockLast();
```

다음은 이 코드에 대한 설명입니다.

1. 리액터의 Context에 어떻게 접근하는지 대한 예가 나와 있습니다. 리액터가 제공하는 정적 연산자 subscriberContext 를 사용하면 현재 스트림의 Context 인스턴스에 액세스할 수 있습니다. 예제와 같이 Context를 획득하면(1.1) 생성된 값을 Map에 저장합니다(1.2). 마지막으로 flatMap의 초기 매개변수를 반환합니다.

2. 스레드가 변경된 후 리액터의 Context에 다시 액세스합니다.
   예제는 ThreadLocal을 사용한 이전 예제와 동일하지만, (2.1)에서 저장된 맵에 성공적으로 접근해 랜덤 가우스 double을 반환합니다(2.2).

3. 마지막으로 "randoms"를 만들기 위해 새로운 Context 인스턴스를 반환합니다.

앞의 예제처럼 Context는 인수가 없는 Mono.subscriberContext 연산자를 통해 액세스할 수 있으며, subscriberContext(Context) 연산자를 사용해 스트림에 제공할 수 있습니다.

앞의 예제에서 Context 인터페이스가 이미 Map 인터페이스와 비슷한 메서드를 가지고 있는데도 데이터를 전송하기 위해 Map을 또 사용할 필요가 있는지 궁금할 것입니다. Context는 본질적으로 Immutable 객체라서 새로운 요소를 추가하면 Context는 새로운 인스턴스로 변경됩니다. 이러한 설계는 멀티스레딩 액세스 모델을 고려해 이루어졌습니다. 즉, 스트림에 컨텍스트를 제공할 수 있는 유일한 방법일 뿐만 아니라 조립 단계나 구독 단계를 포함해 전체 런타임 동안 사용할 수 있는 데이터를 동적으로 제공하는 유일한 방법입니다. Context가 조립 단계에서 제공되면 모든 구독자는 동일한 정적 컨텍스트를 공유하게 되며, 이는 각 Subscriber(사용자가 접속돼 있을 수도 있음)가 별도의 Context를 가져야 하는 경우에는 유용하지 않을 수 있습니다. 따라서 전체 생명 주기 중에서 각 Subscriber에게 별도의 컨텍스트가 제공될 수 있는 유일한 단계는 구독 단계입니다.

이전 절의 내용을 다시 떠올려보면 구독 단계 동안 Subscriber는 Publisher 체인을 따라 스트림 아래쪽에서부터 위쪽으로 이동하면서 추가 런타임 로직을 적용하는 로컬 Subscriber로 각 단계를 래핑합니다. 이 프로세스를 변경하지 않고 스트림을 통해 추가 Context 객체를 전달하기 위해 리액터는 CoreSubscriber라는 특정 Subscriber 인터페이스 구현체를 사용합니다. CoreSubscriber는 내부 필드로 Context를 전달할 수 있습니다. 다음은 CoreSubscriber 인터페이스의 내부입니다.

```
interface CoreSubscriber<T> extends Subscriber<T> {
    default Context currentContext() {
        return Context.empty();
    }
}
```

이 코드에서 보듯이, CoreSubscriber에 currentContext라는 메서드가 추가됐습니다. 이 메서드는 현재 Context 객체를 반환합니다. 리액터 프로젝트의 대부분 연산자는 다운스트림 Context를 참조해 CoreSubscriber 인터페이스를 구현합니다. 이미 언급했듯이, 현재 Context를 수정할 수 있는 유일한 연산자는 subscriberContext입니다. subscriberContext 연산자는 다운스트림의 Context와 전달된 매개변수를 병합하는 방식으로 CoreSubscriber를 구현합니다.

그러한 동작은 액세스 가능한 Context 객체가 스트림의 다른 지점에서는 동일한 객체가 아닐 수 있다는 것을 의미합니다. 예를 들어, 다음 예제에서 그러한 가능성을 볼 수 있습니다.

```
void run() {
    printCurrentContext("top")
    .subscriberContext(Context.of("top", "context"))
    .flatMap(__-> printCurrentContext("middle"))
    .subscriberContext(Context.of("middle", "context"))
    .flatMap(__-> printCurrentContext("bottom"))
    .subscriberContext(Context.of("bottom", "context"))
    .flatMap(__-> printCurrentContext("initial"))
    .block();
}
void print(String id, Context context) {
    ...
}
Mono<Context> printCurrentContext(String id) {
    return Mono
        .subscriberContext()
        .doOnNext(context -> print(id, context));
}
```

이 코드는 스트림 생성 중에 Context를 어떻게 사용할 수 있는지 보여줍니다. 코드를 실행하면 콘솔에 다음 결과가 표시됩니다.

```
top {
    Context3{bottom=context, middle=context, top=context}
}

middle {
    Context2{bottom=context, middle=context}
}

bottom {
    Context1{bottom=context}
}

initial {
    Context0{}
}
```

이 코드에서 보듯이, top에는 Context에 이 스트림에서 사용할 수 있는 전체 컨텍스트가 포함돼 있습니다. middle에는 스트림에서 정의한 컨텍스트와 컨텍스트 컨슈머만 액세스할 수 있습니다. 가장 아래에는(initial) Context가 비어 있습니다.

일반적으로 Context는 리액티브 시스템을 구축하기 위한 리액터 프로젝트를 사용하게 유인하는 킬러 기능입니다. 또한 이러한 기능은 사용자 요청 처리 중에 특정한 상황을 처리하기 위한 기능을 구현하는 것처럼 각 요청에서 데이터에 액세스해야 하는 경우에 유용합니다. **6장 웹플럭스 – 비동기 논블로킹 통신**에서 다시 학습하겠지만, 이 기능은 스프링 프레임워크 내에서 광범위하게 사용되며, 특히 스프링 시큐리티(Spring Security)에서 더욱 많이 사용합니다.

Context 기능을 광범위하게 다뤘지만, 이 리액터의 기술에는 엄청난 가능성과 다양한 유스케이스가 있습니다. 리액터의 Context에 대한 더 자세한 내용은 다음 링크에서 리액터 프로젝트 문서를 참조하세요: http://projectreactor.io/docs/core/release/reference/#context.

프로젝트 리액터의 내부 구조

이전 섹션에서 봤듯이 리액터에는 많은 수의 유용한 연산자가 있습니다. 또한 API 전체적으로 RxJava와 비슷한 연산자가 있음을 알 수 있습니다. 그렇다면 구버전 라이브러리와 리액터 프로젝트 3을 포함하는 신규 라이브러리 간의 주요 차이점은 무엇일까요? 핵심적으로 해결하고자 했던 것은 과연 무엇일까요? 최고로 눈에 띄는 개선 사항은 **리액티브 스트림 수명 주기** 및 **연산자 융합**입니다. 이전 절에서 이미 리액티브 스트림 수명 주기를 다뤘습니다. 이번 절에서는 리액터의 연산자 융합을 살펴보겠습니다.

매크로 퓨전

매크로 퓨전은 주로 조립 단계에서 발생하며, 그 목적은 연산자를 다른 연산자로 교체하는 것입니다. 예를 들어, Mono는 하나 또는 0개의 원소만 처리하기 위해 고도로 최적화된 것을 이미 확인했습니다. 동시에 Flux 내부의 일부 연산자도 하나 또는 0개의 원소를 처리할 수 있습니다(예: just(T), empty() 및 error(Throwable)). 대부분의 경우 이러한 간단한 연산자들은 다른 변환 작업과 함께 사용됩니다. 결과적으로 이러한 오버헤드를 줄이는 것이 중요합니다. 이를 위해 리액터는 조립 단계 동안 최적화를 제공하며, 업스트림 Publisher가 Callable 또는 ScalarCallable과 같은 인터페이스를 구현한 경우에는 Publisher를 최적화된 연산자로 교체합니다. 이러한 최적화가 적용되는 예는 다음 코드에서 확인할 수 있습니다.

```
Flux.just(1)
    .publishOn(...)
    .map(...)
```

이 코드는 원소가 생성된 직후에 원소에 대한 실행을 다른 워커로 옮겨야 하는 매우 간단한 예제를 보여줍니다. 최적화가 적용되지 않는 경우, 이런 작업 흐름은 다른 워커의 원소를 유지하기 위한 큐를 만들어 할당하고, 그러한 큐에 원소를 입출력하기 위한 volatile 읽기 및 쓰기가 발생합니다. 그로 인해 단순한 Flux 타입 변환 작업이 지나치게 많이 실행됩니다. 다행히도 그 흐름을 최적화할 수 있습니다. 어떤 워커 실행이 발생하든 상관이 없으며, 한 원소의 공급이 ScalarCallable#call로 표현될 수 있기 때문에 publishOn 연산자를 추가 큐를 만들 필요가 없는 subscribeOn으로 치환할 수 있습니다. 더구나 이러한 최적화로 인해 다운스트림의 실행이 변경되지 않으므로 최적화된 스트림을 실행해 동일한 결과를 얻을 수 있습니다.

앞의 예제는 리액터 프로젝트에 숨겨진 매크로 퓨전 최적화 중 하나입니다. 이 장의 조립 단계 절에서 그러한 최적화의 또 다른 샘플을 언급한 적이 있습니다. 일반적으로 리액터 프로젝트에 적용된 매크로 퓨전의 목적은 조립된 흐름을 최적화하는 것이며, 이를 위해 별도의 강력한 도구를 사용하는 것이 아니라 간단하고 비용 효율적인 솔루션을 사용할 수 있습니다.

마이크로 퓨전

마이크로 퓨전은 좀 더 복잡한 최적화이며 런타임 최적화 및 공유 리소스 재사용과 관련이 있습니다. 마이크로 퓨전의 좋은 예는 조건부 연산자입니다. 이 문제를 이해하기 위해 다음 그림을 살펴보겠습니다.

그림 4.13 트럭 예제와 조건부 문제

다음 상황을 상상해 봅시다. 상점에서 n개의 상품을 주문했습니다. 얼마 후 공장에서 트럭으로 물건을 상점에 보냈습니다. 그러나 상품이 매장 B에 도착하려면 검사 부서를 거쳐 모든 품목이 품질 검사를 통과해야 합니다. 불행히도 일부 품목은 제대로 포장되지 않았으며 주문한 품목 중 일부만 상점에 도착했습니다. 그 후 공장은 또 다른 트럭을 준비해 물건을 상점으로 다시 보냈습니다. 주문한 모든 상품이 모두 상점에 도착할 때까지 그 작업이 계속 반복됐습니다. 공장은 별도의 검사 부서를 통해 물품을 배달하는 데 많은 시간과 돈을 소비했으며, 공장 내 자체 검사관을 고용하기로 결정했습니다(그림 4.14).

그림 4.14 공장에 검사관을 두어 불필요한 낭비를 제거

이제는 모든 항목을 공장에서 확인한 후, 검사 부서를 방문하지 않고 상점으로 보낼 수 있습니다.

이 이야기는 프로그래밍과 어떤 관련이 있을까요? 다음 예제를 살펴보겠습니다.

```
Flux.from(factory)
    .filter(inspectionDepartment)
    .subscribe(store);
```

여기에 비슷한 상황이 있습니다. 다운스트림 가입자는 소스에 특정 수의 원소를 요청했습니다. 연산자 체인을 통해 원소를 내보내는 동안 각 원소는 조건부 연산자를 통해 이동하기 때문에 일부 원소는 거부될 수 있습니다. 다운스트림 요구 사항을 충족시키려면 거부된 항목에 대해 필터 연산자가 request(1) 메서드를 호출해 부족한 항목을 보충해야 합니다. 현재 리액티브 라이브러리(예: RxJava 또는 리액터 3)의 설계에 따라 request 메서드 실행은 추가적인 CPU 부하를 발생시킵니다.

 다비드 카녹의 연구에 따르면 "request(...) 함수 호출은 대개 단일 CAS[5] 루프에서 끝나며 거부된 원소마다 21–45 사이클이 소요됩니다."

즉, 필터 연산자 같은 조건부 연산자가 전체 성능에 지대한 영향을 미칠 수 있다는 뜻입니다. 이러한 이유로 마이크로 퓨전 유형의 ConditionalSubscriber가 존재합니다. 이러한 유형의 최적화를 통해 소스 측에서 조건을 바로 확인하고 추가적인 request 메서드 호출 없이 필요한 개수를 전송할 수 있습니다.

두 번째 유형의 마이크로 퓨전은 가장 복잡한 것입니다. 이러한 유형은 **3장 스트림의 새로운 표준 – 리액티브 스트림**에서 언급한 연산자 간 비동기 경계와 관련이 있습니다. 문제를 이해하기 위해 다음 예와 같이 몇 개의 비동기 경계가 있는 연산자 체인을 가정해 봅시다.

```
Flux.just(1, 2, 3)
    .publishOn(Schedulers.parallel())                              // (1)
    .concatMap(i -> Flux.range(0, i)
                    .publishOn(Schedulers.parallel()))             // (2)
    .subscribe();
```

이 예제는 리액터의 연산자 체인을 보여줍니다. 이 체인에는 두 개의 비동기 경계가 포함됩니다. 즉, 실질적으로 큐가 포함돼 있습니다. 예를 들어, concatMap 연산자는 잠재적으로 업스트림에서 들어오는 각 원소마다 n개의 원소를 생성할 수 있습니다. 따라서 내부 Flux에 의해 얼마나 많은 원소가 생성될지 예측하는 것은 불가능합니다. 배압을 처리하고 컨슈머의 오버플로를 발생시키지 않으려면 처리 결과를 큐에 넣는 작업이 필요합니다. 또한 publishOn 연산자는 리액티브 스트림의 원소를 다른 워커 스레드로 전송할 때 내부적으로 큐가 필요합니다. 큐 사용으로 인해 발생하는 오버헤드도 문제지만, 비동기 경계 외부에서 요청하는 request() 호출은 더 위험합니다. 이런 문제들로 인해 메모리에 더 많은 부하가 발생할 수 있습니다. 문제를 이해하기 위해 다음 그림을 살펴보겠습니다.

---

5 Compare and swap(CAS): 동시성 구현을 위해 값을 비교한 후 일치한 경우에 값을 교체하는 기법.

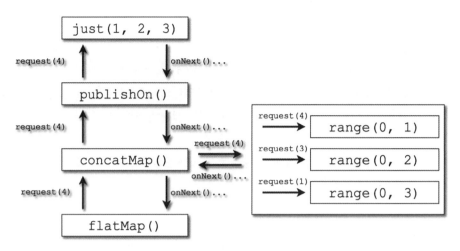

그림 4.15 최적화되지 않은 비동기 영역으로 인한 오버헤드

앞의 그림은 이전 코드의 내부 동작을 보여줍니다. 여기서는 concatMap의 내부에 굉장히 많은 오버헤드가 있으며, 다운스트림 요구가 충족될 때까지 각 내부 스트림에 반복인 요청을 보내야 합니다. 큐가 있는 각 연산자에는 고유한 CAS 루프가 있으며, 이는 부적절한 요청으로 인해 심각한 성능 저하를 발생시킬 수 있습니다. 예를 들어, request(1) 또는 전체 데이터 요청이 아닌 다른 개수를 요청하는 것은 부적절한 요청이라고 볼 수 있습니다.

 CAS(compare-and-swap)는 작업의 성공 여부에 따라 1 또는 0 값을 반환하는 단일 작업입니다. 작업이 성공하기를 원할 경우, 성공할 때까지 CAS 작업을 반복합니다. 이러한 반복적인 CAS 작업을 **CAS 루프**라고 합니다.

메모리 및 성능 오버헤드를 방지하기 위해 리액티브 스트림 스펙에 제안된 대로 통신 프로토콜을 전환해야 합니다. 경계 또는 경계 내부의 원소 체인에 공유 큐가 있다고 가정하고, 추가적인 request 메서드 호출 없이 업스트림 연산자가 큐를 사용하도록 연산자 체인 전체를 전환하면 전반적인 성능을 크게 향상시킬 수 있습니다. 따라서 스트림의 종료를 나타내는 값을 사용할 수 없는 경우 스트림을 null로 반환할 때까지 다운스트림은 업스트림의 데이터를 처리할 수 있습니다. 다운스트림에 원소를 사용할 수 있음을 알리기 위해 업스트림은 해당 프로토콜의 예외 처리를 위한 규약으로 null 값을 사용해 다운스트림의 onNext를 호출합니다. 또한 오류나 스트림의 완료는 onError 또는 onComplete를 이용해 평상시처럼 통보됩니다. 따라서 이전 예제는 다음과 같은 방식으로 최적화할 수 있습니다.

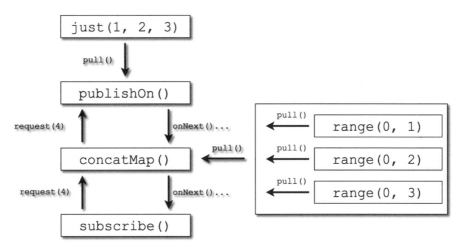

그림 4.16 프로토콜 전환과 큐 구독 통합

이제 publishOn 및 concatMap 연산자가 꽤 최적화됐습니다. 이전 그림에서는 중간 스레드가 실행되지 않아 메인 스레드에서 실행돼야 합니다. 따라서 just 연산자를 큐처럼 사용하고 별도의 스레드에서 데이터를 가져올 수 있습니다. concatMap의 경우, 모든 내부 스트림을 큐로 간주해 각 스트림이 추가적인 request 메서드 호출 없이 동작할 수 있습니다.

 최적화된 프로토콜을 사용하면 publishOn과 concatMap 간의 통신을 방해하는 것은 아무것도 없다는 사실을 알아두세요. 그러나 이 책을 쓰는 시점에는 이러한 최적화가 구현되지 않았으므로 통신 메커니즘을 그대로 공개하기로 했습니다.

이 절을 통해 리액터 라이브러리의 내부가 처음 봤을 때보다 더 복잡한 것을 알았습니다. 강력한 최적화 기능을 갖춘 리액터는 RxJava 1.x보다 훨씬 더 나은 성능을 제공합니다.

요약

이 장에서는 많은 주제를 다뤘습니다. 리액터의 역사를 간략히 설명했고, **또 다른 리액티브 라이브러리**인 리액터 프로젝트를 만들게 된 원인을 확인했습니다. 또한 이 다재다능하고 강력한 도구의 가장 중요한 이정표를 살펴봤습니다. 그리고 RxJava 1.x 구현의 주요 문제점과 초기 리액터 버전의 문제점을 개괄적으로 확인했습니다. 리액티브 스트림 스펙 이후 리액터 프로젝트에서 무엇이 변경됐는지 살펴봄으로써 리액티브 프로그래밍이 이렇게 도전적인 구현을 시도하게 된 이유를 강조했습니다.

아울러 리액티브 스트림을 생성, 변환 및 소비하는 다양한 방법뿐만 아니라 Mono 및 Flux 리액티브 타입에 대해서도 설명했습니다. 스트림 실행 내부 동작을 들여다보고, Subscription 객체를 이용하는 풀-푸시 모델을 통한 배압 제어를 배웠습니다. 연산자 융합을 이용해 리액티브 스트림의 성능을 향상시키는 방법도 학습했습니다. 종합하자면 리액터 프로젝트 라이브러리는 리액티브 프로그래밍 및 비동기적인 I/O 집약적인 애플리케이션을 위한 강력한 도구입니다.

다음 장에서는 일반적인 리액티브 프로그래밍과 특히 리액터 프로젝트의 힘을 활용하기 위해 스프링 프레임워크가 제시한 방법을 설명합니다. 스프링 5 웹플럭스 및 리액티브 스프링 데이터(Reactive Spring Data)를 사용해 효율적인 애플리케이션을 구현하는 데 집중할 것입니다.

스프링 부트 2와 함께하는
리액티브

4장에서는 리액터 프로젝트의 핵심과 리액티브 타입과 연산자의 동작 원리 및 이를 이용해 다양한 비즈니스 문제를 해결하는 방법을 배웠습니다.

간단한 API와 함께 그 내부에 동시성, 비동기, 논블로킹 메시지 처리를 허용하기 위한 복잡한 메커니즘이 있음을 확인했습니다. 이외에도 적용 가능한 배압 제어 전략에 대해 살펴봤습니다. 4장에서 봤듯이 리액터 프로젝트는 단순한 리액티브 프로그래밍 라이브러리 그 이상입니다. 또한 리액터 프로젝트는 리액티브 시스템을 구축할 수 있는 애드온 및 어댑터를 제공하며, 이는 스프링 프레임워크에 의존적이지 않습니다. 이러한 애드온과 어댑터들을 이용해 리액터 프로젝트와 아파치 카프카 및 네티를 통합하는 방법을 학습했습니다.

리액터 프로젝트는 스프링 프레임워크 없이도 잘 작동하지만, 복잡한 기능을 제공하기 위한 응용 프로그램을 작성하기에는 부족합니다. 특히 각 컴포넌트 사이의 결합도를 낮추는 의존성 주입에 대한 지원이 빠져 있습니다. 더욱 강력하고 커스터마이징이 가능한 애플리케이션을 개발하기 위해서 스프링 프레임워크가 절실히 필요합니다. 또한, 스프링 부트(Spring Boot)를 사용하면 좀 더 편리하게 애플리케이션을 만들 수 있습니다.

이 장에서는 스프링 부트의 중요성과 그 특징에 관해 설명하고자 합니다. 또한 스프링 프레임워크 5와 스프링 부트 2로 인한 변화를 알아보고, 스프링 생태계가 리액티브 프로그래밍의 접근 방식을 어떻게 받아들였는지 살펴볼 예정입니다.

이 장에서는 다음 주제를 다룹니다.

- 스프링 부트가 해결한 문제와 해결 방법

- 스프링 부트의 필수 요소

- 스프링 부트 2.0 및 스프링 프레임워크의 반응성

성공의 열쇠는 신속하게 출발하는 것

인간은 자신의 목표와 관련이 없는 자질구레한 업무나 단순 작업에 많은 시간을 소비하는 것을 결코 좋아하지 않습니다. 비즈니스에서 원하는 결과를 얻으려면 빠르게 배우고 빠르게 실험해야 합니다. 반응성은 실생활에도 적용됩니다. 시장의 변화에 신속하게 대응하고 새로운 목표를 가능한 한 빨리 달성하는 것이 중요합니다. 의도한 바를 빨리 증명할수록 더 많은 가치를 창출하게 되고, 따라서 연구에 더 적은 돈이 듭니다.

이러한 이유로 인간은 일상적인 업무를 단순화하기 위해 항상 노력해 왔습니다. 개발자라고 예외는 아닙니다. 특히 스프링과 같은 복잡한 프레임워크에 대해 이야기할 때면 생각의 틀에서 벗어나 자유로울 수 있습니다. 스프링 프레임워크가 제공하는 많은 혜택과 장점에도 불구하고, 제대로 사용하기 위해서는 깊은 이해가 필요하며 초보 개발자는 처음 만나는 문제에 부딪혀 좌절하기 쉽습니다. 초보자가 좌절하기 좋은 예는 간단한 **제어의 역전(Inverse of control: IoC)**으로, 5가지 정도의 방법으로 컨테이너 설정을 할 수 있습니다. 다음 코드 예제를 살펴보겠습니다.

```
public class SpringApp {
    public static void main(String[] args) {
        GenericApplicationContext context =
            new GenericApplicationContext();

        new XmlBeanDefinitionReader(context)
                .loadBeanDefinitions("services.xml");

        new GroovyBeanDefinitionReader(context)
                .loadBeanDefinitions("services.groovy");

        new PropertiesBeanDefinitionReader(context)
                .loadBeanDefinitions("services.properties");
```

```
        context.refresh();
    }
}
```

코드에서 볼 수 있듯이, 순수한 스프링 프레임워크는 스프링 컨텍스트에서 빈을 등록하기 위한 세 가지 이상의 방법을 가지고 있습니다.

한편으로, 스프링 프레임워크는 빈을 유연하게 구성할 수 있게 해주지만, 다른 한편으로는 이렇게 다양한 옵션을 가짐으로써 생기는 몇 가지 문제가 있습니다. 대표적인 문제 중 하나는 **쉽게 디버깅할 수 없는** XML 설정입니다. 작업을 더 어렵게 만드는 또 다른 문제는 IntelliJ IDEA 또는 스프링 툴 스위트(Spring Tool Suite)와 같은 추가 도구 없이는 **XML 설정의 정확성을 검증할 수 없다**는 것입니다. 마지막으로 **코딩 스타일 부재 및 개발 규칙 적용의 어려움**으로 대규모 프로젝트의 복잡성이 크게 증가하고 명확성이 떨어질 수 있습니다. 예를 들어, Bean 정의에 대한 접근 방식이 적절하지 않으면 팀의 한 개발자가 XML에서 Bean 설정을 정의하고 동시에 다른 개발자가 properties 파일을 통해 설정을 변경할 수 있기 때문에 프로젝트 관리가 복잡해질 수 있습니다. 심지어 어떤 개발자는 자바 설정으로 동일한 작업을 수행할 수 있습니다. 이 상황에서 신규 개발자가 투입된다면 그 불일치로 인한 혼란 때문에 프로젝트 초기 적응 기간이 필요 이상으로 길어질 것입니다.

단순한 IoC와 함께 스프링 프레임워크는 스프링 웹 모듈이나 스프링 데이터 모듈과 같은 훨씬 더 복잡한 기능을 제공합니다. 두 모듈 모두 응용 프로그램을 실행하기까지 많은 설정이 필요합니다. 문제는 대개 개발된 응용 프로그램이 플랫폼 독립적이어야 할 때 발생합니다. 비즈니스 관련 코드에 비해 설정 및 상용구 코드가 많은 비중을 차지하기 때문입니다.

 플랫폼 독립적이라는 표현의 의미는 서블릿 API와 같은 특정 서버 API와 독립적이라는 것을 의미합니다. 또는 특정 환경이나 설정 또는 다른 특성을 신경 쓰지 않아도 된다는 뜻입니다.

예를 들어 간단한 웹 애플리케이션을 구성하기 위해 다음 코드와 같이 최소한 7행의 상용구 코드가 필요합니다.

```
public class MyWebApplicationInitializer implements WebApplicationInitializer {
    @Override
    public void onStartup(ServletContext servletCxt) {
        AnnotationConfigWebApplicationContext cxt =
                new AnnotationConfigWebApplicationContext();
```

```
        cxt.register(AppConfig.class);
        cxt.refresh();
        DispatcherServlet servlet = new DispatcherServlet(cxt);
        ServletRegistration.Dynamic registration = servletCxt
                .addServlet("app", servlet);
        registration.setLoadOnStartup(1);
        registration.addMapping("/app/*");
    }
}
```

이 코드에는 보안 설정이나 콘텐츠 렌더링과 같은 필수 기능이 포함돼 있지 않습니다. 언제부터인가 각각의 스프링 기반 애플리케이션이 최적화되지 않고 개발자들이 추가적인 작업을 해야 하는 비슷한 코드를 가지게 됐고, 결과적으로 아무런 이유 없이 비용을 낭비했습니다.

Spring Roo를 사용해 애플리케이션 개발 속도 향상

다행스럽게도 스프링 팀은 프로젝트를 빠르게 시작하는 것의 중요성을 이해했습니다. 2009년 초, **Spring Roo**라는 새로운 프로젝트가 발표됐습니다(자세한 내용은 https://projects.spring.io/spring-roo 참조). 이 프로젝트는 신속한 응용 프로그램 개발을 목표로 했습니다. Spring Roo의 핵심 아이디어는 **설정보다 관습(convention-over-configuration)** 접근법을 사용하는 것입니다. 이를 위해 Spring Roo는 인프라 및 도메인 모델을 초기화하고, 몇 가지 명령으로 REST API를 작성할 수 있는 커맨드라인 사용자 인터페이스를 제공합니다. Spring Roo는 애플리케이션 개발 프로세스를 단순화했습니다. 그러나 이러한 도구는 대규모 응용 프로그램 개발 프로젝트에는 적용하기 어려웠습니다. 현장에서 프로젝트의 구조가 복잡해지거나 사용된 기술이 스프링 프레임워크의 범위를 벗어나면 문제가 발생했습니다. 결정적으로 Spring Roo는 일반적인 용도로 너무 인기가 없었습니다. 결국 신속한 응용 프로그램 개발에 대한 고민은 해결되지 못했습니다.

 이 책을 쓰는 동안 Spring Roo 2.0이 릴리즈됐습니다. 다음 링크에서 개선 사항을 확인할 수 있습니다.

https://docs.spring.io/spring-roo/docs/current/reference/html

빠르게 성장하는 애플리케이션에 대한 핵심 요소로서의 스프링 부트

2012년 말, 마이크 영스트롬(Mike Youngstrom)은 스프링 프레임워크의 미래에 영향을 미칠 만한 문제를 제기했습니다. 그의 요점은 스프링 아키텍처 전체를 변경하고, 스프링 프레임워크의 사용을 단순화해 개발자가 비즈니스 로직을 보다 빨리 구축할 수 있도록 하자는 것이었습니다. 그 제안은 거부됐지만, 스프링 팀이 스프링 프레임워크 사용을 극적으로 단순화하는 새로운 프로젝트를 만들도록 동기를 부여했습니다. 2013년 중반에 스프링 팀은 **스프링 부트**라는 프로젝트를 출시했습니다. 자세한 내용은 https://spring.io/projects/spring-boot를 참조하세요. 스프링 부트의 핵심 아이디어는 애플리케이션 개발 프로세스를 단순화하고 사용자가 추가적인 인프라 설정 없이 새 프로젝트를 시작할 수 있도록 하는 것입니다.

이와 함께 스프링 부트는 컨테이너가 없이 실행되는 웹 애플리케이션 아이디어와 실행 가능한 **fat JAR** 기술을 도입했습니다. 이 방법을 사용하면 스프링 애플리케이션을 한 줄로 작성하고 한 줄의 명령으로 실행할 수 있습니다. 다음 코드는 완전한 스프링 부트 웹 애플리케이션을 보여줍니다.

```java
@SpringBootApplication
public class MyApplication {
    public static void main(String[] args) {
        SpringApplication.run(MyApplication.class, args);
    }
}
```

여기서 가장 중요한 부분은 IoC 컨테이너를 실행하는 데 필요한 @SpringBootApplication이라는 애노테이션이 있다는 것입니다. MVC 서버뿐만 아니라 다른 응용 프로그램 구성 요소도 있습니다. 조금 더 자세히 살펴봅시다. 우선, 스프링 부트는 그레이들이나 메이븐과 같은 현대 빌드 툴과 모듈들의 묶음입니다. 일반적으로 스프링 부트는 두 개의 핵심 모듈에 의존합니다.

첫 번째는 Spring-IoC 컨테이너와 관련된 모든 가능한 기본 구성과 함께 제공되는 spring-boot 모듈입니다. 두 번째는 Spring-boot-autoconfigure인데, 이 모듈은 스프링 데이터, 스프링 MVC, 스프링 웹플럭스 등과 같은 기존 스프링 프로젝트에서 필요한 모든 설정을 제공합니다. 언뜻 보기에 모든 사전 정의된 설정이 그 필요와 상관없이 모두 활성화된 것처럼 보입니다. 그러나 실제로는 그렇지 않으며 특정 의존성이 추가될 때까지 모든 설정은 비활성화돼 있습니다. 스프링 부트는 일반적으로 이름에 starter라는 단어가 들어 있는 모듈에 대한 새로운 개념을 정의합니다. 기본적으로 starter는 자바 코드를 포함하지 않지만, spring-boot-autoconfigure에 의해 모든 관련 의존성을 가져와 설정을 활성화합니다. 스프링 부트를 사용하면 별도의 노력 없이도 필요한 모든 인프라 설정을 완료할 수 있는 -starter-web 및 -starter-data-jpa 모듈을 사용할 수 있습니다. Spring Roo 프로젝트와의 가장 큰 차이점은 훨씬 더 유연하다는 것입니다. 쉽게 확장할 수 있는 기본 설정과 함께 스프링 부트는 사용자 정의 starter를 만들기 위한 연쇄형 API를 제공합니다. 이 API는 특정 모듈에 대한 자체 설정을 통해 기본 설정을 대체합니다.

 이 책의 목적상 스프링 부트의 세부 사항은 다루지 않습니다. 그렉 L. 턴키스트(Greg L. Turnquist)의 《스프링 부트 2.0 - 마이크로서비스와 리액티브 프로그래밍》(에이콘 출판 2019)에서 스프링 부트를 매우 자세히 다룹니다. 그 내용은 다음 링크에서 확인할 수 있습니다: https://www.packtpub.com/application-development/learning-spring-boot-20-second-edition.

스프링 부트 2.0에서의 리액티브

이 책은 리액티브 프로그래밍에 관한 내용이므로 스프링 부트에 대해서는 자세히 다루지 않습니다. 그러나 이전 절에서 설명한 것처럼 응용 프로그램을 빠르게 부트스트랩 하는 기능은 프레임워크 성공에 중요한 요소입니다. 이제 반응성이 스프링 생태계에 어떻게 반영되는지 알아보겠습니다. 스프링 MVC와 스프링 데이터 모듈의 블로킹 특성으로 인해 프로그래밍 패러다임을 리액티브로 전환하는 것만으로는 별다른 이점이 없었습니다. 그래서 스프링 팀은 이러한 모듈 내부의 전체 패러다임을 변경하기로 결정했습니다. 이를 위해 스프링 생태계는 다수의 리액티브 모듈을 제공합니다. 이 절에서는 이 모듈을 간단히 다루겠습니다. 이 책의 뒷부분에서 각 모듈에 대해 개별적으로 더 자세히 살펴보겠습니다.

스프링 코어 패키지에서의 리액티브

스프링 코어(Spring Core)는 스프링 생태계의 핵심 모듈입니다. 스프링 프레임워크 5.x에서 소개된 눈에 띄는 개선 사항 중 하나는 RxJava 1/2 및 리액터 프로젝트 3과 같은 리액티브 스트림 및 리액티브 라이브러리에 대한 기본 지원이었습니다.

리액티브 타입으로 형 변환 지원

리액티브 스트림 스펙을 지원하기 위한 가장 대표적인 개선 사항 중 하나는 ReactiveAdapter 및 ReactiveAdapterRegistry의 도입입니다. ReactiveAdapter 클래스는 다음 코드와 같이 리액티브 타입 변환을 위한 두 가지 기본 메서드를 제공합니다.

```
class ReactiveAdapter {
    ...
```

```
    <T> Publisher<T> toPublisher(@Nullable Object source) { ... }        // (1)

    Object fromPublisher(Publisher<?> publisher) { ... }                 // (2)
}
```

이 예제에서 ReactiveAdapter는 임의의 타입을 Publisher<T>로 변환하거나 임의의 Publisher<T>를
Object로 변환하는 두 가지 메서드를 보여줍니다. 예를 들어, RxJava 2의 Maybe 타입에 대한 변환을 제
공하기 위해 다음과 같은 방식으로 자체 ReactiveAdapter를 만들 수 있습니다.

```
public class MaybeReactiveAdapter extends ReactiveAdapter {          // (1)
    public MaybeReactiveAdapter() {                                 // (2)
        super(
                ReactiveTypeDescriptor                              // (3)
                        .singleOptionalValue(Maybe.class, Maybe::empty),
                rawMaybe -> ((Maybe<?>) rawMaybe).toFlowable(),     // (4)
                publisher -> Flowable.fromPublisher(publisher)      // (5)
                        .singleElement()
        );
    }
}
```

먼저 ReactiveAdapter를 상속한 클래스를 선언합니다(1). 다음으로, 기본 생성자를 선언하고 구현 세부
사항을 숨깁니다(2). 부모 생성자의 첫 번째 매개변수는 ReactiveTypeDescriptor 인스턴스로 정의합니
다(3).

ReactiveTypeDescriptor는 ReactiveAdapter에서 사용되는 리액티브 타입에 대한 정보를 제공합니다. 마
지막으로 부모 생성자는 원시 객체(Maybe라고 가정)를 Publisher로 변환하고(4) 모든 Publisher를 다시
Maybe로 변환하는 변환 함수(이 경우에는 람다 표현식의 정의가 필요)를 선언합니다.

 ReactiveAdapter는 임의의 객체를 toPublisher 메서드에 전달하기 전에 ReactiveAdapter#get
ReactiveType 메서드를 사용해 객체의 타입 호환성을 검사한다고 가정합니다.

또한 코드가 복잡해지는 것을 막기 위해 ReactiveAdapterRegistry 클래스를 제공합니다. Reactive
AdapterRegistry를 사용하면 다음 코드와 같이 ReactiveAdapter 인스턴스를 한 곳에서 유지하고 액세스
를 일반화할 수 있습니다.

```
ReactiveAdapterRegistry
    .getSharedInstance()                                          // (1)
    .registerReactiveType(                                        // (2)
        ReactiveTypeDescriptor
            .singleOptionalValue(Maybe.class, Maybe::empty),
        rawMaybe -> ((Maybe<?>)rawMaybe).toFlowable(),
        publisher -> Flowable.fromPublisher(publisher)
                            .singleElement()
    );

...

ReactiveAdapter maybeAdapter = ReactiveAdapterRegistry
    .getSharedInstance()                                          // (1)
    .getAdapter(Maybe.class);                                     // (3)
```

보다시피 ReactiveAdapterRegistry는 다양한 리액티브 타입에 대한 ReactiveAdapter 인스턴스의 풀을 의미합니다. ReactiveAdapterRegistry는 프레임워크 내의 여러 위치에서 사용되거나 응용 프로그램 내에서 사용할 수 있는 싱글턴 인스턴스를 제공합니다(1). 이와 함께 레지스트리는 (2)에서와 같은 매개변수를 이용해 어댑터를 등록할 수도 있습니다. 마지막으로 변환을 수행해야 하는 자바 클래스를 매개변수로 해서 어댑터를 얻을 수도 있습니다(3).

리액티브 I/O

리액티브 지원과 관련된 또 다른 획기적인 개선 사항은 Core I/O 패키지의 보강입니다. 우선, 스프링 코어 모듈은 byte 인스턴스의 버퍼를 추상화한 DataBuffer라는 클래스를 도입했습니다. java.nio.ByteBuffer 클래스 대신 DataBuffer를 도입한 이유는 추상화를 통해 별도의 형 변환 없이도 다양한 바이트 버퍼를 지원하기 때문입니다. 예를 들어, io.netty.buffer.ByteBuf를 ByteBuffer로 변환하려면 저장된 바이트에 액세스하기 위해 버퍼 내용을 힙 메모리로 복사해야 합니다. 이로 인해 네티에서 제공하는 효율적인 메모리 사용과 버퍼 재활용(동일한 바이트 버퍼 재사용)이라는 특성을 제대로 활용할 수 없게 됩니다. 스프링 DataBuffer는 구현의 추상화를 제공하며, 제네릭을 통해 이미 구현된 내용을 사용할 수 있게 해줍니다. 또한, PooledDataBuffer라는 하위 인터페이스는 레퍼런스 카운팅(reference-counting)을 활성화하고 효율적인 메모리 관리를 가능하게 합니다.

또한, 스프링 코어 버전 5에는 I/O(네트워크, 자원, 파일 등과의 상호 작용) 작업을 리액티브 스트림 형태로 할 수 있게 해주는 DataBufferUtils 클래스가 있습니다. 예를 들어 셰익스피어의 햄릿을 다음과 같이 배압 지원이 활성화된 상태의 리액티브 스타일로 읽을 수 있습니다.

```
Flux<DataBuffer> reactiveHamlet = DataBufferUtils
    .read(
        new DefaultResourceLoader().getResource("hamlet.txt"),
        new DefaultDataBufferFactory(),
        1024
);
```

DataBufferUtils.read는 Flux의 DataBuffer 인스턴스를 반환합니다. 따라서 **햄릿**을 읽기 위해 리액터의 모든 기능을 사용할 수 있습니다.

마지막으로, 스프링 코어에서 리액티브와 관련된 마지막 중요한 기능은 **리액티브 코덱**(reactive codec)입니다. 리액티브 코덱을 이용하면 DataBuffer 인스턴스의 스트림을 객체의 스트림으로 변환해 돌려주는 작업을 매우 간편하게 할 수 있습니다. 이러한 목적을 위해 스트림의 데이터를 인코딩과 디코딩하는 역할을 하는 Encoder 및 Decoder 인터페이스가 있습니다.

```
interface Encoder<T> {
    ...

    Flux<DataBuffer> encode(Publisher<? extends T> inputStream, ...);
}

interface Decoder<T> {
    ...

    Flux<T> decode(Publisher<DataBuffer> inputStream, ...);
    Mono<T> decodeToMono(Publisher<DataBuffer> inputStream, ...);
}
```

이 예제에서와같이 두 인터페이스는 모두 리액티브 스트림의 Publisher와 함께 사용하며 DataBuffer 인스턴스 스트림의 객체에 대한 인코딩 및 디코딩을 허용합니다. 이러한 API를 사용해서 얻을 수 있는 이점은 논블로킹 방식으로 직렬화된 데이터를 자바 객체로, 또는 그 반대로 변환할 수 있다는 것입니다.

또한, 데이터를 인코딩 및 디코딩하는 이러한 방법은 리액티브 스트림의 이점을 그대로 활용할 수 있기 때문에 전체 데이터 세트의 디코딩을 시작하기 위해 마지막 바이트를 모두 수신할 때까지 기다릴 필요가 없습니다. 따라서 전체 처리 시간을 줄일 수 있습니다. 반대로 객체의 전체 목록을 다 받기 전에도 인코딩을 시작하고 I/O 채널로 보낼 수 있습니다. 따라서 양방향 처리 속도를 모두 향상시킬 수 있습니다.

 스프링 코어의 리액티브 I/O에 대한 자세한 내용은 다음 링크를 참조하세요.

https://docs.spring.io/spring/docs/current/spring-framework-reference/core.html#databuffers

요약하면, 스프링 프레임워크 버전 5의 스프링 코어 패키지는 리액티브 프로그래밍을 위한 훌륭한 기반을 제공한다고 할 수 있습니다. 아울러 스프링 부트를 이용하면 모든 애플리케이션에서 스프링 코어가 제공하는 기반 요소를 제공할 수 있습니다. 또한 리액티브 응용 프로그램을 작성할 수 있게 해주며, 리액티브 타입 변환, 리액티브 I/O로 작업 및 실시간으로 데이터를 인코딩 및 디코딩하는 데 들어가는 비용을 줄일 수 있게 해줍니다.

웹에서의 리액티브

여기서 언급해야 할 또 하나의 핵심 포인트는 웹 모듈의 변화입니다. 우선, 스프링 부트 2에는 웹플럭스라는 새로운 웹 스타터 그룹이 포함돼 있습니다. 이 스타터 그룹은 높은 처리량과 빠른 반응 속도를 필요로 하는 애플리케이션 개발에 새로운 가능성을 제공합니다. 스프링 웹플럭스 모듈은 리액티브 스트림 어댑터 위에 구축되며, 일반적인 Servlet-API-3.1 기반 서버를 지원함과 동시에 네티 및 언더토(Undertow)와 같은 서버 엔진과도 통합됩니다. 이런 방식으로 스프링 웹플럭스는 논블로킹 방식의 기반을 제공합니다. 또한, 비즈니스 로직과 서버 엔진 간의 통합을 위한 핵심 추상화를 제공해 리액티브 스트림의 새로운 가능성을 열었다고 할 수 있습니다.

 서블릿 API 3.1용 어댑터는 WebMVC 어댑터와 다른 비동기 논블로킹 방식으로 통합됩니다. 물론 스프링 WebMVC 모듈은 HTTP/2를 지원하는 서블릿 API 4.0도 지원합니다.

다음으로 스프링 웹플럭스는 리액터 3를 일급 객체로 광범위하게 사용합니다. 따라서 별도의 노력없이 리액티브 프로그래밍을 사용할 수 있으며, 리액터 프로젝트와 네티가 통합된 상태에서 웹 응용 프로그램을 실행할 수도 있습니다. 마지막으로 웹플럭스 모듈은 내장된 배압 지원 기능을 제공하므로 I/O 안정성을 보장합니다. 서버 측면의 변화 이외에 클라이언트 측면에서 스프링 웹플럭스는 논블로킹 통신을 지원하는 새로운 WebClient 클래스를 제공합니다.

또한, 웹플럭스 모듈의 도입과 함께 오래된 WebMVC 모듈이 리액티브 스트림을 지원하게 됐습니다. 스프링 프레임워크 버전 5에서 WebMVC 모듈은 서블릿 API 3.1 이하 버전을 지원하지 않게 됐습니다. 이것은 WebMVC가 이제 서블릿 스펙에서 제안된 형태로 논블로킹 I/O를 지원한다는 것을 의미합니다. 그러나 WebMVC 모듈의 디자인은 논블로킹 I/O와 관련해서는 많이 변경되지 않았습니다. 그럼에도 불구하고 서블릿 3.0의 비동기 동작에 대해서는 제대로 구현됐습니다. 그동안 부족했던 리액티브 지원을 강화하기 위해 스프링 WebMVC는 ResponseBodyEmitterReturnValueHandler 클래스를 업그레이드했습니다. Publisher 클래스는 이벤트의 무한한 스트림으로 간주할 수 있으므로 Emitter 핸들러는 WebMVC 모듈의 전체 인프라 구조를 해치지 않으면서 리액티브 타입 처리를 위한 로직을 처리하기에 적절한 위치입니다. 이를 위해 WebMVC 모듈에는 Flux 및 Mono와 같은 리액티브 타입을 적절하게 처리하는 ReactiveTypeHandler 클래스가 도입됐습니다.

서버 측에서 리액티브 타입을 지원하는 변경 사항에 추가로 클라이언트 측에서 논블로킹 동작을 얻기 위해 웹플럭스 모듈에서 가져온 것과 동일한 WebClient를 사용할 수 있습니다. 언뜻 보기에 두 모듈 간에 충돌이 발생할 것처럼 보일 수 있습니다. 다행스럽게도 스프링 부트를 이용하면 클래스 패스에서 사용 가능한 클래스를 기반으로 세밀한 환경 및 설정 관리가 가능합니다.

따라서 웹플럭스와 함께 WebMVC(spring-boot-starter-web) 모듈을 의존성에 추가함으로써 WebMVC 환경과 웹플럭스 모듈의 논블로킹 리액티브 WebClient를 동시에 사용할 수 있습니다.

마지막으로 두 모듈을 파이프 모양으로 비유해 보면 다음 그림과 같을 것입니다..

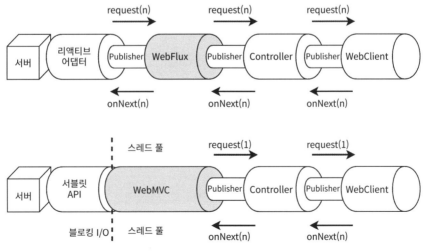

그림 5.1 리액티브 웹플럭스 및 부분적으로 리액티브 적용한 WebMVC 모듈

그림에서 보듯이 WebMVC 또는 웹플럭스를 사용하는 경우 거의 비슷한 형태의 리액티브 스트림 모델을 얻을 수 있습니다. 모듈 간의 가장 큰 차이점은 WebMVC가 서블릿 API와 통합하는 부분에서 쓰기/읽기에 대해 블로킹 방식으로 처리된다는 점입니다. 이 부분은 과거에 설계된 부분이 여전히 남아있는 것입니다. 이 결점은 리액티브 스트림 내에서 모델의 완결성을 저하시켜 평범한 PULL 모델로 다운그레이드 되는 결과를 가져옵니다. 이제 WebMVC는 모든 블로킹 읽기/쓰기 작업에 대해 내부적으로 스레드 풀을 사용하기 때문에 이로 인해 발생하는 예기치 않은 동작을 피하기 위해 적합한 설정을 추가해야 합니다.

이와는 대조적으로 웹플럭스 통신 모델은 자체 처리 흐름을 정의할 수 있는 전송 프로토콜과 네트워크 처리량에 의존하고 있습니다.

요약하면, 스프링 5는 리액티브 스트림 스펙과 리액터 프로젝트를 사용해 리액티브 논블로킹 애플리케이션을 구축할 수 있는 강력한 도구를 도입했습니다. 또한, 스프링 부트는 강력한 의존성 관리와 자동 설정을 가능하게 함으로써 의존성 지옥으로부터 보호해줍니다. 이 장에서 리액티브 웹에 대해서는 자세하게 설명하지 않겠지만, **6장 웹플럭스 – 비동기 논블로킹 통신**에서 웹플럭스 모듈에 대해 다루겠습니다.

스프링 데이터에서의 리액티브

웹 레이어뿐만 아니라 애플리케이션을 이루는 또 다른 중요한 부분은 스토리지와 상호 작용하는 데이터 레이어입니다. 스프링 데이터 프로젝트는 수년 동안 개발자들의 데이터 처리를 단순화해준 견고한 솔루션입니다. 이 프로젝트는 리포지토리 패턴을 이용해 데이터 액세스를 위한 편리한 추상화를 제공합니다. 스프링 데이터는 초창기부터 스토리지 영역에 대한 동기식 블로킹 액세스를 제공했습니다. 다행스럽게도 스프링 데이터 프레임워크의 버전 5는 데이터베이스 레이어에 대한 리액티브 및 논블로킹 액세스를 할 수 있는 새로운 가능성을 보여줬습니다. 새로운 버전에서 스프링 데이터는 리액터 프로젝트의 리액티브 타입을 이용해 리액터 워크플로와 원활한 통합을 가능하게 하는 ReactiveCrudRepository 인터페이스를 제공합니다. 결과적으로 데이터베이스 커넥터를 완벽하게 리액티브 응용 프로그램과 통합할 수 있습니다.

리액티브 리포지토리뿐만 아니라 스프링 데이터는 ReactiveCrudRepository 인터페이스를 확장해 스토리지 메서드와 통합되는 다수의 모듈을 제공합니다. 다음은 스프링 데이터에 리액티브 통합이 가능한 스토리지 메서드 목록입니다.

- **스프링 데이터 Mongo 리액티브 모듈**: NoSQL 데이터베이스와 완전히 상호 작용하고 논 블로킹하지 않는 상호 작용이
  며, 적절한 배압 제어를 제공합니다.

- **스프링 데이터 Cassandra 리액티브 모듈**: TCP 흐름 제어를 통한 배압을 지원하며 Cassandra 데이터 스토리지와의
  비동기 논블로킹 동작을 제공합니다.

- **스프링 데이터 Redis 리액티브 모듈**: Lettuce 자바 클라이언트를 이용해 Redis와 리액티브 통합을 제공합니다.

- **스프링 데이터 Couchbase 리액티브 모듈**: RxJava 기반 드라이버를 통해 Couchbase와 리액티브 스프링 데이터를 통
  합합니다.

또한 이 모든 모듈은 스프링 부트를 통해 지원되며, 개별적인 스타터 모듈을 제공해 각각의 스토리지
메서드와 부드럽게 통합됩니다.

게다가 이런 NoSQL 데이터베이스뿐만 아니라 스프링 데이터는 스프링 데이터 JDBC도 제공하고 있
으며, 머지않아 리액티브 JDBC 커넥션이 제공될 것입니다.

리액티브 데이터 액세스는 **7장 리액티브 방식으로 데이터베이스 사용하기**에서 다룹니다.

요약하면, 스프링 데이터 버전 5는 대부분 응용 프로그램에서 요구하는 웹 엔드포인트에서 데이터베이
스까지 종단 간 데이터 흐름을 리액티브 스타일로 완성했습니다. 다른 스프링 프레임워크 모듈의 개선
사항 중 대부분은 웹플럭스 및 리액티브 스프링 데이터 모듈을 기반으로 합니다. 다음 절에서 이를 살
펴보겠습니다.

스프링 세션에서의 리액티브

스프링 웹 모듈과 관련된 스프링 프레임워크의 또 다른 중요 업데이트는 스프링 세션 모듈의 리액티브
지원입니다.

이제 웹플럭스 모듈이 세션을 효율적으로 관리할 수 있는 추상화를 제공합니다. 이를 위해 스
프링 세션은 리액터의 Mono 타입으로 저장된 세션에 대한 비동기 논블로킹 액세스를 허용하는
ReactiveSessionRepository를 도입했습니다.

그 외에도 스프링 세션은 리액티브 스프링 데이터를 통한 세션 저장소로 레디스(Redis)와 리액티브 통
합을 제공합니다. 다음과 같은 의존성을 추가해 분산된 WebSession을 구현할 수 있습니다.

```
compile "org.springframework.session:spring-session-data-redis"
compile "org.springframework.boot:spring-boot-starter-webflux"
compile "org.springframework.boot:spring-boot-starter-data-redis-reactive"
```

이전의 그레이들 의존성 예제에서 봤지만, Redis WebSession의 리액티브 관리를 위해서는 3가지 의존성을 결합해서 사용해야 합니다. 그러면 스프링 부트가 웹 애플리케이션을 부드럽게 실행하기 위해 빈의 정확한 조합을 제공하고 자동으로 설정을 생성해줍니다.

스프링 시큐리티에서의 리액티브

웹플럭스 모듈을 강화하기 위해 스프링 5에서는 스프링 시큐리티 모듈의 지원도 향상됐습니다. 여기서 핵심적인 향상은 리액터 프로젝트를 통한 리액티브 프로그래밍 모델 지원입니다. 기억하겠지만, 과거의 스프링 시큐리티는 SecurityContext 인스턴스의 저장 방법으로 ThreadLocal을 사용했습니다. 이 기술은 한 스레드 내에서 실행될 때는 잘 작동합니다. 언제든지 ThreadLocal 저장소에 저장된 SecurityContext에 액세스할 수 있습니다. 그러나 비동기 통신이 발생할 때는 문제가 발생합니다. 그때는 ThreadLocal 내용을 다른 스레드로 전송하기 위한 추가적인 공수를 투입해야 할뿐더러, Thread 인스턴스 사이에 전환이 발생하는 곳마다 이러한 추가 작업을 해줘야 합니다. 스프링 프레임워크는 ThreadLocal 확장을 사용해 Threads 간의 SecurityContext 전달을 단순화하지만, 리액터 프로젝트 또는 다른 리액티브 라이브러리에서 리액티브 프로그래밍 패러다임을 적용할 때는 여전히 문제가 발생할 수 있습니다.

다행히도 차세대 스프링 시큐리티는 Flux 또는 Mono 스트림 내에서 SecurityContext를 전송하기 위해 리액터의 컨텍스트를 사용합니다. 이렇게 하면 다른 실행 스레드에서 동작하는 복잡한 리액티브 스트림에서도 SecurityContext에 안전하게 액세스할 수 있습니다. 이러한 기능이 리액티브에서 구현되는 자세한 방법은 **6장 웹플럭스 - 비동기 논블로킹 통신**에서 다룹니다.

스프링 클라우드에서의 리액티브

스프링 클라우드 생태계는 스프링 프레임워크를 사용해 리액티브 시스템을 구축하는 것을 목표로 삼았지만, 리액티브 프로그래밍 패러다임 또한 스프링 클라우드 프레임워크를 그냥 지나치지는 못했습니다. 무엇보다도 이러한 변화는 **게이트웨이**라는 분산 시스템의 진입점에 영향을 미쳤습니다. 오랜 시간 동안 애플리케이션을 게이트웨이로 동작하는 유일한 스프링 모듈은 **스프링 클라우드 넷플릭스 Zuul** 모듈이었습니다. 넷플릭스 Zuul은 동기식 블로킹 방식으로 요청을 라우팅하는 서블릿 API를 기반으로 합니다. 더 나은 성능을 얻는 유일한 방법은 기본 서버 스레드 풀을 조정하는 것입니다. 불행하게도 이러한 모델은 리액티브 스타일이 아닐뿐더러 확장성에도 문제가 있습니다. 이 문제의 원인에 대한 자세한 내용은 **6장 웹플럭스 - 비동기 논블로킹 통신**에서 다룹니다.

다행스럽게도 스프링 클라우드는 스프링 웹플럭스 위에 구축된 새로운 스프링 클라우드 게이트웨이 모듈을 도입하고 리액터 프로젝트 3을 지원해 비동기 논블로킹 라우팅을 제공합니다.

 스프링 클라우드 게이트웨이에 대한 자세한 내용은 다음 링크를 참조하세요.

https://cloud.spring.io/spring-cloud-gateway

새로운 게이트웨이 모듈 외에도 스프링 클라우드 스트림(Spring Cloud Streams)은 리액터 프로젝트의 지원을 얻었으며, 보다 세분화된 스트리밍 모델을 도입했습니다. **8장 클라우드 스트림으로 확장하기**에서 스프링 클라우드 스트림을 다룰 예정입니다.

마지막으로 리액티브 시스템 개발을 단순화하기 위해 스프링 클라우드는 스프링 클라우드 펑션(Spring Cloud Function)이라는 새로운 모듈을 도입해 **FaaS(Function as a Service)** 솔루션으로서 자체 기능을 구축하는 데 필요한 필수 구성 요소를 제공합니다. **8장 클라우드 스트림으로 확장하기**에서 학습하겠지만, 추가적인 인프라 없이 일반적인 개발 환경에서는 스프링 클라우드 펑션 모듈을 사용할 수 없습니다. 다행스럽게도 스프링 클라우드 데이터 플로(Sprint Cloud Data Flow)는 이러한 가능성을 제시하며 스프링 클라우드 펑션의 기능 중 일부를 포함합니다. **8장 클라우드 스트림으로 확장하기**에서 다루기 때문에 여기서는 스프링 클라우드 펑션과 스프링 클라우드 데이터 플로에 대한 세부 사항은 다루지 않습니다.

스프링 테스트에서의 리액티브

테스트는 모든 개발 프로세스에서 필수입니다. 스프링 생태계는 향상된 스프링 테스트 및 스프링 부트 테스트 모듈을 제공합니다. 이 모듈은 리액티브 스프링 애플리케이션을 테스트하기 위한 다수의 기능을 포함하고 있습니다. 따라서 스프링 테스트는 웹플럭스 기반 웹 애플리케이션을 테스트할 수 있는 WebTestClient를 제공하고, 스프링 부트 테스트는 애노테이션을 사용해 테스트 스위트에 대한 자동 구성을 처리합니다.

리액티브 스트림의 Publisher를 테스트하기 위해 리액터 프로젝트는 **리액터 테스트** 모듈을 제공합니다. 이 모듈을 스프링 테스트 및 스프링 부트 테스트 모듈과 함께 사용하면 리액티브 스프링을 사용해 구현된 비즈니스 로직에 대한 완벽한 검증 스위트를 작성할 수 있습니다. 리액티브 테스트의 세부 사항은 **9장 리액티브 애플리케이션 테스트하기**에서 다루겠습니다.

리액티브 모니터링하기

마지막으로, 리액터 프로젝트와 리액티브 스프링 프레임워크를 기반으로 제작된 리액티브 시스템의 운영 환경은 모든 중요한 운영 지표를 보여줄 수 있어야 합니다. 이를 위해 스프링 생태계는 애플리케이션 모니터링을 위한 여러 가지 세분화된 옵션을 제공합니다.

우선, 리액터 프로젝트에는 기본으로 제공하는 지표들이 있습니다. 리액티브 스트림 내에서 여러 이벤트를 추적할 수 있는 Flux#metrics() 메서드가 있습니다. 하지만 수동으로 등록된 모니터링 지점 외에도 일반 웹 응용 프로그램은 많은 내부 프로세스를 추적해야 합니다. 또한 어떻게든 운영 통계를 작성해야 합니다. 이를 위해 스프링 프레임워크 생태계는 향상된 스프링 부트 액추에이터 모듈을 제공해 애플리케이션 모니터링 및 문제 해결을 위한 기본 지표를 볼 수 있도록 합니다. 차세대 스프링 액추에이터는 웹플럭스와 완벽하게 통합되며 지표를 위한 엔드포인트를 효율적으로 노출하기 위해 비동기 논블로킹 프로그래밍 모델을 사용합니다.

애플리케이션 모니터링 및 추적을 위한 마지막 옵션은 즉시 사용 가능한 분산 추적을 제공하는 **스프링 클라우드 슬루스(Spring Cloud Sleuth)** 모듈입니다. 모듈의 주목할 만한 개선점은 리액터 프로젝트로 리액티브 프로그래밍을 지원하므로 응용 프로그램 내의 모든 리액티브 워크플로를 추적할 수 있다는 것입니다.

요약하면, 프레임워크 자체가 리액티브를 지원하는 것뿐만 아니라, 스프링 생태계는 세부적인 애플리케이션 모니터링이 가능하면서 운영 환경에서도 사용 가능한 솔루션을 제공하고 있습니다. 이 주제는 **10장 자! 드디어 릴리즈다**에서 다루겠습니다.

요약

이 장에서 학습했듯이 스프링 프레임워크로 개발을 단순화하기 위해 스프링 부트가 도입됐습니다. 이는 스프링 구성 요소 사이에 접착제 역할을 하며, 응용 프로그램 의존성에 기반해 적합한 자동 설정을 제공합니다. 버전 2가 되면서 리액티브 스택에 대해서도 훌륭하게 지원하게 됐습니다. 이 장에서는 스프링 프레임워크 개선에 대한 많은 세부 사항은 건너뛰었지만, 리액티브의 혜택을 누리는 데 스프링 부트가 어떤 도움을 주는지를 다뤘습니다.

다음 장에서는 스프링 웹플럭스 모듈과 스프링 WebMVC를 비교하는 것으로 시작해 스프링 5.x에 소개된 기능과 개선 사항에 대해 자세히 설명하겠습니다.

웹플럭스
- 비동기 논블로킹 통신

5장에서는 스프링 부트 2.x를 살펴봤습니다. 스프링 부트 버전 2는 스프링 프레임워크의 버전 5와 함께 많은 부분이 업데이트됐습니다. 또한 스프링 웹플럭스 모듈에 대해서도 배웠습니다.

이 장에서는 각 모듈에 대해 자세히 살펴봅니다. 웹플럭스의 내부 설계를 오래된 웹 MVC와 비교해 각각의 장단점을 알아보겠습니다. 또한 웹플럭스를 사용해 간단한 웹 응용 프로그램을 만들어보겠습니다.

이 장에서 다루는 주제는 다음과 같습니다.

- 스프링 웹플럭스에 대한 조감도

- 웹플럭스와 스프링 웹 MVC 비교

- 스프링 웹플럭스에 대한 포괄적인 디자인 개요

리액티브 기반 서버 기술의 핵심: 웹플럭스

1장 왜 리액티브 스프링인가?와 **4장 리액터 프로젝트 – 리액티브 앱의 기반**에서 봤듯이 애플리케이션 서버의 새로운 시대가 열리면서 개발자들에게 새로운 기술을 선사했습니다. 스프링 프레임워크 웹 애플리케이션은 초창기부터 스프링 웹 모듈을 자바 EE의 서블릿 API와 통합하기로 결정했습니다. 스프링 프레임워크를 구성하는 인프라는 전체적으로 서블릿 API를 기반으로 구축됐으며, 둘은 강하게 결합돼 있습니다. 예를 들어, 스프링 웹 MVC는 전체적으로 프런트 컨트롤러 패턴을 기반으로 합니다.

이 패턴은 스프링 웹 MVC에서 `javax.servlet.http.HttpServlet` 클래스를 간접적으로 상속하는 `org.springframework.web.servlet.DispatcherServlet` 클래스에 의해 구현됐습니다.

반면에 스프링 프레임워크는 **스프링 웹** 모듈에서 더 나은 추상화 수준을 제공합니다. 이 모듈은 애노테이션 기반의 컨트롤러와 같은 많은 기능을 모아둔 레고 블록이라고 할 수 있습니다. 이 모듈은 공통 인터페이스를 부분적으로 구현 및 분리하고 있지만, 초기 버전의 스프링 웹 동기 방식 모델 및 블로킹 IO를 방식으로 설계됐습니다. 그런데도 모듈을 분리해 설계한 것은 아주 좋은 일입니다. 리액티브 웹을 살펴보기 전에 웹 모듈의 디자인을 다시 정리해 보고, 모듈 내의 동작을 이해해 보도록 하겠습니다.

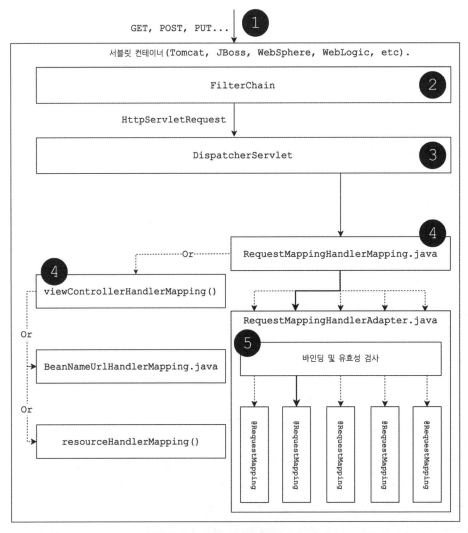

그림 6.1 스프링 웹 MVC 모듈의 웹 스택 구현

다음은 그림에 대한 설명입니다.

1. 외부 요청은 기본 **서블릿 컨테이너**가 처리합니다. 여기서 서블릿 컨테이너는 요청에 대한 입력값을 서블릿 API의 ServletRequest 인터페이스로 변환하고 ServletResponse 인터페이스 형식으로 출력값을 내보낼 준비를 합니다.

2. FilterChain으로 연결된 필터를 통과하며 ServletRequest는 필터링 단계를 거칩니다.

3. 다음 단계는 DispatcherServlet에 의한 처리입니다. DispatcherServlet은 서블릿 클래스를 상속하며, HandlerMapping(4), HandlerAdapter(5) 및 ViewResolver(그림에는 표시되지 않음)의 목록을 보유하고 있습니다. 그 림에서 보이는 실행 흐름의 관점에서 DispatcherServlet 클래스는 HandlerMapping 인스턴스를 검색하고 적절한 HandlerAdapter를 적용하는 역할을 담당합니다.
그런 다음 DispatcherServlet이 HandlerMapping 및 HandlerAdapter 실행 결과를 렌더링하기 위한 View를 결정 하는 ViewResolver를 검색합니다.

4. 그다음, HandlerMapping 단계가 있습니다. DispatcherServlet(3)은 Application Context에서 HandlerMapping Bean을 모두 검색합니다. 매핑 초기화 과정에서 스캐닝 중에 발견된 모든 인스턴스가 순서에 따라 정렬됩니다. 정렬 순서 는 @Order 애노테이션에 의해 지정되거나 HandlerMapping이 Ordered 인터페이스를 구현해 지정할 수 있습니다. 이 때문에 설정한 순서에 따라 HandlerMapping 인스턴스에 대한 정렬 순서가 달라질 수 있습니다. 이 그림에는 몇 가지 일 반적인 HandlerMapping 인스턴스가 나와 있습니다. 가장 익숙한 것은 애노테이션 기반 프로그래밍 모델을 가능하게 해 주는 RequestMappingHandlerMapping입니다.

5. 마지막으로, RequestMappingHandlerAdapter 단계에서 입력 받은 ServletRequest와 적합한 @Controller 애노테 이션 객체를 바인딩합니다. 또한 RequestMappingHandlerAdapter는 요청 검증 및 응답 변환을 포함하여 여러 가지 유용 한 도구를 제공합니다. 이러한 것들이 스프링 웹 MVC 프레임워크를 일반적인 웹 개발에 유용하게 만드는 데 기여합니다.

앞서 살펴본 것처럼 전체적인 디자인은 컨테이너에 있는 모든 서블릿을 처리하는 서블릿 컨테이너에 의존합니다.

DispatcherServlet은 유연하고 다양한 설정이 가능한 스프링 웹과 무겁고 복잡한 서블릿 API를 통합하 는 역할을 합니다. HandlerMapping은 다양한 설정이 가능해 컨트롤러 및 빈과 같은 최종 비즈니스 로직 을 서블릿 API에서 분리하는 데 도움이 됩니다.

스프링 MVC는 매핑, 바인딩 및 유효성 검사 기능을 제공하는 것 외에 HttpServletRequest 및 HttpServletResponse에 대해 직접 접근할 수도 있습니다. 그러나 이러한 클래스를 직접 사용하면 서블릿 API에 직접적인 의존성을 가지게 됩니다. 이는 웹 MVC에서 웹플럭스 또는 스프링을 지원하는 다른 웹 확장 으로 마이그레이션 프로세스를 복잡하게 할 수 있기 때문에 가급적 사용하지 않는 것이 좋습니다. 대신 org. springframework.http.RequestEntity와 org.springframework.http.ResponseEntity를 사용하는 편 이 더 낫습니다. 이 클래스들은 웹 서버 구현과 요청 및 응답 객체를 격리시켜 줍니다.

스프링 웹 MVC 접근법은 수년 동안 편리한 프로그래밍 모델이었습니다. 웹 애플리케이션 개발을 위한 견고하고 안정적인 뼈대를 제공하는 것이 입증됐습니다. 이것이 2003년에 스프링 프레임워크가 서블 릿 API를 기반으로 웹 응용 프로그램을 구축하기 위한 가장 인기 있는 솔루션 중 하나가 되기 위한 여정을 시작한 이유일 것입니다. 그러나 과거의 방법론과 기법은 현대의 데이터 집약적인 시스템의 요구 사항에 적합하지 않습니다.

서블릿 API는 버전 3.1부터 비동기 논블로킹 통신을 지원합니다. 하지만 스프링 MVC 모듈은 서블릿 API와 많은 차이가 있으며, 요청과 응답으로 이어지는 라이프 사이클 전반에 걸쳐 논블로킹 동작을 허용하지 않습니다. 예를 들어, 논블로킹 HTTP 클라이언트가 없으므로 외부 상호 작용으로 블로킹 I/O 호출이 발생할 가능성이 높습니다. **5장 스프링 부트 2와 함께하는 리액티브**에서 언급했듯이 웹 MVC 추상화는 논블로킹 서블릿 API 3.1의 모든 기능을 지원하지 않습니다. 서블릿 API의 모든 기능을 지원할 수 없다면 스프링 웹 MVC는 높은 성능을 요구하는 프로젝트에 적합하다고 보기 어렵습니다. 구 버전 스프링 웹 추상화의 또 다른 단점은 네티와 같은 서블릿이 아닌 서버에 스프링 웹 기능이나 프로그래밍 모델을 재사용할 수 있는 유연성이 없다는 것입니다.

지난 몇 년 동안 스프링 프레임워크 팀이 당면한 핵심 과제는 동일한 애노테이션 기반 프로그래밍 모델을 지원하면서 비동기 논블로킹 서버의 모든 이점을 동시에 제공하는 새로운 솔루션을 구축하는 것이었습니다.

리액티브 웹의 핵심

새로운 스프링 생태계를 위한 새로운 비동기 논블로킹 웹 모듈을 개발하고 있다고 가정해 봅시다. 새로운 리액티브 웹 스택은 어떻게 생겨야 할까요? 먼저 기존 솔루션을 분석하고 개선 또는 제거해야 할 부분을 도출해 봅시다.

일반적으로 스프링 MVC의 내부 API 디자인은 매우 훌륭합니다. API에 추가돼야 할 유일한 것은 서블릿 API에 대한 직접적인 의존성입니다. 따라서 최종 솔루션은 서블릿 API와 유사한 인터페이스를 가져야 합니다. 리액티브 스택을 설계하기 위한 첫 번째 단계는 입력받은 요청에 반응하는 메서드를 만들어서 javax.servlet.Servlet#service 메서드를 대체하는 것입니다. 또한 관련 인터페이스와 클래스를 변경해야 합니다. 클라이언트의 요청과 서버의 응답을 서로 교환하는 서블릿 API의 방식을 개선하고 커스터마이징해야 합니다.

직접 API를 구현하면 서버 엔진과 특정한 API에서 분리될 수 있지만, 리액티브 통신을 설정하는 데 도움이 되지 않습니다. 따라서 새로운 인터페이스는 요청 본문 및 세션과 같은 모든 데이터에 대한 액세스를 제공해야 합니다. 이전 장에서 배운 것처럼 리액티브 스트림 모델은 가용성 및 수요에 따라 데이터와 상호 작용하고 이를 처리할 수 있습니다. 리액터 프로젝트는 리액티브 스트림 표준을 따르고 기능 면에서 광범위한 API를 제공하므로 이 API를 사용하는 것이 리액티브 웹 API를 구축하는 데 매우 적절할 수 있습니다.

실제 구현에서 이러한 것들을 결합한다면 다음과 같은 코드를 만들 수 있습니다.

```
interface ServerHttpRequest {                                       // (1)

    ...
    Flux<DataBuffer> getBody();                                     // (1.1)
    ...
}


interface ServerHttpResponse {                                      // (2)

    ...
    Mono<Void> writeWith(Publisher<? extends DataBuffer> body);     // (2.1)
    ...
}


interface ServerWebExchange {                                       // (3)

    ...
    ServerHttpRequest getRequest();                                 // (3.1)
    ServerHttpResponse getResponse();                               // (3.2)
    ...
    Mono<WebSession> getSession();                                  // (3.3)
    ...
}
```

코드에 대한 설명은 다음과 같습니다.

1. 수신 메시지를 나타내는 인터페이스 초안입니다. 보는 바와 같이, (1.1)에서 수신되는 바이트에 대한 액세스를 제공하는 핵심 추상화는 Flux입니다. 정의에 의하면 이것은 리액티브 액세스가 있음을 의미합니다. **5장 스프링 부트 2와 함께하는 리액티브**에서 배운 대로, 바이트 버퍼에 대한 유용한 추상화로서 DataBuffer가 있음을 알 수 있습니다. 이것은 특정 서버

와 데이터를 교환하는 편리한 방법입니다. 요청 본문과 함께 모든 HTTP 요청에는 일반적으로 요청 헤더, 패스, 쿠키 및 쿼리 매개변수에 대한 정보가 포함돼 있으므로 각 정보를 해당 인터페이스 또는 하위 인터페이스에서 별도의 메서드로 표시할 수 있습니다.

2. `ServerHttpRequest` 인터페이스와 짝을 이루는 응답 인터페이스의 초안입니다. (2.1)을 보면 `ServerHttpRequest#getBody` 메서드와 달리 `ServerHttpResponse#writeWith` 메서드는 `Publisher<? extends DataBuffer>` 타입을 모두 매개변수로 받을 수 있습니다. 이 경우 `Publisher` 타입은 특정 리액티브 타입과의 결합도를 낮춰서 코드의 유연성을 확보할 수 있습니다. 그에 따라 적합한 인터페이스 구현체를 골라서 사용할 수 있고 비즈니스 로직을 프레임워크에서 분리할 수 있습니다. 이 메서드는 네트워크에 데이터를 보내는 비동기 프로세스인 `Mono<Void>`를 반환합니다. 여기서 중요한 점은 주어진 `Mono`를 구독하는 경우에만 데이터를 보내는 프로세스가 실행된다는 것입니다. 또한 수신 서버는 전송 프로토콜의 제어 흐름에 따라 배압을 제어할 수 있습니다.

3. `ServerWebExchange` 인터페이스 선언입니다. 여기서 인터페이스는 HTTP 요청 및 응답 인스턴스의 컨테이너 역할을 합니다(3.1 및 3.2). 인터페이스는 인프라 스트럭처 역할을 수행하고, HTTP 상호 작용을 처리할 뿐만 아니라 프레임워크와 관련된 정보를 저장할 수 있습니다. 예를 들어, (3.3)과 같이 요청에서 추출한 `WebSession`에 대한 정보를 포함할 수 있습니다. 또는 요청 및 응답 인터페이스 위에 추가 인프라 메서드를 제공할 수도 있습니다.

앞의 예제에서는 리액티브 웹 스택의 잠재적인 인터페이스를 초안으로 작성했습니다. 전체적으로 이 인터페이스들은 서블릿 API에 있는 것과 유사합니다. 예를 들어, `ServerHttpRequest`와 `ServerHttpResponse`는 `ServletRequest`와 `ServletResponse`를 상기시킵니다. 본질적으로 리액티브로 만든 대체재들은 기존 모델의 관점에서 봤을 때도 거의 동일한 방법을 제공하는 것을 목표로 합니다.

그러나 리액티브 스트림의 비동기 논블로킹 특성으로 인해 스트리밍 기반의 기능을 즉시 사용할 수 있게 해주고, 아울러 얽히고설킨 콜백 기반 API와 콜백 지옥으로부터 보호해줍니다.

핵심적인 인터페이스와는 별개로 전체 흐름을 수행하기 위해서는 다음과 같이 요청-응답 핸들러 및 필터 API를 정의해야 합니다.

```java
interface WebHandler {                                          // (1)
    Mono<Void> handle(ServerWebExchange exchange);
}

interface WebFilterChain {                                      // (2)
    Mono<Void> filter(ServerWebExchange exchange);
}

interface WebFilter {                                           // (3)
```

```
    Mono<Void> filter(ServerWebExchange exch, WebFilterChain chain);
}
```

각 번호에 대한 설명은 다음과 같습니다.

1. 이것은 WebHandler라고 하는 HTTP 상호 작용의 핵심 진입점입니다. 이 인터페이스가 DispatcherServlet의 역할을 하므로 그 위에 모든 구현을 할 수 있습니다. 인터페이스의 책임은 요청 핸들러를 찾아서 ServerHttpResponse에 실행 결과를 기록하는 뷰의 렌더러를 구성하는 것이므로 DispatcheServlet#handle 메서드는 결과를 반환하지 않아도 됩니다. 그러나 처리가 완료되면 알림을 받는 것이 유용할 수 있습니다. 이와 같은 알림에 의존함으로써 지정된 시간 내에 알림을 받지 못하면 실행을 취소할 수 있습니다. 이러한 이유로 메서드는 반드시 Void 타입 Mono를 반환하게 되어 있어 결과를 반드시 처리하지 않고도 비동기 처리가 완료될 때까지 기다릴 수 있습니다.

2. Servlet API와 유사하게 몇 개의 WebFilter(3) 인스턴스를 체인에 연결할 수 있는 인터페이스입니다.

3. 리액티브 Filter에 대한 표현입니다.

앞의 인터페이스를 통해 나머지 프레임워크를 위한 비즈니스 로직을 구축할 수 있는 기초를 닦을 수 있었습니다.

이제 리액티브 웹 인프라의 필수 요소를 거의 완성했습니다. 계층 구조 추상화를 완성하기 위해 예제 디자인은 리액티브 HTTP 요청 처리를 위한 최저 수준을 요구합니다. 앞에서는 데이터 전송 및 처리를 담당하는 인터페이스만 정의했기 때문에 정의된 인프라에 맞는 서버 엔진 적용을 담당하는 인터페이스를 정의해야 합니다. 이를 위해 ServerHttpRequest 및 ServerHttpResponse와의 직접적인 상호 작용을 담당할 추가적인 추상화 계층이 필요합니다.

또한 이 계층에서는 ServerWebExchange를 만들어야 합니다. 특정 세션 저장소, Locale 확인 및 이와 유사한 인프라들이 이 계층에 존재합니다.

```
public interface HttpHandler {
    Mono<Void> handle(ServerHttpRequest request, ServerHttpResponse response);
}
```

마지막으로, 각 서버 엔진마다 주어진 ServerHttpResponse와 ServerHttpRequest를 ServerWebExchange로 결합한 후 WebFilterChain 및 WebHandler에 전달하는 미들웨어의 HttpHandler에 대한 어댑터를 만들 수 있습니다. 이러한 설계로 인해 스프링 웹플럭스 사용자는 특정 서버 엔진이 어떻게 작동하는지 알 필가 없습니다. 서버 엔진의 세부 사항을 숨기는 적절한 수준의 추상화가 있기 때문입니다. 이제 다음 단계로 넘어갈 수 있고 높은 수준의 리액티브 추상화를 구축할 수 있습니다.

리액티브 웹 MVC 프레임워크

스프링 웹 MVC 모듈의 핵심은 애노테이션 기반 프로그래밍 모델입니다. 따라서 리액티브 방식의 웹으로 대체하더라도 애노테이션 기반 모델은 지원해야 합니다. 현재 스프링 웹 MVC는 구성하고 있는 각 모듈이 적절하게 설계돼 있음을 알 수 있습니다. 새로운 리액티브 MVC 인프라를 구축하는 대신 기존 MVC 인프라를 재사용하고 동기 통신을 Flux, Mono 및 Publisher와 같은 리액티브 타입으로 교체할 수도 있습니다. 가령 요청을 매핑하고 컨텍스트 정보(예: 헤더, 쿼리 매개변수, 속성 및 세션)를 핸들러에 바인딩하기 위한 두 개의 핵심 인터페이스가 HandlerMapping 및 HandlerAdapter를 대체한다고 합시다. 스프링 웹 MVC에서와 동일한 HandlerMapping과 HandlerAdapter를 그대로 사용할 수도 있지만, 리액터 타입을 사용해 리액티브 상호 작용 모델로 변경할 수도 있습니다.

```
interface HandlerMapping {                                              // (1)
/* HandlerExecutionChain getHandler(HttpServletRequest request) */      // (1.1)
    Mono<Object> getHandler(ServerWebExchange exchange);                // (1.2)
}
```

```
interface HandlerAdapter {                                             // (2)
    boolean supports(Object handler);

/* ModelAndView handle(                                                // (2.1)
    HttpServletRequest request, HttpServletResponse response,
    Object handler
    ) */

    Mono<HandlerResult> handle(                                        // (2.2)
        ServerWebExchange exchange,
        Object handler
    );
}
```

다음은 이 코드에 대한 설명입니다.

1. 리액티브 HandlerMapping 인터페이스의 선언입니다. 여기에서는 이전 웹 MVC 구현과 개선된 MVC 구현의 차이점을 강조하기 위해 두 가지 메서드의 선언이 코드에 포함돼 있습니다. / * ... * /로 주석 처리하고 기울임꼴 스타일을 사용한 (1.1)은 구버전 구현입니다. 반면 새 인터페이스는 **굵게** 강조 표시했습니다(1.2). 보다시피 메서드는 매우 유사합니다. 차이점은 마지막 하나가 Mono 유형을 반환해 리액티브 동작을 활성화한다는 것입니다.

2. 리액티브 버전의 HandlerAdapter 인터페이스입니다. 코드에서 볼 수 있듯이 handle 메서드의 리액티브 버전은 ServerWebExchange 클래스가 요청 인스턴스와 응답 인스턴스를 동시에 결합해주는 덕택에 좀 더 간결해졌습니다. (2.2) 에서 이 메서드는 ModelAndView(2.1에 있음) 대신 HandlerResult의 Mono를 반환합니다. 알다시피 ModelAndView는 상태 코드, Model 및 View와 같은 정보를 제공합니다. HandlerResult 클래스에는 상태 코드를 제외하고는 동일한 정보가 들어 있습니다. HandlerResult는 직접 실행 결과를 제공하므로 더 쓸모가 있습니다. 또한 DispatcherHandler가 핸들러를 쉽게 찾을 수 있도록 해줍니다. 웹 MVC에서 View는 템플릿 역할뿐만 아니라 객체 렌더링도 담당합니다. 또한 결과를 렌더링하는 역할도 하고 있어서 웹 MVC에서 그 역할이 약간 모호할 수 있습니다. 불행하게도 이렇게 한 개의 클래스가 동시에 여러 가지 역할을 수행하는 것은 비동기 처리 방식을 쉽게 적용할 수 없습니다. 이 경우 결과가 일반 자바 객체일 때 뷰 검색은 해당 클래스에서 직접 처리되지 않고 HandlerAdapter에 의해 수행됩니다. 그렇기 때문에 역할을 명확히 하는 것이 낫습니다. 따라서 앞의 코드에서 구현된 변경 사항을 개선점이라고 말할 수 있습니다.

이 단계를 따르면 전체 실행 계층 구조를 손상시키지 않으면서 기존 설계를 보존하고 최소한의 변경으로 기존 코드를 재사용할 수 있습니다.

마지막으로 실제 웹 스택을 구현하고 요청의 처리 과정을 변경하기 위해 지금까지 수행한 모든 단계를 집약해서 실제 구현까지 고려한 다음 디자인을 제안합니다.

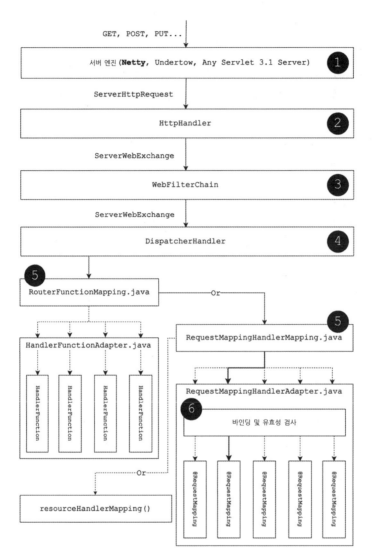

그림 6.2 다시 설계한 리액티브 웹 MVC 스택

이 그림에 대한 설명은 다음과 같습니다.

1. 기본 서버 엔진에서 처리하는 요청 입력입니다. 보다시피 지원하는 서버 엔진은 서블릿 API 기반 서버에만 국한되지 않으며 네티 및 언더토와 같은 엔진도 포함했습니다. 여기서 각 서버 엔진에는 자체적으로 요청을 처리할 수 있는 어댑터가 있습니다. 이 어댑터는 HTTP 요청 및 HTTP 응답의 내부 표현을 ServerHttpRequest 및 ServerHttpResponse에 매핑합니다.

2. ServerHttpRequest, ServerHttpResponse, 사용자 세션 및 관련 정보를 ServerWebExchange 인스턴스로 결합하는 HttpHandler 계층입니다.

3. WebFilterChain 계층이며, 정의된 WebFilter를 체인으로 구성합니다. 그런 다음 WebFilterChain은 연결된 WebFilter 인스턴스의 WebFilter#filter 메서드를 실행해 입력받은 ServerWebExchange를 필터링합니다.

4. 모든 필터 적용이 완료되면 WebFilterChain이 WebHandler 인스턴스를 호출합니다.

5. 다음 단계는 HandlerMapping의 인스턴스를 찾고 적합한 인스턴스를 호출하는 것입니다. 이 예에서는 RouterFunctionMapping와 잘 알려진 RequestMappingHandlerMapping 및 HandlerMapping 리소스와 같은 몇 가지 HandlerMapping 인스턴스를 보여줍니다. 여기서 새로운 HandlerMapping 인스턴스는 웹플럭스 모듈에서 처음 소개됐으며, 단순한 기능 요청 처리를 넘어서는 RouterFunctionMapping입니다. 그 기능은 여기서 설명하지 않고 다음 절에서 자세히 다루겠습니다.

6. RequestMappingHandlerAdapter 단계는 이전과 같은 기능을 하지만, 리액티브 상호 작용을 처리하기 위해 리액티브 스트림을 사용합니다.

앞의 그림은 웹플럭스 모듈의 기본 처리 흐름을 간략하게 보여줍니다. 웹플럭스 모듈에서 기본 서버 엔진은 네티입니다. 네티 서버는 리액티브에서 널리 사용되기 때문에 기본 엔진으로서 적절한 선택이라고 할 수 있습니다. 또한 서버 엔진은 클라이언트와 서버 사이에 비동기 논블로킹 상호 작용을 제공합니다. 이것은 스프링 웹플럭스가 제공하는 리액티브 프로그래밍 패러다임에 더 적합하다는 것을 의미합니다. 기본 탑재된 네티가 웹플럭스를 처리하기 위한 좋은 서버 엔진이기는 하지만, 프레임워크는 서버 엔진을 선택할 수 있는 유연성을 제공합니다. 즉, 언더토, 톰캣, 제티(Jetty) 또는 다른 서블릿 API 기반의 다양한 서버 엔진으로 쉽게 변경할 수 있습니다. 이렇게 웹플럭스 모듈은 스프링 웹 MVC 모듈의 아키텍처를 그대로 반영하므로 이전 웹 프레임워크 경험이 있는 사람이라면 쉽게 이해할 수 있습니다. 또한, 스프링 웹플럭스 모듈은 숨겨진 보석 같은 기능을 많이 가지고 있는데, 이는 다음 절에서 다루겠습니다.

웹플럭스로 구현하는 순수한 함수형 웹

앞의 그림에서 봤듯이 웹플럭스는 웹 MVC와 상당 부분 비슷하지만, 많은 기능이 새롭게 추가됐습니다. 소규모 마이크로서비스의 활성화, 아마존 람다 및 유사한 클라우드 서비스를 보편적으로 사용하는 현 시점에는 개발자들이 거의 동일한 프레임워크 설정으로 이루어진 간단한 응용 프로그램을 쉽게 만들 수 있게 하는 것이 중요합니다. Vert.x나 Ratpack과 같은 경쟁 프레임워크를 더욱 매력적으로 만들어준 특징 중 하나는 함수적인 라우팅 매핑과 복잡한 요청 라우팅 로직을 작성할 수 있는 내장 API를 이용해 경량 애플리케이션을 개발할 수 있게 해줬기 때문입니다. 그래서 스프링 프레임워크 팀도 이러한 특징을 웹플럭스 모듈에 통합하기로 했습니다. 또한, 순수하게 함수적인 라우팅의 결합은 새로운 리액티브 프로그래밍 접근법에 잘 부합합니다. 그러면 다음 예제를 통해 새로운 함수적 접근 방식을 사용해 복잡한 라우팅을 작성하는 방법을 살펴보겠습니다.

```java
import static ...RouterFunctions.nest;                                    // (1)
import static ...RouterFunctions.route;
...
Import static ...RequestPredicates.GET;                                   // (2)
Import static ...RequestPredicates.POST;
Import static ...RequestPredicates.accept;
Import static ...RequestPredicates.contentType;
Import static ...RequestPredicates.method;
Import static ...RequestPredicates.path;


@SpringBootApplication                                                    // (3)
public class DemoApplication {
    ...
    @Bean
    public RouterFunction<ServerResponse> routes(                         // (4)
        OrderHandler handler
    ) {
        return
            nest(path("/orders"),                                         // (5)
                nest(accept(APPLICATION_JSON),
                    route(GET("/{id}"), handler::get)
                    .andRoute(method(HttpMethod.GET), handler::list)
                )
                .andNest(contentType(APPLICATION_JSON),
                    route(POST("/"), handler::create)
                )
            );
    }
}
```

이 코드에 대한 설명은 다음과 같습니다.

1. RouterFunctions 클래스를 정적으로 import합니다. RouterFunctions 클래스는 RouterFunction 인터페이스를 다른 동작으로 반환하는 다양한 팩토리 메서드를 제공합니다.

2. RequestPredicates 클래스를 정적으로 import합니다. RequestPredicates 클래스는 입력받은 요청을 다른 관점에 서 확인할 수 있습니다. 일반적으로 RequestPredicates는 RequestPredicate 인터페이스의 다른 구현을 제공합니다. 이 인터페이스는 함수형 인터페이스이며 다양한 방식으로 입력받는 요청을 확인하기 위해 상속받을 수 있습니다.

3. @SpringBootApplication 애노테이션을 붙이는 스프링 부트 애플리케이션의 일반적인 선언입니다.

4. RouterFunction<ServerResponse> bean을 초기화하는 메서드 선언입니다. 이 예에서 메서드는 응용 프로그램의 부 트스트랩 과정에서 호출됩니다.

5. RouterFunctions 및 RequestPredicates API를 이용해 표현한 RouterFunction의 선언입니다.

앞의 예제에서는 응용 프로그램의 웹 API를 선언하는 다른 방법을 사용했습니다. 이 기법은 함수적 방법을 이용해 핸들러 선언을 할 수 있도록 해주며, 모든 경로 매핑을 한 군데에서 명시적으로 관리할 수 있게 해줍니다. 또한 이전에 사용된 것과 같은 API를 사용해 입력 요청에 대한 Predicates를 쉽게 작성할 수 있습니다. 예를 들어 다음 코드는 사용자 정의 RequestPredicate를 구현하고 이를 라우팅 로직에 적용하는 방법을 보여줍니다.

```
nest((serverRequest) -> serverRequest.cookies().containsKey("Redirect-Traffic"),
    route(all(), serverRedirectHandler)
)
```

이전 예에서는 "Redirect-Traffic" 쿠키가 있는 경우 트래픽을 다른 서버로 리디렉션하는 작은 RouterFunction을 만들었습니다.

새로운 함수형 웹에서는 요청 및 응답을 처리하는 새로운 방법을 도입했습니다. 다음 예제는 OrderHandler 구현의 일부를 보여줍니다.

```
class OrderHandler {                                                    // (1)
    final OrderRepository orderRepository;
    ...
    public Mono<ServerResponse> create(ServerRequest request) {         // (2)
        return request
            .bodyToMono(Order.class)                                    // (2.1)
            .flatMap(orderRepository::save)
            .flatMap(o ->
                ServerResponse.created(URI.create("/orders/" + o.id))   // (2.2)
                        .build()
            );
```

```
    }
    ...
}
```

이 코드에 대한 설명은 다음과 같습니다.

1. OrderHandler 클래스 선언입니다. 이 예제에서는 함수형 라우트 API에 집중하기 위해 생성자 선언은 생략했습니다.

2. create 메서드 선언입니다. 이 메서드는 함수형 라우트 요청 타입으로 ServerRequest를 사용합니다. (2.1)에서 볼 수 있 듯이 ServerRequest는 요청 본문을 Mono 또는 Flux로 수동 매핑할 수 있는 API를 제공합니다. 또한 API를 사용해 요청 본문을 매핑할 클래스를 지정할 수 있습니다. 마지막으로 웹플럭스의 함수적 특성에는 ServerResponse 클래스의 연쇄 형 API를 사용해 응답을 구성할 수 있는 API도 포함돼 있습니다.

보다시피 함수형 라우트 선언을 위한 API 외에도 요청 및 응답 처리를 위한 함수형 API가 있습니다.

새로운 API는 핸들러와 매핑을 선언하는 함수적인 접근 방식을 제공하지만, 완전히 경량화된 웹 애플 리케이션을 제공하지는 못합니다. 스프링 생태계의 전체 기능이 중복될 가능성이 있기 때문에 애플리 케이션의 전체 시작 시간을 줄여야 하는 경우도 있습니다. 예를 들어, 사용자 비밀번호를 검증하는 서 비스를 구축한다고 가정합시다. 일반적으로 이러한 서비스는 입력받은 암호를 해싱한 다음 저장된 암 호와 비교하기 때문에 CPU 사용량이 높습니다. 서비스를 만들기 위해 유일하게 필요한 기능은 스프링 시큐리티 모듈의 PasswordEncoder 인터페이스뿐입니다. 인터페이스가 제공하는 PasswordEncoder#matchs 메서드를 사용해 인코딩된 비밀번호와 원시 비밀번호를 비교할 수 있습니다. 따라서 PasswordEncoder 하나를 사용하기 위해 스프링의 의존성 주입, 애노테이션 처리 및 자동화된 설정을 사용하는 전체 스프 링 인프라가 사용돼야 하므로 시작 시간 측면에서 응용 프로그램의 속도가 느려집니다.

다행히도 새로운 함수형 웹 프레임워크를 사용하면 전체 스프링 인프라를 시작하지 않고도 웹 응용 프 로그램을 빌드할 수 있습니다. 어떻게 이것이 가능한지 이해하기 위해 다음 예제를 살펴보겠습니다.

```java
class StandaloneApplication {                                    // (1)

    public static void main(String[] args) {                     // (2)
        HttpHandler httpHandler = RouterFunctions.toHttpHandler(  // (2.1)
                routes(new BCryptPasswordEncoder(18))            // (2.2)
        );
        ReactorHttpHandlerAdapter reactorHttpHandler =           // (2.3)
            new ReactorHttpHandlerAdapter(httpHandler);
```

```
        HttpServer.create()                                    // (3)
              .port(8080)                                      // (3.1)
              .handle(reactorHttpHandler)                      // (3.2)
              .bind()                                          // (3.3)
              .flatMap(DisposableChannel::onDispose)           // (3.4)
              .block();
    }


    static RouterFunction<ServerResponse> routes(              // (4)
        PasswordEncoder passwordEncoder
    ) {
        return
              route(POST("/check"),                            // (5)
                  request -> request
                      .bodyToMono(PasswordDTO.class)           // (5.1)
                      .map(p -> passwordEncoder
                          .matches(p.getRaw(), p.getSecured())) // (5.2)
                      .flatMap(isMatched -> isMatched          // (5.3)
                          ? ServerResponse
                              .ok()
                              .build()
                          : ServerResponse
                              .status(HttpStatus.EXPECTATION_FAILED)
                              .build()
                      )
              );
    }
}
```

코드에 대한 설명은 다음과 같습니다.

1. 메인 애플리케이션 클래스입니다. 보다시피 스프링 부트 애노테이션이 없습니다.

2. 여기서 변수의 초기화와 함께 메인 메서드 선언을 합니다. (2.2)에서 `routes` 메서드를 호출한 다음 `RouterFunction`을 `HttpHandler`로 변환합니다. 그런 다음 (2.3)에서 `ReactorHttpHandlerAdapter`라는 내장된 `HttpHandler` 어댑터를 사용합니다.

3. 리액터–네티 API의 일부인 `HttpServer` 인스턴스를 만듭니다. 여기에서는 서버를 설정하기 위해 `HttpServer` 클래스의 연쇄형 API를 사용합니다. (3.1)에서 포트를 선언하고 (3.2)에서 `ReactorHttpHandlerAdapter`의 인스턴스를 배치한 후,

(3.3)에서 bind를 호출해 서버 엔진을 시작합니다. 마지막으로 응용 프로그램을 활성 상태로 유지하기 위해 메인 스레드를 차단하고 (3.4)에서 생성된 서버의 종료 이벤트를 수신 대기합니다.

4. routes 메서드를 선언합니다.

5. /check 주소의 POST 메서드에 대한 요청을 처리하는 라우트 매핑 로직입니다. 여기서는 bodyToMono 메서드를 이용해 입력 받은 요청을 매핑합니다. 그런 다음, 본문이 변환되면 PasswordEncoder 인스턴스를 사용해 인코딩된 암호와 원시 암호를 비교합니다(여기서는 18회의 해시 변환 과정을 거치는 강력한 BCrypt 알고리즘을 사용합니다. 이 알고리즘은 인코딩과 매칭 과정에 약간의 시간이 필요합니다)(5.2). 마지막으로 암호가 저장된 암호와 일치하면 ServerResponse는 OK(200)을 반환하고 암호가 저장된 암호와 일치하지 않으면 EXPECTATION_FAILED(417)를 반환합니다.

위 예제는 전체 스프링 프레임워크 인프라를 실행하지 않고도 웹 애플리케이션을 얼마나 쉽게 설정할 수 있는지 보여줍니다. 이렇게 만든 웹 애플리케이션의 이점은 시작 시간이 훨씬 짧다는 것입니다. 응용 프로그램의 시작 시간은 약 700밀리초이며, 스프링 프레임워크 및 스프링 부트로 만들어진 동일한 응용 프로그램의 시작 프로세스는 최소 2초가 소요되므로 대략 3배 가까이 빠르다고 할 수 있습니다.

 응용 프로그램을 시작하는 데 걸리는 시간은 다를 수 있지만, 대략적인 비율은 동일합니다.

함수형 라우트 선언으로 변경한 라우팅 선언 기법을 요약해 보면 모든 라우팅 구성을 한 곳에서 유지 관리하고 입력 요청을 리액티브 방식으로 처리합니다. 이와 동시에 들어오는 요청 매개변수(request parameters), 경로 변수(path variables) 및 요청의 다른 중요한 구성 요소에 액세스하는 측면에서 일반적인 애노테이션 기반 접근 방식과 거의 동일한 유연성을 제공합니다. 또한, 라우트 설정 측면에서는 기존 방식과 동일한 유연성을 제공하면서도 전체 스프링 프레임워크 인프라 스트럭처를 실행하지 않으므로 애플리케이션의 부트스트랩 시간을 최대 3배까지 줄일 수 있습니다.

WebClient: 논블로킹을 지원하는 통신 클라이언트

이전 절에서는 새로운 스프링 웹플럭스 모듈의 기본 설계와 변경 사항에 대해 간략하게 알아봤으며, RouterFunction을 사용한 새로운 함수형 접근법에 대해 살펴봤습니다. 그러나 스프링 웹플럭스에는 또 다른 새로운 가능성이 있습니다. 새로 도입된 것 중 가장 중요한 것으로 논블로킹 HTTP 클라이언트인 WebClient가 있습니다.

본질적으로 WebClient는 이전 RestTemplate의 대체품입니다. 그러나 WebClient에는 리액티브 방식에 더 잘 맞는 함수형 API가 있으며, Flux 또는 Mono와 같은 리액터 프로젝트 타입에 대한 매핑이 내장돼 있습니다. WebClient에 대해 더 자세히 알아보기 위해 다음 예제를 살펴보겠습니다.

```
WebClient.create("http://localhost/api")                            // (1)
        .get()                                                      // (2)
        .uri("/users/{id}", userId)                                 // (3)
        .retrieve()                                                 // (4)
        .bodyToMono(User.class)                                     // (5)
        .map(...)                                                   // (6)
        .subscribe();
```

이 예제에서는 (1)에서 create라는 팩토리 메서드를 사용해 WebClient 인스턴스를 만듭니다. create 메
서드를 사용하면 이후의 모든 HTTP 호출에 대해 기본 URI를 지정할 수 있습니다. 그런 다음 원격 서
버에 대한 호출을 시작하기 위해 HTTP 메서드와 이름이 같은 WebClient 메서드를 실행합니다. 앞의 예
에서는 WebClient#get을 사용했습니다(2). WebClient#get 메서드를 호출하면 요청 빌더 인스턴스를 이
용해 작업할 수 있고, (3)에 표시된 uri 메서드에서 상대 경로를 지정할 수 있습니다. 상대 경로 외에 헤
더, 쿠키 및 요청 본문도 지정할 수 있습니다. 그러나 설명을 간단히 하기 위해 이 예제에서는 다른 설
정은 생략하고 retrieve 또는 exchange 메서드를 호출해 요청을 작성하는 단계로 넘어가겠습니다. 이
예제에서는 (4)의 retrieve 메서드를 사용하겠습니다. 이 옵션은 내용을 검색해 조회하거나 다음 처리
를 위해 데이터를 준비하는 경우에 유용합니다. 요청이 설정되면 응답 본문을 생성하는 메서드 중 하나
를 사용할 수 있습니다. 여기서는 bodyToMono 메서드를 사용합니다. 이 메서드는 사용자의 수신 페이로
드를 (5)에 표시된 Mono로 변환합니다. 마지막으로 리액터 API를 사용해 응답의 처리 흐름을 구축하고
subscribe 메서드를 호출해 원격 호출을 실행할 수 있습니다.

 WebClient는 리액티브 스트림 스펙을 따릅니다. 즉, subscribe 메서드를 호출해 WebClient가 커넥션을 연
결하고 데이터를 원격 서버로 보내기 시작합니다.

대부분의 경우 가장 일반적인 응답 처리는 본문을 처리하는 것이지만, 응답 상태, 헤더 또는 쿠키를 처
리해야 하는 경우도 있습니다. 앞에서 만든 암호 확인 서비스를 호출하는 부분을 WebClient API를 사용
해 사용자 지정 방식으로 응답 상태를 처리해 봅시다.

```
class DefaultPasswordVerificationService                            // (1)
    implements PasswordVerificationService {

    final WebClient webClient;                                      // (2)

    public DefaultPasswordVerificationService(
```

```
            WebClient.Builder webClientBuilder
    ) {
        this.webClient = webClientBuilder                      // (2.1)
                .baseUrl("http://localhost:8080")
                .build();
    }


    @Override                                                  // (3)
    public Mono<Void> check(String raw, String encoded) {
        return webClient
                .post()                                        // (3.1)
                .uri("/check")
                .body(BodyInserters.fromPublisher(             // (3.2)
                        Mono.just(new PasswordDTO(raw, encoded)),
                        PasswordDTO.class
                ))
                .exchange()                                    // (3.3)
                .flatMap(response -> {                         // (3.4)
                    if (response.statusCode().is2xxSuccessful()) {  // (3.5)
                        return Mono.empty();
                    }
                    else if (resposne.statusCode() == EXPECTATION_FAILD) {
                        return Mono.error(                     // (3.6)
                                new BadCredentialsException(...)
                        );
                    }
                    return Mono.error(new IllegalStateException());
                });
    }
}
```

코드에 대한 설명은 다음과 같습니다.

1. PasswordVerificationService 인터페이스를 구현합니다.

2. WebClient 인스턴스를 초기화합니다. 여기서 하나의 WebClient 인스턴스를 사용하므로 check 메서드를 실행할 때마다 새 클래스를 초기화할 필요가 없다는 점에 유의해야 합니다. 이러한 기술은 WebClient의 새 인스턴스를 초기화할 필요성을 줄이고 메서드의 실행 시간을 줄입니다. 그러나 WebClient의 기본 구현은 리액터-네티 HttpClient를 사용하며 기본적으로 모든 HttpClient 인스턴스 사이에 리소스 풀을 공유하도록 설정돼 있습니다. 따라서 새로운 HttpClient 인

스턴스를 생성해도 그만큼의 비용은 들지 않습니다. DefaultPasswordVerificationService의 생성자가 호출되면 클라이언트를 설정하기 위해 (2.1)에 표시된 연쇄형 빌더 API를 사용해 WebClient를 초기화합니다.

3. check 메서드의 구현입니다. (3.1)에 표시된 post 요청을 실행하기 위해 webClient 인스턴스를 사용합니다. 또한 body 메서드를 사용해 본문을 보내고 (3.2)에서와같이 BodyInserters#fromPublisher 팩토리 메서드를 사용해 본문을 삽입할 준비를 합니다. 그런 다음 (3.3)에서 Mono<ClientResponse>를 반환하는 exchange 메서드를 실행합니다. 다음으로 (3.4)와 같이 flatMap 연산자를 사용해 응답을 처리합니다. (3.5)에서와같이 비밀번호가 성공적으로 검증되면 check 메서드가 Mono.empty를 반환하고, EXPECTATION_FAILED (417) 상태인 경우에는 (3.6)과 같이 BadCredentialsExeception의 Mono를 반환할 수도 있습니다.

앞의 예제에서 볼 수 있듯이, 일반적인 HTTP 응답의 상태 코드, 헤더, 쿠키 및 기타 내부를 처리해야 하는 경우에 가장 적합한 메서드는 ClientResponse를 반환하는 exchange 메서드입니다.

앞서 언급했듯이 DefaultWebClient는 원격 서버와의 비동기 및 논블로킹 상호 작용을 제공하기 위해 리액터–네티 HttpClient를 사용합니다. 하지만 DefaultWebClient는 기본 HTTP 클라이언트를 쉽게 변경할 수 있도록 설계됐습니다. 이를 위해 org.springframework.http.client.reactive.ClientHttpConnector라는 저수준 인터페이스를 통해 HTTP 커넥션을 감싸고 있습니다. 기본적으로 DefaultWebClient는 ClientHttpConnector의 구현체인 ReactorClientHttpConnector를 사용하도록 설정돼 있습니다. 스프링 웹플럭스 5.1부터는 제티의 리액티브 HttpClient를 사용하는 JettyClientHttpConnector 구현이 있습니다. 기본 HTTP 클라이언트 엔진을 변경하기 위해 WebClient.Builder#clientConnector 메서드를 사용해 사용자가 직접 구현하거나 기존 구현 중 하나의 인스턴스를 전달할 수 있습니다.

유용한 추상 레이어 외에 ClientHttpConnector는 그 자체로도 사용할 수 있습니다. 예를 들어, 대용량 파일 다운로드, 즉석 처리 또는 간단한 바이트 스캔에 사용할 수 있습니다. 호기심 많은 독자들이 직접 알아볼 수 있도록 ClientHttpConnector에 대해서는 자세히 설명하지 않겠습니다.

리액티브 웹소켓 API

지금까지 웹플럭스 모듈의 새로운 기능 대부분을 살펴봤습니다. 그러나 현대 웹의 중요한 부분 중 하나는 클라이언트와 서버가 서로 메시지를 스트리밍할 수 있는 스트리밍 모델입니다. 이 절에서는 양방향 클라이언트–서버 통신을 위한 가장 잘 알려진 프로토콜 중 하나인 **웹소켓**에 대해 살펴보겠습니다.

웹소켓 프로토콜을 통한 통신은 2013년 초 스프링 프레임워크에 도입됐습니다. 이는 비동기 메시지 전송을 위해 설계됐지만, 실제 구현에는 여전히 일부 블로킹 동작이 있습니다. 예를 들어 I/O에 데이터를 쓰거나 I/O에서 데이터를 읽는 작업은 여전히 차단 방식으로 동작하므로 응용 프로그램의 성능에 영향을 미칩니다. 그에 따라 웹플럭스 모듈에는 웹소켓을 위해 구조적으로 개선된 새로운 버전이 추가됐습니다.

웹플럭스는 클라이언트와 서버를 모두 지원합니다. 먼저 서버 측면에서 웹소켓을 분석하고, 이후에 클라이언트 측면에서 다루겠습니다.

서버 측 웹소켓 API

웹플럭스는 웹소켓 연결을 처리하기 위한 핵심 인터페이스로 WebSocketHandler를 제공합니다. 이 인터페이스에는 WebSocketSession을 허용하는 handle이라는 메서드가 있습니다. WebSocketSession 클래스는 클라이언트와 서버 간의 성공적인 통신을 나타내며, 핸드셰이크(handshake), 세션 속성 및 수신 데이터 스트림 등의 정보에 액세스할 수 있게 해줍니다. 이 정보를 처리하는 방법을 알아보기 위해 다음과 같이 메시지를 보낸 사람에게 에코 메시지로 응답하는 예를 생각해 봅시다.

```
class EchoWebSocketHandler implements WebSocketHandler {        // (1)
    @Override
    public Mono<Void> handle(WebSocketSession session) {        // (2)
        return session                                          // (3)
            .receive()                                          // (4)
            .map(WebSocketMessage::getPayloadAsText)            // (5)
            .map(tm -> "Echo: " + tm)                           // (6)
            .map(session::textMessage)                          // (7)
            .as(session::send);                                 // (8)
    }
}
```

예제에서 보듯이, 새로운 웹소켓 API는 리액터 프로젝트의 리액티브 타입을 기반으로 만들었습니다. (1)에서 WebSocketHandler 인터페이스의 구현을 선언하고, (2)에서 handle 메서드를 재정의합니다. 그런 다음 Flux API를 사용해 수신 WebSocketMessage의 처리 플로를 만들기 위해 (3)에서 WebSocketSession#receive 메서드를 사용합니다. WebSocketMessage는 DataBuffer를 감싸는 래퍼이며 바이트로 표현된 페이로드를 텍스트로 변환하는 것과 같은 추가 기능을 제공합니다(5). 수신 메시지를 추출하면 (6)에서 "Echo :" 접두사와 해당 텍스트를 결합하고 WebSocketMessage에 메시지를 래핑한 다음 WebSocketSession#send 메서드를 사용해 클라이언트에 다시 보냅니다. 여기서 send 메서드는

Publisher<WebSocketMessage>를 매개변수로 받고 Mono<Void>를 반환합니다. 따라서 리액터 API에서 as 연산자를 사용해 Flux를 Mono<Void>처럼 처리하고 session::send를 변환 함수로 사용할 수 있습니다.

WebSocketHandler 인터페이스 구현 외에 서버 측 웹소켓 API를 설정하려면 추가로 HandlerMapping 및 WebSocketHandlerAdapter 인스턴스를 구성해야 합니다. 이러한 구성의 예는 다음 코드와 비슷할 것입니다.

```
@Configuration                                        // (1)
public class WebSocketConfiguration {

    @Bean                                             // (2)
    public HandlerMapping handlerMapping() {
        SimpleUrlHandlerMapping mapping =
            new SimpleUrlHandlerMapping();            // (2.1)
        mapping.setUrlMap(Collections.singletonMap(   // (2.2)
            "/ws/echo",
            new EchoWebSocketHandler()
        ));
        mapping.setOrder(-1);                         // (2.3)
        return mapping;
    }

    @Bean                                             // (3)
    public HandlerAdapter handlerAdapter() {
        return new WebSocketHandlerAdapter();
    }
}
```

이 코드에 대한 설명은 다음과 같습니다.

1. @Configuration 애노테이션이 달린 클래스입니다.

2. HandlerMapping Bean을 선언하고 설정합니다. (2.1)에서 SimpleUrlHandlerMapping을 작성해 (2.2)에 표시된 경로 기반 매핑을 WebSocketHandler에 허용합니다. SimpleUrlHandlerMapping이 다른 HandlerMapping 인스턴스보다 먼저 처리되도록 하려면 더 높은 우선 순위를 부여해야 합니다(2.3).

3. WebSocketHandlerAdapter인 HandlerAdapter bean의 선언입니다. 여기서 WebSocketHandlerAdapter는 HTTP 연결을 웹소켓으로 업그레이드한 다음 WebSocketHandler#handle 메서드를 호출하는 중요한 역할을 합니다.

예제에서 보다시피 웹소켓 API의 설정은 간단합니다.

클라이언트 측 웹소켓 API

웹소켓 모듈(웹 MVC를 기반으로 하는)과 달리 웹플럭스는 클라이언트 측면의 지원을 제공합니다. 웹소켓 연결 요청을 보내려면 WebSocketClient 클래스가 있어야 합니다. WebSocketClient에는 다음 코드와 같이 웹소켓 연결을 실행하는 두 가지 주요 메서드가 있습니다.

```java
public interface WebSocketClient {
    Mono<Void> execute(
        URI url,
        WebSocketHandler handler
    );
    Mono<Void> execute(
        URI url,
        HttpHeaders headers,
        WebSocketHandler handler
    );
}
```

보다시피 WebSocketClient는 서버의 메시지를 처리하는 용도와 메시지를 다시 보내기 위한 용도로 모두 WebSocketHandler 인터페이스를 사용합니다. TomcatWebSocketClient 또는 JettyWebSocketClient와 같이 서버 엔진과 관련된 몇 가지 WebSocketClient 구현체가 있습니다. 다음 예제에서 ReactorNettyWebSocketClient를 살펴보겠습니다.

```java
WebSocketClient client = new ReactorNettyWebSocketClient();

client.execute(
    URI.create("http://localhost:8080/ws/echo"),
    session -> Flux
        .interval(Duration.ofMillis(100))
        .map(String::valueOf)
        .map(session::textMessage)
        .as(session::send)
);
```

이 코드는 ReactorNettyWebSocketClient를 사용해 웹소켓 연결을 생성하고 서버에 주기적인 메시지를 보내는 방법을 보여줍니다.

웹플럭스 웹소켓과 스프링 웹소켓

서블릿 기반 웹소켓 모듈을 사용해 본 사람은 두 모듈의 설계에 많은 유사점이 있음을 알 수 있습니다. 그러나 차이점도 많습니다. 기억하겠지만, 스프링 웹소켓 모듈의 주된 단점은 I/O와의 블로킹 동작입니다. 반면 스프링 웹플럭스는 완전한 논블로킹 쓰기 및 읽기를 제공합니다. 또한 웹플럭스 모듈은 리액티브 스트림 스펙 및 리액터 프로젝트를 사용해 보다 나은 스트리밍 추상화를 제공합니다. 이전 웹소켓 모듈의 WebSocketHandler 인터페이스는 한 번에 하나의 메시지만 처리할 수 있었습니다. 또한 WebSocketSession#sendMessage 메서드는 동기식으로만 메시지를 보낼 수 있었습니다.

그러나 새로운 스프링 웹플럭스와 웹소켓의 통합에는 약간의 차이가 있습니다. 기존 스프링 웹소켓 모듈의 중요한 기능 중 하나는 웹소켓 엔드포인트를 선언하기 위해 @MessageMapping 애노테이션 사용을 허용해 스프링 메시징 모듈과 원활하게 통합할 수 있다는 점이었습니다. 다음 코드는 스프링 메시징의 애노테이션을 사용하는 이전 웹 MVC 기반 웹소켓 API의 간단한 예를 보여줍니다.

```
@Controller
public class GreetingController {

    @MessageMapping("/hello")
    @SendTo("/topic/greetings")
    public Greeting greeting(HelloMessage message) {
        return new Greeting("Hello, " + message.getName() + "!");
    }
}
```

이 코드는 스프링 메시징 모듈을 사용해 웹소켓 엔드포인트를 선언하는 방법을 보여줍니다. 안타깝게도 웹플럭스 모듈에서 웹소켓 통합을 위해 이러한 방식은 사용할 수 없으며, 복잡한 핸들러를 선언하기 위해 자체적으로 해당 인프라를 만들어야 합니다.

8장 클라우드 스트림으로 확장하기에서 클라이언트와 서버 간의 양방향 메시징에 대한 또 다른 강력한 추상화를 다루겠습니다. 이 추상화는 간단한 브라우저–서버 상호 작용보다 먼저 사용될 수 있습니다.

웹소켓 경량화를 위한 리액티브 SSE

무거운 웹소켓 외에도 HTML5는 서버가 이벤트를 푸시할 수 있는 정적(이 경우 반이중(half-duplex)) 연결을 만드는 새로운 방법을 도입했습니다. 이 기술은 웹소켓이 해결하고자 하는 문제와 유사한 문제를 해결합니다. 예를 들어 애노테이션 기반 프로그래밍 모델을 사용하는 것과 동일한 방식으로 **SSE(Server-sent events)** 스트림을 선언할 수 있지만, 대신에 다음 예제와 같이 ServerSentEvent 객체의 무한 스트림이 반환됩니다.

```
@RestController                                                    // (1)
@RequestMapping("/sse/stocks")
class StocksController {
    final Map<String, StocksService> stocksServiceMap;
    ...
    @GetMapping                                                    // (2)
    public Flux<ServerSentEvent<?>> streamStocks() {               // (2.1)
        return Flux
                .fromIterable(stocksServiceMap.values())
                .flatMap(StocksService::stream)                    // (2.2)
                .<ServerSentEvent<?>>map(item ->
                        ServerSentEvent                            // (2.3)
                                .builder(item)                     // (2.4)
                                .event("StockItem")                // (2.5)
                                .id(item.getId())                  // (2.6)
                                .build()
                )
                .startWith(                                        // (2.7)
                        ServerSentEvent
                                .builder()
                                .event("Stocks")                   // (2.8)
                                .data(stocksServiceMap.keySet())   // (2.9)
                                .build()
                );
    }
}
```

이 코드에 대한 설명은 다음과 같습니다.

1. @RestController 클래스의 선언입니다. 코드를 단순화하기 위해 생성자와 필드 초기화 부분은 생략했습니다.

2. 친숙한 @GetMapping 애노테이션을 이용해 핸들러 메서드를 선언합니다. (2.1)에서 볼 수 있듯이 streamStocks 메서드는 ServerSentEvent의 Flux를 반환합니다. 즉, 현재 핸들러가 이벤트 스트리밍을 활성화합니다. 그런 다음 (2.2)와 같이 사용 가능한 모든 주식 소스와 스트림 변경 사항을 클라이언트에 병합합니다. 그 후, (2.4)에서 정적 빌더 메서드를 사용해

각 StockItem을 ServerSentEvent로 매핑하는 작업을 적용합니다(2.3). ServerSentEvent 인스턴스를 올바르게 설정하기 위해 클라이언트 측에서 메시지를 구분할 수 있도록 이벤트 매개변수에 이벤트 ID(2.6) 및 이벤트 이름(2.5)을 제공합니다. 또한 (2.7)에서 (2.8)에 표시된 특정 ServerSentEvent 인스턴스로 Flux를 시작합니다. 이 인스턴스는 사용 가능한 주식 채널을 클라이언트에 선언합니다(2.9).

이전 예제에서 봤듯이, 스프링 웹플럭스는 Flux 타입의 스트리밍 특성을 매핑하고 무한한 개수의 주식 이벤트 스트림을 클라이언트에 보냅니다. 또한 SSE 스트리밍에서는 API를 변경하거나 추가적인 추상화를 사용할 필요가 없습니다. 단순히 프레임워크가 응답을 처리하는 방법을 파악하는데 도움이 되는 특정 반환 타입만 선언하면 됩니다. 심지어 ServerSentEvent의 Flux를 선언할 필요도 없습니다. 다음 예제와 같이 콘텐츠 타입을 명시적으로 표시할 수 있습니다.

```
@GetMapping(produces = "text/event-stream")
public Flux<StockItem> streamStocks() {
    ...
}
```

이 경우 웹플럭스 프레임워크는 스트림의 각 원소를 내부적으로 ServerSentEvent로 래핑합니다.

위에서 볼 수 있듯이 ServerSentEvent의 핵심 장점은 웹소켓이 이미 웹플럭스에 포함돼 있기 때문에 스트리밍 모델을 구성할 때 추가적인 상용구 코드가 필요하지 않다는 점입니다. 이는 SSE가 HTTP를 이용하는 단순한 추상화 계층이기 때문에 프로토콜 전환이 필요 없고 특정 서버 구성이 필요하지 않기 때문입니다. 앞의 예제에서 볼 수 있듯이 SSE는 @RestController 애노테이션과 @XXXMapping 애노테이션의 전통적인 조합을 사용해 설정할 수 있습니다. 그러나 웹소켓의 경우 특정 메시징 프로토콜을 수동으로 선택하는 등 메시지 변환 구성을 위한 추가적인 설정이 필요합니다. 반대로 SSE의 경우 스프링 웹플럭스는 일반적인 REST 컨트롤러와 동일한 메시지 컨버터 설정을 제공합니다.

반면에 SSE는 바이너리 인코딩을 지원하지 않으며, UTF-8 인코딩만 지원합니다. 즉, 웹소켓은 메시지 크기가 작고 클라이언트와 서버 간의 트래픽이 적어 대기 시간이 짧을 때 유용하게 사용할 수 있습니다.

요약하면 SSE는 일반적으로 웹소켓의 좋은 대안입니다. SSE는 HTTP 프로토콜을 추상화하므로 웹플럭스는 일반적인 REST 컨트롤러와 동일한 선언적/기능적인 엔드포인트 구성과 메시지 변환을 지원합니다.

웹소켓과 SSE의 비교 및 SSE의 장단점에 대한 자세한 내용은 다음 게시물을 참조하세요.
https://stackoverflow.com/a/5326159/4891253

리액티브 템플릿 엔진

API 기능과 함께 최신 웹 응용 프로그램에서 가장 많이 사용되는 부분 중 하나는 UI입니다. 물론 오늘날의 웹 응용 프로그램 UI는 정교한 자바스크립트 렌더링을 기반으로 하며, 대부분의 경우 개발자는 서버 쪽보다는 클라이언트 쪽 렌더링을 선호합니다. 그럼에도 불구하고 많은 엔터프라이즈 응용 프로그램은 각각의 유스케이스에 적합한 서버 렌더링 기술을 계속 사용합니다. 웹 MVC는 JSP, JSTL, 프리마커(FreeMarker), 그루비 마크업(Groovy Markup), 타임리프(Thymeleaf), 아파치 타일즈(Apache Tiles) 및 기타 여러 기술을 지원합니다. 안타깝게도 스프링 5.x와 웹플럭스 모듈을 사용한다면 아파치 벨로시티(Apache Velocity)를 포함한 많은 템플릿 엔진을 더이상 사용할 수 없습니다.

그런데도 스프링 웹플럭스는 웹 MVC와 동일한 뷰 렌더링 기술을 사용합니다. 다음 예제에서는 렌더링 뷰를 지정하는 친숙한 방법을 보여줍니다.

```java
@RequestMapping("/")
public String index() {
    return "index";
}
```

여기서 index 메서드는 뷰의 이름을 가진 String을 반환합니다. 내부적으로 프레임워크는 설정된 디렉터리에서 해당 뷰를 조회한 다음 적절한 템플릿 엔진을 사용해 렌더링합니다.

기본적으로 웹플럭스는 프리마커 렌더링 엔진만 지원합니다. 그러나 템플릿 렌더링 프로세스에서 리액티브를 어떻게 지원하는지 알아두는 것이 중요합니다. 이를 위해 대규모 음악 재생 목록을 렌더링하는 경우를 생각해 봅시다.

```java
@RequestMapping("/play-list-view")
public Mono<String> getPlaylist(final Model model) {                    // (1)
    final Flux<Song> playlistStream = ...;                              // (2)
    return playlistStream
        .collectList()                                                  // (3)
        .doOnNext(list -> model.addAttribute("playList", list))         // (4)
```

```
        .then(Mono.just("freemarker/play-list-view"));          // (5)
}
```

여기서는 비동기적으로 뷰 이름을 반환하기 위해 (1)에서 보듯이 리액티브 타입인 Mono<String>을 사용합니다. 또한 템플릿에는 (2)에 표시된 주어진 Song 클래스 인스턴스로 채울 플레이스홀더(placeholder)인 dataSource가 있습니다. Context에 기반한 데이터를 제공하는 일반적인 방법은 Model(1)을 정의하고, (4)와 같이 필요한 속성값을 채우는 것입니다. 안타깝게도 프리마커는 데이터에 대해 리액티브 렌더링이나 논블로킹 렌더링을 지원하지 않으므로 모든 노래를 목록에 모은 후에 수집한 데이터를 Model에 저장해야 합니다. 마지막으로 모든 노래를 모아서 Model에 저장한 후 뷰의 이름을 반환하면 렌더링을 시작할 수 있습니다.

안타깝지만, 이와 같은 렌더링 템플릿은 CPU를 많이 사용하는 작업입니다. 엄청난 양의 데이터 세트가 있다면 시간과 메모리 사용량 역시 엄청날 것입니다. 다행히 타임리프의 커뮤니티는 리액티브 웹플럭스를 지원하고 비동기 및 스트리밍 템플릿 렌더링에 대한 지원을 향후 제공하기로 했습니다. 타임리프는 프리마커와 유사한 기능을 제공하며, 동일한 코드를 작성해 UI를 렌더링 할 수 있습니다. 또한 타임리프는 리액티브 타입을 템플릿 내부의 데이터 소스로 사용하고 스트림의 새 원소를 사용할 수 있게 되면 템플릿의 일부를 렌더링하는 기능을 제공합니다. 다음 예는 요청을 처리하는 동안 리액티브 스트림을 타임리프와 함께 사용하는 방법을 보여줍니다.

```
@RequestMapping("/play-list-view")
public String view(final Model model) {
    final Flux<Song> playlistStream = ...;
    model.addAttribute(
        "playList",
        new ReactiveDataDriverContextVariable(playlistStream, 1, 1)
    );
    return "thymeleaf/play-list-view";
}
```

이 예에서는 ReactiveDataDriverContextVariable이라는 새로운 데이터 타입을 소개합니다. 이 데이터 타입은 ReactiveAdapterRegistry 클래스에서 지원하는 Publisher, Flux, Mono, Observable 및 기타 리액티브 타입을 매개변수로 받을 수 있습니다.

리액티브 지원을 위해서는 스트림을 감싸는 추가적인 클래스 래퍼가 필요하지만, 템플릿 측면에는 변경이 필요하지 않습니다. 다음 예제는 일반 컬렉션과 비슷한 방식으로 리액티브 스트림을 사용하는 방법을 보여줍니다.

```html
<!DOCTYPE html>                                              // (1)
<html>
    ...
    <body>
        ...
        <table>                                              // (2)
            <thead>
            ...                                              // (3)
            </thead>
            <tbody>                                          // (4)
                <tr th:each="e : ${playList}">
                    <td th:text="${e.id}">...</td>
                    <td th:text="${e.name}">...</td>
                    <td th:text="${e.artist}">...</td>
                    <td th:text="${e.album}">...</td>
                </tr>
            </tbody>
        </table>
    </body>
</html>
```

이 코드는 (1)에 표시된 것처럼 일반적인 HTML 문서 선언이 있는 타임리프 템플릿의 마크업을 사용하는 방법을 보여줍니다. (2)에 표시된 표를 헤더(3)와 본문(4)으로 렌더링합니다. 이것은 Song 클래스의 playList를 이용해 각 행을 생성하고 Song에 대한 정보로 구성된 항목으로 채워집니다.

여기서 가장 중요한 장점은 타임리프의 렌더링 엔진이 마지막 요소가 나오기를 기다리지 않고 클라이언트에 데이터 스트리밍을 시작한다는 것입니다. 또한 무한한 스트림 렌더링을 지원합니다. 이는 Transfer-Encoding:chunked에 대한 지원 추가로 가능해졌습니다. 전체 템플릿을 메모리에 렌더링하는 대신 타임리프는 먼저 사용 가능한 파트를 렌더링한 다음 새 요소를 사용할 수 있게 되면 나머지 템플릿을 분할해 비동기적으로 보냅니다.

이 책을 쓰는 시점에는 안타깝게도 타임리프가 템플릿당 하나의 리액티브 데이터 소스만 지원합니다. 그런데도 전체 데이터 집합을 필요로 하는 일반적인 데이터 렌더링보다 훨씬 빠르게 첫 번째 데이터를 반환합니다. 따라서 클라이언트의 요청과 서버의 첫 번째 피드백 간의 대기 시간이 줄어들어 사용자 경험을 전반적으로 향상시킵니다.

리액티브 웹 보안

현대 웹 응용 프로그램의 가장 중요한 부분 중 하나는 보안입니다. 스프링 웹 초기에는 스프링 시큐리티 모듈이 웹 모듈의 짝꿍 같은 역할을 했습니다. 이를 통해 보안 웹 애플리케이션을 설정하고 컨트롤러 및 웹 핸들러 호출 이전에 Filter를 제공해 기존 스프링 웹 인프라와 자연스럽게 통합할 수 있습니다. 수년 동안 스프링 시큐리티 모듈은 웹 MVC 인프라와 결합돼 사용됐으며, 서블릿 API의 Filter만 사용했습니다.

다행히도 리액티브 웹플럭스 모듈을 도입하면서 모든 것이 바뀌었습니다. 스프링 시큐리티는 컴포넌트 간의 리액티브 및 논블로킹 동작을 지원하고 리액티브 방식으로 액세스를 제공하기 위해 새로운 WebFilter 인프라를 적용하고 리액터 프로젝트의 **컨텍스트** 기능에 크게 의존하는 완전히 새로운 리액티브 스택을 구현했습니다.

SecurityContext를 리액티브 방식으로 사용하기

새로운 리액티브 스프링 보안 모듈에서 SecurityContext에 액세스하기 위해 ReactiveSecurityContextHolder라는 새로운 클래스를 사용합니다.

ReactiveSecurityContextHolder는 Mono<SecurityContext>를 반환하는 정적 getContext 메서드를 통해 리액티브 방식으로 활성화된 SecurityContext에 대한 액세스를 제공합니다. 즉, 응용 프로그램의 SecurityContext에 액세스하기 위해 다음과 같은 코드를 작성할 수 있습니다.

```
@RestController                                                  // (1)
@RequestMapping("/api/v1")
public class SecuredProfileController {
    @GetMapping("/profiles")                                     // (2)
    @PreAuthorize("hasRole(USER)")                               // (2.1)
    public Mono<Profile> getProfile() {                          // (2.2)
        return ReactiveSecurityContextHolder                     // (2.3)
```

```
        .getContext()                                            // (2.4)
        .map(SecurityContext::getAuthentication)
        .flatMap(auth ->
            profileService.getByUser(auth.getName())             // (2.5)
        );
    }
}
```

다음은 이 예제에 대한 설명입니다.

1. "/api/v1" 리소스에 대한 REST 컨트롤러 클래스의 선언입니다.

2. getProfile 핸들러 메서드 선언입니다. 이 메서드는 (2.2)와 같이 데이터에 대한 리액티브 액세스를 허용
   하는 Mono 타입을 반환합니다. 그런 다음 현재 SecurityContext에 액세스하기 위해 (2.3) 및 (2.4)와 같이
   ReactiveSecurityContextHolder.getContext()를 호출합니다. 마지막으로, SecurityContext가 있으면
   flatMap이 처리되고, (2.5)와 같이 사용자의 프로파일에 액세스할 수 있습니다. 또한 이 메서드에는 @PreAuthorize 애
   노테이션이 달려 있습니다. @PreAuthorize는 Authentication이 정상적인지 확인하고, 필요한 권한(role)이 있는지도
   확인합니다. 리액티브 반환 타입의 경우 필요한 인증이 해결되고 필수 권한이 있는지 확인할 때까지 메서드 호출이 지연됩
   니다.

예제에서 봤듯이, 새로운 리액티브 컨텍스트 API는 기존의 동기적 구현과 상당히 유사합니다. 또한 차
세대 스프링 시큐리티는 권한을 체크하는 데 기존과 동일한 애노테이션을 사용합니다.

내부적으로 ReactSecurityContextHolder는 리액터의 컨텍스트 API를 사용합니다. 로그인한 사
용자에 대한 현재 정보는 Context 인터페이스의 인스턴스 내부에 보관됩니다. 다음 예제는
ReactiveSecurityContextHolder가 어떻게 작동하는지 보여줍니다.

```
static final Class<?> SECURITY_CONTEXT_KEY = SecurityContext.class;
...
public static Mono<SecurityContext> getContext() {
    return Mono.subscriberContext()
        .filter(c -> c.hasKey(SECURITY_CONTEXT_KEY))
        .flatMap(c -> c.<Mono<SecurityContext>>get(SECURITY_CONTEXT_KEY));
}
```

4장 리액터 프로젝트 – 리액티브 앱의 기반에서 배웠듯이, 리액터 Context에 접근하기 위해 Mono
타입을 사용하는 subscriberContext 연산자를 사용할 수 있습니다. 그런 다음 컨텍스트에 접근하

면 현재 컨텍스트를 필터링하고 특정 컨텍스트가 포함돼 있는지를 확인합니다. 키에 숨겨진 값은 Mono<SecurityContext>입니다. 즉, 리액티브 방식으로 현재 SecurityContext에 액세스할 수 있습니다. 실행은 데이터베이스에 저장된 SecurityContext를 검색하는 것과 관련이 있습니다. 데이터베이스는 누군가가 주어진 Mono를 구독할 때만 실행됩니다.

ReactiveSecurityContextHolder의 API가 익숙해 보이기는 하지만, 사용하기가 쉽지만은 않습니다. 예를 들어 평소에 SecurityContextHolder를 사용해 작업할 때 익숙한 방법으로 실행할 수 있는데, 이는 의도치 않은 실수를 유발할 수 있습니다. 그로 인해 다음 예제 코드와 같은 일반적인 동작을 맹목적으로 구현할 수 있습니다.

```
ReactiveSecurityContextHolder
    .getContext()
    .map(SecurityContext::getAuthentication)
    .block();
```

ThreadLocal에서 SecurityContext를 검색하는 것처럼 이전 예제와 같이 ReactiveSecurityContextHolder를 사용해 동일한 작업을 시도할 수 있습니다. 안타깝게도 getContext를 호출하고 block 메서드를 사용해 스트림에 등록하면 빈 컨텍스트가 스트림에 추가됩니다.

따라서 ReactiveSecurityContextHodler 클래스가 내부 컨텍스트에 액세스하려고 하면 SecurityContext가 존재하지 않습니다.

그러면 다음과 같은 궁금증이 생길 것입니다. "이번 절의 시작처럼 스트림을 올바르게 연결하려면 컨텍스트를 어떻게 설정하고 액세스해야 할까요?" 정답은 스프링 시큐리티 모듈 버전 5에 있는 새로운 ReactorContextWebFilter를 사용하는 것입니다. 호출하는 동안 ReactorContextWebFilter는 subscriberContext 메서드를 사용해 Reactor 컨텍스트를 제공합니다. 또한 SecurityContext는 ServerSecurityContextRepository를 사용해 반환 작업을 수행합니다.

ServerSecurityContextRepository에는 save 및 load라는 두 가지 메서드가 있습니다.

```
interface ServerSecurityContextRepository {

    Mono<Void> save(ServerWebExchange exchange, SecurityContext context);

    Mono<SecurityContext> load(ServerWebExchange exchange);
}
```

이 코드에서 보듯이 save 메서드를 사용하면 SecurityContext를 특정 ServerWebExchange에 저장할 수 있고, ServerWebExchange의 load 메서드를 사용해 로드할 수 있습니다.

보다시피 차세대 스프링 시큐리티의 중요한 장점은 SecurityContext에 대한 리액티브 방식을 본격적으로 지원한다는 점입니다. 여기서 리액티브 액세스는 실제 SecurityContext가 데이터베이스에 저장될 수 있음을 의미하므로 저장된 SecurityContext의 검색에는 블로킹 동작이 필요하지 않습니다. 컨텍스트 검색은 지연 로딩을 이용해 이루어지므로 데이터베이스에 대한 실제 호출은 ReactiveSecurityContextHolder.getContext()를 구독할 때만 실행됩니다. 마지막으로, SecurityContext 전송 메커니즘은 스레드 인스턴스 간 일반적으로 발생하는 ThreadLocal 전파에 대한 문제를 신경 쓰지 않고도 복잡한 스트리밍 프로세스를 쉽게 작성할 수 있게 해줍니다.

리액티브 방식으로 스프링 시큐리티 사용하기

리액티브 웹 응용 프로그램에서 스프링 시큐리티를 사용하는 것이 얼마나 복잡한지에 대해 설명할 차례입니다. 다행히도 최신 웹플럭스 기반 응용 프로그램에 시큐리티를 구성하기 위해서는 몇 개의 빈을 선언하면 됩니다. 다음은 그 방법을 보여주는 예제 코드입니다.

```
@SpringBootConfiguration                                    // (1)
@EnableReactiveMethodSecurity                               // (1.1)
public class SecurityConfiguration {

    @Bean                                                   // (2)
    public SecurityWebFilterChain securityWebFilterChain(
        ServerHttpSecurity http                             // (2.1)
    ) {
        return http                                         // (2.2)
                .formLogin()
                .and()
                .authorizeExchange()
                .anyExchange().authenticated()
                .and()
                .build();                                   // (2.3)
    }

    @Bean                                                   // (3)
    public ReactiveUserDetailsService userDetailsService() {
```

```
    UserDetails user =
        User.withUsername("user")                                  // (3.1)
            .withDefaultPasswordEncoder()
            .password("password")
            .roles("USER", "ADMIN")
            .build();
    return new MapReactiveUserDetailsService(user);                // (3.2)
    }
}
```

이 코드에 대한 설명은 다음과 같습니다.

1. Configuration 클래스의 선언입니다. 여기에 별도의 MethodInterceptor를 사용하려면 @EnableReactive
   MethodSecurity 애노테이션을 추가해야 합니다(1.1).

2. SecurityWebFilterChain 빈의 구성입니다. 필요한 빈을 설정하기 위해 스프링 시큐리티는 빌더 클래스로서
   ServerHttpSecurity를 제공하고, 이를 통해 연쇄형 API를 사용할 수 있습니다(2.2)(2.3).

3. ReactiveUserDetailsService 빈을 설정합니다. 기본 스프링 시큐리티 설정에서 사용자를 인증하려면
   ReactiveUserDetailsService를 구현해야 합니다. 데모 목적으로 여기서는 (3.2)에 표시한 것처럼 인터페이스를 구현
   하고, 시스템에 로그인하기 위해 테스트 사용자를 만들었습니다(3.1).

이 코드에서 알 수 있듯이, 스프링 시큐리티의 전반적인 설정은 전에 봤던 것과 비슷합니다. 이는 신규
버전으로 마이그레이션하는 데 많은 시간이 걸리지 않는다는 의미입니다.

차세대 스프링 시큐리티를 적극적으로 지원함으로써 적은 비용 투자로 고도로 안전한 웹 애플리케이션
을 구축할 수 있습니다.

다른 리액티브 라이브러리와의 상호 작용

웹플럭스가 리액터 프로젝트 3을 핵심 빌딩 블록으로 사용하고 있지만, 웹플럭스는 다른 리액티브 라
이브러리 역시 사용할 수 있습니다. 라이브러리 간 상호 운영을 가능하게 하기 위해 웹플럭스의 대부분
동작은 리액티브 스트림 스펙의 인터페이스를 기반으로 합니다. 이렇게 함으로써 리액터 3에서 작성된
코드를 RxJava 2 또는 Akka로 쉽게 대체할 수 있습니다.

```
import io.reactivex.Observable;                                    // (1)
...
```

```
@RestController                                              // (2)
class AlbomsController {
    final ReactiveAdapterRegistry adapterRegistry;           // (2.1)
    ...

    @GetMapping("/songs")                                    // (3)
    public Observable<Song> findAlbomByArtists(              // (3.1)
        Flux<Artist> artistsFlux                             // (3.2)
    ) {
        Observable<Artist> observable = adapterRegistry      // (4)
            .getAdapter(Observable.class)
            .fromPublisher(artistsFlux);
        Observable<Song> albomsObservable = ...;             // (4.1)

        return albomsObservable;                             // (4.2)
    }
}
```

이 코드에 대한 설명입니다.

1. RxJava 2 Observable을 임포트합니다.

2. @RestController 애노테이션을 가진 AlbomsController 클래스입니다. ReactiveAdapterRegistry 타입의 필드
   도 선언합니다. 이 필드는 나중에 사용됩니다.

3. findAlbumByArtists라는 핸들러 메서드에 대한 선언입니다. findAlbumByArtists는 (3.2)와 같이 Flux<Artist>
   유형의 Publisher를 매개변수로 받고 Observable<Song>을 반환합니다(3.1).

4. artistFlux를 Observable<Artist>에 매핑하고 비즈니스 로직을 실행하며 (4.1) 호출 위치로 반환합니다.

앞의 예는 RxJava의 리액티브 타입과 리액터 프로젝트 타입을 사용해 리액티브 통신을 재작성하는 방
법을 보여줍니다. **5장 스프링 부트 2와 함께하는 리액티브**에서 배웠듯이, 리액티브 타입 변환은 스
프링 코어 모듈의 일부이며 org.springframework.core.ReactiveAdapterRegistry와 org.springframework.
core.ReactiveAdapter가 지원합니다. 이 클래스들은 리액티브 스트림 Publisher 클래스에 대한 양방향
변환을 지원합니다. 따라서 이러한 라이브러리 지원을 통해 리액터 프로젝트에 대한 강한 결합 없이도
거의 모든 리액티브 라이브러리를 사용할 수 있습니다.

웹플럭스 vs. 웹 MVC

이전 절에서는 새로운 스프링 웹플럭스에 포함된 주요 구성 요소에 대해 간략하게 설명했습니다. 또한 스프링 웹플럭스 모듈에 새롭게 추가된 기능과 그 기능을 사용하는 방법도 살펴봤습니다.

새로운 API를 사용해 웹 응용 프로그램을 작성하는 방법은 알게 됐지만, 도대체 웹플럭스가 웹 MVC 보다 어떤 점이 더 나은지는 아직 알 수 없습니다. 웹플럭스가 가진 핵심 장점을 이해하면 도움이 될 것입니다.

이를 위해 웹 서버를 구축하는 방법과 더 빠른 서버를 만들기 위한 핵심 요소를 이해하고 어떻게 하면 웹 서버의 성능을 끌어올릴 수 있는지 이론적 기반을 철저히 파헤쳐 보겠습니다. 다음 절에서는 최신 웹 서버의 중요한 특성을 분석하고 성능 저하를 일으킬 수 있는 요소를 파악한 후 이를 방지하는 방법을 알아볼 것입니다.

프레임워크를 비교할 때는 법칙이 중요하다

다음 내용을 설명하기 전에 우선 성능 비교를 위해 앞으로 사용할 시스템의 특성을 이해할 필요가 있습니다. 대부분 웹 응용 프로그램의 핵심 성능 지표는 처리량, 대기 시간, CPU 및 메모리 사용량입니다. 현재 웹의 요구사항은 과거와는 많이 다릅니다. 이전에는 컴퓨터 시스템이 순차적으로 동작했습니다. 사용자는 단순하고 정적인 콘텐츠를 원했고 시스템 전체 부하는 낮았습니다. HTML 또는 간단한 연산을 하는 것이 핵심 기능이었습니다. 하나의 프로세서가 연산을 담당했으며, 웹 애플리케이션을 위해 하나 이상의 서버가 필요하지 않았습니다.

시간이 지남에 따라 상황이 바뀌었습니다. 웹사이트 사용자 수가 십억 단위가 됐으며, 콘텐츠는 동적이고 심지어 실시간으로 바뀌어야 했습니다. 처리량 및 대기 시간에 대한 요구 사항이 매우 크게 바뀌었습니다. 이제 웹 응용 프로그램은 코어 및 클러스터로 분산되기 시작했습니다. 어떻게 하면 웹 응용 프로그램을 확장할 수 있는지 이해하는 것이 중요해졌습니다. 이제 이런 질문을 해볼 차례입니다. "병렬로 동작하는 워커의 수가 대기 시간이나 처리량을 어떻게 바꿀 수 있을까?"

리틀의 법칙(Little's Law)

리틀의 법칙이 이 질문에 대한 대답일 수 있습니다. 이 법칙은 지정한 대기 시간을 만족하면서 정의된 양을 처리하기 위해 동시에 처리해야 하는 요청 수(또는 얼마나 많은 병렬 작업자가 있어야 하는지)를 계산하는 방법을 알려줍니다. 즉, 이 공식을 사용하면 안정적인 응답 시간을 유지하면서 지정된 수의 초당 사용자를 처리하는 데 필요한 시스템 용량(또는 병렬 실행 컴퓨터, 노드)이나 웹 응용 프로그램 인스턴스 수를 계산할 수 있습니다.

$$N = X \times R$$

이 수식은 다음과 같이 설명할 수 있습니다: **시스템 또는 대기열의 상주하는 평균 요청 수(N)(또는 동시에 처리한 요청 수)는 처리량(X)(또는 초당 사용자 수)과 평균 응답 시간 또는 대기 시간(R)을 곱한 것과 같습니다.**

즉, 시스템의 평균 응답 시간 R이 0.2초이고 처리량 X가 초당 100인 경우 20개의 요청을 동시에 처리하거나 병렬로 처리할 수 있어야 합니다. 시스템에는 20개의 요청을 처리할 수 있는 하나의 머신이나 1개의 워커가 있는 20대의 머신이 필요합니다. 이것은 이상적인 경우로서, 각각의 워커와 동시에 발생하는 요청 사이에 교집합이 없는 경우입니다. 이것을 그림으로 표현하면 다음과 같습니다.

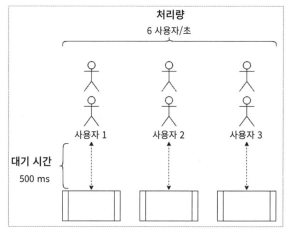

그림 6.3 이상적인 동시 처리

그림에서 보듯이, 시스템에는 초당 6명의 사용자 또는 6건의 요청을 처리할 수 있는 세 개의 워커가 있습니다. 이 경우 모든 요청은 워커에 **균등하게** 배분됩니다. 즉, 워커를 선택하기 위한 특별한 조정이 필요하지 않다는 의미입니다.

그러나 웹 응용 프로그램과 같은 시스템에서는 CPU나 메모리와 같은 공유 리소스에 동시 액세스가 필요하기 때문에 완전하게 균등한 분배를 가정한 이 법칙은 실제 상황을 제대로 반영하지 못합니다. 그래서 **암달의 법칙**과 이를 확장한 **보편적 확장성 법칙**(USL: Universal Scalability Law)이 제시하는 전체 처리량에 대한 적용이 늘고 있습니다.

암달의 법칙(Amdahl's Law)

우선 이 법칙은 평균 응답 시간(또는 대기 시간)에 **순차적인 액세스**(serialized access)가 미치는 영향에 관한 것으로, 결국은 처리량에 관한 법칙입니다. 항상 작업을 병렬 처리하기를 원하더라도 결국 병렬화할 수 없는 부분이 발생하고 그 부분에 대해서는 순차적인 처리(직렬 처리)를 해야 합니다. 시스템에 분배를 조정하는 역할의 워커가 있거나 리액티브 플로 내에 집계 또는 축소 연산자가 있는 경우에는 병렬 처리가 불가능합니다. 이런 경우에는 모든 분할된 실행이 한 군데로 합쳐지는 부분이 생깁니다. 아울러 순차적으로만 작동하는 코드를 포함하는 경우에도 병렬로 실행할 수 없습니다. 대규모 마이크로서비스 시스템에서는 로드 밸런서 또는 오케스트레이션 역할을 하는 시스템이 이에 해당할 것입니다. 따라서 다음 공식을 이용하면 암달의 법칙에 따라 처리량을 계산할 수 있습니다.

$$X(N) = \frac{X(1) \times N}{1 + \sigma \times (N - 1)}$$

이 공식에서 X(1)은 **초기 처리량**, N은 병렬 처리 개수 또는 워커의 수, σ는 **경합 계수**(**직렬화 계수**라고도 함)입니다. 경합 계수란 전체 시간 대비 병렬로 처리할 수 없는 코드를 실행하는 데 소비하는 시간의 백분율입니다.

임의로 경합 계수(σ) 0.03 병렬 처리의 처리량을 그래프로 그려보겠습니다. 초기 처리량 X(1) = 50, 즉 초당 50회의 병렬 처리를 가정하고 N = 0…500의 범위에 대해 다음과 같은 그래프를 그릴 수 있습니다.

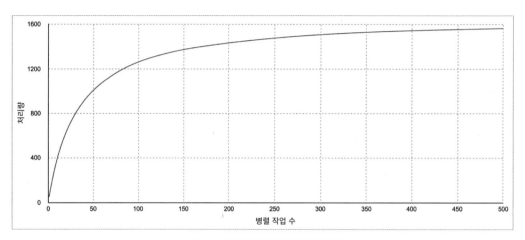

그림 6.4 병렬 작업 수에 따른 처리량의 변화

이 그래프에서 보듯이 병렬 처리가 늘어남에 따라 시스템 처리량은 점점 느려집니다. 마지막으로 가면 처리량은 더이상 증가하지 않고 특정 값에 수렴합니다. 암달의 법칙에 따르면 전체적으로 작업에 대한 병렬 처리를 도입하더라도 처리량은 선형으로 증가하지 않습니다. 코드의 순차적인 부분 때문에 병목 현상이 발생하기 때문입니다. 일반적으로 웹 애플리케이션에 대한 확장 관점에서 이 문장을 해석해 보면 처리 속도를 증가시킬 수 없는 단일 조정 지점이 있는 경우에는 시스템의 코어 또는 노드 수를 늘리는 데 따른 이익을 얻지 못한다는 뜻입니다. 또한 시스템을 추가로 투입하는 것은 돈을 버리는 행위이고, 처리량이 증가하더라도 비용 대비 매우 비효율적입니다.

앞의 그래프에서 처리량의 변화는 병렬 작업의 수에 달려 있음을 알 수 있습니다. 그러나 대부분의 경우 병렬 작업 개수에 대한 의존성이 커짐에 따라 대기 시간이 어떻게 변하는지를 알 필요가 있습니다. 이를 위해 리틀의 법칙과 암달의 법칙을 결합할 수 있습니다. 기억하겠지만, 두 방정식 모두 처리량(X)을 포함합니다. 두 공식을 결합하기 위해 리틀의 법칙을 X에 대한 방정식으로 다시 작성해 봅시다.

$$X(N) = \frac{N}{R}$$

이제 변환이 완료된 X(N)을 암달의 법칙에 대입해 봅시다.

$$\frac{N}{R} = \frac{X(1) \times N}{1 + \sigma \times (N - 1)}$$

그리고 응답 속도 R에 대한 공식을 유도하기 위해 다음과 같이 R에 대해 정리해 봅시다.

$$\frac{1}{R} = \frac{X(1) \times N}{(1 + \sigma \times (N-1)) \times N}$$

$$R = \frac{1 + \sigma \times (N-1)}{X(1)}$$

이 공식으로부터 전체적인 증가량이 선형이라고 결론을 내릴 수 있게 됐습니다. 다음 그래프는 병렬 처리 개수의 변화에 따른 대기 시간의 변화를 나타냅니다.

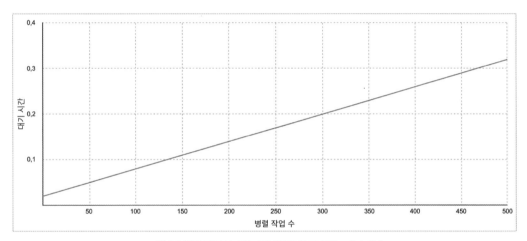

그림 6.5 병렬 처리 증가에 따라 선형으로 증가하는 대기 시간

즉, 병렬 작업 수를 늘리면 지연 시간도 늘어납니다.

암달의 법칙이 설명하는 바와 같이 병렬 실행이 있는 시스템은 병렬화 수준을 더 높이더라도 추가 오버헤드만 발생시키고 더이상 처리량이 증가하지 못하는 직렬화 지점을 가지고 있습니다. 다음 그림은 이러한 시스템을 보여줍니다.

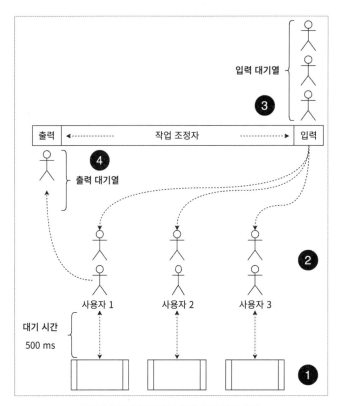

그림 6.6 암달의 법칙을 적용한 동시 처리 예제

이 그림은 다음과 같이 설명할 수 있습니다.

1. 작업자를 나타냅니다. 여기에서는 코드를 더이상 쪼갤 수 없고 독립적으로 실행할 수 있는 순차적 실행 지점으로 간주합니다.

2. 대기열 또는 요청을 처리 중인 사용자의 표현입니다.

3. 사용자 요청이 아직 작업자에게 할당되기 전 대기열입니다. 작업 조정자가 작업자에게 작업을 할당하는 순차적 실행 지점이라고 볼 수 있습니다.

4. 사용자에 대한 조정은 입력 지점과 출력 지점 양방향에서 요구될 수 있습니다. 작업 조정자는 여기서 사용자에게 응답을 보내기 전에 몇 가지 작업을 수행할 수 있습니다.

암달의 법칙에 따르면 시스템에는 병목 지점이 있기 마련이고, 그로 인해 더 많은 사용자에게 서비스를 제공하거나 대기 시간을 줄이는 데는 한계가 있기 마련입니다.

USL(Universal Scalability Law)

암달의 법칙은 시스템의 확장성에 대해 설명하지만, 실제 응용 프로그램에서는 상당히 다른 결과를 볼 수 있습니다. 닐 건터는 이 분야에 대해 어느 정도 연구를 마친 후 순차적 실행 외에도 **비일관성(incoherence)**이라는 또 하나의 치명적인 문제점이 있다는 것을 알아냈습니다.

 닐 건터(Neil Gunther)는 컴퓨터 정보 시스템 연구원입니다. 그는 오픈소스 성능 모델링 소프트웨어인 'Pretty Damn Quick'을 개발해 세계적으로 유명해졌으며 컴퓨터 용량 산정 및 성능 분석에 대한 게릴라(Guerrilla) 접근 방식을 개발했습니다. 자세한 내용은 다음 링크를 참조하세요.

http://www.perfdynamics.com/Bio/njg.html

비일관성은 동시성을 지원하는 시스템이 공유 자원을 가진 경우에 일반적으로 나타나는 현상입니다. 예를 들어, 이러한 비일관성은 표준 자바 웹 애플리케이션 측면에서 CPU와 같은 자원에 대한 난잡하고 혼란스러운 형태의 스레드 액세스의 형태로 나타납니다. 자바 스레딩 모델은 그다지 이상적이지 않습니다. 실제 프로세서보다 많은 숫자의 Thread 인스턴스가 있는 경우, CPU에 액세스하고 계산을 위한 CPU 시간을 확보하기 위해 서로 다른 Thread 인스턴스 간에 직접적인 충돌이 발생합니다. 이렇게 발생하는 중복된 조정과 일관성 문제를 해결하기 위해 별도의 노력이 필요합니다. 스레드가 공유 메모리에 액세스할 때마다 추가적인 동기화가 필요하며 응용 프로그램의 처리량과 대기 시간이 줄어들 것입니다.

암달의 법칙을 확장한 **보편적 확장성 법칙(USL)**은 시스템에서 이러한 동작을 설명하기 위해 병렬 처리에 따라 처리량 변화를 계산하는 다음과 같은 수식을 제공합니다.

$$X(N) = \frac{X(1) \times N}{1 + \sigma \times (N-1) + \kappa \times N \times (N-1)}$$

위 공식에서 일관성 계수(k)를 도입했습니다. 여기에서 가장 주목할 점은 처리량 X(N)이 병렬 처리 수 N의 제곱에 반비례한다는 점입니다.

이 연관 관계에 대한 핵심적인 내용을 이해하기 위해 초기 처리량 X(1)=50, 경합 계수 σ=0.03 및 이전 처리량과 동일한 값을 갖는 다음 그림을 살펴보겠습니다. 일관성 계수 k=0.00007입니다.

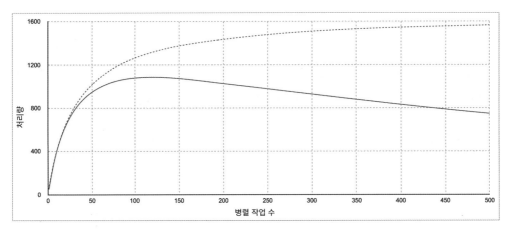

그림 6.7 병렬 작업 수에 따른 처리량 변화. 암달의 법칙(점선)과 USL(실선) 비교

이 그림에서 처리량이 저하되기 시작한 변곡점을 볼 수 있습니다. 또한 실제 시스템의 확장성을 보다 잘 나타내기 위해 USL로 모델링한 시스템 확장성과 암달의 법칙으로 모델링한 시스템 확장성을 동시에 그렸습니다. 평균 응답 시간 저하 곡선도 그 양상이 바뀌었습니다. 다음 그래프는 병렬 처리에 따른 대기 시간의 변화를 보여줍니다.

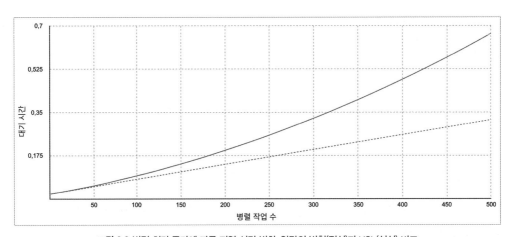

그림 6.8 병렬 처리 증가에 따른 지연 시간 변화. 암달의 법칙(점선)과 USL(실선) 비교

이전 그래프와 비슷하게 두 모델을 비교하기 위해 USL에 의해 모델링된 지연 시간 변화 그래프와 암달의 법칙에 의해 모델링된 결과를 함께 표시해 봤습니다. 이 그래프에서 볼 수 있듯이, 시스템은 공유 액세스 지점이 있을 때 다르게 동작합니다. 이 지점은 비일관적이고 동기화를 위한 추가 자원이 필요할수 있습니다. 다음 그림은 이러한 시스템의 대략적인 예를 설명하고 있습니다.

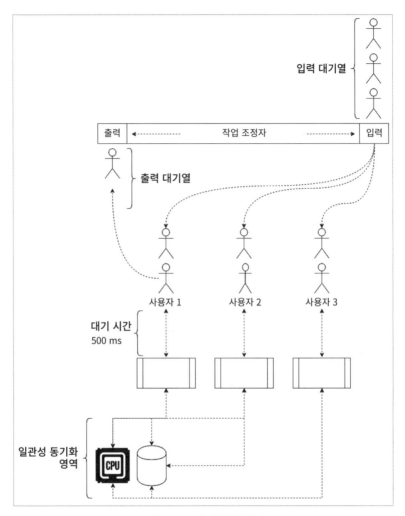

그림 6.9 USL에 의한 동시 처리

그림에서 보듯이, 시스템의 전체적인 그림은 리틀의 법칙에서 보여준 것보다 훨씬 더 복잡해 보일 수 있습니다. 그림에는 시스템 확장성에 직접 영향을 미칠 수 있는 숨겨진 함정이 여러 군데 있습니다.

종합하자면 확장 가능한 시스템을 모델링하고 시스템 용량을 산정하기 위해서는 이 세 법칙을 전반적으로 이해하는 것이 중요합니다. 이 법칙들은 복잡한 고부하 분산 시스템뿐만 아니라 스프링 프레임워크로 구축된 웹 응용 프로그램이 있는 멀티 프로세서 노드에도 적용될 수 있습니다. 또한 시스템 확장성에 영향을 주는 요인을 명확히 알고 있다면 시스템을 적절하게 설계하고 비일관성 및 자원 경합과 같은 함정을 피할 수 있습니다. 아울러 법칙의 관점에서 웹플럭스 및 웹 MVC 모듈을 적절히 분석하고 어떤 방식의 확장이 가장 적합할지 예측할 수 있습니다.

철저한 분석과 비교

시스템 확장성에 대해 알면 알수록 프레임워크, 아키텍처 및 리소스 사용 모델의 동작을 이해하는 것에 대한 중요성이 더 높아진다는 것을 알 수 있습니다. 각각의 문제를 해결하기 위해 적절한 프레임워크를 선택하는 것은 중요합니다. 다음 몇 개의 절에서는 웹 MVC와 웹플럭스를 다른 관점에서 비교하고 각 프레임워크가 더 적합한 영역에 대해 알아보겠습니다.

웹플럭스 및 웹 MVC의 처리 모델 이해

우선 시스템 처리량과 대기 시간에 대한 각 모델의 영향을 이해하기 위해 웹 MVC와 웹플럭스가 사용자의 요청을 처리하는 방법을 간략하게 설명합니다.

앞서 언급했듯이 Web MVC는 블로킹 I/O를 기반으로 합니다. 즉, 요청을 처리하는 스레드가 요청 본문을 읽음으로써 I/O를 블로킹할 수 있습니다.

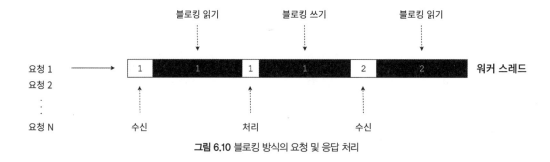

그림 6.10 블로킹 방식의 요청 및 응답 처리

앞의 예에서 모든 요청은 하나의 스레드에 의해 순서대로 큐에 들어간 후 처리됩니다. 검은 색 막대는 I/O와의 읽기/쓰기 작업이 블로킹됐음을 의미합니다. 또한 실제 처리 시간(흰색 막대)은 블로킹돼 대기 중인 시간보다 훨씬 적습니다. 이 간단한 그림을 통해 스레드는 비효율적이고 큐에서 요청을 받고 처리할 때 대기 시간을 공유할 수 있음을 알 수 있습니다.

반대로 웹플럭스는 논블로킹 API를 기반으로 하므로 I/O 작업을 차단하는 스레드와 상호 작용할 필요가 없습니다. 다음 그림에서 이 효율적인 기법을 설명합니다.

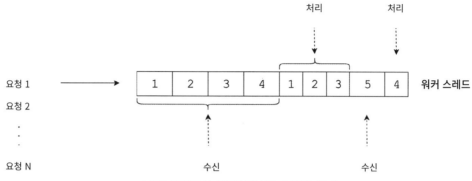

그림 6.11 비동기 논블로킹 방식으로 요청 처리하기

이 그림은 이전 I/O 블로킹 예제와 동일한 이벤트 처리를 다루고 있습니다. 그림의 왼쪽에는 요청 대기 열이 있고 중간에는 처리 과정이 있습니다. 이 경우 처리 과정에는 검은색 막대가 없습니다. 따라서 요청 처리를 하기 위해 네트워크를 통해 전체 요청을 받지 않은 상태에서도 해당 요청을 처리하지 않고 다른 요청 처리로 전환할 수 있습니다. 비동기 논블로킹 요청 처리를 이전의 블로킹 방식 예제와 비교하면 요청 본문이 수집되는 동안 대기하는 대신 스레드가 새로운 연결을 받아들이기 때문에 더욱더 효율적이라는 것을 알 수 있습니다. 그런 다음 운영 체제로부터 요청을 완전히 수신했다고 시그널을 받으면 블로킹 없이 해당 요청 처리를 시작할 수 있습니다. 이런 방법을 통해 CPU 사용률을 최적화합니다. 마찬가지로 응답을 작성하는 작업도 블로킹되지 않으며 논블로킹 방식으로 I/O에 기록 작업을 할 수 있습니다. 차이점이 있다면 블로킹 없이 I/O에 데이터의 일부를 쓸 준비가 되면 시스템이 알려준다는 것입니다.

앞의 예에서와같이 웹플럭스가 웹 MVC보다 훨씬 효율적으로 하나의 스레드를 사용하므로 같은 시간에 더 많은 요청을 처리할 수 있습니다. 그러나 적절한 수의 스레드 인스턴스를 이용해 실제 프로세서를 활용하는 자바 멀티스레딩과의 차이점이 무엇이냐고 반문할 수 있습니다. 또한 블로킹 방식의 웹 MVC를 이용해 요청을 더 빠르게 처리하고 동일한 CPU 사용률을 달성하기 위해 하나의 Thread를 사용하는 대신 여러 개의 워커 스레드를 사용하거나 하나의 연결마다 Thread를 하나씩 할당하는 모델을 사용하는 방법도 대안으로 제시할 수 있을 것입니다.

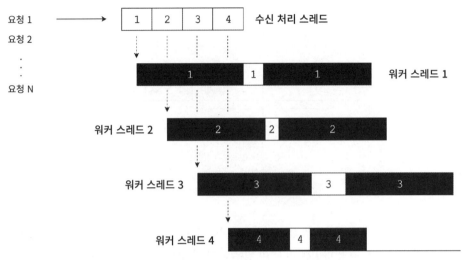

그림 6.12 연결 하나당 스레드를 할당하는 웹 MVC 모델

이 그림에서 보듯이 멀티스레딩 모델을 사용하면 대기 중인 요청을 더 빠르게 처리할 수 있으며, 시스템이 거의 동일한 수의 요청을 수락, 처리 및 응답할 수 있는 것처럼 현혹시킬 수 있습니다.

그러나 이러한 디자인에는 결함이 있습니다. USL(보편적 확장성 법칙)에서 배운 것처럼 시스템이 CPU나 메모리와 같은 리소스를 공유할 때 병렬 작업자 수를 늘리면 시스템 성능이 저하될 수 있습니다. 이 경우, 사용자 요청을 처리할 때 Thread 인스턴스가 너무 많아지면 스레드 인스턴스 간의 불일치 현상이 나타나고, 이로 인해 성능이 저하됩니다.

요청 처리 모델이 시스템 처리량 및 대기 시간에 미치는 영향

이를 검증하기 위해 간단한 부하 테스트를 해보겠습니다. 이를 위해 웹 MVC와 웹플럭스에서 간단한 스프링 부트 2.x 응용 프로그램을 사용할 것입니다(이를 미들웨어라고 합시다). 또한 제삼자 서비스에 대한 몇 가지 네트워크 호출을 통해 미들웨어의 I/O 동작을 시뮬레이션할 것이며, 이는 200밀리초의 평균 대기 시간을 보장하면서 성공적으로 (본문이 비어 있는) 응답을 반환합니다. 통신에 대한 처리 흐름은 다음과 같습니다.

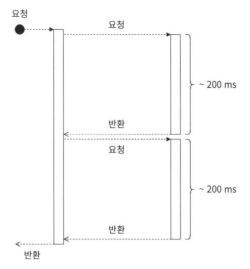

그림 6.13 부하 테스트를 위한 통신 처리 흐름

미들웨어를 시작하고 클라이언트 활동을 시뮬레이션하기 위해 마이크로소프트 애저 인프라에 설치된 Ubuntu Server 16.04를 사용하겠습니다. 미들웨어의 경우 D12 v2 VM(4개의 vCPU 및 28GB RAM)을 사용하겠습니다. 클라이언트의 경우 F4 v2 VM(4개의 vCPU와 8GB RAM)을 사용합니다. 사용자 활동을 조금씩 순차적으로 증가시킵니다. 여기서는 4명의 동시 사용자로 부하 테스트를 시작해서 20,000명까지 증가시킨 후 마무리할 것입니다. 이를 통해 완만하게 증가하는 대기 시간과 처리량을 얻고, 쉽게 이해할 수 있는 그래프를 만들어보겠습니다. 미들웨어에 적절한 부하를 생성하고 통계 및 측정치를 정확하게 수집하기 위해 **wrk**(https://github.com/wg/wrk)라는 최신 HTTP 벤치마킹 도구를 사용할 것입니다.

 이 벤치마크는 시스템의 **안정성**보다는 시간의 흐름에 따른 **경향**을 보여주고, 웹플럭스 프레임워크의 현재 구현이 얼마나 적절한지를 측정하기 위한 것입니다. 다음 측정치는 웹 MVC의 동기식 블로킹 기반 통신에 비해 논블로킹 비동기 통신 방식 웹플럭스의 이점을 보여줍니다.

다음 예제는 측정을 위해 사용된 웹 MVC 미들웨어의 코드입니다.

```
@RestController                                                    // (1)
@SpringBootApplication
public class BlockingDemoApplication implements InitializingBean {
    ...                                                            // (1.1)
    @GetMapping("/")                                               // (2)
```

```
    public void get() {
        restTemplate.getForObject(someUri, String.class);              // (2.1)
        restTemplate.getForObject(someUri, String.class);              // (2.2)
    }
    ...
}
```

이 코드는 다음과 같이 설명할 수 있습니다.

1. @SpringBootApplication 애노테이션이 달린 클래스의 선언입니다. 아울러 이 클래스는 @RestController 애노테이션이 붙은 컨트롤러입니다. 예제를 가능한 한 간단하게 유지하기 위해 (1.1)에 포함될 초기화 프로세스 및 필드 선언은 생략했습니다.

2. @GetMapping이 붙은 get 메서드가 있습니다. 중복되는 네트워크 트래픽을 줄이고 프레임워크 성능에만 초점을 맞추기 위해 응답 본문에는 어떠한 내용도 포함하지 않았습니다. 앞의 그림에서 언급한 처리 흐름대로 (2.1)과 (2.2)에서 원격 서버에 두 개의 HTTP 요청을 수행합니다.

앞의 예제와 그림 6.13에서 정의했듯이 미들웨어의 평균 응답 시간은 약 400밀리초 정도입니다.

이 테스트에서는 웹 MVC에 기본으로 포함된 톰캣 서버를 사용할 것입니다. 또한 웹 MVC에서 성능이 어떻게 변하는지 확인하기 위해 동시 사용자 숫자와 동일한 수의 Thread 인스턴스를 설정하겠습니다. 다음 스크립트는 톰캣에 대한 설정을 보여줍니다.

```
java -Xss512K -Xmx24G -Xms24G
    -Dserver.tomcat.prestartmin-spare-threads=true
    -Dserver.tomcat.prestart-min-spare-threads=true
    -Dserver.tomcat.max-threads=$1
    -Dserver.tomcat.min-spare-threads=$1
    -Dserver.tomcat.max-connections=100000
    -Dserver.tomcat.accept-count=100000
    -jar ...
```

스크립트에서 볼 수 있듯이 max-threads 및 min-spare-threads 매개변수의 값은 동적으로 변경 가능하며, 테스트의 동시 사용자 수에 의해 결정됩니다.

 앞의 설정은 실제 운영 환경에서 사용하기에는 적합하지 않으며, 스프링 웹 MVC에서 사용되는 스레딩 모델, 특히 연결 하나당 한 개의 스레드를 할당하는 모델의 단점을 보여주기 위한 용도로만 사용됩니다.

테스트를 시작하면 다음과 같은 결과를 얻을 수 있습니다.

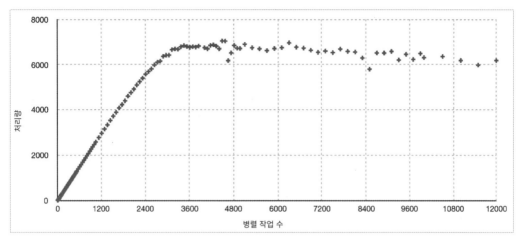

그림 6.14 웹 MVC의 처리량

이 그림에서 어떤 시점이 지나고 나면 처리량이 감소하기 시작한다는 것을 알 수 있습니다. 즉, 응용 프로그램에 경합 또는 불일치가 있음을 나타냅니다.

웹 MVC 프레임워크와 성능을 비교하기 위해 웹플럭스에 대해서도 동일한 테스트를 실행하겠습니다. 다음은 웹플럭스 기반 응용 프로그램 성능을 측정하는 데 사용할 코드입니다.

```
@RestController
@SpringBootApplication
public class ReactiveDemoApplication implements InitializingBean {
    ...
    @GetMapping("/")
    public Mono<Void> get() {                                      // (1)
        return
                webClient
                        .get()                                     // (2)
                        .uri(someUri)
                        .retrieve()
                        .bodyToMono(DataBuffer.class)
                        .doOnNext(DataBufferUtils::release)
                        .then(                                     // (3)
                                webClient
```

```
                                    .get()                              // (4)
                                    .uri(someUri)
                                    .retrieve()
                                    .bodyToMono(DataBuffer.class)
                                    .doOnNext(DataBufferUtils::release)
                                    .then()
                        )
                    .then();
        }                                                               // (5)
...
}
```

이 코드는 비동기 논블로킹 요청 및 응답 처리를 위해 스프링 웹플럭스 및 리액터 프로젝트 기능을 적극적으로 사용합니다. 웹 MVC의 경우와 마찬가지로 (1)에서 리액티브 타입 Mono에 의해 래핑된 Void를 반환합니다. 그런 다음 (3), (4)에서 WebClient API를 사용해 원격 호출을 실행하고 두 번째 원격 호출을 동일한 순차 방식으로 수행합니다. 마지막으로 두 호출의 실행 결과에 대한 처리는 건너뛰고 구독자에게 두 실행의 완료를 알리는 Mono<Void> 결과를 반환합니다.

 리액터 기법을 사용하면 두 요청을 동시에 수행하지 않고도 실행 시간을 향상시킬 수 있습니다. 두 실행 모두 논블로킹 및 비동기이기 때문에 스레드 인스턴스를 추가로 할당할 필요가 없습니다. 그러나 그림 6.13에서 정의한 시스템의 동작을 유지하기 위해 실행을 순차적으로 유지해야 하므로 대기 시간은 평균 약 400밀리초가 돼야 합니다.

이제 웹플럭스 기반의 미들웨어 테스트를 실행하면 다음과 같은 결과를 얻을 수 있습니다.

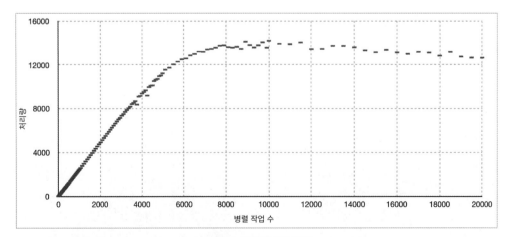

그림 6.15 웹플럭스의 처리량

이 그래프에서 보듯이 웹플럭스의 경향도 웹 MVC와 다소 비슷합니다.

두 곡선을 비교하기 위해 그래프를 합쳐봅시다.

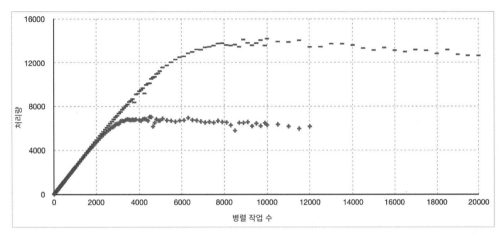

그림 6.16 웹플럭스와 웹 MVC 처리량 측정 결과 비교

그래프에서 + 기호는 웹 MVC이고 – 기호는 웹플럭스입니다. 수치가 높으면 높을수록 더 좋습니다. 그래프에서 웹플럭스의 처리량이 거의 두 배입니다.

또한 여기에는 12,000명 이상의 동시 사용자에 대해 웹 MVC 결과가 없습니다. 톰캣 스레드 풀이 너무 많은 메모리를 사용하기 때문에 주어진 28GB로는 실행이 불가능하기 때문입니다. 따라서 톰캣이 12,000개가 넘는 스레드 인스턴스를 할당하려고 시도할 때마다 리눅스 커널은 해당 프로세스를 종료합니다. 약 10,000명 이상의 동시 사용자를 처리해야 하는 경우 **연결당 하나의 스레드를 할당하는 모델**은 적합하지 않다는 것을 확실히 알 수 있습니다.

앞의 비교는 **연결당 하나의 스레드를 할당하는 모델과 논블로킹 비동기 처리 모델**의 비교입니다. 첫 번째 모델의 경우 대기 시간에 큰 영향을 미치지 않고 요청을 처리할 수 있는 유일한 방법은 사용자별로 별도의 스레드를 할당하는 것입니다. 이 방법으로 사용 가능한 스레드를 기다리는 큐에서 사용자가 소비하는 시간을 최소화합니다. 반대로 웹플럭스의 구성에서는 논블로킹 I/O를 사용하기 때문에 사용자별로 스레드를 할당할 필요가 없습니다. 실제로 대부분의 운영 시스템은 제한된 숫자의 스레드 풀로 톰캣 서버를 구동합니다.

그럼에도 불구하고 두 곡선은 비슷한 경향성을 가질 뿐만 아니라 특정 시점을 지나면 처리량이 저하되기 시작한다는 공통점이 있습니다. 이것은 많은 시스템이 클라이언트 연결 측면에서 한계가 있다는 사실로 설명할 수 있습니다. 아울러 두 모델은 서로 다른 설정으로 HTTP 클라이언트를 서로 다르게 구현했기 때문에 비교가 약간 불공정할 수 있습니다. 예를 들어 RestTemplate의 기본 연결 전략은 각각의 새 호출에 새 HTTP 연결을 할당하는 것입니다. 반대로 기본 네티 기반 WebClient 구현에서는 커넥션 풀을 사용합니다. 이 경우 각 커넥션을 다시 사용할 수 있습니다. 열려 있는 커넥션을 다시 사용하도록 시스템 설정을 변경할 수도 있지만, 그러한 비교는 비교의 목적을 제대로 표현하지 못할 수 있습니다.

따라서 더 나은 비교를 위해 400밀리초의 지연을 제공해 네트워크 동작을 시뮬레이션해 보겠습니다. 두 모델 모두 다음 코드가 사용됩니다.

```
Mono.empty()
    .delaySubscription(Duration.ofMillis(200))
    .then(Mono.empty()
        .delaySubscription(Duration.ofMillis(200)))
    .then()
```

웹플럭스의 경우 반환 유형은 Mono<Void>이고 웹 MVC의 경우 실행 차단은 .block() 작업을 호출해 종료되므로 지정된 지연에 대해 스레드가 차단됩니다. 여기서는 지연을 유도하기 위해 동일한 코드를 사용합니다.

또한 유사한 클라우드 설정을 사용할 예정입니다. 미들웨어의 경우 E4S V3 VM(4개의 vCPU 및 32GB RAM), 클라이언트는 B4MS VM(4개의 vCPU 및 16GB RAM)을 사용할 예정입니다.

테스트를 실행하면 다음 결과를 얻을 수 있습니다.

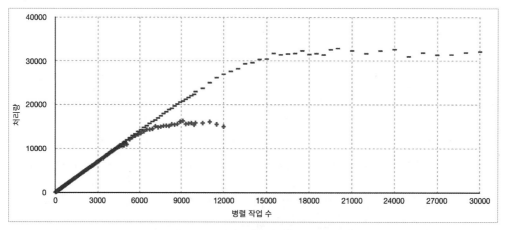

그림 6.17 추가적인 I/O를 제거한 상태의 웹플럭스와 웹 MVC 처리량

그래프에서 + 기호는 웹 MVC이고 – 기호는 웹플럭스입니다. 보다시피 전체 결과는 실제 외부 호출 방식의 테스트 때보다 높습니다. 즉, 응용 프로그램 내의 커넥션 풀 또는 운영 체제 내의 커넥션 정책이 시스템 성능에 큰 영향을 줍니다.

그럼에도 불구하고 웹플럭스는 웹 MVC의 처리량의 두 배의 성능을 보여주고 있으며, 이는 연결당 하나의 스레드를 할당하는 모델의 비효율에 대한 우리의 가정을 입증합니다. 웹플럭스는 여전히 암달의 법칙대로 동작합니다. 그러나 응용 프로그램 및 시스템 제약 사항에 따라 최종 결과 해석이 바뀔 수 있음을 기억해야 합니다.

또한 그림 6.18과 6.19와 같이 대기 시간과 CPU 사용량에 대해 두 모델을 비교할 수 있습니다.

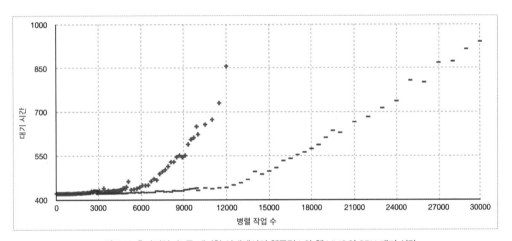

그림 6.18 추가적인 I/O를 제거한 상태에서의 웹플럭스와 웹 MVC의 CPU 대기 시간

그래프에서 + 기호는 웹 MVC이고 – 기호는 웹플럭스입니다. 이 그래프에서는 결과가 낮을수록 좋습니다. 웹 MVC는 대기 시간 측면에서 상당히 나쁜 결과를 보여줍니다. 12,000명의 동시 사용자 결과에서는 웹플럭스는 응답 시간이 2.1배 정도로 측정됐습니다.

CPU 사용량 측면에서 볼 때는 다음 그래프와 같습니다.

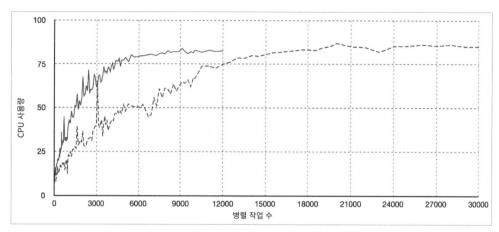

그림 6.19 추가적인 I/O를 제거한 상태에서의 웹플럭스와 웹 MVC CPU 사용량

그래프에서 실선은 웹 MVC이고 점선은 웹플럭스입니다. 이 그래프에서도 수치가 낮을수록 좋습니다. 웹플럭스는 처리량, 대기 시간 및 CPU 사용량 면에서 훨씬 효율적이라고 결론을 내릴 수 있습니다. CPU 사용량의 차이는 서로 다른 스레드 인스턴스 간의 반복적이 컨텍스트 전환에 기인한 것이라고 볼 수 있습니다.

웹플럭스 처리 모델의 해결 과제

웹플럭스는 웹 MVC와 아주 다릅니다. 시스템에 블로킹 I/O가 없기 때문에 모든 요청을 처리하는 데 몇 개의 스레드만 사용할 수 있습니다. 이벤트를 동시에 처리할 때 시스템의 프로세서/코어보다 많은 수의 스레드 인스턴스가 필요하지 않습니다.

 이것은 웹플럭스가 네티 기반으로 구축됐기 때문입니다. 이 경우 Thread 인스턴스의 기본 수는 Runtime. getRuntime().availableProcessors()에 2를 곱한 값입니다.

논블로킹 연산을 사용하면 결과를 비동기적으로 처리할 수 있습니다(그림 6.11 참조). 이를 통해 보다 효율적인 확장, CPU의 효율적 활용, 실제 처리 작업 이외에 CPU 소비량 감소 및 컨텍스트 스위칭에서 낭비를 줄일 수 있습니다. 하지만 비동기 논블로킹 처리 모델에도 문제가 있습니다. 우선 CPU를 많이 사용하는 작업은 별도의 스레드 또는 스레드풀 인스턴스를 가져야 한다는 것을 이해하는 것이 중요합니다. 이 문제는 연결당 스레드를 할당하는 모델 또는 스레드풀이 많은 수의 워커를 갖는 유사한 모델에서는 발견되지 않습니다. 이 경우 각 연결에는 이미 전용 워커가 있기 때문입니다. 일반적으로 이러한 모델을 주로 사용하는 대부분 개발자들은 이 사실을 잊어버리고 메인 스레드에서 CPU를 많이 사용하는 작업을 실행합니다. 이와 같은 실수는 비용이 많이 들고 전반적인 성능에 영향을 줄 수 있습니다. 이 경우 메인 스레드가 작업 중이므로 새 연결을 수락하거나 처리할 시간이 없습니다.

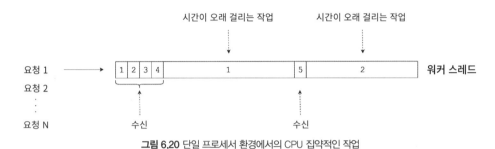

그림 6.20 단일 프로세서 환경에서의 CPU 집약적인 작업

이 그림에서 보듯이 요청 처리 라인 전체가 흰색 막대(블로킹 I/O가 없음을 의미)로 구성돼 있더라도 복잡한 계산을 요청함으로써 다른 요청에 처리 시간을 할당하지 못하도록 할 수 있습니다.

이 문제를 해결하려면 장기 실행 작업을 별도의 프로세서 풀로 위임하거나 단일 프로세서를 가진 경우 작업을 다른 노드(머신)에 위임해야 합니다. 예를 들어, 다음 그림과 같은 효율적인 이벤트 루프(https://en.wikipedia.org/wiki/Event_loop)를 구성할 수 있습니다. 하나의 스레드가 연결을 허용한 다음 실제 처리를 다른 작업자/노드에 위임합니다.

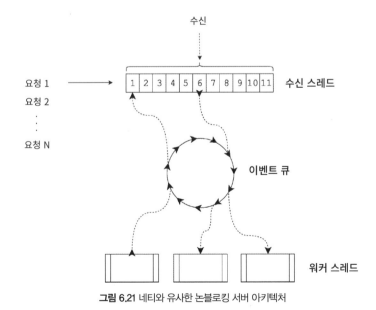

그림 6.21 네티와 유사한 논블로킹 서버 아키텍처

비동기 논블로킹 프로그래밍과 관련해 흔히 저지르는 또 다른 실수는 동작 자체에 블로킹을 포함하는 것입니다. 웹 애플리케이션을 개발할 때 까다로운 부분 중 하나로 UUID를 생성하는 것이 있습니다.

```
UUID requestUniqueId = java.util.UUID.randomUUID();
```

여기서 문제는 randomUUID()가 내부적으로 SecureRandom을 사용한다는 것입니다. 일반적인 암호화된 난수 생성기는 응용 프로그램 외부의 복잡성을 인자로 사용합니다. 그것은 하드웨어 난수 생성기일 수도 있지만, 일반적으로는 운영 체제에서 수집한 **임의성(randomness)**입니다.

 운영 체제에서 수집한 임의성은 마우스 움직임, 전력 변화 및 실행 중인 시스템에 의해 수집될 수 있는 다른 임의의 이벤트를 의미합니다.

문제는 복잡성을 결정할 수 있는 요인에도 속도 제한이 있다는 것입니다. 일정 기간 이 값을 초과하면 시스템 일부에서 복잡성을 읽을 시스템 콜이 충분해질 때까지 동작을 중지시킵니다. 또한 스레드 수는 UUID 생성 성능에 큰 영향을 줍니다. 이것은 UUID.randomUUID()의 난수를 생성하는 SecureRandom#nextBytes(byte[] byte)의 구현을 보면 알 수 있습니다.

```
synchronized public void nextBytes(byte[] bytes) {
    secureRandomSpi.engineNextBytes(bytes);
}
```

코드에서 보듯이, #nextBytes 메서드는 동기화 메서드입니다. 이는 여러 스레드에서 호출될 경우에 시스템의 성능을 현저하게 떨어뜨립니다.

 SecureRandom의 해결 방법에 대한 자세한 내용은 다음 웹페이지를 참조하세요.

https://stackoverflow.com/questions/137212/how-to-solve-slow-java-securerandom

앞에서 배웠듯이 웹플럭스는 몇 개의 스레드를 사용해 엄청난 양의 요청을 비동기적으로, 그리고 논블로킹 방식으로 처리합니다. 언뜻 보기에는 I/O 작업이 없는 것처럼 보이지만, 사실 OS와의 동작을 정확하게 이해하고 사용해야 합니다. 이런 동작에 주의를 기울이지 않으면 전체 시스템의 성능을 크게 저하시킬 수 있습니다. 따라서 웹플럭스에서 논블로킹 동작과 관련된 것만 취사 선택해 사용하는 것이 좋습니다. 그러나 이렇게 하면 리액티브 시스템 개발에 많은 제한이 생길 수밖에 없습니다. 왜냐하면 JDK는 자바 생태계 구성 요소 간의 명령적인 호출 및 동기식 상호 작용을 위해 설계됐기 때문입니다.

따라서 JDK 내의 대다수 요소는 블로킹이고 논블로킹 요소나 비동기 지원이 없으므로 리액티브 시스템 개발이 복잡해집니다. 웹플럭스 자체는 높은 처리량과 낮은 대기 시간을 제공하지만, 함께 사용하는 모든 라이브러리에도 많은 주의를 기울여야 합니다.

복잡한 계산이 서비스의 핵심 작업인 경우에는 복잡하지 않은 스레딩 기반 처리 모델이 논블로킹 비동기 처리 모델보다 바람직합니다. 또한 I/O와의 모든 상호 작용이 차단되는 경우에는 논블로킹 I/O로 인한 이점이 별로 없습니다. 아울러 이벤트 처리를 위한 논블로킹 및 비동기 알고리즘의 복잡성이 증가할 수 있으므로 웹 MVC의 직접적인 스레딩 모델이 웹플럭스보다 효율적입니다.

그럼에도 불구하고 그러한 제한이 없는 상황에서 I/O 상호 작용이 많다면 논블로킹 및 비동기 방식의 웹플럭스가 빛을 발할 것입니다.

요청 처리 모델과 메모리 사용량과의 관계

프레임워크 분석의 또 다른 중요한 요소는 메모리 사용량을 비교하는 것입니다. **1장 왜 리액티브 스프링인가?**에서 다룬 연결당 스레드를 하나씩 할당하는 모델에 대한 설명을 돌이켜보면 작은 이벤트 객체 각각에 메모리를 할당하는 대신에 새로운 연결에 대해 커다란 스레드를 할당한다는 것을 알고 있습니다. 이 과정에서 가장 먼저 염두에 둘 점은 스레드가 스택에 여유 공간을 확보한다는 것입니다. 실제 확보하는 스택의 크기는 OS 및 JVM 구성에 따라 다릅니다. 가장 일반적인 64비트 서버의 경우 VM 스택 크기는 1MB입니다.

 이벤트란 열려 있는 커넥션 또는 데이터 가용성과 같은 시스템 상태의 변경에 대한 신호를 의미합니다.

고부하 시나리오의 경우 이러한 모델은 메모리를 많이 소비합니다. 대부분의 경우, 1MB 스택 전체를 요청 및 응답 본문과 함께 유지하는 데는 상당한 오버헤드가 있습니다. 또한 전용 스레드풀의 최댓값이 지정돼 있으면 처리량이 감소하고 평균 대기 시간이 증가합니다. 따라서 웹 MVC에서는 메모리 사용량과 시스템 처리량 사이에 균형을 찾을 필요가 있습니다. 이와 대조적으로, 이전 절에서 배웠듯이 웹플럭스는 고정된 수의 스레드 인스턴스를 사용해 더 많은 요청을 처리하는 동시에 메모리 사용량을 예측할 수 있습니다. 이전의 테스트 결과에서 메모리 사용량에 대한 측정 결과는 다음 그래프에서 확인할 수 있습니다.

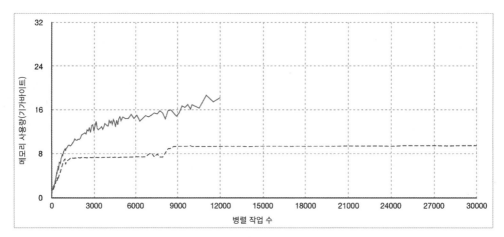

그림 6.22 웹플럭스와 웹 MVC의 메모리 사용량 비교

이 그림에서 실선은 웹 MVC이고 점선은 웹플럭스입니다. 그래프에서 수치는 낮은 것이 좋습니다. 두 응용 프로그램은 JVM 옵션 −Xms26GB −Xmx26GB를 추가해 실행했습니다. 즉, 두 응용 프로그램 모두 동일한 양의 전용 메모리 기반으로 동작합니다. 웹 MVC의 경우 병렬화가 늘어남에 따라 메모리 사용량이 늘어납니다. 이 절의 시작 부분에서 언급했듯이 일반적인 스레드 스택 크기는 1MB입니다. 테스트 실행 환경의 경우 스레드 스택 크기는 −Xss512K로 설정되므로 새로운 스레드마다 ~512KB의 메모리가 추가로 필요합니다. 따라서 연결당 스레드를 할당하는 모델의 경우 메모리 사용에 있어 비효율적입니다.

반대로 웹플럭스의 경우 병렬 처리에도 불구하고 메모리 사용이 안정적입니다. 즉, 웹플럭스는 메모리를 최적으로 사용합니다. 따라서 웹플럭스를 사용하면 좀 더 저렴한 머신을 사용할 수 있습니다.

이러한 가정이 올바른 것인지 확인하기 위해 메모리 사용 예측에 대한 작은 실험을 해볼 것입니다. 이 실험은 메모리 사용량을 예측할 수 없는 상황에서의 서버 운영에 관해 조언해줄 수 있을 것입니다. 이 테스트에서는 웹 MVC와 웹플럭스를 사용해 클라우드 인프라에 얼마나 많은 돈을 쓸 것인가를 분석해보고자 합니다.

시스템의 상한을 측정하기 위해 스트레스 테스트를 수행하고 시스템에서 처리 가능한 최대 요청 수를 확인하겠습니다. 웹 응용 프로그램을 실행할 때 하나의 vCPU와 2GB의 RAM이 있는 아마존 EC2 t2.small 인스턴스를 사용하겠습니다. 운영 체제는 아마존 리눅스이고, JDK 1.8.0_144 및 VM 25.144-b01을 포함합니다. 첫 번째 측정에서는 스프링 부트 2.0.x와 웹 MVC를 동작을 위해 톰캣을 사용합니다. 또한 최근 시스템의 일반적인 구성 요소인 네트워크 호출 및 기타 I/O 활동을 시뮬레이션하기 위해 다음과 같은 간단한 코드를 사용할 것입니다.

```
@RestController
@SpringBootApplication
public class BlockingDemoApplication {

    ...

    @GetMapping("/endpoint")
    public String get() throws InterruptedException {
        Thread.sleep(1000);
        return "Hello";
    }
}
```

애플리케이션을 실행하기 위해 다음 명령을 사용했습니다.

```
java -Xmx2g
    -Xms1g
    -Dserver.tomcat.max-threads=20000
    -Dserver.tomcat.max-connections=20000
    -Dserver.tomcat.accept-count=20000
    -jar blocking-demo-0.0.1-SNAPSHOT.jar
```

이 설정을 이용해 시스템이 실패 없이 최대 20,000명의 사용자를 처리할 수 있는지를 확인할 것입니다. 부하 테스트 실행 결과를 다음에 정리했습니다.

동시 요청 수	평균 지연 시간(ms)
100	1,271
1,000	1,429
10,000	OutOfMemoryError/Killed

이러한 결과는 시간에 따라 다를 수 있지만, 평균적으로는 동일합니다. 2GB 메모리는 10,000개의 커넥션을 위한 스레드를 처리하기에 충분하지 않습니다. 물론 JVM과 톰캣의 설정을 튜닝하고 실행한다면 약간의 향상을 가져올 수는 있지만, 불합리한 메모리 낭비 문제는 해결되지 않습니다. 동일한 서버 설정 하에서 서블릿 3.1 기반 웹플럭스로 전환하면 상당한 개선을 확인할 수 있습니다. 다음은 웹플럭스 기반 응용 프로그램의 코드입니다.

```
@RestController
@SpringBootApplication
```

```
public class TomcatNonBlockingDemoApplication {
    ...
    @GetMapping("/endpoint") public Mono<String> get() {
        return Mono.just("Hello")
                .delaySubscription(Duration.ofSeconds(1));
    }
}
```

이 경우, I/O 동작은 리액터 3 API를 사용해 비동기 및 논블로킹 방식을 지원하게 시뮬레이션할 수 있습니다.

 웹플럭스의 기본 서버 엔진은 리액터-네티입니다. 따라서 톰캣 서버로 전환하려면 spring-boot-starter-reactor-netty 의존성을 제거하고 spring-boot-starter-tomcat 모듈에 대한 의존성을 추가해야 합니다.

다음 명령으로 새로운 애플리케이션을 실행할 수 있습니다.

```
java -Xmx2g
    -Xms1g
    -Dserver.tomcat.accept-count=20000
    -jar non-blocking-demo-tomcat-0.0.1-SNAPSHOT.jar
```

이전과 비슷하게, 자바 애플리케이션에 대해 모든 메모리를 할당합니다. 하지만 이번에는 크기가 200인 스레드 풀을 기본값으로 사용합니다. 테스트 실행 결과는 다음과 같습니다.

동시 요청 수	평균 지연 시간(ms)
100	1,203
1,000	1,407
10,000	9,661

표에서 알 수 있듯이, 이 경우 응용 프로그램은 훨씬 더 나은 결과를 보여줍니다. 부하가 많은 상태에서 접속한 사용자 중 일부는 응답을 받기 위해 꽤 오랜 시간 동안 기다려야 하기 때문에 이 결과는 여전히 최선이라고 볼 수는 없습니다. 결과를 더 향상시키기 위해 완전히 리액티브하게 동작하는 리액터-네티 서버를 사용해 테스트한 후 그 처리량과 대기 시간을 확인해 봅시다.

새로운 웹 애플리케이션을 실행하기 위해 별도의 코드나 명령은 필요 없으므로 실행 결과만 살펴보겠습니다.

동시 요청 수	평균 지연 시간(ms)
1,000	1,370
10,000	2,699
20,000	6,310

결과를 보면 알겠지만, 실행 결과는 이전보다 월등히 좋습니다. 우선 네티의 경우 최소 연결 개수를 1,000부터 시작했습니다. 최댓값은 20,000으로 설정했습니다. 이것은 네티가 동일한 설정의 톰캣에 비해 두 배 가까운 성능 향상이 있다는 것을 보여주기에 충분합니다. 이 비교만으로도 웹플럭스 기반 솔루션이 인프라 비용을 절감할 수 있다는 것은 확실합니다. 이제 응용 프로그램은 훨씬 효율적인 방법으로 자원을 사용할 수 있기 때문에 더 저렴한 서버에 설치해도 충분한 성능을 낼 수 있습니다.

웹플럭스 모듈을 사용해 얻을 수 있는 또 다른 이득은 사용자의 요청 본문을 적은 메모리 소비로 더 빠르게 처리할 수 있다는 것입니다. 이 이점은 요청 본문이 스트림으로 이루어져 있고 각 항목을 개별적으로 처리할 수 있는 경우에 사용 가능합니다.

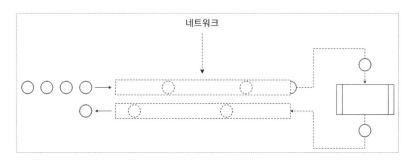

그림 6.23 웹플럭스를 이용해 큰 배열의 데이터를 작게 나눠 처리하기

리액티브 메시지 인코딩 및 디코딩에 대한 자세한 내용은 다음 링크를 참조하세요.

https://docs.spring.io/spring/docs/current/spring-framework-reference/web-reactive.html#webflux-codecs

앞의 그림에서 보듯이, 요청 본문의 일부만 받은 상태에서도 시스템은 데이터 처리를 시작할 수 있습니다. 응답 본문을 클라이언트에 보낼 때도 마찬가지입니다. 클라이언트는 전체 응답 본문을 기다릴 필요 없이 응답의 일부를 수신하자마자 응답에 대한 처리를 시작할 수 있습니다. 다음은 웹플럭스를 이용해 이런 동작을 처리하는 방법을 보여줍니다.

```
@RestController
@RequestMapping("/api/json")
class BigJSONProcessorController {

    @GetMapping(
        value = "/process-json",
        produces = MediaType.APPLICATION_STREAM_JSON_VALUE
    )
    public Flux<ProcessedItem> processOneByOne(Flux<Item> bodyFlux) {
        return bodyFlux
            .map(item -> processItem(item))
            .filter(processedItem -> filterItem(processedItem));
    }
}
```

코드에서 보듯이, 웹플럭스 모듈의 내부 동작에 대해 자세히 알지 못하더라도 이러한 기능을 사용할 수 있으며 공개된 API를 사용해 쉽게 작성할 수 있습니다. 또한 이러한 처리 모델을 사용하면 최초 응답을 훨씬 빨리 처리할 수 있습니다. 최초 응답을 수신하는 속도는 다음과 같이 계산할 수 있습니다.

$$R = Rnet + Rprocessing + Rnet$$

 스트리밍 데이터 처리 기술은 응답 본문의 길이를 예측할 수 없으므로 단점으로 볼 수도 있습니다.

비교를 위해 웹 MVC의 경우를 살펴봅시다. 웹 MVC는 전체 요청을 모두 메모리에 로드한 후에야 요청 본문의 처리를 시작할 수 있습니다.

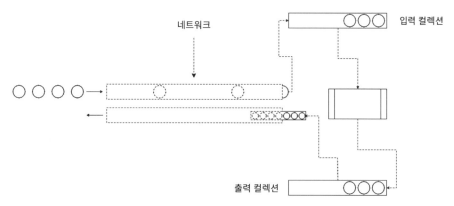

그림 6.24 웹 MVC를 이용해 큰 배열의 데이터를 한 번에 처리하기

이 경우에는 데이터를 리액티브하게 처리하는 것은 불가능합니다. @Controller 코드는 다음과 같을 것입니다.

```
@RestController
@RequestMapping("/api/json")
class BigJSONProcessorController {

    @GetMapping("/process-json")
    public List<ProcessedItem> processOneByOne( List<Item> bodyList) {
        return bodyList
            .stream()
            .map(item -> processItem(item))
            .filter(processedItem -> filterItem(processedItem))
            .collect(toList());
    }
}
```

여기서 메서드 선언은 전체 요청 본문을 특정 항목의 컬렉션으로 변환하는 것으로 정의하고 있습니다. 수학적 관점에서 평균 처리 시간은 다음과 같습니다.

$$R = N \times (Rnet + Rprocessing) + Rnet$$

첫 번째 결과를 사용자에게 반환하려면 전체 요청 본문을 처리하고 결과를 컬렉션에 집계해야 합니다. 그리고 나서야 시스템에서 클라이언트에게 응답을 보낼 수 있습니다. 따라서 웹플럭스는 웹 MVC보다 훨씬 적은 메모리를 사용합니다. 웹플럭스는 웹 MVC보다 훨씬 빠른 첫 번째 응답을 반환할 수 있으며 무한한 데이터 스트림을 처리할 수 있습니다.

요청 처리 모델과 사용성 사이의 관계

웹 MVC와 웹플럭스의 비교에는 정량적 지표뿐만 아니라 정성적 지표도 포함돼야 합니다. 측정이 필요한 대표적인 정성적 지표 중 하나는 학습 시간입니다. 웹 MVC는 기업에서 10년 이상 활발히 사용된 프레임워크입니다. 웹 MVC는 가장 간단한 프로그래밍 패러다임인 명령형 프로그래밍을 기반으로 합니다. 따라서 기업에서 스프링 5와 웹 MVC를 기반으로 새로운 프로젝트를 시작하면 훨씬 쉽게 숙련된 개발자를 찾을 수 있고 새로운 개발자를 가르치는 것 또한 훨씬 저렴하다는 것을 의미합니다. 반대로 웹플럭스를 사용하면 상황이 크게 달라집니다. 우선 웹플럭스는 아직 충분히 입증되지 않았고 잠재적으로 많은 버그와 취약점이 있는 새로운 기술입니다. 비동기식 논블로킹 프로그래밍 패러다임 또한 문제가 될 수 있습니다. 넷플릭스가 Zuul을 새로운 프로그래밍 모델로 마이그레이션한 경험에서 보여주듯이 비동기식 논블로킹 코드를 디버그하는 것은 어렵습니다.

비동기 프로그래밍은 콜백 기반이며 이벤트 루프 기반입니다. 요청을 추적하려고 할 때 이벤트 루프의 스택 추적은 의미가 없습니다. 이는 이벤트와 콜백이 처리되고 디버깅에 도움이 되는 도구가 거의 없기 때문입니다. 엣지 케이스, 처리되지 않은 예외 및 상태 변경에 대한 잘못된 처리 등으로 인해 ByteBuf 누수, 파일 누수, 응답 손실 등이 발생합니다. 이러한 문제는 어느 부분에서 처리가 미흡했는지 처리 이벤트에 대한 추적이 어렵기 때문에 디버그하기가 어렵다는 것은 누구나 아는 사실입니다. 자세한 내용은 다음 링크를 참고하세요.

https://medium.com/netflix-techblog/zuul-2-the-netflix-journey-as-asynchronous-non-blocking-systems-45947377fb5c

또한 비즈니스 관점에서 비동기 논블로킹 프로그래밍에 대한 심층적인 지식을 갖춘 고도로 숙련된 엔지니어를 찾는 것은 무리가 있습니다. 특히 네티 스택을 사용해 본 경험자를 찾기는 쉽지 않습니다. 처음부터 새로운 개발자를 가르치는 것은 많은 시간과 돈이 들며, 그 개발자가 새로운 스택을 완전히 이해할 것이라는 보장도 없습니다. 운 좋게도 리액터 3을 사용하면 이런 문제를 어느 정도는 해결할 수 있습니다. 리액터 3을 이용하면 중요한 변환 흐름을 보다 단순하게 만들 수 있고 비동기 프로그래밍에서 가장 어려운 부분을 라이브러리가 담당하기 때문입니다. 유감스럽게도 리액터라고 해서 모든 문제를 해결하지는 못합니다. 결정적으로 기업은 예측할 수 없는 인적 자원과 위험한 기술에 재정적 투자를 할 수는 없습니다.

정성적 분석의 또 다른 중요한 점은 기존 솔루션을 새로운 리액티브 스택으로 마이그레이션하는 것입니다. 스프링 팀은 프레임워크의 개발 초기부터 원활한 마이그레이션을 제공하기 위해 최선을 다했지만, 모든 마이그레이션 사례에 대응하는 것은 불가능합니다. 예를 들어 JSP, 아파치 벨로시티 또는 비슷한 서버 측 렌더링 기술을 사용하는 시스템은 전체 UI 관련 코드를 마이그레이션해야 합니다. 또한 많은 프레임워크가 ThreadLocal에 의존합니다. ThreadLocal은 비동기 논블로킹 프로그래밍으로 전환을 어렵게 만듭니다. 이와 함께 데이터베이스와 관련된 많은 문제가 있으며, 이에 대해서는 **7장 리액티브 방식으로 데이터베이스 사용하기**에서 다룹니다.

웹플럭스 애플리케이션

이전 절에서는 웹플럭스의 기본 디자인과 새로운 기능에 대해 배웠습니다. 또한 웹플럭스와 웹 MVC를 비교해 봤습니다. 그리고 여러 관점에서 장단점을 살펴봤습니다. 마지막으로 이 절에서는 웹플럭스 애플리케이션을 명확하게 이해해 보겠습니다.

마이크로서비스 기반 시스템

웹플럭스를 사용하기에 가장 적합한 곳은 마이크로서비스 시스템입니다. 모노리스 방식과 비교해 마이크로서비스 시스템이 가지는 핵심적인 특징은 많은 수의 I/O 통신입니다. 특히 I/O에 블로킹 방식 I/O가 포함돼 있다면 전체 시스템 대기 시간과 처리량이 감소할 것입니다. 연결마다 스레드를 할당하는 모델의 경합 및 일관성은 시스템 성능을 크게 향상시키지 못합니다. 즉, 서비스 간 호출이 중요한 시스템이나 서비스의 경우 웹플럭스가 가장 효율적인 솔루션 중 하나입니다. 이러한 서비스의 예로 결제 처리를 오케스트레이션(orchestration)하는 서비스가 있습니다.

일반적으로 계좌 송금은 간단해 보이지만, 내부적으로 숨겨진 복잡한 메커니즘이 있습니다. 여기에는 검색, 검증 및 실제 전송 실행 작업이 포함됩니다. 예를 들어 페이팔(PayPal)을 사용해 송금할 때 첫 번째 단계는 발신자와 수신자의 계좌를 검색하는 것입니다. 페이팔은 어느 나라에서든 다른 나라로 돈을 송금할 수 있기 때문에 송금이 해당 국가의 법률을 위반하지 않는지 확인하는 것이 중요합니다. 각 계정에는 자체적으로 제한 사항이 있을 수 있습니다. 마지막으로 수신인은 내부 페이팔 계정 또는 외부 신용/직불 카드를 가질 수 있으므로 계정 유형에 따라 외부 시스템을 추가로 호출해야 할 수 있습니다.

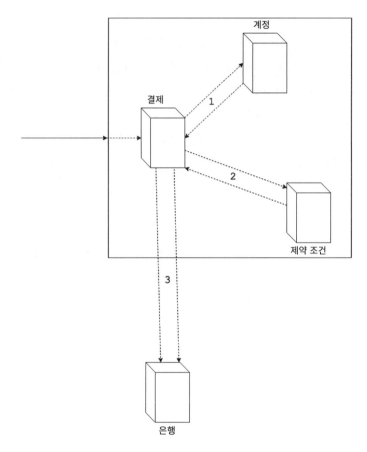

그림 6.25 페이팔 결제 처리의 구현 예제

이러한 복잡한 흐름에 논블로킹 비동기 통신을 구성함으로써 효율적으로 요청을 처리하고 자원을 활용할 수 있습니다.

접속이 느린 클라이언트를 처리하는 시스템

웹플럭스를 사용하기에 적합한 두 번째 경우는 모바일 클라이언트의 접속이 느리거나 불안정한 네트워크에서도 동작하도록 설계된 시스템을 구축하는 것입니다. 이 영역에서 웹플럭스가 유용한 이유를 이해하려면 느린 연결을 처리할 때 어떤 일이 벌어지는지 상기해 보세요. 문제는 클라이언트에서 서버로 데이터를 전송하는 데 상당한 시간이 걸릴 수 있으며, 응답에도 많은 시간이 걸릴 수 있다는 것입니다. 연결당 스레드를 할당하는 모델을 사용하면 연결된 클라이언트 수가 증가하면서 시스템이 정상적으로 동작하지 못할 가능성이 높아집니다. 예를 들어 DoS(Denial of Service) 공격을 사용하면 해커가 쉽게 서버를 마비시킬 수 있습니다.

대조적으로 웹플럭스는 스레드를 블로킹하지 않고 연결을 허용합니다. 이렇게 하면 느린 연결로 인한 문제가 발생하지 않습니다. 웹플럭스는 들어오는 요청 본문을 기다리는 동안 차단하지 않고 계속해서 다른 연결을 수신합니다. 리액티브 스트림 추상화를 통해 필요할 때 데이터를 사용할 수 있습니다. 즉, 서버가 네트워크 상태에 따라 이벤트 처리 상태를 제어할 수 있습니다.

스트리밍 또는 실시간 시스템

웹플럭스를 응용하기에 적합한 또 다른 경우는 실시간 및 스트리밍 시스템입니다. 실시간 및 스트리밍 시스템의 본질을 생각해 보면 웹플럭스가 도움이 되는 이유를 이해할 수 있을 것입니다.

우선 이러한 시스템은 낮은 대기 시간과 높은 처리량을 특징으로 합니다. 스트리밍 시스템의 경우 대부분의 데이터가 서버 측에서 전송되므로 클라이언트 측에서 데이터를 소비하는 역할을 수행합니다. 클라이언트 측은 서버 측보다 이벤트가 적은 것이 일반적입니다. 그러나 온라인 게임과 같은 실시간 시스템의 경우 서버로 입력되는 데이터의 양이 출력되는 데이터와 비슷합니다.

논블로킹 통신을 사용해 낮은 대기 시간 및 높은 처리량을 만족시킬 수 있습니다. 이전 절에서 배운 것처럼 논블로킹, 비동기 통신을 통해 리소스를 효율적으로 사용할 수 있습니다. 테스트 결과 중에서 최대 처리량과 최저 대기 시간은 네티 프레임워크를 기반으로 하는 시스템을 사용해서 얻을 수 있습니다. 그러나 리액티브 프레임워크를 사용하는 것은 채널과 콜백을 사용하는 복잡한 상호 작용을 구현해야 한다는 단점도 있습니다.

그렇다고 해도 리액티브 프로그래밍은 이 두 가지 문제에 대한 우아한 솔루션입니다. **4장 리액터 프로젝트 – 리액티브 앱의 기반**에서 봤듯이 리액터 3와 같은 리액티브 라이브러리를 사용하면 적은 학습 기간과 복잡한 코드 구현으로 인한 오버헤드가 거의 없는 비동기 논블로킹 처리를 구축할 수 있습니다. 이런 장점이 모두 웹플럭스에도 통합돼 있습니다. 따라서 스프링 프레임워크를 사용하면 스트리밍 또는 실시간 시스템을 쉽게 구축할 수 있습니다.

웹플럭스 실제 사용해 보기

실제 시나리오에서 웹플럭스를 사용하는 방법을 배우기 위해 WebClient를 사용해 원격 Gitter Streams API에 연결하고 프로젝트 리액터 API를 사용해 데이터를 변환한 다음, 변환된 메시지를 SSE를 사용해 전 세계에 브로드캐스트하는 간단한 웹 응용 프로그램을 작성해 보겠습니다. 다음 그림은 시스템의 개략적인 구성을 보여줍니다.

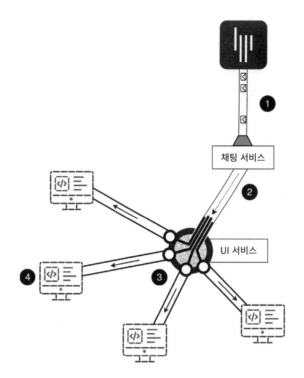

그림 6.26 스트리밍 애플리케이션에 대한 개념 설계

이 그림에 대한 설명은 다음과 같습니다.

1. Gitter API와의 통합 지점입니다. 그림에서 보듯이 서버와 Gitter 간의 통신은 스트리밍입니다. 따라서 리액티브 프로그래밍이 적합합니다.

2. 수신 메시지를 처리해 다른 뷰로 변환하는 위치입니다.

3. 수신 메시지를 캐싱하고 연결된 각 클라이언트에게 브로드캐스트하는 지점입니다.

4. 연결된 브라우저를 나타냅니다.

그림에서 보듯이 이 시스템에는 4개의 구성 요소가 있습니다. 이 시스템을 구축하기 위해 다음과 같은 클래스와 인터페이스를 만들 예정입니다.

- ChatService: 원격 서버와의 통신 연결을 담당하는 인터페이스입니다. 해당 서버의 메시지를 수신할 수 있는 기능을 제공합니다.

- GitterService: Gitter API에 접속해 새로운 메시지를 수신하는 ChatService 인터페이스의 구현체입니다.

- InfoResource: 사용자 요청을 처리하고 메시지 스트림으로 응답하는 핸들러 클래스입니다.

시스템을 구현하기 위해 맨 처음 할 일은 ChatService 인터페이스를 분석하는 것입니다. 다음 코드에서 필수 메서드를 볼 수 있습니다.

```
interface ChatService<T> {
    Flux<T> getMessagesStream();
    Mono<List<T>> getMessagesAfter(String messageId);
}
```

이 예제 인터페이스는 메시지 읽기 및 수신과 관련된 최소한의 기능만 표현했습니다. 여기서 getMessagesStream 메서드는 채팅에서 새 메시지의 무한 스트림을 반환하고 getMessagesAfter는 메시지 중에서 특정 메시지 ID가 있는 메시지를 검색합니다.

두 메서드 모두 HTTP를 통해 Gitter가 메시지에 액세스할 수 있습니다. 즉, 일반적인 WebClient를 사용할 수 있습니다. 다음은 원격 서버에 액세스하기 위해 getMessagesAfter를 구현한 것입니다.

```
Mono<List<MessageResponse>> getMessagesAfter(String messageId) {
    ...
    return webClient                                                     // (1)
        .get()                                                           // (2)
        .uri(...)                                                        // (3)
        .retrieve()                                                      // (4)
        .bodyToMono(                                                     // (5)
            new ParameterizedTypeReference<List<MessageResponse>>() {}
        )
        .timeout(Duration.ofSeconds(1))                                  // (6)
        .retryBackoff(Long.MAX_VALUE, Duration.ofMillis(500));           // (7)
}
```

이 코드는 Gitter 서비스와의 요청–응답 상호 작용을 구성하는 일반적인 방법입니다. (1)에서 원격 Gitter 서버(3)로 HTTP GET 메서드(2)를 실행하기 위해 WebClient 인스턴스를 사용합니다. 그런 다음 (4)에서 정보를 검색하고 WebClient DSL을 사용해 (5)에서 MessageResponse 타입의 Mono로 변환합니다. 외부 서비스와의 통신에 탄력성을 제공하기 위해 (6)에서 통신에 대한 timeout을 설정합니다. 오류가 발생할 경우에는 재시도합니다(7).

Gitter API와 통신하는 것은 간단합니다. 다음은 Gitter 서버의 JSON 스트리밍(application/stream+json) 엔드포인트에 접속하는 방법을 보여줍니다.

```
public Flux<MessageResponse> getMessagesStream() {
    return webClient
        .get()                                              // (1)
        .uri(...)
        .retrieve()
        .bodyToFlux(MessageResponse.class)                  // (2)
        .retryBackoff(Long.MAX_VALUE, Duration.ofMillis(500));
}
```

(1)에서는 이전과 동일한 API를 사용합니다. 유일한 변경 사항은 URI와 (2)에 표시된 것처럼 Mono가 아닌 Flux로 변환한다는 점입니다. 내부적으로 WebClient는 컨테이너에서 제공하는 Decoder를 사용합니다. 스트림이 무한하다고 해도 끝나기를 기다리지 않고 즉시 변환을 시작할 수 있습니다.

마지막으로 두 스트림을 하나로 결합하고 캐시하기 위해 InfoResource 핸들러를 구현합니다.

```
@RestController                                             // (1)
@RequestMapping("/api/v1/info")
public class InfoResource {
    final ReplayProcessor<MessageVM> messagesStream         // (2)
        = ReplayProcessor.create(50);

    public InfoResource(ChatService<MessageResponse> chatService) {  // (3)
        Flux.mergeSequential(                                // (3.1)
                chatService.getMessageAfter(null)            // (3.2)
                        .flatMapIterable(Function.identity())
                chatService.getMessagesStream()              // (3.3)
        )
        .map(...)                                            // (3.4)
        .subscribe(messagesStream);                          // (3.5)
    }

    @GetMapping(produces = MediaType.TEXT_EVENT_STREAM_VALUE)  // (4)
    public Flux<MessageResponse> stream() {
        return messagesStream;                               // (4.1)
    }
}
```

이 코드에 대한 설명은 다음과 같습니다.

1. @RestController로 애노테이션이 붙은 컨트롤러 클래스입니다.

2. ReplayProcessor 필드 선언입니다. **4장 리액터 프로젝트 – 리액티브 앱의 기반**에서 이미 학습한 바와 같이, ReplayProcessor를 사용하면 사전 정의된 수의 원소를 캐싱해 새로운 구독자에게도 최신 데이터를 제공할 수 있습니다.

3. InfoResource 클래스의 생성자입니다. 생성자 내에서 Gitter의 최신 메시지 스트림을 병합하는 처리 흐름을 만듭니다(3.1 및 3.2). null ID의 경우 Gitter는 최신 메시지 50개를 반환합니다. (3.3)에서와같이 거의 실시간으로 새 메시지의 흐름을 수신합니다. 그런 다음 (3.4)에 표시된 것처럼 모든 메시지가 뷰 모델에 매핑되고, 스트림은 ReplayProcessor에 의해 즉시 구독됩니다. 일단 InfoResource 빈이 생성되고 나면 Gitter 서비스에 연결하고 최신 메시지 캐싱 및 변경 사항에 대한 수신을 시작합니다. mergeSequential은 두 스트림을 동시에 구독하지만, 첫 번째 스트림이 완료된 경우에만 두 번째 스트림의 메시지를 수신합니다. 첫 번째 스트림은 유한 스트림이므로 최신 메시지를 받고 getMessagesStream Flux에 대기 중인 메시지를 보내기 시작합니다.

4. 지정된 엔드포인트에 대한 핸들러 메서드 선언입니다. (4.1)에서 ReplayProcessor 인스턴스를 반환하므로 캐싱된 최신 메시지를 공유하고 새로운 메시지가 있다면 그것을 전달합니다.

이 예제에서 알 수 있듯이, 스트림을 올바른 순서로 병합하거나 최신 50개의 메시지를 캐싱하고 모든 구독자에게 동적으로 브로드캐스팅하는 등의 복잡한 기능을 제공하는 데 별다른 노력이나 복잡한 코드 작성은 필요 없습니다. 리액터와 웹플럭스가 가장 어려운 부분을 담당하고, 개발자는 비즈니스 로직에만 집중하면 됩니다. 이를 통해 I/O와 효율적인 논블로킹 상호 작용이 가능합니다. 따라서 이 강력한 툴킷을 사용해 높은 처리량과 짧은 대기 시간을 요구하는 시스템을 구현할 수 있습니다.

요약

6장에서는 웹플럭스가 오래된 웹 MVC 프레임워크를 효율적으로 대체한다는 것을 알았습니다. 또한 웹플럭스가 기존과 동일한 요청 핸들러(잘 알려진 @RestController와 @Controller 사용)를 사용한다는 것도 배웠습니다. 표준 핸들러 선언 외에도 웹플럭스는 RouterFunction을 사용해 가볍고 함수적인 엔드 포인트를 도입했습니다. 오랫동안 스프링 프레임워크 사용자들은 네티와 같은 현대 리액티브 서버와 언더토의 논블로킹 기능을 사용할 수 없었습니다. 웹플럭스 프레임워크를 이용하면 친숙한 API를 사용해 이러한 기술을 활용할 수 있습니다. 왜냐하면 프레임워크 모듈의 핵심 구성 요소가 리액터 3이고, 웹플럭스는 이를 통해 비동기 논블로킹 통신을 제공하기 때문입니다.

또한 웹플럭스 모듈에 새롭게 도입된 변경점에 관해 학습했습니다. 여기에는 리액터 3 리액티브 타입을 기반으로 사용자와 서버 간의 통신 변경 사항이 포함됩니다. 특히 새로운 WebClient 기술을 사용함으로써 서버와 외부 서비스 간의 통신 방법이 변경됐습니다. 웹소켓을 통한 클라이언트-서버 통신을 가능하게 하는 새로운 WebSocketClient가 추가됐습니다. 웹플럭스는 크로스 라이브러리 프레임워크입니다. 즉, 리액티브 스트림 기반 라이브러리는 모두 호환이 가능하며, 기본으로 제공되는 리액터 3 라이브러리를 다른 라이브러리로 대체할 수 있습니다.

아울러 웹플럭스와 웹 MVC를 여러 관점에서 비교해 봤습니다. 대부분의 경우 웹플럭스는 고부하 서버에 더 적합한 솔루션이며, 모든 성능 결과에서 웹 MVC보다 두 배 이상의 성능을 보여줬습니다. 웹플럭스 모듈을 사용해 얻을 수 있는 비즈니스 이익을 살펴봤고 웹플럭스를 이용해 업무를 단순화하는 방법을 살펴봤습니다. 또한 이 기술이 가지고 있는 근본적인 단점도 알아봤습니다.

마지막으로 웹플럭스를 사용하기에 가장 적합한 몇 가지 사례를 알아봤습니다. 마이크로서비스 시스템, 실시간 스트림 시스템, 온라인 게임 및 기타 유사한 응용 분야가 여기에 포함됩니다. 이들 시스템은 낮은 지연 시간, 높은 처리량, 낮은 메모리 사용량 및 효율적인 CPU 사용 등을 요구하는 시스템입니다.

여기서 웹 애플리케이션 측면에서 핵심적인 부분을 배웠지만, 또 하나의 중요한 측면인 데이터베이스와의 상호 작용에도 리액티브가 필요합니다. 다음 장에서는 데이터베이스와의 리액티브 통신, 리액티브를 지원하는 데이터베이스 및 리액티브가 지원되지 않는 데이터베이스를 사용할 때 해야 할 일을 살펴보겠습니다.

리액티브 방식으로
데이터베이스 사용하기

이전 장에서는 새롭게 스프링 프레임워크에 추가된 스프링 웹플럭스를 소개했습니다. 스프링 웹플럭스는 리액티브 프로그래밍을 애플리케이션 전방에 배치해 모든 종류의 HTTP 요청을 논블로킹 방식으로 처리할 수 있습니다.

이 장에서는 **스프링 데이터(Spring Data)** 모듈을 사용해 리액티브 방식으로 데이터에 액세스하는 방법을 학습할 것입니다. 스프링 데이터 모듈은 응답성이 뛰어난 리액티브 응용 프로그램을 개발하는 데 필수 요소입니다. 이를 통해 사용 가능한 모든 컴퓨팅 리소스를 가장 효율적으로 활용해 최소의 운영 비용으로 최대의 비즈니스 가치를 제공할 수 있습니다.

선택한 데이터베이스가 리액티브 또는 비동기 드라이버를 제공하지 않더라도 전용 스레드 풀을 사용해 리액티브 응용 프로그램을 구축하는 방법을 알아볼 것입니다. 블로킹 방식의 데이터베이스에 대해서도 리액티브 접근법을 사용할 수는 있지만, 블로킹 방식의 I/O는 리액티브 응용 프로그램에서 항상 멀리해야 합니다.

이 장에서는 다음 내용을 다룹니다.

- 최근 데이터 저장 및 처리 패턴
- 동기식 데이터 액세스의 장단점
- 스프링 데이터가 리액티브 데이터 액세스를 처리하는 방법

- 리액티브 애플리케이션에서 스프링 데이터를 사용하는 방법

- 현재 사용 가능한 리액티브 커넥터

- 블로킹 I/O에 리액티브 프로그래밍 모델을 적용하는 방법

최근 데이터 처리 패턴

모노리스 소프트웨어 시스템이 여전히 존재하지만, 일상 업무를 수행하고 지원하는 대다수의 새로운 시스템은 마이크로서비스로 설계됐습니다(아직은 아니더라도 머지않아 마이크로서비스로 전환될 수 있도록). 마이크로서비스는 최근 응용 프로그램, 특히 **클라우드 네이티브 애플리케이션**에서 가장 중요한 아키텍처 스타일일 것입니다. 대부분의 경우 이 아키텍처를 사용하면 소프트웨어를 신속하게 개발할 수 있습니다. 동시에 AWS, 구글 클라우드 플랫폼 또는 피보탈 클라우드 파운드리(Pivotal Cloud Foundry)와 같은 클라우드 서비스를 사용하는 경우, 비용 측면에서 효율적으로 인프라(서버, 네트워킹, 백업 등)를 사용할 수 있는 기회도 제공합니다.

클라우드 네이티브 애플리케이션에 대한 자세한 내용은 https://cncf.io/about/charter의 CNCF(Cloud Native Computing Foundation) 헌장을 참조하세요. 리액티브 프로그래밍 관점에서 바라본 클라우드 네이티브 애플리케이션의 장단점에 관해서는 **10장 자! 드디어 릴리즈다**에서 설명합니다.

이제부터 마이크로서비스의 관점에서 데이터 저장에 대한 기본 개념, 사용 가능한 전략, 구현 방법 및 데이터 영속화와 관련된 몇 가지 권장 사항을 살펴보겠습니다.

도메인 주도 설계

에릭 에반스가 쓴 《도메인 주도 설계》(위키북스 2011)는 모든 소프트웨어 엔지니어의 책장 가장 잘 보이는 자리에 꽂아둬야 합니다. 이 책은 마이크로서비스 아키텍처를 위한 중요한 이론적 기초를 제공합니다. DDD(Domain-driven design, 도메인 주도 설계)는 공통 어휘(즉, 컨텍스트, 도메인, 모델 및 유비쿼터스 언어)를 설정하고 모델의 무결성을 유지하기 위한 일련의 원칙을 공식화합니다. DDD의 가장 중요한 결과 중 하나는 DDD의 관점에서 정의한 각각의 **바운디드 컨텍스트(bounded context)**가 하나의 마이크로서비스로 매핑된다는 것입니다. 다음 그림에서 이를 알 수 있습니다.

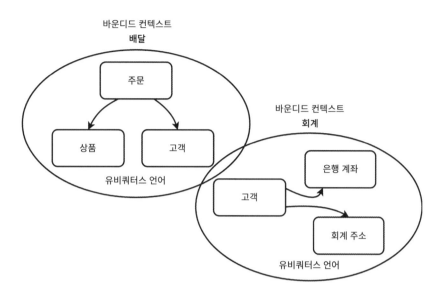

그림 7.1 《도메인 주도 설계 구현》과 《도메인 주도 설계 핵심》의 저자 반 버논(Vaughn Vernon)이 묘사한 바운디드 컨텍스트(마이크로서비스를 위한 훌륭한 후보)

DDD는 비즈니스 **핵심 도메인**에 집중합니다. 그중에서도 특히 도메인 모델을 표현, 생성, 검색하는 수단에 중점을 두고 있습니다. 이 장을 읽는 동안 **엔티티, 데이터 전달 객체(value object), 애그리게이트(aggregate), 리포지토리** 등을 자주 언급할 것입니다.

 DDD 개념에 대한 자세한 내용은 다음 문서를 참조하세요.

　　http://dddcommunity.org/resources/ddd_terms.

DDD를 염두에 두고 애플리케이션을 구현한다면 앞에서 언급한 객체는 서비스의 영속 계층과 매핑해야 합니다. 이러한 도메인 모델은 논리 모델 및 물리 모델의 기초를 제공합니다.

마이크로서비스 시대의 데이터 저장소

마이크로서비스 아키텍처가 도입됨에 따라 영속 계층에 생긴 가장 큰 변화라고 한다면 서비스 간에 데이터 저장소를 공유하지 않게 된 것이라고 할 수 있습니다. 즉, 논리적으로 분할된 각각의 서비스가 데이터베이스를 소유하고 관리하는 경우(데이터베이스가 필요한 경우), 서비스 API 호출을 제외한 방식으로는 다른 서비스의 데이터에 액세스할 수 없는 것이 이상적입니다.

이런 방식에 대한 이유를 설명하는 것은 이 책의 범위에서 벗어나므로 가장 중요한 내용만 언급하겠습니다.

- 데이터베이스 스키마와 강한 결합 없이 서비스를 계속 진화시킬 수 있어야 함.

- 더 섬세한 자원을 관리할 수 있어야 함.

- 수평적으로 확장이 가능해야 함.

- 가장 적합한 영속 계층 구현을 사용할 수 있어야 함.

다음 그림을 보겠습니다.

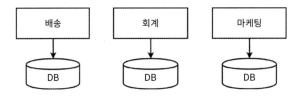

그림 7.2 서비스별로 분리된 데이터베이스

물리적으로 보면 스토리지 분리는 몇 가지 다른 방식으로 구현할 수 있습니다. 가장 간단한 방법은 하나의 데이터베이스 서버를 두고 각각의 서비스에 대해 별도의 스키마(**마이크로서비스마다 스키마 하나**)를 할당하는 것입니다. 이러한 구성은 구현이 쉽고 서버 리소스를 적게 필요로 하며, 실제 운영 환경에서 많은 관리 작업을 필요로 하지 않으므로 응용 프로그램 개발 초기 단계에서 매우 매력적입니다. 데이터 분리는 데이터베이스 액세스 제어 규칙을 사용해 강제할 수 있습니다.

이러한 접근법은 구현이 쉬운 반면 규칙이 무너지기도 쉽습니다. 데이터가 동일한 데이터베이스에 저장되기 때문에 개발자가 하나 이상의 쿼리를 작성해 둘 이상의 서비스에 속한 데이터를 검색하거나 변경할 수 있습니다. 또한 하나의 서비스를 손상시키는 것만으로도 전체 시스템의 보안에 위협이 되기 쉽습니다. 다음 그림은 이런 설계 개념을 보여줍니다.

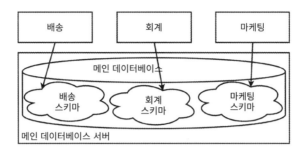

그림 7.3 스키마로 서비스 분리

각 서비스는 하나의 데이터베이스 서버를 공유하지만, 다른 액세스 권한을 가지고 별도의 데이터베이스를 보유하는 방식도 있습니다. 이러한 접근 방식은 단일 쿼리를 통해 다른 서비스의 데이터에 액세스하는 것이 훨씬 어렵기 때문에 데이터 분리 관점에서는 더 나은 결과를 낼 수 있습니다. 그러나 그와 동시에 백업 작업을 약간 복잡하게 만듭니다. 다음 그림은 이를 보여줍니다.

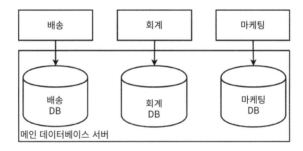

그림 7.4 데이터베이스로 서비스 분리

서비스마다 별도의 데이터베이스 서버를 만들 수도 있습니다. 이러한 방식은 훨씬 더 많은 관리가 필요하지만, 각각의 데이터베이스 서버를 세부적으로 설정해 서비스가 가진 고유한 요구 사항을 충족시킬 수 있습니다. 또한 이 경우에는 특정 서비스의 확장이 필요한 경우 해당 데이터베이스 서버만 쉽게 수직 또는 수평으로 확장할 수 있습니다. 다음 그림에서 이를 볼 수 있습니다.

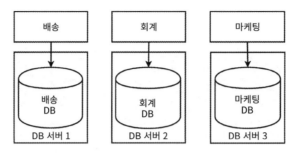

그림 7.5 데이터베이스 서버로 서비스 분리

소프트웨어 시스템을 구현할 때 시스템의 실제 요구 사항에 따라 앞에서 언급한 기술을 혼합해 동시에 사용할 수도 있습니다. 다음 그림은 이런 시스템 설계를 보여줍니다.

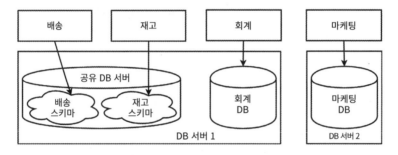

그림 7.6 혼합된 방식의 데이터 영속화 전략

심지어 다른 종류의 데이터베이스 서버를 동시에 사용하는 것도 가능하며, 다른 종류의 데이터베이스 엔진(SQL 및 NoSQL)을 함께 사용해 최상의 결과를 얻을 수도 있습니다. 이 접근법을 **다중 저장소 영속화(polyglot persistence)**라고 합니다.

다중 저장소 영속화

2006년 닐 포드(Neal Ford)는 **다중 언어 프로그래밍(polyglot programming)**이라는 용어를 제안했습니다. 이 용어는 비즈니스 또는 기술적인 맥락에서 소프트웨어 시스템을 만들기 위한 가장 적합한 언어를 사용해 최고의 효과를 얻기 위해 여러 가지 언어로 작성할 수 있다는 생각을 표현한 것입니다. 그 후 특정 분야에서 최고의 효과를 발휘하는 프로그래밍 언어와 여러 분야에서 동시에 괜찮은 효과를 내는 프로그래밍 언어가 많이 등장했습니다.

동시에 데이터 영속성 분야에서도 이와 유사한 생각의 변화가 있었습니다. 이로 인해 사람들은 비즈니스 또는 기술 요구 사항에 따라 다른 응용 프로그램에서 다른 영속성 기술을 사용하면 어떻게 될지 궁금해졌습니다. 예를 들어 분산 웹 애플리케이션을 위한 HTTP 세션을 저장하는 것과 소셜 네트워크에 친구 그래프를 저장하는 것은 서로의 특성이 다르기 때문에 다른 데이터베이스를 필요로 합니다. 요즘에는 시스템이 둘 이상의 서로 다른 데이터베이스 기술을 동시에 사용하는 것이 거의 일상적인 일입니다.

대부분의 **관계형 데이터베이스 관리 시스템(RDBMS)**은 동일한 ACID 원칙을 토대로 구축됐으며 스토리지와 통신하기 위해 거의 유사한 SQL 언어를 제공합니다. 일반적으로 RDBMS는 광범위한 응용 프로그램에 적합하지만, 흔히 사용되는 사례(예: 그래프 저장, 메모리 내 저장소 및 분산 저장소)에 대해 최상의 성능 및 관리 기능을 제공하는 경우는 거의 없습니다. 반면, 최근에 등장한 **NoSQL 데이터베이스**는 광범위한 기본 원칙을 가지고 있어 범용 데이터 저장소로 효율적으로 사용할 수는 없습니다. 하지만 흔히 사용되는 몇 가지 사례에 대한 더 나은 기능을 제공합니다. 다음 그림에서 이를 보여줍니다.

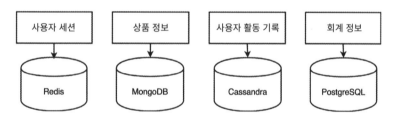

그림 7.7 각각의 서비스에 가장 적합한 영속화 기술을 사용하는 설계

또한 다중 언어 영속성은 복잡성으로 인해 추가 비용이 발생합니다. 새로운 스토리지 메커니즘마다 새로운 API, 데이터 패러다임, 개발되거나 채택될 새로운 클라이언트 라이브러리, 개발과 생산에서 다루기 위한 새로운 일련의 표준을 배워야 합니다. 또한 NoSQL 데이터베이스를 잘못 사용했다가는 서비스를 처음부터 다시 설계해야 할 수도 있습니다. 올바른 영속성 기술(SQL 또는 NoSQL)을 사용한다면 새로운 것을 학습하는 것에 부담이 없을 수 있지만, 그렇다고 해서 쉬운 일은 아닙니다.

스프링 프레임워크는 스프링 데이터(http://projects.spring.io/spring-data)라는 데이터 영속성을 위한 하위 프로젝트를 가지고 있습니다. 이 장의 나머지 부분에서는 스프링 데이터에서 사용할 수 있는 다양한 디자인 접근법과 데이터베이스 커넥터를 설명할 것입니다. 특히 리액티브 프로그래밍 패턴에 적용하면 애플리케이션에서 다중 언어 영속화 계층에 저장된 데이터에 액세스하는 방법이 어떻게 변화하는지 설명하겠습니다.

서비스로서의 데이터베이스

적절하게 설계된 마이크로서비스 아키텍처에서는 모든 서비스가 상태에 의존적이지 않으며, 모든 상태 정보는 데이터 지속성을 관리하는 방법을 알고 있는 특수 서비스에 저장됩니다. 클라우드 환경에서는 서비스가 상태를 저장하지 않음으로써 효율적으로 확장할 수 있고 높은 가용성을 가질 수 있습니다. 그러나 클라우드용으로 설계되지 않은 데이터베이스 서버를 효율적으로 관리하고 조정하는 것은 꽤나 어려운 일입니다. 대부분 클라우드 제공 업체는 **데이터베이스를 서비스(DBaaS)**로 제공해 이러한 문제를 해결합니다. 이러한 스토리지 솔루션은 일반 데이터베이스(MySQL, PostgreSQL 및 Redis)를 약간 수정해서 제공하거나 애초에 클라우드용으로 설계됐습니다(AWS Redshift, 구글 BigTable 및 마이크로소프트 CosmosDB).

일반적으로 클라우드 저장소나 데이터베이스에서 사용하는 알고리즘은 다음과 같은 방식으로 동작합니다.

1. 클라이언트가 데이터베이스 또는 파일 저장 영역에 대한 액세스를 요청합니다(관리자 페이지 또는 API를 통해).

2. 클라우드 공급자는 데이터 영역에 접근할 수 있는 API 또는 서버 자원에 대한 권한을 부여합니다. 이때 클라이언트는 제공되는 API의 세부 구현에 대해서는 신경 쓰지 않습니다.

3. 클라이언트는 액세스 자격 증명을 제공하는 스토리지 API 또는 데이터베이스 드라이버를 사용합니다.

4. 클라우드 공급자는 클라이언트의 지불 방법, 저장된 데이터 크기, 쿼리 빈도, 동시 접속 또는 기타 특성에 따라 클라이언트에게 요금을 부과합니다.

일반적으로 이러한 접근 방식은 클라이언트(여기서는 소프트웨어 개발자)와 클라우드 공급자가 핵심 목표에 집중할 수 있게 합니다. 클라우드 공급 업체는 클라이언트 데이터를 저장하고 처리하는 가장 효율적인 방법을 구현해 기반 인프라에 대한 지출을 최소화합니다. 동시에 클라이언트는 핵심 비즈니스 목표를 달성하는 것에 집중하며 데이터베이스 서버, 복제 또는 백업을 구성하는 데 들어가는 시간 낭비를 최소화할 수 있습니다. 이러한 관심사의 분리가 모든 고객에게 적합한 것은 아니며, 때로는 불가능할 수도 있습니다. 그러나 적합한 고객의 경우에는 소수의 엔지니어만으로도 성공적이며 널리 사용되는 애플리케이션을 구축할 수 있습니다.

 월 5천만 명 이상이 사용하는 포스퀘어(Foursquare)는 AWS 기술 스택으로 구현됐습니다. 클라우드 호스팅을 위한 아마존 EC2, 이미지 및 기타 데이터 저장을 위한 아마존 S3 및 데이터베이스는 아마존 Redshift를 사용합니다.

잘 알려진 클라우드 기반 데이터 저장소 및 DB 서비스는 다음과 같습니다.

- **AWS S3**는 웹 서비스 인터페이스(REST API 또는 AWS SDK)를 통해 키-값 저장소를 제공합니다. 이것은 파일, 이미지, 백업 또는 바이트 버킷으로 표시할 수 있는 기타 정보를 저장하도록 설계됐습니다.

- **AWS DynamoDB**는 아마존 AWS에서만 사용할 수 있는 NoSQL 데이터베이스로, 여러 데이터 센터에서 동기식 복제를 제공합니다.

- **AWS Redshift**는 병렬 처리(MPP) 기술을 기반으로 구축된 데이터 웨어하우스입니다. 대용량 데이터 분석 작업에 유용합니다.

- **Heroku PostgreSQL**은 헤로쿠(Heroku) 클라우드가 전적으로 관리하는 PostgreSQL 데이터베이스로서, 헤로쿠 클러스터에 배포된 응용 프로그램을 위한 공유 및 독점 데이터베이스 서버를 제공합니다.

- **Google Cloud SQL**은 구글에서 제공하는 PostgreSQL 및 MySQL 데이터베이스입니다.

- **Google BigTable**은 낮은 지연 시간과 높은 처리량을 보장하면서 대량의 작업을 처리할 수 있도록 설계된 스토리지입니다. 이는 압축을 제공하고 고성능이며 구글 클라우드에서만 사용할 수 있습니다.

- **Azure Cosmos DB**는 마이크로소프트가 제공하는 전 세계적으로 분산된 다중 모델 데이터베이스입니다. 이는 MongoDB 드라이버 프로토콜 지원을 비롯해 몇 가지 다른 유형의 API를 제공합니다.

마이크로서비스 사이의 데이터 공유

실제 비즈니스 시스템에서는 클라이언트 요청을 처리하기 위해 두 개 이상의 서비스가 소유한 데이터를 쿼리해야 하는 경우가 있습니다. 예를 들어, 클라이언트가 주문 목록과 각 주문에 해당하는 결제 상태를 원할 수 있습니다. 마이크로서비스 아키텍처 이전에는 이 작업을 단일 조인 쿼리로 구현했겠지만, 마이크로서비스에서는 금지되는 방식입니다. 다중 서비스 요청을 처리하려면 주문 및 결제 서비스를 모두 쿼리하고 필요한 데이터를 변환해 집계 결과를 클라이언트에 반환하는 어댑터 서비스를 구현해야 합니다. 또한 두 서비스 사이에 데이터 요청이 많거나 의존성이 강한 경우에는 하나의 서비스로 병합하는 것이 나을 수도 있습니다(이러한 병합이 도메인 중심 디자인을 손상시키지 않는 경우에 한해서). 다음 그림에서는 이를 보여줍니다.

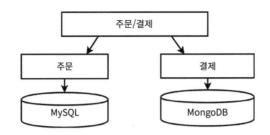

그림 7.8 주문 서비스와 결제 서비스의 데이터를 집계하는 어댑터 서비스

데이터를 조회하는 것은 매우 간단하지만, 한 번에 몇 가지 서비스를 동시에 업데이트하는 것은 훨씬 어렵습니다. 고객이 주문을 요청했지만, 재고가 충분한지와 결제 정보가 유효한지를 확인하는 것만 가능하다고 가정해 봅시다. 모든 서비스에는 자체 데이터베이스가 있으므로 워크플로 내에서 두 개 이상의 마이크로서비스와 데이터베이스가 비즈니스 트랜잭션에 참여합니다. 이러한 문제를 해결하는 데는 몇 가지 방법이 있지만, 가장 많이 사용되는 두 가지 방법은 **분산 트랜잭션**과 **이벤트 기반 아키텍처**입니다.

분산 트랜잭션

분산 트랜잭션은 네트워크가 분리된 두 개 이상의 컴퓨터 시스템에 저장된 데이터를 업데이트하는 트랜잭션입니다. 다른 말로 하면, 어떤 행동이 일어났는지에 대해 여러 개의 서비스가 동시에 동의한다는 뜻입니다. 실제로 대부분 데이터베이스 시스템은 강력하고 엄격한 2단계 록(two-phase locking)을 사용해 글로벌 직렬성(serializability)[1]을 보장합니다.

분산 트랜잭션은 데이터 저장소를 원자적으로 업데이트하기 위해 서비스에서 자주 사용됩니다. 이들은 모노리스 응용 프로그램에서 다른 데이터 저장소에 안정적으로 데이터를 저장하기 위해 자주 사용됐습니다. 이 방식은 또한 장애 발생 시 복구에도 유용합니다.

그러나 분산 트랜잭션은 최근과 같이 여러 개의 마이크로서비스로 구성된 시스템에는 권장되지 않습니다. 여기에는 몇 가지 이유가 있지만, 가장 중요한 것은 다음과 같습니다.

- 분산 트랜잭션을 사용하는 서비스에는 2단계 커밋을 지원하는 API가 필요하지만, 이를 구현하기가 쉽지 않습니다
- 분산 트랜잭션을 사용하는 마이크로서비스는 강하게 결합돼 있고, 이는 마이크로서비스 아키텍처에서 권장하지 않는 방식입니다.

---

1 데이터베이스에서 직렬성(Serializability)이라고 하면 각각의 트랜잭션이 일정한 순서를 가지고 순차적으로 실행됨을 말합니다.

- 분산 트랜잭션은 확장이 되지 않습니다. 이로 인해 대역폭이 제한되고 결과적으로 시스템의 확장성이 저하됩니다.

이벤트 기반 아키텍처

마이크로서비스 환경에서 분산된 비즈니스 트랜잭션을 구현하는 가장 좋은 방법은 이벤트 중심 아키텍처를 사용하는 것입니다. 이 아키텍처는 지금까지 이 책에서 몇 번 살펴봤습니다.

시스템의 상태를 변경해야 하는 경우, 첫 번째 서비스가 자체 데이터베이스에서 데이터를 변경하고 동일한 내부 트랜잭션에서 이벤트를 메시지 브로커에 전달합니다. 따라서 트랜잭션과 관련됐더라도 서비스 경계를 넘지 않습니다. 이벤트 메시지를 전달받은 두 번째 서비스는 이벤트를 수신하고 이에 따라 저장 데이터를 변경합니다. 때에 따라 다시 이벤트를 송신할 수도 있습니다. 서비스는 동시에 블로킹되지 않으며 상호 의존성이 없습니다. 시스템에 있는 유일한 결합 지점은 교환하는 메시지라고 할 수 있습니다. 분산 트랜잭션의 경우와는 다르게 이벤트 기반 아키텍처를 사용하면 첫 번째 서비스가 작동하는 시점에 두 번째 서비스가 실행 중이 아니라고 해도 요청에 대한 처리를 계속할 수 있습니다. 이러한 특성은 시스템 복원력에 직접 영향을 주기 때문에 매우 중요합니다. 분산 트랜잭션에서는 모든 관련 컴포넌트(마이크로서비스)가 동작 중이어야 하며, 트랜잭션이 진행되는 동안 정상적으로 작동해야 합니다. 시스템에 마이크로서비스가 많아지거나 분산 트랜잭션에 참여하는 서비스가 더 많아질수록 시스템의 크기를 키우기가 더 어려워집니다.

이전에 말한 바와 같이, 두 서비스가 수다스러울 정도로 많은 정보를 교환한다면 서비스 병합을 고려할 수 있습니다. 또한 이벤트를 사용해 몇 가지 서비스에 대해 동시에 업데이트를 수행하는 어댑터 서비스를 구현할 수도 있습니다.

궁극적 일관성

지금부터 소프트웨어 시스템에서 분산 트랜잭션을 수행하는 방식을 분석해 봅시다. 분산 트랜잭션 사용은 시스템 상태에 대한 확신을 갖게 합니다. 즉, 시스템의 모든 부분에서 항상 일관성을 보장할 것이라고 확신합니다. 그러나 이러한 불확실성의 제거는 매우 제한적인 요구입니다. 《도메인 주도 설계 구현》의 저자인 반 버논은 불확실성을 도메인 모델에 포함시킬 것을 제안합니다. 그에 따르면, 시스템에는 어떤 방식으로든 일관성 없는 상태가 발생할 수 있으며 불확실성이 계속 발생하고 이로 인해 문제가 발생하더라도 이를 비즈니스 워크플로의 일부로 포함시키는 것이 좋다는 것입니다.

예를 들어 '**결제 정보 확인 중**'이라는 새로운 상태를 도입해 결제 정보 확인 없이 주문을 생성할 수도 있습니다. 이 새로운 상태는 불확실한 상황(결제 정보는 유효하거나 유효하지 않을 수 있음)을 한정된 시간 동안(결제 정보가 확인될 때까지) 유지되는 별도의 비즈니스 이벤트로 다룹니다. 이러한 접근 방식을 사용하면 시스템에서 항상 일관성을 유지할 필요가 없습니다. 대신 시스템에 각 비즈니스 트랜잭션의 상태를 관찰하기 위한 일관적인 뷰가 있는지 확인해야 합니다. 이러한 미래의 일관성을 **궁극적 일관성(eventual consistency)**이라고 합니다. 다음 그림에서 이를 보여줍니다.

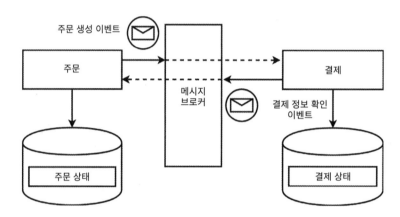

그림 7.9 메시지를 이용해 각각의 데이터베이스를 업데이트하는 주문과 결제 서비스

대개 궁극적 일관성을 보장한다는 것은 운영을 성공적으로 수행할 수 있는 안정적인 시스템 구축이라는 목적을 달성하기에 충분하다는 의미입니다. 게다가 모든 분산 시스템은 가용성(사용자 요청 처리) 및 구역별 내구성 확보(컴포넌트간 네트워크 중단 시에도 서비스 가능)를 위해 궁극적 일관성을 확보해야 합니다.

SAGA 패턴

특히 마이크로서비스 분야에서 분산 트랜잭션에 가장 널리 사용되는 패턴 중 하나는 **SAGA 패턴**입니다. 이것은 1987년 데이터베이스에서 장기간 트랜잭션을 관리하기 위해 도입됐습니다.

saga는 소수의 작은 트랜잭션으로 구성되며, 각 트랜잭션은 하나의 마이크로서비스에 국한됩니다. 외부 요청이 saga를 시작하고, saga가 첫 번째 작은 트랜잭션을 시작합니다. 성공할 경우, 두 번째 트랜잭션이 시작됩니다. 트랜잭션이 중간에 성공하지 못하면 이전 트랜잭션에 대한 보상이 기동됩니다.

이를 구현하는 패턴에는 **코레오그래피**(events-based choreography)와 **오케스트레이션**(orchestration via a coordinator service)[2]의 두 가지가 있습니다.

이벤트 소싱

마이크로서비스 응용 프로그램의 이벤트 플로를 처리하기 위해 **이벤트 소싱** 패턴을 사용할 수 있습니다. 이벤트 소싱은 각 비즈니스 엔티티의 상태 변화 순서를 저장합니다. 예를 들어, 은행 계좌는 초기 금액과 예금/인출 순서로 나타낼 수 있습니다. 이 정보를 사용하면 업데이트 이벤트를 순차적으로 복기해 현재 계정 상태를 계산할 수 있을 뿐만 아니라 엔티티 변경 사항에 대한 신뢰할 수 있는 감사 로그를 제공할 수 있습니다. 또한 쿼리를 통해 과거 어느 시점에서 엔티티의 상태를 확인할 수 있습니다. 일반적으로 이벤트 소싱을 구현하는 서비스는 다른 서비스가 엔티티 업데이트를 구독할 수 있도록 하는 API를 제공합니다.

현재 상태를 계산하는 데 필요한 시간을 최적화하기 위해 응용 프로그램은 스냅 샷을 주기적으로 작성하고 저장할 수 있습니다. 저장소 크기를 줄이기 위해 선택한 스냅샷 이전의 이벤트를 삭제할 수도 있습니다. 이 경우 갱신된 이벤트의 전체 히스토리 중 일부가 유실될 수 있습니다.

은행 계좌 111-11 이벤트 로그:

날짜	처리 유형	금액
2018-06-04 22:00:01	계좌 생성	$0
2018-06-05 00:05:00	입금	$50
2018-06-05 09:30:00	출금	$10
2018-06-05 14:00:30	입금	$20
2018-06-06 15:00:30	입금	$115
2018-06-07 10:10:00	출금	$40

현재 잔액: $135

이런 단순함에도 불구하고 개발자들에게 익숙하지 않다는 점과 일반적인 프로그래밍 방식과의 차이, 학습 시간이 길다는 이유로 이벤트 소싱은 자주 사용되지 않습니다. 또한 상태를 지속적으로 재계산해야 하기 때문에 이벤트 소싱을 사용하면 특히 쿼리가 복잡할 때 효율적인 쿼리를 수행할 수 없습니다. 이 경우 명령 및 쿼리 책임 분리(CQRS)가 도움이 될 수 있습니다.

---

2 오케스트레이션은 중재 서비스(컴포넌트)에 의존해 서비스 간 호출이 이뤄지는 방식이고, 코레오그래피는 별도 중재 서비스 없이 각 서비스가 상호작용하는 방식을 말합니다.

명령 및 쿼리 책임 분리(CQRS)

명령 및 쿼리 책임 분리(CQRS)는 종종 이벤트 소싱과 함께 사용됩니다. CQRS는 두 부분으로 구성됩니다.

- **쓰기** 파트는 상태 변경 명령을 수신해 기본 이벤트 저장소에 저장합니다. 하지만 엔티티 상태를 반환하지는 않습니다.

- **읽기** 파트는 상태를 변경하지 않고 요청된 쿼리의 결과를 반환합니다. 별개의 쿼리에 대한 상태 표현은 뷰로 저장되며, 갱신 이벤트가 명령으로 수신된 후에 비동기식으로 다시 계산됩니다.

CQRS 패턴이 작동하는 방식은 다음과 같습니다.

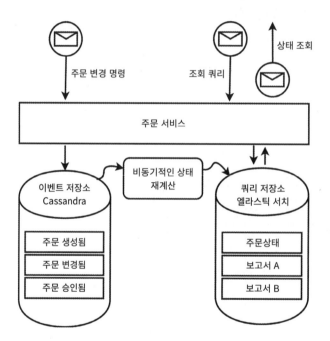

그림 7.10 주문 서비스를 위한 CQRS 구현. 쓰기 파트는 명령을 저장하고 읽기 파트는 예상 검색어에 대한 결과를 비동기식으로 계산.

CQRS 패턴은 소프트웨어 시스템이 대량의 데이터를 스트리밍 방식으로 처리할 수 있도록 해주고, 동시에 현재 시스템 상태와 관련된 다양한 쿼리에 신속하게 응답할 수 있습니다.

충돌 없는 복제 데이터 타입(CRDT)

잘 정의된 단일 마이크로서비스라고 하더라도 응용 프로그램이 커지면 커질수록 더 많은 데이터를 처리해야 합니다. 이전에 언급했듯이 트랜잭션은 확장성이 좋지 않으며 응용 프로그램이 늘어남에 따라 하나의 마이크로서비스 영역 내에서 글로벌 상태를 일관되게 유지하는 것은 점점 더 어려워집니다. 따라서 성능 및 시스템 확장성을 위해 글로벌 록이나 트랜잭션 일관성 없이 여러 서비스 인스턴스에서 동시에 데이터를 업데이트하는 경우가 발생할 수 있습니다. 이러한 접근 방식을 **낙관적 복제(optimistic replication)**라고 하며, 나중에 발생할 불일치를 감수하면서 데이터 복제본을 **병행해서** 사용할 수 있습니다. 이러한 시나리오에서는 복제본이 병합될 때 복제본 간의 일관성이 다시 설정됩니다. 병합 시점에서 충돌을 해결해야 하지만, 이는 대개 사용자의 입장에서 받아들일 수 없는 일부 변경 사항을 되돌려야 한다는 것을 의미합니다. 그러나 병합 프로세스가 항상 성공할 수 있도록 하는 수학적 속성을 가진 데이터 구조도 있습니다. 이러한 데이터 구조를 **충돌 없는 복제 데이터 타입(CRDT)**이라고 합니다.

CRDT는 여러 번의 계산에 걸쳐 복제되고 조정 없이 동시에 업데이트된 다음에 병합되더라도 일관된 상태를 유지할 수 있는 데이터 타입을 말합니다. 이 개념은 2011년 마크 샤피로(Marc Shapiro), 누노 프레기사(Nuno Preguica), 마렉 자위스키(Marek Zawirski) 및 카를로스 바케로(Carlos Baquero)에 의해 도입됐습니다. 이 책을 쓰는 시점에 CRDT에는 Grow-only 카운터, Grow-only Set, Two-Phase Set, Last-Write-Wins-Element Set 및 일반적인 비즈니스 워크플로의 일부만을 다룰 수 있는 몇 가지 세트가 있습니다. 그러나 CRDT는 공동 텍스트 편집, 온라인 채팅 및 온라인 도박에 매우 유용합니다. SoundCloud 오디오 배포 플랫폼은 CRDT를 사용하고, Phoenix 웹 프레임워크는 CRDT를 사용해 실시간 다중 노드 정보 공유를 가능하게 하며, 마이크로소프트의 Cosmos DB는 CRDT를 사용해 다중 마스터 데이터를 작성합니다. Redis 데이터베이스 또한 **충돌 없는 복제 데이터베이스(CRDB)**의 형태로 CRDT를 기본적으로 지원합니다.

데이터 저장소로서의 메시징 시스템

이벤트 소싱에 대한 아이디어를 토대로 '메시지를 위한 영속적 스토리지를 가진 메시지 브로커가 개별 마이크로서비스를 위한 전용 데이터베이스에 대한 필요성을 감소시킬 수 있다'고 결론 지을 수 있습니다. 실제로 모든 엔티티에 대한 업데이트 이벤트(엔티티 스냅샷 포함)가 충분한 시간 동안 메시지 브로커에 저장되고 언제든지 다시 읽을 수 있다면 이 이벤트만으로도 시스템의 전체 상태를 정의할 수 있습니다. 시스템이 기동하는 동안 각 서비스는 최근 이벤트 기록(마지막 스냅샷까지)을 읽어 들여 메모리 내의 엔티티 상태를 다시 계산할 수 있습니다. 따라서 서비스는 새로운 업데이트 명령을 처리하고 쿼리를 읽고 때때로 브로커에 엔티티 스냅샷을 생성하고 보내는 것만으로도 동작할 수 있습니다.

아파치 카프카는 널리 사용되는 분산 메시지 브로커로서, 신뢰할 수 있는 영속성 계층이 있어서 시스템의 주 데이터 저장소로 사용할 수 있을 뿐만 아니라 시스템 내의 유일한 데이터 저장소로도 활용할 수 있습니다.

이와 같이 요즘에는 안정적이고 복잡한 워크플로를 가변적이며 확장 가능하고 변화에 유연하게 대응할 수 있는 소프트웨어 시스템으로 구현하기 위해 다중 언어 영속성 및 메시지 브로커 기반의 이벤트 중심 아키텍처가 함께 사용됩니다. 이 장의 나머지 부분은 스프링 프레임워크에서 제공하는 영속성 메커니즘에 초점을 맞추고 있습니다. 아울러 **8장 클라우드 스트림으로 확장하기**에서 이벤트 기반 아키텍처를 기반으로 효율적인 애플리케이션을 구현하기 위해 스프링 생태계에서 어떤 기술을 사용할 수 있는지 알아보겠습니다.

데이터 조회를 위한 동기식 모델

리액티브 영속성의 이점과 문제점을 이해하기 위해서 먼저 리액티브 이전 시대의 애플리케이션이 데이터 액세스를 구현하는 방법을 다시 한번 살펴보겠습니다. 또한 쿼리를 실행하고 처리할 때 클라이언트와 데이터베이스가 어떻게 통신하는지, 이러한 통신의 어떤 부분을 비동기적으로 수행할 수 있는지, 리액티브 프로그래밍 패턴을 적용하면 어떤 부분에서 이점을 얻을 수 있는지 알아보겠습니다. 데이터베이스 영속성은 몇 가지 추상화 계층으로 이루어져 있으므로 이 모든 계층에 대해 알아본 후에 리액티브로 하나씩 바꿔보는 시도를 해보겠습니다.

데이터베이스 액세스를 위한 와이어 프로토콜

데이터베이스 종류 중에 **임베디드 데이터베이스**라는 데이터베이스가 있습니다. 이러한 데이터베이스는 응용 프로그램 프로세스 내에서 실행되므로 네트워크를 통한 통신이 필요하지 않습니다. 일부 임베디드 데이터베이스의 경우에는 임베디드 모드 실행 및 별도의 서비스로 실행하는 것 모두를 지원하기도 합니다. 하지만 어떤 경우든 와이어 프로토콜을 사용하는 것은 어렵지 않습니다. 나중에 이 장의 몇 가지 예에서는 H2 임베디드 데이터베이스를 사용할 것입니다.

그러나 대부분 소프트웨어는 별도의 서버(또는 별도의 컨테이너)에서 별도의 프로세스로 실행되는 데이터베이스를 사용합니다. 응용 프로그램은 **데이터베이스 드라이버**라고 하는 특수한 클라이언트 라이브러리를 사용해 외부 데이터베이스와 통신합니다. 또한, 와이어 프로토콜은 데이터베이스 드라이버와 데이터베이스 자체가 통신하는 방법을 정의합니다. 와이어 프로토콜은 클라이언트와 데이터베이스 간에 전송되는 메시지의 정렬 형식을 정의합니다. 대부분의 경우 와이어 프로토콜은 언어에 독립적이므로 자바 응용 프로그램이 C++로 작성된 데이터베이스를 쿼리할 수 있습니다.

와이어 프로토콜은 일반적으로 TCP/IP를 이용하도록 설계됐으므로 블로킹 방식으로 동작할 필요가 없습니다. 동기적인 HTTP 통신과 마찬가지로 프로토콜 자체가 차단되지는 않지만, 클라이언트가 요청에 대한 결과를 기다리는 동안 차단하는 방식으로 동작하고 있을 뿐입니다. 또한 TCP는 슬라이딩 윈도우에 의해 구현된 흐름 제어를 통해 배압을 지원할 수 있는 비동기 프로토콜입니다. 그러나 슬라이딩 윈도우 방식은 네트워크를 통해 데이터를 전송하는 방식에 적합한 방식으로서 응용 프로그램이 요구하는 배압을 효과적으로 반영하지 못할 수도 있습니다. 예를 들어 데이터베이스에서 행을 수신하는 경우 네트워크 버퍼 크기를 정의하는 시스템 설정에 의존하지 않고, 현재 행 수를 기준으로 해서 다음 부분을 요청하는 것이 더 자연스럽습니다. 물론, 와이어 프로토콜은 의도적으로 배압 구현을 위해 다른 메커니즘을 사용하거나 여러 메커니즘을 조합해 사용할 수도 있지만, 내부적으로는 항상 TCP 메커니즘을 사용한다는 사실을 기억하는 것이 좋습니다.

데이터베이스 와이어 프로토콜의 기반으로 더 높은 수준의 프로토콜을 사용할 수도 있습니다. 예를 들어 HTTP2, 웹소켓, gRPC 또는 RSocket을 사용할 수 있습니다. **8장 클라우드 스트림으로 확장하기**에서 RSocket과 gRPC 프로토콜에 대해 간략하게 비교해 볼 것입니다.

배압 문제와는 별개로, 클라이언트와 데이터베이스 간에 큰 데이터를 전달하기 위해 완전히 다른 접근 방식을 사용할 수도 있습니다. 예를 들어 클라이언트가 수만 행의 데이터를 입력하거나 특정 데이터를 쿼리하기 위해 수백만 개의 행을 검색해야 하는 경우를 예로 들 수 있습니다. 좀 더 단순한 접근을 위해 후자의 예제를 고려해 보겠습니다. 일반적으로 이러한 결과를 전달하는 데는 다음과 같은 몇 가지 방법이 있습니다.

- 데이터베이스 측에서 **전체 결과 집합**을 계산한 후 쿼리가 끝나자마자 데이터를 컨테이너에 넣고 컨테이너를 클라이언트에 전달하는 방식입니다. 이 접근법은 논리적으로 전혀 배압을 고려하지 않으며, 데이터베이스 측(또한 잠재적으로 클라이언트 측)에 커다란 버퍼를 필요로 합니다. 또한 클라이언트는 전체 쿼리가 실행된 후에만 결과를 받을 수 있습니다. 이러한 방식은 구현이 쉽습니다. 또한 쿼리 실행 프로세스가 아주 길지도 않으며, 업데이트된 쿼리가 동시에 발생하는 경합이 줄어들 수 있습니다.

- 클라이언트가 요청할 때 **청크(chunk)로 결과 집합**을 보낼 수도 있습니다. 쿼리는 완전히 실행될 수 있으며 결과는 버퍼에 저장할 수 있습니다. 데이터베이스는 요청에 의해 청크가 채워지거나 클라이언트가 요구한 양의 데이터를 전달한 후에

만 실행을 계속할 수 있습니다. 이 작동 방법은 메모리 버퍼 사용량을 줄일 수 있고 쿼리가 실행 중일 때 첫 번째 행을 반환할 수 있으며 논리적인 배압을 전파 가능하게 하고 쿼리를 취소할 수 있도록 합니다.

- 쿼리 실행 중에 결과를 얻자마자 **결과를 스트림으로** 보내는 방법도 있습니다. 또한 클라이언트는 데이터베이스에 데이터 요구량을 알려주고, 쿼리 실행 프로세스에 영향을 줄 수 있는 논리적 배압을 함께 전달할 수 있습니다. 이러한 접근 방식은 추가적인 버퍼가 거의 필요하지 않으며, 클라이언트는 매우 빠르게 쿼리 결과의 첫 번째 행을 수신할 수 있습니다. 그러나 이러한 방법은 매우 **수다스러운** 통신 방식과 빈번한 시스템 호출로 인해 네트워크와 CPU를 과도하게 사용할 수 있습니다.

다음 그림은 청크로 결과 집합을 보내는 방식에 대한 상호 작용을 보여줍니다.

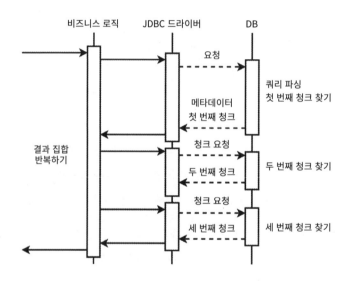

그림 7.11 청크를 활용해 쿼리 결과를 반복적으로 전달하기

일반적으로 데이터베이스는 하나 이상의 접근 방법을 이용해 와이어 프로토콜을 구현합니다. 예를 들어, MySQL은 데이터를 전체 또는 스트림으로 행 단위로 보낼 수 있습니다. 반면에 PostgreSQL 데이터베이스는 **PostgreSQL 포털(PostgreSQL portal)**이라는 개념을 사용해 클라이언트가 수신할 수 있는 만큼의 데이터 행을 요청할 수 있습니다. 앞의 그림은 자바 애플리케이션이 이러한 접근법을 어떻게 사용하는지 보여줍니다.

이제 잘 설계된 데이터베이스 와이어 프로토콜은 이미 리액티브의 모든 특성을 가지고 있다는 것을 알 수 있습니다. 또한 전체 데이터를 가져오는 방식의 프로토콜조차 배압 전파를 위해 TCP 제어 흐름을 사용할 수 있는 리액티브 드라이버로 래핑할 수 있습니다.

데이터베이스 드라이버

데이터베이스 드라이버는 데이터베이스 와이어 프로토콜을 메서드 호출이나 콜백, 리액티브 스트림과 같은 프로그래밍 언어로 구현한 라이브러리입니다. 관계형 데이터베이스의 경우 드라이버는 대개 파이썬용 DB-API 또는 자바용 JDBC와 같이 각 언어별 API를 구현합니다.

동기식 블로킹 방식으로 작성된 소프트웨어가 데이터 액세스에 대해서도 동일한 접근 방식을 사용한다는 것은 놀라운 일이 아닙니다. 또한 드라이버를 통한 외부 데이터베이스와의 통신은 외부 HTTP 서비스와의 통신과 비슷합니다. 예를 들어 아파치 피닉스 JDBC 드라이버는 아파치 칼사이트(Calcite) 프레임워크의 Avatica 컴포넌트를 기반으로 하며, HTTP를 통한 JSON 또는 프로토콜 버퍼를 이용합니다. 이론적으로 데이터베이스 통신 프로토콜에 리액티브 설계를 적용하면 스프링 웹플럭스 모듈의 리액티브 WebClient와 유사한 이점을 얻을 수 있습니다. 다음 그림은 HTTP 요청 및 데이터베이스 쿼리가 네트워크 통신 관점에서 매우 유사함을 보여줍니다.

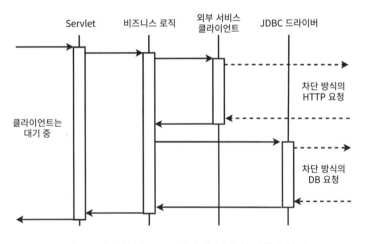

그림 7.12 차단 방식의 HTTP 요청과 데이터베이스 요청의 유사성

일반적으로 데이터베이스 드라이버의 블로킹 특성은 와이어 프로토콜이 아닌 상위 API에 의해 결정됩니다. 따라서 각 언어로 구현된 API를 적당한 수준으로 지원하는 리액티브 데이터베이스 드라이버를 구현하는 것이 어려운 일은 아닙니다. 어떤 API를 지원해야 하는지 그 후보는 이 장의 뒷부분에서 다룹니다. 동시에 NoSQL 데이터베이스 드라이버에는 구현할 수 있는 언어별 API가 존재하지 않으므로 데이터베이스별로 API를 비동기 또는 리액티브 스타일로 직접 구현할 수도 있습니다. MongoDB, Cassandra 및 Couchbase는 이런 방식을 채택하기로 결정했으며, 비동기 드라이버 또는 리액티브 드라이버를 제공합니다.

JDBC

1997년에 처음으로 발표된 **JDBC(Java Database Connectivity)**는 응용 프로그램이 데이터베이스(주로 관계형 데이터베이스)와 통신하는 방법을 정의하고 자바 플랫폼에서 데이터 액세스를 위한 표준화된 API를 제공합니다. 최신 API 버전 4.3은 2017년에 발표됐고 자바 SE 9에 포함됐습니다.

JDBC를 사용하면 여러 데이터베이스를 동일한 응용 프로그램에서 사용할 수 있습니다. JDBC 드라이버 매니저(Drive Manager)는 올바른 등록, 로드 및 사용을 담당하고 있습니다. 드라이버가 로드되면 클라이언트는 적절한 액세스 자격 증명을 사용해 연결을 만들 수 있습니다. JDBC 연결을 사용하면 SQL의 SELECT, CREATE, INSERT, UPDATE 및 DELETE와 같은 명령문을 초기화하고 실행할 수 있습니다. 실행 결과로 데이터베이스 상태를 갱신하는 명령문은 영향을 받는 여러 행을 반환하고, 명령문은 결과의 행에 대한 이터레이터인 java.sql.ResultSet를 반환합니다. ResultSet는 매우 오래된 API이며 지금 보면 이상한 API를 가지고 있습니다. 예를 들어 행의 열을 표현하는 인덱스가 0이 아닌 1부터 시작합니다.

ResultSet 인터페이스는 역방향 반복 및 무작위 액세스까지 고려해 설계됐지만, 호환성을 위해서 드라이버가 모든 행을 로드한 후에야 처리가 가능합니다. 이해를 돕기 위해 ResultSet는 결과의 행에 대한 이터레이터와 유사하다고 가정해 보겠습니다. 이런 가정하에서는 각각의 분할된 결과에서 작동하는 구현과 요청된 양만큼의 데이터 로드를 위해 일괄 처리에 대한 구현을 필요로 할 것입니다. 모든 기본 비동기 구현은 JDBC 레벨에서 동기 블록 호출로 감싸야 합니다.

성능 부분에서 JDBC는 SELECT 이외의 쿼리에 대한 일괄 처리를 허용합니다. 이렇게 하면 더 적은 네트워크 요청으로 데이터베이스와 통신할 수 있습니다. 그러나 JDBC는 동기적이고 블로킹되도록 설계됐으므로, 커다란 데이터를 처리할 때는 이런 일괄 처리가 큰 도움이 되지 않습니다.

JDBC는 비즈니스 로직에서 사용할 수 있는 API로 설계됐지만, 테이블과 행, 열을 직접 사용해 동작하기 때문에 도메인 기반 디자인이 권장하는 **엔티티** 및 **집계(aggregate)**는 직접 지원하지 않습니다. 최근에는 JDBC가 직접 사용하기에는 너무 저수준으로 취급받고 있습니다. 이러한 목적을 위해 스프링 생태계에는 스프링 데이터 JDBC 및 스프링 데이터 JPA 모듈이 있습니다. 또한, JDBC보다 사용이 편리하면서 JDBC를 래핑해주는 많은 훌륭한 라이브러리가 있습니다. 그러한 라이브러리의 한 예가 Jdbi입니다. Jdbi는 연쇄형 API를 제공할 뿐만 아니라 스프링 생태계와 매우 유연하게 결합됩니다.

커넥션 관리

최근 애플리케이션들은 JDBC에 직접 연결하지 않습니다. 대부분 **커넥션 풀**을 사용합니다. 배경은 매우 간단합니다. 새로운 커넥션을 맺는 것은 비용이 많이 듭니다. 따라서 재사용을 허용하는 방식으로 관리되는 커넥션 캐시를 갖는 것이 좋습니다. 커넥션을 생성하는 비용은 두 영역에서 발생할 수 있습니다. 우선 커넥션 초기화 프로세스에는 클라이언트 인증 및 권한 부여가 필요할 수 있으며, 이는 귀중한 시간을 소모합니다. 둘째, 새로운 커넥션으로 인해 데이터베이스 비용이 발생할 수 있습니다. 예를 들어, PostgreSQL은 새로운 커넥션이 연결될 때마다(스레드가 아닌) 새로운 프로세스를 생성합니다. 이 프로세스 생성 작업은 강력한 리눅스 시스템에서조차 수백 밀리초가 소요되는 작업입니다. 이 글을 쓰는 시점에 자바 진영에서 가장 일반적으로 사용하는 커넥션 풀은 아파치 커먼(Commons) DBCP2, C3P0, 톰캣 JDBC 및 HikariCP입니다. HikariCP는 자바 진영에서 가장 **빠른** 커넥션 풀로 인정받고 있습니다.

커넥션 풀은 JDBC 연결에 널리 사용되기는 하지만, 데이터베이스 통신의 고유 영역이 아닙니다. 예를 들어 Oracle 데이터베이스 드라이버는 커넥션 멀티플렉싱을 허용하므로 단일 네트워크 연결을 통해 여러 논리적 커넥션을 연결할 수 있습니다. 물론 그러한 지원은 드라이버에 의해서가 아니라 와이어 프로토콜과 데이터베이스 내부에 직접 구현돼 있기 때문에 가능합니다.

리액티브 방식으로 관계형 데이터베이스 접근하기

JDBC는 자바 진영에서 데이터 액세스를 위한 기본 API(관계형 데이터베이스인 경우에는 특히)이기 때문에 그 위에 구축된 모든 추상화 레이어들이 동작하는 기초가 됩니다. 이 책의 앞부분에서 블로킹 API가 응용 프로그램의 확장성을 제한하기 때문에 리액티브 응용 프로그램에서 사용하지 않는 것이 좋다고 했습니다. 따라서 리액티브 애플리케이션에서 사용할 언어 수준의 데이터베이스 액세스 API가 필요합니다.

불행히도 JDBC를 약간 변형해서 이를 달성할 수 있는 솔루션은 없습니다. 현재 이 틈새 시장에 적합한 두 가지 API 후보가 있습니다. 이들에 대해서는 이 장의 후반부에서 다루겠습니다. 다음 그림은 리액티브 JDBC API를 작성하는 데 필요한 사항을 설명합니다.

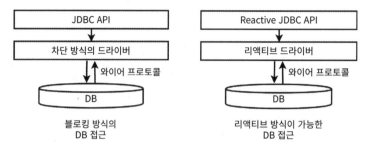

그림 7.13 현재의 JDBC 방식 및 향후 대체될 리액티브 방식

스프링 JDBC

JDBC를 직접 사용하는 번거로움을 해소하기 위해 스프링은 꽤 오래됐지만 여전히 많이 사용되는 스프링 JDBC 모듈을 제공합니다. 이 모듈에는 쿼리를 실행하고 테이블의 각 행을 엔티티로 매핑해주는 몇 가지 버전의 JdbcTemplate 클래스가 있습니다. 이 클래스를 사용하면 자원 생성과 해제를 처리할 수 있고 커넥션 닫는 것을 잊어버리는 것과 같은 일반적인 실수를 막을 수 있습니다. JdbcTemplate은 또한 JDBC 예외를 캐치해 이를 일반 org.springframework.dao 예외로 변환합니다.

데이터베이스에 책에 대한 정보가 있고 책 엔티티를 자바 클래스로 작성한다고 가정해 보겠습니다.

```
class Book {
    private int id;
    private String title;

    public Book() { }

    public Book(int id, String title) {
        this.id = id;
        this.title = title;
    }
    // getter와 setter
}
```

다음과 같이 JdbcTemplate과 일반적인 BeanPropertyRowMapper를 사용해 스프링 리포지토리를 만들 수 있습니다.

```
@Repository
class BookJdbcRepository {

    @Autowired
    JdbcTemplate jdbcTemplate;

    public Book findById(int id) {
        return jdbcTemplate.queryForObject(
            "SELECT * FROM book WHERE id=?",
            new Object[] { id },
            new BeanPropertyRowMapper<>(Book.class));
    }
}
```

또한 ResultSet를 도메인 엔티티로 변환하는 방법을 지정하기 위해 mapper 클래스를 직접 만들 수도 있습니다.

```
class BookMapper implements RowMapper<Book> {
    @Override
    public Book mapRow(ResultSet rs, int rowNum) throws SQLException {
        return new Book(rs.getInt("id"), rs.getString("title"));
    }
}
```

BookMapper 클래스를 사용해 BookJdbcRepository.findAll() 메서드를 구현해 보겠습니다.

```
public List<Book> findAll() {
    return jdbcTemplate.query("SELECT * FROM book", new BookMapper());
}
```

NamedParameterJdbcTemplate 클래스는 JdbcTemplate의 불편함을 개선했습니다. 이 클래스를 사용하면 ? 대신 변수에 이름을 붙여서 매개변수를 전달하기 때문에 가독성을 높일 수 있습니다. 이를 적용한 SQL 쿼리와 해당 자바 코드는 다음과 같습니다.

```
SELECT * FROM book WHERE title = :searchtitle
```

다음은 이를 적용하지 않는 SQL 코드입니다.

```sql
SELECT * FROM book WHERE title = ?
```

이런 개선은 사소해 보일지라도 매개변수에 이름을 붙이는 것은 순서대로 매개변수를 사용하는 것보다 가독성이 뛰어납니다. 쿼리에 여섯 개의 매개변수가 필요한 경우에는 특히 그렇습니다.

요약하면, 스프링 JDBC 모듈은 유틸리티, 헬퍼 클래스, 상위 레벨 추상화에 사용되는 도구로 구성됩니다. 스프링 JDBC 모듈은 상위 레벨 API에 의해 특별히 제한받지 않으며, 내부 동작 API도 리액티브를 지원하므로 리액티브 지원에 필요한 부분을 비교적 쉽게 적용할 수 있습니다.

스프링 데이터 JDBC

스프링 데이터 JDBC는 스프링 데이터의 새로운 모듈입니다. 이 모듈은 JDBC 기반 리포지토리의 구현을 단순화하는 것을 목표로 합니다. JDBC 기반 리포지토리를 포함한 스프링 데이터 리포지토리는 에릭 에반스가 《도메인 주도 설계》에서 설명한 리포지토리에서 영감을 얻었습니다. 즉, 집계된 엔티티(Aggregate Root)마다 하나의 리포지토리를 만드는 것이 좋습니다. 스프링 데이터 JDBC는 @Query 애노테이션과 엔티티 라이프 사이클 이벤트를 이용해 간단한 집계를 위한 CRUD 연산을 지원합니다.

 스프링 데이터 JDBC와 **스프링 JDBC**는 서로 다른 모듈이므로 세심한 주의가 필요합니다!

스프링 데이터 JDBC를 사용하려면 Book 엔티티를 수정해 org.springframework.data.annotation.Id 애노테이션을 id 필드에 추가해야 합니다. 리포지토리에서 사용할 엔티티는 고유한 식별자를 가져야 합니다. 리포지토리에서 사용하도록 리팩토링한 Book 엔티티는 다음과 같습니다.

```java
class Book {
    @Id
    private int id;
    private String title;

    // 나머지 코드는 변경 없음
}
```

이제 CrudRepository<Book, Integer>를 상속해서 BookRepository 인터페이스를 만들어봅시다.

```
@Repository
public interface BookSpringDataJdbcRepository
        extends CrudRepository<Book, Integer> {                         // (1)

    @Query("SELECT * FROM book WHERE LENGTH(title) = " +                 // (2)
            "(SELECT MAX(LENGTH(title)) FROM book)")
    List<Book> findByLongestTitle();                                    // (2.1)


    @Query("SELECT * FROM book WHERE LENGTH(title) = " +
            "(SELECT MIN(LENGTH(title)) FROM book)")
    Stream<Book> findByShortestTitle();                                 // (3)


    @Async                                                              // (4)
    @Query("SELECT * FROM book b " +
        "WHERE b.title = :title")
    CompletableFuture<Book> findBookByTitleAsync(                       // (4.1)
        @Param("title") String title);


    @Async                                                              // (5)
    @Query("SELECT * FROM book b " +
        "WHERE b.id > :fromId AND b.id < :toId")
    CompletableFuture<Stream<Book>> findBooksByIdBetweenAsync(          // (5.1)
        @Param("fromId") Integer from,
        @Param("toId") Integer to);
}
```

이 코드는 다음과 같은 작업을 수행합니다.

1. CrudRepository를 상속함으로써 book 리포지토리는 save(...), saveAll(...), findById(...), deleteAll()과 같은 기본 CRUD 연산을 지원하는 12가지 메서드를 사용할 수 있습니다.

2. 제목이 가장 긴 책을 찾기 위해 메서드에 @Query 애노테이션을 사용해 사용자 정의 SQL을 추가했습니다. 그러나 스프링 JDBC와 달리 ResultSet 변환은 보이지 않습니다. 또한 JdbcTemplate 변수가 필요 없으며, 작성해야 할 것은 인터페이스뿐입니다. 스프링 프레임워크가 구현체를 생성함으로써 다양한 오류를 방지할 수 있습니다. findByLongestTitle 메서드(2.1)의 결과로 리포지토리는 List를 반환합니다. 이 동작으로 인해 클라이언트는 전체 쿼리 결과가 도착할 때까지 블로킹됩니다.

3. 리포지토리는 책에 대한 스트림을 반환하는 메서드도 있습니다. 클라이언트가 findByShortestTitle 메서드(3.1)를 호출하면 기본 구현에 따라 데이터베이스가 쿼리를 실행하는 동안에도 API는 첫 번째 원소를 처리하도록 할 수 있습니다. 물론 이것은 내부 구현과 데이터베이스 자체가 이 동작을 지원하는 경우에만 해당합니다.

4. findBookByTitleAsync 메서드(4.1)를 사용하면 리포지토리가 스프링 프레임워크의 비동기 모드를 활용합니다. 이 메서드는 CompletableFuture를 반환하므로 클라이언트 스레드는 결과를 기다리는 동안 블로킹되지 않습니다. 하지만 유감스럽게도 JDBC가 블로킹 방식으로 동작하기 때문에 내부적으로 스레드는 락(lock)이 걸립니다.

5. 또한 findBooksByIdBetweenAsync 메서드(5.1)처럼 CompletableFuture와 Stream을 결합할 수 있습니다. 이렇게 하면 클라이언트 스레드는 첫 번째 행이 도착할 때까지 블로킹되지 않으며, 결과 집합이 청크 형태로 전달될 수 있습니다. 안타깝게도 첫 번째 실행에서 메인 스레드는 블로킹돼야 하고, 클라이언트의 스레드는 다음 데이터 청크를 검색할 때 블로킹됩니다. 이 동작 방식이 리액티브 지원 없이 JDBC를 사용해 얻을 수 있는 최상의 방법입니다.

스프링 데이터 JDBC로 BookRepository 구현체를 생성하기 위해서는 스프링 부트 애플리케이션에 다음 의존성을 추가해야 합니다.

```
compile('org.springframework.data:spring-data-jdbc:1.0.0.RELEASE')
```

또한 응용 프로그램 설정에 @EnableJdbcRepositories 애노테이션을 추가해야 합니다. 스프링 데이터 JDBC는 내부적으로 앞에서 설명한 스프링 JDBC와 NamedParameterJdbcTemplate을 사용합니다.

스프링 데이터 JDBC는 소규모 마이크로서비스를 위한 간단한 영속성 계층을 구현하는 아주 작고 편리한 모듈입니다. 그러나 이 모듈은 단순함을 목표로 만들어졌습니다. 그래서 캐싱, 엔티티의 지연 로드(lazy-loading) 및 복잡한 엔티티 관계와 같은 ORM이 목표가 아닙니다. 이러한 목적을 위해 자바 생태계에는 **Java Persistence API(JPA)**라는 별도의 스펙이 있습니다.

스프링 데이터 JDBC를 리액티브하게 만들기

스프링 데이터 JDBC는 스프링 데이터 Relational 프로젝트의 일부입니다. 스프링 데이터 JDBC는 완벽하게 블로킹 API인 JDBC를 필요로 하기 때문에 완전한 리액티브 스택에는 적합하지 않습니다. 이 글을 쓰는 순간에도 스프링 데이터 팀은 완벽하게 리액티브하게 동작하는 드라이버를 데이터베이스와 논블로킹 방식으로 통합하기 위한 R2DBC 규격을 개발 중입니다. 이러한 노력이 결실을 맺는다면 스프링 데이터 R2DBC 모듈은 스프링 데이터 Relational 프로젝트로 통합될 것입니다. 다음 그림은 스프링 데이터 Relational의 잠재적인 리액티브 스택을 보여줍니다.

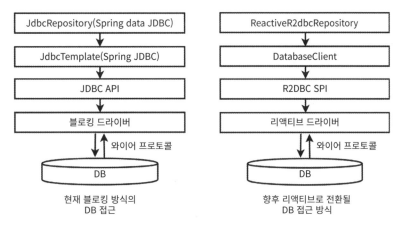

그림 7.14 향후 리액티브로 대체될 현재의 스프링 데이터 JDBC 스택

JPA

JPA는 2006년에 처음 등장했으며(최신 버전 2.2는 2013년에 출시[3]됐으며 JPA2라고도 함) 자바 응용 프로그램에서 관계형 데이터베이스를 기술하는 것을 목표로 합니다.

요즘 JPA는 응용 프로그램에서 영속성 계층을 정의하고 구성하는 표준입니다. JPA는 자체 API와 **JPQL(Java Persistence Query Language)**로 구성됩니다. JPQL은 데이터베이스 대신 리포지토리를 이용해 JPA 엔티티 객체를 쿼리하는 SQL과 같은 플랫폼 독립적인 언어입니다.

데이터베이스 액세스의 표준이 JDBC라면 JPA는 코드의 객체를 데이터베이스의 테이블에 매핑하는 **ORM(Object Relational Mapping)**의 표준입니다. ORM은 내부적으로 JDBC 및 실행 중에 생성된 SQL 쿼리를 사용하지만, 이러한 내부 구현은 응용 프로그램 개발자들이 몰라도 됩니다. JPA는 엔티티뿐만 아니라 연관된 객체를 쉽게 로드할 수 있도록 엔티티 관계도 매핑할 수 있습니다.

가장 많이 사용되는 JPA 구현체는 Hibernate(http://hibernate.org)와 EclipseLink(http://www.eclipse.org/eclipselink)입니다. 두 가지 모두 JPA 2.2를 구현하며 서로 바꿔 사용할 수 있습니다. JPA 표준을 구현하는 것뿐만 아니라 두 프로젝트 모두 스펙에 정의되지 않은 추가 기능을 가지고 있기 때문에 경우에 따라 편리하게 사용할 수 있습니다. 예를 들어 EclipseLink를 사용하면 데이터베이스 변경 이벤트를 처리하고 엔티티와 여러 데이터베이스에 분산 저장된 테이블 매핑을 기술할 수 있습

---

3 JPA 2.2는 2017년에 릴리즈됐으며, 2013년에 릴리즈된 것은 2.1 버전입니다. 저자가 사소하게 잘못 기술한 것으로 보입니다.

니다. 한편, Hibernate는 타임 스탬프와 내츄럴 ID에 대한 지원이 더 좋습니다. 두 라이브러리는 멀티 테넌시(multi-tenancy)[4]를 지원합니다. 그러나 각 구현체가 제공하는 독점적인 기능을 사용하면 라이브러리 상호 교환이 불가능하다는 것은 염두에 두기 바랍니다.

순수 JDBC 대신 JPA 구현을 사용하는 또 다른 이유는 Hibernate와 EclipseLink에서 제공하는 캐싱 기능 때문입니다. 두 라이브러리를 사용하면 1차 세션 캐시 또는 2차 레벨 외부 캐시를 사용해 실제 데이터베이스 요청 횟수를 최소화할 수 있습니다. 이 기능만으로도 응용 프로그램 성능에 큰 영향을 미칠 수 있습니다.

JPA를 리액티브하게 만들기

이 책을 쓰는 시점에서 JPA를 비동기식 또는 리액티브로 만들려는 시도가 있는지는 알려지지 않았습니다. 이를 위해서는 JDBC를 비동기식 또는 리액티브 방식으로 변경해야 합니다. 또한 JPA는 리액티브 프로그래밍에서는 더 이상 적용되지 않는 오래된 가정을 기반으로 설계됐습니다. 아울러 JPA의 막대한 코드 베이스는 리팩토링이 쉽지도 않습니다. 따라서 근시일 내에 JPA의 리액티브화는 없을 것입니다.

스프링 데이터 JPA

스프링 데이터 JPA는 스프링 데이터 JDBC와 유사한 리포지토리를 만들 수 있지만, 내부적으로는 훨씬 더 강력한 JPA 구현체를 사용합니다. 스프링 데이터 JPA는 Hibernate와 EclipseLink 모두를 훌륭하게 지원합니다. 스프링 데이터 JPA는 메서드 이름에 기반한 규칙을 이용해 JPA 쿼리를 생성하고 제너릭 DAO 패턴을 구현합니다. 또한 우아하고 타입 안정성을 보장하며 자바 기반의 쿼리를 생성해주는 Querydsl 라이브러리(http://www.querydsl.com)를 사용할 수 있습니다.

지금부터 스프링 데이터 JPA의 기초를 설명하기 위해 간단한 애플리케이션을 작성해 보겠습니다. 스프링 부트 애플리케이션에 필요한 의존성을 추가하기 위해 다음을 추가하세요.

```
compile('org.springframework.boot:spring-boot-starter-data-jpa')
```

---

[4] 멀티 테넌시는 하나의 소프트웨어 인스턴스가 서버에서 실행되고 여러 테넌트(일종의 고객 또는 서비스 대상)에게 서비스를 제공하는 소프트웨어 아키텍처입니다. 두 JPA 구현체의 멀티 테넌시 지원에 대한 문서는 다음 링크를 참조하세요.
EclipseLink: https://www.eclipse.org/eclipselink/documentation/2.5/solutions/multitenancy003.htm
Hibernate : https://docs.jboss.org/hibernate/orm/4.3/devguide/en-US/html/ch16.html

스프링 부트는 스프링 데이터 JPA가 사용되고 있음을 자동으로 판별할 수 있으므로 @EnableJpa
Repositories 애노테이션은 추가할 필요가 없습니다(하지만 원한다면 추가해도 됩니다).

Book 엔티티는 다음과 같을 것입니다.

```
@Entity
@Table(name = "book")
public class Book {
    @Id
    private int id;
    private String title;

    // Constructors, getters, setters...
}
```

javax.persistence.Entity 애노테이션이 붙은 Book 엔티티는 JPQL 쿼리에 사용할 엔티티 이름을 설정
할 수 있습니다. javax.persistence.Table 애노테이션은 대상 테이블을 정의하고 제약 조건과 인덱스를
정의할 수도 있습니다. org.springframework.data.annotation.Id 애노테이션 대신 javax.persistence.Id
애노테이션을 사용해야 한다는 점에 유의하세요.

이제 메서드 이름에 기반한 쿼리 생성과 JPQL 쿼리를 사용해 쿼리를 수행하는 CRUD 리포지토리를
정의해 보겠습니다.

```
@Repository
interface BookJpaRepository
    extends CrudRepository<Book, Integer> {

    Iterable<Book> findByIdBetween(int lower, int upper);

    @Query("SELECT b FROM Book b WHERE LENGTH(b.title) = " +
            "(SELECT MIN(LENGTH(b2.title)) FROM Book b2)")
    Iterable<Book> findShortestTitle();
}
```

클래스 패스의 JDBC 드라이버, 스프링 부트 의존성, Book 엔티티 클래스 및 BookJpaRepository 인터페
이스 이렇게 4가지만 있으면 스프링 데이터 JPA, JPA, JPQL, Hibernate 등에 기반한 매우 다양한 영
속성 계층 지원을 위한 준비는 충분합니다.

스프링 데이터 JPA를 리액티브하게 만들기

아쉽게도 스프링 데이터 JPA 모듈을 리액티브 방식으로 이용하려면 JDBC, JPA 및 JPA 공급자를 포함해 모든 기본 레이어도 함께 리액티브 방식으로 동작해야 합니다.

향후 몇 년 동안 이러한 일이 일어날 가능성은 희박하다고 결론 내릴 수 있습니다.

Spring Data NoSQL

스프링 데이터 JPA와 스프링 데이터 JDBC는 둘 다 관계형 데이터베이스와 JDBC 드라이버를 연결하기 위한 훌륭한 솔루션입니다. 하지만 대부분 NoSQL 데이터베이스는 이를 지원하지 않습니다. 이를 위해 스프링 데이터 프로젝트에는 널리 사용되는 NoSQL 데이터베이스를 목표로 하는 몇 개의 개별 모듈이 있습니다. 스프링 팀은 MongoDB, Redis, Apache Cassandra, Apache Solr, Gemfire, Geode 및 LDAP 모듈을 적극적으로 개발하고 있습니다. 동시에 커뮤니티는 Aerospike, ArangoDB, Couchbase, Azure Cosmos DB, DynamoDB, Elasticsearch, Neo4j, Google Cloud Spanner, Hazelcast 및 Vault와 같은 데이터베이스 및 스토리지 모듈도 개발하고 있습니다.

 EclipseLink와 Hibernate는 NoSQL 데이터베이스도 지원합니다. EclipseLink는 MongoDB, 오라클 NoSQL, Cassandra, 구글 BigTable 및 Couch DB를 지원합니다. 다음 글에서 EclipseLink의 NoSQL 지원에 대해 설명하고 있습니다: https://wiki.eclipse.org/EclipseLink/Examples/JPA/NoSQL.

또한 Hibernate는 Infinispan, MongoDB, Neo4j 등을 대상으로 하는 Hibernate OGM(http://hibernate.org/ogm)이라는 하위 프로젝트를 가지고 있습니다. 그러나 JPA는 본질적으로 관계형 DB를 대상으로 한 API이기 때문에 이러한 솔루션은 스프링 데이터 모듈과 달리 NoSQL 관련 기능이 부족합니다. 또한 관계형 DB 지원을 위해 만들어진 JPA를 NoSQL에 적용하면 잘못된 방향으로 응용 프로그램을 설계할 수도 있습니다.

MongoDB를 사용하는 코드는 스프링 데이터 JDBC 예제와 거의 동일합니다. MongoDB 리포지토리를 사용하려면 다음 의존성을 추가합니다.

```
compile('org.springframework.boot:spring-boot-starter-data-mongodb')
```

MongoDB와 스프링 프레임워크를 기반으로 하는 온라인 서적 카탈로그를 구현한다고 상상해 봅시다. 이를 위해 Book 엔티티를 다음과 같은 자바 클래스로 정의할 수 있습니다.

```
@Document(collection = "book")                                      // (1)
public class Book {
    @Id                                                            // (2)
    private ObjectId id;                                           // (3)

    @Indexed                                                       // (4)
    private String title;

    @Indexed
    private List<String> authors;                                  // (5)

    @Field("pubYear")                                              // (6)
    private int publishingYear;

    // constructors, getters and setters
    // ...
}
```

JPA @Entity 대신 org.springframework.data.mongodb.core.mapping 패키지의 @Document 애노테이션(1)을 사용했습니다. 이 애노테이션은 MongoDB에만 해당되며, 지정한 데이터베이스 컬렉션을 참조할 수 있도록 해줍니다. 또한 엔티티에 대한 내부 ID를 정의하기 위해 MongoDB에서 사용하는 타입인 org. bson.types.ObjectId(3)에 스프링 데이터 애노테이션 org.springframework.data.annotation.Id(2)를 붙였습니다. 엔티티와 데이터베이스 도큐먼트는 MongoDB에 의해 색인이 생성된 title 필드를 포함합니다. 인덱스를 사용하기 위해서 필드에 @Indexed 애노테이션(4)을 붙입니다. @Indexed 애노테이션은 인덱스의 상세한 설정을 추가할 수 있는 몇 가지 옵션을 사용할 수 있습니다. 또한 책은 한 명 이상의 저자가 있을 수 있으므로 authors 필드의 유형을 List<String>로 선언합니다(5). authors 필드에도 인덱스가 필요합니다. 여기에서는 다대다 관계가 있는 별도의 작성자 테이블에 대한 엔티티는 만들지 않겠습니다. 관계형 데이터베이스로 구현될 가능성이 높으므로 작성자 이름을 하위 도큐먼트로 책 엔티티에 포함시킵니다. 마지막으로 publishingYear 필드를 정의합니다. @Field 애노테이션을 이용해 필드 이름을 직접 지정하면 데이터베이스의 필드 이름과 다른 엔티티 이름을 사용할 수 있습니다(6).

데이터베이스에서 이러한 Book 엔티티는 다음 JSON 문서와 같이 저장됩니다.

```
{
    "_id" : ObjectId("5b1c0908eb696eddfadc0b1b"),                  // (1)
```

```
    "title" : "The Expanse: Leviathan Wakes",
    "pubYear" : 2011,                                                      // (2)
    "authors" : [                                                          // (3)
    "Daniel Abraham",
        "Ty Franck"
    ],
    "_class" : "org.rpis5.chapters.chapter_07.mongo_repo.Book"             // (4)
}
```

보다시피 MongoDB는 특별히 고안된 데이터 유형을 사용해 문서의 ID(1)를 나타냅니다. 이 경우 publishingYear는 pubYear 필드(2)에 매핑되고 작성자는 배열(3)로 표시됩니다. 또한 스프링 데이터 MongoDB는 오브젝트-도큐먼트 매핑(Object-Document Mapping)에 사용되는 자바 클래스를 설명하는 _class 필드를 추가합니다.

```
@Repository
public interface BookSpringDataMongoRepository
    extends MongoRepository<Book, Integer> {                              // (1)

    Iterable<Book> findByAuthorsOrderByPublishingYearDesc(                // (2)
        String... authors
    );

    @Query("{ 'authors.1': { $exists: true } }")                          // (3)
    Iterable<Book> booksWithFewAuthors();
}
```

MongoDB에서 리포지토리 인터페이스는 `org.springframework.data.mongodb.repository.MongoRepository` 인터페이스(1)를 상속해야 하며, 이것은 이전 예제에서 이미 사용했던 CrudRepository를 상속합니다.

물론 MongoDB 리포지토리가 명명 규칙을 기반으로 한 쿼리 생성을 지원하므로 findByAuthorsOrderByPublishingYearDesc 메서드(2)는 저자로 책을 검색하고 최근 출판 연도별로 정렬된 결과를 반환합니다. 또한 `org.springframework.data.mongodb.repository.Query` 애노테이션을 이용하면(3) MongoDB 쿼리를 작성할 수 있습니다. 예를 들어 앞의 쿼리는 저자가 둘 이상인 책을 검색합니다.

애플리케이션의 나머지 부분은 스프링 데이터 JDBC 또는 스프링 데이터 JPA의 경우와 동일한 방식으로 작동해야 합니다.

비록 여기서는 스프링만 사용해 데이터 영속성을 위한 주요 접근법을 다뤘지만, 이는 이 주제를 살짝 맛본 정도입니다. 엔티티 매핑, 캐싱 및 성능 튜닝의 모범 사례인 트랜잭션 관리, 데이터베이스 초기화 및 마이그레이션(Liquibase, Flyway)에 대해서는 아직 다루지 않았습니다. 언급한 주제마다 책 한 권을 쓸 수 있을 정도지만, 이 책에서는 리액티브 방식으로 영속성을 유지하는 방법을 계속 학습하도록 하겠습니다.

스프링 프레임워크로 NoSQL 데이터베이스를 리액티브 방식으로 사용하려면 전체 기본 인프라가 리액티브 또는 비동기 API를 제공해야 합니다. 일반적으로 NoSQL 데이터베이스는 비교적 최근에 출현해 빠른 속도로 진화했으므로 동기식 블로킹 API에 크게 의존하지는 않습니다. 결과적으로 JDBC 드라이버를 사용하는 관계형 데이터베이스보다 NoSQL 데이터베이스를 리액티브하게 사용하는 것이 더 쉽습니다. 현재 스프링 데이터에는 몇 가지 리액티브 데이터 커넥터가 있으며 MongoDB도 그중 하나입니다. 이 내용은 나중에 스프링 데이터를 사용한 리액티브 데이터 액세스 절에서 다루겠습니다.

동기 모델의 한계

스프링 프레임워크 또는 자바와 함께 영속성에 대해 공부하면서 JDBC, JPA, Hibernate, EclipseLink, 스프링 데이터 JDBC 및 스프링 데이터 JPA를 살펴봤습니다. 이 모든 API와 라이브러리가 본질적으로 동기식이며 블로킹입니다. 네트워크 호출을 이용해 외부 서비스에서 데이터를 검색하는 용도로 사용하면서도 논블로킹 동작을 허용하지 않습니다. 결과적으로 앞서 언급한 모든 API와 라이브러리는 리액티브 패러다임과 충돌합니다. 데이터베이스에 쿼리를 발행하는 자바 스레드는 첫 번째 데이터가 도착하거나 시간 초과가 발생할 때까지 블로킹될 것이며, 이는 리액티브 응용 프로그램 자원 관리의 관점에서 보면 상당한 낭비입니다. **6장 웹플럭스 – 비동기 논블로킹 통신**에서 설명했듯이 이런 접근법은 응용 프로그램의 처리량을 엄청나게 제한하며 더 많은 서버 자원과 비용을 필요로 합니다.

I/O 요청이 HTTP이든 데이터베이스 요청이든 블로킹 방법으로 만드는 것은 낭비입니다. 또한 JDBC 기반 통신은 일반적으로 커넥션 풀을 사용해 쿼리를 병렬로 실행합니다. 반대로 널리 사용되는 HTTP2 프로토콜을 사용하면 동일한 TCP 연결을 사용해 여러 리소스를 동시에 보내고 받을 수 있습니다. 이 방법은 점유된 TCP 소켓의 수를 줄이고 클라이언트와 서버 모두에 대해 더 큰 동시성을 허용합니다(이 경우 데이터베이스입니다). 다음 그림을 확인해 보겠습니다.

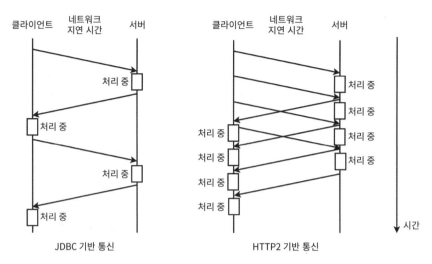

그림 7.15 일반적인 데이터베이스 통신과 멀티플렉싱을 지원하는 통신 프로토콜 비교

물론 새로운 접속을 연결할 때 시간을 절약하기 위해 커넥션 풀을 사용할 수 있습니다. HTTP2와 같이 멀티플렉싱을 활용하기 위해 JDBC 아래에 통신 레이어를 구현하는 것도 가능하지만, 여전히 JDBC 이전 계층에서 동작하는 코드는 동기적이고 블로킹됩니다.

마찬가지로 대량의 쿼리 결과를 처리할 때 데이터베이스 커서(쿼리 결과 레코드를 반복할 수 있는 컨트롤 구조)의 통신은 그림의 왼쪽과 같습니다. **3장 스트림의 새로운 표준 – 리액티브 스트림**에서 리액티브 스트림의 관점에서 통신 방식의 차이점을 자세히 분석했지만, 네트워크 상호 작용에도 동일한 관점이 적용됩니다.

데이터베이스가 멀티플렉싱을 활용할 수 있는 비동기 논블로킹 드라이버를 제공하더라도 JDBC, JPA 또는 스프링 데이터 JPA를 사용해서 최대한의 성능을 얻을 수는 없습니다. 따라서 완전히 리액티브한 애플리케이션을 구현하려면 동기식 기술을 포기하고 리액티브를 사용해 API를 만들어야 합니다.

요약하자면 기존의 잘 만들어진 JDBC 및 JPA 구현도 현대적인 리액티브 애플리케이션에서 병목이 될 수 있습니다. JDBC와 JPA는 런타임에서 지나치게 많은 스레드와 메모리를 사용하는 경향이 있습니다. 또한 긴 동기화 요청과 I/O를 블로킹의 단점 해소를 위해 적극적인 캐싱이 필요합니다.

동기 모델이 나쁜 것은 아닙니다. 단지 리액티브 분야에 적합하지 않고 제약 조건이 될 가능성이 크다는 것뿐입니다. 그러나 여전히 동기 모델이 필요한 분야가 있습니다. 동기식 및 리액티브 방식에는 장단점이 있습니다. 게다가 지금까지도 리액티브 영속성에 대한 접근이 JPA에 가까운 ORM 솔루션을 제안하지는 못하고 있습니다.

동기 모델의 장점

동기식 방식으로 영속성 계층을 구현하면 서버 자원을 효율적으로 사용하지는 못하지만, 블로킹 웹 응용 프로그램을 구축할 때는 매우 유용합니다. JDBC는 데이터에 액세스하기 위한 가장 보편적이고 편리한 API일뿐더러 응용 프로그램과 데이터베이스 간의 클라이언트-서버 통신의 복잡한 부분을 라이브러리 내에서 구현하고 외부로 노출시키지 않습니다. 스프링 데이터 JDBC 및 스프링 데이터 JPA는 데이터 영속성을 위한 더 높은 수준의 도구를 제공하며, 쿼리 번역 및 트랜잭션 관리의 엄청난 복잡성을 내부적으로 구현했습니다. 이 모든 것은 실전 테스트를 통과했으며 현대 응용 프로그램 개발 방식을 상당히 단순하게 만들어줍니다.

동기 데이터 액세스는 간단하고 디버그하기 쉽고 테스트하기 쉽습니다. 스레드 풀을 모니터링해서 리소스 사용을 쉽게 추적할 수 있습니다. 동기식 접근 방식은 배압 지원이 필요하지 않고 이터레이터 및 동기식 스트림을 사용할 때 효율적인 대량의 도구 세트(예: JPA 및 스프링 데이터 커넥터)를 제공합니다. 게다가 대부분 최신 데이터베이스는 내부적으로 블로킹 모델을 사용하므로 상호 작용을 위해 블로킹 드라이버를 사용하는 것이 자연스럽습니다. 동기 방식은 로컬 및 분산 트랜잭션에 대한 탁월한 지원을 제공합니다. C 또는 C++로 작성된 원시 드라이버를 통해 래퍼를 구현하는 것도 쉽습니다.

동기 데이터 액세스의 유일한 단점은 실행 시점에 블로킹된다는 것이며, 리액티브 패러다임(네티, 리액터, 웹플럭스)으로 구축한 리액티브 웹 응용 프로그램과 호환되지 않습니다.

동기식 데이터 액세스 기술을 간략히 살펴본 후, 리액티브 데이터 영속성을 살펴보겠습니다. 이후에 스프링 데이터 리포지토리의 다양성을 손상시키지 않으면서 스프링 데이터의 리액티브 커넥터가 어떻게 고성능을 약속하는지 확인해 보겠습니다

스프링 데이터로 리액티브하게 데이터 접근하기

따라서 완벽하게 리액티브한 응용 프로그램을 구축하려면 엔티티 컬렉션을 지원하는 리포지토리가 아니라 리액티브한 엔티티 스트림으로 동작하는 리포지토리가 필요합니다. 리액티브 리포지토리는 엔티티를 매개변수로 해서 저장, 변경 및 삭제가 가능해야 할 뿐만 아니라 리액티브 Publisher<Entity>를 이용해서도 동일한 동작이 가능해야 합니다. 또한 리액티브 타입으로 데이터를 반환할 수 있어야 합니다. 개발자들이 데이터베이스를 쿼리할 때 스프링 웹플럭스 모듈의 WebClient와 비슷한 방식으로 데이터 리포지토리를 사용하기를 원할 것입니다. 사실 스프링 데이터 Commons 모듈에는 이러한 동작을 제공하는 ReactiveCrudRepository 인터페이스가 포함돼 있습니다.

이번에는 일반적인 블로킹 방식 대신 리액티브 데이터 액세스 계층을 사용할 때 어떤 이점이 있는지 알아보겠습니다. **3장 스트림의 새로운 표준 – 리액티브 스트림**에서 데이터 검색의 동기식 모델과 리액티브 모델을 비교했습니다. 이를 데이터 액세스 계층으로 확대해서 적용하면 애플리케이션에 다음과 같은 이점이 있을 것입니다.

- **효과적인 스레드 관리** – I/O 작업이 블로킹되지 않습니다. 이는 보통 스레드가 줄어들고 스레드 스케줄링에 오버헤드를 적게 발생시키며 스레드 객체의 스택에 할당되는 메모리 공간이 줄어드는 결과를 가져옵니다. 이는 대량의 동시 연결을 처리할 수 있다는 것을 의미합니다.

- **첫 번째 쿼리 결과에 대한 짧아진 대기 시간** – 쿼리가 끝나기 전에도 사용할 수 있습니다. 낮은 대기 시간 작업을 목표로 하는 검색 엔진 및 대화형 UI 개발에 매우 편리할 것입니다.

- **낮은 메모리 사용량** – 입출력 트래픽에 대한 쿼리를 처리할 때 버퍼링해야 할 데이터가 적기 때문에 유용합니다. 또한 클라이언트는 리액티브 스트림에서 수신을 거부할 수 있고 필요에 부합하는 데이터가 발생하는 즉시 네트워크를 통해 전송을 시작할 수 있으므로 송수신 데이터의 양을 줄일 수 있습니다.

- **배압 전파** – 이는 클라이언트에게 새로운 데이터를 소비하는 데이터베이스의 능력을 알려줍니다. 또한 클라이언트가 데이터베이스 서버에게 쿼리 결과를 처리할 수 있는 클라이언트 능력을 알려줄 수도 있습니다. 이 경우 더 긴급한 작업이 대신 수행될 수 있습니다.

- **하나의 커넥션 공유** – 리액티브 클라이언트가 스레드를 전용하지 않으므로 다른 스레드에서 쿼리와 데이터 처리 작업을 보낼 수 있다는 이점이 있습니다. 다음으로 쿼리 및 커넥션 객체는 이러한 작업 모드에 대해 내결함성이 있어야 합니다. 어떤 스레드도 쿼리 개체에 대한 배타적 권한을 보유하지 않으며 클라이언트가 블로킹되지 않으므로 데이터베이스에 단일 와이어 연결을 공유할 수 있습니다. 그 결과로 커넥션 풀링은 필요 없을 수도 있습니다. 데이터베이스가 **스마트** 접속 모드를 지원하는 경우 쿼리 결과는 하나의 실제 네트워크 연결을 통해 전송되고 리액티브 구독자에게 전달되도록 라우팅될 수 있습니다.

- 마지막으로, 리액티브 스트림 스펙에 의해 지원되는 **연쇄형 API를 사용하는 리액티브 코드와 부드럽게 결합되는 영속성 계층**입니다.

데이터베이스 액세스 스택이 더 리액티브해질수록 응용 프로그램에 더 많은 혜택이 있습니다. 그러나 비동기 드라이버 또는 적절한 리액티브 어댑터에 래핑된 블로킹 드라이버를 적용해서 앞에서 언급한 혜택 중 일부를 얻을 수도 있습니다. 응용 프로그램은 배압을 전파할 수 있는 능력을 잃을 수 있지만, 여전히 메모리를 적게 차지하며 적절한 스레드 관리가 가능합니다. 이제는 스프링 부트 애플리케이션에서 리액티브 코드로 놀아볼 차례입니다.

스프링 부트 애플리케이션에서 리액티브 영속성을 사용하려면 리액티브 커넥터가 있는 데이터베이스 중 하나를 사용해야 합니다. 이 책을 쓰는 시점에 스프링 데이터 프로젝트는 MongoDB, Cassandra,

Redis 및 Couchbase에 대한 리액티브 연결을 제공합니다. 이 목록이 너무 적게 보일 수도 있지만, 지금도 리액티브 영속성은 광범위하게 수용되는 과정에 있습니다. 또한 더 많은 데이터베이스를 지원하기 위해 스프링 팀이 가진 어려움은 각각의 데이터베이스에 대한 리액티브하고 비동기적인 드라이버가 부족하다는 것입니다. 자, 이제부터 MongoDB를 이용해 리액티브 CRUD 리포지토리가 어떻게 작동하는지 살펴보겠습니다.

MongoDB 리액티브 리포지토리

MongoDB를 동기 방식이 아니라 리액티브 스타일로 사용하려면 그레이들 프로젝트에 다음 의존성을 추가해야 합니다.

```
compile 'org.springframework.boot:spring-boot-starter-data-mongodb-reactive'
```

이전 절에서 만든 간단한 MongoDB 애플리케이션을 리액티브를 지원하도록 리팩토링해 봅시다. 이 경우에 Book 엔티티는 수정할 필요가 없습니다. MongoDB 오브젝트–도큐먼트 매핑과 관련된 애노테이션은 동기식 MongoDB 모듈과 리액티브 MongoDB 모듈에서 동일하게 사용할 수 있습니다. 그러나 리포지토리는 리액티브 타입으로 대체해야 합니다.

```
public interface ReactiveSpringDataMongoBookRepository
    extends ReactiveMongoRepository<Book, Integer> {           // (1)

    @Meta(maxScanDocuments = 3)                                 // (2)
    Flux<Book> findByAuthorsOrderByPublishingYearDesc(         // (3)
        Flux<String> authors
    );

    @Query("{ 'authors.1': { $exists: true } }")               // (4)
    Flux<Book> booksWithFewAuthors();
}
```

그래서 리포지토리를 MongoRepository 대신 ReactiveMongoRepository 인터페이스(1)를 상속하도록 변경했습니다. ReactiveMongoRepository는 리액티브 커넥터의 공용 인터페이스인 ReactiveCrudRepository 인터페이스를 상속합니다.

RxJava2MongoRepository는 없지만, RxJava2CrudRepository에서 상속해 RxJava2와 함께 리액티브 스프링 데이터 리포지토리를 사용할 수 있습니다. 스프링 데이터에서는 리액터 프로젝트 타입과 RxJava2 타입의 상호 변환이 가능해 네이티브 방식으로 RxJava 2를 지원합니다.

ReactiveCrudRepository 인터페이스는 동기식 스프링 데이터의 CrudRepository 인터페이스에 대한 리액티브 구현입니다. 리액티브 스프링 데이터 리포지토리는 동기식 리포지토리와 동일한 애노테이션을 사용하며 동기식에서 제공하는 대부분 기능을 사용할 수 있습니다. 따라서 리액티브 Mongo 리포지토리는 메서드 이름 규칙(3)에 의한 쿼리 자동 생성, @Query 애노테이션을 이용해 직접 작성한 MongoDB 쿼리(4), @Meta 애노테이션을 이용한 쿼리 튜닝 기능(2)을 지원합니다. 또한 **QBE(Query by Example)** 요청을 실행하기 위한 설정을 지원합니다. 그러나 동기 MongoRepository와 달리 ReactiveMongoRepository는 ReactiveSortingRepository 인터페이스를 상속해 결과를 정렬할 수는 있지만, 페이징 처리는 지원하지 않습니다. 페이징 처리에 대한 궁금증은 페이징 처리 절에서 다루겠습니다.

다른 빈과 마찬가지로, ReactiveSpringDataMongoBookRepository 타입의 빈을 예제 애플리케이션에서 사용할 수 있으며 스프링 데이터가 빈을 주입해줄 것입니다. 다음 코드는 리액티브 리포지토리를 사용해 MongoDB에 몇 권의 책을 추가하는 방법을 보여줍니다.

```
@Autowired
private ReactiveSpringDataMongoBookRepository rxBookRepository;      // (1)
...
Flux<Book> books = Flux.just(                                       // (2)
    new Book("The Martian", 2011, "Andy Weir"),
    new Book("Blue Mars", 1996, "Kim Stanley Robinson")
);

rxBookRepository
    .saveAll(books)                                                 // (3)
    .then()                                                         // (4)
    .doOnSuccess(ignore -> log.info("Books saved in DB"))           // (5)
    .subscribe();                                                   // (6)
```

다음은 이 코드에 대한 설명입니다.

1. BookSpringDataMongoRxRepository 빈을 주입합니다.

2. 데이터베이스에 추가할 책을 포함한 리액티브 스트림을 준비합니다.

3. Publisher⟨Book⟩을 사용하는 saveAll 메서드를 사용해 엔티티를 저장합니다. 일반적인 publisher 동작과 동일하게 실제 구독자가 구독할 때까지 저장이 이루어지지 않습니다. 또한 ReactiveCrudRepository에는 Iterable 인터페이스를 사용하는 saveAll 메서드도 있습니다. 이 두 메서드는 서로 다른 의미를 가지고 있으며, 이 주제에 관해서는 나중에 다룰 예정입니다.

4. saveAll 메서드는 저장된 엔티티를 가진 Flux⟨Book⟩을 반환하지만, 그 세부 내용에 관심이 없으므로 then 메서드를 사용해 onComplete 또는 onError 이벤트만 처리하는 방식으로 스트림을 변환합니다.

5. 리액티브 스트림이 완료되고 모든 서적이 저장되면 로그 메시지를 출력합니다.

6. 리액티브 스트림에는 구독자가 있어야 합니다. 예제에서는 단순하게 핸들러 없이 구독합니다. 그러나 실제 응용 프로그램에서는 응답을 처리하는 웹플럭스 exchange 같은 실제 구독자가 있어야 합니다.

이제 리액티브 스트림을 사용해 MongoDB를 쿼리해 봅시다. 리액티브 스트림을 통해 흐르는 쿼리 결과를 인쇄하려면 다음과 같은 헬퍼 메서드를 사용하면 편리합니다.

```java
private void reportResults(String message, Flux<Book> books) {        // (1)
    books
        .map(Book::toString)                                           // (2)
        .reduce(                                                       // (3)
            new StringBuilder(),                                       // (3.1)
            (sb, b) -> sb.append(" - ")                                // (3.2)
                .append(b)
                .append("\n"))
        .doOnNext(sb -> log.info(message + "\n{}", sb))                // (5)
        .subscribe();                                                  // (6)
}
```

다음은 이 코드에 대한 설명입니다.

1. 메시지에 접두사를 붙여서 책의 목록을 사람이 읽을 수 있는 형식의 하나의 로그 메시지로 인쇄하는 메서드입니다.

2. 스트림의 각 책에 대해 toString 메서드를 호출하고 책을 문자열로 표현합니다.

3. Flux.reduce 메서드는 모든 책의 문자열을 하나의 메시지로 수집합니다. 책마다 버퍼의 크기를 증가시키고 높은 메모리 소비를 유발할 수 있기 때문에 책의 양이 많은 경우 이 방법이 효과가 없을 수 있습니다. 중간 결과를 저장하기 위해 StringBuilder 클래스(3.1)를 사용합니다. StringBuilder는 스레드 세이프하지 않으며 onNext 메서드는 다른 스레드를 호출할 수 있지만, 리액티브 스트림 스펙은 발생 우선순위를 보장합니다. 따라서 다른 스레드가 다른 엔티티를 푸

시하더라도 메모리에서 하나의 리액티브 스트림을 업데이트하는 동안 StringBuilder 객체의 최신 상태를 보장하므로 StringBuilder를 이용해 문자열을 연결하는 것은 안전합니다. (3.2)에서 문자열로 변환된 책은 버퍼에 추가됩니다.

5. reduce 메서드는 모든 onNext 이벤트를 처리한 후에 자신의 onNext 이벤트를 발생시키므로 모든 책에 대한 정보를 최종 메시지 하나에 기록할 수 있습니다.

6. 처리를 시작하려면 subscribe()를 호출해야 합니다. 예제를 단순하게 하기 위해 여기서는 오류가 없다고 가정합니다. 그러나 실제 운영 코드에는 오류를 처리하기 위한 로직을 추가해야 합니다.

이제 데이터베이스의 모든 책을 조회해 로그로 출력해 봅시다.

```
Flux<Book> allBooks = rxBookRepository.findAll();
reportResults("All books in DB:", allBooks);
```

다음 코드는 메서드 이름을 기반으로 저자가 Andy Weir인 모든 책을 조회합니다.

```
Flux<Book> andyWeirBooks = rxBookRepository
    .findByAuthorsOrderByPublishingYearDesc(Mono.just("Andy Weir"));
reportResults("All books by Andy Weir:", andyWeirBooks);
```

또한 위 코드는 Mono<String> 유형을 사용해 검색 조건을 전달하고 해당 Mono가 onNext 이벤트를 생성할 때만 실제 데이터베이스 쿼리를 시작합니다. 따라서 리액티브 리포지토리는 입출력이 모두 리액티브하게 되고 리액티브 스트림과 자연스럽게 통합됩니다.

리포지토리 동작 조합하기

이제는 약간 더 복잡한 비즈니스 유스케이스를 구현해 보겠습니다. 책의 제목만 알고 있는 상태에서 책의 출판 연도를 업데이트해야 하는 상황입니다. 이를 구현하기 위해서는 먼저 원하는 책 인스턴스를 찾은 다음, 게시 연도를 업데이트하고 책을 데이터베이스에 저장해야 합니다. 유스케이스를 더욱 복잡하게 만들기 위해 제목과 연도 값이 약간의 지연을 두고 비동기적으로 검색돼 Mono 타입으로 전달된다고 가정해 봅시다. 또한 업데이트가 성공했는지도 알고 싶다고 해봅시다. 여기서 업데이트 작업이 원자적일 필요는 없으며 동일한 제목의 도서는 항상 하나만 있다고 가정합니다. 이러한 요구 사항을 만족시키기 위해 다음과 같은 비즈니스 메서드 API를 설계할 수 있습니다.

```
public Mono<Book> updatedBookYearByTitle(                          // (1)
                Mono<String> title,                                 // (2)
                Mono<Integer> newPublishingYear)                    // (3)
```

이 코드는 다음 작업을 수행합니다.

1. updatedBookYearByTitle 메서드는 업데이트한 책 엔티티를 반환합니다(책이 없는 경우 아무것도 반환하지 않음).

2. 제목은 Mono<String> 타입을 사용합니다.

3. 새로운 출판 연도 값은 Mono<Integer> 타입을 사용합니다.

이제 updatedBookYearByTitle의 구현이 어떻게 동작하는지 확인할 수 있는 테스트 시나리오를 만들어 봅시다.

```
Instant start = now();                                              // (1)
Mono<String> title = Mono.delay(Duration.ofSeconds(1))             // (2)
    .thenReturn("Artemis")
    .doOnSubscribe(s -> log.info("Subscribed for title"))
    .doOnNext(t ->
        log.info("Book title resolved: {}" , t));                  // (2.1)

Mono<Integer> publishingYear = Mono.delay(Duration.ofSeconds(2))   // (3)
    .thenReturn(2017)
    .doOnSubscribe(s -> log.info("Subscribed for publishing year"))
    .doOnNext(t ->
        log.info("New publishing year resolved: {}" , t));         // (3.1)

updatedBookYearByTitle(title, publishingYear)                      // (4)
    .doOnNext(b ->
        log.info("Publishing year updated for book: {}", b))       // (4.1)
    .hasElement()                                                  // (4.2)
    .doOnSuccess(status ->
        log.info("Updated finished {}, took: {}",                  // (5)
        status ? "successfully" : "unsuccessfully",
        between(start, now())))                                    // (5.1)
    .subscribe();                                                  // (6)
```

이 코드는 다음 작업을 수행합니다.

1. 테스트 시작 시간을 저장합니다.

2. 1초 지연해 제목을 만들고 값이 준비되면 즉시 로깅합니다(2.1).

3. 2초 지연해 새 게시 연도 값을 만들고, 값이 준비되면 즉시 로깅합니다(3.1).

4. 비즈니스 메서드를 호출하고 업데이트 알림이 도착하면 로깅합니다(있는 경우). 실제 도서 업데이트를 의미하는 onNext 이벤트가 있는지 확인하기 위해 Mono<Boolean>을 반환하는 Mono.hasElement 메서드를 호출합니다.

5. 스트림이 완료되면 업데이트 성공 여부와 총 실행 시간을 기록합니다.

6. 리액티브 워크플로를 시작하기 위해 subscribe()를 호출합니다.

앞의 코드에서 게시 연도를 해결하는 데 시간이 더 필요하다는 가정으로 워크플로에 2초의 지연 시간을 추가했습니다. 그러나 실제 실행은 더 오래 걸릴 수 있습니다. 첫 번째 테스트를 실행해 봅시다.

```java
private Mono<Book> updatedBookYearByTitle(          /* 첫 번째 테스트 */
    Mono<String> title,
    Mono<Integer> newPublishingYear
) {
    return rxBookRepository.findOneByTitle(title)            // (1)
        .flatMap(book -> newPublishingYear                  // (2)
            .flatMap(year -> {                              // (3)
                book.setPublishingYear(year);               // (4)
                return rxBookRepository.save(book);         // (5)
            }));
    }
```

예제의 접근 방식에서는 메서드의 시작 부분에서 제공된 제목을 매개변수로(1) 해서 리포지토리를 호출합니다. Book 엔티티가 발견되면 새 출판 연도 값을 구독합니다(2). 그런 다음 새로운 출판 연도 값을 받자마자 Book 엔티티를 업데이트하고(4) 리토지토리의 save 메서드를 호출합니다. 이 코드를 실행한 출력 메시지는 다음과 같습니다.

```
Subscribed for title
Book title resolved: Artemis
Subscribed for publishing year
New publishing year resolved: 2017
Publishing year updated for book: Book(publishingYear=2017...
Updated finished successfully, took: PT3.027S
```

책 정보는 잘 업데이트됐지만, 로그에서 볼 수 있듯이 제목을 받은 후에만 새로운 출판 연도를 구독했습니다. 따라서 총 3초 이상이 필요했습니다. 좀 더 개선해 봅시다. 검색 프로세스를 즉시 시작하려면 워크플로 시작 시 두 스트림을 모두 구독해야 합니다. 다음 코드는 zip 메서드를 사용해 이를 수행하는 방법을 보여줍니다.

```
private Mono<Book> updatedBookYearByTitle(        /* 두 번째 테스트 */
    Mono<String> title,
    Mono<Integer> newPublishingYear
) {
    return Mono.zip(title, newPublishingYear)               // (1)
        .flatMap((Tuple2<String, Integer> data) -> {        // (2)
            String titleVal = data.getT1();                 // (2.1)

            Integer yearVal = data.getT2();)                // (2.2)
            return rxBookRepository
                .findOneByTitle(Mono.just(titleVal))        // (3)
                .flatMap(book -> {
                    book.setPublishingYear(yearVal);        // (3.1)
                    return rxBookRepository.save(book);     // (3.2)
                });
        });
}
```

여기서는 두 값에 zip을 적용해 동시에 구독합니다(1). 두 값이 모두 준비되자마자 스트림은 Tuple2<String, Integer> 컨테이너를 통해 두 값을 받습니다(2). 이제 data.getT1() 및 data.getT2() 호출을 사용해 값을 획득합니다(2.1)(2.2). (3)에서 Book 엔티티를 검색하고 검색 결과를 받자마자 출판 연도를 업데이트하고 엔티티를 데이터베이스에 저장합니다. 두 번째 테스트가 끝나면 애플리케이션은 다음과 같은 결과를 보여줍니다.

```
Subscribed for title
Subscribed for publishing year
Book title resolved: Artemis
New publishing year resolved: 2017
Publishing year updated for the book: Book(publishingYear=2017...
Updated finished successfully, took: PT2.032S
```

이제 먼저 두 스트림을 동시에 구독하고 두 값이 모두 도착하면 책 엔티티를 업데이트합니다. 두 번째 접근법에서는 3초가 아닌 약 2초가 걸렸습니다. 첫 번째 방법보다는 빠르지만, Tuple2 타입을 사용하기 때문에 추가 코드 라인과 변환 작업이 필요합니다. 가독성을 높이고 getT1() 및 getT2() 호출을 제거하기 위해 **리액터 애드온(Reactor Addons)** 모듈을 추가해 보겠습니다. 이 모듈은 이러한 경우에 통용되는 문법 설탕(syntactic sugar)[5]을 제공합니다.

코드를 꾸미기 위해 다음과 같은 새로운 의존성을 추가합니다.

```
compile('io.projectreactor.addons:reactor-extra')
```

이제 다음과 같이 개선할 수 있습니다.

```
private Mono<Book> updatedBookYearByTitle(          /* 세 번째 테스트 */
    Mono<String> title,
    Mono<Integer> newPublishingYear
) {
    return Mono.zip(title, newPublishingYear)
        .flatMap(
            TupleUtils.function((titleValue, yearValue) ->         // (1)
                rxBookRepository
                    .findOneByTitle(Mono.just(titleValue))         // (2)
                    .flatMap(book -> {
                        book.setPublishingYear(yearValue);
                        return rxBookRepository.save(book);
                    })));
}
```

(1)에서 TupleUtils 클래스의 function 메서드를 이용해 Tuple2에서 데이터를 꺼냄과 동시에 작업할 수 있습니다. 함수 메서드가 정적이기 때문에 결과 코드가 가독성이 좋아지면서 동시에 길어졌습니다.

```
return Mono.zip(title, newPublishingYear)
    .flatMap(function((titleValue, yearValue) -> { ... }));
```

게다가 (2)에서 titleValue를 Mono로 다시 래핑합니다. 이미 String 타입의 원래 객체를 사용할 수도 있지만, 이렇게 하면 제목 스트림에 대해 두 번 구독하게 되며, 다음과 같은 출력을 받게 됩니다. 제목 획득이 두 번 실행되는 것에 유의하세요.

5　사람이 이해하고 표현하기 쉽게 디자인된 프로그래밍 언어 문법을 의미합니다. count++ 같은 경우가 대표적인 예입니다.

```
Subscribed for title
Subscribed for publishing year
Book title resolved: Artemis
New publishing year resolved: 2017
Subscribed for title
Book title resolved: Artemis
Publishing year updated for the book: Book(publishingYear=2017...
Updated finished successfully, took: PT3.029S
```

세 번째 테스트에서 또 하나의 요점은 제목 및 새로운 발행 연도를 모두 받은 후에만 데이터베이스에 책을 검색하라는 명령을 보낸다는 것입니다. 그러나 게시 연도 요청이 아직 진행 중이더라도 제목이 이미 있는 경우 책 검색을 시작할 수 있습니다. 네 번째 테스트에서는 이 방식으로 워크플로를 작성합니다.

```
private Mono<Book> updatedBookYearByTitle(          /* 네 번째 테스트*/
    Mono<String> title,
    Mono<Integer> newPublishingYear
) {
    return Mono.zip(                                         // (1)
        newPublishingYear,                                   // (1.1)
        rxBookRepository.findOneByTitle(title)               // (1.2)
    ).flatMap(function((yearValue, bookValue) -> {           // (2)
        bookValue.setPublishingYear(yearValue);
        return rxBookRepository.save(bookValue);             // (2.1)
    }));
}
```

(1)에서 zip 연산자를 사용해 새로운 출판 연도 값(1.1)과 책 엔티티(1.2)를 동시에 구독합니다. 두 값이 모두 도착하면 (2)에서 책의 출판 연도를 업데이트하고 저장(2.1)을 요청합니다. 또한 이전의 모든 테스트와 동일하게 워크플로가 완료되는 데 2초 이상이 걸리지만, 어떤 스레드도 블로킹되지 않습니다. 따라서 이 코드는 리소스를 매우 효율적으로 사용합니다.

이 실습의 요점은 리액티브 스트림과 리액터 프로젝트의 다양한 API를 이용해 데이터 영속성 계층을 포함하는 다양한 비동기 워크플로를 쉽게 구축할 수 있다는 것을 확인하는 것입니다. 몇 개의 리액티브 연산자만 있으면 데이터가 시스템을 통과하는 방식을 완전히 바꿀 수 있습니다. 그러나 모든 것이 리액티브 플로로 바꿀 수 있는 것은 아닙니다. 일부는 더 빠르게 실행될 수 있고 일부는 더 느려질 수도 있으며, 대부분의 경우 가장 확실해 보이는 해결 방법이 최적의 성능을 담보하지는 못합니다. 그러므로 리액티브 파이프라인을 작성할 때 리액티브 연산자의 다른 조합을 고려하고 가장 먼저 생각나는 옵션을 선택하지 말고 비즈니스 요청에 가장 적합한 옵션을 선택해야 합니다.

리액티브 리포지토리 동작 원리

이제 리액티브 리포지토리의 동작 원리에 대해 자세히 살펴보겠습니다. 스프링 데이터 리액티브 리포지토리는 데이터베이스 드라이버의 기능을 사용해 작동합니다. 드라이버에는 리액티브 스트림 호환 드라이버나 비동기 드라이버가 있을 수 있으며, 드라이버는 리액티브 API로 래핑할 수 있습니다. 이 절에서는 리액티브 MongoDB 리포지토리가 리액티브 스트림 호환 MongoDB 드라이버를 사용하는 방법과 리액티브 Cassandra 리포지토리가 비동기식 드라이버를 어떻게 이용해 동작하는지를 살펴볼 것입니다.

우선 ReactiveMongoRepository 인터페이스는 ReactiveSortingRepository 및 ReactiveQueryBy ExampleExecutor와 같은 보다 일반적인 인터페이스를 상속합니다. ReactiveQueryByExampleExecutor 인터페이스를 사용하면 QBE 언어로 쿼리를 실행할 수 있습니다. ReactiveSortingRepository 인터페이스에는 ReactiveCrudRepository 인터페이스를 상속하고 쿼리 결과를 정렬할 수 있는 findAll 메서드가 추가됐습니다.

많은 리액티브 커넥터가 ReactiveCrudRepository 인터페이스를 사용하므로 이에 대해 자세히 살펴보겠습니다. ReactiveCrudRepository는 엔티티를 저장 및 검색, 삭제하는 메서드를 가지고 있습니다. Mono<T> save(T entity) 메서드는 엔티티를 저장한 다음 저장된 엔티티를 반환해 이후 작업에 사용합니다. 저장 전과 후의 엔티티는 완전히 다를 수 있습니다. Mono<T> findById(ID id) 연산은 엔티티의 id를 매개변수로 하고 Mono로 래핑된 결과를 반환합니다. findAllById 메서드에는 두 가지 정의가 있습니다. 하나는 Iterable<ID> 컬렉션 형식의 ID를 매개변수로 받고, 다른 하나는 Publisher<ID> 타입을 매개변수로 받습니다. ReactiveCrudRepository와 CrudRepository의 유일한 차이점은 ReactiveCrudRepository가 페이징 처리를 지원하지 않으며 트랜잭션 동작을 허용하지 않는다는 것입니다. 스프링 데이터를 이용해 리액티브 영속성에 대한 트랜잭션을 지원하는 방법은 이 장의 뒷부분에서 설명합니다. 지금은 우선 페이징 전략을 알아보겠습니다.

페이징 지원

동기식 리포지토리에서 사용되는 방식이 리액티브 패러다임에 맞지 않아 스프링 데이터 팀이 의도적으로 페이징을 지원하지 않기로 했다는 점을 알아둬야 합니다. 다음 페이지를 가져오려면 이전에 반환된 레코드 수를 알아야 합니다. 또한 총 페이지 수를 계산하려면 총 레코드 수를 쿼리해야 합니다. 두 가지 모두 리액티브 논블로킹 패러다임에 적합하지 않습니다. 또한 모든 행을 계산하도록 데이터베이스를 쿼리하는 것은 비용이 많이 들며 실제 데이터 처리를 위한 지연 시간이 증가합니다. 그러나 다음과 같이 Pageable 객체를 리포지토리에 전달해 데이터 청크를 가져올 수 있습니다.

```
public interface ReactiveBookRepository
    extends ReactiveSortingRepository<Book, Long> {

    Flux<Book> findByAuthor(String author, Pageable pageable);
}
```

한 페이지에 다섯 개씩 데이터를 요청한다고 했을 때 두 번째 페이지(페이지는 0부터 시작함) 요청은 다음과 같을 것입니다.

```
Flux<Book> result = reactiveBookRepository
    .findByAuthor('Andy Weir', PageRequest.of(1, 5));
```

ReactiveMongoRepository 세부 구현

스프링 데이터 MongoDB 리액티브 모듈은 ReactiveMongoRepository 인터페이스의 구현체가 하나뿐입니다(SimpleReactiveMongoRepository 클래스). ReactiveMongoRepository의 모든 메서드 구현을 제공하고 ReactiveMongoOperations 인터페이스를 사용해 저수준의 모든 동작을 처리합니다.

findAllById(Publisher<ID> id) 메서드 구현을 살펴보겠습니다.

```
public Flux<T> findAllById(Publisher<ID> ids) {
    return Flux.from(ids).buffer().flatMap(this::findAllById);
}
```

이 메서드는 buffer 함수로 모든 ID를 수집한 다음, 메서드의 findAllById(Iterable<ID> ids)를 재정의해 하나의 요청으로 만듭니다. 그런 다음 이 메서드는 Query 객체를 만들어 findAll(Query query)을 호출하고, 이 함수가 내부에서 ReactiveMongoOperations 인스턴스의 mongoOperations.find(query, ...)를 호출합니다.

또 한 가지 흥미로운 사실은 insert(Iterable<S> entities) 메서드가 엔티티를 일괄 작업으로 등록한다는 것입니다. 반면에 insert(Publisher<S> eintities) 메서드는 다음과 같이 flatMap 연산자 내에서 많은 쿼리를 호출합니다.

```
public <S extends T> Flux<S> insert(Publisher<S> entities) {
    return Flux.from(entities)
            .flatMap(entity -> mongoOperations.insert(entity,...));
}
```

이 경우 findAllById 메서드의 두 가지 버전은 동일한 방식으로 동작하고 하나의 데이터베이스 쿼리만 만듭니다. 이제 saveAll 메서드를 살펴보겠습니다. 이 메서드는 Publisher가 엔티티마다 쿼리를 실행하는 메서드를 재정의합니다. Iterable을 매개변수로 하는 메서드는 같은 엔티티인 경우에는 하나의 쿼리를 사용하지만, 다른 경우에는 엔티티마다 하나의 쿼리를 생성합니다. deleteAll(Iterable<? extends T> entities) 메서드는 항상 엔티티마다 쿼리를 생성합니다.

위에서 봤듯이, 동일한 메서드를 재정의하는 방법에 따라 다른 방식으로 동작할 수 있으며 서로 다른 수의 데이터베이스 쿼리를 생성할 수 있습니다. 또한 이러한 동작은 메서드가 동기식 Iterator 또는 리액티브 Publisher를 사용하는지와 관련이 없습니다. 따라서 리포지토리 메서드의 구현을 직접 확인해 데이터베이스에 실제 수행되는 쿼리의 수를 파악하는 것이 좋습니다.

ReactiveCrudRepository를 사용하는 경우 실제 구현체가 런타임에 생성되기 때문에 실제 쿼리를 보는 것이 더 어렵습니다. 그러나 이 경우에도 쿼리 생성 방법은 동기식 CrudRepository와 비슷합니다.

ReactiveCrudRepository에 대한 구현체 생성이 런타임에 발생하기 때문에 실제 쿼리를 보는 것은 더 어렵습니다. 그러나 이 경우에도 쿼리 생성은 일반적인 동기 방식 CrudRepository와 비슷하게 동작합니다. RepositoryFactorySupport는 ReactiveCrudRepository에 대한 적절한 프록시를 생성합니다. ReactiveStringBasedMongoQuery 클래스는 메서드에 @Query 애노테이션을 붙여서 쿼리를 생성하는 데 사용됩니다. ReactivePartTreeMongoQuery 클래스는 메서드 이름 규칙을 기반으로 쿼리를 생성하는 데 사용됩니다. 물론, ReactiveMongoTemplate의 로깅 레벨을 DEBUG로 설정해서 MongoDB로 보내지는 모든 쿼리를 추적할 수 있습니다.

ReactiveMongoTemplate 사용하기

ReactiveMongoTemplate이 리액티브 리포지토리의 빌딩 블록으로 사용되기는 하지만, 이 클래스 자체에도 매우 다양한 메서드가 있습니다. 때로는 리포지토리를 이용하는 것보다 데이터베이스 작업을 더 효율적으로 수행할 수 있습니다.

예를 들어 ReactiveMongoTemplate으로 정규 표현식을 사용해 제목별로 책을 찾는 간단한 서비스를 구현해 보겠습니다. 구현은 다음과 같을 것입니다.

```
public class RxMongoTemplateQueryService {
    private final ReactiveMongoOperations mongoOperations;      // (1)
    // Constructor...

    public Flux<Book> findBooksByTitle(String titleRegExp) {    // (2)
        Query query = Query.query(new Criteria("title")         // (3)
            .regex(titleRegExp)))
            .limit(100);
        return mongoOperations
            .find(query, Book.class, "book");                   // (4)
    }
}
```

RxMongoTemplateQueryService 클래스의 요점을 설명하겠습니다.

1. ReactiveMongoOperations 인터페이스의 인스턴스를 참조해야 합니다. ReactiveMongoTemplate은 해당 인터페이스를 구현하며 MongoDB 데이터 소스가 제대로 설정됐다면 스프링 컨텍스트 내에 포함됩니다.

2. 이 서비스는 findBooksByTitle 메서드를 정의하고 정규 표현식을 검색 기준으로 사용해 검색 결과를 포함한 Flux를 반환합니다.

3. MongoDB 커넥터의 Query 및 Criteria 클래스는 정규 표현식을 사용해 실제 쿼리를 작성하는 데 사용됩니다. 또한 Query.limit 메서드를 적용해 결과를 100개으로 제한합니다.

4. mongoOperations에게 작성한 쿼리를 실행하도록 요청합니다. 쿼리 결과는 Book 클래스의 엔티티에 매핑됩니다. 또한 쿼리에 어떤 컬렉션을 사용하고 있는지 알려줘야 합니다. 앞의 예제에서는 book이라는 컬렉션을 쿼리합니다.

일반적인 리액티브 저장소를 사용해 명명 규칙에 따라 다음 메서드를 사용하면 동일한 결과를 얻을 수 있습니다(100개 제한을 제외하고).

```
Flux<Book> findManyByTitleRegex(String regex);
```

내부적으로 ReactiveMongoTemplate은 리액티브 MongoDB 커넥션을 얻기 위해 ReactiveMongo DatabaseFactory 인터페이스를 사용합니다. 또한 MongoConverter 인터페이스의 인스턴스를 사용해 엔티티와 도큐먼트를 양방향으로 변환할 수 있습니다. MongoConverter는 동기식 MongoTemplate에서도 사용됩니다. ReactiveMongoTemplate이 어떻게 동작하는지 살펴보겠습니다. 예를 들어 find(Query query, ...) 메서드는 org.springframework.data.mongodb.core.query.Query 인스턴스를 MongoDB 클라이언트가 이해할 수 있도록 org.bson.Document 클래스의 인스턴스에 매핑합니다. 그런 다음 ReactiveMongoTemplate은 변환된 쿼리로 데이터베이스 클라이언트를 호출합니다. com.mongodb. reactivestreams.client.MongoClient 클래스는 리액티브 MongoDB 드라이버의 진입점입니다. 이는 리액티브 스트림 호환성을 준수하며 리액티브 Publisher를 통해 데이터를 반환합니다.

Mongo DB 리액티브 드라이버 사용하기

스프링 데이터의 MongoDB 연결은 MongoDB 리액티브 스트림 자바 드라이버(https://github.com/mongodb/mongo-java-driver-reactivestreams)를 기반으로 합니다. 이 드라이버는 논블로킹 배압으로 비동기 스트림 처리를 제공합니다. 다음으로 리액티브 드라이버는 MongoDB 비동기 자바 드라이버(http://mongodb.github.io/mongo-java-driver/3.8/driver-async) 위에 구축됩니다. 비동기 드라이버는 로우 레벨 드라이버로서 콜백 기반 API를 가지고 있으므로 리액티브 스트림 드라이버만큼 사용하기가 쉽지 않습니다. MongoDB 리액티브 스트림 자바 드라이버와 함께 MongoDB RxJava 드라이버(http://mongodb.github.io/mongo-java-driver-rx)도 있습니다. 이 드라이버 또한 비동기 MongoDB 드라이버입니다. 따라서 MongoDB 연결을 위해 자바 생태계에는 동기식, 비동기식, 그리고 리액티브 드라이버가 각각 하나씩 있습니다.

물론 ReactiveMongoTemplate이 제공하는 것보다 쿼리 프로세스를 더 많이 제어해야 하는 경우에는 리액티브 드라이버를 직접 사용할 수도 있습니다. 이런 접근 방식을 위해서 순수 리액티브 드라이버를 사용해 이전의 예제를 다시 작성해 보면 다음과 같습니다.

```
public class RxMongoDriverQueryService {
    private final MongoClient mongoClient;                                    // (1)
```

```
    public Flux<Book> findBooksByTitleRegex(String regex) {        // (2)
        return Flux.defer(() -> {                                  // (3)
            Bson query = Filters.regex(titleRegex);                // (3.1)
            return mongoClient
                .getDatabase("test-database")                      // (3.2)
                .getCollection("book")                             // (3.3)
                .find(query);                                      // (3.4)
        })
            .map(doc -> new Book(                                  // (4)
                doc.getObjectId("id"),
                doc.getString("title"),
                doc.getInteger("pubYear"),
                // ... 나머지 매핑 로직
            ));
    }
}
```

이 코드를 살펴보겠습니다.

1. 서비스는 com.mongodb.reactivestreams.client.MongoClient 인터페이스의 인스턴스를 참조합니다. 이 인스턴스는 데이터 소스가 올바르게 구성됐을 때 스프링 빈으로 액세스할 수 있습니다.

2. Flux<Book>을 반환하는 findBooksByTitleRegex 메서드를 정의합니다.

3. 실제 구독이 발생할 때까지 실행을 연기하는 새로운 Flux 인스턴스를 반환해야 합니다. 이 람다 내부에서 com.mongodb.client.model.Filters 헬퍼 클래스를 사용해 org.bson.conversions.Bson 타입으로 새 쿼리를 정의합니다. 그런 다음 데이터베이스(3.2)와 컬렉션(3.3)을 이름으로 참조합니다. 이전에 준비된 쿼리를 find 메서드(3.4)로 실행해서 데이터베이스와 통신합니다.

4. 결과를 받자마자 MongoDB 도큐먼트를 도메인 엔티티로 변환해 전달할 수 있습니다.

이전 예제에서 데이터베이스 드라이버 레벨에서 작업하는 방식을 학습했습니다. 하지만 리액티브 스트림으로 작업하는 것이 훨씬 편리합니다. 게다가 MongoDB 리액티브 스트림 자바 드라이버가 지원하므로 배압을 수동으로 처리할 필요가 없습니다. 리액티브 MongoDB 연결은 배치 작업의 크기에 따라 배압 요구를 사용합니다. 이 접근법은 정상적인 기본 설정이지만, 작은 수요의 요청 사이즈를 사용할 때는 통신량이 많아질 수 있습니다. 다음 그림에 리액티브 MongoDB 리포지토리에 필요한 모든 추상화 계층을 강조해서 표시했습니다.

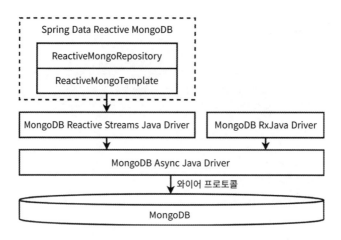

그림 7.16 스프링 데이터의 리액티브 MongoDB 스택

Cassandra 비동기 드라이버 사용하기

지금까지 리액티브 Mongo 리포지토리가 리액티브 드라이버 위에 어떻게 구축되는지 설명했습니다. 이제 리액티브 Casandra 리토지토리가 비동기 드라이버를 어떻게 사용하는지 살펴보겠습니다.

ReactiveMongoRepository와 마찬가지로 리액티브 Casandra 커넥터는 ReactiveCrudRepository를 상속하는 ReactiveCassandraRepository 인터페이스를 제공합니다. ReactiveCrudRepository를 상속하는 ReactiveCassandraRepository 인터페이스의 구현체로는 SimpleReactiveCassandraRepository가 있으며, 이 인터페이스는 저수준 작업을 위해 ReactiveCassandraOperations 인터페이스를 사용합니다. ReactiveCassandraOperations는 ReactiveCassandraTemplate 클래스에 의해 구현됩니다. 물론 ReactiveCassandraTemplate은 ReactiveMongoTemplate과 마찬가지로 응용 프로그램에서 직접 사용할 수 있습니다.

ReactiveCassandraTemplate 클래스는 내부적으로 ReactiveCqlOperations를 사용합니다. ReactiveCassandraTemplate은 org.springframework.data.cassandra.core.query.Query와 같은 스프링 데이터 엔티티와 함께 사용하며 ReactiveCqlOperations는 Cassandra 드라이버가 인식할 수 있는 CQL 문(String으로 표시)과 함께 동작합니다. ReactiveCqlOperations 인터페이스는 ReactiveCqlTemplate 클래스에 의해 구현됩니다. 다음으로 ReactiveCqlTemplate은 실제 데이터베이스 쿼리에 ReactiveSession 인터페이스를 사용합니다. ReactiveSession의 구현체는 DefaultBridgedReactiveSession 클래스이며 드라이버가 제공하는 비동기식 Session 메서드와 리액티브 실행 패턴을 연결해줍니다.

DefaultBridgedReactiveSession 클래스가 비동기 API를 리액티브 API에 적용하는 방법을 자세히 살펴보겠습니다. execute 메서드는 Statement(예: SELECT 문)를 받고 리액티브 방식으로 결과를 반환합니다. execute 메서드와 해당 adaptFuture 메서드는 다음과 같습니다.

```
public Mono<ReactiveResultSet> execute(Statement statement) {        // (1)
    return Mono.create(sink -> {                                     // (2)
        try {
            ListenableFuture<ResultSet> future = this.session        // (3)
                    .executeAsync(statement);
            ListenableFuture<ReactiveResultSet> resultSetFuture =
                    Futures.transform(                               // (4)
                            future, DefaultReactiveResultSet::new);
            adaptFuture(resultSetFuture, sink);                      // (5)
        } catch (Exception cause) {
            sink.error(cause);                                      // (6)
        }
    });
}

<T> void adaptFuture(                                                // (7)
    ListenableFuture<T> future, MonoSink<T> sink
) {
    future.addListener(() -> {                                      // (7.1)
        if (future.isDone()) {
            try {
                sink.success(future.get());                        // (7.2)
            } catch (Exception cause) {
                sink.error(cause);                                 // (7.3)
            }
        }
    }, Runnable::run);
}
```

이 코드를 살펴보겠습니다.

1. 먼저 execute 메서드는 Flux가 아니라 Mono<ReactiveResultSet>를 반환합니다. ReactiveResultSet는 비동기식 com.datastax.driver.core.ResultSet를 래핑하며 페이징을 지원합니다. 따라서 ResultSet 인스턴스가 반환되고

첫 번째 페이지의 모든 결과가 소비된 후에만 다음 페이지를 가져옵니다. ReactiveResultSet는 Flux<Row> rows() 를 사용해 해당 동작을 수행합니다.

2. create 메서드를 사용해 새로운 Mono 인스턴스를 생성합니다. 이 메서드는 가입 순간까지 작업을 지연시킵니다.

3. 드라이버의 비동기식 Session 인스턴스에 대한 비동기 쿼리 실행입니다. Cassandra 드라이버는 Guava의 ListenableFuture를 사용해 결과를 반환합니다.

4. 비동기 ResultSet에 대응하는 리액티브 클래스인 ReactiveResultSet로 래핑됩니다.

5. ListenableFuture를 Mono에 매핑하는 adaptFuture 헬퍼 메서드를 호출합니다.

6. 오류가 있는 경우 리액티브 구독자에게 알려야 합니다.

7. adaptFuture 메서드는 Future에 새 리스너를 추가하므로(7.1) 결과가 나타나면 리액티브 onNext 시그널을 생성합니다 (7.2). 또한 구독자에게 실행 오류에 대한 정보도 알려줍니다(7.3).

다중 페이지 ResultSet는 fetchMoreResults 메서드를 호출해 데이터의 후속 페이지를 비동기적으로 가져올 수 있다는 점을 명심해야 합니다. ReactiveResultSet는 Flux<Row> rows() 메서드 내부에서 이를 수행합니다. 이 방법이 효과적이기는 하지만, Casandra를 지원하는 리액티브 드라이버가 만들어지기 전까지는 미봉책으로 간주됩니다.

다음 그림은 리액티브 스프링 데이터 Casandra 모듈의 내부 아키텍처를 보여줍니다.

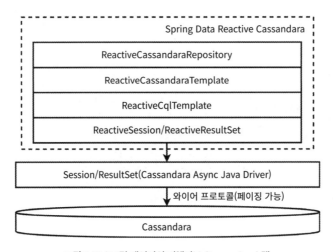

그림 7.17 스프링 데이터의 리액티브 Cassandra 스택

리액티브 트랜잭션

트랜잭션은 원자 단위로 수행돼야 하는 다수의 논리 연산 경계를 정의하는 데이터베이스의 표현입니다. 트랜잭션에는 트랜잭션 초기화 시점, 트랜잭션 객체와 관련된 작업이 진행되는 시점, 그리고 최종 결정 시점이 있습니다. 최종 결정 시점에 클라이언트와 데이터베이스는 트랜잭션이 성공적으로 커밋 또는 롤백될지를 결정합니다.

동기식 환경에서 트랜잭션 객체는 종종 ThreadLocal에 보관됩니다. 그러나 ThreadLocal은 사용자가 스레드 전환을 제어할 수 없으므로 리액티브 플로에 데이터를 연결하기에는 적합하지 않습니다. 트랜잭션은 자원을 구체화된 플로에 바인딩해야 합니다. **4장 리액터 프로젝트 - 리액티브 앱의 기반**에서 설명했듯이 리액터 프로젝트의 리액터 컨텍스트는 이런 작업에 매우 적합합니다.

MongoDB 4의 리액티브 트랜잭션

버전 4.0부터 MongoDB는 **다중 도큐먼트 트랜잭션(multi-document transaction)**을 지원합니다. 이를 통해 새로운 버전의 MongoDB에서 리액티브 트랜잭션을 실험할 수 있게 됐습니다. 이전까지는 트랜잭션을 지원하지 않는 데이터베이스에 대해서는 스프링 데이터의 리액티브 커넥터만 있었습니다. 이제 상황이 바뀌었습니다. 리액티브 트랜잭션은 리액티브 영속성 분야의 신개념으로써 그 자체가 꽤 새로운 것입니다. 이후에 나오는 코드는 향후 리액티브 트랜잭션을 구현할 수 있는 가능성을 확인해 보는 것입니다. 이 글을 쓰는 시점에 스프링 데이터에는 서비스 또는 리포지토리 수준에서 리액티브 트랜잭션을 적용하는 기능이 없습니다. 그러나 ReactiveMongoTemplate를 활용해 구현된 ReactiveMongoOperations와 유사한 수준의 트랜잭션을 구현할 수 있습니다.

다중 도큐먼트 트랜잭션은 MongoDB의 새로운 기능입니다. 이 기능은 WiredTiger 스토리지 엔진이 있는 샤드가 아닌 복제본(non-shard replica set)에서만 동작합니다. 이외의 설정에서는 MongoDB 4.0에서 다중 도큐먼트 트랜잭션을 사용할 수 없습니다.

또한 트랜잭션 내에서 일부 MongoDB 기능을 사용할 수 없습니다. 메타 명령 실행이나 컬렉션 또는 색인 생성이 불가능합니다. 묵시적 컬렉션 생성 또한 트랜잭션 내에서 사용할 수 없습니다. 따라서 오류를 방지하기 위해 데이터베이스 설정을 변경해야 합니다. 게다가 일부 명령어는 기존과 다르게 동작할 수 있으므로 다중 문서 트랜잭션과 관련된 문서를 반드시 확인하기 바랍니다.

이전에 MongoDB는 도큐먼트 내부에 다른 도큐먼트가 있더라도 하나의 도큐먼트에 대해서만 원자적으로 업데이트할 수 있었습니다. 다중 도큐먼트 트랜잭션을 사용하면 많은 작업, 문서 및 컬렉션에 대해 전체를 커밋하거나 롤백할 수 있습니다. 다중 도큐먼트 트랜잭션은 데이터 뷰에 대한 글로벌한 일관성을 보장합니다. 트랜잭션이 커밋되면 트랜잭션 내에서 변경된 모든 내용이 저장됩니다. 그러나 트랜잭션 내에서 일부가 실패하면 전체 트랜잭션이 중단되고 모든 변경 사항이 삭제됩니다. 또한 트랜잭션이 커밋될 때까지는 트랜잭션 외부에서 데이터 변경사항을 볼 수 없습니다.

이제 MongoDB에 문서를 저장하는 데 리액티브 트랜잭션을 사용할 수 있음을 확인해 보겠습니다. 이를 위해 널리 쓰이는 고전적인 방법을 사용합니다. 사용자 계정 간에 돈을 이체하는 월렛 서비스를 구현한다고 가정합시다. 두 사용자는 음수가 아닌 잔액이 있는 계정을 가지고 있습니다. 계정에 잔액이 충분할 때만 금액을 다른 사용자에게 이체할 수 있습니다. 계좌 이체는 동시에 발생할 수 있지만, 이체하는 동안에는 계좌에 돈이 추가되거나 감소하는 것은 허용되지 않습니다. 결과적으로 발신자의 계좌 인출과 수신자의 계좌 입금은 동시에, 그리고 원자적으로 발생해야 합니다. 이때 다중 도큐먼트 트랜잭션이 도움이 됩니다.

트랜잭션이 없으면 다음과 같은 문제가 발생할 수 있습니다.

- 클라이언트는 동시에 송금을 시도해 자신의 계좌에 보유한 잔금보다 더 많은 돈을 송금할 수도 있습니다. 따라서 동시 송금을 이용하면 시스템의 일관성을 손상시키고 불법적으로 돈을 벌 수 있습니다.

- 사용자는 동시에 입금을 받을 수 있습니다. 지갑의 상태와 잔액을 동시에 업데이트하다 보면 사용자는 영원히 돈을 잃을 수 있습니다.

송금 알고리즘을 설명하는 몇 가지 접근법이 있지만, 여기서는 가장 간단한 방법을 사용해 보겠습니다. 계정 A에서 계정 B로 금액을 이체하는 처리 흐름은 다음과 같습니다.

1. 새 트랜잭션을 엽니다.

2. 계정 A의 지갑을 엽니다.

3. 계정 B의 지갑을 엽니다.

4. 계정 A의 지갑에 충분한 잔액이 있는지 확인합니다.

5. 금액을 인출해 계정 A의 새로운 잔액을 계산합니다.

6. 금액을 입금해 계정 B의 새로운 잔액을 계산합니다.

7. 계정 A의 지갑을 저장합니다.

8. 계정 B의 지갑을 저장합니다.

9. 트랜잭션을 커밋합니다.

알고리즘 실행 결과로 성공 시에는 일관성이 보장된 지갑의 새로운 상태를 얻고 실패 시에는 전혀 변화가 없을 것입니다.

MongoDB 도큐먼트에 매핑되는 Wallet 엔티티 클래스를 정의하고 몇 가지 유용한 메서드를 정의해 봅시다.

```
@Document(collection = "wallet")                                    // (1)
public class Wallet {
    @Id                                                            // (2)
    private ObjectId id;
    private String owner; private int balance;

    // 생성자, getter, setter 등은 생략

    public boolean hasEnoughFunds(int amount) {                    // (3)
        return balance >= amount;
    }

    public void withdraw(int amount) {                             // (4)
        if (!hasEnoughFunds(amount)) {
            throw new IllegalStateException("Not enough funds!");
        }
        this.balance = this.balance - amount;
    }

    public void deposit(int amount) {                              // (5)
        this.balance = this.balance + amount;
    }
}
```

다음은 이 코드에 대한 설명입니다.

1. MongoDB의 wallet 컬렉션에 매핑되는 Wallet 엔티티 클래스입니다.

2. org.bson.types.ObjectId 클래스는 엔티티 ID로 사용됩니다. ObjectId 클래스는 MongoDB와 완벽하게 통합돼 있으며 엔티티 식별자로 사용됩니다.

3. hasEnoughFunds 메서드는 지갑에 작업을 위한 충분한 잔액이 있는지 확인합니다.

4. withdraw 메서드는 계좌 잔액을 요청 금액만큼 줄입니다.

5. deposite 메서드는 계좌 잔액을 요청 금액만큼 증가시킵니다.

다음으로 데이터베이스에서 잔액을 저장하고 로드하기 위한 리포지토리를 선언합니다.

```
public interface WalletRepository
        extends ReactiveMongoRepository<Wallet, ObjectId> {          // (1)
    Mono<Wallet> findByOwner(Mono<String> owner);                    // (2)
}
```

WalletRepository 인터페이스에 대한 설명입니다.

1. WalletRepository 인터페이스는 ReactiveMongoRepository 인터페이스를 상속합니다.

2. findByOwner라는 메서드를 정의해 소유자 이름으로 계정을 검색합니다. findByOwner 메서드는 스프링 데이터 명명 규칙을 따르므로 인터페이스가 런타임에 구현될 때 실제 쿼리가 실행됩니다.

이제 WalletService에 대한 인터페이스를 정의해 보겠습니다.

```
public interface WalletService {

    Mono<TxResult> transferMoney(                                    // (1)
        Mono<String> fromOwner,
        Mono<String> toOwner,
        Mono<Integer> amount);

    Mono<Statistics> reportAllWallets();                             // (2)
    enum TxResult {                                                  // (3)
        SUCCESS,
        NOT_ENOUGH_FUNDS,
        TX_CONFLICT
    }
    class Statistics {                                               // (4)
        // 클래스 구현 코드는 생략
    }
}
```

다음은 각 번호에 해당하는 코드에 대한 설명입니다.

1. transferMoney 메서드는 FromOwner의 계좌에서 ToOwner의 계좌로 금액을 전송합니다. 이 메서드는 리액티브 타입을 사용하므로 메서드 호출 순간에도 실제 트랜잭션 참가자를 알 수 없을 수 있습니다. 물론 이 메서드는 일반적인 클래스 또는 Mono<MoneyTransferRequest>를 모두 매개변수로 받을 수 있습니다. 그러나 여기서 zip 연산자와 TupleUtils를 사용하기 위해 세 가지 Mono 인스턴스를 사용합니다.

2. reportAllWallets 메서드는 등록된 모든 계좌의 데이터를 합산하고 잔액을 확인합니다.

3. transferMoney 메서드는 TxResult 타입을 반환합니다. TxResult enum은 송금의 세 가지 결과인 SUCCESS, NOT_ENOUGH_FUNDS 및 TX_CONFLICT를 설명합니다. SUCCESS 및 NOT_ENOUGH_FUNDS는 이름으로 설명이 충분합니다. TX_CONFLICT는 다른 트랜잭션이 성공해 관련 계좌 중 하나 또는 둘 모두의 업데이트 트랜잭션이 실패한 상황입니다.

4. Statistics 클래스는 시스템의 모든 계좌에 대한 집계를 나타내며 무결성 검사에 유용합니다. 세부 구현은 생략했습니다.

WalletService 인터페이스를 정의했으므로 단위 테스트를 작성해 보겠습니다. 두 명의 무작위 소유자를 선택하고 임의의 금액을 병렬 처리를 이용해 전송하려고 시도합니다. 시뮬레이션 테스트를 위한 부분만 핵심적으로 간추리면 다음과 같습니다.

```java
public Mono<OperationStats> runSimulation() {
    return Flux.range(0, iterations)                          // (1)
        .flatMap(i -> Mono
            .delay(Duration.ofMillis(rnd.nextInt(10)))       // (2)
            .publishOn(simulationScheduler)                  // (3)
            .flatMap(_i -> {
                String fromOwner = randomOwner();            // (4)
                String toOwner = randomOwnerExcept(fromOwner);
                int amount = randomTransferAmount();
                return walletService.transferMoney(          // (5)
                    Mono.just(fromOwner),
                    Mono.just(toOwner),
                    Mono.just(amount));
            }))
        .reduce(                                             // (6)
            OperationStats.start(),
            OperationStats::countTxResult);
}
```

다음은 이 코드에 대한 설명입니다.

1. Flux.range 메서드를 사용해 원하는 양을 반복적으로 시뮬레이션합니다.

2. 트랜잭션 경합을 유도하기 위해 지연 시간을 적용합니다.

3. simulationScheduler를 이용해 트랜잭션을 실행합니다. 스케줄러가 얼마나 많은 동시 트랜잭션을 처리할 수 있는지 설정할 수 있습니다. 이 설정을 추가하려면 Schedulers.newParallel("name", parallelism)을 사용하세요.

4. 계좌 소유자와 송금할 금액을 선택합니다.

5. transferMoney 서비스를 호출합니다.

6. transferMoney 호출의 결과는 TxResult 중 하나이므로 reduce 메서드가 시뮬레이션 통계를 추적하는 데 도움이 됩니다. OperationStats 클래스는 성공한 트랜잭션 수, 잔액 부족으로 거부된 트랜잭션 수, 트랜잭션 충돌로 인해 실패한 조작 수를 추적합니다. 반면 WalletService.Statistics 클래스는 전체 금액을 추적합니다.

WalletService를 제대로 구현했다면 테스트 시뮬레이션을 통해 시스템의 총 금액이 변경되지 않음을 확인할 수 있을 것입니다. 동시에 송금인이 충분한 잔액을 가지고 있을 때는 송금이 성공적으로 처리될 것입니다. 제대로 구현되지 않았다면 시스템 무결성 문제가 발생해 서비스의 재정 손실을 일으킬 수 있습니다.

이제 MongoDB 4 및 스프링 데이터에서 제공하는 리액티브 트랜잭션을 사용해 WalletService 서비스를 구현해 보겠습니다. TransactionalWalletService 클래스는 다음과 같습니다.

```
public class TransactionalWalletService implements WalletService {
    private final ReactiveMongoTemplate mongoTemplate;                      // (1)

    @Override
    public Mono<TxResult> transferMoney(                                    // (2)
        Mono<String> fromOwner,
        Mono<String> toOwner,
        Mono<Integer> requestAmount
    ) {
        return Mono.zip(fromOwner, toOwner, requestAmount)                  // (2.1)
            .flatMap(function((from, to, amount) -> {                       // (2.2)
                return doTransferMoney(from, to, amount)                    // (2.3)
                    .retryBackoff(                                          // (2.4)
                            20, Duration.ofMillis(1),
                            Duration.ofMillis(500), 0.1
```

```
                )
                    .onErrorReturn(TxResult.c);                      // (2.5)
            }));
    }


    private Mono<TxResult> doTransferMoney(                          // (3)
        String from, String to, Integer amount                      // (3.1)
    ) {
        return mongoTemplate.inTransaction().execute(session ->     // (3.2)
            session
                .findOne(queryForOwner(from), Wallet.class)         // (3.3)
                .flatMap(fromWallet -> session
                    .findOne(queryForOwner(to), Wallet.class)       // (3.4)
                    .flatMap(toWallet -> {
                        if (fromWallet.hasEnoughFunds(amount)) {    // (3.5)
                            fromWallet.withdraw(amount);            // (3.6)
                            toWallet.deposit(amount);               // (3.7)
                            return session.save(fromWallet)         // (3.8)
                                .then(session.save(toWallet))       // (3.9)
                                .then(Mono.just(TxResult.SUCCESS)); // (3.10)
                        } else {                                    // (3.11)
                            return Mono.just(TxResult.NOT_ENOUGH_FUNDS);
                        }
                    })))
                .onErrorResume(e ->                                 // (3.12)
                    Mono.error(new RuntimeException("Conflict")))
                .last();                                            // (3.13)
    }


    private Query queryForOwner(String owner) {                     // (4)
        return Query.query(new Criteria("owner").is(owner));       // (4.1)
    }
}
```

코드가 꽤 복잡하므로 차례로 살펴보겠습니다.

1. ReactiveMongoTemplate 클래스를 사용합니다. 이 책을 쓰는 시점에 리액티브 MongoDB 커넥터는 MongoDB 템플릿 레벨에서만 트랜잭션을 지원하고 리포지토리 레벨에서는 트랜잭션을 지원하지 않기 때문입니다.

2. transferMoney 메서드 선언입니다. (2.1)에서 zip 연산자를 사용해 모든 매개변수를 구독하고 (2.2)에서 TupleUtils. function 정적 함수를 사용해 Tuple3<String, String, Integer>를 각각의 항목으로 해석합니다. (2.3)에서 doTransferMoney 메서드를 호출하면 실제 돈이 송금됩니다. 그러나 doTransferMoney 메서드는 트랜잭션의 충돌이 발생하면 onError 시그널을 반환합니다. onError 발생 시에는 retryBackoff 메서드(2.4)를 사용해 작업을 재시도할 수 있습니다. retryBackoff 메서드의 매개변수는 각각 다음과 같습니다. 재시도 횟수(20회), 최초 재시도 지연 시간(1밀리초), 최대 재시도 지연 시간(500밀리초) 및 지터 값(0.1)입니다. 재시도 횟수까지 시도한 후에도 트랜잭션을 처리하지 못하는 경우 TX_CONFLICT 상태를 클라이언트에 반환합니다.

3. doTransferMoney 메서드는 실제 송금을 시도합니다. 매개변수 from, to 및 amount(3.1)는 일반 클래스를 사용합니다. mongoTemplate.inTransaction().execute(...) 메서드를 호출해 새 트랜잭션을 시작합니다(3.2). execute 메서드 내부에는 ReactiveMongoOperations 클래스의 session 인스턴스를 사용합니다. session 객체는 MongoDB 트랜잭션에 바인딩 됩니다. 이제 트랜잭션 내에서 송금인(3.3)의 계좌를 검색한 다음 수취인의 계좌(3.4)를 검색합니다. 양쪽 계좌를 모두 획득한 상태에서 송금인의 잔액이 충분한지 확인합니다(3.5). 그런 다음 송금인의 계좌(3.6)에서 정확한 금액을 인출하고 수취인의 계좌(3.7)에 동일한 금액을 입금합니다. 이 시점에서 변경 내용은 아직 데이터베이스에 저장되지 않습니다. 이제 보낸 사람의 계좌(3.8)와 수취인의 계좌에 (3.9)의 변경사항을 저장합니다. 데이터베이스에서 저장이 거부되지 않으면 SUCCESS 상태를 반환하고 자동으로 트랜잭션을 커밋합니다(3.10). 송금인의 잔액이 충분하지 않은 경우 NOT_ENOUGH_FUNDS(3.11)가 반환됩니다. 데이터베이스와 통신하는 동안 오류가 발생하면 onError(3.12)가 발생하고 (2.4)에서 설명한 대로 재시도합니다.

4. MongoDB Criteria API를 사용해 쿼리를 실행하는 queryForOwner 메서드입니다. (3.3)과 (3.4)에서 메서드를 호출합니다.

트랜잭션에서 정확한 세션을 참조하는 것은 리액터 컨텍스트를 사용해 구현합니다. ReactiveMongoTemplate.inTransaction 메서드는 새 트랜잭션을 시작해 이를 컨텍스트에 추가합니다. 따라서 리액티브 플로 내의 임의의 위치에서 com.mongodb.reactivestreams.client.ClientSession 인터페이스로 참조되는 세션에 접근할 수 있습니다. ReactiveMongoContext.getSession() 헬퍼 메서드를 사용하면 세션 인스턴스를 받아올 수 있습니다.

물론 하나의 쿼리에서 두 개의 Wallet을 동시에 로드하고 한 번의 쿼리로 두 개의 Wallet을 동시에 업데이트하는 방식으로 TransactionalWalletService 클래스를 개선할 수 있습니다. 이런 개선은 데이터베이스 요청 횟수를 줄이고 송금 속도를 높이며 트랜잭션 충돌 비율을 감소시킬 수 있습니다. 이 개선 작업은 독자들의 연습용 과제로 남겨 두겠습니다.

이제 이전에 설명한 테스트 시나리오를 다른 수의 지갑, 송금 횟수 및 병렬 처리로 실행해 보겠습니다. TransactionalWalletService 클래스의 비즈니스 로직을 모두 올바르게 구현했다면 테스트 결과는 다음과 같을 것입니다.

```
The number of accounts in the system: 500
The total balance of the system before the simulation: 500,000$
Running the money transferring simulation (10,000 iterations)
...
The simulation is finished
Transfer operations statistic:
    - successful transfer operations: 6,238
    - not enough funds: 3,762
    - conflicts: 0
All wallet operations:
    - total withdraw operations: 6,238
    - total deposit operations: 6,238
The total balance of the system after the simulation: 500,000$
```

테스트 시뮬레이션에서 10,000건의 송금을 시도했고, 그중 6,238건이 성공했으며 3,762건은 잔액 부족으로 실패했습니다. 또한 TX_CONFLICT 상태로 완료된 트랜잭션이 없는 것을 보니 재시도 전략을 통해 트랜잭션 충돌이 모두 해결된 것을 알 수 있습니다. 로그에서 분명히 알 수 있듯이 시스템 총 잔액은 변경되지 않았습니다. 시뮬레이션 전후의 시스템 총 잔액은 동일합니다. 따라서 MongoDB와의 리액티브 트랜잭션을 적용한 동시 송금으로 시스템 무결성을 달성했습니다.

이제 MongoDB가 복제본에 대한 다중 도큐먼트 트랜잭션을 지원하게 됨으로써 MongoDB를 기본 데이터 저장소로 사용해 모든 응용 프로그램을 새롭게 구현할 수 있게 됐습니다. 물론 향후 버전의 MongoDB는 분산된 설치본에 대한 트랜잭션을 허용하고 트랜잭션 처리를 위한 다양한 격리 수준을 제공할 수 있습니다. 현재의 다중 도큐먼트 트랜잭션은 단순한 도큐먼트 쓰기에 비해 비용이 더 많이 들고 응답 대기 시간이 깁니다.

리액티브 트랜잭션이 널리 사용되는 기술은 아니지만, 이러한 예제는 트랜잭션을 리액티브 방식으로 개선할 수 있음을 보여줍니다. 리액티브 영속성을 PostgreSQL과 같은 관계형 데이터베이스에 적용하려면 특히 리액티브 트랜잭션이 요구됩니다. 그러나 그렇게 하기 위해서는 데이터베이스 액세스를 위한 언어 수준 API가 리액티브를 지원해야 합니다. 이 책을 쓰는 시점에 그러한 API는 아직 제공되지 않습니다.

SAGA 패턴을 사용한 분산 트랜잭션

이 장에서 이미 언급했듯이 분산 트랜잭션은 다른 방식으로 구현할 수 있습니다. 이는 리액티브 패러다임으로 구현된 영속성 계층에서도 마찬가지입니다. 그러나 스프링 데이터가 MongoDB 4에 대해서만 리액티브 트랜잭션을 지원하고 이것이 **자바 트랜잭션 API(JTA, Java Transaction API)**와 호환되지 않기 때문에 리액티브 마이크로서비스 내에서 분산 트랜잭션을 구현할 수 있는 유일한 옵션은 앞서 설명한 SAGA 패턴을 이용한 방법뿐입니다. 또한 SAGA 패턴은 분산 트랜잭션을 필요로 하는 다른 패턴보다 리액티브 시스템에 더 잘 어울리고 확장성도 우수합니다.

스프링 데이터 리액티브 커넥터

스프링 데이터 2.1에는 MongoDB, Cassandra, Couchbase 및 Redis라는 네 가지 NoSQL 데이터베이스에 대한 데이터베이스 커넥터가 포함돼 있습니다. 스프링 웹플럭스 `WebClient`를 활용해 HTTP를 통해 통신하는 데이터 저장소라면 스프링 데이터에서 지원할 가능성이 높습니다.

여기에서는 스프링 데이터 리액티브 커넥터의 모든 기능이나 세부 사항을 다루지는 않습니다. 이전 절에서 MongoDB와 Cassandra에 대해 많이 다뤘습니다. 이번에는 각 리액티브 커넥터의 핵심적인 특징을 알아보겠습니다.

MongoDB 리액티브 커넥터

이 장에서 설명했듯이 스프링 데이터는 MongoDB를 훌륭하게 지원합니다. 스프링 데이터 리액티브 MongoDB 모듈을 사용하려면 `spring-boot-start-data-mongodb-reactive` 스프링 부트 스타터 모듈을 추가하면 됩니다. 이 모듈에는 리액티브 리포지토리가 포함돼 있습니다. `ReactiveMongoRepository` 인터페이스는 기본적인 리포지토리 스펙을 따릅니다. 리포지토리는 `ReactiveCrudRepository`의 모든 기능을 상속하며 QBE도 지원합니다. 또한 MongoDB 리포지토리는 `@Query` 애노테이션과 `@Meta` 애노테이션을 사용해 사용자가 직접 쿼리를 작성할 수 있습니다. MongoDB 리포지토리는 메서드 명명 규칙에 의한 쿼리 생성을 지원합니다.

MongoDB 저장소의 또 다른 특징은 커서를 사용할 수 있다는 것입니다. 기본적으로 데이터베이스는 모든 결과를 처리하면 쿼리 커서를 자동으로 닫습니다. 그러나 MongoDB에는 고정 크기를 가지며 처리량이 많은 작업을 지원하기 위한 **캡드 컬렉션(capped collection)**이 있습니다. 이 컬렉션의 도큐먼트는 입력 순서에 따라 조회됩니다. 캡드 컬렉션의 동작 원리는 원형 버퍼(circular buffer)와 비슷합니다. 또한 캡드 컬렉션은 **커서(tailable cursor)**를 지원합니다. 이 커서는 클라이언트가 쿼리에서 모든 결과를 소비한 후에도 열려 있으며 새 도큐먼트가 캡드 컬렉션에 삽입하면 삽입된 새 도큐먼트를 반환합니다. `ReactiveMongoRepository`에서 메서드에 `@Tailable` 애노테이션을 추가하면 메서드는 `Flux<Entity>` 타입의 커서를 반환합니다.

한 단계 깊게 들어가면, `ReactiveMongoOperations` 인터페이스와 그 구현 클래스인 `ReactiveMongoTemplate`은 MongoDB 통신에 보다 세분화된 액세스를 제공합니다. `ReactiveMongoTemplate`을 이용하면 MongoDB와의 다중 도큐먼트 트랜잭션이 가능합니다. 이 기능은 WiredTiger 스토리지 엔진이 있는 샤드가 아닌 복제본에서만 작동합니다. 이 기능은 **MongoDB 4의 리액티브 트랜잭션** 절에서 설명하겠습니다.

리액티브 스프링 데이터 MongoDB 모듈은 리액티브 스트림 스펙을 구현하며 내부적으로 리액터 프로젝트를 사용하는 리액티브 스트림 MongoDB 드라이버 위에 만들어졌습니다. 또한 MongoDB 리액티브 스트림 자바 드라이버는 MongoDB 비동기 자바 드라이버를 기반으로 만들어졌습니다. **리액티브 리포지토리 동작 방식** 절에서 `ReactiveMongoRepository`의 동작 방식을 자세히 설명하겠습니다.

Cassandra 리액티브 커넥터

스프링 데이터 리액티브 Cassandra 모듈은 spring-boot-startter-data-cassandra-reactive 스타터 모듈에 포함돼 있습니다. Cassandra 또한 리포지토리를 지원합니다. `ReactiveCassandraRepository` 인터페이스는 `ReactiveCrudRepository`를 상속하고 Cassandra 기반 데이터 액세스 레이어의 기능을 정의합니다. `@Query` 애노테이션을 이용하면 CQL3 쿼리를 수동으로 작성할 수 있습니다. `@Consistency` 애노테이션을 이용하면 쿼리에 적용된 일관성 레벨을 원하는 대로 직접 설정할 수 있습니다.

`ReactiveCassandraOperations` 인터페이스와 `ReactiveCassandraTemplate` 클래스를 이용하면 Cassandra 데이터베이스에 대한 로우 레벨 작업을 처리할 수 있습니다.

리액티브 Cassandra 커넥터는 스프링 데이터 2.1의 비동기 Cassandra 드라이버를 래핑합니다. **비동기 드라이버 사용(Cassandra)** 절에서 리액티브 클라이언트로 비동기 통신을 래핑하는 방법을 설명할 것입니다.

Couchbase 리액티브 커넥터

스프링 데이터 리액티브 Couchbase 모듈은 spring-boot-starter-data-couchbase-reactive 모듈에 포함돼 있습니다. 이 모듈을 이용하면 Couchbase(https://www.couchbase.com)을 리액티브 방식으로 액세스할 수 있습니다. ReactiveCouchbaseRepository 인터페이스는 기본 ReactiveCrudRepository를 상속하고 추가로 Serializable 인터페이스를 구현하기 때문에 엔티티 ID 타입을 필요로 합니다.

ReactiveCouchbaseRepository 인터페이스의 기본 구현은 RxJavaCouchbaseOperations 인터페이스를 기반으로 합니다. RxJavaCouchbaseTemplate 클래스는 RxJavaCouchbaseOperations에 대한 구현 클래스입니다. 리액티브 Couchbase 커넥터는 RxJavaCouchbaseOperations를 사용하기 때문에 RxJava 라이브러리를 사용한다는 것은 분명합니다. ReactiveCouchbaseRepository의 메서드들은 Mono 및 Flux 타입을 반환하며, RxJavaCouchbaseOperations 메서드는 Observable 타입을 반환하기 때문에 리액티브 타입 변환이 필요합니다. 리포지토리 내부에서 이런 변환을 처리합니다.

리액티브 Couchbase 커넥터는 리액티브 Couchbase 드라이버 기반으로 만들었습니다. 최신 Couchbase 드라이버 2.6.2는 RxJava 1.x의 마지막 버전인 1.3.8 버전을 사용합니다. 따라서 Couchbase 커넥터를 사용할 때는 배압에 대한 지원이 제한적입니다.

그러나 네티 프레임워크와 RxJava 라이브러리를 통해 완전한 논블로킹 스택을 지원하므로 응용 프로그램 자원을 낭비하지는 않습니다.

Redis 리액티브 커넥터

스프링 데이터 리액티브 Redis 모듈은 spring-boot-starter-data-redis-reactive 모듈에 포함돼 있습니다. 다른 리액티브 커넥터와 달리 Redis 커넥터는 리액티브 리포지토리를 제공하지 않습니다. 따라서 ReactiveRedisTemplate 클래스가 Redis에 대한 리액티브 데이터 액세스의 핵심이 됩니다. ReactiveRedisTemplate은 ReactiveRedisOperations 인터페이스로 정의된 API를 구현하고 구현에 필요한 serialization-deserialization 로직을 제공합니다. 동시에 ReactiveRedisConnection을 사용하면 Redis와 통신할 때 원시(raw) 바이트 버퍼를 직접 처리할 수 있습니다.

객체 저장, 검색 등 Redis 데이터를 관리하는 일반적인 동작 외에도, 이 템플릿은 Pub-Sub 방식의 채널 구독을 지원합니다. 예를 들어 convertAndSend(String destination, V message) 메서드는 지정된 메시지를 지정된 채널에 게시하고 메시지를 받은 클라이언트 숫자를 반환합니다. listenToChannel(String ... channels) 메서드는 관심 있는 채널의 메시지가 있는 Flux를 반환합니다. 이러한 방식으로 리액티브 Redis 커넥터는 리액티브 데이터 저장소뿐만 아니라 메시징 메커니즘까지 지원합니다. **8장 클라우드 스트림으로 확장하기**에서 메시징을 활용해 리액티브 애플리케이션의 확장성과 탄력성을 향상시키는 방법에 대해 자세히 설명합니다.

스프링 데이터 Redis는 현재 Lettuce 드라이버(https://github.com/lettuce-io/lettuce-core)와 통합돼 있습니다. 이는 Redis의 유일한 리액티브 자바 커넥터입니다. Lettuce 버전 4.x는 내부적으로 RxJava를 사용합니다. 그러나 라이브러리 5.x 버전부터는 리액터 프로젝트를 사용하는 것으로 변경됐습니다.

Couchbase를 제외한 모든 리액티브 커넥터에는 리액티브 방식의 헬스 인디케이터(health indicator)가 있습니다. 결과적으로 데이터베이스 상태를 검사하는 동작도 서버 리소스를 낭비하지 않아야 합니다. 이에 대한 자세한 내용은 **10장 자! 드디어 릴리즈다**에서 다루겠습니다.

시간이 지남에 따라 리액티브를 지원하는 새로운 커넥터들이 스프링 데이터 생태계에 추가될 것은 확실합니다.

제약 사항과 기대되는 개선 사항

리액티브 커넥션이라는 것이 아직은 새로운 영역이기 때문에 응용 프로그램에서 사용하기를 꺼려하는 몇 가지 제약 사항이 있습니다.

- 상당수 프로젝트에서 사용하는 대중적인 데이터베이스에 대한 **리액티브 드라이버가 부족**합니다. 현재까지 MongoDB, Cassandra, Redis 및 Couchbase에 대해서만 리액티브 또는 비동기식 드라이버를 사용할 수 있습니다. 따라서 스프링 데이터 생태계에서는 이들에 대해서만 리액티브 커넥터를 지원합니다. 아울러 PostgreSQL의 리액티브 액세스를 가능하게 하는 몇 가지 옵션이 있습니다. 또한 MySQL과 MariaDB에 대한 리액티브 액세스를 위한 작업이 진행 중입니다. 몇몇 데이터베이스가 리액티브 지원을 가능하게 해주는 많은 사용 사례를 제시하지만, 이 목록 또한 아직 제한적입니다. 리액티브 영속성이 기술 자체로서 인기를 얻기 위해서는 엘라스틱 서치 및 아파치 솔라(Apache Solr)와 같은 인기 있는 검색 엔진뿐만 아니라 PostgreSQL, MySQL, 오라클, MS SQL과 같은 광범위한 관계형 데이터베이스에 대한 커넥터가 있어야 합니다. 또한 구글 Big Query, 아마존 Redshift 및 마이크로소프트 CosmosDB와 같은 클라우드 기반 데이터베이스에 대한 지원도 필요합니다.
- **부족한 리액티브 JPA**. 현재까지 리액티브 영속성은 꽤 낮은 수준에서 동작하고 있습니다. 일반 JPA가 권장하는 엔티티를 다루는 방식은 아직 지원하지 못합니다. 현재의 리액티브 커넥터는 엔티티 관계 매핑, 엔티티 캐싱 또는 지연 로드를 지원하지 않습니다. 그러나 리액티브 데이터 액세스를 위한 저수준 API가 아직 지원되지 않는 상황에서 JPA의 그러한 기능부터 지원할 것을 기대하는 것은 무리한 요구일 것입니다.

- **데이터 액세스를 위한 언어 수준의 리액티브 API가 부족**합니다. 이 장의 앞 부분에서 설명했듯이, 이 책을 쓰는 시점 기준으로 자바 플랫폼에는 데이터 액세스를 위한 동기식 및 블로킹 방식의 JDBC API만 존재하므로 리액티브 응용 프로그램과 원활하게 통합할 수 없습니다.

그러나 점점 더 많은 수의 NoSQL 솔루션이 리액티브 드라이버를 직접 제공하거나 리액티브 API로 쉽게 래핑할 수 있는 비동기식 드라이버를 제공하고 있습니다. 또한 자바에서 데이터 액세스를 위한 언어 수준 API를 지원하기 위한 활발한 개선 작업을 진행 중입니다. 이 책을 쓰는 시점에서 ADBA 및 R2DBC가 잠재적인 대안을 제시하고 있습니다. 이에 대해 좀 더 자세히 살펴보겠습니다.

ADBA(Asynchronous Database Access)

ADBA(Asynchronous Database Access)는 자바 플랫폼을 지원하는 논블로킹 데이터베이스 액세스 API를 가지고 있습니다. 이 책을 쓰는 시점에는 아직 초기 단계(draft)이며, JDBC 전문가 그룹이 어떤 형태를 가져야 할 것인가를 논의하고 있습니다. ADBA는 JavaOne 2016 콘퍼런스에서 발표됐으며 이후 몇 년에 걸쳐 논의를 진행 중입니다. ADBA는 현재의 JDBC API를 보완하고 높은 처리량을 요구하는 프로그램에서 사용할 수 있는 비동기적인 대안(교체 또는 변경이 아님)을 제안합니다. ADBA는 연쇄형 API를 이용한 프로그래밍 스타일을 지원하고 데이터베이스 쿼리 작성을 위해 빌더 패턴을 활용할 수 있게 설계됐습니다. ADBA는 JDBC의 확장이 아니며 JDBC에 의존적이지 않습니다. ADBA가 완성되면 아마도 `java.sql2` 패키지에 포함될 것입니다.

ADBA는 비동기 API이므로 네트워크 호출을 수행하는 동안 메서드 호출이 블로킹되지 않습니다. 모든 잠재적 블로킹 동작은 별도의 ADBA 동작으로 분리돼 있습니다. 클라이언트 응용 프로그램은 하나의 ADBA 동작 또는 ADBA 그래프 작성을 요청합니다. ADBA의 비동기 드라이버는 작업을 실행하고 `java.util.concurrent.CompletionStage` 또는 콜백을 통해 응답합니다. ADBA를 이용한 비동기 SQL 요청은 다음과 같을 것입니다.

```
CompletionStage<List<String>> employeeNames =                              // (1)
    connection
    .<Integer>rowOperation("select * from employee")                       // (2)
    .onError(this::userDefinedErrorHandler)                                // (3)
    .collect(Collector.of(                                                 // (4)
        () -> new ArrayList<String>(),
        (ArrayList<String> cont, Result.RowColumn row) ->
            cont = cont.add(row.at("name").get(String.class)), (l, r) -> l,
```

```
    container -> container))
  .submit()                                                        // (5)
  .getCompletionStage();                                           // (6)
```

이 코드는 ADBA 초안을 기반으로 하므로 API가 변경됐을 수도 있습니다. 각 코드 부분에 대한 설명은 다음과 같습니다.

1. 쿼리는 CompletionStage로 결과를 반환합니다. 이 경우 직원의 이름 목록을 반환합니다.

2. 데이터베이스 커넥션의 rowOperation 메서드를 호출합니다.

3. onError 메서드를 호출해 에러 핸들러를 등록할 수 있습니다. 오류 처리는 직접 구현한 userDefinedErrorHandler 메서드에서 발생합니다.

4. collect 메서드를 사용하면 자바 스트림 API를 사용해 결과를 수집할 수 있습니다.

5. submit 메서드가 작업을 시작합니다.

6. getCompletionStage 메서드는 처리 결과를 저장하는 CompletionStage의 인스턴스를 사용자에게 반환합니다.

물론 ADBA는 조건부 작업, 병렬 처리 및 종속적인 작업과 같은 복잡한 데이터베이스 쿼리를 작성하고 실행할 수 있는 기능도 제공합니다. 또한 ADBA는 트랜잭션을 지원합니다. 그러나 JDBC와 달리 ADBA는 비즈니스에서 직접 사용하기 위해 만들어진 것은 아닙니다(가능은 합니다만). ADBA는 다른 라이브러리 및 프레임워크에 비동기적 기반을 제공하기 위한 의도로 만들어졌습니다.

이 책을 쓰는 시점에서 ADBA에는 **AoJ**라는 하나의 구현체만 존재합니다. AoJ(https://gitlab.com/asyncjdbc/asyncjdbc/tree/master)는 별도의 스레드 풀에서 표준 JDBC를 호출해 ADBA API의 일부만 구현한 실험적인 라이브러리입니다. AoJ는 실제 운영 용도로는 적합하지 않지만, 비동기 드라이버를 전체적으로 구현하지 않은 상태에서도 ADBA를 이용할 수 있게 해줍니다.

실행 결과를 CompletionStage뿐만 아니라 Java Flow API의 리액티브 Publisher 타입으로 반환하는 것도 논의되고 있습니다. 그러나 Flow API가 ADBA에 통합되는 방식이나 ADBA가 자체에서 리액티브 API를 제공할지는 명확하지 않습니다. 이 책을 쓰는 시점에서 이 주제는 여전히 뜨겁게 논의되고 있습니다.

이 시점에서 자바의 CompletionStage로 대표되는 비동기 동작은 언제나 리액티브 Publisher로 변경할 수 있다는 점을 다시 짚어볼 필요가 있습니다. 하지만 반대의 경우는 가능하지 않습니다. 아울러 CompletionStage 또는 CompletableFuture로 대표되는 리액티브 동작은 약간의 타협, 즉 배압 전파를 포기하는 경우에만 가능합니다. 또한 CompletionStage<List<T>>를 사용하면 클라이언트가 전체 결과를 기다려야 하므로 실제 데이터 스트리밍이라는 의미가 퇴색됩니다. 스트리밍을 위해 콜렉터 API를 활용하는 것은 선택할 수 있는 옵션이 아닌 것 같습니다. 또한 CompletableFuture는 요청 즉시 실행을 시작하지만, Publisher는 구독을 받은 경우에만 실행을 시작한다는 차이가 있습니다. 데이터베이스 액세스를 위한 리액티브 API는 언어 레벨의 리액티브 API와 언어 레벨의 비동기 API에 대한 필요를 모두 충족시킬 것입니다. 이는 리액티브 API가 근본적인 의미를 손상시키지 않으면서도 비동기 API로 빠르게 전환할 수 있기 때문입니다. 그러나 대부분의 경우 비동기 API를 리액티브 API로 전환하기 위해서는 일부 포기해야 합니다. 따라서 이 책의 저자라는 관점에서 보자면 리액티브 스트림을 지원하는 ADBA가 비동기 전용 ADBA보다 더 많은 혜택을 줄 것으로 보입니다.

자바의 차세대 데이터 액세스 API에 대한 또 다른 후보는 R2DBC입니다. R2DBC는 완전히 비동기적인 ADBA보다 더 많은 것을 제공할 수 있으며, 관계형 데이터베이스 액세스를 위한 리액티브 API가 엄청난 잠재력을 가지고 있다는 것을 증명합니다. 자, 더 자세히 살펴봅시다.

R2DBC(Reactive Relational Database Connectivity)

R2DBC(https://github.com/r2dbc)는 완벽한 형태의 리액티브 데이터베이스 API를 만들기 위한 프로토타입입니다. 스프링 데이터 팀은 R2DBC를 선도하고 있으며, 리액티브 애플리케이션 내에서 리액티브 방식의 데이터 액세스와 관련한 아이디어를 조사 및 검증하기 위해 이를 사용합니다. R2DBC는 스프링 원플랫폼(Spring OnePlatform) 2018 콘퍼런스에서 공개됐습니다. R2DBC의 목표는 배압 지원 기능이 있는 리액티브 데이터베이스 액세스 API를 정의하는 것입니다. 스프링 데이터 팀은 NoSQL 영속성에 대한 충분한 경험을 얻었고, 이를 바탕으로 진정한 의미의 언어 수준 데이터 액세스 API에 대한 비전을 제안했습니다. 또한 R2DBC는 스프링 데이터의 관계형 리포지토리를 위한 기본 API가 될 수도 있습니다. 이 책을 쓰는 시점에서 R2DBC는 아직 실험 단계에 있으며, 아직 실제 릴리즈 버전으로 배포될지는 분명하지 않습니다.

R2DBC 프로젝트 구성은 다음과 같습니다.

- **R2DBC 서비스 제공자 인터페이스(SPI)는** 드라이버 구현을 위한 최소한의 API를 정의합니다. API는 간결하기 때문에 드라이버를 구현하는 입장에서 구현해야 하는 API 숫자가 매우 줄었습니다. SPI는 응용 프로그램 코드에서 직접 사용하기 위한 것은 아닙니다. 대신, 그런 역할을 하기 위한 전용 클라이언트 라이브러리가 필요합니다.

- **R2DBC 클라이언트는** 사용자 요청을 SPI 레벨로 변환하는 사용자 친화적인 API 및 헬퍼 클래스를 제공합니다. 이러한 별도의 추상화 레이어를 제공함으로써 R2DBC를 직접 사용할 때 약간의 편의를 제공합니다. 제작자들은 Jdbi 라이브러리가

JDBC를 위해 하는 동작과 동일한 역할을 R2DBC 클라이언트가 R2DBC SPI에서 수행한다는 점을 강조합니다. 하지만 누구라도 자유롭게 SPI를 직접 사용할 수 있고 R2DBC SPI를 통해 자체 클라이언트 라이브러리를 만들 수 있습니다.

- **R2DBC PostgreSQL 구현**은 PostgreSQL용 R2DBC 드라이버를 제공합니다. 이 구현체는 PostgreSQL 와이어 프로토콜을 통한 비동기 통신을 위해 네티 프레임워크를 사용합니다. 배압은 TCP 흐름 제어나 **포털(portal)**이라는 PostgreSQL 기능을 통해 얻을 수 있습니다. 포털은 쿼리에 대한 실질적인 커서이며 리액티브 스트림으로 완벽하게 변환됩니다. 모든 관계형 데이터베이스가 적절한 배압 전파가 가능한 와이어 프로토콜을 가지고 있는 것은 아닙니다. 하지만 어떤 데이터베이스를 사용하든 최소한 TCP 흐름 제어는 사용할 수 있습니다.

R2DBC 클라이언트를 사용하면 다음과 같은 PostgreSQL 데이터베이스 작업이 가능합니다.

```
PostgresqlConnectionFactory pgConnectionFactory =           // (1)
    PostgresqlConnectionConfiguration.builder()
        .host("<host>")
        .database("<database>")
        .username("<username>")
        .password("<password>")
        .build();


R2dbc r2dbc = new R2dbc(pgConnectionFactory);               // (2)


r2dbc.inTransaction(handle ->                               // (3)
    handle
        .execute("insert into book (id, title, publishing_year) " +   // (3.1)
                "values ($1, $2, $3)",
                20, "The Sands of Mars", 1951)
        .doOnNext(n -> log.info("{} rows inserted", n))     // (3.2)
).thenMany(r2dbc.inTransaction(handle ->                    // (4)
    handle.select("SELECT title FROM book")                 // (4.1)
        .mapResult(result ->                                // (4.2)
            result.map((row, rowMetadata) ->                // (4.3)
                row.get("title", String.class)))))          // (4.4)
.subscribe(elem -> log.info(" - Title: {}", elem));         // (5)
```

이 코드를 살펴보겠습니다.

1. 우선 `PostgreSQLConnectionFactory` 클래스로 커넥션 팩토리를 설정해야 합니다. 설정은 간단합니다.

2. 리액티브 API를 제공하는 `R2dbc` 클래스의 인스턴스를 생성합니다.

3. R2dbc를 사용하면 inTransaction 메서드를 적용해 트랜잭션을 생성할 수 있습니다. handle 메서드는 리액티브 커넥션의 인스턴스를 래핑하고 여러 가지 편리한 API를 제공합니다. 여기서는 SQL문을 실행할 수 있습니다(예: 신규 레코드 추가). execute 메서드는 SQL 문장과 쿼리 매개변수(있는 경우)를 받습니다. 다음으로 execute 메서드는 영향을 받은 행의 수를 반환합니다. 이 코드에서는 업데이트된 행 수(3.2)를 로그로 기록합니다.

4. 레코드를 추가한 후에는 모든 책의 제목(4.1)을 조회하는 또 다른 트랜잭션을 시작합니다. 결과가 도착하면(4.2) 레코드 구조를 해석하기 위해 map 메서드(4.3)를 적용해 개별 레코드를 매핑합니다. 여기서는 String 유형의 제목(4.4)을 조회합니다. mapResult 메서드는 Flux<String> 타입을 반환합니다.

5. 모든 onNext 시그널을 리액티브 스타일로 로깅합니다. 각각의 시그널은 (3)에서 추가한 것을 포함해 책 제목을 가지고 있습니다.

위에서 보듯이 R2DBC Client는 리액티브 스타일의 연쇄형 API를 제공합니다. 이 API는 리액티브 애플리케이션 코드와 매우 잘 어울립니다.

스프링 데이터 R2DBC와 함께 R2DBC 사용하기

물론 스프링 데이터 팀 역시 R2DBC 위에 ReactiveCrudRepository 인터페이스를 구현하는 방식을 원합니다. 이 책을 쓰는 시점에 이 구현은 스프링 데이터 JDBC 모듈에서 진행 중입니다. 스프링 데이터 JDBC 모듈에 대해서는 이 장 앞부분에서 설명했습니다. 그러나 R2DBC가 적용된 모듈은 **Spring Data R2DBC**라는 자체 모듈로 패키징될 것입니다. SimpleR2dbcRepository 클래스는 R2DBC를 사용해 ReactiveCrudRepository 인터페이스를 구현합니다. SimpleR2dbcRepository 클래스가 기본 R2DBC 클라이언트를 사용하지 않고 자체 클라이언트를 R2DBC SPI와 함께 사용한다는 점에 유의해야 합니다.

본격적으로 스프링 데이터 R2DBC를 시작하기 전에 개발하던 스프링 데이터 JDBC 모듈 프로젝트의 r2dbc Git 브랜치에 리액티브 지원을 위한 코드가 존재합니다. 이 코드는 아직 릴리즈 준비가 되지 않았습니다. 그러나 R2DBC를 지원하는 스프링 데이터 JDBC 모듈이 관계형 데이터베이스 조작을 위해 ReactiveCrudRepository를 사용한다면 막대한 잠재력이 있습니다. 이제 PostgreSQL을 위한 ReactiveCrudRepository를 정의해 보겠습니다. 코드는 다음과 같을 것입니다.

```
public interface BookRepository
    extends ReactiveCrudRepository<Book, Integer> {

    @Query("SELECT * FROM book WHERE publishing_year = " +
            "(SELECT MAX(publishing_year) FROM book)")
    Flux<Book> findTheLatestBooks();
}
```

아직까지 스프링 데이터 JDBC 모듈은 스프링 부트 자동 설정을 지원하지 않습니다. 그래서 BookRepository 인터페이스를 직접 만들어줘야 합니다.

```
BookRepository createRepository(PostgresqlConnectionFactory fct) {        // (1)
    TransactionalDatabaseClient txClient =                                // (2)
        TransactionalDatabaseClient.create(fct);
    RelationalMappingContext cnt = new RelationalMappingContext();        // (3)
    return new R2dbcRepositoryFactory(txClient, cnt)                      // (4)
        .getRepository(BookRepository.class);                            // (5)
}
```

이 코드의 동작은 다음과 같습니다.

1. 이전 예에서 만든 PostgresqlConnectionFactory의 객체 참조가 필요합니다.

2. TransactionalDatabaseClient는 트랜잭션 기본 기능을 사용할 수 있게 해줍니다.

3. 레코드와 엔티티를 상호 변환하기 위해 간단한 RelationalMappingContext를 작성합니다.

4. 적당한 리포지토리 팩토리를 만듭니다. R2dbcRepositoryFactory 클래스는 ReactiveCrudRepository를 생성하기 위해 사용합니다.

5. 팩토리는 BookRepository 인터페이스의 인스턴스를 생성합니다.

이제 완전한 리액티브 BookRepository를 다음과 같이 일반적인 리액티브 워크플로에서 사용할 수 있습니다.

```
bookRepository.findTheLatestBooks()
    .doOnNext(book -> log.info("Book: {}", book))
    .count()
    .doOnSuccess(count -> log.info("DB contains {} latest books", count))
    .subscribe();
```

R2DBC 프로젝트는 아직 실험적이지만(물론 스프링 데이터 JDBC에서 지원하고 있지만), 진정한 리액티브 데이터 액세스가 그리 멀지 않았음을 알 수 있습니다. 게다가 배압의 문제는 R2DBC SPI 레벨에서 해결됩니다.

이 시점에서 ADBA가 리액티브 지원을 받을지, 혹은 R2DBC가 ADBA에 대한 대안이 될지는 분명하지 않습니다. 그러나 어떤 경우든 관계형 데이터베이스를 지원하는 ADBA 또는 R2DBC 호환 드라이버가 만들어지면 관계형 데이터베이스에 대한 리액티브 액세스가 곧 현실화될 것임은 분명합니다.

동기식 리포지토리를 리액티브 스타일로 변경하기

스프링 데이터는 널리 사용되는 NoSQL 데이터베이스에 대해 리액티브 커넥터를 제공하지만, 리액티브 애플리케이션은 리액티브 커넥터가 없는 데이터베이스를 쿼리해야 하는 경우가 있습니다. 블로킹 통신을 리액티브 API로 래핑하는 것이 가능합니다. 그러나 모든 블로킹 통신은 적절한 스레드 풀을 사용해야 합니다. 그렇지 않은 경우 응용 프로그램이 이벤트 루프를 차단하고 중지시킬 수 있습니다. 크기가 작은 스레드 풀(바운드 큐 포함)은 고갈될 가능성이 있습니다. 큐의 모든 동작이 어떤 시점에서 블로킹 모드로 바뀌며 논블로킹 모드 상태로 만드는 동작이 중단될 수 있습니다. 이러한 솔루션은 전체를 리액티브하게 만든 솔루션만큼 효율적이지 않습니다. 그러나 요청을 블로킹하기 위해 전용 스레드 풀을 사용하는 접근법은 리액티브 응용 프로그램에서도 종종 사용합니다.

관계형 데이터베이스에 요청을 수시로 날리는 리액티브 마이크로서비스를 구현해야 한다고 가정해 봅시다. 이 데이터베이스에는 JDBC 드라이버가 있지만, 비동기 또는 리액티브 드라이버는 없습니다. 이런 경우 리액티브 API 안에 블로킹 요청을 숨기는 리액티브 어댑터를 만드는 것이 유일한 옵션일 것입니다.

앞에서 설명한 것처럼 모든 블로킹 요청은 전용 스케줄러에서 발생해야 합니다. 스케줄러의 기본 스레드 풀은 블로킹 작업에 대한 병렬 처리 수준을 정의합니다. 예를 들어 Schedulers.elastic()에서 블로킹 작업을 실행하는 경우, elastic 스케줄러가 생성된 스레드 풀의 최대 개수까지 바인딩하는 것을 막기 때문에 동시에 요청할 수 있는 수는 제한이 없습니다. 반면에 Scheduler.newParallel("jdbc", 10)은 풀링된 워커의 수를 정의하므로 최대 10개 이상의 요청을 동시에 처리하는 일은 발생하지 않습니다. 이 접근법은 데이터베이스와의 통신이 고정 크기의 커넥션 풀을 통해 이루어질 때 잘 작동합니다. 대부분의 경우 스레드 풀 크기를 커넥션 풀 크기보다 크게 설정하는 것은 의미가 없습니다. 예를 들어 무제한 스레드 풀에서 작동하는 스케줄러에서 커넥션 풀이 모두 소모되면 새로운 작업과 실행 중인 스레드는 네트워크 통신 단계가 아니라 커넥션 풀에서 커넥션을 검색하는 단계에서 블로킹됩니다.

적절한 블로킹 API를 선택할 때 선택 가능한 몇 가지 옵션이 있습니다. 각 옵션에는 장단점이 있습니다만, 여기서는 rxjava2-jdbc 라이브러리에 대해 설명하고 기존 블로킹 리포지토리를 래핑하는 방법을 살펴보겠습니다.

rxjava2-jdbc 라이브러리 사용하기

데이비드 모튼(David Moten)의 rxjava2-jdbc 라이브러리(https://github.com/davidmoten/rxjava2-jdbc)는 리액티브 응용 프로그램을 블로킹하지 않으면서 JDBC 드라이버를 래핑하기 위해 개발됐습니다. 이 라이브러리는 RxJava 2를 기반으로 하며 전용 스레드 풀과 논블로킹 커넥션 풀 개념을 사용합니다. 따라서 클라이언트의 요청은 커넥션을 기다리는 동안 스레드를 차단하지 않습니다. 연결이 가능해지면 쿼리는 실행을 시작하고 스레드를 블로킹합니다. 라이브러리가 이를 수행하기 때문에 응용 프로그램에서 요청을 블로킹하기 위한 전용 스케줄러를 관리하지 않아도 됩니다. 또한 라이브러리에는 연쇄형 DSL이 있어서 SQL문을 실행하고 결과를 리액티브 스트림으로 수신할 수 있습니다. Book 엔티티를 정의하고 rxjava2-jdbc와 함께 사용할 수 있도록 애노테이션을 작성해 보겠습니다.

```
@Query("select id, title, publishing_year " +                    // (3)
        "from book order by publishing_year")
public interface Book {                                           // (1)
    @Column String id();                                         // (2)
    @Column String title();
    @Column Integer publishing_year();
}
```

다음은 이 코드에 대한 설명입니다.

1. Book 인터페이스를 정의합니다. 스프링 데이터에서는 일반적으로 엔티티를 클래스로 정의합니다.

2. accessor 메서드는 @Column 애노테이션이 붙어 있습니다. 애노테이션은 칼럼을 엔티티 필드로 매핑하는 데 사용합니다.

3. @Query 애노테이션을 사용해 엔티티 검색에 사용하는 SQL 문을 정의합니다.

이제 특정 기간 동안 발행된 책을 찾는 간단한 리포지토리를 정의해 보겠습니다.

```
public class RxBookRepository {
    private static final String SELECT_BY_YEAR_BETWEEN =         // (1)
            "select * from book where " +
                    "publishing_year >= :from and publishing_year <= :to";

    private final String url = "jdbc:h2:mem:db";
    private final int poolSize = 25;
    private final Database database = Database.from(url, poolSize);   // (2)
```

```
    public Flowable<Book> findByYearBetween(                          // (3)
                                    Single<Integer> from,
                                    Single<Integer> to
    ) {
        return Single
                .zip(from, to, Tuple2::new)                           // (3.1)
                .flatMapPublisher(tuple -> database
                        .select(SELECT_BY_YEAR_BETWEEN)               // (3.2)
                        .parameter("from", tuple._1())                // (3.3)
                        .parameter("to", tuple._2())                  // (3.4)
                        .autoMap(Book.class));                        // (3.5)
    }
}
```

RxBookRepository 클래스 구현을 설명합니다.

1. 라이브러리가 자동으로 쿼리를 생성할 수 없기 때문에 서적을 검색하는 SQL 쿼리를 직접 작성해야 합니다. SQL 쿼리에서 매개변수에 이름을 붙여 사용할 수 있습니다.

2. 데이터베이스에 연결하기 위해 JDBC URL과 사용할 풀 크기를 정의합니다. 예제에서는 동시 쿼리가 25개를 초과할 수 없습니다.

3. findByYearBetween 메서드는 리액터 프로젝트가 아닌 RxJava 2 라이브러리(Flowable 및 Single)의 리액티브 타입을 사용합니다. 이는 rxjava2-jdbc 라이브러리가 내부적으로는 RxJava 2.x를 사용하고 API를 통해 RxJava 타입을 사용하기 때문입니다. 그러나 RxJava 타입은 리액터 프로젝트 타입으로 쉽게 변환할 수 있습니다. (3.1)에서 요청 매개변수에 대한 스트림을 구독합니다. 그런 다음 select 메서드(3.2)를 호출하고 쿼리 매개변수 (3.3)를 할당합니다. autoMap 메서드는 JDBC 레코드를 Book 엔티티로 변환합니다. autoMap 메서드는 Flowable<Book>을 반환합니다. 이것은 리액터 프로젝트의 Flux<Book>과 같습니다.

rxjava2-jdbc 라이브러리는 대부분의 JDBC 드라이버를 지원합니다. 또한 라이브러리는 트랜잭션도 일부 지원합니다. 트랜잭션 내의 모든 작업은 동일한 커넥션에서 실행되어야 합니다. 트랜잭션은 자동으로 커밋 및 롤백됩니다.

rxjava2-jdbc 라이브러리는 깔끔하고, 잠재적인 스레드 블로킹을 줄이며, 관계형 데이터베이스를 리액티브 스타일로 접근할 수 있게 해줍니다. 그러나 아직까지는 신생 라이브러리이며, 복잡한 리액티브 워크플로, 특히 트랜잭션이 관련된 워크플로를 처리하지 못할 수 있습니다. 또한 rxjava2-jdbc 라이브러리를 사용하면 모든 SQL 쿼리를 직접 작성해야 합니다.

동기식 CrudRepository 래핑하기

데이터 액세스를 위해 필요한 모든 기능을 가진 CrudRepository 인스턴스를 사용할 수 있습니다(쿼리 생성이나 엔티티 매핑 필요 없음). 그러나 리액티브 응용 프로그램에서 이를 직접 사용할 수는 없습니다. 이 경우, 리포지토리 수준에서 rxjava2-jdbc 라이브러리와 비슷하게 동작하는 리액티브 어댑터를 직접 만드는 것은 어려운 일이 아닙니다. 이런 방법을 사용할 때 JPA는 신중해야 합니다. 왜냐하면 지연 로드(lazy loading)를 사용하는 경우 프락시 문제가 발생할 수 있기 때문입니다. 그럼 JPA로 정의한 다음과 같은 Book 엔티티가 있다고 가정해 봅시다.

```
@Entity
@Table(name = "book")
public class Book {
    @Id
    @GeneratedValue(strategy = GenerationType.IDENTITY)
    private Integer id;
    private String title;
    private Integer publishingYear;
    // Constructors, getters, setters...
}
```

이어서 다음과 같이 스프링 데이터 JPA 리포지토리를 만들었습니다.

```
@Repository
public interface BookJpaRepository                             // (1)
    extends CrudRepository<Book, Integer> {

    Iterable<Book> findByIdBetween(int lower, int upper);      // (2)

    @Query("SELECT b FROM Book b WHERE " +
        "LENGTH(b.title)=(SELECT MIN(LENGTH(b2.title)) FROM Book b2)")  // (3)
    Iterable<Book> findShortestTitle();
}
```

BookJpaRepository의 특징은 다음과 같습니다.

1. CrudRepository 인터페이스를 상속하기 때문에 데이터 액세스를 위한 모든 메서드를 사용할 수 있습니다.

2. 명명 규칙을 기반으로 쿼리를 생성하는 메서드를 정의합니다.

3. 사용자 정의 SQL을 사용해 메서드를 정의합니다.

BookJpaRepository 인터페이스는 블로킹 방식으로 JPA를 사용하기에 적합합니다. BookJpaRepository의 모든 메서드는 리액티브 타입을 반환하지 않습니다. 리액티브 API로 BookJpaRepository 인터페이스를 래핑하고 리포지토리의 기능을 제대로 사용하려면 추상 어댑터 클래스를 정의하고 정의한 어댑터를 상속해 findByIdBetween 및 findShortestTitle 메서드를 추가합니다. CrudRepository 인스턴스를 적용하는데 이 추상 어댑터 클래스를 재사용할 수 있습니다. 어댑터는 다음과 같을 것입니다.

```java
public abstract class ReactiveCrudRepositoryAdapter
        <T, ID, I extends CrudRepository<T, ID>>            // (1)
        implements ReactiveCrudRepository<T, ID> {

    protected final I delegate;                             // (2)
    protected final Scheduler scheduler;

    // Constructor...

    @Override
    public <S extends T> Mono<S> save(S entity) {           // (3)
        return Mono
                .fromCallable(() -> delegate.save(entity))  // (3.1)
                .subscribeOn(scheduler);                    // (3.2)
    }

    @Override
    public Mono<T> findById(Publisher<ID> id) {            // (4)
        return Mono.from(id)                               // (4.1)
                .flatMap(actualId ->                       // (4.2)
                        delegate.findById(actualId)        // (4.3)
                                .map(Mono::just)           // (4.4)
                                .orElseGet(Mono::empty))   // (4.5)
                .subscribeOn(scheduler);                   // (4.6)
    }

    @Override
    public Mono<Void> deleteAll(Publisher<? extends T> entities) {  // (5)
        return Flux.from(entities)                         // (5.1)
                .flatMap(entity -> Mono
                        .fromRunnable(() -> delegate.delete(entity)))  // (5.2)
```

```
                    .subscribeOn(scheduler))                          // (5.3)
                .then();                                              // (5.4)
    }
    // ReactiveCrudRepository의 나머지 메서드들 ...
}
```

이 코드에 대한 설명은 다음과 같습니다.

1. ReactiveCrudRepositoryAdapter는 추상 클래스로서 ReactiveCrudRepository 인터페이스를 상속하고 delegate 리포지토리와 동일한 제네릭 타입을 가지고 있습니다.

2. ReactiveCrudRepositoryAdapter는 내부적으로 CrudRepository 타입의 delegate를 사용합니다. 또한 어댑터는 이벤트 루프에서 유입되는 요청을 줄이기 위해 Scheduler 인스턴스가 필요합니다. 스케줄러는 동시 처리 가능한 병렬 처리 수를 정의할 수 있기 때문에 커넥션 풀 설정에 사용하는 것과 동일하게 설정하는 것이 좋습니다. 그러나 일대일로 매핑하는 것이 항상 최선의 결과를 가져다주지는 않습니다. 커넥션 풀이 다른 용도로 사용되면 사용 가능한 커넥션 수가 사용 가능한 스레드보다 적어지고 그로 인해 연결을 기다리는 동안 일부 스레드가 블로킹될 수도 있습니다(rxjava2-jdbc는 이러한 시나리오에서 좀 더 좋은 결과를 보여줍니다).

3. 블로킹 방식의 save 메서드에 대한 리액티브 래퍼 메서드입니다. 블로킹 호출은 Mono.fromCallable 연산자(3.1)로 래핑되고 전용 스케줄러(3.2)를 사용합니다.

4. findById 메서드에 대한 리액티브 어댑터입니다. 이 메서드는 id 스트림을 구독합니다(4.1). 스트림이 도착하면(4.2) delegate 인스턴스가 호출됩니다(4.3). CrudRepository.findById 메서드는 Optional을 반환하므로 Mono 인스턴스에 매핑합니다(4.4). 결과가 없는 경우에는 Mono.empty를 반환합니다(4.5). 물론 전용 스케줄러를 사용합니다.

5. deleteAll 메서드에 대한 리액티브 어댑터입니다. deleteAll(Publisher<T> Entity) 메서드는 deleteAll(Iterator<T> Entity) 메서드와는 전혀 다르기 때문에 한 번의 리액티브 호출에 대한 단 하나의 블로킹 호출로 직접 매핑할 수는 없습니다. 예를 들어 엔티티 스트림이 무한히 유입되는 경우에는 엔티티가 삭제되지 않을 수 있습니다. 따라서 deleteAll 메서드는 엔티티를 구독하고(5.1) 각 엔티티에 대해 별도의 delegate.delete(T Entity) 요청을 발행합니다(5.2). 삭제 요청은 병렬로 실행될 수 있으므로 각 요청에서 스케줄러에서 워커를 받기 위해 subscribeOn을 호출합니다(5.3). deleteAll 메서드는 유입되는 스트림이 종료되고 모든 삭제 작업이 완료됐을 때 출력 스트림을 반환합니다. ReactiveCrudRepository 인터페이스를 래핑할 때 모든 메서드는 이런 식으로 래핑해야 합니다.

이제 실제 리액티브 리포지토리 구현에서 누락된 사용자 정의 메서드를 구현해 보겠습니다.

```
public class RxBookRepository extends
    ReactiveCrudRepositoryAdapter<Book, Integer, BookJpaRepository> {

    public RxBookRepository(
```

```
        BookJpaRepository delegate,
        Scheduler scheduler
    ) {
        super(delegate, scheduler);
    }

    public Flux<Book> findByIdBetween(                              // (1)
        Publisher<Integer> lowerPublisher,
        Publisher<Integer> upperPublisher
    ) {
        return Mono.zip(                                            // (1.1)
            Mono.from(lowerPublisher),
            Mono.from(upperPublisher)
        ).flatMapMany(
            function((low, upp) ->                                  // (1.2)
                Flux
                    .fromIterable(delegate.findByIdBetween(low, upp)) // (1.3)
                    .subscribeOn(scheduler)                        // (1.4)
            ))
            .subscribeOn(scheduler);                               // (1.5)
    }

    public Flux<Book> findShortestTitle() {                        // (2)
        return Mono.fromCallable(delegate::findShortestTitle)      // (2.1)
            .subscribeOn(scheduler)                                // (2.2)
            .flatMapMany(Flux::fromIterable);                      // (2.3)
    }
}
```

RxBookRepository 클래스는 추상 클래스 ReactiveCrudRepositoryAdapter를 상속하고 BookJpaRepository 및 Scheduler 인스턴스를 참조하며 다음 메서드를 정의합니다.

1. findByIdBetween 메서드는 두 개의 리액티브 스트림을 수신하고 zip 연산자를 사용해 이들을 구독합니다(1.1). 두 값이 모두 준비되면(1.2) 해당하는 메서드가 delegate 인스턴스에서 호출되고(1.3) 전용 스케줄러의 워커를 이용해 블로킹 방식으로 실행됩니다. 그러나 lowerPublisher 및 upperPublisher 스트림의 수신 자체에 스케줄러를 사용함으로써 이벤트 루프가 리소스를 소비하지 않도록 할 수도 있습니다(1.5). 실제 데이터베이스 요청을 위한 자원 획득을 위한 경합이 발생해 처리 성능에 영향을 줄 수 있으므로 이러한 접근 방법은 주의해서 사용해야 합니다.

2. findShortestTitle 메서드는 전용 스케줄러(2.2)에서 해당 메서드(2.1)를 호출하고 Iterable을 Flux에 매핑합니다 (2.3).

드디어 블로킹 방식의 BookJpaRepository를 리액티브 RxBookRepository에 래핑해 다음과 같이 사용할 수
있게 됐습니다.

```
Scheduler scheduler = Schedulers.newParallel("JPA", 10);
BookJpaRepository jpaRepository = getBlockingRepository(...);

RxBookRepository rxRepository =
    new RxBookRepository(jpaRepository, scheduler);

Flux<Book> books = rxRepository
    .findByIdBetween(Mono.just(17), Mono.just(22));

books
    .subscribe(b -> log.info("Book: {}", b));
```

모든 블로킹 메서드를 래핑하는 것은 쉬운 일이 아닙니다. 이와 같은 접근 방식을 이용하면 JPA 지연
로드를 사용하지 못할 가능성이 큽니다. 또한 트랜잭션을 지원하려면 rxjava2-jdbc 라이브러리와 비슷
한 추가 작업이 필요합니다. 또는 모든 트랜잭션이 하나 이상의 블로킹 호출을 하지 않도록 세밀하게
블로킹 작업을 래핑해야 합니다.

지금까지 설명한 접근 방식은 블로킹 요청을 리액티브 논블로킹 실행으로 변환해주는 마법을 부리지는
못합니다. JPA 스케줄러를 구성하는 일부 스레드는 여전히 블로킹됩니다. 그러나 스케줄러와 풀에 대
한 세밀한 모니터링을 통해 응용 프로그램의 성능과 자원 사용 사이에 적절한 균형을 유지할 수 있습
니다.

리액티브 스프링 데이터 실습하기

이 장에서 배운 것을 종합해서 리액티브 영속성의 장점을 강조하기 위해 데이터베이스와 빈번하게 통
신하는 데이터 집약적인 리액티브 애플리케이션을 만들어보겠습니다. **6장 웹플럭스 – 비동기 논블로
킹 통신**에서 사용한 예제를 다시 살펴보겠습니다. 그 예제에서 Gitter 서비스(https://gitter.im)를 위
한 읽기 전용의 웹 프런트 엔드 애플리케이션을 만들어보겠습니다. 애플리케이션은 사전에 정해둔 대
화방에 접속하고 **SSE(Server-Sent Events)**를 이용해 접속 중인 사용자 전원에게 메시지를 다시 스
트리밍합니다. 추가적인 요구 사항으로 채팅 룸에서 가장 활동적인 유저 및 다른 유저가 가장 많이 호
출한 유저에 대한 통계를 집계해야 한다고 해봅시다. 이 채팅 애플리케이션을 위해 MongoDB를 사용

해 메시지와 사용자 프로파일을 저장하겠습니다. 저장된 정보는 통계를 다시 계산하는 목적으로도 사용될 수 있습니다. 다음 그림은 이런 애플리케이션 디자인을 보여줍니다.

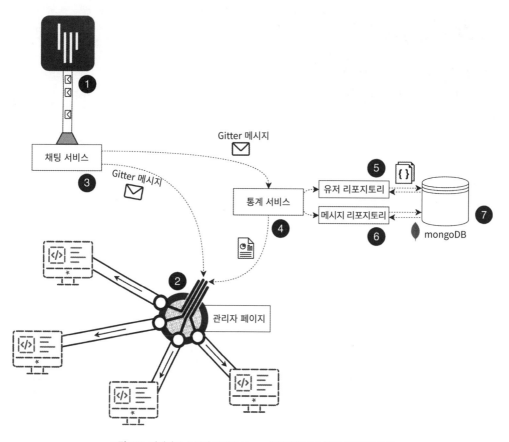

그림 7.18 리액티브 스프링 데이터 MongoDB를 활용한 채팅 애플리케이션

다음은 이 그림에 대한 설명입니다.

1. SSE를 통해 특정 대화방의 메시지를 스트리밍할 수 있는 Gitter 서버입니다. 이 서버는 외부 시스템으로서 예제 애플리케이션으로 데이터를 보내는 역할을 합니다.

2. 애플리케이션의 일부인 **관리자 페이지**입니다. 이 서비스는 브라우저로 실행되는 웹 애플리케이션입니다. Gitter에서 받은 채팅 메시지를 볼 수 있고 최신 통계 정보를 확인할 수 있습니다. 관리자 페이지는 웹플럭스 모듈을 사용해 SSE를 통해 유입되는 데이터를 리액티브 방식으로 처리합니다.

3. **채팅 서비스**입니다. 리액티브 WebClient를 사용해 Gitter 서버에서 유입되는 메시지를 수신합니다. 수신된 메시지는 WebClient로 브로드캐스팅되어 **관리자 페이지**와 **통계 서비스**로 보내집니다.

4. **통계 서비스**는 가장 활동적이며 다른 유저들이 가장 많이 호출한 사용자에 대한 통계를 계속 수집합니다. 통계 서비스는 **관리자 페이지**를 확인할 수 있도록 통계 자료를 지속해서 스트리밍합니다.

5. **유저 리포지토리**는 채팅 참가자에 대한 정보를 저장하고 검색하기 위해 MongoDB와 통신하는 리액티브 리포지토리입니다. 이것은 스프링 데이터 MongoDB 리액티브 모듈로 만들어졌습니다.

6. **메시지 리포지토리**는 채팅 메시지를 저장하고 검색하는 리액티브 리포지토리입니다. 마찬가지로 스프링 데이터 MongoDB 리액티브 모듈로 만들어졌습니다.

7. 애플리케이션 요구 사항을 만족하는 데이터 저장소로서 MongoDB를 선택했습니다. MongoDB는 스프링 데이터를 훌륭하게 지원하는 리액티브 드라이버를 가지고 있습니다.

이 애플리케이션에서는 데이터 흐름이 일정하며 블로킹 호출이 필요 없습니다. 채팅 서비스는 관리자 페이지와 통계 서비스로 메시지를 브로드캐스팅합니다. 통계 서비스는 채팅 메시지를 수신하면 통계를 다시 계산한 후 관리자 페이지로 통계 정보를 전송합니다. 웹플럭스 모듈은 네트워크 통신을 담당하며 스프링 데이터는 MongoDB와의 리액티브 상호 작용을 담당합니다. 더 자세한 구현에 대해서는 생략하겠습니다. 대신 통계 서비스에 관해서만 좀 더 살펴보겠습니다. 코드는 다음과 같습니다.

```java
public class StatisticService {
    private static final UserVM EMPTY_USER = new UserVM("", "");

    private final UserRepository userRepository;                        // (1)
    private final MessageRepository messageRepository;

    // Constructor...

    public Flux<UsersStatistic> updateStatistic(                        // (2)
        Flux<ChatMessage> messagesFlux                                  // (2.1)
    ) {
        return messagesFlux
            .map(MessageMapper::toDomainUnit)                           // (2.2)
            .transform(messageRepository::saveAll)                      // (2.3)
            .retryBackoff(Long.MAX_VALUE, Duration.ofMillis(500))      // (2.4)
            .onBackpressureLatest()                                     // (2.5)
            .concatMap(e -> this.doGetUserStatistic(), 1)              // (2.6)
            .errorStrategyContinue((t, e) -> {});                      // (2.7)
    }

    private Mono<UsersStatistic> doGetUserStatistic() {                 // (3)
```

```
        Mono<UserVM> topActiveUserMono = userRepository
            .findMostActive()                                        // (3.1)
            .map(UserMapper::toViewModelUnits)                       // (3.2)
            .defaultIfEmpty(EMPTY_USER);                             // (3.3)


        Mono<UserVM> topMentionedUserMono = userRepository
            .findMostPopular()                                       // (3.4)
            .map(UserMapper::toViewModelUnits)                       // (3.5)
            .defaultIfEmpty(EMPTY_USER);                             // (3.6)


        return Mono.zip(                                             // (3.7)
            topActiveUserMono,
            topMentionedUserMono,
            UsersStatistic::new
        ).timeout(Duration.ofSeconds(2));                           // (3.8)
    }
}
```

StatisticService 클래스를 분석해 봅시다.

1. StatisticService 클래스는 MongoDB 컬렉션과 리액티브 통신을 하기 위해 UserRepository 및 MessageRepository를 변수로 가집니다.

2. updateStatistic 메서드는 UsersStatistic 뷰-모델 오브젝트로 표시되는 통계 이벤트를 스트리밍합니다. 이 메서드는 messagesFlux(2.1)로 명명된 채팅 메시지에 대한 스트림을 매개변수로 받습니다. 이 메서드는 Flux<ChatMessage>를 구독하고 이를 원하는 형태로 변환한 다음(2.2), messageRepository를 사용해 MongoDB에 저장합니다(2.3). retryBackoff 연산자는 MongoDB 통신 과정에 발생할 수 있는 문제를 해결해주는 역할을 합니다(2.4). 또한 subscriber가 모든 이벤트를 처리할 수 없는 경우에는 오래된 메시지부터 삭제합니다(2.5). concatMap 연산자를 적용해 내부적으로 doGetUserStatistic 메서드를 호출해서 통계 정보를 재생성하는 프로세스를 시작합니다(2.6).

   여기서는 통계 결과의 올바른 순서를 보장하기 위해 concatMap 연산자를 사용합니다. 이는 연산자가 다음 서브 스트림을 생성하기 전에 내부 서브 스트림이 완료되기를 기다리기 때문입니다. 또한 통계를 재생성하는 중에는 errorStrategyContinue 연산자를 적용해 발생하는 오류를 무시합니다(2.7). 왜냐하면 애플리케이션에서 이 부분은 크게 중요하지 않기 때문에 약간의 문제가 발생하는 것을 허용합니다.

3. doGetUserStatistic 헬퍼 메서드는 사용자 순위를 집계합니다. 가장 활동적인 사용자를 집계하기 위해 userRepository에서 findMostActive 메서드를 호출하고(3.1) 결과를 다른 타입으로 매핑합니다(3.2). 대상이 없는 경우에는 미리 정의된 EMPTY_USER를 반환합니다(3.3). 마찬가지로 다른 사용자에 의해 가장 많이 호출된 사용자를 집계하기 위해 findMostPopular 메서드를 호출하고(3.4) 결과를 매핑한 후(3.5) 필요한 경우에는 기본값을 설정합니다(3.6). Mono.zip 연산자는 두 개의 리액티브 요청을 병합하고 UsersStatistic 클래스의 인스턴스를 생성합니다. 통계 재계산을 위한 시간 제한을 설정하기 위해 timeout 연산자를 이용합니다.

예제와 같은 우아한 코드를 사용하면 WebClient 객체에서 시작된 입력 메시지 스트림과 웹플럭스 모듈에서 처리된 SSE 출력 이벤트 스트림을 동시에 사용하는 것도 어렵지 않습니다. 자연스럽게 리액티브 파이프라인에 MongoDB 쿼리 작업을 위해 리액티브 스프링 데이터를 사용했습니다. 또한 이 파이프라인 내에서는 어떤 스레드도 블로킹되지 않았습니다. 결과적으로 이 애플리케이션은 서버 자원을 매우 효율적으로 사용합니다.

요약

이 장에서는 최신 애플리케이션에서 사용하는 데이터 영속성에 대해 많은 것을 배웠습니다. 마이크로서비스 아키텍처 내에서 발생하는 데이터 액세스의 문제점 및 특별한 특성을 가진 서비스를 구축하기 위해 다중 언어 영속성을 활용하는 방법도 설명했습니다. 또한 분산 트랜잭션을 구현하는 데 사용할 수 있는 옵션에 대해서도 개략적으로 알아봤습니다. 데이터 영속성에 대한 블로킹 방식 및 리액티브 방식의 장단점을 확인했고 블로킹 방식의 데이터 액세스 수준에서 리액티브 방식 지원을 하지 못하는 부분을 살펴봤습니다.

이 장에서는 스프링 데이터 프로젝트가 최근의 스프링 애플리케이션에 리액티브 데이터 액세스를 어떻게 우아하게 추가하고 있는지를 설명했습니다. 리액티브 MongoDB 커넥터와 Cassandra 커넥터의 기능과 구현 세부 사항을 학습했습니다. 또한 MongoDB 4의 다중 도큐먼트 지원에 대한 지원도 다뤘습니다. ADBA 및 R2DBC와 같은 차세대 언어 수준의 리액티브 데이터베이스 API의 현재 개발 상황도 설명했습니다. 이 두 접근법의 장단점을 탐구하고 스프링 데이터가 새로운 스프링 데이터 JDBC 모듈을 사용해 관계형 데이터베이스의 리액티브 리포지토리를 지원하는 방법을 학습했습니다.

또한 블로킹 드라이버 또는 블로킹 리포지토리를 리액티브 응용 프로그램과 통합하기 위해 현시점에 가능한 옵션에 대해 다뤘습니다. 이 모든 주제는 한 개의 장에서 다룰 수 없는 방대한 주제이기 때문에 여기서 살펴본 것은 빙산의 일각에 지나지 않습니다.

이 장의 시작 부분에서는 정적 데이터 저장소 및 데이터 스트림이 포함된 데이터베이스의 양면적인 특성에 대해 언급했습니다. 다음 장에서는 카프카와 RabbitMQ와 같은 메시징 시스템의 관점에서 리액티브 시스템과 리액티브 프로그래밍을 학습해 보겠습니다.

08

클라우드 스트림으로
확장하기

앞서 몇 개의 장에서 리액터 3와 함께 사용할 때 리액티브 프로그래밍 패러다임이 주는 즐거움을 알려줬습니다. 지금까지는 스프링 웹플럭스 및 스프링 데이터 리액티브를 사용해 리액티브 웹 응용 프로그램을 작성하는 방법에 대해 배웠습니다. 이 견고한 조합을 통해 높은 부하의 처리량을 가지는 애플리케이션을 구축하는 동시에 효율적인 자원 활용, 낮은 메모리 사용, 짧은 대기 시간 및 높은 처리량을 달성할 수 있습니다.

그러나 스프링 생태계와 함께 한다면 더 많은 것을 할 수 있습니다. 이 장에서는 스프링 클라우드 생태계가 제공하는 기능을 사용해 애플리케이션을 개선하는 방법과 **스프링 클라우드 스트림**(Spring Cloud Stream)을 사용해 완전한 리액티브 시스템을 구축하는 방법을 배울 것입니다. 또한, RSocket 라이브러리가 무엇인지와 빠른 스트리밍 시스템을 개발하는 데 어떻게 도움이 되는지 알아볼 것입니다. 마지막으로는 리액티브 프로그래밍 및 배압 지원을 기반으로 클라우드 네이티브 리액티브 시스템을 쉽게 만들게 해주는 **스프링 클라우드 펑션**(Spring Cloud Function) 모듈에 대해서도 설명합니다.

이 장에서 다루는 내용은 다음과 같습니다.

- 리액티브 시스템에서 메시지 브로커의 역할
- 스프링 프레임워크를 사용하는 리액티브 시스템에서 스프링 클라우드 스트림의 역할

- 스프링 클라우드 펑션을 사용하는 서버리스 리액티브 시스템

- 낮은 지연 시간으로 비동기 메시지 전달을 하는 응용 프로그램 프로토콜, RSocket

메시지 브로커, 메시지 기반 시스템의 핵심

1장 왜 리액티브 스프링인가?의 내용을 기억한다면 리액티브 시스템의 본질은 메시지 중심의 통신에 있다는 것을 기억할 것입니다. 또한 이전 장에서 리액티브 프로그래밍 기술을 적용해 프로세스 및 서비스 사이의 통신을 위한 비동기 상호 작용을 작성할 수 있음을 배웠습니다. 리액티브 스트림 스펙을 사용해 비동기 방식으로 배압과 오류를 관리할 수 있습니다. 이러한 모든 기능을 모아서 한 대의 컴퓨터 내에 고도의 리액티브 애플리케이션을 구축할 수 있습니다. 하지만 단일 노드 애플리케이션에는 하드웨어 제한 사항으로 발생하는 제약이 있습니다. 대표적으로, 시스템 전체를 종료하지 않고 CPU, RAM 및 하드 드라이브와 같은 새로운 리소스를 추가할 수 없습니다. 사용자가 전 세계에 분포할 수 있고 사용자마다 다른 사용자 경험을 가지게 됩니다. 단일 노드 시스템의 경우, 이런 상황에서는 별다른 이점이 없다고 할 수 있습니다.

 여기서 **사용자 경험이 다르다**는 것은 애플리케이션의 서버 위치와 사용자 위치 간의 거리에 따라 지연 시간이 달라진다는 것을 의미합니다.

이러한 제약점은 모노리스 애플리케이션을 마이크로서비스로 분할해 해결할 수 있습니다. 이 기법의 핵심 아이디어는 위치 투명성을 보장하는 탄력적인 시스템을 만드는 것입니다. 그러나 이러한 애플리케이션 구축 방식은 서비스 관리, 모니터링 및 서비스 스케일링과 같은 새로운 범주의 문제점을 가지고 있습니다.

서버사이드 로드 밸런싱

분산 시스템 개발의 초기 단계에서 위치 투명성과 탄력성을 얻는 방법 중 하나는 HAProxy/Nginx와 같은 외부 로드 밸런서를 진입점으로 사용하거나 전체 시스템에 대한 중앙 로드 밸런서로 사용하는 것입니다. 다음 그림을 살펴보겠습니다.

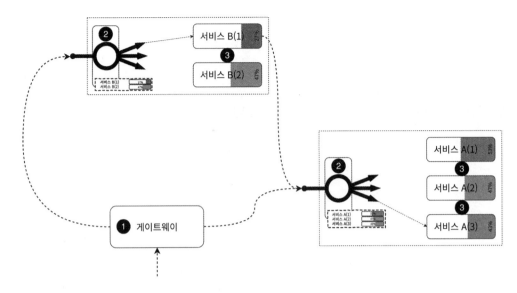

그림 8.1 외부 서비스를 사용하는 로드 밸런싱 예제

다음은 그림의 각 번호에 대한 설명입니다.

1. 여기서 게이트웨이의 역할을 하고 모든 사용자의 요청을 조율합니다. 게이트웨이는 **서비스 A**와 **서비스 B**를 각각 호출합니다. 서비스 A가 액세스 제어의 역할을 한다고 가정합시다. 서비스 A는 호출에 포함된 액세스 토큰이 올바른지 확인하고 해당 요청이 게이트웨이 접근에 대한 적합한 권한을 가지고 있는지 체크합니다. 액세스가 확인되면 두 번째 호출이 수행되며 이는 서비스 B에서 비즈니스 로직을 실행하기 위한 적합한 권한이 있는지 확인하기 위해 다시 서비스 A를 호출합니다.

2. 로드 밸런서의 개념적인 표현입니다. 오토 스케일링을 사용하려면 로드 밸런서가 해당 서비스의 전체 로드 상태를 제공해야 하고 이를 위해 커넥션 수와 같은 메트릭을 수집할 수 있어야 합니다. 또는 로드 밸런서가 응답 대기 시간을 수집하고 이를 기반으로 서비스의 상태에 대한 몇 가지 추측을 할 수 있습니다. 로드 밸런서는 주기적으로 이 정보를 상태 정보와 결합해 로드가 감소할 때는 중복 노드를 할당 해제하거나 로드가 증가할 때는 스파이크에 추가 리소스를 할당하기 위해 외부 메커니즘을 호출할 수 있습니다.

3. 전용 로드 밸런서(2)로 그룹화된 서비스의 개별 인스턴스들입니다. 각 서비스는 독립적으로 작동하는 노드 또는 시스템일 수 있습니다.

그림에서 보듯이 로드 밸런서는 하위 인스턴스의 레지스트리 역할을 수행합니다. 각 서비스 그룹에는 모든 인스턴스 간의 로드를 관리하는 로드 밸런서가 있습니다. 다음으로 로드 밸런서는 전체 그룹 로드 및 메트릭을 기반으로 스케일링 프로세스를 시작할 수 있습니다. 예를 들어 사용자 활동이 급증하는 경우 새 인스턴스를 그룹에 동적으로 추가해 증가된 로드를 처리합니다. 로드가 감소하면 로드 밸런서(메트릭 홀더)가 그룹에 불필요한 인스턴스가 있음을 알리는 알림을 보낼 수 있습니다.

이 책의 목적에 집중하기 위해 오토 스케일링 기술에 대해서는 더 언급하지 않겠습니다. 하지만 **10장 자! 드디어 릴리즈다**에서 스프링 프레임워크 5가 제공하는 모니터링 및 상태 검사 기능에 대해서는 다루도록 하겠습니다.

그러나 이 솔루션에는 몇 가지 알려진 문제점이 있습니다. 우선, 로드가 높을 때 로드 밸런서가 시스템의 핫스팟이 될 수 있습니다. Amdahl의 법칙을 돌이켜 보면 로드 밸런서가 병목 포인트가 되고 서비스 그룹의 최대 처리량이 로드 밸런서의 처리량을 넘을 수 없다는 것을 기억할 것입니다. 각 전용 로드 밸런서는 별도의 강력한 머신이나 가상 머신을 필요로 하기 때문에 로드 밸런서에 지불하는 비용이 높을 수밖에 없습니다. 또한 추가 백업 시스템에도 로드 밸런서를 설치해야 할 수 있습니다. 마지막으로 로드 밸런서를 관리하고 모니터링하기 위해 인프라 관리 비용이 추가로 발생할 수 있습니다.

 일반적으로 서버 사이드 로드 밸런싱은 오랜 기간 검증된 기술이며 대부분 상황에 사용할 수 있습니다. 제한이 있기는 하지만, 여전히 신뢰할 수 있는 솔루션입니다. 기술 및 사용 사례에 대해 자세히 알아보려면 다음 링크를 참고하세요.

https://aws.amazon.com/ru/blogs/devops/introducing-application-load-balancer-unlocking-and-optimizing-architectures/

스프링 클라우드와 Ribbon을 이용한 클라이언트 사이드 로드 밸런싱

다행스럽게도 스프링 클라우드 생태계가 서버 측 로드 밸런서가 시스템의 핫 포인트가 되는 문제를 해결하려고 합니다. 스프링 팀은 외부 로드 밸런서에 대한 해결책을 제공하는 대신, 넷플릭스의 분산 시스템 구축 사례를 따르기로 했습니다. 확장성 및 위치 투명성을 달성하는 방법 중 하나는 클라이언트 측 로드 밸런싱을 사용하는 것입니다.

클라이언트 측 로드 밸런싱 개념은 간단합니다. 즉, 각 서비스가 다른 서비스의 가용한 인스턴스를 확인하기 위해서 특정한 클라이언트와 통신을 시도합니다. 이를 통해 서비스 간 로드 균형을 쉽게 맞출 수 있습니다.

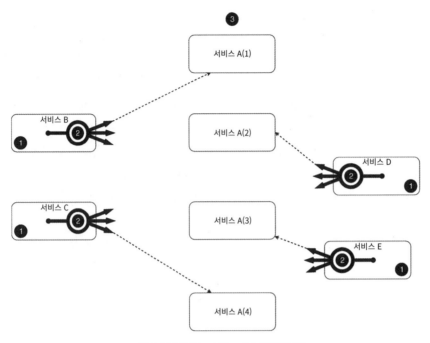

그림 8.2 클라이언트 사이드 로드 밸런싱 예시

이 그림에서 각 번호가 의미하는 바는 다음과 같습니다.

1. **서비스 A**와 통신하는 서비스입니다.

2. 클라이언트 측 로드 밸런서입니다. 그림에서 보듯이 로드 밸런서는 각 서비스의 일부입니다. 따라서 모든 조정은 실제 HTTP 호출이 발생하기 전에 수행돼야 합니다.

3. **서비스 A** 인스턴스 그룹입니다.

예제에서는 호출하는 서비스들이 **서비스 A**의 다른 복제본을 호출했습니다. 이 기법은 전용 외부 로드 밸런서에 대한 의존성을 제거해주는 효과가 있습니다만(확장성은 더 좋으나), 몇 가지 한계가 있습니다. 우선, 이러한 로드 밸런싱 기술을 클라이언트 측 로드 밸런싱이라고 부릅니다. 결과적으로 다른 서비스를 호출하는 클라이언트는 모든 요청을 로컬에서 로드 밸런싱해 대상 서비스의 인스턴스를 선택해야 합니다. 이 기법을 사용하면 단일 장애 지점이 없으므로 확장성이 향상됩니다. 반면에 서비스의 가용성에 대한 정보는 시스템의 나머지 서비스에서 어떻게든 접근할 수 있어야 합니다.

서비스 탐색에 사용되는 현대적인 기술에 익숙해지기 위해 자바 및 스프링 생태계에서 인기 있는 라이브러리 중 하나인 Ribbon을 사용해 볼까 합니다. Ribbon 라이브러리는 넷플릭스에서 만든 클라이언트 측 로드 밸런서 패턴을 구현한 것입니다. Ribbon은 서비스 가용성을 확인하기 위한 두 가지 일반적인 기법을 제공합니다. 이러한 정보를 제공하는 가장 간단한 방법은 사전에 구성된 정적 서비스 목록을 사용하는 것입니다. 이 기법은 다음 그림에 묘사돼 있습니다.

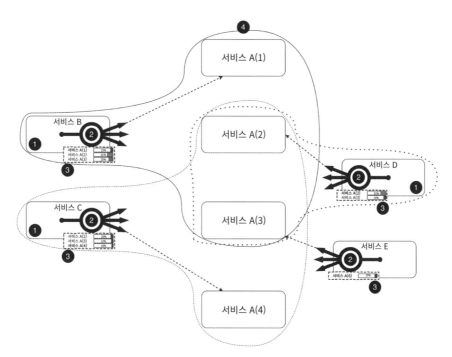

그림 8.3 사전에 정의된 정적 서버 리스트를 이용해 넷플릭스 Ribbon을 적용한 클라이언트 측 로드 밸런싱

이 그림에서 각 번호는 다음을 의미합니다.

1. **서비스 A**와 통신하는 서비스들입니다.

2. 클라이언트 측 로드 밸런서입니다. 각 서비스는 다른 서비스 인스턴스 그룹에 대한 액세스 권한을 가집니다.

3. 사전 정의된 **서비스 A** 인스턴스의 목록을 나타냅니다. 여기서 각각의 서비스는 대상 **서비스 A** 인스턴스 각각에 대한 부하를 독립적으로 측정하고, 부하를 참조해 로드 밸런싱을 처리합니다. 목록에서 굵게 표시된 인스턴스는 **서비스 A**의 인스턴스 중 현재 참조 중인 인스턴스입니다.

4. **서비스 A** 인스턴스 그룹입니다.

앞의 그림에서 각각의 테두리는 다른 서비스가 알고 있는 **서비스 A** 인스턴스의 정보 범위를 나타냅니다. 안타깝게도 클라이언트 측 로드 밸런싱 기술에는 동기화되지 않는 정보가 존재합니다. 우선 클라이언트 측 로드 밸런서 사이에는 상호 통신이 없으므로 그림에 보이는 것처럼 모든 발신자가 동일한 인스턴스를 호출하는 경우에는 과부하를 발생시킬 수 있습니다.

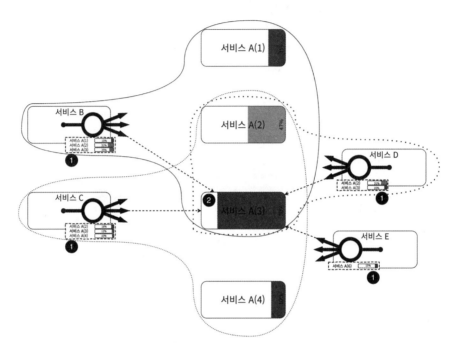

그림 8.4 서로 동기화되지 로드 밸런싱을 사용할 때 문제가 되는 위치

그림의 각 번호에 대한 설명입니다.

1. 사전 정의된 **서비스 A** 인스턴스 목록을 가진 다른 서비스들입니다. 로컬 부하 측정은 서비스마다 다릅니다. 그림에서는 모든 서비스가 **서비스 A**의 동일한 인스턴스를 호출하는 경우를 표시하고 있습니다. 이로 인해 3번 인스턴스에 대한 부하가 급증할 수 있습니다.

2. **서비스 A** 인스턴스 중 하나입니다. 인스턴스의 실제 로드는 다른 서비스들이 직접 측정해 로컬에 저장하고 있는 정보와는 다를 수 있습니다.

아울러 이렇게 서비스 인스턴스의 목록을 사용해 로드를 관리하는 방법은 간단하지만 리액티브 요구 사항과는 거리가 멉니다. 특히 부하를 탄력적으로 관리하는 관점에서 요구 사항을 만족시키지 못합니다.

리액티브 선언문의 관점에서 볼 때 **탄력성(elasticity)**은 수요 증가에 대응해 동적으로 시스템 처리량을 늘리고 수요가 감소하면 자원 사용을 감소시키는 능력을 의미합니다.

이를 해결하기 위해 Ribbon은 유레카(Eureka)와 같은 서비스 레지스트리와 통합할 수 있습니다. 레지스트리 서비스는 서비스 복제본에 대한 가용성을 지속적으로 업데이트합니다. 다음 그림을 보겠습니다.

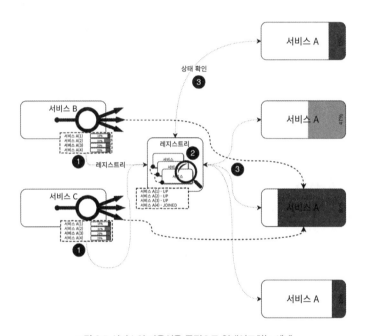

그림 8.5 서비스의 가용성을 동적으로 업데이트하는 예제

각 번호는 다음을 의미합니다.

1. **서비스 A** 인스턴스 목록을 가진 다른 서비스들입니다. **서비스 A**의 활성 인스턴스 목록을 최신 상태로 유지하기 위해 클라이언트 측 로드 밸런서는 레지스트리 (2)에서 최신 정보를 정기적으로 가져와서 목록을 업데이트합니다.

2. 서비스 레지스트리입니다. 그림에서 보듯이 레지스트리 서비스는 발견된 서비스와 상태에 대한 목록을 보관하고 업데이트합니다.

3. 점선은 서비스의 상태를 점검하는 **통신(heart-beat)**을 나타냅니다.

그림에서 보듯이 클라이언트 측 로드 밸런서는 조정에 대한 문제가 있습니다. 레지스트리는 정상적인 서비스 인스턴스 목록을 유지하고 지속적으로 업데이트해야 합니다. 여기서 클라이언트 측 로드 밸런서와 레지스트리 서비스는 모두 대상 서비스 인스턴스의 로드에 대한 정보를 보유할 수 있으며, 클라이언트 측 밸런서는 내부 로드 통계를 레지스트리 서비스에서 수집한 로드와 주기적으로 동기화할 수 있습니다. 또한 모든 이해 당사자는 해당 정보에 액세스해 그 정보를 기반으로 부하 분산을 실행할 수 있습니다. 사용 가능한 서비스 목록을 관리하는 이 방법은 정적 목록을 관리하는 방법보다 훨씬 광범위하므로 사용 가능한 대상 목록을 동적으로 업데이트할 수 있습니다.

이 기법은 작은 서비스 클러스터에서 잘 작동합니다. 그러나 공유 레지스트리를 사용하는 동적 서비스의 발견은 이상적이지 않습니다. 서버 측 로드 밸런싱과 마찬가지로 유레카와 같은 고전적인 레지스트리 서비스는 시스템 상태의 정보를 업데이트하고 정확하게 유지하는 데 많은 노력이 필요하기 때문에 단일 실패 지점이 됩니다. 예를 들어 클러스터의 상태가 급속하게 변경된 상황이라면 등록된 정보는 현재 상황을 반영하지 못한 오래된 정보일 수 있습니다. 서비스 상태를 추적하기 위해 서비스 인스턴스는 주기적으로 하트-비트 메시지를 보냅니다. 대안으로, 레지스트리가 주기적으로 상태 점검 요청을 실행할 수 있습니다. 두 경우 모두 매우 빈번한 상태 업데이트로 인해 클러스터 리소스의 자원을 과도하게 사용할 수 있습니다. 따라서 상태 체크 사이의 간격은 보통 2초에서 몇 분(유레카의 경우 30초)입니다. 결과적으로 레지스트리는 마지막 상태 검사 시점에는 정상이었지만, 현재는 다운된 인스턴스를 보내줄 수도 있습니다. 따라서 클러스터가 동적일수록 중앙 집중식 레지스트리를 사용해 서비스의 상태를 정확하게 추적하는 것이 어렵습니다.

또한 모든 로드 밸런싱은 클라이언트 측에서 발생합니다. 이로 인해 조정되지 않은 로드 밸런싱에 대한 문제는 여전히 발생합니다. 즉, 서비스의 실제 부하가 불균형을 일으킬 수 있는 가능성이 있습니다. 또한 분산 시스템에서 서비스 메트릭을 기반으로 한 클라이언트 측 로드 밸런서가 제공하는 정보를 더 정확하게 만드는 것은 또 다른 도전 과제이며, 이전 과제보다 훨씬 어려울 수 있습니다. 따라서 리액티브 시스템을 구축하기 위해 보다 효과적인 솔루션을 찾아야 합니다.

이 절에서는 매우 유명한 스프링 클라우드 discovery/registry 서비스인 유레카에 대해 다뤘습니다. 자세한 내용은 https://cloud.spring.io/spring-cloud-netflix/ 링크를 참조하세요. 일반적으로 클라이언트 측 로드 밸런싱은 대상 서비스 인스턴스의 부하를 분산시키는 효율적인 기법입니다.

또한 클라이언트 측 로드 밸런싱을 예측할 수 있는 알고리즘이 있으므로 앞에서 설명한 대부분의 문제는 피할 수 있습니다. 자세한 내용은 https://www.youtube.com/watch?v=6NdxUY1La2I 페이지를 참조하십시오.

탄력적이고 신뢰성 있는 메시지 전달 계층 역할의 메시지 브로커

다행히도 리액티브 선언문은 서버 및 클라이언트 측 로드 밸런싱과 관련된 문제의 솔루션을 제공합니다.

> "명시적인 메시지 전달을 사용하면 시스템의 메시지 큐 형태 정의, 모니터링 및 필요 시 배압 적용을 이용한 부하 관리, 탄력성 확보 및 흐름 제어가 가능합니다."

이 문장은 메시지를 전송할 목적으로 독립적인 메시지 브로커를 적용한 것으로 해석할 수 있습니다. 다음 그림을 참고하세요.

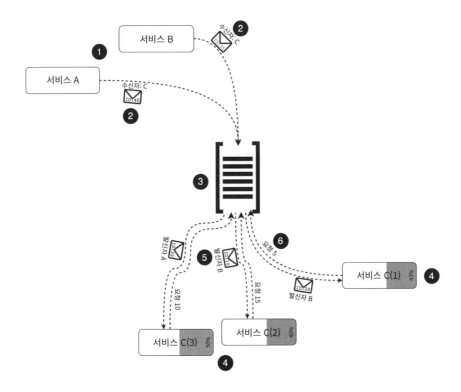

그림 8.6 메시지 큐를 명시적으로 사용해 로드 밸런싱하는 예제

이 그림에서 각 번호에 대한 설명은 다음과 같습니다.

1. 이것은 발신 서비스입니다. 그림에서 보듯이 발신 서비스는 메시지 대기열의 위치와 수신자의 서비스 이름을 알고 있으므로 스스로를 수신 서비스 인스턴스에서 격리시킬 수 있습니다. 이 통신 형태는 서버 측 로드 밸런싱과 유사합니다. 그러나

중요한 차이점 중 하나는 발신 서비스와 최종 수신자 간의 통신이 비동기적으로 동작한다는 것입니다. 이러한 통신 모델에서는 요청을 처리하는 동안 접속을 계속 유지하지 않아도 됩니다.

2. 발신 메시지 형태입니다. 예제에서 메시지는 수신자의 서비스 이름 및 메시지 ID에 대한 정보를 가지고 있습니다.

3. 메시지 큐입니다. 여기서 메시지 큐는 독립적인 서비스로 작동합니다. 사용자는 **서비스 C** 인스턴스 그룹에 메시지를 보낼 수 있고 메시지를 처리할 여유가 있는 인스턴스가 메시지를 처리합니다.

4. 수신자 서비스의 인스턴스입니다. 각각의 **서비스 C** 인스턴스는 평균적으로 동일한 부하를 받습니다. 왜냐하면 각각의 인스턴스가 처리량을 공개해 배압을 제어할 수 있기 때문입니다(6). 따라서 메시지 큐는 전체 처리량을 감안해 유입되는 메시지를 양을 조절할 수 있습니다(5).

우선 모든 요청은 메시지 큐를 통해 여유가 있는 워커에게 전송됩니다. 또한 메시지 큐는 워커 중 하나가 새 메시지를 요청할 때까지 메시지를 보관합니다. 이러한 방식으로 메시지 큐는 시스템에 있는 워커의 수를 알 수 있고 그 정보를 기반으로 부하를 관리할 수 있습니다. 각 워커는 내부적으로 배압을 관리하고 각 워커의 현재 상태에 따라 메시지를 수신할 수 있습니다. 보류 중인 메시지의 수를 모니터링해서 작업 중인 워커의 수를 늘릴 수 있습니다. 또한 워커의 메시지 요청에도 즉각적으로 메시지를 보내줄 수 없는 상황이라면 작업 워커의 수를 줄일 수 있습니다.

메시지 큐는 클라이언트 측 로드 밸런싱의 문제를 해결했지만, 서버 측 로드 밸런싱과 비슷한 솔루션으로 회귀할 수도 있으며, 이 경우 메시지 큐가 시스템의 병목이 될 수도 있지 않을까 하고 걱정할 수도 있습니다. 그러나 이것은 사실이 아닙니다. 우선 메시지 큐를 이용하는 통신 모델은 서버 측 로드 밸런싱과는 조금 다릅니다. 사용 가능한 서비스를 검색하고 요청을 보낼 사람을 결정하는 대신 메시지 큐는 들어오는 메시지를 큐에 넣습니다. 그런 다음 워커가 메시지를 요청하면 큐에 있던 메시지가 전송됩니다. 따라서 여기에는 분리돼 있을 뿐 아니라 어쩌면 독립적이라고 할 수 있는 두 단계가 있습니다. 그 두 단계는 다음과 같습니다.

- 메시지를 수신하고 큐에 넣는 단계(매우 빠름).
- 워커가 메시지를 요청할 때 메시지 전송.

또한 수신자 그룹별로 메시지 큐를 복제할 수도 있습니다. 이를 통해 시스템의 확장성을 향상시키고 병목 현상을 피할 수 있습니다. 다음 그림을 참고하세요.

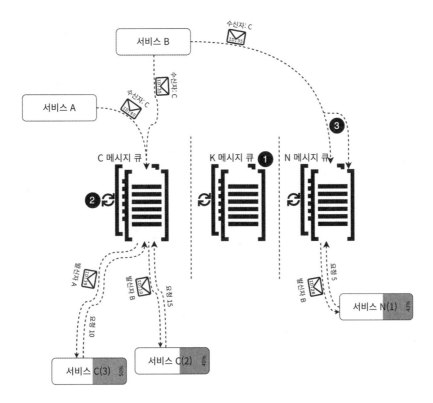

그림 8.7 메시지 큐를 이용한 시스템 확장

각 번호에 대한 설명은 다음과 같습니다.

1. 데이터 복제가 가능한 메시지 큐를 나타냅니다. 예제에서는 서비스 그룹별로 복제된 메시지 큐가 몇 개 있습니다.

2. 동일한 수신자 그룹에 대한 복제본 간의 상태 동기화를 나타냅니다.

3. 복제본 간의 로드 밸런싱(예: 클라이언트 측 로드 밸런싱)을 나타냅니다.

예제에서는 수신자 그룹마다 큐가 존재하고 각각의 큐에는 복제본이 있습니다. 그러나 부하는 그룹마다 다를 수 있으므로 특정 그룹에 과부하가 걸리면 다른 그룹은 작업 없이 휴면 상태에 놓이는 낭비 요소가 있을 수 있습니다. 따라서 메시지 큐를 별도의 서비스로 가지는 대신 가상의 큐를 지원하는 메시지 브로커를 사용할 수 있습니다. 이렇게 하면 여러 개의 수신자 그룹이 하나의 메시지 브로커 공유할 수 있게 되고, 전체적인 시스템 부하가 감소하므로 인프라에 투입되는 비용을 줄일 수 있습니다. 또한 메시지 브로커는 리액티브 시스템일 수 있습니다. 결과적으로 메시지 브로커는 탄력적이고 복원력이 있으며 비동기 논블로킹 메시지 전달을 사용해 내부 상태를 공유할 수 있습니다. 다음 그림을 참고하세요.

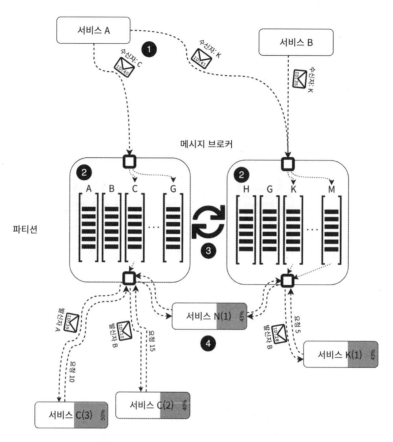

그림 8.8 분산된 메시지 브로커를 활용한 탄력성

이 그림의 각 번호에 대한 설명은 다음과 같습니다.

1. 파티션으로 분할된 클라이언트 측 로드 밸런서를 호출하는 서비스입니다. 일반적으로 메시지 브로커는 앞서 언급한 기술을 사용해 파티션 검색을 수행하고 클라이언트와 정보를 공유할 수 있습니다.

2. 파티션으로 분할된 메시지 브로커를 나타냅니다. 예제에서 각 파티션에는 지정된 수의 수신자(토픽)가 있습니다. 또한 각 파티션에는 복제본이 있을 수 있습니다.

3. 파티션 재조정을 나타냅니다. 메시지 브로커는 추가적인 리밸런싱 메커니즘을 사용할 수 있으므로 클러스터에 새로운 수신자 또는 새 노드가 추가되는 경우에도 브로커를 쉽게 확장할 수 있습니다.

4. 다른 파티션의 메시지를 수신할 수 있는 수신자입니다.

앞의 그림은 애플리케이션의 신뢰할 만한 백본 시스템으로 사용할 수 있는 메시지 브로커의 여러 가지 디자인을 보여줍니다. 그림에서 보듯이 메시지 브로커는 시스템에 필요한 만큼의 가상 대기열을 가질 수 있습니다.

최근의 메시지 브로커는 궁극적인 일관성 및 메시지 멀티 캐스팅과 같은 상태 공유 기술을 채택해 결과적으로 시스템 탄력성을 달성하고 있습니다. 메시지 브로커는 배압 지원 및 반복 재생(replayability)을 보장하는 비동기 메시지 전송을 위한 안정적인 계층이 될 수 있습니다.

 예를 들어 속도가 빠른 저장소에 메시지를 저장하거나 메시지를 복제하는 기법을 사용해 메시지 브로커의 신뢰성을 확보할 수 있습니다. 그러나 메시지가 피어 투 피어로 전송되는 경우나 메시지를 저장하지 않는 메시지 브로커보다 성능이 떨어지는 경우에는 다른 방법을 사용해야 할 수도 있습니다.

이 말은 어떤 의미일까요? 메시지 브로커가 손상된 경우에도 단 하나의 메시지도 유실되지 않는다는 뜻입니다. 이후에 메시징 브로커가 복구되면 그 동안 전달되지 못한 모든 메시지가 정상적으로 전달됩니다.

요약하면, 메시지 브로커 기법이 시스템의 전반적인 확장성을 향상시킨다는 결론을 내릴 수 있습니다. 이 경우 메시지 브로커가 리액티브 시스템으로 작동하기 때문에 탄력적인 시스템을 쉽게 구축할 수 있습니다. 따라서 이제 통신에 더 이상 병목 현상이 발생하지 않을 것입니다.

메시지 브로커의 현황

대부분 비즈니스 요구 사항을 만족시키기 위해 메시지 브로커를 사용한다는 아이디어는 꿈과 같은 일이지만, 직접 메시지 브로커를 구현하는 것은 악몽일 수 있습니다. 다행히도 요즘에는 몇 가지 강력한 오픈소스 솔루션이 있습니다. 가장 인기 있는 메시지 브로커 및 메시징 플랫폼에는 RabbitMQ, 아파치 카프카, 아파치 펄사(Pulsar), 아파치 RocketMQ, NATS, NSQ 등이 있습니다.

 다음 링크에서 메시지 브로커를 비교한 결과를 확인할 수 있습니다.

아파치 RocketMQ와 아파치 카프카:

https://rocketmq.apache.org/docs/motivation/#rocketmq-vs-activemq-vs-kafka

RabbitMQ와 카프카와 NSQ:

https://stackshare.io/stackups/kafka-vs-nsq-vs-rabbitmq

아파치 펄사와 아파치 카프카:

https://streaml.io/blog/pulsar-streaming-queuing

스프링 생태계와 연결해주는 스프링 클라우드 스트림

앞서 언급한 모든 솔루션은 서로 경쟁하고 있으며 더 짧은 대기 시간이나 메시지 전달 보장, 메시지 영속성 보장 등 다양한 장점이 있습니다.

하지만 이 책은 스프링 생태계와 리액티브 방식으로 통합하는 것에 대한 책이므로 메시지 브로커와 큰 어려움 없이 통합할 수 있도록 스프링이 제공하는 것이 무엇인지를 이해하는 것이 중요합니다.

스프링 클라우드를 사용해 견고한 메시지 기반 시스템을 구축하는 강력한 방법 중 하나는 스프링 클라우드 스트림(Spring Cloud Streams)을 사용하는 것입니다. 스프링 클라우드 스트림은 비동기식 다중 서비스 메시징을 위한 단순한 프로그래밍 모델을 제공합니다. 스프링 클라우드 스트림 모듈은 스프링 Integration 모듈과 스프링 메시지(Spring Message) 모듈을 기반으로 구축됐습니다. 이로 인해 외부 서비스와 쉽게 연계할 수 있으며 비동기 메시지 서비스와도 쉽게 통합할 수 있습니다. 또한 스프링 클라우드 스트림을 이용하면 지나치게 복잡한 설정을 하지 않고 특정 메시지 브로커에 대한 깊은 지식이 없는 상태에서도 탄력적인 애플리케이션을 구축할 수 있습니다.

 안타깝게도 스프링 프레임워크와 통합할 수 있는 메시지 브로커는 많지 않습니다. 이 글을 쓰는 순간, 스프링 클라우드 스트림은 RabbitMQ와 아파치 카프카 두 가지만 사용할 수 있습니다.

스프링 클라우드 스트림을 사용해 리액티브 시스템을 구축하는 기본적인 방법을 이해하기 위해 **7장 리액티브 방식으로 데이터베이스 사용하기**에서 사용한 리액티브 채팅 애플리케이션을 새롭게 리액티브 스프링 클라우드 스택으로 업그레이드해 보겠습니다.

우선 애플리케이션 디자인을 다시 한 번 살펴보겠습니다. 애플리케이션은 개념적으로 세 부분으로 구성돼 있습니다. 첫 번째 부분은 ChatService라는 커넥터 서비스입니다. 이 서비스는 서버에서 보낸 이벤트 스트림인 Gitter 서비스와의 통신을 구현합니다. 메시지 스트림은 최종 사용자에게 직접 메시지를 전송하는 역할을 담당하는 ChatController와 데이터베이스에 메시지를 저장하고 변경 사항에 따라 통계를 다시 계산하는 StatisticService 간에 공유됩니다. 7장에서는 세 부분 모두 하나의 모노리스 애플리케이션으로 구성했습니다. 또한 시스템의 각 구성 요소는 스프링 프레임워크의 DI를 사용해 연결했습니다. 아울러 비동기 논블로킹 메시징은 리액터 3 리액티브 타입을 이용했습니다. 궁금한 것은 모노리스 애플리케이션을 마이크로서비스로 분해하면서 발생하는 컴포넌트 간 통신을 위해 스프링 클라우드 스트림에서 리액티브 타입을 사용할 수 있는지입니다.

다행히 스프링 클라우드 2부터는 리액터 타입을 통한 통신을 지원합니다. 이전에는 위치 투명성이 모노리스 응용 프로그램 내의 컴포넌트 사이의 느슨한 결합과 관련돼 있었습니다. IoC(Inversion of Control)를 사용하면 각 컴포넌트가 다른 컴포넌트의 구현에 대해 알지 못하더라도 컴포넌트 인터페이스에 액세스할 수 있습니다. 클라우드 생태계에서는 액세스 인터페이스 외에 도메인 이름(컴포넌트 이름)을 알아야 합니다. 예제에서는 전용 큐의 이름을 알아야 합니다. 스프링 클라우드 스트림에서는 인터페이스를 통한 통신을 대체하기 위해 서비스 간의 통신을 지원하는 두 가지 애노테이션을 제공합니다.

 위치 투명성(Location Transparency)에 대해 자세히 알아보려면 다음 링크를 참조하세요.

TIP　　http://wiki.c2.com/?LocationTransparency

첫 번째 애노테이션은 @Output입니다. 이 애노테이션은 메시지를 전달할 큐 이름을 정의합니다. 두 번째 애노테이션은 메시지를 수신하는 큐를 정의하는 @Input입니다. 이러한 방식은 인터페이스 호출 방식을 대체할 수 있고 메서드를 호출하는 대신 특정 큐로 메시지를 보낼 수 있습니다. 메시지 브로커로 메시지를 보내기 위해 애플리케이션을 변경해야 하는 부분을 살펴보겠습니다.

```
@SpringBootApplication                                          // (1)
@EnableBinding(Source.class)                                    // (1.1)
@EnableConfigurationProperties(...)

/* @Service */                                                  // (1.2)
public class GitterService
    implements ChatService<MessageResponse> {
    ...                                                         // (2)
    @StreamEmitter                                              // (3)
    @Output(Source.OUTPUT)                                      // (3.1)
    public Flux<MessageResponse> getMessagesStream() { ... }

    @StreamEmitter                                              // (4)
    @Output(Source.OUTPUT)
    public Flux<MessageResponse> getLatestMessages() { ... }

    public static void main(String[] args) {                   // (5)
        SpringApplication.run(GitterService.class, args);
    }
}
```

이 코드는 실제 구현과 함께 코딩에서의 차이점도 보여줍니다. 여기서 /* 주석 내용 */은 삭제한 코드를 나타내며 굵은 글씨로 처리된 부분은 새로 추가된 코드를 의미합니다. 스타일이 지정되지 않은 코드는 아무것도 변경되지 않았음을 의미합니다.

다음은 이 코드의 각 번호에 대한 설명입니다.

1. SpringBootApplication 애노테이션입니다. (1.1)에서 스프링 클라우드 스트림을 스트리밍 인프라와 통합해주는 @EnableBinding 애노테이션을 사용했습니다(예: 아파치 카프카와의 통합). 다음으로 모노리스 애플리케이션에서 분산 애플리케이션으로 마이그레이션했기 때문에 @Service 애노테이션을 제거했습니다(1.2). 이제는 작은 독립 애플리케이션으로 해당 컴포넌트를 실행할 수 있으므로 더 쉽게 확장이 가능합니다.

2. 변경되지 않은 필드 및 생성자 목록은 생략했습니다.

3. 이것은 메시지의 Flux 선언을 나타냅니다. 이 메서드는 Gitter로부터 수신한 메시지의 스트림을 반환합니다. 여기에서 핵심 역할은 @StreamEmitter 애노테이션입니다. 이 애노테이션은 발생하는 스트림이 리액티브 소스라는 것을 확실하게 해줍니다. 대상 채널을 정의하기 위해 @Output을 사용해 채널의 이름을 정의합니다. 대상 채널의 이름은 바인딩된 채널 목록(1.1)에 있어야 합니다.

4. getLatestMessages는 최신 Gitter 메시지의 스트림을 반환하고 대상 채널로 보냅니다.

5. 스프링 부트 애플리케이션을 부트 스트랩하는 데 사용되는 main 메서드 선언입니다.

예제에서 보듯이 비즈니스 로직 관점에서 큰 변화는 없었습니다. 다시 말해, 몇 가지 스프링 클라우드 스트림 애노테이션을 적용하는 것만으로 많은 인프라 설정 로직이 추가됐습니다. 먼저 @SpringBootApplication을 사용해 서비스를 별도의 스프링 부트 애플리케이션으로 변경했습니다. @Output(Source.OUTPUT)을 적용해 메시지 브로커에 대상 큐의 이름을 정의했습니다.

마지막으로 @EnableBinding, @StreamEmitter는 애플리케이션이 메시지 브로커에 바인딩되고, 애플리케이션이 시작할 때 getMessagesStream() 및 getLatestMessages() 메서드가 실행된다는 것을 의미합니다.

@StreamEmitter 및 제한 사항에 대한 자세한 내용은 다음 링크를 참고 바랍니다.

https://docs.spring.io/spring-cloud-stream/docs/current/reference/htmlsingle/#spring-cloud-stream-overview-reactive-programming-support

또한 스프링 클라우드 스트림의 애노테이션 모델에 대한 기본적인 이해를 원한다면 다음 링크를 참고 바랍니다.

https://docs.spring.io/spring-cloud-stream/docs/current/reference/htmlsingle/#_programming_model

자바 애노테이션 이외에도 스프링 클라우드 스트림의 바인딩 설정을 추가해야 합니다. 이를 위해 스프링 설정 파일에 다음과 같은 속성을 추가합니다(이 경우 application.yml).

```
spring.cloud.stream:
    bindings:
        output:                                           // (1)
            destination: Messages                         // (2)
            producer:                                     // (3)
                requiredGroups: statistic, ui             // (4)
```

(1)에서 bindings 하위 속성으로 Source.OUTPUT에 정의된 채널의 이름에 대한 키를 추가했습니다. 이렇게 하면 org.springframework.cloud.stream.config.BindingProperties에 접근하고 메시지 브로커에서 목적지 큐의 이름을 설정할 수 있습니다(2). 이와 함께 메시지 프로듀서가 어떻게 행동해야 하는지를 설정할 수 있습니다(3). 예를 들어 **최소한 한 번 이상** 메시지를 보장받는 옵션으로 수신 목록을 설정할 수 있습니다(4).

이전 코드를 별도의 애플리케이션으로 실행하면 메시지 브로커 전용 큐가 메시지 수신을 시작하는 것을 볼 수 있습니다. 반면에 **7장 리액티브 방식으로 데이터베이스 사용하기**에서 봤듯이, 채팅 응용 프로그램에는 컨트롤러 계층과 통계 서비스라는 두 가지 주요 메시지 컨슈머가 있습니다. 두 번째 시스템 수정 사항은 통계 서비스를 업데이트하는 것입니다. 예제 애플리케이션에서 통계 서비스는 일반적인 메시지 컨슈머보다는 하는 일이 약간 더 많습니다. 데이터베이스 변경 사항을 기반으로 통계를 업데이트한 다음 컨트롤러 계층으로 통계를 보내줘야 합니다. 즉, 통계 서비스는 Source와 Sink의 역할을 동시에 수행하므로 Processor입니다. 따라서 메시지 브로커로 메시지를 보낼 뿐만 아니라 메시지 브로커에서 메시지를 수신하는 기능도 필요합니다. 다음 코드를 살펴보겠습니다.

```
@SpringBootApplication                                    // (1)
@EnableBinding(Processor.class)
/* @Service */
public class DefaultStatisticService implements StatisticService {

    ...                                                   // (2)


    @StreamListener                                       // (3)
    @Output(Processor.OUTPUT)
    public Flux<UsersStatisticVM> updateStatistic(
```

```
    @Input(Processor.INPUT) Flux<MessageResponse> messagesFlux          // (3.1)
) { ... }

...                                                                     // (2)

public static void main(String[] args) {                               // (4)
    SpringApplication.run(DefaultStatisticService.class, args);
}
}
```

코드에 표시된 각 번호에 대한 설명입니다.

1. @SpringBootApplication 애노테이션입니다. 이전 예제와 동일하게 @Service를 @EnableBinding 애노테이션으로
   대체했습니다. GitterService 컴포넌트와 달리 StatisticService 컴포넌트는 메시지 브로커로 메시지를 전송하는
   것뿐만 아니라 메시지 브로커에서 데이터를 수신하기도 하므로 Processor 인터페이스를 사용합니다.

2. 변경되지 않은 코드는 생략했습니다.

3. 프로세서의 메서드 선언입니다. updateStatistic 메서드는 메시지 브로커의 채널에서 들어오는 메시지를 액세스하기 위
   해 Flux를 매개변수로 받습니다. 메서드에 @Input 애노테이션과 함께 @StreamListener 애노테이션을 붙여서 메시
   지 브로커로부터 메시지를 수신한다는 것을 명시적으로 정의해야 합니다.

4. 스프링 부트 애플리케이션을 부트스트랩하는 데 사용되는 main 메서드입니다.

코드에서 보듯이, 입력과 출력에 사용하는 Flux에 대한 입출력 큐를 선언하기 위해 스프링 클라우드 스
트림 애노테이션을 사용했습니다. @EnnableBinding 애노테이션에 사전에 설정돼 있다면 @Input/@Output
애노테이션에 큐의 이름을 정의할 때 @StreamListener를 이용해 가상의 큐 이름(메시지가 소비/전송된
곳)을 사용할 수 있습니다. 프로듀서 구성은 이전 예제에서 본 것처럼 입/출력 큐에 대한 설정을 스프
링 설정 파일(이 경우 YML 설정 파일)을 사용해 구성할 수 있습니다.

```
spring.cloud.stream:
  bindings:
    input:                                                             // (1)
        destination: Messages
        group: statistic                                              // (2)
    output:
      producer:
          requiredGroups: ui
        destination: Statistic
```

스프링 클라우드 스트림은 유연한 방법으로 메시지 브로커와의 통신을 설정할 수 있습니다. (1)에서 input에 대한 설정 내용을 추가하는데, 실제로는 이것이 컨슈머 역할을 합니다. 아울러 (2)에서는 메시지 브로커에 있는 수신자 그룹의 이름을 정의합니다.

 스프링 클라우드 스트림에서 사용 가능한 설정에 대해 자세히 알고 싶다면 다음 링크를 참고하세요.

https://docs.spring.io/spring-cloud-stream/docs/current/reference/htmlsingle/#_configuration_options

마지막으로 InfoResource 컴포넌트를 다음과 같이 변경해야 합니다.

```
@RestController                                                          // (1)
@RequestMapping("/api/v1/info")
@EnableBinding({MessagesSource.class, StatisticSource.class})            // (1.1)
@SpringBootApplication
public class InfoResource {

    ...                                                                 // (2)

    /* public InfoResource(                                             // (3)
    ChatService<MessageResponse> chatService,
    StatisticService statisticService
    ) { */                                                              // (3.1)
    @StreamListener
    public void listen(
        @Input(MessagesSource.INPUT) Flux<MessageResponse> messages,
        @Input(StatisticSource.INPUT) Flux<UsersStatisticVM> statistic
    ) {
        /* Flux.mergeSequential(                                        // (4)
            chatService.getMessagesAfter("")
                        .flatMapIterable(Function.identity()),
            chatService.getMessagesStream()
        )
        .publish(flux -> Flux.merge( ... */

        messages.map(MessageMapper::toViewModelUnit)                    // (5)
                .subscribeWith(messagesStream);
        statistic.subscribeWith(statisticStream);
```

```
    /* ))                                                      // (4)
       .subscribe(); */
  }


  ...                                                          // (2)


  public static void main(String[] args) {                     // (6)
      SpringApplication.run(InfoResource.class, args);
  }
}
```

코드에서 각 번호에 대한 설명은 다음과 같습니다.

1. @SpringBootApplication 애노테이션입니다. 눈치챘겠지만, @EnableBinding은 여기서 통계와 메시지 개별 입력 채널 설정을 위한 두 개의 사용자 정의 인터페이스를 선언했습니다.

2. 변경되지 않은 코드는 생략했습니다.

3. listen 메서드 선언입니다. 기존에 사용했던 2개의 인터페이스를 매개변수로 하는 생성자는 제거하고, 이제 @Input 애노테이션을 이용해 Flux를 매개변수로 받습니다.

4. 수정된 로직입니다. 이제 메시지 브로커에게 책임을 이전했으므로 직접 스트림을 병합하거나 공유할 필요가 없습니다.

5. 통계 및 메시지의 스트림을 구독하는 지점입니다. 여기로 들어오는 메시지는 모두 ReplayProcessor에 의해 캐시됩니다. 이 캐시는 로컬 캐시이지만, 확장성을 위해 분산 캐시를 대신 사용할 수 있습니다.

6. 스프링 부트 애플리케이션을 부트스트랩하는 데 사용되는 main 메서드 선언입니다.

 헤이즐캐스트(Hazelcast)와 같은 분산 캐시와의 통합에 대한 자세한 내용은 **리액터-애드온(Reactor-Addons) 모듈**을 참조하세요.

https://github.com/reactor/reactor-addons/tree/master/reactor-extra/src/main/java/reactor/cache

여기서는 두 개의 큐를 수신합니다. 메시지 브로커를 사용하면 GitterService와 StatisticService로부터 투명하게 분리될 수 있습니다. 스프링 클라우드 스트림을 처리할 때 @StreamListener 애노테이션은 메서드에만 적용된다는 것을 알아두세요. 결과적으로 메시지 브로커와의 접속이 실제로 연결될 때 호출되는 void 메서드 위에 @StreamListener를 붙여 스트림을 읽어 들여야 합니다.

바인딩 가능한 인터페이스를 직접 정의하기 위해서 내부 구조를 알아볼 수 있는 다음 코드를 살펴보겠습니다.

```
interface MessagesSource {
    String INPUT = "messages";                              // (1)

    @Input(INPUT)                                           // (2)
    SubscribableChannel input();                            // (3)
}

interface StatisticSource {
    String INPUT = "statistic";                             // (1)

    @Input(INPUT)                                           // (2)
    SubscribableChannel input();                            // (3)
}
```

각 번호에 대한 설명은 다음과 같습니다.

1. 바인드된 채널의 이름을 나타내는 String 상수입니다.

2. @Input 애노테이션입니다. 이 애노테이션이 붙은 메서드가 MessageChannel을 제공한다는 것을 선언합니다. MessageChannel은 수신 메시지가 애플리케이션으로 들어오는 데 사용됩니다.

3. 이것은 MessageChannel의 타입을 반환하는 메서드입니다. 메시지 컨슈머를 위한 바인드 가능 인터페이스의 경우 비동기 메시지 수신을 위한 두 가지 추가 메서드로 MessageChannel을 상속하는 SubscribableChannel을 반환해야 합니다.

앞의 경우와 마찬가지로 스프링 설정 파일 application.yml에 몇 가지 속성을 추가해야 합니다.

```
spring.cloud.stream:
    bindings:
        statistic:
            destination: Statistic
            group: ui
        messages:
            destination: Messages
            group: ui
```

이제까지 변경한 모든 내용을 넣으면 다음과 같은 시스템 아키텍처를 얻을 수 있습니다.

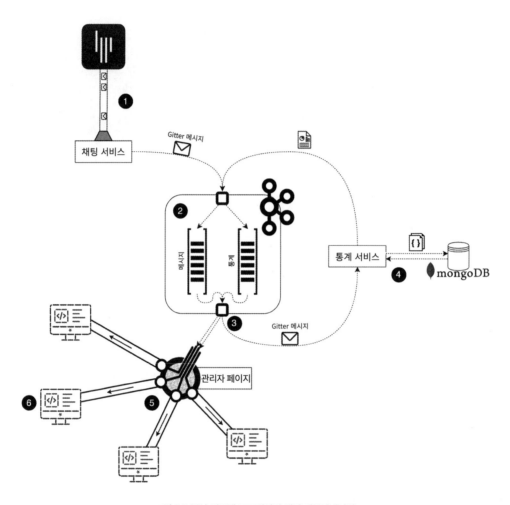

그림 8.9 분산 시스템으로 변경된 채팅 애플리케이션

이 그림에서 각 번호에 대한 설명은 다음과 같습니다.

1. GitterService입니다. GitterService는 Gitter API 및 메시지 브로커(2)(이 경우 아파치 카프카)와 밀접하게 결합돼 있습니다. 그러나 외부 서비스에 직접적인 의존성은 없습니다.

2. 메시지 브로커입니다. 여기에는 두 개의 가상 큐가 있습니다. 그림에서는 복제 및 파티션과 같은 세부적인 구성은 표현하지 않았습니다.

3. 메시지 브로커는 관리자 페이지(InfoResource) 및 StatisticService로 메시지를 전송합니다.

4. 통계 서비스입니다. 그림에서 보듯이 서비스는 메시지 브로커의 메시지를 수신해 MongoDB에 저장하고 통계를 재집계하며 업데이트 결과를 생성합니다.

5. 마지막으로 관리자 페이지에서 두 큐의 메시지를 모두 사용합니다. 관리자 페이지는 모든 구독 클라이언트로부터 메시지를 차례로 수신합니다.

6. 웹 브라우저입니다. 여기서 관리자 페이지의 클라이언트는 웹 브라우저이며 HTTP 연결을 통해 변경된 내용을 확인합니다.

앞의 그림에서 봤듯이 애플리케이션은 컴포넌트 사이의 결합도가 완벽히 제거됐습니다. 예를 들어 GitterService, 통계 서비스 및 관리자 페이지는 별도의 애플리케이션(별도의 시스템에서 실행될 수 있음)으로 실행되고 메시지 브로커에 메시지를 보냅니다. 또한 스프링 클라우드 스트림 모듈은 리액터 프로젝트와 리액터 프로그래밍 모델을 지원하므로 리액티브 스트림 스펙을 따르고 배압 제어가 가능합니다. 따라서 높은 수준의 탄력성을 가집니다. 이러한 구성을 통해 각 서비스를 독립적으로 확장할 수 있습니다. 따라서 스프링 클라우드 스트림을 사용하는 핵심 목표인 리액티브 시스템 구현을 달성할 수 있습니다.

클라우드 환경에서의 리액티브 프로그래밍

스프링 클라우드 스트림은 분산된 리액티브 시스템을 구현하는 단순화된 방법을 제공하지만, 스프링 클라우드 스트림 프로그래밍 모델의 특성을 다루기 위해서는 여전히 여러 가지 설정할 것(예를 들면 메시지의 목적지에 대한 정의)이 있습니다. 또 다른 중요한 문제는 플로를 명확하게 보여주는 것입니다. **2장 스프링을 이용한 리액티브 프로그래밍 – 기본 개념**에서 배웠듯이, 리액티브 확장(비동기 프로그래밍의 개념으로서)을 개발한 주된 이유 중 하나는 연산자의 기능적인 연결을 이용해 복잡한 비동기 데이터 흐름을 숨기는 것이었습니다. 특정 컴포넌트를 개발하거나 컴포넌트 간의 상호 작용을 정의할 수는 있지만, 이들 간의 상호 작용에 대한 모든 부분을 직접 상세하게 구현하는 것은 매우 어려운 일입니다. 마찬가지로 리액티브 시스템에서는 마이크로서비스 간의 플로 상호 작용을 이해하는 것이 매우 중요하지만, 특정한 도구의 도움 없이는 달성하기 어렵습니다.

다행히 2014년에 아마존은 AWS 람다를 발표했습니다. 람다(Lambda)는 리액티브 시스템 개발에 새로운 가능성을 열었습니다. 이것은 AWS 람다 공식 웹 페이지에 언급돼 있습니다.

> *"AWS 람다는 이벤트에 대한 응답으로 코드를 실행하고 자동으로 컴퓨팅 자원을 관리하는 서버리스 컴퓨팅 서비스(https://aws.amazon.com/serverless)입니다(https://aws.amazon.com/lambda/features)."*

AWS 람다는 작고 독립적이며 확장 가능한 서비스를 만들 수 있게 해줍니다. 또한 비즈니스 로직의 개발 라이프 사이클을 특정 데이터 흐름과 분리할 수 있게 해줍니다. 마지막으로 사용자 친화적인 인터페이스를 통해 전체 비즈니스 흐름을 독립적으로 구축할 수 있도록 해줍니다.

아마존은 이 분야의 개척자이며 아마존 덕택에 많은 클라우드 공급자가 동일한 기술을 서비스하게 됐습니다. 피보탈은 이 기술을 매우 잘 적용한 업체 중 하나입니다.

스프링 클라우드 데이터 플로

2016년 초 스프링 클라우드는 스프링 클라우드 데이터 플로(Spring Cloud Data Flow)라는 새로운 모듈을 발표했습니다. 공식 모듈 설명은 다음 링크를 참고 바랍니다.

https://cloud.spring.io/spring-cloud-dataflow

> *"스프링 클라우드 데이터 플로는 데이터 통합 및 실시간 데이터 처리 파이프라인을 구축하기 위한 도구입니다."*

좀 더 일반적으로 표현하자면, 이 모듈의 주된 아이디어는 기능적 비즈니스 로직 개발과 개발된 컴포넌트 간의 실제 연계 및 통합을 분리하는 것입니다. 즉, 비즈니스 플로에서 기능적인 요소와 정적인 구성 요소를 분리하는 것입니다. 이 문제를 해결하기 위해 스프링 클라우드 데이터 플로는 스프링 부트 애플리케이션 배포 파일 업로드가 가능한 사용자에게 친숙한 웹 인터페이스를 제공하고 있습니다. 사용자가 배포 파일을 업로드하면 클라우드 파운드리, 쿠버네티스, 아파치 얀(YARN) 또는 메소스와 같은 플랫폼으로 배포해 데이터 흐름을 설정해줍니다. 또한 스프링 클라우드 데이터 플로는 소스(DB, 메시지 큐 및 파일) 데이터 변환을 위한 다양한 내장 프로세서 및 결과 저장 방법을 나타내는 싱크(sinks)를 지원하기 위해 다양한 기본 커넥터를 지원합니다.

 지원되는 소스, 프로세서 및 싱크에 대한 자세한 내용을 보려면 다음 링크를 참고하세요.

https://cloud.spring.io/spring-cloud-task-app-starters/

https://cloud.spring.io/spring-cloud-stream-app-starters/

앞에서 언급했듯이, 스프링 클라우드 데이터 플로는 스트림 프로세싱이라는 개념을 사용합니다. 따라서 배포된 모든 플로는 스프링 클라우드 스트림 모듈 위에 구축되며 모든 통신은 카프카(Kafka)와 같은 탄력적인 분산 메시지 브로커 또는 RabbitMQ의 고도로 확장 가능한 분산 메시지 브로커를 통해 수행됩니다.

스프링 클라우드 데이터 플로를 이용한 분산 리액티브 프로그래밍의 장점을 이해하기 위해 결제 플로를 구축할 것입니다. 알다시피 결제 처리는 매우 복잡합니다. 다음 그림은 이 프로세스를 단순화한 것입니다.

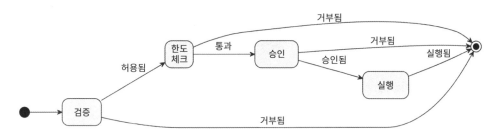

그림 8.10 결제 프로세스의 흐름

그림에서 보듯이 결제는 유효성 확인, 계정 한도 확인 및 결제 승인과 같은 몇 가지 중요한 단계를 거쳐야 합니다. **6장 웹플럭스 – 비동기 논블로킹 통신**에서 하나의 서비스가 전체 흐름을 조정하는 비슷한 애플리케이션을 만들었습니다. 여러 독립적인 마이크로서비스의 상호 간에 비동기 호출을 하는 것으로 전체 흐름이 분산돼 있지만, 플로 자체의 상태는 리액터 3 내부에서 하나의 서비스에 의해 유지됐습니다. 따라서 해당 서비스가 실패할 경우 결제 거래 및 상태를 복구하는 것이 어려울 수 있습니다.

다행스럽게도 스프링 클라우드 데이터 플로는 복원력 있는 메시지 브로커에 의존하는 스프링 클라우드 스트림을 사용합니다. 그에 따라 프로세스 실패가 발생한 경우에는 메시지 브로커가 메시지 수신자로부터 수신 완료 메시지를 받지 못하게 되므로 추가적인 노력 없이 다른 실행 프로그램에 다시 전달됩니다.

스프링 클라우드 데이터 플로 내부의 핵심 원칙과 결제 프로세스에 대한 기본적인 비즈니스 요구 사항을 얻었으므로 해당 기술 스택을 사용해 서비스를 구현해 보도록 하겠습니다.

먼저 엔트리 포인트를 정의해야 하는데, 일반적인 HTTP 엔드포인트를 사용할 수 있습니다. 스프링 클라우드 데이터 플로는 다음 예제와 같이 **스프링 클라우드 데이터 플로 DSL**로 HTTP 엔드포인트를 만들 수 있습니다.

```
SendPaymentEndpoint=Endpoint: http --path-pattern=/payment --port=8080
```

앞의 예는 스프링 클라우드 데이터 플로 파이프 DSL의 일부를 보여주고 있습니다. 다음 몇 개의 예제를 통해 완전한 스프링 클라우드 데이터 플로 파이프를 빌드하는 방법을 알아볼 것입니다. 스트림 파이프라인 DSL에 대한 자세한 내용은 다음 링크를 참고하세요.

> https://docs.spring.io/spring-cloud-dataflow/docs/current/reference/htmlsingle/#spring-cloud-dataflow-stream-intro-dsl

작업을 시작하기 전에 다음 링크를 통해 지원되는 응용 프로그램 및 태스크가 이미 등록돼 있는지 먼저 확인하기 바랍니다.

> https://docs.spring.io/spring-cloud-dataflow/docs/current/reference/htmlsingle/#supported-apps-and-tasks

앞의 예제에서 새로운 데이터 플로 함수를 정의했습니다. 이 함수는 모든 HTTP 요청을 메시지의 스트림으로 표시합니다. 따라서 정의된 방식대로 반응할 수 있습니다.

스프링 클라우드 펑션을 활용한 잘게 쪼개진 애플리케이션

HTTP 엔드포인트를 정의한 후에는 수신 메시지의 유효성을 검사해야 합니다. 안타깝지만 이 부분에서는 실제 비즈니스 로직과 플로의 단계를 직접 구현해야 합니다. 하지만 다행스럽게도 스프링 클라우드 데이터 플로는 프로세스의 일부로 직접 만든 스프링 클라우드 스트림 애플리케이션을 사용할 수 있습니다.

 여기서 스프링 클라우드 데이터 플로 단계를 직접 구현하는 방법에 대해서는 자세히 다루지 않겠습니다. 스프링 부트 애플리케이션의 생성과 등록에 대해 자세히 알고 싶다면 다음 링크를 참고하세요.

- http://docs.spring.io/spring-cloud-dataflow/docs/current/reference/htmlsingle/#custom-applications
- http://docs.spring.io/spring-cloud-dataflow-samples/docs/current/reference/htmlsingle/#_custom_spring_cloud_stream_processor

한편, 스프링 클라우드 스트림 애플리케이션에 맞춤 검증 로직을 추가할 수 있습니다. 그러나 이를 위해서는 복잡한 설정 파일, uber-jar[1] 파일, 긴 시작 시간 및 애플리케이션 배포를 위해 필요한 나머지 부분에 대한 처리가 필요합니다. 다행히도 스프링 클라우드 펑션 프로젝트를 이용하면 이러한 문제를 쉽게 해결할 수 있습니다.

---

1 개발한 클래스 이외에 모든 의존성이 포함된 jar 파일을 의미합니다.

스프링 클라우드 펑션의 주요 목표는 함수를 통해 비즈니스 로직을 발전시키는 것입니다. 이 프로젝트는 개별 비즈니스 로직과 런타임의 특성을 분리할 수 있는 기능을 제공합니다. 따라서 동일한 함수를 다른 방식으로 또는 다른 위치에서 재사용할 수 있습니다.

 스프링 클라우드 펑션 프로젝트의 특징에 대한 자세한 내용을 보려면 다음 링크를 참고 바랍니다.

https://github.com/spring-cloud/spring-cloud-function

스프링 클라우드 펑션으로 작업하기 전에 이 절에서 스프링 클라우드 펑션 모듈의 주요 기능을 다루고 그 내부를 좀 더 살펴보겠습니다.

모듈의 핵심에서 보자면 스프링 클라우드 펑션은 스프링 클라우드 스트림, AWS 람다 또는 임의의 통신 모듈을 사용하는 다른 클라우드 플랫폼에서 실행할 수 있는 애플리케이션을 위한 또 하나의 추상화 레이어라고 할 수 있습니다.

기본적으로 스프링 클라우드 펑션에는 AWS 람다, 애저 펑션 및 아파치 오픈위스크(OpenWhisk)에서 사용할 수 있는 함수 배포용 어댑터가 있습니다. 자바 함수를 직접 업로드하는 것과 달리, 스프링 클라우드 펑션을 사용하면 대부분 스프링 기능을 사용할 수 있으며 특정 클라우드 공급자 SDK에 의존적이지 않게 작성이 가능합니다.

스프링 클라우드 펑션이 제공하는 프로그래밍 모델은 `java.utils.function.Function`, `java.utils.function.Supplier` 및 `java.utils.function.Consume`과 같은 자바 클래스 중 하나를 정의하는 것입니다. 또한 스프링 클라우드 펑션은 다양한 프레임워크를 조합해 사용할 수 있습니다. 예를 들어 함수 동작을 위한 플랫폼이 될 수 있는 스프링 부트 애플리케이션을 만들 수도 있습니다. 게다가 일반적인 스프링 `@Bean`을 붙여서 사용할 수도 있습니다.

```java
@SpringBootApplication                                        // (1)
@EnableBinding(Processor.class)                               // (1.1)
public class Application {

    @Bean                                                     // (2)
    public Function<
        Flux<Payment>,
        Flux<Payment>
    > validate() {
        return flux -> flux.map(value -> { ... });            // (2.1)
```

```
    }

    public static void main(String[] args) {                              // (3)
        SpringApplication.run(Application.class, args);
    }
}
```

이 코드에 표시된 각 번호에 대한 설명은 다음과 같습니다.

1. @SpringBootApplication 애노테이션입니다. 여전히 스프링 부트 애플리케이션을 위한 최소한의 설정을 추가해야 합니다. 또한 Processor 인터페이스를 매개변수로 하는 @EnableBinding 애노테이션도 추가했습니다. 이렇게 조합하면 스프링 클라우드가 (2)에서 빈을 식별해 메시지 핸들러로 사용합니다. 또한 함수의 **입력**과 **출력**은 Processor 바인딩에 의해 노출된 메시지 목적지에 바인딩됩니다.

2. 입력받은 Flux를 IoC 컨테이너의 다른 Flux로 변환하는 Function입니다. (2.1)에서 유효성 검사를 위한 람다를 선언합니다. 이 유효성 검사는 스트림을 입력 받아서 다른 스트림으로 반환하는 고차 함수입니다.

3. 스프링 부트 애플리케이션을 부트 스트랩하는 main 메서드입니다.

앞의 예제에서처럼 스프링 클라우드 펑션은 다른 형태의 프로그래밍 모델을 지원합니다. 예를 들어 리액터 3 리액티브 타입을 지원하는 메시지 변환 및 메시지 수신처를 외부로 노출하는 스프링 클라우드 스트림을 지원합니다.

또한 스프링 클라우드 펑션은 사전 정의된 함수만 사용할 수 있는 것이 아닙니다. 예를 들어 다음 예제와 같이 스프링 설정 파일에 문자열로 함수를 선언할 수 있는 런타임 컴파일러가 내장돼 있습니다.

```
spring.cloud.function:                                                    // (1)
    compile:                                                              // (2)
        payments:                                                         // (3)
            type: supplier                                                // (4)
            lambda: ()->Flux.just(new org.TestPayment())                  // (5)
```

번호에 해당하는 설명은 다음과 같습니다.

1. 스프링 클라우드 펑션 네임 스페이스입니다.

2. 런타임 함수 컴파일과 관련된 네임 스페이스입니다.

3. 스프링 IoC 컨테이너 내부에서 볼 수 있는 함수의 이름을 정의합니다. 이것은 컴파일된 자바 바이트 코드의 파일 이름으로도 사용됩니다.

4. 함수의 유형을 정의합니다. 사용 가능한 옵션은 supplier/function/consumer입니다.

5. 람다 정의입니다. 보다시피 supplier는 String으로 정의되고 해당 String은 바이트 코드로 컴파일돼 파일 시스템에 저장됩니다. 컴파일은 spring-cloud-function-compiler 모듈에서 지원합니다. 이 모듈에는 컴파일러가 내장돼 있으며 컴파일된 함수를 바이트 코드로 저장하고 ClassLoad 시점에 추가할 수 있습니다.

앞의 예제에서는 스프링 클라우드 펑션이 함수를 미리 컴파일할 필요 없이 동적으로 정의하고 실행할 수 있음을 보여줍니다. 이러한 특징으로 인해 소프트웨어 솔루션에서 **서비스로서의 함수(FaaS: Function as a Service)**를 구현할 수 있습니다.

이와 함께 스프링 클라우드 펑션은 spring-cloud-function-task라는 모듈을 제공합니다. 이 모듈은 동일한 설정 파일을 사용해 파이프에서 해당 함수를 실행할 수 있도록 해줍니다.

```yaml
spring.cloud.function:
    task:                                              // (1)
        supplier: payments                             // (2)
        function: validate|process                     // (3)
        consumer: print                                // (4)
    compile:
        print:
            type: consumer
            lambda: System.out::println
            inputType: Object
        process:
            type: function
            lambda: (flux)->flux
            inputType: Flux<org.rpis5.chapters.chapter_08.scf.Payment>
            outputType: Flux<org.rpis5.chapters.chapter_08.scf.Payment>
```

코드의 각 부분에 대한 설명은 다음과 같습니다.

1. 태스크 설정에 사용하는 네임 스페이스입니다.

2. 태스크에 대한 supplier(소스) 함수를 지정합니다. 보다시피 supplier를 정의하려면 supplier의 함수 이름을 적어줍니다.

3. 이것은 데이터의 중간 변환 함수를 의미합니다. 파이프를 실행하기 위해 여러 개의 함수를 "¦"(파이프) 문자를 사용해 결합할 수 있습니다. 내부적으로 모든 함수는 Function#accept 메서드를 사용해 연결됩니다.

4. consumer 단계의 정의입니다. 모든 단계가 정의돼 있어야만 task가 실행됩니다.

앞의 설정 파일에서 보듯이 순수한 스프링 부트 애플리케이션에 스프링 클라우드 펑션 모듈을 의존성으로 추가함으로써 사용자가 사전에 정의한 함수를 실행하고 여러 가지 핸들러를 이용해 함수를 결합할 수 있습니다.

스프링 클라우드 펑션 생태계에서 중요한 역할은 spring-cloud-function-compiler 모듈이 수행합니다. 설정 파일에서 실시간 함수 컴파일과 함께 이 모듈은 실시간 함수 배포가 가능한 웹 엔드포인트를 만들어줍니다. 예를 들어 터미널에서 다음 curl 명령을 호출해 실행 중인 스프링 부트 애플리케이션에 함수를 추가할 수 있습니다.

```
curl -X POST -H "Content-Type: text/plain" \
    -d "f->f.map(s->s.toUpperCase())" \
    localhost:8080/function/uppercase\
    ?inputType=Flux%3CString%3E\
    &outputTupe=Flux%3CString%3E
```

이 명령을 통해 Flux<String>을 매개변수로 받고 Flux<String>을 반환하는 함수를 업로드할 수 있습니다.

%3C %3E 유니코드 문자열은 HTTP URI에 <>문자를 추가하기 위해 미리 인코딩해서 사용합니다.

spring-cloud-function-compiler를 서버로 실행하기 위한 두 가지 옵션이 있습니다.

- maven-central에서 JAR 파일을 내려받고 독립적으로 실행.

- 프로젝트에 의존성을 추가하고 다음 경로를 추가해 스캔.

```
beans: "org.springframework.cloud.function.compiler.app"
```

spring-cloud-function-web 및 spring-cloud-function-compiler 모듈에 대한 의존성을 추가한 가벼운 스프링 부트 애플리케이션을 실행해 함수를 배포한 후 HTTP를 통한 실시간 함수 배포를 할 수 있고 별도의 웹 애플리케이션을 동적으로 배포할 수 있습니다. 예를 들어 jar 파일을 이용한 프로그램 시작 시에 다음과 같은 매개변수를 추가하면 다른 함수로 실행할 수 있습니다.

```
java -jar function-web-template.jar \
    --spring.cloud.function.imports.uppercase.type=function \
    --spring.cloud.function.imports.uppercase.location=\
file:///tmp/function-registry/functions/uppercase.fun \
\
    --spring.cloud.function.imports.worldadder.type=function \
    --spring.cloud.function.imports.worldadder.location=\
file:///tmp/function-registry/functions/worldadder.fun
```

이 예제에서는 두 가지 함수를 추가했습니다.

- **Uppercase**: 주어진 문자열을 대문자로 변환합니다.

- **Worldadder**: 주어진 문자열 뒤에 월드(world)라는 문자열을 붙여줍니다.

앞의 예제 코드에서 보듯이 spring.cloud.function.imports 네임 스페이스를 사용해 가져온 함수의 이름(굵게 표시), 유형(기울임꼴) 및 해당 함수의 바이트 코드 위치를 정의합니다. 애플리케이션이 정상적으로 기동되면 다음 curl 명령을 실행해 배포된 함수에 액세스할 수 있습니다.

```
curl -X POST -H "Content-Type: text/plain" \
    -d "Hello" \
    localhost:8080/uppercase%7Cworldadder
```

실행이 완료되면 "HELLO World"라는 결과를 볼 수 있습니다. 실행 결과를 보면 두 개의 함수가 서버에 존재하며 지정된 URL에서 순서대로 실행되고 있음을 알 수 있습니다.

 %7C 유니코드 문자열은 파이프 문자(¦)를 HTTP URI에 추가하기 위해 미리 인코딩해서 사용합니다.

동일한 방식으로 같은 애플리케이션이나 독립적인 애플리케이션 내에서 다른 함수를 배치하거나 추가할 수 있습니다.

또는 스프링 클라우드 펑션은 독립적인 함수를 위한 컨테이너 역할을 하는 배포 모듈을 제공합니다. 이전 사례에서는 내장 함수를 실행하거나 spring-cloud-function-compiler 웹 API를 통해 배포할 수 있었습니다. 또한 배포된 함수를 사용해 독립적인 애플리케이션으로 실행하는 방법을 살펴봤습니다. 이러한 유연성에도 불구하고 함수의 실행 시간보다 스프링 부트 애플리케이션의 기동 시간이 훨씬 더 오래 걸릴 수 있습니다. 어떤 경우에는 (순수 함수와 함께) 스프링 프레임워크의 일부만 사용해야 할 수도 있습니다. 예를 들어, 스프링 데이터 또는 스프링 웹에만 의존성을 가지는 애플리케이션이 있을 수 있습니다. 이러한 경우 유용한 것은 thin-jar[2] 배포입니다. 스프링 클라우드 펑션은 spring-cloud-function-deployer라는 추가 모듈을 제공합니다.

스프링 클라우드 펑션 디플로이어(Spring Cloud Function Deployer) 모듈은 각각의 jar 파일을 동일한 스프링 디플로이어(Spring Deployer) 애플리케이션으로 실행할 수 있지만, 완벽하게 격리된 환경에서 실행하도록 해줍니다. 얼핏 보기에는 이 모듈을 사용해서 별다른 이익을 얻을 수 없을 것처럼 보이기도 합니다. 그러나 독립적인 함수(우리가 달성하기를 원하는 것)는 부트스트랩과 실행이 **빠릅니** 다. 일반적으로 스프링 부트 환경에 포함돼 배포된 함수는 스프링 부트 애플리케이션을 먼저 시작한 후에 실행할 수 있는데, 이는 일반적으로 함수의 실행 시간과 비교할 때 상당히 오래 걸립니다.

결과적으로 이 문제를 해결하기 위해 스프링 클라우드 펑션 디플로이어가 먼저 시작돼 JDK 클래스의 일부를 미리 로드합니다. 그런 다음 함수가 있는 각 jar에 대해 하위 ClassLoader를 만듭니다. 각 jar의 실행은 병렬 실행이 가능한 자체 스레드에서 수행됩니다. 각 jar는 독립적인 작은 스프링 부트 애플리케이션이라서 고유한 스프링 컨텍스트 내에서 실행되므로 빈이 인접한 애플리케이션의 빈과 중복되지 않습니다. 부모 ClassLoader가 이미 JVM을 활성화하기 위해 필요한 각종 어려운 작업을 완료했기 때문에 자식 스프링 부트 애플리케이션의 시작은 매우 **빠릅니다**.

또한 spring-cloud-function-deployer와 spring-boot-thin-launcher의 조합은 **fat-jar** 배포 문제를 해결해줍니다. **스프링 부트 씬 런처(Spring Boot Thin Launcher)**는 메이븐과 그레이들용 플러그인으로, 기본 스프링 부트 JarLauncher를 덮어쓰고 대신 ThinJarWrapper와 ThinJarLauncher를 제공합니다. 이러한 클래스는 처음에는 의존 관계가 없는 jar를 패키징하는 데 필요한 모든 작업을 수행합니다. 이후에(부트 스트랩 단계에서) 캐시(예: 로컬 메이븐 저장소)에서 필요한 의존성을 찾거나 외부 메이븐 리포지토리에서 의존성을 다운로드합니다. 이런 원리로 인해 애플리케이션이 jar 파일의 크기를 몇 KB로 줄일 수 있고 시작 시간을 수백 밀리초로 감소시킬 수 있습니다.

---

2 애플리케이션 자체 클래스 및 애플리케이션이 직접적으로 액세스하는 의존성만 추가한 jar 파일을 말합니다.

씬 런처와 스프링 클라우드 펑션 디플로이어가 제공하는 이점에 대한 자세한 내용을 보려면 다음 링크를 참고하세요.

https://github.com/dsyer/spring-boot-thin-launcher

https://github.com/dsyer/spring-boot-thin-launcher/tree/master/deployer

https://github.com/spring-cloud/spring-cloud-function/tree/master/spring-cloud-function-deployer

스프링 클라우드 펑션에 대해 지금까지 학습한 내용을 요약하기 위해 다음 그림을 살펴보겠습니다.

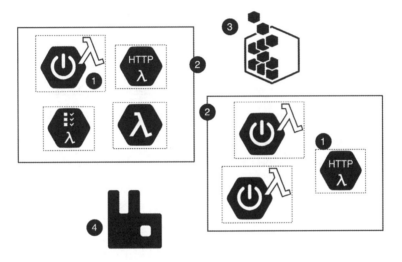

그림 8.11 스프링 클라우드 펑션 생태계

다음은 그림의 각 번호에 대한 설명입니다.

1. 함수를 육각형 형태로 표현합니다. 보다시피 여기에는 육각형의 몇 가지 유형이 있습니다. 그중 몇 가지는 스프링 부트 애플리케이션 내의 함수의 조합이거나 HTTP를 통해 노출되는 함수입니다. 다른 하나는 스프링 클라우드 스트림 어댑터의 지원을 통해 다른 함수와 통신하거나 단일 실행을 위한 task로 배포될 수 있습니다.

2. 스프링 클라우드 펑션 디플로이어를 나타냅니다. 앞에서 언급했듯이 스프링 클라우드 펑션 디플로이어는 컨테이너로 표시됩니다. 이 경우 서로 다른 노드에서 실행되는 두 개의 독립적인 스프링 클라우드 펑션 디플로이어가 있습니다. 또한 컨테이너 내부 함수 주변에 점선으로 표시된 테두리는 독립적인 ClassLoader를 나타냅니다.

3. 스프링 클라우드 펑션 컴파일러 모듈의 표현입니다. 여기서는 HTTP를 이용한 기능 배포 및 배포된 함수를 저장하는 것을 허용하는 서버 역할을 합니다.

4. 메시지 브로커이며 여기서는 RabbitMQ를 나타냅니다.

그림과 같이 스프링 클라우드 펑션 모듈을 사용해 기존 클라우드 플랫폼과 직접적인 통합을 할 수 있습니다. 이렇게 하면 스프링 프레임워크의 대부분 기능을 사용할 수 있으며 매우 가벼운 함수를 이용해 애플리케이션을 서비스할 수 있는 **서비스로서의 함수(FaaS)** 플랫폼을 구축할 수 있습니다. 그러나 스프링 클라우드 펑션은 인스턴스 배포, 모니터링 및 관리를 위한 기반이 있을 때 더욱 강력한 기능을 보여주기 때문에 스프링 클라우드 펑션 생태계를 기반으로 하는 FaaS 위에 구축하는 것이 좋습니다. 따라서 다음 절에서는 스프링 클라우드 펑션이 스프링 클라우드 데이터 플로 생태계와 완전히 결합해 동작하는 방법을 설명합니다.

스프링 클라우드 – 데이터 플로의 일부로서의 함수

이제 스프링 클라우드 펑션 생태계에 대한 충분한 지식이 있으니 다시 원래 주제로 돌아가서 이 멋진 모듈을 적용하는 방법을 살펴보겠습니다. 새로 소개할 모듈은 스프링 클라우드 데이터 플로에서 스프링 클라우드 펑션의 기능을 사용할 수 있게 해주는 **스프링 클라우드 스타터 스트림 앱 펑션 (Spring Cloud Starter Stream App Function)**이라는 모듈입니다. 이 모듈을 사용하면 순수 jar 파일을 사용할 수 있으며 스프링 부트에서 추가적인 부담 없이 스프링 클라우드 데이터 플로와 함께 해당 jar 파일을 배포할 수 있습니다. 간단한 예로, 유효성 검사 기능을 편리하게 Function<Payment, PaymentValidation> 함수와 같은 형태로 사용할 수 있으며 그 코드는 다음과 같습니다.

```
public class PaymentValidator implements Function<Payment, Payment> {
    public Payment apply(Payment payment) { ... }
}
```

패키징 및 퍼블리싱 후 다음과 같은 스트림 파이프 스크립트를 작성해 우리가 만든 스프링 클라우드 펑션 브릿지(Spring Cloud Function Bridge)에 HTTP로 연결할 수 있습니다.

```
SendPaymentEndpoint=Endpoint: http --path-pattern=/payment --port=8080 |
Validator: function --class-name=com.example.PaymentValidator
--location=https://github.com/PacktPublishing/Hands-On-Reactive-Programming-in-Spring-5/tree/
master/chapter-08/dataflow/payment/src/main/resources/payments-validation.jar?raw=true
```

 이 책을 쓰는 시점에 스프링 클라우드 데이터 플로용 스프링 클라우드 펑션 모듈은 기본 Applications 및 Tasks 패키지에 포함돼 있지 않습니다. 다음과 같이 직접 의존성을 추가해야 합니다.

```
source.function=maven://org.springframework.cloud.stream.app:function-app-
rabbit:1.0.0.BUILD-SNAPSHOT

source.function.metadata=maven://org.springframework.cloud.stream.app:function-app-
rabbit:jar:metadata:1.0.0.BUILD-SNAPSHOT

processor.function=maven://org.springframework.cloud.stream.app:function-app-
rabbit:1.0.0.BUILD-SNAPSHOT

processor.function.metadata=maven://org.springframework.cloud.stream.app:function-app-
rabbit:jar:metadata:1.0.0.BUILD-SNAPSHOT

sink.function=maven://org.springframework.cloud.stream.app:function-app-
rabbit:1.0.0.BUILD-SNAPSHOT
```

마지막으로 프로세스의 첫 번째 단계를 완료하기 위해 유효성 검증을 완료한 결제 정보를 다음 서비스로 전달해야 합니다. 이때 유효성 검사 결과에 따라 목적지가 달라질 수 있습니다. 유효성 검사 함수는 인프라(예: RabbitMQ 라우팅 헤더)에 액세스하지 않는 순수 함수여야 하므로 결과에 의한 목적지 변경에 대한 책임은 다른 곳에서 담당해야 합니다. 다행히 스프링 클라우드 데이터 플로에는 다음과 같은 표현식을 이용해 수신 메시지를 다른 메시지 큐로 라우팅해주는 **라우터 싱크(Router Sink)**라는 기능이 있습니다.

```
...    | router --expression="payload.isValid() ? 'Accepted' : 'Rejected'"
```

또 다른 방법으로는 메시지 큐 이름을 직접 지정해 해당 메시지 큐에서 메시지를 수신하도록 구성하는 것입니다. 예를 들어 다음과 같은 파이프 스크립트는 Accepted라는 RabbitMQ 채널에서 메시지를 수신합니다.

```
...
Accepted=Accepted: rabbit --queues=Accepted
```

결제 처리 흐름에 따르면 유효성 검증을 통과한 결제 처리의 다음 단계는 Accepted 상태입니다. 이제 사용자는 각각의 결제를 위한 특정 페이지를 방문해 결제 처리에 대한 상태를 확인할 수 있습니다. 따라서 서비스는 데이터베이스와 통합이 필요합니다. 예를 들어 MongoDB에 결제 처리 상태를 저장할 수 있습니다. 스프링 클라우드 데이터 플로는 **MongoDB 싱크(Sink)**를 제공합니다. 그것을 사용하면 수신 메시지를 MongoDB에 쉽게 저장할 수 있습니다. 스프링 데이터 플로 추가 기능을 이용하면 MongoDB 싱크를 이용해 메시지를 저장하면서 메시지를 다음 단계에 동시에 보낼 수 있습니다. 이러한 기술은 아파치 카프카와 같이 완벽하게 신뢰성을 보장해주는 메시지 브로커를 사용하는 경우에만 유효합니다. 이미 알고 있는지 모르지만, 아파치 카프카는 메시지를 영속화합니다. 따라서 어떤 단계에서 서비스가 중단되거나 실패하더라도 메시지 브로커에서 메시지가 유실되지 않습니다. 결과적으로, MongoDB에는 UI에서 사용하기 위한 처리 상태가 저장되며 실제 처리 상태는 메시지 브로커 내부에 저장/관리됩니다. 따라서 언제든지 다시 메시지를 재처리하거나 다시 실행할 수 있습니다. 반면, RabbitMQ와 같은 빠른 인-메모리 메시지 브로커를 사용하는 경우라면 MongoDB에 저장된 처리 상태를 기준으로 프로세스를 처리해도 충분합니다. 다음 단계를 실행하기 전에 결제에 대한 처리 상태가 저장됐는지 확인해야 합니다. 불행하게도 이러한 기능을 구현하기 위해서는 각 처리 단계로 MongoDB를 래핑해주는 스프링 클라우드 스트림 애플리케이션을 직접 작성해야 합니다.

나머지 처리 단계도 이와 같은 방법으로 분해해 보면 다음과 같은 실행 흐름을 얻을 수 있습니다.

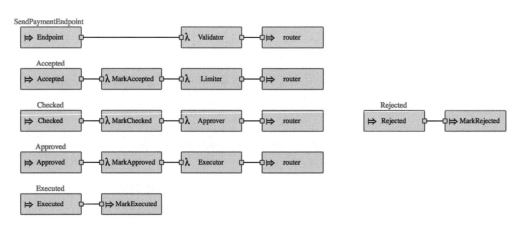

그림 8.12 스프링 클라우드 데이터 플로 UI 진행을 위한 프로세스 흐름

 앞의 그림은 브라우저 기반 GUI를 사용해 플로를 작성하고 애플리케이션을 관리할 수 있는 스프링 클라우드 데이터 플로 내장 대시 보드입니다. 이 대시 보드에 대해 자세히 알고 싶다면 다음 링크를 방문하세요.

https://docs.spring.io/spring-cloud-dataflow/docs/current/reference/htmlsingle/#dashboard,

https://github.com/spring-projects/spring-flo/

https://github.com/spring-cloud/spring-cloud-dataflow-ui

대시 보드와 함께 대시 보드와 동일한 기능을 제공하는 셸 클라이언트도 있습니다. 셸 클라이언트에 대한 자세한 내용은 다음 링크를 참조하세요.

https://docs.spring.io/spring-cloud-dataflow/docs/current/reference/

그림 8.12를 파이프 스크립트로 나타내면 다음과 같습니다.

```
SendPaymentEndpoint=Endpoint: http --path-pattern=/payment --port=8080 ¦
Validator: function --class-name=com.example.PaymentValidator
--location=https://github.com/PacktPublishing/Hands-On-Reactive-Programming-in-
Spring-5/tree/master/chapter-08/dataflow/payment/src/main/resources/payments.jar?raw=true ¦ router
--expression="payload.isValid() ? 'Accepted' : 'Rejected'"

Accepted=Accepted: rabbit --queues=Accepted ¦ MarkAccepted: mongodb-processor
--collection=payment ¦ Limiter: function --class-name=com.example.PaymentLimiter
--location=https://github.com/PacktPublishing/Hands-On-Reactive-Programming-in-
Spring-5/tree/master/chapter-08/dataflow/payment/src/main/resources/payments.jar?raw=true ¦ router
--expression="payload.isLimitBreached() ? 'Rejected' : 'Checked'"

Checked=Checked: rabbit --queues=Checked ¦ MarkChecked: mongodb-processor
--collection=payment ¦ Approver: function --class-name=com.example.PaymentApprover
--location=https://github.com/PacktPublishing/Hands-On-Reactive-Programming-in-
Spring-5/tree/master/chapter-08/dataflow/payment/src/main/resources/payments.jar?raw=true ¦ router
--expression="payload.isApproved() ? 'Approved' : 'Rejected'"

Approved=Approved: rabbit --queues=Approved ¦ MarkApproved: mongodb-processor
--collection=payment ¦ Executor: function --class-name=com.example.PaymentExecutor
--location=https://github.com/PacktPublishing/Hands-On-Reactive-Programming-in-
Spring-5/tree/master/chapter-08/dataflow/payment/src/main/resources/payments.jar?raw=true ¦ router
--expression="payload.isExecuted() ? 'Executed' : 'Rejected'"

Executed=Executed: rabbit --queues=Executed ¦ MarkExecuted: mongodb --collection=payment

Rejected=Rejected: rabbit --queues=Rejected ¦ MarkRejected: mongodb --collection=payment
```

마지막으로 스트림을 배포하면, 결제 프로세스를 실행하고 콘솔에서 실행 로그를 확인할 수 있습니다.

 설치된 스프링 클라우드 데이터 플로 서버와 함께 코드를 실행하기 위해서는 RabbitMQ와 MongoDB를 설치해야 합니다.

여기서 주목할 점은 배포 프로세스가 비즈니스 로직 개발만큼이나 간단하다는 것입니다. 무엇보다도 스프링 클라우드 데이터 플로 툴킷은 클라우드 파운드리, 쿠버네티스, 아파치 메소스 또는 아파치 얀

과 같은 최신 플랫폼에 배포하는 데 사용되는 스프링 클라우드 디플로이어 기반으로 구축됩니다. 이 툴킷은 애플리케이션 의존성 소스(예: 메이븐 저장소, **artifactId**, **groupId** 및 **version**) 설정을 가능하게 하는 자바 API를 제공합니다. 또한 플랫폼에 대한 배포 설정을 허용하는 자바 API도 제공합니다. 이와 함께 스프링 클라우드 디플로이어는 유연하고 보다 광범위한 설정을 가능하게 하는 프로퍼티를 제공하며 대표적인 예는 디플로이 가능한 인스턴스의 복제본 수입니다.

> 배포된 애플리케이션 인스턴스 그룹의 고가용성이나 내결함성, 복원력은 플랫폼 및 스프링 클라우드 디플로이어 자체에 의존합니다. 예를 들어 운영 환경에서는 **스프링 클라우드 디플로이어 로컬**(Spring Cloud Deployer Local)을 사용하지 않는 것이 좋습니다. 툴킷의 로컬 버전은 도커를 사용해 하나의 시스템 내에서 실행하도록 설계됐습니다. Spring Cloud Deployer SPI는 추가적인 모니터링이나 관리 기능을 제공하지 않으며, 이런 기본 기능을 제공하는 인프라 플랫폼에 설치하는 것을 목표로 개발됐습니다.

앞에서 언급한 내용을 포함해 스프링 클라우드 데이터 플로는 설정 내용과 프로퍼티를 전달해 원클릭(또는 터미널 명령)으로 배포할 수 있는 기능을 제공합니다.

지금까지 설명한 내용을 요약하면 스프링 클라우드 스트림의 기초부터 시작해 몇 가지 상위 모듈에 대해 알아봤습니다. 결과적으로 이러한 프로젝트의 지원을 통해 다양한 리액티브 프로그래밍 기법을 적용해 리액티브 시스템을 구축할 수 있음을 확인했습니다. 비동기 방식의 신뢰성 있는 메시징 처리에 메시지 브로커를 사용하는 기법은 대부분 비즈니스 요구 사항을 만족시킬 수 있습니다. 또한 이 기술은 리액티브 시스템 개발 비용을 절감할 수 있으며 대규모 웹 스토어, IoT, 또는 채팅 애플리케이션과 같은 시스템을 신속하게 만드는 데 사용할 수 있습니다. 이와 같은 접근 방식이 시스템 안정성, 확장성 및 처리량을 향상시킬 수는 있지만, 메시지를 영속화하는 메시지 브로커 사용과 같은 추가적인 통신 부하로 인해 요청에 대한 전체적인 처리 시간에 있어서는 부정적인 결과를 줄 수도 있다는 것을 기억해야합니다. 따라서 시스템이 메시지를 보내고 받는 데 소모되는 몇 밀리초가량의 지연을 허용할 때만 이러한 접근 방식을 사용할 수 있습니다.

리액티브 메시지 전달을 위한 낮은 지연 시간의 RSocket

이전 절에서는 스프링 클라우드 스트림과 그 응용인 스프링 클라우드 데이터 플로를 사용해 리액티브 시스템을 쉽게 만드는 방법을 배웠습니다. 다음으로, 스프링 클라우드 펑션이 지원하는 경량 함수를 이용해 잘게 나뉜 시스템을 구축하는 방법과 이를 이용해 비즈니스 흐름을 만드는 것이 얼마나 간단한지 배웠습니다.

그러나 이러한 단순함과 유연성을 얻는 대신 대기 시간 측면에서는 일부 단점도 있습니다. 최근에는 밀리초 단위의 지연도 허용하지 못하는 분야가 있습니다. 예를 들면 증권 거래소 시장, 온라인 비디오 게임, 또는 실시간 생산 라인 제어 시스템이 바로 그렇습니다. 이러한 시스템에서는 메시지를 큐에 넣었다가 빼는 시간 낭비를 용납하지 않습니다. 결국 신뢰성 있는 메시지 브로커는 메시지를 영속화하지만, 그로 인해 메시지를 전달하는 데 걸리는 시간이 길어집니다.

분산 시스템에서 서비스 사이에 지연 시간이 짧은 통신을 구현할 수 있는 솔루션 중 하나는 서비스 사이에 지속적이고 직접적으로 통신을 연결하는 것입니다. 예를 들어 애플리케이션 간에 연속적인 TCP 접속을 연결하면 짧은 지연 시간과 전송을 보장하는 직접 통신을 수행할 수 있습니다. 이와 함께 웹소켓과 같이 널리 알려진 프로토콜을 사용하면 스프링 웹플럭스의 ReactorNettyWebSocketClient를 이용해 이러한 통신을 구축할 수 있습니다.

그러나 이 장의 앞부분에서 언급했듯이 서비스 사이의 강한 결합이나 웹소켓의 사용은 리액티브 시스템 요구 사항에 적합하지 않습니다. 프로토콜이 배압을 제어할 수 있는 어떤 기능도 제공하지 않기 때문입니다. 배압은 리액티브 시스템의 핵심 요소입니다.

다행히 리액티브 스트림 스펙을 지원하는 그룹들은 네트워크 사이의 통신, 비동기 통신, 짧은 지연 시간에 대한 필요성을 이해했습니다. 2015년 중반에 벤 크리스텐슨은 일련의 전문가와 함께 RSocket이라는 새로운 프로젝트를 시작했습니다.

RSocket 프로젝트의 핵심 목표는 비동기와 바이너리 수준을 넘어서 리액티브 스트림의 원래 목적에 충실한 응용 프로그램 프로토콜을 제공하는 것입니다.

 RSocket 프로젝트를 만들게 된 동기에 대해 자세히 알고 싶다면 다음 링크를 방문하세요.

https://github.com/rsocket/rsocket/blob/master/Motivations.md

RSocket vs. 리액터-네티

언뜻 보기에 RSocket이 그다지 혁신적으로 느껴지지 않을 수 있습니다. 이미 RxNetty 또는 리액터-네티(네티의 기본 웹플럭스 래퍼)와 같은 웹 서버가 있습니다. 이러한 솔루션은 리액티브 스트림 타입 위에 구축되며 네트워크를 이용한 읽기 쓰기를 지원하는 API를 제공합니다. 리액티브 스트림 타입을 지원하므로 배압을 지원하기는 하지만, 이런 유형의 배압이 가진 한 가지 문제는 그것이 격리된 환경에서만 동작한다는 것입니다. 배압을 제대로 지원하기 위해서는 컴포넌트와 네트워크를 연결해야 합니다.

예를 들어 리액터-네티를 사용하면 메시지를 받을 준비가 됐을 때만 수신 메시지를 받아서 처리할 수 있습니다. 마찬가지로 Subscription#request 메서드를 호출하면 네트워크 준비 상태를 알 수 있습니다. 여기에서 핵심적인 문제는 다음 그림에서처럼 컴포넌트가 실제로 요청하는 숫자가 네트워크의 한계를 넘지 않는다는 것입니다.

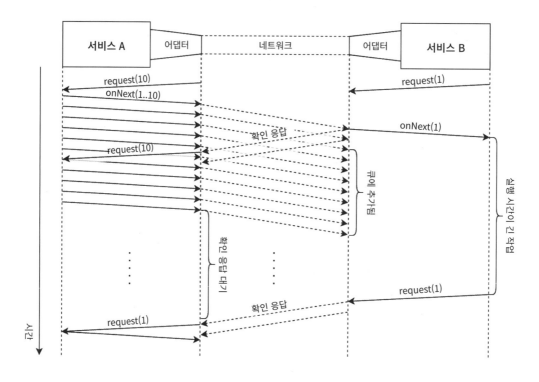

그림 8.13 고립된 영역에서의 배압 예제

이 그림에는 두 가지 서비스(**서비스 A** 및 **서비스 B**)가 있습니다. 각 서비스에는 서비스(비즈니스 로직)가 네트워크를 통해 다른 서비스와 통신할 수 있게 해주는 추상 **어댑터**가 있습니다. 예제에서 이 어댑터가 리액티브 액세스를 제공하는 리액터-네티라고 가정해 보겠습니다. 이는 배압 제어가 전송 계층에서 적절하게 구현돼 있음을 의미합니다. 결과적으로 어댑터는 게시자에게 서비스가 얼마나 가용한지 알려줍니다. 이 경우 **서비스 A**는 **서비스 B**와 지속해서 접속하고(예: 웹소켓 연결), 연결할 수 있으면 데이터를 어댑터를 이용해 보내기 시작합니다. 결과적으로, 어댑터는 처리 가능한 수준의 데이터를 네트워크로 보냅니다. 연결 반대쪽에는 동일한 어댑터를 통해 네트워크의 메시지를 받는 **서비스 B**가 있습니다. **서비스 B**는 구독자로서 처리 가능한 수요를 표시하고, 처리 가능한 수준의 데이터를 수신하며, 어댑터는 데이터를 수신하면 이를 비즈니스에 필요한 스트림으로 변환해 비즈니스 로직으로 보냅니다. 같은 방식으로 비즈니스 로직에서 처리된 데이터가 어댑터로 보내지면 어댑터는 이를 바이트로 변환한 다음 전송 계층에서 정의된 흐름 제어를 따라 네트워크로 전송합니다.

3장 스트림의 새로운 표준 – 리액티브 스트림에서 배웠듯이 프로듀서와 컨슈머 방식의 통신에서 최악의 시나리오는 컨슈머가 프로듀서의 메시지를 처리하지 못할 정도로 느린 경우입니다. 격리 상태의 배압 문제를 자세히 살펴보기 위해 느린 컨슈머와 빠른 프로듀서가 있다고 가정해 보겠습니다. 이제 이벤트의 일부가 **소켓 버퍼**에 버퍼링됩니다. 하지만 불행하게도 버퍼의 크기는 제한적이며 어느 시점이 지나면 네트워크 패킷이 유실되기 시작할 것입니다. 물론 실제 전송의 상호 작용은 프로토콜에 따라 여러 측면에서 다릅니다. 예를 들어 TCP와 같은 신뢰할 수 있는 네트워크 전송에는 **슬라이딩 윈도우** (sliding window) 및 **응답 확인**(acknowledgement) 개념을 포함하는 흐름 제어(배압 제어)가 있습니다. 이는 다시 말하자면 바이너리 수준(수신된 바이트 및 해당 응답 확인 레벨)에서 배압을 달성할 수 있다는 뜻입니다. TCP는 응답 확인을 받지 못하는 경우에 스스로 메시지를 재전송 하고 **서비스 A** 측에서 메시지 게시자의 속도를 저하시킵니다. 이 방식의 단점은 애플리케이션 자체의 성능에 미치는 영향이 크다는 것입니다. 따라서 드롭된 패키지를 다시 전달하는 것은 신경 써서 관찰할 필요가 있습니다. 또한 통신 성능이 저하되어 시스템의 전반적인 안정성에 문제가 발생할 수 있습니다. 이렇게 TCP가 제공하는 네트워크 수준의 전송 흐름 제어만으로 충분한 배압 제어가 가능하더라도 커넥션의 이용률이 낮다는 또 다른 문제가 있습니다. 이것은 스트림을 여러 개로 논리적으로 다중화하고 싶어도 동일한 커넥션을 재사용할 수 없기 때문입니다. 또 다른 측면은 컨슈머가 전송 흐름 제어를 따라갈 수 없기 때문에 일부 데이터를 내부적으로 버퍼링해야 하고 이로 인해 `OutOfMemoryError`가 발생할 수 있기 때문입니다.

TCP 흐름 제어에 대한 자세한 내용은 다음 링크를 참조하세요.

https://hpbn.co/building-blocks-of-tcp/#flow-control

Reactor Netty 또는 RxNetty를 사용해 쉽게 구현할 수 있는 격리된 리액티브 게시자–구독자 통신과 달리 RSocket은 비동기와 네트워크 경계를 넘어서 리액티브 스트림의 원래 의미에 부합하는 바이너리 프로토콜을 제공합니다.

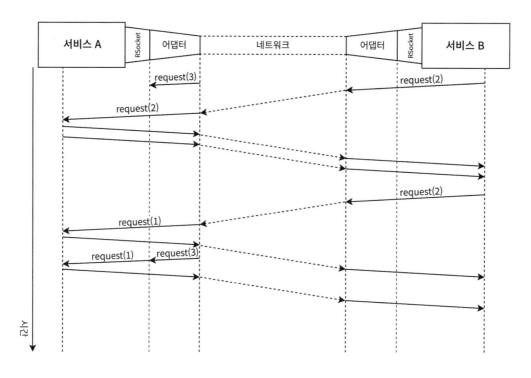

그림 8.14 RSocket의 배압 예제

이 그림에서 보듯이 RSocket 프로토콜을 사용하면 네트워크 경계를 통해 처리 요청 수요를 전송할 수 있습니다. 따라서 프로듀서 서비스는 요청에 응답하고 네트워크를 통해 onNext 시그널로 요청 개수만큼의 데이터를 보낼 수 있습니다. 게다가 RSocket은 네트워크에 데이터를 쓰는 것을 처리하는 어댑터의 상단에서 작동합니다. 그래서 격리된 영역의 로컬 수요가 컨슈머 서비스로부터 받은 수요 요청에 따라 조정될 수 있습니다. 일반적으로 RSocket은 TCP와 함께 에어론(Aeron) 및 웹소켓을 통한 통신을 지원하는 전송 중립적인 프로토콜입니다.

언뜻 보기에 서비스 간의 상호 작용이 낮을 수 있기 때문에 커넥션의 사용이 비효율적으로 보이기도 합니다. 그러나 RSocket 프로토콜의 강력한 기능 중 하나는 동일한 서버와 클라이언트 간에 여러 스트림에 대해 동일한 소켓 커넥션을 재사용할 수 있다는 것입니다. 따라서 커넥션 사용을 최적화할 수 있습니다.

이 프로토콜과 함께 RSockets를 사용하면 다음과 같은 대칭적인 상호 작용 모델이 가능해집니다.

- **요청/응답**(request/response): 요청과 응답에서 하나의 스트림.
- **요청/스트림**(request/stream): 한 개의 데이터에 의한 요청 스트림 및 응답으로의 유한/무한 스트림.

- **Fire-and-forget**: 요청 스트림과 Void 응답 스트림.

- **채널(Channel)**: 요청 및 응답 모두를 위한 완전 양방향 유한/무한 스트림.

이와 같이 RSocket은 비동기 메시지 전달을 위해 일반적으로 사용되는 상호 작용 모델을 광범위하게 지원하며 시작 시점에는 단 하나의 커넥션만 사용합니다.

자바에서 RSocket 사용

RSocket 프로토콜 및 상호 작용 모델은 (C++, JS, 파이썬 및 고(Go)의 구현과 함께) 자바에서 수요가 많으며 리액터 3를 기반으로 구현됐습니다. 다음 코드는 RSocket-Java 모듈을 사용합니다.

```
RSocketFactory                                              // (1)
    .receive()                                              // (1.1)
    .acceptor(new SocketAcceptorImpl())                     // (1.2)
    .transport(TcpServerTransport.create("localhost", 7000)) // (1.3)
    .start()                                                // (1.4)
    .subscribe();

RSocket socket = RSocketFactory                             // (2)
    .connect()                                              // (2.1)
    .transport(TcpClientTransport.create("localhost", 7000))
    .start()
    .block();                                               // (2.2)

socket                                                      // (3)
    .requestChannel(                                        // (3.1)
        Flux.interval(Duration.ofMillis(1000))
            .map(i -> DefaultPayload.create("Hello [" + i + "]")) // (3.2)
    )
    .map(Payload::getDataUtf8)                              // (3.3)
    .doFinally(signalType -> socket.dispose())
    .then()
    .block();
```

코드의 각 번호에 대한 설명입니다.

1. 서버(수신자) RSocket 정의입니다. (1.1)에서 RSocket 서버를 만들기 위해 .receive() 메서드를 사용합니다. (1.2)에서 SocketAcceptor 구현체를 매개변수로 해서 클라이언트 접속 시에 호출되는 핸들러 메서드를 정의했습니다. 다음으로

(1.3)에서 전송 프로토콜로 TCP 전송을 정의했습니다. TCP 전송을 처리하는 TcpServerTransport는 리액터–네티에서 제공합니다. 마지막으로 정의된 소켓에서 클라이언트 접속을 기다리기 위해 서버를 시작하고 .subscribe()를 호출합니다.

2. 클라이언트 RSocket 정의입니다. (2.1)에서는 서버의 .receive() 팩토리 메서드 대신에 클라이언트의 RSocket 인스턴스를 만들어주는 .connect()를 사용합니다. 이 예제에서는 설명을 간단하게 하기 위해 .block() 메서드를 사용해 활성화된 RSocket 인스턴스를 얻고 있습니다.

3. 서버에 대한 요청을 실행하는 부분입니다. 예제에서는 채널(3.1)을 사용하므로 메시지 스트림 송신 및 수신이 함께 이루어집니다. 스트림에서 메시지의 기본 타입은 Payload 클래스입니다. 따라서 (3.2)에서 Payload(이 경우 기본 구현 DefaultPayload)로 메시지를 래핑하고 다시 String으로 언래핑(3.3)해야 합니다.

앞의 예에서는 클라이언트와 서버 간에 이중 통신을 연결했습니다. 예제에서 모든 통신은 리액티브 스트림 스펙 및 리액터 3에 의해 수행됐습니다.

다음으로 예제 (1.2)에서 핸들러 메서드로 사용한 SocketAcceptor의 구현을 살펴보겠습니다.

```java
class SocketAcceptorImpl implements SocketAcceptor {            // (1)

    @Override                                                   // (2)
    public Mono<RSocket> accept(
        ConnectionSetupPayload setupPayload,                    // (2.1)
        RSocket reactiveSocket                                  // (2.2)
    ) {
        return Mono.just(new AbstractRSocket() {
            @Override                                           // (3)
            public Flux<Payload> requestChannel(                // (3.1)
                Publisher<Payload> payloads                     // (3.2)
            ) {
                return Flux.from(payloads)                      // (3.3)
                        .map(Payload::getDataUtf8)
                        .map(s -> "Echo: " + s)
                        .map(DefaultPayload::create);
            }
        });
    }
}
```

코드에서 각 번호에 대한 설명은 다음과 같습니다.

1. SocketAcceptor 인터페이스를 구현합니다. SocketAcceptor는 서버 측 핸들러를 나타냅니다.

2. SocketAcceptor 인터페이스에는 accept라는 한 개의 메서드가 있습니다. 이 메서드에는 두 개의 매개변수가 있는데, 첫 번째 매개변수인 ConnectionSetupPayload는 커넥션이 연결되는 중에 클라이언트 쪽에서의 첫 번째 **핸드셰이크(handshake)**를 나타냅니다(2.1). 이 절에서 배웠듯이 RSocket은 본질적으로 이중 연결을 사용합니다. 그 특성은 sendingRSocket이라는 accept 메서드의 두 번째 매개변수로 표현됩니다(2.2). 두 번째 매개변수를 사용해 서버는 마치 자신이 통신의 클라이언트인 것처럼 클라이언트로 스트리밍 요청을 시작할 수 있습니다.

3. RSocket 핸들러 선언입니다. 이 경우 AbstractRSocket 클래스는 RSocket 인터페이스를 구현한 추상 클래스로서 처리 메서드에서 UnsupportedOperationException을 발생시킬 수 있습니다. 그다음, 메서드 중 하나를 재정의해 서버가 지원하는 상호 작용 모델 중 하나를 선택할 수 있습니다(3.1). 마지막으로 (3.3)에서 echo 기능을 제공하고 유입된 스트림(3.2)을 받아서 들어온 메시지를 수정합니다.

보다시피 SocketAcceptor는 핸들러를 정의하는 것이 아닙니다. 예제의 경우 SocketAcceptor#accept 메서드의 호출은 새로운 커넥션을 참조합니다. 다음으로 RSocket-Java에서 RSocket 인터페이스는 클라이언트와 서버의 핸들러를 동시에 표현한 것입니다. 마지막으로 양측의 통신은 피어-투-피어 통신이므로 양측 모두 요청을 처리할 수 있습니다.

또한 확장성을 위해 RSocket-Java는 유레카와 같은 서비스 레지스트리와 통합할 수 있는 RSocket LoadBalancer 모듈을 제공합니다. 예를 들어 다음 코드는 스프링 클라우드 디스커버리(Spring Cloud Discovery)와의 단순한 통합을 보여줍니다.

```
Flux
    .interval(Duration.ofMillis(100))                        // (1)
    .map(i ->
        discoveryClient
            .getInstances(serviceId)                         // (2)
            .stream()
            .map(si ->
                new RSocketSupplier(() ->
                    RSocketFactory.connect()                 // (3)
                        .transport(
                            TcpClientTransport.create(
                                si.getHost(),                // (3.1)
                                si.getPort()                 // (3.2)
                            )
```

```
                                    )
                                    .start()
                )  {
                    public boolean equals(Object obj) { ... }                     // (4)

                    public int hashCode() {
                        return si.getUri().hashCode();                            // (4.1)
                    }
                }
            )
            .collect(toCollection(ArrayList<RSocketSupplier>::new))
        )
        .as(LoadBalancedRSocketMono::create);                                     // (5)
```

코드에서 각 번호에 대한 설명은 다음과 같습니다.

1. `.interval()` 연산자 선언입니다. serviceId를 사용해 사용 가능한 인스턴스를 주기적으로 검색한다는 의미입니다.

2. 인스턴스를 검색합니다.

3. `Mono<RSocket>`를 생성하는 Supplier입니다. 검색한 ServiceInstance에서 호스트 주소(3.1) 및 포트(3.2)와 정보를 사용해 적절한 커넥션을 만듭니다.

4. 익명의 RSocketSupplier 생성입니다. 여기서 오브젝트 식별을 위해 equals와 hashCode를 오버라이드합니다. 내부적으로 LoadBalancedRSocketMono는 수신된 모든 인스턴스를 저장하는 HashSet을 사용합니다. 아울러 그룹에서 인스턴스의 고유 식별자로 URI를 사용합니다.

5. `Flux<Collection<RSocketSupplier>>`를 LoadBalancedRSocketMono로 변환하는 단계입니다. 결과가 Mono 타입의 인스턴스일지라도 LoadBalancedRSocketMono는 상태 유지형 인스턴스입니다. 결과적으로 각각의 신규 구독자는 잠재적으로 상이한 결과를 수신할 수 있습니다. LoadBalancedRSocketMono는 예측 부하 분산 알고리즘(predictive load balancing algorithm)을 사용해 RSocket 인스턴스를 선택하고 선택된 인스턴스를 구독자에게 반환합니다.

앞의 예제는 LoadBalancedRScoketMono와 DiscoveryClient를 통합하는 간단한 방법을 보여줍니다. 예제가 효율적이지는 않지만, LoadBalancedRSocketMono를 적절하게 사용하는 법을 배울 수 있습니다.

일반화하면 RSocket은 리액티브 스트림 의미 체계를 따르는 통신 프로토콜이며, 네트워크 경계를 넘어서는 배압 제어 지원을 통해 스트리밍 통신을 위한 새로운 지평을 넓혀줍니다. RSocket 이외에도 강력한 리액터 3 기반 구현이 있습니다. 이는 피어 간 연결을 위한 간단한 API를 제공하고 상호 작용의 수명주기 동안 이를 효율적으로 사용합니다.

RSocket vs. gRPC

gRPC라는 잘 알려진 프레임워크가 있는데, 왜 별도의 프레임워크가 필요한지 궁금할 것입니다. gRPC
의 정의는 다음과 같습니다.

"고성능, 범용 RPC를 지원하는 오픈소스 프레임워크 (https://github.com/grpc)"

이 프로젝트는 구글에서 개발했으며 HTTP/2를 통한 비동기 메시징을 제공하기 위한 목적으로 만들
어졌습니다. gRPC는 **프로토콜 버퍼(Protobuf)**를 **인터페이스 기술 언어(Interface Description
Language: IDL)**와 기본 메시지 교환 형식으로 사용합니다.

IDL 및 Protobuf를 사용해 서비스를 정의하는 방법에 대해 자세히 알고 싶다면 다음 링크를 참조하세요.

https://grpc.io/docs/guides/concepts.html#service-definition

일반적으로 gRPC는 리액티브 스트림과 거의 유일한 메시징 의미 체계를 가지고 있으며 다음과 같은
인터페이스를 제공합니다.

```
interface StreamObserver<V> {
    void onNext(V value);

    void onError(Throwable t);

    void onCompleted();
}
```

인터페이스 코드에서 보듯이 RxJava 1의 Observer와 동일한 구조를 가지고 있습니다. 또한 gRPC의
API는 Stream 인터페이스를 제공하며 다음과 같은 구성을 가집니다.

```
public interface Stream {
    void request(int numMessages);
    ...
    boolean isReady();
    ...
}
```

앞의 코드를 보면 gRPC가 비동기 메시지 전달과 함께 배압 제어를 지원한다는 느낌을 갖게 됩니다. 그러나 그 부분은 조금 애매합니다. 일반적인 상호 작용 흐름은 그림 8.13에서 본 것과 약간 비슷합니다. 유일한 차이점은 보다 세분화된 흐름 제어를 지원한다는 것입니다. gRPC는 HTTP/2를 기반으로 구축됐기 때문에 세분화된 배압 제어를 위해 HTTP/2 흐름 제어가 기본 요소로 사용됩니다. 그럼에도 불구하고 흐름 제어는 여전히 슬라이딩 윈도우 크기(바이트)에 의존합니다. 게다가 논리적인 요소의 세분화된 부분에 대한 배압 제어에 대해서는 알려지지 않았습니다.

gRPC와 RSocket의 또 다른 중요한 차이점은 gRPC는 RPC 프레임워크이고, RSocket은 프로토콜이라는 점입니다. gRPC는 HTTP/2 프로토콜을 기반으로 하며 서비스 스텁 및 클라이언트에 대한 코드 생성 기능을 제공합니다. 기본적으로 gRPC는 메시징 형식으로 Protobuf를 사용합니다. 그러나 JSON과 같은 다른 형식도 지원할 수 있습니다. 반면에 RSocket은 서버와 클라이언트에 대해서 오직 리액티브 구현만 제공합니다. 또한 RSocket-RPC라는 별도의 RPC 프레임워크가 있습니다. 이 프레임워크는 RSocket 프로토콜 위에 구축됐으며 gRPC의 모든 기능을 제공합니다. RSocket-RPC는 gRPC와 동일한 방식으로 Protobuf 모델을 기반으로 코드를 생성합니다. 따라서 gRPC를 사용하는 프로젝트는 RSocket-RPC로 어렵지 않게 마이그레이션할 수 있습니다.

RSocket-RPC에 대한 자세한 내용은 https://github.com/netifi/rsocket-rpc를 참조하세요.

gRPC의 배압 제어 지원에 대한 자세한 내용은 https://github.com/salesforce/reactive-grpc#back-pressure를 참조하세요.

스프링 프레임워크에서 RSocket 사용

스프링에 포함된 RSocket 구현은 리액터 API를 사용해 짧은 지연 시간이 필요하고 처리량이 많은 비동기 통신을 작성할 때 더 폭넓게 사용할 수 있지만, 인프라와 관련해 개발자들이 직접 설정해야 하는 부분도 많습니다. 다행스럽게도 스프링 팀은 이 프로젝트에 가치를 부여하고 애노테이션 기반 프로그래밍 모델을 간소화해 스프링 생태계와 통합하기 위한 실험을 시작했습니다.

그중 하나가 스프링 클라우드 소켓(Spring Cloud Socket)이며, 스프링 웹처럼 친숙한 애노테이션 기반 프로그래밍 모델을 제공하기 위한 것입니다.

```
@SpringBootApplication                                              // (1)
@EnableReactiveSockets                                              // (1.1)
public static class TestApplication {
```

```
    @RequestManyMapping(                                                // (2)
        value = "/stream1",                                             // (2.1)
        mimeType = "application/json"                                   // (2.2)
    )
    public Flux<String> stream1(@Payload String a) {                    // (2.3)
        return Flux.just(a)
                    .mergeWith(
                        Flux.interval(Duration.ofMillis(100))
                            .map(i -> "1. Stream Message: [" + i + "]")
                    );
    }


    @RequestManyMapping(                                                // (2)
        value = "/stream2",                                            // (2.1)
        mimeType = "application/json"                                   // (2.2)
    )
    public Flux<String> stream2(@Payload String b) {                    // (2.3)
        return  Flux.just(b)
                    .mergeWith(
                        Flux.interval(Duration.ofMillis(500))
                            .map(i -> "2. Stream Message: [" + i + "]")
                    );
    }
}
```

코드의 각 번호에 대한 설명은 다음과 같습니다.

1. @SpringBootApplication 정의입니다. (1.1)에서 @EnableReactiveSockets 애노테이션을 사용했습니다. 이 애노테이션은 자동 설정을 제공하고 애플리케이션에서 RSocket을 사용할 수 있게 해줍니다.

2. 핸들러 메서드 선언입니다. 여기서는 @RequestManyMapping 애노테이션을 사용해 현재 메서드가 **요청 스트림** 상호 작용 모델을 사용하는 것을 알려줍니다. 스프링 클라우드 소켓 모듈이 제공하는 눈에 띄는 기능 중 하나는 매핑(라우팅)을 제공하고 수신 메시지(2.2)에 대한 핸들러 매핑 경로(2.1) 및 MIME 유형을 정의할 수 있게 해준다는 점입니다. 마지막으로 추가 @Payload 애노테이션(2.3)이 있습니다. 이는 주어진 매개변수가 요청의 페이로드임을 암시합니다.

앞의 예제는 매우 친숙한 스프링 부트 애플리케이션입니다. 이 애플리케이션은 스프링 클라우드 소켓을 지원하고 RSocket-Java 라이브러리의 추가 기능을 사용할 수 있습니다. 스프링 클라우드 소켓은 클라이언트 관점에서 서버와의 상호 작용을 단순화합니다.

```
public interface TestClient {                                      // (1)
    @RequestManyMapping(                                           // (2)
        value = "/stream1",
        mimeType = "application/json"
    )
    Flux<String> receiveStream1(String a);

    @RequestManyMapping(                                           // (2)
        value = "/stream1",
        mimeType = "application/json"
    )
    Flux<String> receiveStream2(String b);
}
```

여기서는 인터페이스(1)를 제공할 때 스프링 클라우드 소켓을 사용해 RSocket Client를 선언해야 합니다. RSocket 클라이언트를 사용하려면 클라이언트 메서드의 맨 위에 서버 예제 코드에서와같이 애노테이션을 정의하고 해당 핸들러 경로를 정의해야 합니다.

결과적으로 인터페이스는 다음 코드와 같이 ReactiveSocketClient 팩토리를 사용해 런타임 시 Proxy로 쉽게 변형될 수 있습니다.

```
ReactiveSocketClient client = new ReactiveSocketClient(rSocket);
TestClient clientProxy = client.create(TestClient.class);

Flux.merge(
        clientProxy.receiveStream1("a"),
        clientProxy.receiveStream2("b")
    )
    .log()
    .subscribe();
```

 스프링 클라우드 소켓은 실험적인 프로젝트입니다. 지금은 공식 스프링 클라우드 조직 외부에서 진행되고 있습니다. 소스 코드의 깃허브 저장소 주소는 다음과 같습니다.

https://github.com/viniciusccarvalho/spring-cloud-sockets

앞의 예에서는 클라이언트를 만들었습니다(이 예제에서는 RSocket 클라이언트 인스턴스를 수동으로 제공해야 함). 예제 코드는 데모 목적으로 두 개의 스트림을 병합하고 결과를 .log()로 출력합니다.

다른 프레임워크에서의 RSocket

앞서 언급했듯이 스프링 클라우드 소켓 모듈은 실험적인 프로젝트였으며 최초 개발자가 더 이상 지원하지 않습니다. 스프링 팀은 내부적으로 실험을 계속하고 RSocket을 주시하고 있습니다. RSocket이 네트워크 경계를 뛰어넘어 적용할 수 있는 리액티브 스트림을 위한 강력한 솔루션이기 때문입니다. 하지만 그 외에도 자바에서 프로토콜을 구현한 몇 가지 다른 프레임워크가 있습니다.

ScaleCube 프로젝트

프레임워크의 개발자가 밝힌 ScaleCube의 정의는 다음과 같습니다.

> "확장 가능한 마이크로서비스 리액티브 시스템을 위한 리액티브 프로그래밍 간소화에 초점을 맞춘 오픈소스 프로젝트(http://scalecube.io). "

이 프로젝트의 핵심 목표는 확장성이 뛰어나면서 짧은 지연 시간을 가진 분산 시스템을 구축하는 것입니다.

서비스 간 상호 작용을 위해 툴킷은 리액터 프로젝트 3을 사용하며 일반적으로 전송 중립적입니다. 그러나 이 책을 쓰고 있는 시점에 RSocket-Java를 전송 기본값으로 사용합니다.

이와 함께 ScaleCube는 스프링 프레임워크와의 통합을 제공하며, 확장성 있고 지연 시간이 짧은 분산 시스템을 구축하기 위한 애노테이션 기반 API를 제공합니다. 이 책에서 프레임워크 통합에 대한 세부적인 내용은 다루지 않습니다. 자세한 내용은 https://github.com/scalecube/scalecube-spring을 참조하세요.

Proteus 프로젝트

또 다른 강력한 툴킷은 Netifi Proteus 프로젝트입니다. ScaleCube 프로젝트와 달리 Proteus는 다음과 같은 위치에 있습니다.

> "마이크로서비스를 위한 빠르고 쉬운 RSocket 기반 RPC 계층(https://github.com/netifi-proteus)"

Proteus는 클라우드 네이티브 마이크로서비스 플랫폼입니다. Proteus는 RSocket 프로토콜과 RSocket-RPC 프레임워크를 사용하고 메시지 라우팅, 모니터링 및 추적을 위한 모듈을 제공합니다.

또한 Proteus 프로젝트는 스프링 프레임워크와의 통합을 제공하며 강력한 코드 생성 기능 및 애노테이션 기반 프로그래밍 모델을 제공합니다. 프레임워크의 통합에 대한 자세한 내용을 보려면 https://github.com/netifi-proteus/proteus-spring을 참조하세요.

RSocket 요약

이 절에서는 배웠듯이, RSocket은 리액티브 스트림 스펙을 적용했고 비동기 피어-투-피어 통신을 기반으로 높은 처리량과 짧은 대기 시간을 가지는 리액티브 시스템을 구축하는 편리한 방법입니다. 일반적으로 RSocket 프로토콜은 대기 시간을 줄이고 시스템 효율을 높이는 데 중점을 둡니다. 이는 양방향 연결(duplex connection)을 통한 논블로킹 통신의 지원으로 달성할 수 있습니다.

또한 RSocket은 하드웨어의 영향을 줄이기 위해 설계됐습니다. 다음으로 RSocket은 모든 언어로 구현할 수 있는 프로토콜입니다. 마지막으로 자바에서의 RSocket은 강력한 프로그래밍 모델을 제공하는 리액터 프로젝트 기반으로 구축됐습니다.

RSocket 커뮤니티는 급속히 성장하고 있으며 매우 전망이 좋아 보입니다. 현재 이 프로젝트는 Facebook과 Netifi가 유지하고 있으며 가까운 미래에 다른 회사도 합류하게 될 것입니다.

요약

이 장에서는 모노리스 응용 프로그램을 리액티브 시스템으로 진화시키는 여정을 함께 했습니다. 시스템 확장성을 달성하기 위해 일반적으로 사용하는 서버 측 로드 밸런싱 기법의 장단점을 알아봤습니다. 그러나 이 기법은 로드 밸런서가 병목현상을 일으킬 수 있기 때문에 때로는 탄력성을 제공할 수 없습니다. 이 기법은 로드 밸런서를 위해 강력한 인프라가 필요할 뿐만 아니라 운영을 위한 추가 비용이 발생할 수 있습니다.

또한 이 장에서는 클라이언트 측 로드 밸런싱 기법에 대해서도 살펴봤습니다. 그러나 이 기법은 한계가 있으며 시스템의 모든 서비스에 설치된 클라이언트 측 로드 밸런서와의 밸런싱 조정 기능을 제공하지 못합니다.

마지막으로 견고하고 비동기적인 메시지 전달을 위해 메시지 큐를 사용하라는 리액티브 선언문의 조언도 살펴봤습니다. 그 결과로 메시지 브로커를 비동기 통신을 위한 별도의 리액티브 시스템으로 채택함으로써 탄력성을 확보하게 됐으며, 메시지 브로커를 완전히 리액티브하게 만들었습니다.

또한 스프링 생태계가 리액터 및 스프링 클라우드 스트림 프로젝트를 어떻게 지원하고 있으며, 이를 지원함으로써 리액티브 시스템 구축에 어떤 도움을 주는지 설명했습니다. 아울러 배압을 지원하는 통신을 위해 리액터 3을 사용하는 아파치 카프카 및 RabbitMQ와 같은 메시지 브로커를 사용하는 새로운 프로그래밍 패러다임을 배웠습니다. 아울러 이 기술을 실제 프로젝트에 적용한 몇 가지 예를 살펴봤습니다.

이어서 스프링 클라우드 데이터 플로를 이용해 메시지 브로커와의 통신 및 특정 클라우드 플랫폼과의 통합과 관련된 실제 인프라 구성에서 비즈니스 로직을 분리하는 방법을 살펴봤습니다.

마지막으로 짧은 대기 시간, 높은 처리량의 통신을 달성하기 위해 RSocket과 추가 라이브러리에 대해 배웠습니다. 추가적으로 RSocket을 스프링 생태계에 쉽게 통합할 수 있는 몇 가지 실험적인 프로젝트를 알아봤습니다.

반응성에 대한 지식을 완성하기 위해 **9장 리액티브 애플리케이션 테스트하기**에서는 스프링 5를 사용해 만든 리액티브 시스템을 테스트하는 데 필요한 기술을 배울 것입니다. 그다음 장에서는 마지막으로 리액티브 시스템 출시, 사후 지원 및 모니터링 방법을 살펴보겠습니다.

09

리액티브 애플리케이션 테스트하기

지금까지 스프링 5.x를 이용한 리액티브 프로그래밍에 관한 거의 모든 것을 다뤘습니다. 리액터 프로젝트 3을 사용해 깔끔하고 비동기적인 실행 코드를 만드는 방법과 웹플럭스를 사용해 웹 응용 프로그램을 작성하는 방법도 살펴봤습니다. 또한 리액티브 스프링 데이터가 어떻게 전체 시스템을 보완해주는지, 스프링 클라우드 및 스프링 클라우드 스트림이 어떻게 애플리케이션을 클라우드 레벨로 신속하게 업그레이드해주는지를 배웠습니다.

이 장에서는 시스템의 각 구성 요소를 테스트하는 방법을 학습해 리액티브와 관련한 학습을 마무리합니다. 리액터 또는 리액티브 스트림 스펙과 호환되는 라이브러리를 사용해 테스트 코드를 작성하는 데 도움이 되는 테스트 기법 및 유틸리티를 설명할 것입니다. 또한 리액티브 애플리케이션을 시작부터 끝까지 테스트하기 위해 스프링 프레임워크에서 제공하는 기능을 살펴볼 것입니다.

이 장에서는 다음 주제를 다룹니다.

- 테스트 도구에 대한 요구 사항
- StepVerifier를 사용해 Publisher를 테스트할 때의 핵심
- 고급 StepVerifier 사용 시나리오
- 웹플럭스 테스트를 위한 툴 세트

리액티브 스트림을 테스트하기 어려운 이유

요즘 엔터프라이즈 애플리케이션은 엄청납니다. 이런 엄청난 시스템을 검증하는 것은 최근 개발 과정에서 매우 중요한 단계입니다. 그러나 대규모 시스템에는 많은 수의 클래스가 포함된 수많은 컴포넌트와 서비스가 있습니다. 이러한 이유로 **테스트 피라미드(Test Pyramid)** 제안을 따라야 모든 것을 제대로 검증할 수 있습니다. 시스템 테스트의 기본 부분은 단위 테스트입니다.

여기서 테스트 대상은 리액티브 프로그래밍 기법을 사용해 작성된 코드입니다. **3장 스트림의 새로운 표준 – 리액티브 스트림과 4장 리액터 프로젝트 – 리액티브 앱의 기반**에서 배웠듯이 리액티브 프로그래밍은 우리에게 많은 혜택을 줍니다. 첫째, 비동기 통신을 활성화해 리소스 사용을 최적화합니다. 이러한 모델은 논블로킹 I/O 통신을 구축하는 데 적합합니다. 둘째, 비동기 구현으로 인해 지저분해지는 코드(중첩 콜백 함수와 같은)는 리액터와 같은 리액티브 라이브러리를 사용해 깨끗한 코드로 변환할 수 있습니다. 리액터는 본질적으로 응용 프로그램 개발을 단순화하기 위한 특성을 제공합니다.

그러나 이러한 혜택에도 불구하고 코드를 테스트하는 데는 적지 않은 장애 요소가 있습니다. 우선 코드가 비동기식이므로 반환된 값이 올바른지 확인하는 간단한 방법이 없습니다. **3장 스트림의 새로운 표준 – 리액티브 스트림**에서 배웠듯이 Publisher 인터페이스를 사용해 스트림을 게시하고 Subscriber 인터페이스를 구현하고 게시자의 스트림을 수집해서 그 정확성을 확인할 수는 있습니다. 하지만 이런 방법으로 코드를 테스트하면 개발자에게 잠재적으로 복잡한 솔루션만 던져주는 것일 수 있습니다.

다행히 리액터 팀은 리액티브 스트림을 사용해 작성된 코드의 검증을 단순화하기 위해 최선을 다했고, 그 결과 적당한 솔루션을 제공하고 있습니다.

StepVerifier를 이용한 리액티브 스트림 테스트

테스트 목적으로 리액터는 StepVerifier가 포함된 reactor-test 모듈을 제공합니다. StepVerifier가 제공하는 연쇄형 API를 이용하면 어떤 종류의 Publisher라도 스트림 검증을 위한 플로를 만들 수 있습니다. 이 절에서는 **리액터 테스트(Reactor Test)** 모듈에 대한 모든 것을 다룰 것입니다. 먼저 핵심 부분부터 시작하고 마지막에는 고급스러운 테스트 케이스로 마무리하겠습니다.

StepVerifier의 핵심 요소

Publisher를 검증하는 두 가지 핵심 메서드가 있습니다. 첫 번째는 StepVerifier <T> create (Publisher<T> source)입니다. 이 메서드로 만들 수 있는 테스트는 다음과 같습니다.

```
StepVerifier
    .create(Flux.just("foo", "bar"))
    .expectSubscription()
    .expectNext("foo")
    .expectNext("bar")
    .expectComplete()
    .verify();
```

이 예에서 Publisher는 두 개의 특정 원소를 생성해야 하고 이후에 해당 원소가 최종 구독자에게 전달 됐는지를 확인합니다.

예제를 통해 StepVerifier API의 동작을 일부나마 이해할 수 있습니다. 이 클래스에서 제공하는 빌더 기법을 사용하면 검증 프로세스 중에 이벤트가 발생하는 순서를 정의할 수 있습니다. 앞의 코드에 따르 면 첫 번째로 내보낸 이벤트는 구독과 관련한 이벤트여야 하며 다음 이벤트는 "foo", 그다음은 "bar" 문 자열이어야 합니다. 마지막으로 StepVerifier#expectCompletion은 종료 시그널의 존재 여부를 검증합니 다. 여기서는 Subscriber#onComplete를 호출하거나 주어진 Flux를 성공적으로 완료해야 합니다. 검증을 실행하려면(다른 말로 플로 생성을 구독하기 위해서는) .verify() 메서드를 호출해야 합니다. 이 메서 드는 블로킹 호출이므로 검증 플로가 완료될 때까지 실행이 차단됩니다.

이 간단한 기법을 사용해 Publisher의 원소나 이벤트 수를 확인할 수 있습니다. 그러나 엄청난 규모의 스트림을 검증하는 것은 매우 어려울 것입니다. Publisher가 특정 값이 아닌 특정 양의 원소를 생성했 는지를 확인하는 것이 더 중요한 경우에는 .expectNextCount() 메서드가 더 유용합니다. 다음 코드는 이 메서드 활용을 보여줍니다.

```
StepVerifier
    .create(Flux.range(0, 100))
    .expectSubscription()
    .expectNext(0)
    .expectNextCount(98)
    .expectNext(99)
    .expectComplete()
    .verify();
```

이전 장에서 배웠듯이 Flux.range(0, 100)는 0부터 99까지의 원소를 만들어냅니다. 이 경우에는 특정 원소가 만들어졌는지를 검증하는 것보다는 원소가 올바른 순서로 생성되는지를 확인하는 것이 더 중요합니다. 이 경우, .expectNext()와 .expectNextCount()를 함께 적용해 검증할 수 있습니다. 코드를 보면 첫 번째 요소는 .expectNext(0) 문으로 검사합니다. 그런 다음 테스트 플로는 주어진 Publisher가 이후에 98개의 요소를 생성했는지 확인하고, 주어진 Publisher가 그 시점에 99번째의 원소를 내보냅니다. Publisher는 100개의 원소를 생성하므로 마지막 원소는 99이어야 하며 .expectNext(99) 문을 사용해 검증할 수 있습니다.

.expectNextCount() 메서드가 문제의 일부만 처리하기는 하지만, 스트림의 원소 수를 단순하게 확인하는 것만으로는 충분치 않은 경우가 있습니다. 예를 들어 특정 규칙에 따라 요소를 필터링하거나 선택하는 코드를 확인하는 경우, 모든 항목이 정의된 필터링 규칙과 일치하는지 확인해야 합니다. 이를 위해 StepVerifier를 사용하면 자바 Hamcrest(http://hamcrest.org/JavaHamcrest 참조)와 같은 도구를 사용해 스트림 데이터 기록과 검증을 한 번에 할 수 있습니다. 다음 코드는 이 라이브러리를 사용하는 단위 테스트를 보여줍니다.

```
Publisher<Wallet> usersWallets = findAllUsersWallets();
StepVerifier
    .create(usersWallets)
    .expectSubscription()
    .recordWith(ArrayList::new)
    .expectNextCount(1)
    .consumeRecordedWith(wallets -> assertThat(
        wallets,
        everyItem(hasProperty("owner", equalTo("admin")))
    ))
    .expectComplete()
    .verify();
```

이 예제에서는 모든 원소를 기록한 다음 matcher를 사용해 내용을 검증하는 방법을 살펴봤습니다. 앞의 예제와 달리 각 기댓값이 하나의 원소 또는 지정된 원소 수의 확인을 다루는 경우 .consumeRecordedWith()를 사용하면 지정된 Publisher가 게시한 모든 원소를 검증할 수 있습니다. .recordWith()를 먼저 사용해야만 .consumeRecordedWith()가 작동한다는 점에 유의하기 바랍니다. 다음으로는 기록이 저장될 컬렉션 클래스를 신중하게 정의해야 합니다. 멀티 스레드 Publisher의 경우에는 이벤트를 기록할 때 사용하는 컬렉션이 동시 액세스(concurrent)를 지원해야 하므로 .recordWith(ArrayList::new) 대신 .recordWith(ConcurrentLinkedQueue::new)를 사용하는 것이 좋습니다. 왜냐하면 ConcurrentLinkedQueue는 ArrayList와는 달리 스레드 세이프하기 때문입니다.

이전 몇 단락을 통해 리액터 테스트 API의 핵심 요소에 친숙해졌을 것입니다. 이외에도 기능적으로 유사한 다른 방법도 있습니다. 예를 들어 다음 원소의 기댓값은 다음 코드와 같이 검증할 수도 있습니다.

```
StepVerifier
    .create(Flux.just("alpha-foo", "betta-bar"))
    .expectSubscription()
    .expectNextMatches(e -> e.startsWith("alpha"))
    .expectNextMatches(e -> e.startsWith("betta"))
    .expectComplete()
    .verify();
```

.expectNextMatches()와 .expectNext()의 차이점은 전자는 사용자가 matcher를 직접 정의해 후자보다 더 유연하게 만들 수 있다는 점입니다. .expectNext()는 .equals() 메서드를 사용해 원소의 값을 비교합니다.

마찬가지로 .assertNext() 및 .consumeNextWith()를 사용하면 assertion을 직접 작성할 수 있습니다. .assertNext()는 .consumeNextWith()의 다른 이름입니다. .expectNextMatches()와 .assertNext()의 차이점은 전자가 참 또는 거짓을 반환해야 하는 조건을 받아들이는 반면, 후자는 예외를 발생시키는 Consumer를 허용하고, 해당 Consumer에서 발생한 모든 AssertionError는 다음 코드와 같이 .verify() 메서드에 의해 캡처되어 다시 예외를 발생시킵니다.

```
StepVerifier
    .create(findUsersUSDWallet())
    .expectSubscription()
    .assertNext(wallet -> assertThat(
        wallet,
        hasProperty("currency", equalTo("USD"))
    ))
    .expectComplete()
    .verify();
```

마지막으로 정상적인 시스템의 일부라고 할 수 있는 식별되지 않은 오류에 대한 검증이 남았습니다. 에러 시그널을 제대로 검증할 수 있는 API는 거의 없습니다. 가장 간단한 방법은 다음 코드와 같이 인수가 없는 .expectError()를 사용하는 것입니다.

```
StepVerifier
    .create(Flux.error(new RuntimeException("Error")))
    .expectError()
    .verify();
```

이 방법을 이용하면 에러가 발생했는지를 확인할 수는 있지만, 때로는 에러 타입을 테스트하는 것도 중요합니다. 예를 들어, 사용자 로그인 중에 잘못된 자격 증명이 입력되면 인증 및 보안 서비스에 의해 BadCredentialsException.class가 발생합니다. 발생된 에러를 확인하려면 다음 코드와 같이 .expectError(Class<? extends Throwable>)를 사용합니다.

```
StepVerifier
    .create(securityService.login("admin", "wrong"))
    .expectSubscription()
    .expectError(BadCredentialsException.class)
    .verify();
```

오류 유형을 검사하는 것만으로 충분하지 않은 경우에는 시그널에 포함된 Throwable과 직접 상호 작용할 수 있는 .expectErrorMatches() 및 .consumeErrorWith()라는 확장 메서드를 사용합니다.

이제 리액터 3 또는 리액티브 스트림 스펙 호환 라이브러리를 사용해 작성된 테스트 코드의 필수 요소가 무엇인지 알아챘을 것입니다. StepVerifier API는 거의 모든 리액티브 워크플로를 다룰 수 있습니다. 그러나 실제로 개발에 적용할 때는 몇 가지 특이 사항이 있습니다.

StepVerifier를 이용한 고급 테스트

Publisher 테스트의 첫 번째 단계는 그것이 무한한지를 확인하는 것입니다. 리액티브 스트림 스펙에 따르면 무한 스트림은 스트림이 Subscriber#onComplete() 메서드를 호출하지 않는다는 것을 의미합니다. 이는 앞에서 배웠던 테스트 기법을 더 이상 사용하지 못한다는 뜻입니다. 문제는 StepVerifier가 완료 신호를 무한정 기다릴 것이라는 데 있습니다. 결과적으로 테스트는 프로세스가 종료될 때까지 블로킹됩니다. 이 문제를 해결하기 위해 StepVerifier는 다음과 같이 몇 가지 기댓값을 확인하면 소스에서 구독을 취소하는 취소 API를 제공합니다.

```
Flux<String> websocketPublisher = ...
StepVerifier
```

```
    .create(websocketPublisher)
    .expectSubscription()
    .expectNext("Connected")
    .expectNext("Price: $12.00")
    .thenCancel()
    .verify();
```

이 코드는 "Connected" 문자열을 받고 "Price: $12.00" 메시지를 받은 후 웹소켓 연결을 해제하거나 구독을 취소합니다.

시스템 검증에 또 다른 중요한 단계는 Publisher의 배압을 확인하는 것입니다. 예를 들어, 웹소켓을 통한 외부 시스템과의 상호 작용은 푸시 전용 Publisher에서 확인해야 합니다. 이러한 동작을 방지하는 단순한 방법은 .onBackpressureBuffer() 연산자로 다운스트림을 보호하는 것입니다. 선택한 배압 전략으로 시스템이 동작하는지 확인하려면 구독자의 요청 수량을 직접 제어해야 합니다. 이를 위해 StepVerifier는 구독자의 요청을 제어할 수 있는 .thenRequest() 메서드를 제공합니다. 이를 사용하는 방법은 다음 코드와 같습니다.

```
Flux<String> websocketPublisher = ...
Class<Exception> expectedErrorClass =
    reactor.core.Exceptions.failWithOverflow().getClass();


StepVerifier
    .create(websocketPublisher.onBackpressureBuffer(5), 0)
    .expectSubscription()
    .thenRequest(1)
    .expectNext("Connected")
    .thenRequest(1)
    .expectNext("Price: $12.00")
    .expectError(expectedErrorClass)
    .verify();
```

이 예제에서 배압 동작을 확인하기 위해 .thenRequest() 메서드를 사용하는 방법을 배울 수 있습니다. 배압을 확인하기 위해 .thenRequest() 메서드를 사용할 경우, 오버플로가 발생해 오버플로 오류를 만날 수도 있습니다. 이 예제에서는 StepVerifier.create() 메서드를 오버로딩해 사용했으며, 두 번째 매개변수는 초기 구독자가 요청하는 데이터 개수입니다. 하나의 매개변수만 사용하는 경우에는 무제한을 나타내는 Long.MAX_VALUE가 내부적으로 사용됩니다.

StepVerifier API에서 제공하는 고급 기능 중 하나는 특정 검증 후에 추가 작업을 실행할 수 있는 기능입니다. 예를 들어 프로세스를 생성하는 원소가 추가적인 외부 상호 작용을 필요로 하는 경우 .then() 메서드를 사용해 수행할 수 있습니다.

이번에는 리액터 코어 라이브러리의 테스트 패키지에 있는 TestPublisher를 사용해 보겠습니다. TestPublisher는 리액티브 스트림 Publisher의 구현체입니다. TestPublisher는 테스트 목적으로 onNext(), onComplete(), onError() 이벤트를 직접 기동할 수 있습니다. 다음 예는 테스트 실행 중에 새 이벤트를 기동하는 방법을 보여줍니다.

```java
TestPublisher<String> idsPublisher = TestPublisher.create();

StepVerifier
    .create(walletsRepository.findAllById(idsPublisher))
    .expectSubscription()
    .then(() -> idsPublisher.next("1"))                             // (1)
    .assertNext(w -> assertThat(w, hasProperty("id", equalTo("1"))))  // (2)
    .then(() -> idsPublisher.next("2"))                             // (3)
    .assertNext(w -> assertThat(w, hasProperty("id", equalTo("2"))))  // (4)
    .then(idsPublisher::complete)                                   // (5)
    .expectComplete()
    .verify();
```

이 예제에서는 WalletRepository에서 ID를 이용해 월렛 검색이 올바르게 수행되고 있는지를 확인해야 합니다. 또한 WalletRepository의 특정 요구 사항 중 하나는 데이터가 올 때 검색하는 것이므로 업스트림이 핫 퍼블리셔여야 한다는 것을 의미합니다. 이 예제에서는 StepVerifier.then()과 함께 TestPublisher.next()를 사용합니다. (1)과 (3)은 이전 단계가 확인된 후에만 새로운 요청을 보냅니다. (2)는 (1)에 의해 생성된 요청이 성공적으로 처리됐음을 확인하고 (4)는 (3)의 동작을 검증합니다. (5)는 TestPublisher에 스트림을 완료하도록 명령한 후 다음 라인에서 StepVerifier가 응답 스트림 또한 완료됐는지 확인합니다.

이 기법은 구독이 실제로 발생한 후에 이벤트를 만들어낼 수 있으므로 매우 중요한 역할을 합니다. 이 방법으로 ID를 스트림에 게시한 후에 해당 ID가 구독되고 walletsRepository가 예상대로 작동했는지 확인할 수 있습니다.

가상 시간 다루기

테스트의 핵심은 비즈니스 로직을 다루는 데 있습니다. 하지만 하나 잊지 말아야 할 부분이 있습니다. 이 특성을 이해하기 위해 먼저 다음 예제를 확인하세요.

```java
public Flux<String> sendWithInterval() {
    return Flux.interval(Duration.ofMinutes(1))
        .zipWith(Flux.just("a", "b", "c"))
        .map(Tuple2::getT2);
}
```

이 예제는 특정 간격으로 이벤트를 게시하는 단순한 방법을 보여줍니다. 동일한 API로 실제 운영 시 나리오에서는 긴 지연 시간, 시간 초과 및 이벤트 간격과 관련해 더 복잡한 경우가 발생할 것입니다. StepVerifier를 사용해 이러한 코드를 확인하기 위한 테스트 코드를 다음과 같이 작성할 수 있습니다.

```java
StepVerifier
    .create(sendWithInterval())
    .expectSubscription()
    .expectNext("a", "b", "c")
    .expectComplete()
    .verify();
```

진행 중인 테스트는 이전에 구현한 sendWithInterval()을 통해 전달됩니다. 이는 실제로 테스트하기를 원하는 부분입니다. 그러나 이 테스트에는 문제가 있습니다. 몇 번 실행하면 평균 테스트 시간이 3분을 넘습니다. 이는 sendWithInterval() 메서드가 각각 1분씩 지연시키는 세 개의 이벤트를 생성하기 때문입니다. 몇 시간 또는 며칠의 간격을 두거나 주기적으로 실행하는 경우에는 시스템의 검증에 많은 시간이 걸릴 수 있으며, 최근 추세인 지속적인 통합에 적합하지 않습니다. 이 문제를 해결하기 위해 리액터 테스트 모듈은 다음 코드와 같이 실제 시간을 가상 시간으로 대체하는 기능을 제공합니다.

```java
StepVerifier.withVirtualTime(() -> sendWithInterval())
    // 시나리오 검증 로직 생략
```

.withVirtualTime() 메서드를 사용하면 reactor.test.scheduler.VirtualTimeScheduler를 사용해 리액터의 모든 스케줄러를 명시적으로 대체합니다. 아울러 이러한 대체는 Flux.interval이 해당 스케줄러에서

실행됨을 의미합니다. 따라서 다음 코드와 같이 VirtualTimeScheduler#advanceTimeBy를 사용해 시간을 제어할 수 있습니다.

```
StepVerifier
    .withVirtualTime(() -> sendWithInterval())
    .expectSubscription()
    .then(() -> VirtualTimeScheduler
        .get()
        .advanceTimeBy(Duration.ofMinutes(3))
    )
    .expectNext("a", "b", "c")
    .expectComplete()
    .verify();
```

이 예제에서는 VirtualTimeScheduler API와 함께 .then()을 사용해 특정 시간만큼 시간을 앞당기고 있습니다. 이 테스트는 몇 분이 아니라 몇 밀리초가 걸릴 것입니다! 이 결과는 데이터가 생성되는 실제 시간과 관계없이 테스트가 작동하기 때문에 훨씬 좋습니다.

마지막으로 코드를 깔끔하게 만들기 위해 .then()과 VirtualTimeScheduler의 조합을 .thenAwait()로 바꿉니다.

 StepVerifier가 시간을 충분히 앞당기지 못한다면 테스트가 영원히 중단될 수 있습니다.

검증에 소요되는 시간을 제한하기 위해 .verify(Duration t)를 사용할 수 있습니다. 테스트가 허용된 시간 내에 완료되지 못하면 AssertionError가 발생합니다. 또한 .verify() 메서드는 검증 프로세스가 실제로 수행된 시간을 반환합니다. 다음 코드는 이러한 사용 사례를 보여줍니다.

```
Duration took = StepVerifier
    .withVirtualTime(() -> sendWithInterval())
    .expectSubscription()
    .thenAwait(Duration.ofMinutes(3))
    .expectNext("a", "b", "c")
    .expectComplete()
    .verify();

System.out.println("Verification took: " + took);
```

지정된 대기 시간 동안 이벤트가 없음을 확인하는 것이 중요하다면 .expectNoEvents()라는 메서드를 사용할 수 있습니다. 이 메서드를 사용하면 다음과 같이 지정된 간격을 사용해 이벤트가 생성되는지 확인할 수 있습니다.

```
StepVerifier
    .withVirtualTime(() -> sendWithInterval())
    .expectSubscription()
    .expectNoEvent(Duration.ofMinutes(1))
    .expectNext("a")
    .expectNoEvent(Duration.ofMinutes(1))
    .expectNext("b")
    .expectNoEvent(Duration.ofMinutes(1))
    .expectNext("c")
    .expectComplete()
    .verify();
```

이 예제에서는 테스트를 빨리 수행하는 데 도움이 되는 기법을 배울 수 있습니다.

매개변수가 없는 .thenAwait() 메서드를 사용할 수도 있습니다. 이 메서드는 현재 가상 시간 이전에 실행해야 하거나 실행하도록 예약된 모든 작업을 기동합니다. 예를 들어 다음 설정에서 첫 번째 예정된 이벤트를 수신하려면 Flux.interval(Duration.ofMillis(0), Duration.ofMillis(1000))에 다음 코드와 같이 .thenAwait()를 추가로 호출해야 합니다.

```
StepVerifier
    .withVirtualTime(() ->
        Flux.interval(Duration.ofMillis(0), Duration.ofMillis(1000))
            .zipWith(Flux.just("a", "b", "c"))
            .map(Tuple2::getT2)
    )
    .expectSubscription()
    .thenAwait()
    .expectNext("a")
    .expectNoEvent(Duration.ofMillis(1000))
    .expectNext("b")
    .expectNoEvent(Duration.ofMillis(1000))
    .expectNext("c")
    .expectComplete()
    .verify();
```

thenAwait()를 호출하지 않는다면 테스트는 영원히 중단될 것입니다.

리액티브 컨텍스트 검증하기

마지막으로 가장 희귀한 검증은 리액터 컨텍스트를 검증하는 것입니다. Context의 역할과 역학에 관해서는 **4장 리액터 프로젝트 – 리액티브 앱의 기반**에서 다뤘습니다. 인증 서비스의 리액티브 API를 검증한다고 가정해 봅시다. LoginService는 유저를 인증하기 위해서 구독자가 인증 정보를 보관하거나 유지하는 Context를 제공할 것으로 기대할 것입니다.

```
StepVerifier
    .create(securityService.login("admin", "admin"))
    .expectSubscription()
    .expectAccessibleContext()
    .hasKey("security")
    .then()
    .expectComplete()
    .verify();
```

이 코드에서는 접근 가능한 Context 인스턴스가 있는지 검증하는 방법을 볼 수 있습니다. .expectAccessibleContext() 검증이 실패하는 경우는 하나뿐입니다. 반환된 게시자가 Reactor 타입 (Flux 또는 Mono)이 아닌 경우에만 발생합니다. 결과적으로 컨텍스트 검증은 액세스 가능한 컨텍스트가 있는 경우에만 실행됩니다. .hasKey()와 같이 현재 컨텍스트에 대한 자세한 검증을 허용하는 많은 메서드가 있습니다. 컨텍스트 검증을 종료하려면 빌더에 .then() 메서드를 추가해야 합니다.

이 절에서는 리액터 테스트가 리액티브 스트림 테스트에 어떻게 도움이 되는지를 배웠습니다. 이 절에서는 작은 단위의 리액티브 코드를 단위 테스트하는 데 필요한 거의 모든 것을 다뤘지만, 스프링 프레임워크는 리액티브 시스템을 테스트하기 위한 더 많은 것을 제공합니다.

웹플럭스 테스트

이 절에서는 웹플럭스 기반 애플리케이션 검증을 위해 도입된 추가 기능을 설명합니다. 특히 모듈의 호환성, 애플리케이션 무결성, 통신 프로토콜, 외부 API 및 클라이언트 라이브러리 검증에 중점을 둘 것입니다. 따라서 이제는 간단한 단위 테스트가 아닌 컴포넌트 테스트 및 통합 테스트가 될 것입니다.

WebTestClient를 이용해 컨트롤러 테스트하기

결제 서비스를 테스트한다고 가정해 보겠습니다. 이 시나리오에서는 **결제** 서비스가 /payments 엔드포인트에 대한 GET과 POST 메서드를 지원한다고 가정합니다. 첫 번째 HTTP 호출은 현재 사용자가 실행한 결제 목록을 검색합니다. 두 번째는 새로운 결제 처리를 실행합니다. 컨트롤러의 구현은 다음과 같습니다.

```
@RestController
@RequestMapping("/payments")
public class PaymentController {
    private final PaymentService paymentService;

    public PaymentController(PaymentService paymentService) {
        this.paymentService = paymentService;
    }

    @GetMapping("/")
    public Flux<Payment> list() {
        return paymentService.list();
    }

    @PostMapping("/")
    public Mono<String> send(Mono<Payment> payment) {
        return paymentService.send(payment);
    }
}
```

서비스 검증을 위한 첫 번째 단계는 서비스의 결과로 웹 엔드포인트에서 발생하는 모든 기댓값을 작성하는 것입니다. spring-test 모듈에는 웹플럭스 엔드포인트와의 상호 작용을 위한 org.springframework.test.web.reactive.server.WebTestClient 클래스가 새롭게 추가됐습니다. WebTestClient는 org.springframework.test.web.servlet.MockMvc와 유사합니다. 둘 사이의 유일한 차이점이라면 WebTestClient가 웹플럭스 엔드포인트를 테스트할 수 있다는 것입니다. 예를 들어 WebTestClient와 Mockito 라이브러리를 사용해 다음과 같은 방식으로 사용자 결제 리스트 검색 결과를 검증하는 코드를 작성할 수 있습니다.

```
@Test
public void verifyRespondWithExpectedPayments() {
    PaymentService paymentService = Mockito.mock(PaymentService.class);
    PaymentController controller = new PaymentController(paymentService);

    prepareMockResponse(paymentService);
    WebTestClient
        .bindToController(controller)
        .build()
        .get()
        .uri("/payments/")
        .exchange()
        .expectHeader().contentTypeCompatibleWith(APPLICATION_JSON)
        .expectStatus().is2xxSuccessful()
        .returnResult(Payment.class)
        .getResponseBody()
        .as(StepVerifier::create)
        .expectNextCount(5)
        .expectComplete()
        .verify();
    }
```

이 예제에서는 WebTestClient를 사용해 PaymentController에 대한 검증 코드를 작성했습니다. 결국 WebTestClient의 API를 사용해 응답의 상태 코드와 헤더의 정확성을 확인할 수 있습니다. 또한 .getResponseBody()를 사용해 응답 Flux를 얻을 수 있으며, StepVerifier를 사용해 검증할 수 있습니다. 이 예제를 통해 두 가지 모듈을 얼마나 쉽게 통합할 수 있는지 알 수 있습니다.

앞의 예에서 PaymentService을 목(Mock)으로 만들었고 PaymentController를 테스트할 때 외부 서비스와 통신하지 않는다는 것을 알 수 있습니다. 그러나 시스템 무결성을 확인하려면 컨트롤러 레이어만이 아니라 전체 컴포넌트를 실행해야 합니다. 또한, 이러한 통합 테스트를 실행하려면 전체 애플리케이션을 시작해야 합니다. 이러한 용도로 @AutoConfigureWebTestClient와 함께 @SpringBootTest 애노테이션을 사용합니다. WebTestClient는 어떤 종류의 HTTP 서버에 대해서도 HTTP 커넥션을 설정할 수 있는 기능을 제공합니다. 또한 WebTestClient는 모의 요청 및 응답 개체를 사용해 웹플럭스 기반 애플리케이션에 직접 접근할 수 있으므로 HTTP 서버가 필요하지 않습니다. 다음 코드에서 보듯이 WebTestClient는 웹플럭스 애플리케이션에서 WebMVC 애플리케이션을 테스트할 때 TestRestTemplate과 같은 역할을 한다고 보면 됩니다.

```
@RunWith(SpringRunner.class)
@SpringBootTest
@AutoConfigureWebTestClient
public class PaymentControllerTests {
    @Autowired WebTestClient client;

    ...
}
```

여기서는 WebTestClient에 대한 상세 설정이 필요 없습니다. 스프링 부트가 자동으로 필요한 설정을 해주기 때문입니다.

 애플리케이션이 스프링 시큐리티 모듈을 사용한다면 테스트를 위해 추가 설정이 필요할 수 있습니다. spring-security-test 모듈에 대한 의존성을 추가하면 사용자 인증을 모킹할 수 있는 @WithMockUser 애노테이션을 사용할 수 있습니다. 아울러 @WithMockUser는 WebTestClient를 지원합니다. 하지만 @WithMockUser를 사용하더라도 기본적으로 CSRF가 활성화돼 있으면 종단 간 테스트에 몇 가지 장애 요소가 있을 수 있습니다. @WebFluxTest를 사용하면 기본적으로 CSRF를 비활성화하므로 @SpringBootTest를 포함해 다른 테스트 러너를 사용할 때만 CSRF에 대한 추가 설정이 필요합니다.

결제 서비스 예제의 두 번째 엔드포인트를 테스트하려면 PaymentService의 비즈니스 로직을 살펴봐야 합니다. 다음 코드를 살펴봅시다.

```
@Service
public class DefaultPaymentService implements PaymentService {

    private final PaymentRepository paymentRepository;
    private final WebClient client;

    public DefaultPaymentService(PaymentRepository repository,
                                 WebClient.Builder builder) {
        this.paymentRepository = repository;
        this.client = builder.baseUrl("http://api.bank.com/submit").build();
    }

    @Override
    public Mono<String> send(Mono<Payment> payment) {
        return payment
            .zipWith(
```

```
                ReactiveSecurityContextHolder.getContext(),
                (p, c) -> p.withUser(c.getAuthentication().getName())
            )
            .flatMap(p -> client
                .post()
                .syncBody(p)
                .retrieve()
                .bodyToMono(String.class)
                .then(paymentRepository.save(p)))
                .map(Payment::getId);
        }


@Override
public Flux<Payment> list() {
    return ReactiveSecurityContextHolder
        .getContext()
        .map(SecurityContext::getAuthentication)
        .map(Principal::getName)
        .flatMapMany(paymentRepository::findAllByUser);
    }
}
```

먼저 알아둘 것은 사용자의 결제 목록을 검색하는 메서드는 데이터베이스와만 상호 작용한다는 것입니다. 이와는 대조적으로 결제를 처리하는 로직은 데이터베이스 상호 작용 이외에도 WebClient를 통해 외부 시스템과의 통신이 필요합니다. 예제에서는 테스트를 위한 임베디드 모드를 지원하는 리액티브 스프링 데이터 MongoDB 모듈을 사용합니다. 하지만 외부 은행과 같은 업체와의 상호 작용은 포함시킬수 없습니다. 따라서 WireMock(http://wiremock.org)과 같은 도구로 외부 서비스를 모킹하거나 발신 HTTP 요청을 모킹해야 합니다. WireMock을 이용한 목 서비스는 WebMVC와 웹플럭스 모두에서 사용할 수 있습니다.

그러나 WebMVC와 웹플럭스 기능을 테스트 관점에서 비교해 보면 WebMVC는 HTTP를 이용해 외부 호출을 모킹할 수 있으므로 장점이 있습니다. 아쉽게도 스프링 부트 2.0 및 스프링 프레임워크 5.0.x에서는 WebClient와 유사한 기능을 지원하지 않습니다. 그러나 HTTP를 이용한 외부 호출에 대한 응답을 모킹할 수 있는 트릭이 있습니다. 개발자가 WebClient.Builder를 사용해 WebClient를 작성했다면 다음 코드와 같이 WebClient.Builder를 사용해 WebClient 요청 처리에 필수적인 역할을 하는 org.springframework.web.reactive.function.client.ExchangeFunction을 모킹하는 것이 가능합니다.

```
public interface ExchangeFunction {
    Mono<ClientResponse> exchange(ClientRequest request);

    ...
}
```

다음 코드와 같은 테스트 설정을 사용하면 WebClient.Builder를 커스터마이즈할 수 있을 뿐만 아니라
목을 만들거나 ExchangeFunction에 대한 **스텁(stub)** 객체를 만들 수도 있습니다.

```
@TestConfiguration
public class TestWebClientBuilderConfiguration {
    @Bean
    public WebClientCustomizer testWebClientCustomizer(
        ExchangeFunction exchangeFunction
    ) {
        return builder -> builder.exchangeFunction(exchangeFunction);
    }
}
```

이 기법을 사용하면 ClientRequest의 정확성을 검증할 수 있습니다. 아울러 ClientResponse를 적절히 구
현함으로써 네트워크 활동 및 외부 서비스와의 상호 작용을 시뮬레이션할 수 있습니다. 완료된 테스트
코드는 다음과 같습니다.

```
@ImportAutoConfiguration({
    TestSecurityConfiguration.class, TestWebClientBuilderConfiguration.class
})
@RunWith(SpringRunner.class)
@WebFluxTest
@AutoConfigureWebTestClient
public class PaymentControllerTests {
    @Autowired
    WebTestClient client;

    @MockBean
    ExchangeFunction exchangeFunction;

    @Test
    @WithMockUser
```

```
    public void verifyPaymentsWasSentAndStored() {
        Mockito
            .when(exchangeFunction.exchange(Mockito.any()))
            .thenReturn(
                Mono.just(MockClientResponse.create(201, Mono.empty())));

        client.post()
            .uri("/payments/")
            .syncBody(new Payment())
            .exchange()
            .expectStatus().is2xxSuccessful()
            .returnResult(String.class)
            .getResponseBody()
            .as(StepVerifier::create)
            .expectNextCount(1)
            .expectComplete()
            .verify();

        Mockito.verify(exchangeFunction).exchange(Mockito.any());
    }
}
```

이 예제에서는 @WebFluxTest 애노테이션을 사용해 자동 설정을 비활성화하고 WebTestClient를 포함해 웹플럭스의 관련 구성만 적용했습니다. @MockBean 애노테이션은 ExchangeFunction의 목 인스턴스를 스프링 IoC 컨테이너에 삽입해줍니다. Mockito와 WebTestClient를 함께 사용하면 원하는 비즈니스 로직을 철저히 검증할 수 있습니다.

WebMVC와 비슷한 방식으로 웹플럭스 애플리케이션에서 HTTP 통신을 통한 외부 호출을 모킹하는 것은 가능하지만, 조심할 필요가 있습니다. 이 접근 방식에는 함정이 있습니다. 모든 HTTP 통신이 WebClient로 구현된다는 가정하에 애플리케이션 테스트가 수행됩니다. 하지만 WebClient를 사용하는 것은 구현 세부 사항입니다. 결과적으로 어떤 이유에서든 HTTP 클라이언트 라이브러리를 변경하면 해당 테스트를 더이상 사용할 수 없게 됩니다. 따라서 **WireMock**을 사용해 외부 서비스를 모킹하는 것이 바람직합니다. 이러한 접근 방식은 실제 HTTP 클라이언트 라이브러리를 사용해서 통신을 시도하고 네트워크를 통해 전송된 실제 요청-응답 페이로드도 테스트합니다. 일반적으로 비즈니스 로직을 사용해 별도의 클래스를 테스트할 때 HTTP 클라이언트 라이브러리를 모킹하는 것은 용인될 수 있지만, 전체 서비스를 테스트하는 블랙박스 테스트에서는 사용하지 않는 방식입니다.

다음에 제시하는 기법을 이용하면 표준 스프링 웹플럭스 API를 기반으로 구축된 모든 비즈니스 로직을 검증할 수 있습니다. WebTestClient에는 표현식 API가 있어 일반적인 REST 컨트롤러뿐만 아니라 .bindToRouterFunction() 또는 .bindToWebHandler()를 사용한 라우터 함수도 검증할 수 있습니다. 또한 WebTestClient의 .bindToServer()에 서버 주소를 추가하면 HTTP 서버를 이용한 블랙박스 테스트를 수행할 수 있습니다. 다음 테스트는 http://www.bbc.com 웹 사이트에 대한 일부 기능을 검증하고 예상 응답과 실제 응답의 차이로 인해 (예상대로) 실패하는 테스트 코드입니다.

```
WebTestClient webTestClient = WebTestClient
    .bindToServer()
    .baseUrl("http://www.bbc.com")
    .build();

webTestClient
    .get()
    .exchange()
    .expectStatus().is2xxSuccessful()
    .expectHeader().exists("ETag")
    .expectBody().json("{}");
```

이 예제를 통해 웹플럭스의 WebClient 및 WebTestClient 클래스가 HTTP 통신을 위한 비동기 논블로킹 클라이언트를 제공할 뿐만 아니라 통합 테스트를 위한 연쇄형 API를 제공한다는 것을 알 수 있습니다.

웹소켓 테스트

마지막으로 다룰 주제는 스트리밍 시스템의 검증입니다. 이 절에서는 웹소켓 서버와 클라이언트에 대해서만 테스트할 것입니다. 6장 웹플럭스 – 비동기 논블로킹 통신에서 배웠지만, 웹소켓 API 이외에도 데이터 스트리밍을 위한 SSE(Server-Sent Events) 프로토콜도 있습니다. 하지만 SSE의 구현은 일반적인 컨트롤러의 구현과 거의 동일하기 때문에 이전 절에서 배운 모든 검증 기법을 사용할 수 있습니다. 결과적으로 이제 남은 것은 웹소켓을 테스트하는 방법뿐입니다.

안타깝게도 웹플럭스는 웹소켓 API 테스트를 위한 솔루션을 제공하지 않습니다. 하지만 여전히 검증 클래스 구축을 위한 표준 툴 세트를 사용할 수 있습니다. 즉, WebSocketClient를 사용해 대상 서버에 연결하고 수신된 데이터의 정확성을 확인할 수 있습니다. 다음 코드는 이러한 접근법을 보여줍니다.

```
new ReactorNettyWebSocketClient()
    .execute(uri, new WebSocketHandler() {...})
```

서버에 연결할 수 있다는 사실에도 불구하고 `StepVerifier`를 사용해 수신 데이터를 확인하는 것은 어렵습니다. 우선 `.execute()`는 웹소켓 연결에서 수신 데이터 대신 `Mono<Void>`를 반환합니다. 다음으로 양측 상호 작용을 점검할 필요가 있습니다. 즉, 수신된 데이터가 우리가 보낸 요청의 결과인지 확인해야 한다는 뜻입니다. 주식 거래 같은 경우를 예로 들 수 있습니다.

암호화폐를 거래하는 플랫폼을 가지고 있다고 가정해 봅시다. 비즈니스 요구 사항 중 하나가 비트코인 매매를 수행해야 한다고 해봅시다. 즉, 사용자가 플랫폼을 사용해 비트코인을 판매 또는 구매하고 거래 결과를 확인할 수 있습니다. 이 기능을 검증하려면 수신 트랜잭션이 발신 요청의 결과인지 확인해야 합니다. 테스트 관점에서 `WebSocketHandler`를 사용해 모든 코너 케이스를 검증하는 것은 어렵습니다. 결과적으로 테스트 관점에서 이상적인 웹소켓 클라이언트의 인터페이스는 다음과 같습니다.

```
interface TestWebSocketClient {
    Flux<WebSocketMessage> sendAndReceive(Publisher<?> outgoingSource);
}
```

표준 `WebSocketClient`를 `TestWebSocketClient`에 적용하려면 다음 단계를 수행해야 합니다.

먼저 다음 코드와 같이 `Mono<WebSocketSession>`을 이용해 `WebSocketHandler`에 지정된 `WebSocketSession`을 처리해야 합니다.

```
Mono.create(sink ->
    sink.onCancel(
        client.execute(uri, session -> {
            sink.success(session);
            return Mono.never();
        })
        .doOnError(sink::error)
        .subscribe()
    )
);
```

Mono.create() 및 MonoSink를 사용하면 세션에서 비동기 콜백을 처리하는 기존 방식을 사용할 수 있으며 다른 스트림으로 전달할 수 있습니다. 아울러 WebSocketHandler#handle 메서드의 반환 타입에 주의해야 합니다. 반환 타입이 연결된 커넥션의 수명을 제어하기 때문입니다. 한편, MonoSink가 이것을 알려주자마자 커넥션을 취소해야 합니다.

따라서 Mono.never()가 적용이 완료된 최적의 후보가 됩니다. 왜냐하면 .doOnError(sink::error)를 이용한 리디렉션 오류 및 sink.onCancel()을 이용한 처리 취소와 함께 사용할 수 있기 때문입니다.

API와 관련해 처리할 두 번째 단계는 다음 기법을 사용해 WebSocketSession을 적용하는 것입니다.

```java
public Flux<WebSocketMessage> sendAndReceive(
    Publisher<?> outgoingSource
) {
    ...
    .flatMapMany(session ->
        session.receive()
            .mergeWith(
                Flux.from(outgoingSource)
                    .map(Object::toString)
                    .map(session::textMessage)
                    .as(session::send)
                    .then(Mono.empty())
                )
    );
}
```

여기서는 수신 WebSocketMessages를 받고 송신 메시지를 서버로 보냅니다. 눈치챘겠지만, 이 예제에서는 일반적인 객체 변환 코드를 사용했으며 실제 환경에서는 더 복잡한 메시지 매핑으로 대체해야 합니다.

마지막으로 해당 API를 사용해 다음과 같은 테스트 플로를 만들 수 있습니다.

```java
@RunWith(SpringRunner.class)
@SpringBootTest(webEnvironment =
            SpringBootTest.WebEnvironment.DEFINED_PORT)
public class WebSocketAPITests {
    @Test
```

```
@WithMockUser
public void checkThatUserIsAbleToMakeATrade() {
    URI uri = URI.create("ws://localhost:8080/stream");
    TestWebSocketClient client = TestWebSocketClient.create(uri);
    TestPublisher<String> testPublisher = TestPublisher.create();
    Flux<String> inbound = testPublisher
        .flux()
        .subscribeWith(ReplayProcessor.create(1))
        .transform(client::sendAndReceive)
        .map(WebSocketMessage::getPayloadAsText);

    StepVerifier
        .create(inbound)
        .expectSubscription()
        .then(() -> testPublisher.next("TRADES|BTC"))
        .expectNext("PRICE|AMOUNT|CURRENCY")
        .then(() -> testPublisher.next("TRADE: 10123|1.54|BTC"))
        .expectNext("10123|1.54|BTC")
        .then(() -> testPublisher.next("TRADE: 10090|-0.01|BTC"))
        .expectNext("10090|-0.01|BTC")
        .thenCancel()
        .verify();
    }
}
```

이 예제에서 가장 먼저 하는 일은 WebEnvironment를 설정하는 것입니다. WebEnvironment.DEFINED_PORT 를 설정함으로써 스프링 프레임워크에 설정한 포트를 사용한다고 알려줍니다. WebSocketClient는 실제 HTTP 호출을 해야만 핸들러에 연결할 수 있으므로 필수라고 할 수 있습니다. 다음으로 인바운드 스트림을 준비합니다. 이 경우 .then() 단계에서 TestPublisher를 통해 전송된 첫 번째 메시지를 캐시하는 것이 중요합니다. 왜냐하면 세션을 검색하기 전에 .then()이 호출될 수 있기 때문에 첫 번째 메시지가 무시될 수 있으며 비트코인 거래를 연결하지 못할 수도 있기 때문입니다. 다음 단계는 전송된 거래의 통과 여부와 응답이 올바른지 검증하는 것입니다.

마지막으로 이전에 언급한 것처럼 웹소켓 API 검증과 함께 WebSocketClient와 외부 서비스 간의 상호 작용을 모킹해야 할 수도 있습니다. 불행히도 이런 외부 서비스와의 상호 작용을 모킹하는 것은 쉽지 않습니다. 일단 목으로 대체할 수 있는 일반적인 WebSocketClient.Build가 없기 때문입니다. 게다가

WebSocketClient를 자동으로 감지해 빈으로 생성할 수 있는 특별한 방법도 없습니다. 결과적으로 유일한 해결책은 목 서버를 만들어서 목 서버에 접속하는 것입니다.

요약

이 장에서는 리액터 3 또는 리액티브 스트림 기반 라이브러리를 사용해 작성된 비동기 코드를 테스트하는 방법을 배웠습니다. 다음으로, 웹플럭스 모듈과 스프링 테스트 모듈을 기반으로 리액티브 스프링 애플리케이션을 테스트하는 데 필요한 핵심 요소를 다뤘습니다. 그런 다음 WebTestClient를 사용해 단일 컨트롤러를 개별적으로 확인하거나 외부 상호 작용을 모킹한 상태에서 전체 애플리케이션을 검증하는 방법을 배웠습니다. 또한 시스템 전체를 통합 테스트하는 데 리액터 3가 어떤 도움을 주는지도 알아봤습니다. 일반적인 비즈니스 로직 검증과 더불어 현대 웹 애플리케이션의 중요한 부분인 인증을 모킹하는 몇 가지 팁도 배웠습니다. 마지막으로 웹소켓 테스트를 위한 몇 가지 팁과 트릭으로 끝을 맺었습니다. 또한 이 장에서는 스프링 테스트 모듈의 몇 가지 제약 사항을 살펴봤습니다. 몇 가지 제약에도 불구하고 WebSocketClient를 채택해 테스트 가능한 데이터 흐름을 구축하고 클라이언트-서버 상호 작용의 정확성을 검증하는 방법을 터득했습니다. 불행하게도 서버 간 상호 작용을 위해 WebSocketClient를 간단하게 모킹할 수 없다는 것을 알게 됐습니다.

이제 시스템 테스트가 끝났으므로 웹 응용 프로그램을 클라우드에 배포하고 운영 환경에서 웹 애플리케이션을 모니터링하는 방법을 배워 보겠습니다. 다음 장에서는 전체 리액티브 시스템을 모니터링하는 데 도움이 되는 도구인 Pivotal Cloud를 사용하는 방법을 배웁니다. 스프링 5가 어떻게 문제를 해결하는 데 도움이 되는지 또한 설명할 것입니다.

10

자!
드디어 릴리즈다

이 책을 통해 여러분은 리액터 3를 이용한 리액티브 프로그래밍의 개념과 패턴, 스프링 부트 2, 스프링 웹플럭스, 리액티브 스프링 데이터, 스프링 클라우드 스트림 등에 대한 새로운 기능, 마지막으로 리액티브 애플리케이션을 테스트하는 기법에 이르기까지 스프링 5가 제공하는 반응성에 대한 모든 것을 배웠습니다. 마침내 리액티브에 익숙해졌습니다. 그럼 이제 실제로 릴리즈할 리액티브 애플리케이션을 만들어보겠습니다. 실제 애플리케이션을 운영하기 위해서는 로그, 메트릭, 추적, 특정 기능에 대한 온/오프 등 운영에 필요한 애플리케이션 내부 상태 정보를 외부로 노출해야 합니다. 또한 응용 프로그램은 안전한 방법으로 데이터베이스 또는 메시지 브로커와 같은 외부 시스템에 접속해야 합니다. 여기서는 이를 염두에 두고 온-프레미스 또는 클라우드에 즉시 배포 가능한 실행 파일을 만들어 보겠습니다.

이 장에서는 다음 내용을 다룹니다.

- 소프트웨어 운영 측면에서의 과제
- 운영 메트릭의 필요성
- 스프링 부트 액추에이터(Spring Boot Actuator)의 목적과 특징
- 액추에이터 기능을 확장하는 방법
- 리액티브 애플리케이션 모니터링을 위한 기법 및 라이브러리
- 리액티브 시스템 내부의 서비스 상호 작용 추적
- 클라우드에 애플리케이션을 배포하기 위한 팁과 트릭

데브옵스(DevOps) 친화적인 앱의 중요성

모든 소프트웨어는 세 가지 관점에서 바라볼 수 있습니다. 각 관점은 시스템과 상호작용하는 이해 당사자의 요구사항을 대표합니다.

- 시스템이 제공하는 비즈니스 기능에 관심이 있는 사용자

- 시스템을 개발 친화적으로 만들기를 원하는 개발팀

- 데브옵스 친화적인 시스템을 원하는 운영팀

그럼 소프트웨어 시스템을 운영 측면에서 살펴보겠습니다. 데브옵스 팀 구성원의 관점에서 운영 환경 시스템을 지원/유지 보수하는 것이 어렵지 않은 경우에는 시스템이 데브옵스 친화적이라고 할 수 있습니다. 이는 시스템이 적절한 상태 점검 및 운영 지표를 제공하고 성능을 측정할 수 있는 방법을 가지고 있으며 서로 다른 컴포넌트를 유연하게 업데이트할 수 있다는 의미입니다. 또한 오늘날의 마이크로서비스 아키텍처는 범용 소프트웨어 개발 기술이기 때문에 클라우드에 배포할 수 있도록 적절한 모니터링 기능을 갖춰야 합니다. 제대로 된 모니터링 인프라가 없다면 소프트웨어는 운영 환경에서 며칠 이상 생존할 수 없을 것입니다.

클라우드 환경에 애플리케이션을 배포할 수 있게 되면서 복잡한 소프트웨어 설계에도 쉽게 적용 가능한 인프라를 제공할 수 있게 되고, 이로 인해 소프트웨어 설치 및 운영 프로세스가 단순화되고 누구나 쉽게 소프트웨어를 설치하고 운영할 수 있게 됐습니다. IaaS, PaaS 및 쿠버네티스(https://kubernetes.io)나 아파치 메소스(http://mesos.apache.org)와 같은 컨테이너 관리 시스템은 OS 및 네트워크 구성, 파일 백업, 메트릭 수집과 관련된 많은 골칫거리를 제거했으며, 자동 확장을 비롯해 훨씬 더 많은 기능을 제공합니다. 그러나 이러한 외부 서비스 및 기술을 사용하면 비즈니스 응용 프로그램이 가지는 서비스 품질이 외부 요인에 의존해 조직 스스로 결정하지 못하게 됩니다. 게다가 클라우드 공급자는 설치된 시스템이 수행하는 작업에 따라 리소스가 효율적으로 사용되는지를 확약할 수 없습니다. 이러한 책임은 여전히 소프트웨어 개발자와 데브옵스 팀에게 있습니다.

소프트웨어를 수십 또는 수천 가지 서비스로 구성하는 경우에도 운영을 효율적으로 하고 싶다면 다음 몇 가지 사항을 반드시 고려해야 합니다.

- 서비스 식별

- 서비스의 상태 확인

- 운영 메트릭 모니터링

- 로그를 살펴보고 로그 수준 동적 변경

- 사용자 요청 또는 데이터 흐름 추적

각 사항에 대해 하나씩 살펴보겠습니다. 서비스 식별은 마이크로서비스 아키텍처의 필수 요소입니다. 이는 대부분의 경우 쿠버네티스와 같은 오케스트레이션 시스템이 여러 노드에 서비스 인스턴스를 생성하고 클라이언트 수요 증감에 따라 노드의 개수를 늘리거나 줄이기 때문에 반드시 필요합니다. 컨테이너나 실행 가능한 JAR 파일은 일반적으로 의미 있는 이름을 가지고 있지만, 실행 시점에 소스 코드의 서비스 이름, 종류, 버전, 빌드 시간 및 커밋 리비전을 식별할 수 있어야 합니다. 그로 인해 운영 환경에서 올바르지 않거나 버그가 있는 서비스 버전을 찾아낼 수 있어야 하고 회귀 테스트를 통해 변경 사항을 추적하고(있는 경우) 동일한 서비스의 다른 버전과의 성능 지표를 자동으로 추적/비교할 수 있습니다.

런타임에 각 서비스를 구별할 수 있다면 모든 서비스가 정상적으로 동작하는지도 알고 싶을 것입니다. 또한 서비스가 정상적으로 동작하지 않는다면 해당 서비스가 얼마나 중요하고 핵심적인 역할을 하는지를 알고 싶을 것입니다. 서비스 상태 검사 엔드포인트는 때때로 오케스트레이션 시스템에서 실패한 서비스를 식별하고 해당 서비스를 다시 시작하는 데 사용됩니다. 여기에는 정상과 비정상, 두 가지 상태만 있는 것은 아닙니다. 대부분 상태에서는 검사에 대한 전체적인 상태 측정치를 제공하지만, 측정치 중 일부는 중요하지 않습니다. 예를 들어 큐 크기, 오류율, 사용 가능한 디스크 공간 및 메모리 처리에 따라 서비스 상태가 다르게 계산될 수 있습니다. 전반적인 상태를 계산할 때는 필수 측정 항목만 포함시키는 것이 바람직합니다. 그렇지 않고 중요하지 않은 측정치까지 상태 계산에 추가하면 정상 상태로 판별되는 것이 매우 어려워질 수 있습니다. 일반적으로 상태를 체크하는 것은 해당 서비스가 요청을 받아들일 수 있는 수준이 되는지 그렇지 않은지를 의미합니다. 이 특성은 컨테이너의 관리 시스템에서 서비스 가용성을 확인하고 서비스를 재시작할지를 결정하는 데 사용됩니다.

서비스가 올바르게 작동하고 지극히 정상적인 상태를 유지하고 있을 때조차도 시스템의 세부 사항에 대해 더 자세히 알기를 원할 것입니다. 훌륭한 시스템은 컴포넌트가 잘 동작할 뿐만 아니라 사용자가 예측 가능한 방식으로 작동합니다. 시스템의 주요 메트릭에는 평균 응답 시간, 오류율 및 고부하 상황에서 요청을 처리하는 데 걸리는 시간 등이 있습니다. 높은 부하에서 시스템이 어떻게 작동하는지를 이해하면 시스템을 적절하게 확장할 수 있을 뿐만 아니라 인프라 비용에 대한 적절한 계획을 수립할 수 있습니다. 또한 부적절하거나 병목이 되는 코드, 비효율적인 알고리즘 및 확장성을 제한하는 요인을 찾아낼 수 있습니다. 운영 메트릭은 시스템의 현재 상태에 대한 스냅샷을 제공하고 많은 가치를 가져다주지만, 지속해서 수집한다면 훨씬 유용합니다. 운영 메트릭은 추세 및 경향성을 제공하고 가동 시간에 따른 서비스 메모리 사용량과 같이 상호 연관 관계가 있는 특성에 대한 통찰력을 제공할 수 있습니다. 통계 보고서를 제대로 만드는 것은 많은 서버 리소스를 소비하지 않지만, 시간에 따른 기록을 유지하려면 Graphite(https://graphiteapp.org), InfluxDB(https://www.influxdata.com) 또는 Prometheus(https://prometheus.io) 등과 같은 별도의 시계열 데이터베이스가 필요합니다. 의미 있는 대시 보드에 대한 시계열 자료를 시각화하고 긴급한 상황에 대한 경고 또는 알람을 설정하려면 Grafana(https://grafana.com) 또는 Zabbix(https://www.zabbix.com)와 같은 모니터링 소프트웨어가 필요할 수 있습니다. 클라우드 플랫폼은 종종 서비스 형태로 고객에게 이러한 소프트웨어를 제공합니다.

서비스 운영 특성을 모니터링하고 장애 상황을 점검할 때 데브옵스 팀은 로그를 활용합니다. 요즘 모든 애플리케이션 로그는 하나의 위치에 저장하거나 하나의 시스템을 이용해 분석할 수 있어야 합니다. 이를 위해 자바 생태계에서 ELK 스택(엘라스틱서치, 로그스태시, 키바나로 구성)이 널리 사용됩니다. 이러한 소프트웨어 스택은 수십 개의 서비스를 하나의 시스템으로 취급할 수 있지만, 네트워크를 통해 로그를 전송하거나 모든 로그를 저장하는 것은 매우 비효율적입니다. 일반적으로 INFO 레벨 이상의 로그를 저장하는 것으로 충분하고 DEBUG 또는 TRACE 레벨은 반복적인 이상이나 오류를 조사하는 경우에만 일시적으로 수집합니다. 동적으로 로그 레벨을 변경하기 위해서는 사용하기에 번거롭지 않은 수준의 인터페이스를 제공해야 합니다.

로그가 전체적인 내용을 표현할 정도로 충분하지 않다면 고달픈 디버깅 작업을 하기 전에 최후의 수단으로 소프트웨어 내부의 프로세스를 추적할 수 있습니다. 프로세스를 추적하는 작업은 최근 서버 요청에 대한 자세한 로그를 살펴보는 일일 수도 있고, 대기 시간, DB 요청 및 각각의 소요 시간, 관련한 외부 호출 등을 포함해 해당 요청의 전체적인 구조와 흐름을 따라가는 일일 수도 있습니다. 이러한 추적은 요청 처리를 실시간으로 시각화하는 데 매우 유용하며 소프트웨어 성능을 향상시키기 위해서는 필수적입니다. 분산형 추적 시스템은 모든 요청, 메시지, 네트워크 지연, 오류 등을 추적할 수 있습니다. 이 장의 뒷부분에서는 스프링 클라우드 슬루스 및 집킨(https://zipkin.io)을 사용해 분산 추적을 사용하는 방법에 대해 설명합니다.

 집킨 프로젝트의 책임자인 애드리안 콜(Adrian Cole)은 다양한 관점에서 애플리케이션 모니터링의 중요성을 언급했습니다.

https://www.dotconferences.com/2017/04/adrian-cole-observability-3-ways-logging-metrics-tracing

가장 중요한 점은 소프트웨어 시스템의 성공적인 운영을 위해서는 위에서 언급한 모든 기법이 필요하다는 것이고, 그게 아니더라도 운영팀 입장에서는 모두를 원할 수밖에 없습니다. 다행스럽게도 스프링 생태계에서는 스프링 부트 액추에이터를 사용할 수 있습니다.

앞에서 언급한 모든 운영 기법은 일반적인 서블릿 기반 애플리케이션에 대해 쉽게 적용할 수 있고 많은 적용 예제가 있습니다. 그러나 자바 플랫폼에 대한 리액티브 프로그래밍은 아직 보편적인 기술이 아니다 보니 리액티브 애플리케이션에 대해 유사한 목적을 달성하기 위해서는 코드를 약간 수정하거나 전혀 다른 접근법이 필요할 수도 있습니다.

그럼에도 불구하고 리액티브 프로그래밍으로 구현된 서비스를 운영하는 것과 일반적인 동기식 서비스를 운영하는 것이 다르지 않아야 합니다. 서비스 운영은 12팩터 앱 방법론(https://12factor.net)을 따라야 하고 데브옵스 친화적이어야 하며 운영 및 개선이 쉬워야 합니다.

리액티브 스프링 애플리케이션 모니터링

일반적으로 스프링 애플리케이션의 모든 모니터링 인프라를 개발자가 직접 구현할 수도 있지만, 이는 마이크로서비스 시스템에서 수많은 서비스에 대해 반복적인 작업을 수행해야 하므로 상당히 비효율적인 일입니다. 다행스럽게도 스프링 프레임워크는 데브옵스에 친숙한 애플리케이션을 만드는 데 도움이 되는 도구를 제공합니다. 이 도구 모음을 스프링 부트 액추에이터라고 합니다. 스프링 부트 의존성을 하나 추가하는 것만으로 몇 가지 중요한 기능을 사용할 수 있습니다. 동시에 모니터링 인프라에 대한 기본 뼈대를 제공합니다.

스프링 부트 액추에이터(Spring Boot Actuator)

스프링 부트 액추에이터는 스프링 부트 애플리케이션 운영을 위한 기능을 제공하는 스프링 부트의 서브 프로젝트입니다. 이 프로젝트에는 서비스 정보, 상태 확인, 메트릭 수집, 트래픽 추적, 데이터베이스 상태 확인 등이 포함됩니다. 스프링 부트 액추에이터의 핵심 아이디어는 애플리케이션 운영에 필요한 필수 메트릭을 제공하고 확장을 쉽게 할 수 있게 도와주는 것입니다.

스프링 부트 액추에이터는 HTTP 엔드포인트와 JMX 빈을 이용해 많은 운영 정보를 제공하므로 다수의 모니터링 소프트웨어와의 완벽한 통합이 가능합니다. 또한 이러한 기능을 더 크게 확장해주는 수많은 플러그인이 있습니다. 대부분 스프링 모듈과 마찬가지로 하나의 의존성 추가만으로 애플리케이션 모니터링을 위한 도구 모음을 사용할 수 있습니다.

프로젝트에 액추에이터 추가하기

스프링 부트 액추에이터를 추가하려면 프로젝트에 다음과 같은 의존성을 추가하면 됩니다. 그레이들을 사용하고 있다면 빌드 파일에 다음 의존성을 추가하세요.

```
compile('org.springframework.boot:spring-boot-starter-actuator')
```

라이브러리의 실제 버전과 모든 의존성은 **스프링 부트 BOM**에 정의돼 있습니다.

스프링 부트 액추에이터는 스프링 부트 버전 1.x와 함께 도입됐지만, 스프링 부트 2.x에서 많이 개선 됐습니다. 현재 액추에이터는 기술적으로 중립적이며 스프링 웹 MVC와 스프링 웹플럭스를 모두 지원 합니다. 또한 보안 모델을 나머지 애플리케이션과 공유하기 때문에 리액티브 애플리케이션에서 쉽게 사용할 수 있고 리액티브 프로그래밍의 모든 이점을 활용할 수 있습니다.

기본적으로 액추에이터는 /actuator URL 이하의 엔드포인트를 사용하지만, 이는 management. endpoints.web.base-path 속성을 사용해 변경할 수 있습니다. 애플리케이션이 시작되면 서비스의 내부 에 대한 탐색이 시작되며 즉시 외부에서 사용할 수 있습니다.

 스프링 부트 액추에이터는 애플리케이션의 웹 인프라에 크게 의존하기 때문에 스프링 웹 MVC 또는 스프링 웹 플럭스에 대한 의존성 추가가 필요합니다.

이제 앞서 설명한 운영 관심사를 살펴보고 리액티브 애플리케이션에서 구현하는 방법을 살펴보겠습 니다.

/info 엔드포인트

기본적으로 스프링 부트 액추에이터는 시간에 따라 시스템 모니터링, 확장 및 개선에 필요한 중요 정보 를 제공합니다. 애플리케이션 설정에 의해 달라질 수 있지만, 애플리케이션 실행 파일에 대한 정보(서 비스 그룹, 서비스 ID, 서비스 이름, 서비스 버전, 빌드 시간) 및 Git 정보(브랜치 이름, 커밋 ID, 커밋 시간)에 대한 정보를 제공합니다. 물론 필요한 경우 추가 정보를 더 포함시킬 수 있습니다.

 애플리케이션을 빌드하는 동안 수집된 정보를 공개하려면 그레이들 빌드 파일 springBoot 섹션의 buildInfo()에 설정을 추가합니다. 물론 메이븐에서도 동일한 기능을 사용할 수 있습니다. 다음 링크에서 이 에 대한 자세한 내용을 확인할 수 있습니다.

https://docs.spring.io/spring-boot/docs/current/reference/htmlsingle/#howto-build

액추에이터는 /actuator/info 엔드포인트에서 애플리케이션 정보를 표시합니다. 이 엔드포인트는 기본적으로 사용하도록 설정돼 있으며 management.endpoint.info.enabled 속성으로 비활성화할 수 있습니다.

다음과 같이 application.property 파일을 구성해 해당 REST 엔드포인트에 사용자가 원하는 정보를 추가할 수 있습니다.

```
info:
    name: "Reactive Spring App"
    mode: "testing"
    service-version: "2.0"
        features:
            feature-a: "enabled"
            feature-b: "disabled"
```

또는 InfoContributor 인터페이스를 구현해 코드로 직접 추가할 수도 있습니다. 다음 코드에서 이 방법을 간단히 보여줍니다.

```
@Component
public class AppModeInfoProvider implements InfoContributor {          // (1)
    private final Random rnd = new Random();

    @Override
    public void contribute(Info.Builder builder) {                     // (2)
        boolean appMode = rnd.nextBoolean();
        builder
            .withDetail("application-mode",                            // (3)
                appMode ? "experimental" : "stable");
    }
}
```

여기서는 InfoContributor 인터페이스(1)의 contrib(...) 메서드(2)만 구현했습니다. withDetail(...) 메서드(3)를 사용해 필요한 정보를 추가할 수 있습니다.

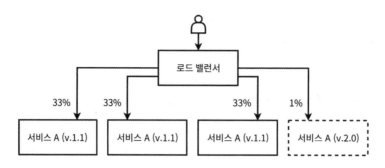

그림 10.1 카나리아 배포 패턴. 서비스 버전에 따라 로드 밸런서가 트래픽을 라우팅

좀 더 고급 기법인 카나리아 배포(Canary release)(https://martinfowler.com/bliki/CanaryRelease.html)를 사용할 때 액추에이터 서비스 정보 엔드포인트를 활용할 수 있습니다. 여기서 로드 밸런서는 유입되는 트래픽을 라우팅하기 위해 서비스 버전에 대한 정보를 사용할 수 있습니다.

 스프링 부트 액추에이터 /info 엔드포인트와 관련된 세부 사항에 대해 알고 싶다면 다음 링크를 참조하세요.

https://docs.spring.io/spring-boot/docs/current/reference/htmlsingle/#production-ready-application-info

스프링 부트 액추에이터는 리액티브 또는 비동기 API를 제공하지 않기 때문에 리액티브 서비스에 대한 엔드포인트도 블로킹 서비스입니다.

/health 엔드포인트

시스템 모니터링을 위해 다음으로 중요한 것은 서비스 상태를 확인하는 기능입니다. 가장 단순하게 접근한다면 서비스 상태는 서비스가 요청에 응답하는가에 대한 답변으로 해석할 수 있습니다. 다음 그림은 이런 시나리오를 설명합니다.

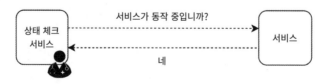

그림 10.2 서비스가 가용한지 체크하는 방식으로 상태를 체크하는 방법

여기서 중요한 문제가 하나 있다면, 네트워크를 통해 서비스에 액세스해야 한다는 것입니다. 그러나 하드 드라이브(하드 드라이브를 사용 중인 경우), 데이터베이스 또는 종속된 서비스와 같은 일부 중요한 구성 요소 중 하나에 액세스할 수 없을 수도 있습니다. 이 때문에 서비스는 완전히 정상 상태라고 말할 수 없습니다. 운영 관점에서 보면 상태 확인은 단순히 서비스가 살아 있는지를 확인하는 것 이상을 의미합니다. 우선 정상적인 서비스라면 모든 하위 컴포넌트가 정상적이며 사용 가능한 상태여야 합니다. 또한 상태 정보에는 운영팀이 가능한 한 빨리 장애의 잠재적 위험에 대응할 수 있도록 모든 세부 정보가 포함돼야 합니다. 데이터베이스를 사용할 수 없거나 디스크 여유 공간이 부족하면 데브옵스가 즉시 해당 조치를 취할 수 있어야 합니다. 따라서 상태 정보에는 다음 그림과 같이 자세한 내용이 포함돼야 합니다.

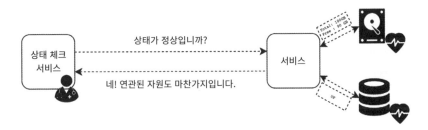

그림 10.3 내부 리소스에 대한 상세 정보를 포함한 상태 정보

스프링 부트 액추에이터는 상태 모니터링에 대한 제대로 된 접근 방식입니다. 서비스 상태에 대한 필수적인 세부 정보는 /actuator/health 엔드포인트를 통해 액세스할 수 있습니다. 이 엔드포인트는 기본적으로 사용 가능하게 설정돼 있습니다. 또한 스프링 부트 액추에이터는 스프링 생태계에 통합된 Cassandra, MongoDB, JMS 및 기타 주요 서비스에 대한 광범위한 상태 표시를 포함합니다.

 내장된 HealthIndicator의 전체 목록을 보려면 다음 링크를 참조하세요.

https://docs.spring.io/spring-boot/docs/current/reference/html/production-ready-endpoints. html#_auto_configured_healthindicators

내장된 상태 지표와 함께 HealthIndicator를 직접 구현해 추가 정보를 제공할 수 있습니다. 아울러 스프링 부트 액추에이터 2.0의 가장 흥미로운 부분은 스프링 웹플럭스 및 리액터 3와의 통합입니다. 이러한 통합을 통해 ReactiveHealthIndicators라는 상태 지표에 대한 리액티브 인터페이스를 제공합니다. **6장 웹플럭스 – 비동기 논블로킹 통신**에서 설명한 대로 WebClient를 이용하는 것이 더 효율적인 I/O 작업이 필요한 경우에는 매우 유용할 것입니다. 다음 코드는 새로운 API를 사용해 사용자 정의 상태 지표를 구현합니다.

```
@Component
class TemperatureSensor {                                            // (1)
    public Mono<Integer> batteryLevel() {                            // (1.1)
        // 네트워크 요청 코드가 들어갑니다.
    }
    ...
}


@Component
class BatteryHealthIndicator implements ReactiveHealthIndicator {     // (2)
    private final TemperatureSensor temperatureSensor;               // (2.1)

    @Override
    public Mono<Health> health() {                                   // (3)
        return temperatureSensor
            .batteryLevel()
            .map(level -> {
                if (level > 40) {
                    return new Health.Builder()
                        .up()                                        // (4)
                        .withDetail("level", level)
                        .build();
                } else {
                    return new Health.Builder()
                        .status(new Status("Low Battery"))           // (5)
                        .withDetail("level", level)
                        .build();
                }
            }).onErrorResume(err -> Mono.just(new Health.Builder()   // (6)
                .outOfService()
                .withDetail("error", err.getMessage())               // (6.1)
                .build())
            );
    }
}
```

이 예제 코드는 집안에 설치한 센서와 네트워크를 통해 외부에서 통신을 연결하는 방법을 보여줍니다.

1. TemperatureSensor 서비스에는 센서에 요청하는 Mono<Integer> batteryLevel()(1.1) 메서드가 있으며, 이 메서드는 센서가 사용 가능한 경우 현재 배터리 레벨을 0에서 100퍼센트 값으로 반환합니다. 이 메서드는 효율적인 통신을 위해 WebClient를 사용하고 Mono를 반환합니다.

2. 서비스 상태를 계산할 때 센서의 배터리 레벨에 대한 데이터를 사용하려면 BatteryHealthIndicator 클래스를 정의해야 합니다. 이 클래스는 ReactiveHealthIndicator 인터페이스를 구현하며 TemperatureSensor 서비스(2.1)에 대한 참조를 포함합니다.

3. 인터페이스를 구현하기 위해 리액티브 타입을 반환하는 Mono<Health> health() 메서드를 구현합니다. 결과적으로, 상태 정보는 온도 센서로부터 응답이 도착한 후에 리액티브 방식으로 계산될 수 있습니다.

4. 배터리 레벨에 따라 몇 가지 추가 세부 정보가 포함된 UP 상태를 반환합니다.

5. 직접 구현한 상태 정보입니다. 이 예에서는 Low Battery 상태를 반환합니다.

6. 또한 리액터를 사용해 통신 오류를 처리하고 실제 오류(6.1)에 대한 세부 정보를 포함한 OUTOFSERVICE 상태를 반환할 수 있습니다.

스프링 부트 액추에이터에는 상태 정보를 확장해서 보여주거나 상태 코드(UP, DOWN, OUTOFSERVICE, UNKNOWN)만 표시하는 것을 선택할 수 있는 몇 가지 모드가 있습니다. 테스트를 위해서는 application.endpoint.health.show-details 속성을 always 값으로 설정하면 충분합니다. 사용할 수 있는 옵션에 대해 자세히 알고 싶다면 다음 문서를 참고하세요.

  https://docs.spring.io/spring-boot/docs/current/reference/htmlsingle/#production-ready-health

또한 상태 체크에 대한 과도한 요청을 방지하고 요청 횟수를 제한하려면 다음과 같은 속성을 추가하면 됩니다.

  management.endpoint.health.cache.time-to-live=10s

이 속성을 추가하면 리액터 기능을 사용해 일정 기간 상태 체크로 캐시된 결과를 반환합니다.

이러한 모니터링을 이용하면 사용자가 배터리 교체를 요청하거나 가사도우미에게 낮은 배터리 상태에 대한 알림을 보내는 것과 같은 대응 조치를 취할 수 있습니다.

스프링 부트 액추에이터 2에는 내장된 몇 개의 ReactiveHealthIndicators가 있습니다. 다음 링크에서 자세한 내용을 확인할 수 있습니다.

  https://docs.spring.io/spring-boot/docs/current/reference/html/production-ready-endpoints.html#autoconfiguredreactivehealthindicators

/metrics 엔드포인트

애플리케이션을 성공적으로 모니터링하기 위해 다음으로 중요한 부분은 운영 메트릭을 수집하는 것입니다. 당연히 스프링 부트 액추에이터도 이를 지원하고 있으며, 프로세스 가동 시간, 메모리 사용량, CPU 사용량 및 GC 일시 중지와 같은 JVM 특성을 모니터링합니다. 또한 웹플럭스는 HTTP 요청 처리와 관련된 몇 가지 통계를 제공합니다. 그러나 비즈니스 관점에서 서비스 내부 상황에 대해 의미 있는 통찰을 제공하려면 직접 운영 메트릭을 확장해야 합니다.

스프링 부트 2.0부터 액추에이터에서 메트릭 수집에 사용되는 기본 라이브러리가 마이크로미터 라이브러리(https://micrometer.io)로 변경됐습니다.

/actuator/metrics REST 엔드포인트는 제공하는 메트릭 목록을 제공하고, 원하는 측정 항목 및 시간대를 변경해가면서 태그의 형태로 컨텍스트 정보를 제공해줍니다. 하나의 메트릭에 대한 예시로서 `jvm.gc.pause`라는 메트릭이 다음과 같이 구성돼 있다고 가정해 봅시다.

```
{
    "name": "jvm.gc.pause",
    "measurements": [
        {
            "statistic": "COUNT", "value": 5
        },
        {
            "statistic": "TOTALTIME", "value": 0.347
        }
    ],
    "availableTags": [
        {
            "tag": "cause",
            "values": [
                "Heap Dump Initiated GC",
                "Metadata GC Threshold",
                "Allocation Failure"
            ]
        }
    ]
}
```

스프링 부트 1.x와 비교했을 때 새로운 메트릭 엔드포인트의 단점은 한 번의 REST 요청으로 모든 추적 메트릭에 대한 요약 정보를 확인할 수 없다는 것입니다. 그러나 이것은 사소한 문제에 불과합니다.

이전과 마찬가지로 마이크로미터 메트릭 레지스트리를 사용해 새 메트릭을 등록할 수 있습니다. 이 장의 뒷부분에서 이 프로세스의 메커니즘에 대해 설명하고 리액티브 애플리케이션에 유용한 운영 메트릭을 확인해 보겠습니다.

/actuator/metrics 엔드포인트는 기본적으로 노출돼 있지 않습니다. 기본 설정에서는 /info 및 /health 엔드포인트만 노출합니다.

따라서 application.property 파일의 management.endpoints.web.exposure.include 속성에 info, health, metrics를 추가해 metrics 엔드포인트를 노출시켜야 합니다. 이 내용은 이 장의 뒷부분에서 언급할 모든 엔드포인트에도 적용 가능합니다. 모든 엔드포인트를 노출하려면 와일드 카드를 사용하면 됩니다.

```
management.endpoints.web.exposure.include : *
```

더 자세한 내용은 다음 링크를 참조하세요.

https://docs.spring.io/spring-boot/docs/current/reference/htmlsingle/#production-ready-endpoints-enabling-endpoints

/loggers 엔드포인트

또한 스프링 부트 액추에이터는 로그 관리를 위한 두 개의 중요한 엔드포인트를 제공합니다. 첫 번째는 /actuator/loggers로 애플리케이션을 다시 시작하지 않고도 런타임에 로깅 레벨을 확인하고 변경할 수 있습니다. 서비스 재시작 없이 로그 레벨을 전환하는 것이 애플리케이션 운영에 필수적이기 때문에 이 엔드포인트는 매우 유용합니다. 리액티브 애플리케이션을 운영하면서 복잡한 디버그 경험을 해본 사람이라면 로그 레벨을 전환해 즉시 결과를 분석할 수 있다는 것이 얼마나 중요한지 알 것입니다. 물론 curl 명령을 사용해 콘솔에서 로그 수준을 변경하는 것은 편리하다고 할 수는 없지만, 스프링 부트 어드민을 사용하면 깔끔한 UI를 이용해 해당 기능을 사용할 수 있습니다.

이 기능을 사용하면 **4장 리액터 프로젝트 – 리액티브 앱의 기반**에서 설명한 리액터 log() 연산자를 사용해 동적으로 생성된 로그를 활성화 또는 비활성화할 수 있습니다. 다음 코드는 이벤트를 SSE 스트림으로 푸시하는 리액티브 서비스를 보여줍니다.

```
@GetMapping(path = "/temperature-stream",
            produces = MediaType.TEXTEVENTSTREAMVALUE)
```

```
public Flux<TemperatureDto> temperatureEvents() {
    return temperatureSensor.temperatureStream()
                            .log("sse.temperature", Level.FINE)           // (1)
                            .map(this::toDto);
}
```

여기서 log() 연산자는 sse.temperature에 FINE 레벨(1) 로거를 등록합니다. 이제 /actuator/loggers 엔드포인트를 사용해 이 로거에 대한 출력을 동적으로 활성화 또는 비활성화할 수 있습니다.

반면에 원격 서버에 파일을 복사할 필요없이 애플리케이션 로그에 액세스할 수 있다면 훨씬 편리할 것입니다. /actuator/logfile 엔드포인트를 사용하면 로그 파일 접근을 단순화하기 위해 웹을 통해 로그 파일을 받을 수 있습니다. 스프링 부트 어드민에는 애플리케이션 로그를 UI로 스트리밍해주는 깔끔한 웹 페이지가 포함돼 있습니다.

 /actuator/logfile 엔드포인트를 사용할 수 없다면 애플리케이션에 로그 파일이 설정되지 않았을 수 있습니다. 따라서 다음과 같이 명시적으로 구성해야 합니다.

```
- logging.file : my.log
```

그 밖의 유용한 엔드포인트

앞서 언급한 엔드포인트 외에도 스프링 부트 액추에이터는 다양한 엔드포인트를 제공합니다. https://docs.spring.io/spring-boot/docs/current/actuator-api/html을 참조하면 자세한 내용을 확인할 수 있습니다.

그중 중요한 것을 다음에 나열하고 간단한 설명을 덧붙였습니다(모든 엔드포인트는 기본 액추에이터 URL /actuator 하위에 존재합니다).

- /configprops: 애플리케이션 설정 정보를 확인할 수 있습니다.

- /env: 환경 변수에 액세스할 수 있습니다.

- /mappings: 애플리케이션의 열려 있는 모든 웹 엔드포인트에 대한 정보를 제공합니다.

- /httptrace: 서버 쪽과 클라이언트 쪽에서 기록된 HTTP 상호 작용에 대한 정보를 제공합니다.

- /auditevents: 애플리케이션에 대한 감사 이벤트에 대한 정보를 제공합니다.

- /beans: 스프링 컨텍스트에서 사용 가능한 빈 목록을 제공합니다.

- /caches: 애플리케이션의 캐시에 대한 정보를 제공합니다.

- /sessions: 활성 HTTP 세션 목록을 제공합니다.

- /threaddump: 애플리케이션의 JVM에 대한 스레드 덤프를 볼 수 있습니다.

- /heapdump: 힙 덤프를 생성하고 내려받을 수 있습니다. 이 경우 결과 파일은 HPROF 형식으로 제공됩니다(https://docs.oracle.com/javase/8/docs/technotes/samples/hprof.html).

커스텀 엔드포인트 만들기

스프링 부트 액추에이터를 이용하면 사용자가 직접 엔드포인트를 등록할 수 있습니다. 이러한 엔드포인트를 이용하면 애플리케이션의 내부 데이터를 조회하는 것뿐만 아니라 애플리케이션의 동작을 변경할 수도 있습니다. 이런 목적으로 생성한 스프링 빈에 @Endpoint 애노테이션을 붙여주면 됩니다. 읽기/쓰기 작업을 액추에이터 엔드포인트로 등록하기 위해 @ReadOperation, @WriteOperation 및 @DeleteOperation 애노테이션을 제공하며, 이 애노테이션은 각각 HTTP GET, POST 및 DELETE로 매핑됩니다. 이렇게 만들어진 REST 엔드포인트는 다음과 같은 content-type을 사용합니다.

```
application/vnd.spring-boot.actuator.v2+json, application/json.
```

리액티브 애플리케이션에서 이 기능을 사용하는 방법을 보여주기 위해 현재 서버 시간과 NTP (Network Time Protocol) 서버와의 시차를 알려주는 엔드포인트를 만들어 보겠습니다. 이러한 기능은 서버 또는 네트워크 구성 오류 때문에 발생한 서버 시간의 오차로 인해 장애가 발생하는 경우, 이를 해결하는 데 도움이 될 수 있습니다. 이는 분산 시스템에서 특히 유용합니다. 이를 위해 @Endpoint 애노테이션으로 구성된 빈을 등록해야 하고 ID 속성(이 경우 sever-time)을 설정해야 합니다. 다음과 같이 @ReadOperation 애노테이션이 붙은 메서드를 통해 데이터를 반환할 것입니다.

```
@Component
@Endpoint(id = "server-time")                                      // (1)
public class ServerTimeEndpoint {
    private Mono<Long> getNtpTimeOffset() {                         // (2)
        // 현재 시간과의 차이를 얻기 위한 실제 네트워크 호출
    }
    @ReadOperation                                                 // (3)
    public Mono<Map<String, Object>> reportServerTime() {          // (4)
        return getNtpTimeOffset()                                  // (5)
```

```
        .map(timeOffset -> {                                          // (6)
            Map<String, Object> rsp = new LinkedHashMap<>();
            rsp.put("serverTime", Instant.now().toString());
            rsp.put("ntpOffsetMillis", timeOffset);
            return rsp;
        });
    }
}
```

이 코드 예제는 리액터 프로젝트의 리액티브 타입을 사용해 사용자 정의 @Endpoint를 작성하는 방법을 보여줍니다. 앞에서 설명한 코드 샘플에 대한 설명은 다음과 같습니다.

1. @Endpoint 애노테이션이 있는 클래스를 만들었습니다. 여기에서 @Endpoint 애노테이션은 ServerTimeEndpoint 클래스를 REST 엔드포인트로 노출시킵니다. 또한 @Endpoint 애노테이션의 id 매개변수는 엔드포인트의 URL을 식별합니다. 따라서 예제의 URL은 /actuator/server-time입니다.

2. NTP 서버의 현재 시간과의 차이를 비동기적으로 알려주는 메서드를 정의합니다. getNtpTimeOffset() 메서드는 Mono<Long>을 반환하므로 리액티브 방식으로 동작할 수 있습니다.

3. reportServerTime() 메서드에 @ReadOperation 애노테이션을 붙여 REST GET 메서드를 통해 접근할 수 있게 합니다.

4. reportServerTime() 메서드는 리액티브 Mono<Map<String, Object>>를 반환하므로 스프링 웹플럭스 애플리케이션 내에서 효율적으로 사용할 수 있습니다.

5. NTP 서버에 대한 비동기 호출이 있으며, 이 결과로 리액티브 스트림이 시작됩니다.

6. 결괏값을 변환합니다. 응답이 도착하면 map() 연산자로 변환됩니다. 여기서 사용자에게 반환해야 하는 결과(현재 서버 시간 및 NTP 시간의 차이)를 맵에 저장합니다. **4장 리액터 프로젝트 – 리액티브 앱의 기반**에서 다뤘던 오류 처리에 대한 다양한 기법을 여기에 적용할 수 있습니다.

NTP(http://www.ntp.org)는 네트워크를 통해 컴퓨터 시간을 동기화하기 위한 매우 보편적인 프로토콜입니다. NTP 서버는 공개된 서버이지만, 너무 많은 요청을 하면 NTP 서버가 IP 주소를 차단할 수 있으므로 주의하십시오.

엔드포인트를 직접 정의해 동적으로 기능 토글, 요청 추적, 작업 모드(마스터/슬레이브) 변경, 이전 세션 무효화와 같은 애플리케이션 운영에 필요한 기타 많은 기능을 신속하게 구현할 수 있습니다. 현재는 리액티브 방식으로도 이 작업을 수행할 수 있습니다.

엔드포인트 보안

이전 절에서는 스프링 부트 액추에이터의 필수 요소를 다뤘으며, 리액티브 엔드포인트를 직접 구현해 봤습니다. 이러한 엔드포인트를 노출시키는 경우, 스프링 부트 액추에이터는 민감한 정보를 외부에 노출시킬 수 있습니다. 환경 변수, 애플리케이션 구조, 설정값, 힙 및 스레드 덤프 수행 기능 등에 누구나 액세스가 가능하다면 애플리케이션을 해킹하려고 하는 악의적인 사람들에게는 좋은 먹잇감이 될 수 있습니다. 또한 스프링 부트 액추에이터가 사용자의 개인 정보를 노출시킬 수도 있습니다. 따라서 일반적인 REST 엔드포인트와 마찬가지로 액추에이터 엔드포인트의 보안에도 신경을 써야 합니다.

스프링 부트 액추에이터는 다른 애플리케이션과 보안 모델을 공유하기 때문에 애플리케이션 자체에 보안 설정을 하는 곳에서 액세스 권한에 대한 설정을 추가하는 것이 쉽습니다. 예를 들어 다음 코드는 ACTUATOR라는 권한을 가진 사용자만 /actuator/ 엔드포인트에 접근할 수 있도록 해줍니다.

```java
@Bean
public SecurityWebFilterChain securityWebFilterChain(
    ServerHttpSecurity http
) {
    return http.authorizeExchange()
        .pathMatchers("/actuator/").hasRole("ACTUATOR")
        .anyExchange().authenticated()
        .and().build();
}
```

물론 접근 정책을 다르게 구성할 수도 있습니다. 일반적으로 애플리케이션 식별 및 상태 확인을 위해 자주 사용되는 /actuator/info 및 /actuator/health 엔드포인트에 대해서는 별도의 인증 없이 접근을 가능하게 하고 일부 민감한 정보를 가진 다른 엔드포인트에 대해서는 인증을 추가하는 것이 시스템에 대한 공격을 막는 데 도움이 됩니다.

반면에 모든 엔드포인트를 별도의 포트에 노출시키고 네트워크 액세스 규칙을 추가할 수 있습니다. 따라서 모든 관리는 내부 네트워크를 통해서만 가능해집니다. 이러한 설정을 추가하려면 HTTP 포트를 오픈하고 management.server.port 설정에 해당 포트를 추가하면 됩니다.

스프링 부트 액추에이터는 애플리케이션 식별, 모니터링 및 관리를 단순하게 해주는 많은 기능을 제공합니다. 스프링 웹플럭스와의 통합으로 액추에이터 2.x는 대부분 엔드포인트가 리액티브를 지원하므로 자원을 효율적으로 사용할 수 있습니다. 액추에이터 2.x를 이용하면 개발 절차의 복잡함이나 번거로움 없이 애플리케이션의 기능 확장과 기본 애플리케이션의 동작 통합, 데브옵스 팀의 업무 편의성을 향상시킬 수 있습니다.

스프링 부트 액추에이터는 그 자체로도 매우 유용하지만, 모니터링 정보를 자동으로 수집하고 차트, 경향 및 경고를 통해 시각적인 형태로 정보를 표현하는 도구와 함께 사용하면 더욱 빛을 발합니다. 이 장의 뒷부분에서 스프링 부트 어드민이라는 편리한 모듈을 살펴볼 것입니다. 스프링 부트 어드민을 이용하면 하나의 미려한 UI로 여러 서비스에 대한 모든 중요한 관리 정보에 액세스할 수 있습니다.

마이크로미터(Micrometer)

스프링 부트 2.0부터 스프링 프레임워크는 메트릭 수집에 사용되는 기본 라이브러리를 변경했습니다. 이전에는 드롭위저드 메트릭(Dropwizard Metrics)(https://metrics.dropwizard.io)을 사용했지만, 이제는 마이크로미터(Micrometer)(https://micrometer.io)라는 새로운 라이브러리를 사용합니다. 마이크로미터는 외부 의존성을 최소화한 독립형 라이브러리입니다. 이 라이브러리는 별도의 프로젝트로 개발됐지만, 스프링 프레임워크에서의 사용을 주 목표로 하고 있습니다. 라이브러리는 가장 널리 사용되는 모니터링 시스템에 대한 퍼사드(façade) 패턴을 제공합니다. 마이크로미터는 SLF4J가 로깅을 위한 API를 제공하는 것과 같은 방법으로, 벤더 중립적인 모니터링 API를 제공합니다. 현재 마이크로미터는 프로메테우스(Prometheus), 인플럭스(Influx), 넷플릭스 아틀라스(Atlas) 및 여덟 가지 모니터링 시스템과 훌륭하게 통합돼 있습니다. 또한 외부 모니터링 시스템 없이도 라이브러리를 사용할 수 있도록 임베디드 메모리 저장소에 메트릭을 저장할 수도 있습니다.

마이크로미터는 이름 외에 각 메트릭이 키/값의 태그를 이용해 다차원 메트릭을 지원할 수 있게 설계됐습니다. 이러한 접근 방식을 사용하면 집계된 값을 개략적으로 볼 수 있으며, 필요한 경우 태그를 사용해 상세 메시지를 볼 수도 있습니다. 대상 모니터링 시스템이 차원 메트릭을 지원하지 않으면 라이브러리는 연관된 태그를 이름으로 추가하고 메트릭을 1차원으로 보여줍니다.

 마이크로미터 디자인, API 및 지원되는 모니터링 시스템에 대해 자세히 알고 싶다면 다음 링크를 참조하세요. https://micrometer.io

스프링 부트 액추에이터는 /actuator/metrics 엔드포인트를 통해 마이크로미터를 사용해 집계된 애플리케이션 메트릭을 서비스합니다. 액추에이터 모듈을 사용하면 기본적으로 MeterRegistry 타입의 빈을 자동으로 생성합니다. 이것은 모든 메트릭이 저장되는 방법과 위치에 대한 세부 사항을 정의하고 클라이언트 코드로부터 보호하는 마이크로미터 인터페이스입니다. 지원되는 각 모니터링 벤더는 백엔드에서 MeterRegistry 인터페이스를 구현합니다. 예를 들어 Prometheus 지원을 위해 애플리케이션은 PrometheusMeterRegistry 클래스를 인스턴스화해야 합니다. 마이크로미터는 하나 이상의 레지스트리에 메트릭을 한꺼번에 보고할 수 있도록 CompositeMeterRegistry를 제공합니다. 또한 MeterRegistry 인터페이스를 이용하면 사용자 정의 애플리케이션 메트릭을 추가할 수 있습니다.

다양한 유형의 메트릭(예: Timer, Counter, Gauge, DistributionSummary, LongTaskTimer, TimeGauge, FunctionCounter, FunctionTimer)이 있으며, 이들은 모두 Meter 인터페이스를 상속합니다. 모든 메트릭 타입이 다양한 API를 지원하고 있으므로 사용자가 원하는 방식으로 모니터링 동작을 구성할 수 있습니다.

스프링 부트가 제공하는 기본 메트릭

기본적으로 스프링 부트 액추에이터는 시스템 가동 시간, CPU 사용량, 메모리 사용량, GC 정보, 스레드 수, 로드된 클래스 개수 및 열린 파일 개수와 같이 가장 일반적으로 사용되는 메트릭을 수집하도록 설정돼 있습니다. 또한 로그백 로거(Logback logger) 이벤트를 카운터로 추적합니다. 이 모든 동작은 액추에이터의 MetricsAutoConfiguration에 의해 자동으로 구현되며, 이를 통해 제공하는 서비스 메트릭을 매우 명확하게 설명해줍니다

리액티브 애플리케이션의 경우에는 WebFluxMetricsAutoConfiguration을 제공합니다. WebFluxMetricsAutoConfiguration은 특수한 WebFilter를 추가합니다. 이 필터는 요청 처리가 완료된 순간에 동작하는 ServerWebExchange에 콜백을 추가합니다. 이를 통해 요청 처리에 걸린 시간을 집계할 수 있습니다. 또한 메트릭 결과에는 요청 URI, HTTP 메서드, 응답 상태 및 예외 타입(있는 경우)과 같은 정보가 태그 형태로 포함됩니다. 이렇게 마이크로미터 라이브러리를 이용하면 HTTP 요청에 대한 처리를 쉽게 계량할 수 있습니다. 메트릭 결과는 http.server.requests라는 메트릭과 함께 보고됩니다.

비슷하게 스프링 부트 액추에이터는 RestTemplate을 이용한 외부 호출에 대한 결과를 집계하고 이를 http.client.requests 메트릭으로 보여줍니다. 스프링 부트 2.1부터 액추에이터는 WebClient.Builder에 대해서도 동일한 메트릭을 수집합니다. 하지만, 스프링 부트 2.0의 경우에도 WebClient와 관련된 워크플로에 대한 메트릭을 쉽게 추가할 수 있습니다. 이 방법은 다음 절에서 설명합니다.

스프링 부트 액추에이터는 애플리케이션의 모든 Meter 구현체에 대해 공통 태그를 추가할 수 있습니다. 이는 다중 노드에 서비스가 배포되는 경우 특히 편리합니다. 태그를 사용해 서비스 노드를 명확하게 구

분할 수 있기 때문입니다. 이를 위해 애플리케이션은 `MeterRegistryCustomizer` 인터페이스를 구현하고 이를 빈으로 등록해야 합니다.

 스프링 부트 액추에이터가 마이크로미터 라이브러리를 통해 커스터마이즈할 수 있는 옵션에 대한 자세한 내용은 다음 문서를 참조하세요.

https://docs.spring.io/spring-boot/docs/current/reference/htmlsingle/#production-ready-metrics-getting-started

리액티브 스트림 모니터링하기

버전 3.2부터 리액터 프로젝트는 마이크로미터 라이브러리와의 통합을 추가했습니다. 리액터 프로젝트는 마이크로미터 라이브러리 없이도 잘 동작하지만, 클래스 패스에 마이크로미터가 있으면 애플리케이션 동작에 대한 중요한 내용을 볼 수 있는 몇 가지 메트릭을 보여줍니다. 지금부터는 내장 함수를 사용해 리액티브 스트림을 모니터링하는 방법과 시스템 운영 관점에서 사용자 정의 지표를 추가하는 방법을 설명하겠습니다.

 프로젝트 리액터 3.2는 스프링 프레임워크 5.1 및 스프링 부트 2.1에 포함돼 있습니다. 그러나 스프링 프레임워크 5.0 및 스프링 부트 2.0을 사용하는 애플리케이션의 경우에도 리액터 버전을 직접 설정할 수 있습니다. 또한 사용자 지정 메트릭과 관련된 모든 코드는 이전 버전의 리액터 프로젝트에서도 잘 작동합니다.

리액터 플로 모니터링하기

리액터 프로젝트 3.2에서 Flux와 Mono 타입에 `metrics()` 연산자가 추가됐습니다. 이 연산자를 이용하면 스트림과 관련된 운영 메트릭을 볼 수 있습니다. `metrics()` 연산자는 `log()` 연산자와 비슷하게 작동합니다. `name()` 연산자와 함께 사용하면 메트릭 이름을 만들고 태그를 추가할 수 있습니다. 예를 들어 다음 코드는 스트림에 메트릭을 추가하는 방법을 보여줍니다.

```
@GetMapping(
        path = "/temperature-stream",
        produces = MediaType.TEXTEVENTSTREAMVALUE)
public Flux<Temperature> events() {
    return temperatureSensor.temperatureStream()              // (1)
        .name("temperature.stream")                           // (2)
        .metrics();                                           // (3)
}
```

temperatureSensor.temperatureStream()은 Flux<Temperature>를 반환하고(1), name ("temperature.
stream") 메서드는 모니터링 지점 지표에 대한 이름을 추가합니다(2). metrics() 메서드는
MeterRegistry 인스턴스에 새 메트릭을 등록합니다(3).

그 결과로 리액터 라이브러리는 reactor.subscribed, reactor.requested라는 두 개의 카운터와 reactor.
flow.duration, reactor.onNext.delay라는 두 개의 타이머를 등록해줍니다. 각각의 메트릭에는
temperature.stream 값을 포함한 flow라는 ID를 가진 태그(dimension)가 있습니다. 이 메트릭을 추가한
것만으로도 스트림 인스턴스 생성 횟수, 요청된 스트림 원소 수, 스트림의 최대 존재 시간과 총 시간 및
onNext 호출의 지연 시간 등을 추적할 수 있습니다.

 리액터는 마이크로미터 메트릭에 대응해 flow 태그에서 스트림의 이름을 사용합니다. 마이크로미터 라이브러
리에는 추적할 수 있는 태그의 개수에 제한이 있으므로 모든 스트림에 대한 정보를 수집하려면 해당 제한에 대
한 설정을 추가해야 합니다.

리액터 스케줄러 모니터링하기

리액티브 스트림은 일반적으로 서로 다른 리액터 스케줄러에서 작동하기 때문에 각각의 동작에 관한
세분화된 메트릭을 추적하는 것이 좋습니다. 경우에 따라 사용자가 직접 정의한 메트릭 구현과 함께
ScheduledThreadPoolExecutor를 상속해서 사용하는 것이 좋습니다. 예를 들어 다음과 같은 클래스가 있
다고 가정해 보겠습니다.

```
public class MeteredScheduledThreadPoolExecutor
    extends ScheduledThreadPoolExecutor {                                    // (1)

    public MeteredScheduledThreadPoolExecutorShort(
        int corePoolSize,
        MeterRegistry registry                                               // (2)
    ) {
        super(corePoolSize);
        registry.gauge("pool.core.size", this.getCorePoolSize());            // (3)
        registry.gauge("pool.active.tasks", this.getActiveCount());
        registry.gauge("pool.queue.size", this.getQueue().size());
    }
}
```

여기서 `MeteredScheduledThreadPoolExecutor` 클래스는 `ScheduledThreadPoolExecutor`를 상속하고(1) `MeterRegistry` 인스턴스를 매개변수로 받습니다(2). 생성자에서는 스레드 풀의 크기, 동시에 작업 가능한 태스크 수, 큐의 크기를 추적하는 몇 가지 게이지(gauge)를 등록합니다(3).

이런 간단한 수정만으로도 성공 및 실패한 태스크의 수와 태스크를 실행하는 데 소요된 시간을 추적할 수 있습니다. 이를 위해서는 `Executor`를 구현할 때 `beforeExecute()`와 `afterExecute()` 메서드를 오버라이드해야 합니다.

이제 다음과 같이 리액티브 스트림에서 앞에서 만든 executor를 사용할 수 있습니다.

```
MeterRegistry meterRegistry = this.getRegistry();

ScheduledExecutorService executor =
    new MeteredScheduledThreadPoolExecutor(3, meterRegistry);

Scheduler eventsScheduler = Schedulers.fromExecutor(executor);

Mono.fromCallable(this::businessOperation)
    .subscribeOn(eventsScheduler)
    ....
```

이러한 접근 방식은 매우 강력하지만, `parallel()`이나 `elastic()`과 같이 기본으로 제공되는 스케줄러까지 포함하지는 않습니다. 모든 리액터 스케줄러를 포함시키기 위해서 `Scheduler.Factory`를 직접 구현할 수도 있습니다. 다음 예제에서 이에 대한 방법을 확인할 수 있습니다.

```
class MetersSchedulersFactory implements Schedulers.Factory {     // (1)
    private final MeterRegistry registry;

    public ScheduledExecutorService decorateExecutorService(     // (2)
        String type,                                             // (2.1)
        Supplier<? extends ScheduledExecutorService> actual      // (2.2)
    ) {
        ScheduledExecutorService actualScheduler = actual.get(); // (3)
        String metric = "scheduler." + type + ".execution";      // (4)

        ScheduledExecutorService scheduledExecutorService =
```

```
                new ScheduledExecutorService() {                   // (5)
            public void execute(Runnable command) {                // (6)
                registry.counter(metric, "tag", "execute")         // (6.1)
                        .increment();
                actualScheduler.execute(command);                  // (6.2)
            }

            public <T> Future<T> submit(Callable<T> task) {        // (7)
                registry.counter(metric, "tag", "submit")          // (7.1)
                        .increment();
                return actualScheduler.submit(task);               // (7.2)
            }

            // 나머지 함수 오버라이드 …
        };

        registry.counter("scheduler." + type + ".instances")       // (8)
                .increment();
        return scheduledExecutorService;                           // (9)
    }
}
```

다음은 이 코드에 대한 설명입니다.

1. 리액터의 Schedulers.Factory에 대한 커스텀 구현입니다.

2. 메서드 선언입니다. 매개변수 type(2.1)은 스케줄러의 타입(parallel, elastic)을 나타내며, 매개변수 actual(2.2)은 실제 서비스에 대한 참조입니다.

3. 여기서는 데코레이터에 사용되는 실제 Executor 서비스 인스턴스를 추출합니다.

4. 카운터 이름입니다. 메트릭의 가독성을 높이기 위해 Scheduler 타입을 포함합니다.

5. 실제 ScheduledExecutorService의 동작을 정의하고 추가 기능을 제공하는 익명 인스턴스를 선언합니다.

6. execute(Runnable command) 메서드를 재정의합니다. 추가적인 execute 태그(6.1)와 함께 MeterRegistry#counter를 실행하고 수집된 메트릭 수를 1씩 증가시킵니다. 그런 다음 실제 메서드 구현(6.2)을 호출합니다.

7. execute 메서드와 유사한 방법으로 Future<T> submit(Callable<T> task) 메서드를 오버라이드합니다. 메서드가 실행될 때마다 MeterRegistry#counter 메서드를 submit 태그와 함께 호출하고 마지막으로 레지스트리에서 호출 횟수를 증가시킵니다(7.1). 모든 동작이 완료된 후에 실제 서비스를 실행합니다(7.2).

8. executor 서비스의 인스턴스 생성 횟수를 등록합니다.

9. 추가적인 마이크로미터 메트릭을 처리하도록 구현된 ScheduledExecutorService 인스턴스를 반환합니다.

MetersSchedulersFactory를 사용하려면 다음과 같이 팩토리를 등록해야 합니다.

```
Schedulers.setFactory(new MeteredSchedulersFactory(meterRegistry));
```

이렇게 하면 모든 리액터 스케줄러(MeteredScheduledThreadPoolExecutor에 정의된 사용자 정의 스케줄러 포함)가 마이크로미터 메트릭으로 동작하며 지표를 집계합니다. 이러한 접근 방식은 많은 유연성을 제공하지만, 메트릭 수집 자체가 애플리케이션의 리소스를 과다하게 소모하지 않도록 하기 위해 어느 정도의 통제가 필요합니다. 예를 들어 미터 레지스트리에서 지표(카운터/타이머/게이지)를 조회하는 것은 매우 빠르지만, 중복 조회를 줄이기 위해 검색된 결과를 로컬 변수 또는 인스턴스 필드에 저장하는 것이 좋습니다. 또한 모든 실행 애플리케이션이 전용 메트릭을 필요로 하지는 않습니다. 일반적으로 애플리케이션 도메인에 따라 필수적인 메트릭을 선택할 수 있으며, 일반적으로 널리 통용되는 메트릭을 선택할 수 있을 것입니다.

마이크로미터 지표 직접 구현하기

리액티브 스트림에서는 별도의 내장된 지원 도구 없이도 사용자가 모니터링 로직을 쉽게 추가할 수 있습니다. 예를 들어 다음 코드는 기본적으로 지표 수집 기능이 없는 WebClient에 호출 횟수 카운터를 추가하는 방법을 보여줍니다.

```
WebClient.create(serviceUri)                              // (1)
        .get()
        .exchange()
        .flatMap(cr -> cr.toEntity(User.class))          // (2)
        .doOnTerminate(() -> registry
            .counter("user.request", "uri", serviceUri)  // (3)
            .increment())
```

(1)에서 대상 serviceUri에 대한 WebClient를 만듭니다. 또한 서비스 요청을 만들고 응답으로 받은 User 엔티티를 역직렬화(deserialize)합니다(2). 작업이 종료되면 serviceUri를 나타내는 사용자 정의 태그 "uri" 카운터를 수동으로 증가시킵니다(3).

마찬가지로 리액티브 스트림에서 특정한 항목을 측정하기 위해서라면 .counter(), .timer(), .gauge()와 같은 다른 타입의 마이크로미터 지표와 함께 스트림 동작을 조합합니다(.doOnNext(), .doOnComplete(), .doOnSubscribe(), 또는 .doOnTerminate()). 이를 위해서 복잡한 자료구조가 필요하다면 다차원의 태그를 사용해 원하는 데이터를 표현할 수 있습니다.

스프링 클라우드 슬루스를 사용한 분산 추적

성공적인 리액티브 시스템 운영을 위한 또 다른 중요한 요소는 서비스에서 이벤트가 어떻게 전달되는지, 요청이 어떻게 쌓이는지, 그리고 쌓인 요청을 해소하는 데 얼마나 오래 걸리는지를 이해하는 것입니다. **8장 클라우드 스트림으로 확장하기**에서 설명했듯이 서비스 간의 통신은 분산 시스템의 필수적인 부분이며, 문제가 발생했을 때 데이터 흐름에 대한 전체적인 이해 없이는 해결할 수 없습니다. 하지만 분산 시스템에서 통신의 복잡성을 고려하면 모든 데이터 흐름에 대해 이해하는 것은 매우 복잡한 작업입니다. 스프링 클라우드에는 spring-cloud-sleuth라는 훌륭한 모듈이 있습니다. 스프링 클라우드 슬루스는 스프링 부트 인프라와 완벽하게 통합된 프로젝트로, 자동 설정을 위해 몇 글자 추가하는 것만으로 분산형 추적이 가능합니다.

 스프링 클라우드 슬루스에 대한 자세한 내용은 다음 페이지를 참조하세요.
https://cloud.spring.io/spring-cloud-sleuth/single/spring-cloud-sleuth.html.

집킨이나 Brave와 같은 최신 추적 도구도 새로운 스프링 리액티브 웹 서비스를 완전히 지원하지 못하지만, 스프링 클라우드 슬루스는 자연스럽게 이를 가능하게 합니다.

우선, org.springframework.cloud.sleuth.instrument.web.TraceWebFilter라는 웹플럭스용 필터가 WebMVC 필터를 완벽하게 대체합니다. 이 필터는 시스템으로 유입되는 HTTP 요청을 신중하게 분석하고 추적을 위한 헤더를 발견하면 즉시 집킨에 보고합니다. 다음으로 시스템이 외부로 요청하는 HTTP 요청은 org.springframework.cloud.sleuth.instrument.web.client. TracingHttpClientInstrumentation의 지원으로 자동으로 추적 헤더가 추가됩니다. 그렇지 않으면 적절한 계측이 수행되지 않습니다.

또한 이러한 추적 매커니즘이 리액티브 프로그래밍 패러다임에 어떻게 전달되는지 명확히 이해해야 합니다. 이전 장에서 배웠던 것처럼 리액티브 프로그래밍은 모든 변환이 동일한 스레드에서 실행되는 것을 보증하지 않습니다. 즉, WebMVC의 기본 추적 패턴인 ThreadLocal을 통해 전송되는 메타 데이터는 명령형 프로그래밍 패러다임에서와같은 방식으로 작동하지 않습니다. 그러나 리액터의 Context 메커니즘(4장 리액터 프로젝트 – 리액티브 앱의 기반에서 설명), 리액터의 글로벌 후크, org.springframework.cloud.sleuth.instrument.web.client.TraceExchangeFilterFunction 덕택에 ThreadLocal 없이 리액티브 플로를 통해 추가 컨텍스트에 대한 메타 데이터를 전송할 수 있습니다.

마지막으로 스프링 클라우드 슬루스는 수집된 추적 정보를 집킨 서버에 보고하는 몇 가지 방법을 제공합니다. 가장 일반적인 전달 방법은 HTTP를 사용하는 것입니다. 불행하게도 이 방법은 현재 블로킹 방식으로만 구현돼 있습니다. 그럼에도 불구하고 기본 zipkin2.reporter.AsyncReporter는 스팬(span: 추적 정보의 조각)을 별도의 스레드를 이용해 집킨 서버로 보냅니다. 따라서 리액티브 방식으로 호출한 곳에서는 요청 대기 시간이나 잠재적 예외에 의해 작업이 차단되지 않으므로 블로킹 방식임에도 불구하고 리액티브 애플리케이션에서도 매우 효율적일 수 있습니다.

HTTP를 이용해 데이터를 전달하는 방식 외에도 메시지 큐를 이용하는 방법이 있습니다. 스프링 클라우드 슬루스는 아파치 카프카 및 RabbitMQ를 제대로 지원합니다. 아파치 카프카용 클라이언트가 비동기 논블로킹 메시지 전달을 지원하기는 하지만, 내부적으로는 여전히 블로킹 통신을 이용하는 (HTTP와 동일한) AsyncReporter를 사용합니다.

스프링 클라우드 슬루스는 리액티브 스프링 웹플럭스 및 스프링 클라우드 스트림에 대한 분산 추적을 지원합니다. 이 훌륭한 도구를 프로젝트에서 사용하려면 프로젝트 그레이들 설정 파일에 다음과 같이 의존성을 추가하면 됩니다.

```
compile('org.springframework.cloud:spring-cloud-starter-sleuth')
compile('org.springframework.cloud:spring-cloud-starter-zipkin')
```

그러면 환경 변수와 프로젝트 설정에 따라 스프링 부트가 시스템 기동 시점에 필요한 빈을 모두 등록해 줄 것입니다.

 org.springframework.amqp : spring-rabbit과 같은 메시지 브로커 의존성이 포함된 경우, 메시지 브로커를 통한 통신이 HTTP 기반 통신보다 우선 순위가 높습니다. 추적 데이터를 보내는 방법을 설정하는 spring.zipkin.sender.type이라는 속성이 있습니다. 이 속성에 사용할 수 있는 옵션은 RABBIT, KAFKA, WEB 중 하나입니다.

미려한 UI를 지원하는 스프링 부트 어드민 2.x

처음부터 **스프링 부트 어드민**(SBA: Spring Boot Admin) 프로젝트는 스프링 부트 애플리케이션의 관리 및 모니터링을 할 수 있는 편리한 관리자 인터페이스를 제공하기 위해 시작됐습니다. 스프링 부트 어드민은 스프링 액추에이터 엔드포인트를 이용해 구축된 아름답고 사용자 친화적인 UI를 자랑합니다. 이를 통해 애플리케이션 상태, CPU 및 메모리 메트릭, JVM 매개변수, 애플리케이션 클래스 패스, 애플리케이션 메트릭, HTTP 추적 및 감사 이벤트와 같은 모든 운영 정보를 볼 수 있습니다. 또한 (스프링 세션을 사용해) 활성 세션을 검사 및 삭제하고, 로그 레벨을 확인 및 변경할 수 있으며, 스레드 및 힙 덤프를 만드는 등의 작업을 수행할 수 있습니다.

그림 10.4 스프링 부트 어드민 UI에서 실시간으로 스레드 상태를 확인하는 모습

스프링 부트 어드민은 마이크로서비스 애플리케이션에서 사용하도록 설계됐습니다. 스프링 부트 어드민은 두 부분으로 구성됩니다.

- 서버 부분: 서버는 모든 마이크로서비스에서 정보를 수집하는 중심점 역할을 합니다. 또한 수집된 정보를 표시하는 UI를 제공합니다.

- 클라이언트 부분: 이 부분은 각 서비스에 포함돼 실행되며 서비스를 스프링 부트 어드민 서버에 등록합니다.

스프링 부트 어드민의 서버 부분은 독립 실행형 애플리케이션(권장 구성)으로 설계됐지만, 이 역할을 기존 서비스 중 하나에 할당할 수도 있습니다. 서비스에 스프링 부트 어드민 서버 역할을 부여하려면 애플리케이션에 `de.codecentric:spring-boot-admin-starter-server` 의존성을 추가하고 `@EnableAdminServer` 애노테이션을 추가하면 자동으로 서버를 구성할 수 있습니다. 다음으로 통합할 서비스에 `de.codecentric:spring-boot-admin-starter-client` 의존성을 추가한 후 SBA 서버를 직접 지정하거나 기존 스프링 클라우드 유레카 또는 Consul을 기반으로 한 스프링 클라우드 디스커버리(Spring Cloud Discovery)를 이용해 SBA 서버에 등록할 수 있습니다. 또는 SBA 서버 측에서 정적으로 설정을 추가할 수도 있습니다.

고가용성 마이크로서비스 애플리케이션을 원한다면 SBA 서버의 클러스터 복제 기능을 이용해 SBA 서버가 단일 실패 지점이 되지 않도록 구성해야 합니다.

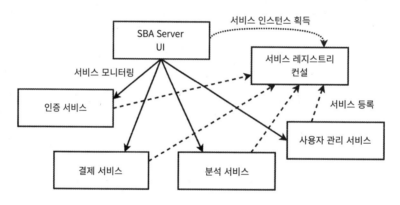

그림 10.5 스프링 부트 어드민 탐색 및 서비스 모니터링

스프링 부트 어드민의 대시보드가 제대로 설치됐다면 서비스별로 등록된 인스턴스 수와 함께 그래프가 포함됩니다. 그래프는 각 서비스의 상태를 표시하므로 시스템의 전체 상태를 쉽게 이해할 수 있습니다.

또한 슬랙, 힙챗(Hipchat), 텔레그램 등의 외부 클라이언트를 통해 푸시 알림을 지원하므로 애플리케이션 인프라 내에서 심각한 변화가 발생하면 개발팀에 사전에 알리거나 페이저 듀티(Pager Duty)[1] 인프라를 활용할 수 있습니다.

---

1 페이저 듀티(Pager Duty): 장애 발생 시 지정한 책임자에게 알림을 전송하는 서비스(https://www.pagerduty.com).

다른 스프링 모듈과 마찬가지로 버전 2.0 이전의 스프링 부트 어드민은 서블릿 API 기반이었습니다. 즉, 클라이언트 및 서버 애플리케이션 모두 블로킹 I/O를 기반으로 했고 부하가 큰 리액티브 시스템에는 비효율적이었습니다. 버전 2.0에서 SBA 서버는 스프링 웹플럭스의 이점을 이용해 비동기 논블로킹 I/O를 통해 모든 통신을 수행하도록 처음부터 다시 만들어졌습니다.

당연히 스프링 부트 어드민은 UI에 대한 적절한 보안 정책을 가지고 있습니다. UI에서 민감한 정보가 노출될 수 있기 때문입니다. 스프링 부트 어드민은 또한 피보탈 클라우드 파운드리와의 통합을 제공합니다. 스프링 부트 어드민 서버 또는 클라이언트는 클라우드 플랫폼을 자동으로 감지해 필요한 설정을 자동으로 적용해줍니다. 이로 인해 클라이언트와 서버 검색이 간단해집니다. 마찬가지로 SBA를 확장해 사용할 수 있어서 원하는 동작을 SBA에 추가할 수도 있습니다. 예를 들어 기능을 On/Off 하거나 사용자가 직접 정의한 감사 기능을 추가할 수 있습니다.

 스프링 부트 어드민에 대한 자세한 내용을 보려면 다음 링크를 참조하세요.

http://codecentric.github.io/spring-boot-admin/current

스프링 부트 어드민에 대해 요약하면, 비동기식 논블로킹 I/O가 주는 혜택을 모두 누리면서 편리하고 사용자 정의가 가능한 UI를 제공합니다. 이를 통해 데브옵스팀은 리액티브 시스템을 쉽게 모니터링하고 운영 및 개선할 수 있습니다.

클라우드에 배포하기

소프트웨어 개발 과정이 재미있기는 하지만, 소프트웨어 수명 주기 중 핵심적인 부분은 **출시**입니다. 이는 실제 고객들의 요청을 처리하고 비즈니스 프로세스를 수행해 놀라운 비즈니스 서비스를 제공함으로써 산업 전반을 개선하는 것을 의미합니다. 이 중요한 단계를 애플리케이션 개발 관점에서는 **릴리즈**라고도 부릅니다. 이제 개발자들과 테스터들이 든든하게 후원해주는 우리의 소프트웨어가 실제 운영 환경에 배포되고 실제 세상과 만날 준비가 됐습니다.

서로 다른 환경과 고객들의 매우 독특한 요구 사항, 다양한 운영 특성 등으로 인해 릴리즈 프로세스 그 자체만 해도 매우 복잡하리라는 것을 알 수 있습니다. 릴리즈에 대해 제대로 다루려면 적어도 몇 권의 책을 별도로 써야 할 것입니다. 이 책에서는 소프트웨어 인도와 관련된 주제는 다루지 않지만, 다양한 소프트웨어 배포 옵션과 이러한 옵션이 리액티브 애플리케이션에 미치는 영향에 관해서는 간략하게 살펴보겠습니다.

IoT 붐을 계기로 리액티브 애플리케이션이 머지않아 스마트워치 또는 심장 박동 센서와 같은 웨어러블 디바이스에서 실행될 수도 있겠지만, 이 책에서는 온–프레미스 및 클라우드 같은 가장 대중적인 배포 환경에 대해 다루겠습니다. 클라우드의 등장으로 애플리케이션을 배포하고 운영하는 방식이 완전히 바뀌었습니다. 어떤 의미에서 보면 클라우드로 인해 사용자 요구에 대해 보다 **리액티브하게** 대응할 수 있게 됐습니다. 이제는 사내 데이터센터에 새로운 시스템을 도입하기 위해 수주 또는 수개월을 기다리던 시대를 벗어나 몇 분 또는 몇 초 내에 새로운 컴퓨팅 자원을 확보할 수 있습니다. 그러나 개발자 관점에서 볼 때는 이러한 두 가지 접근 방식이 서로 아주 유사합니다. 주요 차이점은 전자의 경우 실제 서버가 데이터센터 내에 있고, 후자의 경우 클라우드 공급자가 호스팅한다는 것입니다.

애플리케이션을 배포하기 위해 컴퓨팅 자원을 사용하는 방식에서 큰 차이가 발생합니다. 이 차이점은 온–프레미스 배포 및 클라우드 배포와 관련이 있습니다.

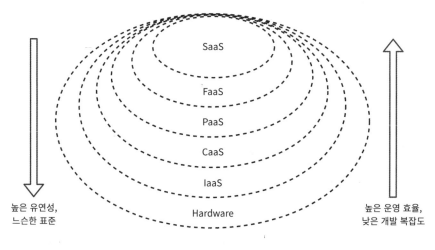

그림 10.6 플랫폼 계층 구조 및 소프트웨어 배포

다음은 이 그림에 대한 간략한 설명입니다.

- **하드웨어**: 하이퍼바이저를 실행하지 않으며, 따라서 가상화되지 않은 실제 서버들입니다. 서버들 역시 클라우드 서비스로 제공될 수 있습니다. Scaleway(https://www.scaleway.com) 및 Packet(https://www.packet.net) 같은 서비스가 대표적입니다. 하드웨어를 직접 사용할 경우에는 서버에 대한 모든 관리를 직접 책임져야 합니다. 설치 프로그램이 하이퍼바이저를 제공하지는 않지만, 일부 OS는 서버에 설치됩니다. 개발자의 관점에서 보면 실제 서버와 IaaS는 크게 다르지 않습니다.

- **IaaS(Infrastructure as a Service)**: 이 클라우드 서비스는 SDN(Software Defined Network) 및 스토리지가 연결된 가상 시스템을 제공합니다. 사용자는 환경을 관리하고 애플리케이션을 배포해야 합니다. 사용자는 배포 옵션을 선택할 수 있

습니다. AWS(https://aws.amazon.com)와 마이크로소프트 애저(https://azure.microsoft.com)가 이러한 서비스의 대표 적인 예입니다.

- CaaS(Container as a Service): 클라우드 제공자가 컨테이너(예: 도커 또는 CoreOS Rocket 컨테이너)를 배포할 수 있게 해주는 가상화의 한 형태입니다. 컨테이너 기술에 의해 배포 방법이 정의되기는 하지만, 컨테이너 내부에서는 클라이언트가 모든 기술 스택을 사용할 수 있습니다. AWS 엘라스틱 컨테이너 서비스(https://aws.amazon.com/ecs)와 피보탈 컨테이너 서비스(https://pivotal.io/platform/pivotal-container-service)가 대표적입니다.

- PaaS(Platform as a Service): 이 서비스는 런타임까지 애플리케이션의 모든 것을 제공하고 파이프라인을 구축하지만, 기술 및 라이브러리를 제한적으로 사용할 수 있습니다. 예로 헤로쿠(https://www.heroku.com)와 피보탈 클라우드 파운드리(https://pivotal.io/platform)가 있습니다.

- FaaS(Function as a Service, 서버리스): 가장 최근에 등장한 서비스입니다. 클라우드 제공 업체가 모든 인프라를 관리합니다. 사용자는 개별 요청을 처리하기 위해 즉시 실행 가능한 간단한 데이터 변환 기능을 배포해 사용합니다. 이러한 예로 AWS 람다(https://aws.amazon.com/lambda)와 구글 클라우드 펑션(https://cloud.google.com/functions)이 있습니다.

- SaaS(Software as a Service): 주문형 소프트웨어로 모든 것을 공급 업체에서 관리합니다. 최종 사용자는 이를 사용하기만 하고, 직접 자신의 애플리케이션을 배포할 수는 없습니다. 드롭박스(https://www.dropbox.com) 및 슬랙(https://slack.com) 같은 서비스를 예로 들 수 있습니다.

IaaS, PaaS 및 SaaS의 차이점에 대한 자세한 내용은 다음 문서를 참조하세요.

http://www.bmc.com/blogs/saas-vs-paas-vs-iaas-whats-the-difference-and-how-to-choose

CaaS에 대한 간단한 설명은 다음 문서에서 볼 수 있습니다.

https://blog.docker.com/2016/02/containers-as-a-service-caas

FaaS에 대한 소개 기사는 다음 링크를 참조하세요.

https://stackify.com/function-as-a-service-serverless-architecture

배포가 불가능한 SaaS를 제외한다면 스프링 스택으로 빌드된 리액티브 애플리케이션은 모든 환경에 배포할 수 있습니다. **8장 클라우드 스트림으로 확장하기**에서 FaaS 형식으로 리액티브 애플리케이션을 실행할 수 있는 방법에 대해 설명했습니다. 이 장에서는 PaaS, CaaS 및 IaaS 환경에 스프링 애플리케이션을 배포하는 방법을 설명합니다. 이러한 환경 간에 핵심적인 차이점은 배포 파일의 형태와 이러한 배포 파일을 만드는 방법에 있습니다.

수동 설치를 위해 JVM 애플리케이션을 위한 복잡한 설치 프로그램을 만들 수도 있습니다. 셰프(Chef, https://www.chef.io/chef) 또는 테라폼(Terraform, https://www.terraform.io)과 같은 자동화 도구를 사용해 이러한 소프트웨어를 신속하게 설치할 수도 있습니다. 하지만 클라우드에서 신속하게 애플리케이션을 기동하는 데 이러한 배포 방법은 그다지 적합하지 않습니다. 이런 방법을 사용하려면 불필요한 운영 비용이 추가로 발생합니다.

최근 자바 애플리케이션을 위한 가장 보편적인 배포 단위는 fat-jar라고도 불리는 uber-jar입니다. 한 개의 파일에 개발한 자바 프로그램뿐만 아니라 모든 의존성이 포함돼 있습니다. 많은 서비스가 있는 경우에는 uber-jar를 사용하는 것이 애플리케이션 배포 단계를 증가시키기도 하지만, 여전히 편리하고 쉬운 데다가 보편적입니다. 대부분 다른 배포 옵션도 uber-jar 방식을 기반으로 합니다. 메이븐을 사용한다면 spring-boot-maven-plugin을, 그레이들을 사용한다면 spring-boot-gradle-plugin 플러그인을 사용해 스프링 부트 애플리케이션을 uber-jar로 빌드할 수 있습니다.

스프링 부트 executable jar에 대해 더 자세히 알고 싶다면 다음 글을 읽어보세요.

https://docs.spring.io/spring-boot/docs/current/reference/htmlsingle/#getting-started-first-application-executable-jar

또한 **8장 클라우드 스트림으로 확장하기**에서 설명한 메이븐 및 그레이들을 위한 spring-boot-thin-launcher 플러그인(https://github.com/dsyer/spring-boot-thin-launcher)을 사용하면 배포 파일의 크기를 줄이는 데 도움이 됩니다. 배포 파일의 크기는 FaaS를 사용할 때 매우 중요합니다.

아마존 웹서비스에 배포하기

아마존 웹 서비스(AWS)는 몇 가지 소프트웨어 배포 방법을 제공하지만, 서비스의 핵심은 IaaS 모델입니다. 이 모델은 거의 사용상 제한이 없기 때문에 애플리케이션을 수십 가지 방법으로 배포할 수 있습니다. 하지만 간단하게 설명하기 위해 이 책에서는 AWS 또는 버추얼박스에서 직접 실행할 수 있는 완전한 이미지를 만드는 방법만 다루겠습니다.

Boxfuse(https://boxfuse.com) 프로젝트에서 우리가 필요로 하는 것을 정확히 얻을 수 있습니다. Boxfuse는 가상 하드웨어에서 직접 부팅 및 실행이 가능한 스프링 부트 애플리케이션을 위한 가장 작은 이미지를 생성해줍니다. Boxfuse는 uber-jar를 최소한의 VM 이미지로 래핑합니다. 스프링 부트와 매우 잘 통합돼 있으며, 스프링 부트 설정 파일에 있는 포트 및 상태 검사 설정을 사용할 수 있습니다. 또한 AWS와의 통합 기능이 내장돼 있어 스프링 부트 애플리케이션에 직접적인 배포가 가능합니다.

다음 글에서는 AWS용 이미지로 스프링 부트 애플리케이션을 빌드하는 단계에 대해 설명합니다.

https://boxfuse.com/blog/spring-boot-ec2.html

구글 쿠버네티스 엔진에 배포하기

GKE(Google Kubernetes Engine, 구글 쿠버네티스 엔진)는 애플리케이션 컨테이너의 자동 배포, 확장 및 관리를 위한 오픈소스 시스템인 쿠버네티스(https://kubernetes.io)를 기반으로 구글이 만든 클러스터 관리 및 오케스트레이션 시스템입니다. GKE는 CaaS 플랫폼의 예제이자 애플리케이션의 배포 단위입니다. GKE는 도커 이미지를 사용합니다.

GKE 배포를 위해서는 애플리케이션 fat-jar 파일을 만든 다음 도커 이미지로 래핑해야 합니다. 이를 위해 도커파일을 만든 후 docker build 명령을 수동으로 실행하거나 메이븐 또는 그레이들 플러그인을 사용해 표준 빌드 파이프라인을 이용해 이미지를 만들 수 있습니다. 테스트를 거친 후 구글 클라우드 컨테이너 레지스트리(https://cloud.google.com/container-registry)에 이미지를 배포하거나 실제 빌드 및 컨테이너 배포 절차를 수행하기 위해 구글 클라우드 컨테이너 빌드 서비스(https://cloud.google.com/cloud-build)를 사용할 수도 있습니다.

스프링 부트 애플리케이션을 GKE에 배포하는 방법을 설명한 다음 문서를 참조하세요.

https://cloud.google.com/community/tutorials/kotlin-springboot-container-engine

운영 환경용 서비스 애플리케이션 컨테이너와 함께, 공개된 Docker 이미지를 사용해 모니터링 인프라를 배포할 수도 있습니다. 예를 들어 프로메테우스, 그라파나 및 집킨을 동일한 클러스터 설정 파일에 포함시킬 수 있습니다. 쿠버네티스 기반 플랫폼을 사용하면 자동 확장 메커니즘을 통해 시스템의 탄력성을 쉽게 확보할 수 있습니다.

동일한 방법으로 아마존 엘라스틱 컨테이너 서비스, 애저 컨테이너 서비스, 피보탈 컨테이너 서비스 같은 CaaS 플랫폼에 애플리케이션을 배포할 수 있으며, 오픈시프트(OpenShift, https://www.openshift.com) 및 랜처(Rancher, https://rancher.com) 같은 온-프레미스 솔루션에도 애플리케이션을 배포할 수 있습니다.

Pivotal Cloud Foundry에 배포하기

PaaS 중에서 **GCP(Google Cloud Platform)**, **헤로쿠** 및 **PCF(Pivotal Cloud Foundry)**는 스프링 부트 애플리케이션을 위한 매우 훌륭한 배포 옵션을 제공합니다. 여기서는 PCF에 배포하는 방법을 다루겠지만, 나머지도 비슷한 수준으로 접근할 수 있습니다.

PCF 배포 프로세스를 다루기 전에 스프링 생태계가 PaaS 플랫폼에 애플리케이션을 배포하는 방법을 이해해야 합니다.

세 가지 핵심 파트로 구성된 마이크로서비스 기반의 스트리밍 애플리케이션이 있다고 가정해 보겠습니다.

- **UI 서비스**: 사용자에게 UI를 제공하고 서비스 게이트웨이의 역할을 추가로 담당.
- **스토리지 서비스**: 스트리밍 데이터를 영속화하고, 사용자가 볼 수 있는 형태로 변환해 UI 서비스를 통해 사용자들에게 전달.
- **커넥터 서비스**: 특정 데이터 소스 사이에 설정을 구성하고 이벤트를 스토리지 서비스로 전송하는 서비스.

이 예제에서는 각 서비스가 서로 통신하기 위해 메시지 큐를 사용하고 RabbitMQ를 브로커로 사용합니다. 또한 유연하고 파티션을 허용하며 빠른 데이터 저장을 위해 MongoDB를 사용합니다.

예제 시스템에는 RabbitMQ를 통해 서로 메시지를 주고받는 세 가지 서비스가 있으며, 그중 하나의 서비스는 MongoDB와 통신합니다. 서비스가 정상적으로 동작하려면 모든 서비스가 실행 중이어야 합니다. IaaS와 CaaS를 사용하는 상황이라면 RabbitMQ와 MongoDB를 배포하고 지원하는 것은 직접 처리해야 합니다. PaaS를 사용한다면 클라우드 제공 업체가 해당 서비스를 제공할 수 있으므로 운영 책임을 훨씬 줄일 수 있습니다.

PCF에 서비스를 배포하려면 클라우드 파운드리 CLI를 설치하고 `mvn package` 명령으로 서비스를 패키지화한 다음, PCF에 로그인해 다음 명령을 실행합니다.

```
cf push <reactive-app-name> -p target/app-0.0.1.jar
```

배포가 정상적으로 완료됐다면 http://<reactive-app-name>.cfapps.io 형식의 주소를 통해 애플리케이션에 접근할 수 있습니다. PCF는 스프링 부트 애플리케이션을 인식하고 서비스에 가장 적합한 설정을 자동으로 만들어주지만, 개발자들이 `manifest.yml` 파일을 사용해 상세한 설정을 직접 정의할 수도 있습니다.

자바 애플리케이션을 PCF로 배포하는 방법에 대한 자세한 내용은 다음 문서를 참조하세요.

https://docs.cloudfoundry.org/buildpacks/java/java-tips.html

플랫폼이 애플리케이션 시작 프로세스와 기본 설정을 처리해주는 것은 매우 깔끔합니다. 반면에 PaaS 는 서비스 검색 및 네트워크 토폴로지에 대해서는 플랫폼에서 설정된 서비스가 있기 때문에 동일한 서버에 모든 서비스를 배포하거나 전체 가상 네트워크를 구성할 수는 없습니다. 따라서 모든 서비스는 localhost URI를 통해 접근해야 합니다. 이러한 제한으로 인해 시스템을 구성하는 유연성이 저하됩니다. 다행히도 최신 PaaS 공급업체들은 애플리케이션과 관련된 추가 기능 및 연관된 서비스에 대한 노하우와 플랫폼 정보를 제공합니다. 따라서 중요한 정보를 쉽게 검색할 수 있으며, 이를 통해 필요한 설정을 즉시 수행할 수 있습니다. 그러나 여전히 특정 PaaS 공급업체의 API와 통합하기 위해 클라이언트 또는 인프라 구현 코드를 작성해야 합니다. 이를 위해 스프링 클라우드 커넥터(https://cloud.spring. io/spring-cloud-connectors)가 만들어졌습니다.

> 스프링 클라우드 커넥터는 애플리케이션(그 중에서 특히 스프링 애플리케이션)을 클라우드 파운드 리 및 헤로쿠와 같은 클라우드 플랫폼에 연결하고 운영하는 환경을 얻기 위한 프로세스를 단순화 합니다.

스프링 클라우드 커넥터는 클라우드 플랫폼과의 상호 작용을 위해 작성해야 하는 보일러 플레이트 코드를 줄여줍니다. 여기서는 프로젝트의 공식 페이지에서 설명하는 서비스 설정에 대한 자세한 내용을 설명하지는 않겠습니다. 대신 PCF에 배포된 리액티브 애플리케이션 내에서 리액티브 기능을 즉시 사용할 수 있게 해보겠습니다. 또한 PaaS 내부에서 리액티브 스프링 애플리케이션을 실행하는 데 필요한 것이 무엇인지 설명하겠습니다.

PCF에서 RabbitMQ 사용하기

자, 다시 예제 애플리케이션으로 돌아갑시다. 전체 시스템은 RabbitMQ를 통한 비동기 통신을 기반으로 합니다. **8장 클라우드 스트림으로 확장하기**에서 배운 것처럼 로컬 RabbitMQ 인스턴스와의 연결을 설정하기 위해서는 두 가지 스프링 부트 의존성을 추가해야 합니다. 또한 클라우드 인프라를 사용하기 위해 spring-cloud-spring-service-connector 및 spring-cloud-cloudfoundry-connector 의존성을 추가해야 합니다. 마지막으로 다음 코드와 같은 몇 가지 설정 외에 @ScanCloud 애노테이션을 추가해야 합니다.

```
@Configuration
@Profile("cloud")
public class CloudConfig extends AbstractCloudConfig {
    @Bean
    public ConnectionFactory rabbitMQConnectionFactory() {
        return connectionFactory().rabbitConnectionFactory();
    }
}
```

시스템의 유연성을 확보하기 위해 `@Profile("cloud")` 애노테이션을 추가해 로컬에서 개발할 때를 제외하고 오직 클라우드 환경에서만 RabbitMQ를 활성화하도록 하겠습니다.

 PCF에서 RabbitMQ를 사용하는 경우, 클라우드 파운드리가 스프링 생태계에 맞게 튜닝돼 있습니다. 따라서 번거로운 추가 설정 없이 런타임에 모든 의존성이 추가됩니다. 그러나 모든 클라우드 제공 업체와 호환되도록 (적어도 `@ScanCloud` 애노테이션을 제공하는) 일반적인 관행을 따라야 합니다. 배포된 애플리케이션이 정상적으로 시작되지 않는다면 PCF에서 제공한 RabbitMQ 서비스가 애플리케이션에 제대로 바인딩됐는지 확인하세요.

PCF에서 MongoDB 사용하기

RabbitMQ 설정은 간단했지만, 리액티브 데이터 스토리지는 약간 더 복잡합니다. 리액티브가 아닌 데이터 저장소와 리액티브 데이터 저장소의 차이점의 하나는 데이터베이스 클라이언트냐, 데이터베이스 드라이버냐입니다. 리액티브가 아닌 클라이언트 및 드라이버는 스프링 생태계와 잘 통합되며 실제 환경에서 매우 광범위하게 사용됩니다. 그에 비해 리액티브 클라이언트는 아직까지는 생소한 개념입니다.

이 글을 쓰는 시점에 PCF 버전 2.2는 리액티브 MongoDB(리액티브 클라이언트가 있는 다른 DB도 포함)에 대한 기본 설정을 제공하지 않습니다. 다행스럽게도 스프링 클라우드 커넥터 모듈을 사용하면 다음 예제 코드와 같이 리액티브 MongoDB 클라이언트를 구성해 필수 정보에 액세스할 수 있습니다.

```
@Configuration
@Profile("cloud")
public class CloudConfig extends AbstractCloudConfig {          // (1)
    ...
    @Configuration                                             // (2)
```

```
@ConditionalOnClass(MongoClient.class)
@EnableConfigurationProperties(MongoProperties.class)
public class MongoCloudConfig
        extends MongoReactiveAutoConfiguration {
    ...
    @Bean
    @Override
    public MongoClient reactiveStreamsMongoClient(                    // (3)
        MongoProperties properties,
        Environment environment,
        ObjectProvider<List<MongoClientSettingsBuilderCustomizer>>
            builderCustomizers
    ) {
        List<ServiceInfo> infos = cloud()                            // (3.1)
            .getServiceInfos(MongoDbFactory.class);

        if (infos.size() == 1) {
            MongoServiceInfo mongoInfo =
                (MongoServiceInfo) infos.get(0);
            properties.setUri(mongoInfo.getUri());                   // (3.2)
        }
        return super.reactiveStreamsMongoClient(                     // (3.3)
            properties,
            environment,
            builderCustomizers
        );
    }
}
}
```

다음은 코드에 대한 설명입니다.

1. MongoDB를 액세스하기 위해 `AbstractCloudConfig` 클래스를 상속합니다.

2. `MongoClient`가 클래스패스에 있는지 확인하는 일반적인 방법입니다.

3. 리액티브 `MongoClient` 빈에 대한 설정입니다. 클라우드 커넥터에서 커넥션 정보 URI(3.2)를 포함한 MongoDB에 대한 정보를 획득합니다(3.1). (3.3)에서 상위 클래스의 설정을 이용해 리액티브 스트림 MongoDB 클라이언트를 만듭니다.

여기서 `org.springframework.boot.autoconfigure.mongo.MongoReactiveAutoConfiguration`에서 구성 클래스를 상속하고 사용 가능한 `cloud()` 설정과 관련해 `MongoProperties`을 동적으로 직접 구성할 수 있습니다.

https://docs.run.pivotal.io/devguide/deploy-apps/deploy-app.html의 클라우드 파운드리 설명서에 따라 MongoDB의 서비스를 구성하고 나면 스토리지 서비스를 사용할 수 있고 데이터를 MongoDB에 저장할 수 있습니다.

PCF 환경에서 스프링 클라우드 데이터 플로를 무설정 배포하기

PCF가 전반적인 배포 프로세스를 단순화해주고 스프링 클라우드 생태계를 이용해 애플리케이션 내부 설정을 최소화했다고 하더라도 여전히 배포를 위한 일부 작업은 직접 처리해야 합니다. 하지만 **8장 클라우드 스트림으로 확장하기**에서 배웠듯이 클라우드에서 애플리케이션 개발을 간단하게 해주는 스프링 클라우드 데이터 플로라는 환상적인 솔루션이 있습니다. 이 프로젝트는 사용자 친화적인 인터페이스를 이용해 리액티브 시스템 개발을 단순화하기 위해 만들어졌습니다. 스프링 클라우드 데이터 플로는 다양한 클라우드 공급업체를 지원하며, 그 목록은 다음 링크에서 확인할 수 있습니다.

https://cloud.spring.io/spring-cloud-dataflow/#platform-implementations

예제 유스케이스에서 가장 중요한 것은 PCF에 대한 설정을 구현하는 것입니다. 스프링 클라우드 데이터 플로는 PCF에 설치될 수 있으며 PCF에 파이프라인을 직접 배치하기 위한 서버리스 솔루션을 제공합니다.

 PCF에 스프링 클라우드 데이터 플로를 설치하는 방법과 관련한 모든 문서는 다음 링크에서 찾을 수 있습니다.

http://docs.spring.io/spring-cloud-dataflow-server-cloudfoundry/docs/current/reference/htmlsingle

요약하면 PaaS로서 PCF는 개발자가 최소의 노력으로 애플리케이션 배포 프로세스를 간소화할 수 있도록 집중적으로 지원합니다. PCF는 메시지 브로커 프로비저닝 및 데이터베이스 인스턴스에 대한 관리 등 인프라와 관련된 대부분 책임을 맡고 있습니다. 또한 PCF는 스프링 클라우드 데이터 플로와 매우 쉽게 통합할 수 있습니다. 덕분에 개발자는 클라우드 네이티브 리액티브 애플리케이션을 만든다는 꿈을 꿀 수 있게 됐습니다.

쿠버네티스와 Istio를 넘어 FaaS를 위한 Knative

2018년 중반 구글과 피보탈은 Knative 프로젝트(https://pivotal.io/knative)를 발표했습니다. 이 프로젝트의 목표는 쿠버네티스에서 서버리스 워크로드를 배치하고 실행할 수 있게 하는 것이었습니다. Knative는 서비스 간의 통신을 라우팅하기 위해 Istio(https://istio.io)를 사용합니다. Istio는 동적 라우팅 설정, 카나리아(Canary) 릴리즈, 점진적 버전 업그레이드 및 A/B 테스트를 지원합니다. Knative의 목표 중 하나는 쿠버네티스를 실행할 수 있는 모든 클라우드 제공 업체(또는 온-프레미스 환경)에서 프라이빗 FaaS 플랫폼을 사용할 수 있게 하는 것입니다.

Project Riff(https://projectriff.io)라는 또 다른 피보탈 프로젝트는 Knative 기반으로 구축됐습니다. Project Riff의 주된 아이디어는 함수를 컨테이너로 패키지화해 쿠버네티스에 배포하고, 배포된 함수를 이벤트 브로커와 연결해서 수신 이벤트의 증감에 따라 컨테이너를 확장하는 것입니다. 또한 Project Riff는 리액터 프로젝트 및 스프링 클라우드 펑션와 함께 사용해서 리액티브 방식으로 스트림을 처리할 수 있습니다.

> Knative 및 Project Riff는 아직 개발 초기 단계입니다. 다음 글을 읽어보면 이들 프로젝트의 개발 동기와 사용 사례, 배경 아이디어에 대해 알 수 있습니다.
>
> https://projectriff.io/blog/first-post-announcing-riff-0-0-2-release
> https://content.pivotal.io/blog/knative-powerful-building-blocks-for-a-portable-function-platform
> https://medium.com/google-cloud/knative-2-2-e542d71d531d
>
> 또한 다음 글에서는 Riff를 사용하는 방법을 설명합니다.
>
> https://www.sudoinit5.com/post/riff-intro

어떤 측면에서는 Knative와 Project Riff가 스프링 클라우드 데이터 플로 및 스프링 클라우드 펑션 모듈의 기능을 확장해주지만, 둘은 서로 경쟁 관계라고 할 수 있습니다. 어쨌든 Knative를 둘러싼 주도권 다툼은 결국 리액티브 애플리케이션을 FaaS 패러다임으로 배포할 수 있는 또 하나의 플랫폼을 제공해줄 것입니다.

성공적인 애플리케이션 배포를 위한 조언

성공적인 소프트웨어 전달 프로세스에는 계획 및 개발 단계를 포함해 많은 단계와 작업이 포함됩니다. 자동화된 테스트 인프라가 없다면 아주 간단한 애플리케이션 외에는 릴리즈할 수 없을 것입니다. 자동화된 테스트는 최초 프로토타입을 만들 때부터 애플리케이션을 더이상 사용하지 않을 때까지 항상 수행해야 합니다. 실제 애플리케이션의 복잡성을 감안해 테스트 시나리오에는 성능 테스트를 위한 테스트 스위트를 포함해 소프트웨어 제약사항을 확인하고 서버, 네트워크, 스토리지 등과 같은 인프라 스트럭처에 대한 비용을 적절하게 계산할 수 있어야 합니다.

제품 출시 과정을 단순화하고 빠른 피드백 루프를 활성화하기 위해, 최종 사용자가 알아채기 전에 문제를 해결할 능력을 갖추기 위해 **지속적인 서비스 제공(Continuous Delivery)** 및 **지속적인 배포 (Continuous Deployment)**와 같은 기술이 중요해지고 있습니다. 또한 시스템의 중요한 지표에 대한 모니터링, 로그 수집 및 오류 추적은 필수일 뿐만 아니라 시스템의 정상 작동 여부와는 상관없이 시스템의 동작에 대해 대응할 수 있어야 합니다. 광범위한 애플리케이션 메트릭 및 실시간 보고서를 통해 현재 상태에 대한 정보를 얻을 수 있으며, 오토 스케일링이나 스스로 복구 가능하고 개선할 수 있는 자동화된 인프라를 만들 수 있습니다.

또한 이 책에서 보여준 바와 같이, 리액티브 스프링 프레임워크 스택은 명령형 패러다임에 대비해 I/O 블로킹 문제에 좀 더 능동적으로 대응하고 더 효율적인 애플리케이션을 만들 수 있게 해줍니다. 스프링 부트 자동 설정 기능을 이용하면 이미 테스트된 기능 조합을 그대로 사용할 수 있으므로 개발자가 수동으로 설정을 만들 필요가 거의 없습니다. 스프링 부트 액추에이터는 이미 성공적으로 적용된 사례와 표준 설정을 바탕으로 성공적인 애플리케이션 동작에 필요한 다양한 툴을 제공합니다. 스프링 클라우드 모듈은 메시지 브로커(RabbitMQ, 아파치 카프카), 분산 추적(스프링 클라우드 슬루스 및 집킨) 등과 같은 스프링 애플리케이션을 쉽게 통합할 수 있습니다. 또한 스프링 부트 어드민과 같은 프로젝트는 소프트웨어 운영과 관련해 발생하는 다양한 요구 사항을 만족시킵니다. 스프링 생태계는 또한 IaaS, CaaS, PaaS 및 FaaS를 포함한 널리 사용되는 모든 소프트웨어 배포 옵션을 탁월하게 지원합니다. 앞에서 설명한 패턴과 기술을 적절하게 조합하면 성공적인 리액티브 시스템을 설계하고 구축, 운영, 개선할 수 있을 것입니다. 이 책이 여러분의 그러한 도전에 도움이 되기를 바랍니다.

요약

이 장에서는 소프트웨어 배포 및 운영에서의 과제에 대해 다뤘습니다. 또한 소프트웨어 릴리즈 및 운영상 번거로움을 해소해주는 몇 가지 기술과 스프링 모듈에 대해 알아봤습니다. 스프링 부트 액추에이터는 서비스 식별, 상태 정보, 메트릭, 설정 정보, 요청에 대한 기초적인 추적 정보 및 동적으로 로그 레벨을 변경하는 기능 등을 제공합니다. 스프링 클라우드 슬루스와 집킨은 마이크로서비스 시스템(심지어 리액티브 컴포넌트가 포함된 경우에도)에 대한 분산 추적 기능을 제공합니다. 스프링 부트 어드민 2.x는 독특한 UI를 제공해 각종 메트릭을 차트와 보고서 형식으로 표시합니다. 이 모든 것이 데브옵스 또는 운영 팀의 업무를 크게 줄여줍니다. 또한, 스프링 부트 모듈과 플러그인이 대부분 공통 사항을 처리해주기 때문에 데브옵스 또는 운영 팀은 핵심 비즈니스에 집중할 수 있습니다.

이 외에도 리액티브 스프링 애플리케이션을 IaaS, CaaS 및 PaaS를 포함한 클라우드에서 실행하도록 설정하는 것이 얼마나 쉬운지를 다뤘습니다. Boxfuse를 사용해 AWS에, 도커로 GKE에, 그리고 PCF(애초에 스프링 애플리케이션을 제대로 실행하기 위해 설계된)에 애플리케이션을 배포하는 방법을 설명했습니다.

즉, 스프링 스택으로 구축된 리액티브 시스템에는 이미 효율적인 자원 활용뿐만 아니라 클라우드에서 제대로 운영하기 위한 중요한 요소가 모두 포함돼 있습니다.